FUKUZAWA
YUKICHI

福澤諭吉

# 福翁自伝

## 福澤全集緒言

慶應義塾大学出版会

本書は、二〇〇三年十一月、当社から福澤諭吉著作集（全十二巻）の
第12巻として刊行されたものである。

福澤諭吉　1900（明治33）年頃

慶應義塾福澤研究センター蔵

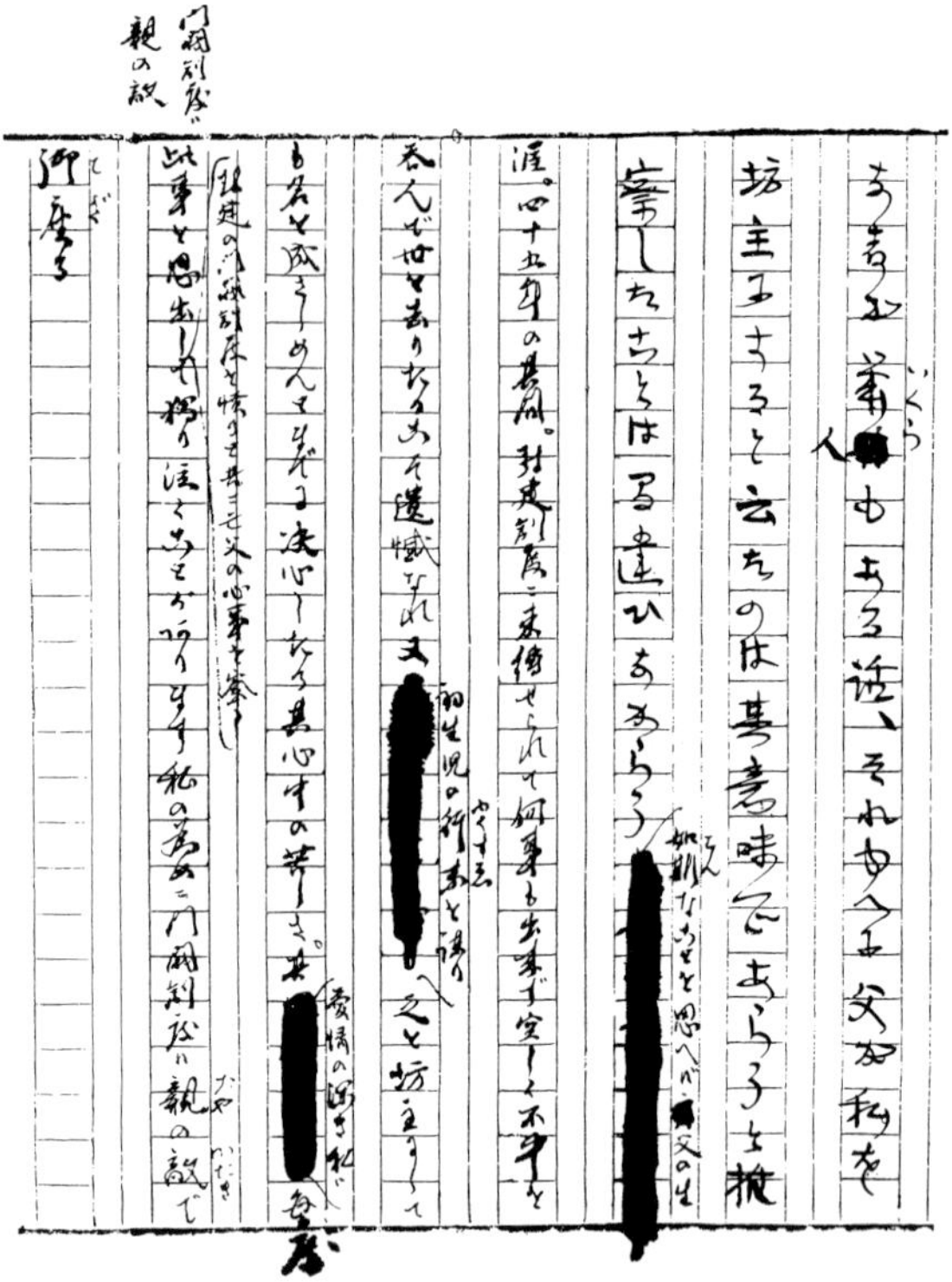

「福翁自伝」草稿　部分　1898（明治31）年

慶應義塾福澤研究センター蔵

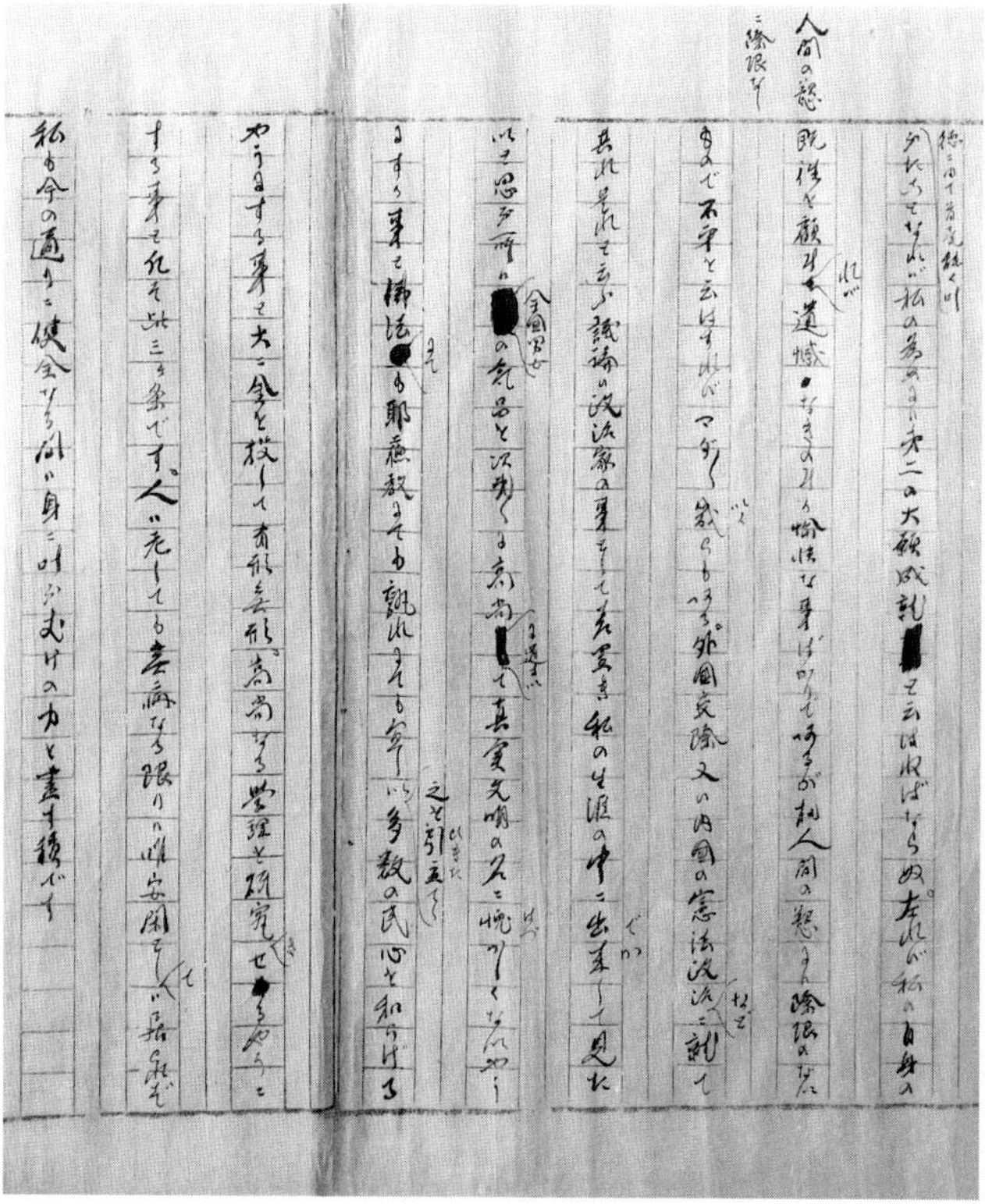

「福翁自伝」草稿　部分　1898（明治31）年

慶應義塾福澤研究センター蔵

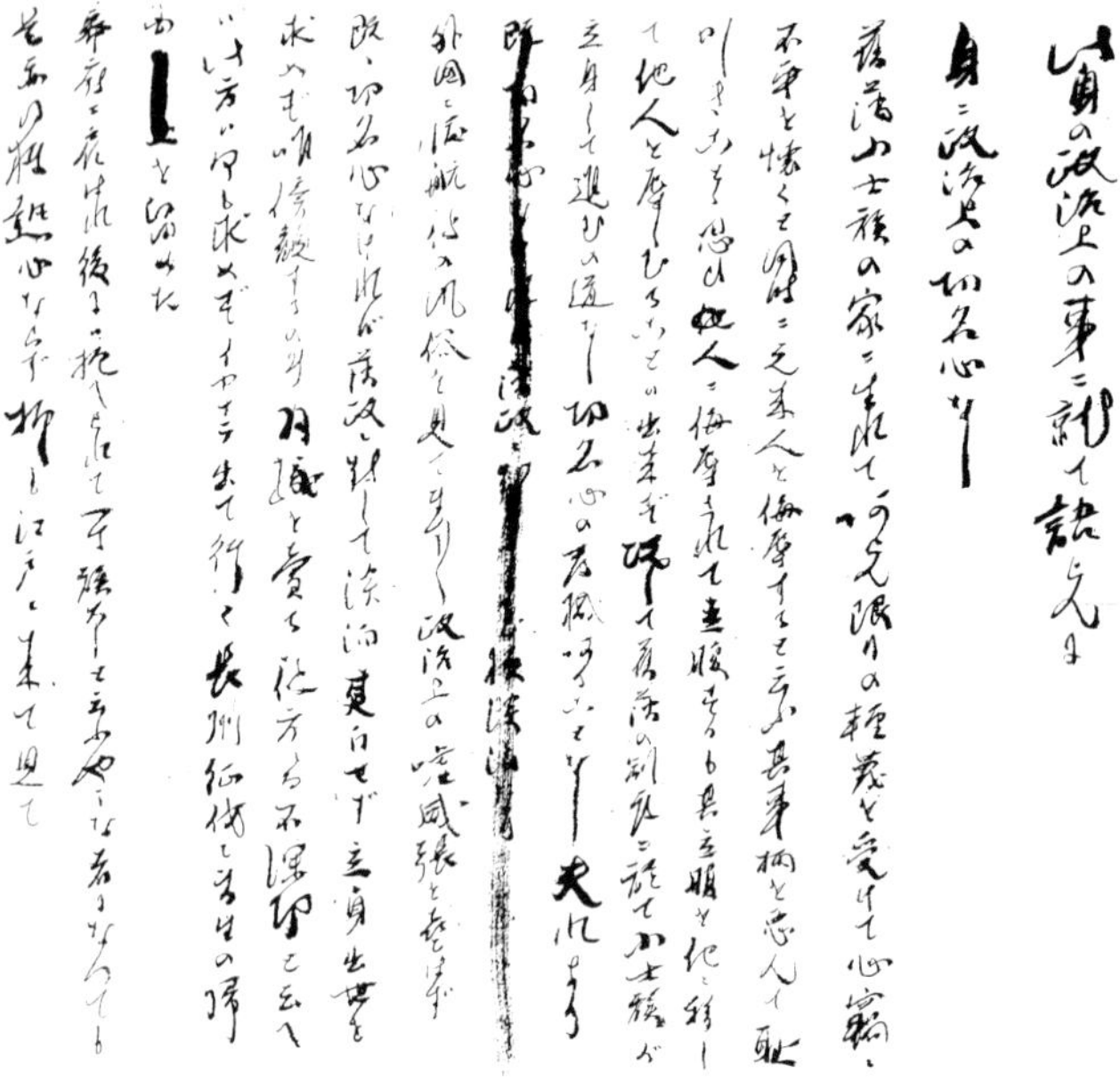

「福翁自伝」に関するメモ　その5　1898（明治31）年

慶應義塾福澤研究センター蔵

社告

福翁自傳

福澤先生は天保五年大阪に誕生、三歳のとき藩地豐前中津に歸り十四五歳にして始めて漢書を學び二十一歳長崎に行て洋學の門に入り次て大阪に行き又次で江戸に來り弱冠の時より老餘の今日に至るまで終始西洋文明の一主義を以て生涯を成したる人なり其人の生涯は實に我國多事變化の日にして封建門閥の至靜より文明快活の新社會に移り先生亦た其新社會の組織に與りて力あるは世人の認むる所なり先生本年六十五歳既往を回顧すれば苦樂一ならず嘗に一身の苦樂のみならず其行路の實際を聞けば由て以て時勢の眞面目を窺ひ見るに足る可し先生は之を子孫に告げ又知人朋友に語るを以て老餘の樂事と爲し去年來時に閑あれば之を口述して速記せしめ又自から筆を執りて記憶中に往來するものを書綴り漸く集めて一冊の書を成し福翁自傳と題して將さに出版せんとしたれども書中の記事は隨て成れば又隨て記憶に洩れたるものを思出して殆んど際限なき次第なれば冊子印刷は他日の事とし先づ之を時事新報紙上に掲載す可しとて取敢へず原稿の成りしものを取纏めて七月初旬より紙面の許す限り寫して以て讀者の清覽に供す可し

明治三十一年六月十二日

時事新報記者誌

本日發行

福翁自傳

全一冊

紙數 五百五十頁

正價金四拾錢

郵税 八錢

福澤先生の最近寫眞幷先生自筆福翁百話原稿一葉(何れも精巧なるアートタイプ)挿入

本書は昨年夏以來時事新報紙上に連載したるものにして福澤先生が幼少の頃より六十有餘の老年に至るまで身親ら經歴せる所を口述して速記せしめられたる自傳なり先生の生涯は實に我國多事變化の時にして封建門閥の至靜より文明快活の新社會に移り先生も亦新社會の組織に與りて力あるは世人の普く認むる所なれば就て其行路の實際を聞くときは時勢轉變の眞面目を窺ひ知るべく又先生が如何に世に處し身に行ひたるかを知るに足らむ左れば後進の子弟は勿論一般世人が居家處世の龜鑑として一本を座右に備へなば益する所蓋し尠からざるべし

發行所 東京京橋區南鍋町二丁目十二番地 時事新報社 電話(長距離用特新橋一四九番)

大阪北區堂島濱通一丁目四十番屋敷 時事新報出張所 電話(東京用特新橋三二七番)

大賣捌 東京京橋區鎗屋町十四番地 北隆館 電話(特東四九二番)

東京神田區表神保町二番地 東京堂

上　『時事新報』「福翁自伝」掲載社告

1898（明治 31）年 6 月 12 日付（第 5243 号）

下　同上　出版広告　1899（明治 32）年 6 月 15 日付（第 5583 号）

慶應義塾図書館蔵

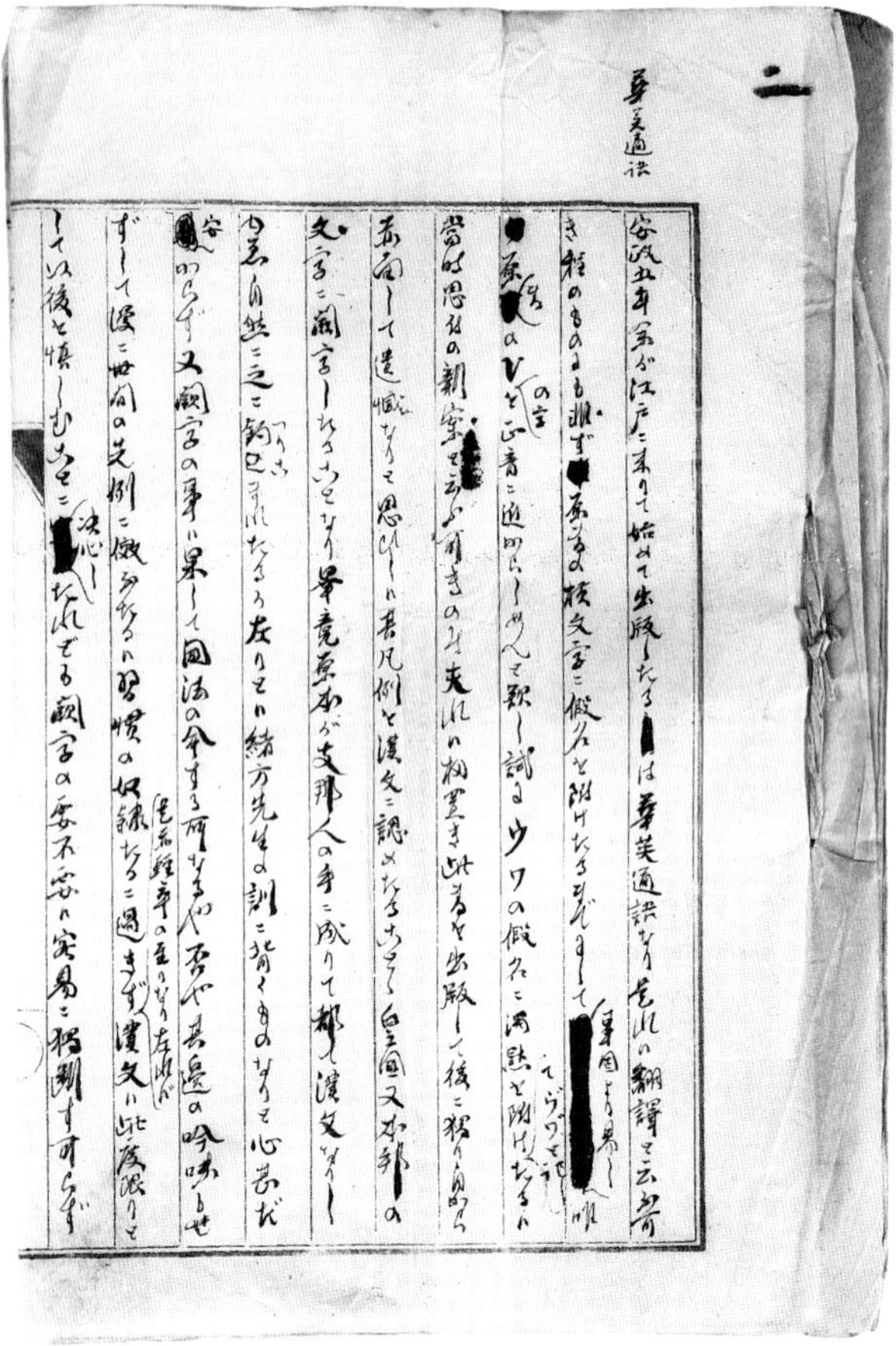

「福澤全集緒言」自筆草稿　部分

慶應義塾福澤研究センター蔵

# 時事新報社發行

# 福澤全集　豫約出版

全部五冊、總紙數凡四千五百頁
菊版洋裝表紙總クロース金字入

本書は今度福澤先生が子孫朋友の爲めを謀りて今を去ること三十八年前即ち萬延元年より明治二十六年に至るまでの間に親しく筆を執りて著述若くは翻譯したる悉皆の書類を蒐集刊行するものにして其紙數は無慮四千五百頁に達し集中收むる所は部數にして五十、冊數にして百七、從前發行の數を算すれば多寡平均して三百五十萬部、七百四十九萬冊に達する未曾有の大著譯なり是れ皆先生が開國經綸の際に在りて西文移植の實効を奏したるものなれば苟くも新日本文明の淵源由來を詳にせんとする者は必ず先づ此書を讀まざる可らず加ふるに今度刊行の全集あるを共に先生は更に當時の記憶を尋ねて長文の緒言を草し之を卷首に掲げたれば二者併讀むべきときは開國四十年來の時勢民情歷然として眼前に在り之を小にしては先生が半生の傳記と云ふ可く之を大にしては新日本文明の活歷史を云ふ可し曩に豫約出版の旨を廣告するや既に購讀者の豫定の數に達し其後も尚續々購讀の申込あるに付特に下に記せる豫約方法に依りて廣く世人の需めに應ぜんとす
本件豫約者多數の希望に依り福澤先生最近の肖像を精巧なる寫眞版に摺り第五冊に附することとせり

## 本書總目録

（一）緒言　（二）華英通語　（三）西洋事情（初編）（外編）（二編）　（四）雷銃操法　（五）西洋旅案内　（六）條約十一ヶ國記　（七）西洋衣食住　（八）窮理圖解　（九）洋兵明鑑　（一〇）掌中萬國一覽　（一一）清英交際始末　（一二）英國議事院談

（一三）〜（二五）世界國盡　啓蒙手習之文　學問のすゝめ　童蒙教草　かたわ娘　改暦辨　帳合之法　第一文字之教　第二文字之教　文字之教附録　會議辨　文明論之概略　學者安心論　分權論

（二六）民間經濟録　（二七）同二編　（二八）福澤文集　（二九）通貨論　（三〇）通俗民權論　（三一）通俗國權論　（三二）同二編　（三三）民情一新　（三四）時事小言　（三五）時事大勢論　（三六）帝室論　（三七）徳育如何　（三八）兵論　（三九）學問の獨立

（四〇）全國徴兵論　（四一）通俗外交論　（四二）日本婦人論　（四三）同後編　（四四）品行論　（四五）士人處世論　（四六）男女交際論　（四七）日本男子論　（四八）尊王論　（四九）國會の前途、國會難局の由來、治安小言、地租論　（五〇）實業論

## 豫約方法

一、本書第一卷は本年一月一日を以て發兌し爾後毎月一卷を發兌し同年五月を以て完了す
一、本書全部の定價十二圓にして豫約價左の如し
（一）本年一月廿五日迄に一時入金のもの……金八圓
（二）本年一月より同四月迄毎月入金のもの　一月廿五日迄に金三圓六十五錢　二月より四月迄毎月金壹圓六十五錢宛　總計金八圓六十錢
但豫約申込あるも本年一月廿五日迄に豫約金御拂込なきときは無効とす
一、郵送料は別に申受くべし

●本書第一卷本日發行　入金者の順序に依り發送す

# 福翁百話　第六版

全一冊紙數凡四百頁　正價　上製一圓（郵税十錢）　並製卅五錢（郵税六錢）

上製（用紙舶來上等紙表紙總クロース背皮金字入）福澤先生肖像（卅五年前と最近の分）二葉入
上製並製とも福澤先生自筆題詩（縱一尺三寸横六寸）寫眞石版入

本書は福澤先生が多年心を籠めし著述にして一字一句他人の筆を交へず上は宇宙の玄妙より下は居家處世の心得に至るまで諄々説き去り説き來りて餘蘊なく文章は先生獨得の平易明快何人にも分り易く一讀再讀多々益す厭くを知らず何人も一本を坐右に備へ日夕之を繙かば大に得る所あるべし初版以來非常の好況を以て賣切れ既に第六版を發行す

# 福澤全集緒言

紙數百三十頁　正價金貳拾錢（郵税貳錢）

本書は今度福澤全集を刊行するに付き福澤先生が特に筆を取りて起草したるものに係り今を去る三十八年前先生が初めて著譯に從事したる當時の事勢事情は勿論其後出版したる書物に付ては一々其由來を説明し又平素文を行り語を擇ぶに如何なる注意を爲したるか等總て著譯書に關する一切の用意來歷を敍述して遺憾なく趣味津々讀んで倦むを知らず讀者の便宜を圖りて特に一冊子と爲して發行す

發行所　東京京橋區南鍋町二丁目十二番地　時事新報社　電話（新橋用本局一四九番）（専務用本局三二七番）
大取次　大阪北區堂島濱通一丁目四十番屋敷　時事新報社出張所　電話（四九二番）

●以上三書とも各地時事新報賣捌所及各書林に於ても取次可申候

『時事新報』出版広告　1898（明治31）年1月1日付（第5105号）

慶應義塾図書館蔵

右　適塾「姓名録」にある
　　福澤の署名
　　　　　　　　　日本学士院蔵
下　適塾

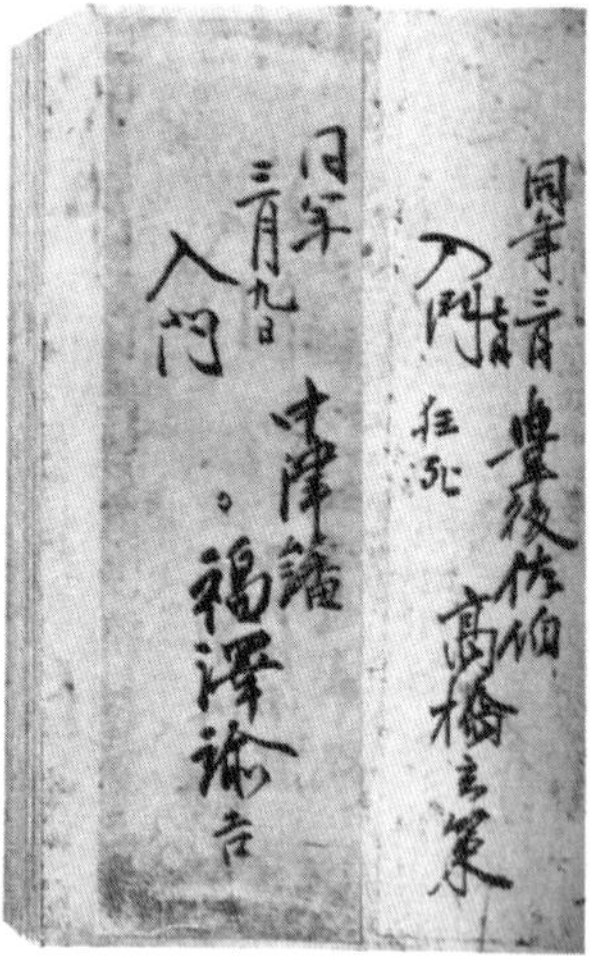

# 福翁自伝　福澤全集緒言

松崎欣一＝編

# 凡　例

一、底本について

①底本には『福翁自伝』初版本（一八九九〔明治三十二〕年）および『福澤全集緒言』初版本（一八九七〔明治三十〕年）を使用し、『福澤全集』第一巻（一八九八〔明治三十一〕年）、自筆草稿等を参考にして本文を作成した。

②底本における明らかな誤字、脱字・衍字は別本（自筆草稿等）に従って訂正した。

③底本にはない語句や文については、文意が明確になると思われる場合に限り、別本等に従ってその部分を〔　〕に入れて補った。

〔例〕　旧暦月日〔を〕新暦月日に相当し

④底本・別本ともに文意からみて誤った文字が用いられていると判断される場合、また通常行われていない当て字が用いられている場合は、正しいと思われる文字、現在通行の文字を〔　〕に入れて示した。

［例］ 一天〔点〕張り　句調〔口〕

⑤『福翁自伝』の底本に小見出しはないが、自筆草稿にある書き入れに従ってこれを補った。また、会話文等を示す場合、底本では始まりを示す「のみで、」はない場合があるが、底本の表記に従い、」は補わなかった。

⑥清音および濁音表記については現在通行のものに従った。

⑦底本には若干の句読点が施されているのみであるが、読者の読みやすさに配慮し、新たに句読点を施した。

⑧改行は原則として底本に従った。

二、漢字について

①漢字は一部の固有名詞（福澤、慶應義塾など）を除き、常用漢字表、人名漢字表にあるものはすべてその字体に改め、それ以外の漢字については表外漢字字体表の印刷標準字体に改めた。また、右のいずれにも属さないものについては、底本の表記に従ったが、俗字・異体字は現在通行の字体に改めた。

②左に示した頻出する漢字表記の代名詞・助詞・助動詞を平がな表記に改めた。

［例］ 其→その　此→この　乎→か　歟→か　可し→べし

三、かな遣いについて

①かな遣いは現代かな遣いに改めた。ただし、片かなで表記されている語句は原則として底本の表記に従った。

②変体がな、合字は平がなに改めた。

③おどり字（ヽゝ〳〵）は底本の表記に従ったが、「ヽ」が使用されている場合は「ゝ」または「ゞ」に改めた（なお、漢字表記に「ヽ」が使用されている場合は、「々」に改めた）。

④送りがなは底本の表記に従い、一定の基準による統一は行わなかった。

四、振りがなについて

①読みにくい語句や、読み誤るおそれがある語句については、原則として底本または別本にある振りがなを現代かな遣いに改めて残し、定本・別本ともに振りがながない場合には、新たに現代かな遣いによる振りがなを施した。

②振りがなは原則として各頁の初出語句に付した。

五、語注について

①現代では理解しにくい語句や、福澤に特徴的な用法の語句などには語注を施し、原則と

して見開き頁の奇数頁ごとに配した。

六、索引について

①読者の便を考え、巻末に事項索引と固有名詞索引を付した。

七、差別的表現について

①本文中に、差別的と考えられる不適切な語句や表現が用いられている場合があるが、著作のもつ歴史的性格を考えて、そのままとした。

本書の語注作成にあたっては、富田正文校注『福翁自伝』（慶應義塾大学出版会、二〇〇一年）の成果を参考とさせていただいた。

目次

再度米国行　201


王政維新　214

# 福翁自伝

慶應義塾の社中[1]にては、西洋の学者に往々自《みず》から伝記を記すの例あるを以《もっ》て、兼てより福澤先生自伝の著述を希望して、親しく之《これ》を勧めたるものありしかども、先生の平生甚《はなは》だ多忙にして執筆の閑を得ずその儘《まま》に経過したりしに、一昨年の秋、或《あ》る外国人の需《もとめ》に応じて維新前後の実歴談を述べたる折、風《ふ》と思い立ち、幼時より老後に至る経歴の概略を速記者に口授して筆記せしめ、自《みず》から校正を加え、福翁自伝と題して、昨年七月より本年二月までの時事新報に掲載したり。本来この筆記は単に記憶に存したる事実を思い出ずるまゝに語りしものなれば、恰《あたか》も一場の談話にして、固《もと》より事の詳細を悉《つ》くしたるに非《あら》ず。左《さ》れば先生の考《かんがえ》にては、新聞紙上に掲載を終りたる後、更《さ》らに自《みず》から筆を執てその遺漏《いろう》を補い、又後人の参考の為《た》めにとて、幕政の当時親しく見聞したる事実に拠《よ》り、我国開国の次第より幕末外交の始末を記述して別に一編と為《な》し、自伝の後に付するの計画にして、既《すで》にその腹案も成りたりしに、昨年九月中、遽《にわか》に大患に罹《かか》りて[2]その事を果すを得ず。誠に遺憾なれども、今後先生の病いよ〳〵全癒の上は、兼ての腹案を筆記せしめて世に公《おおやけ》にし、以て今日の遺憾を償うことあるべし。

明治三十二年六月

時事新報社　石《いし》河《かわ》幹《みき》明《あき》[3]　記

**1 社中** 同志の団体。仲間。慶應義塾では学生、教職員、卒業生の総称としてしばしば使われる。**2 昨年九月中、遽に大患に罹りて** 明治三十一（一八九八）年九月に脳溢血で倒れたこと。**3 石河幹明** 一八五九（安政六）年―一九四三（昭和十八）年。水戸藩士石河幹孝の三男。茨城師範学校卒業後同校教員。のち、明治十四（一八八一）年、慶應義塾に入る。十八年に卒業と同時に時事新報社入社、福澤のもとで論説記者として筆を執る。福澤没後、大正十一（一九二二）年まで、主筆として、乃木希典の殉死を批判した「乃木大将の自殺」（大正元年九月五日）など健筆を揮い、時事新報を支えた。七年半の歳月をかけて『福澤諭吉伝』全四巻（昭和六年刊）を編纂し、さらに『福澤全集』全十巻（大正十五年刊）、『続福澤全集』全七巻（昭和八年刊）を完成させた。

# 幼少の時

福澤諭吉の父は豊前《ぶぜん》中津奥平《おくだいら》藩[1]の士族福澤百助《ひゃくすけ》、母は同藩士族、橋本浜右衛門《はしもとはまえもん》の長女、名を於順《おじゅん》と申し、父の身分はヤット藩主に定式《じょうしき》の謁見が出来る[2]と云《い》うのですから足軽《あしがる》[3]よりは数等宜《よろ》しいけれども士族中の下級、今日で云えば先《ま》ず判任官[4]の家でしょう。藩で云う元締役《もとじめやく》[5]を勤めて大阪にある中津藩の倉屋敷《くらやしき》[6]に長く勤番して居ました。夫《そ》れゆえ家内残らず大阪に引越して居て、私共《わたしども》は皆大阪で生れたのです。兄弟五人、総領の兄の次に女の子が三人[7]、私は末子《ばっし》。私の生れたのは天保五年十二月十二日[8]、父四十三歳、母三十一歳の時の誕生です。ソレカラ天保七年六月、父が不幸にして病死。跡に遺《のこ》るは母一人に子供五人、兄は十一歳、私は数《かぞ》え年で三つ。斯《か》くなれば大阪にも居られず、兄弟残らず母に連れられて藩地の中津に帰りました。

**兄弟五人中津の風に合わず**

扨《さて》中津に帰てから私の覚えて居ることを申せば、私共の兄弟五人はドウシテも中津人と一所《いっしょ》に混和《こんか》することが出来ない、その出来ないと云うのは深い由縁も何もないが、従兄弟《いとこ》が沢山《たくさん》ある、父方《ててかた》の従兄弟もあれば母方《ははかた》の従兄弟もある。マア何十人と云う従兄弟がある。又近所の小供も幾許《いくら》もある、あるけれどもその者等《ものら》とゴチャクチャになることは出来ぬ。第一言葉が可笑《おか》しい。私の兄弟は皆大阪言葉で、中津の人が「そうじゃちこ」と云う所を、私共は「そうでおます」なんと云うような訳《わ》けで、お互に可笑しいから先《ま》ず話が少ない。夫《そ》れから又母は素《も》と中津生れであるが、長く大阪に居たから大阪の風《ふう》に慣れて、小供の髪の塩梅式《あんばいしき》[9]、着物の塩梅式、一切大阪風の着物より外《ほか》にない。有合《ありあい》の着物を着せるから自然中津の風とは違わなければならぬ。着物が違い言葉が違うと云う外には何も原因はないが、子供の事だから何だか人中《ひとなか》に出るのを気恥かしいように思《おも》て、自然、内に引込んで兄弟同士遊んで居ると云うような風でした。夫れから最《も》う一つ之《これ》に加えると、私の父は学者であった。普通《あたりまえ》の漢学者であって、大阪の藩邸に在勤してその仕事は何かというと、大阪の金持《かねもち》、

1 **豊前中津奥平藩** 中津藩。奥平氏十万石の領国。中津（現在の大分県中津市）を城下町としていた。奥平氏は享保二（一七一七）年に藩主として中津に入った。2 **定式の謁見が出来る** 儀式などの時、藩主に拝謁する資格があること。3 **足軽** 財政、財務に関する各種の事務に従う。4 **判任官** 明治の官制で、各省大臣などの権限で任用された下級官吏。5 **元締役** 藩の会計役。6 **倉屋敷** 蔵屋敷。江戸時代に諸藩や公家、旗本などが自領内で産出した米や特産物を貯蔵し、売りさばくために大阪、江戸などに設けた屋敷。次第に藩の財政資金の調達なども行うようになった。7 **総領の兄の次に女の子が三人** 兄は三之助、姉は礼《れい》、婉《えん》、鐘《かね》の三人。8 **天保五年十二月十二日** 太陽暦では一八三五年一月十日。9 **塩梅式** 調子。具合。

加島屋《かじまや》、鴻ノ池《こういけ》[1]というような者に交際して藩債[2]の事を司《つかさ》どる役であるが、元来父はコンナ事が不平で堪《たま》らない。金銭なんぞ取扱うよりも読書一偏の学者になって居たいという考《かんがえ》であるに、存《ぞん》じ掛《がけ》もなく算盤《そろばん》を執《とっ》て金の数を数えなければならぬとか、藩借《はんしゃく》延期の談判をしなければならぬとか云《い》う仕事で、今の洋学者とは大《おおい》に違って、昔の学者は銭を見るも汚《けが》れると云うて居た純粋の学者が、純粋の俗事に当ると云う訳《わ》けであるから、不平も無理はない。ダカラ

**儒教主義の教育**

子供を育てるのも全く儒教主義[3]で育てたものであろうと思うその一例を申せば、斯《こ》う云うことがある。私は勿論《もちろん》幼少だから手習《てならい》どころの話でないが、最《も》う十歳ばかりになる兄と七、八歳になる姉などが手習をするには、倉屋敷《くらやしき》の中に手習の師匠があって、其家《そこ》には町家《ちょうか》の小供も来る。其処《そこ》でイロハニホヘトを教えるのは宜《よろ》しいが、大阪の事だから九々の声を教える。二二が四、二三が六。これは当然《あたりまえ》の話であるが、その事を父が聞て、怪《け》しからぬ事を教える。幼少の小供に勘定の事を知らせると云うのは以《もっ》ての外《ほか》だ。斯《こ》う云う処に小供は遣《やっ》て置かれぬ。何を教えるか知れぬ。早速《さっそく》取返せと云《いっ》て取返した事があると云うことは、後《のち》に母に聞きました。何でも大変喧《やか》ましい人物であったことは推察が出来る。その書遺《かきのこ》したものなどを見れば真実正銘《しょうみょう》の漢儒で、殊《こと》に堀河《ほりかわ》の伊藤東涯《いとうとうがい》[4]先生が大信心《だいしんじん》で、誠意誠心、屋漏《おくろう》に愧《は》じず[5]ということ許《ばか》り心掛《こころがけ》たものと思われるから、その遺風は自《おの》から私の家には存して居なければな

らぬ。一母五子、他人を交えず世間の附合《つきあい》は少く、明《あけ》ても暮れても唯《ただ》母の話を聞く許《ばか》り、父は死んでも生きてるような者です。ソコデ中津に居て、言葉が違い着物が違うと同時に、私共の兄弟は自然に一団体を成して、言わず語らずの間に高尚に構え、中津人は俗物であると思《おもっ》て、骨肉《こつにく》の従兄弟《いとこ》に対してさえ、心の中には何となく之《これ》を目下《めした》に見下《みくだ》して居て、夫等《それら》の者のすることは一切咎《とがめ》もせぬ、多勢《たぜい》に無勢《ぶぜい》、咎立《とがめだて》をしようと云ても及ぶ話でないと諦《あき》らめて居ながら、心の底には丸で歯牙《しが》に掛けずに、云わば人を馬鹿にして居たようなものです。今でも覚えて居るが、私が少年の時から家に居て、能《よ》く饒舌《しゃべ》りもし、飛び廻《ま》わり刎《は》ね廻わりして、至極《しごく》活溌にてありながら、木に登ることが不得手《ふえて》で、水を泳ぐことが皆無《かいむ》出来ぬと云うのも、兎角《とかく》同藩中の子弟と打解《うちと》けて遊ぶことが出来ずに孤立した所為《せい》でしょう。

**1 加島屋、鴻ノ池**　ともに大阪の豪商。諸藩に資金を貸し付ける、いわゆる大名貸しを行っていた。また、加島屋こと広岡久右衛門家は、中津藩の蔵元（蔵屋敷の諸物の出納、販売などを行う）をつとめていた。　**2 藩債**　藩の債務、借金。後出の「藩借」も同じ。　**3 儒教主義**　ここでは、特に君臣、父子の関係など封建的な身分秩序を重んじる考え方。　**4 伊藤東涯**　一六七〇（寛文十）年—一七三六（元文元）年。京都堀河の儒学者。父、伊藤仁斎の私塾、古義堂を継承し、その学問（古義学）を広めた。　**5 屋漏に愧じず**　「屋漏」は家の最深部。人の見ていない所でも恥ずかしい行いをしないこと。『詩経』大雅に見える言葉。

今申す通り私共の兄弟は、幼少のとき中津の人と言語風俗を殊《こと》にして、他人の知らぬ処に随分淋《さび》しい思いをしましたが、その淋しい間《あいだ》にも家風は至極《しごく》正しい。厳重な父があるでもないが、母子睦《むつま》じく暮して兄弟喧嘩など唯《ただ》の一度もしたことがない。のみか、仮初《かりそめ》にも俗な卑陋《びろう》[1]な事はしられないものだと育てられて、別段に教える者もない、母も決して喧《やかま》しい六《むず》かしい人でない

**厳ならずして家風正し**

のに、自然に爾《そ》うなったのは、矢張《やは》り父の遺風と母の感化力でしょう。その事実に現われたことを申せば、鳴物《なりもの》などの一条で、三味線《しゃみせん》とか何とか云《い》うものを、聞こうとも思わなければ何とも思わぬ。斯様《かよう》なものは全体私なんぞの聞くべきものでない、猥《いわん》や玩《もてあそ》ぶべき者でないと云う考《かんがえ》を持て居るから、遂《つい》ぞ芝居見物など念頭に浮んだこともない。例えば、夏になると中津に芝居がある。祭の時には七日も芝居を興行して、田舎役者が芸をするその時には、藩から布令《ふれ》が出る。芝居は何日《なんか》の間《あいだ》あるが、藩士たるものは決して立寄ることは相成《あいな》らぬ、住吉《すみよし》の社《やしろ》の石垣より以外に行くことはならぬと云うその布令の文面は、甚《はなは》だ厳重なようにあるが、唯一片《ただいっぺん》の御《お》布令だけの事であるから、俗士族は脇差《わきざし》を一本挟《さ》して頬《ほほ》冠《かむ》りをして颯々《さっさ》と芝居の矢来《やらい》[2]を破《やぶっ》て這入《はい》る。若《も》しそれを咎《とが》めれば却《かえっ》て叱《しか》り飛ばすと云うから、誰も怖がって咎める者はない。町の者は金を払《はらっ》て行くに、士族は忍姿《しのびすがた》で却て威張《いばっ》て只這入《ただはいっ》て観《み》る。然《しか》るに中以下俗士《ぞくし》族《ぞく》の多い中で、その芝居に行かぬのは凡《およ》そ私のところ一軒位《ぐらい》でしょう。

決して行かない。此処《ここ》から先《さ》きは行くことはならぬと云えば、一足《ひとあし》でも行かぬ、どんな事があっても。私の母は女ながらも遂《つい》ぞ一口《ひとくち》でも芝居の事を子供に云わず、兄も亦《また》行こうと云わず、家内中《かないじゅう》一寸《ちょいと》でも話がない。夏、暑い時の事であるから涼《すずみ》には行く。併《しか》しその近くで芝居をして居るからと云《いっ》て見ようともしない、どんな芝居を遣《やっ》て居るとも噂にもしない、平気で居ると云うような家風でした。

前《ぜん》申す通り、亡父《ぼうふ》は俗吏《ぞくり》を勤めるのが不本意であったに違いない。左《さ》れば中津を蹴飛《けとば》して外に出れば宜《い》い。所が決してソンナ気はなかった様子だ。如何《いか》なる事にも不平を呑《の》んで、チャント小禄《しょうろく》[3]に安《やす》んじて居たのは、時勢の為《た》めに進退不自由なりし故でしょう。私は今でも独《ひと》り気の毒で残念に思います。例えば父の生前に斯《こ》う云う事がある。今から推察すれば父の胸算《きょうさん》に、福澤の家は総領に相続させる積《つも》りで宜《よろ》しい、所が子供の五人目に私が生れた、その生れた時は大

**成長の上、坊主にする**

きな瘠《や》せた骨太《ほねぶと》な子で、産婆《さんば》の申すに、この子は乳さえ沢山《たくさん》呑ませれば必ず見事に育つと云うのを聞て、父が大層《たいそう》喜んで、是《こ》れは好《い》い子だ、この子が段々成長して十《とお》か十一になれば寺に遣《やっ》て坊主にすると、毎度母に語ったそうです。その事を

**1 卑陋な**　下品な。いやしい。　**2 矢来**　竹や木を粗く組んで作った囲い。その中に舞台と見物席が設けられた。　**3 小禄**　藩から支給される手当の少ないこと。

母が又私に話して、アノ時阿父《おとっ》さんは何故《なぜ》坊主にすると仰《お》っしゃったか合点《がてん》が行かぬが、今御《ご》存命《ぞんめい》なればお前は寺の坊様《ぼうさま》になってる筈《はず》じゃと、何かの話の端《はし》には母が爾《そ》う申して居ましたが、私が成年の後《のち》その父の言葉を推察するに、中津は封建制度でチャント物を箱の中に詰めたように秩序が立て居て、何百年経《たっ》ても一寸《ちょい》とも動かぬと云う有様、家老の家に生れた者は家老になり、足軽《あしがる》の家に生れた者は足軽になり、先祖代々、家老は家老、足軽は足軽、その間《あいだ》に挟《はさ》まって居る者も同様、何年経ても一寸とも変化と云《い》うものがない。ソコデ私の父の身になって考えて見れば、到底どんな事をしたって名を成すことは出来ない、世間を見れば茲《ここ》に坊主と云うものが一つある、何でもない魚屋《さかなや》の息子が大僧正になったと云うような者が幾人《いくら》もある話、それゆえに父が私を坊主にすると云《いっ》たのは、その意味であろうと推察したことは間違いなかろう。如斯《こん》なことを思えば、父の生涯、四十五年のその間、封建制度に束縛せられて何事も出来ず、空《むな》しく不平を呑《の》んで世を去りたるこそ遺憾なれ。又初生児《しょせいじ》1の行末《ゆくすえ》を謀《はか》り、之《これ》を坊主にしても名を成さしめんとまでに決心したるその心中の苦しさ、その愛情の深き、私は毎度この事を思出し、封建の門閥制度を憤《いきどお》ると共に、亡父《ぼうふ》の心事を察して独《ひと》り泣くことがあります。私の為《た》めに門閥制度は親の敵《かたき》で御座る。

**門閥制度は親の敵**

私は坊主にならなかった。坊主にならずに家に居たのであるから学問をすべき筈である。所が誰も世話の為人《して》がない。私の兄だからと云《いっ》て兄弟の長少僅《わず》か十一[2]しか違わぬので、その間は皆女の子、母も亦《また》たった一人《ひとり》で、下女下男を置くと云《い》うことの出来る家ではなし、母が一人で飯《めし》を焚《た》いたりお菜《さい》を拵《こしら》えたりして五人の小供の世話をしなければならぬから、中々教育の世話などは存じ掛《がけ》もない。云わばヤリ放《はな》しである。藩の風《ふう》で幼少の時から論語とか大学[3]を読む位《くらい》の事は遣《や》らぬことはないけれども、奨励する者とては一人もない。殊《こと》に誰だって本を読むことの好《すき》な子供はない。私一人本が嫌いと云うこともなかろう、天下の小供みな嫌いだろう。私は甚《はなは》だ嫌いであったから休《やすん》でばかり居て何もしない。手習《てならい》もしなければ本も読まない。根《ね》っから何にもせずに居た所が、十四か十五になって見ると、近処《きんじょ》に知《しっ》て居る者は皆な本を読《よん》で居るのに、自分独《ひと》り読まぬと云うのは外聞《がいぶん》が悪いとか恥かしいとか思《おもっ》たのでしょう。夫《そ》れから自分で本当に読む気になって、田舎の塾へ行始《ゆきはじ》めました。どうも十四、五になって始めて学ぶのだから甚だきまりが悪い。外《ほか》の者

**年十四、五歳にして始めて読書に志す**

1 **初生児**　生まれて間もない子。　2 **兄弟の長少僅か十一**　兄との実際の年齢差は八歳。父の死の時、兄の年齢が十一であったことをいったものか。　3 **論語・大学**　ともに儒教の根本経典、四書（大学・中庸・論語・孟子）の一つ。儒教の初学者必読の書。

は詩経《しきょう》を読むの書経《しょきょう》[1]を読むのと云《い》うのに、私は孟子《もうし》の素読《そどく》[2]をすると云う次第である。所が玆《ここ》に奇《き》な事は、その塾で蒙求《もうぎゅう》[3]とか孟子とか論語とかの会読《かいどく》[4]講義をすると云うことになると、私は天《てん》稟《りん》、少し文才があったのか知らん、能《よ》く其《そ》の意味を解《げ》して、朝の素読に教えて呉《く》れた人と、昼からになって蒙求などの会読をすれば、必ず私がその先生に勝つ。先生は文字を読む許《ばか》りでその意味は受取《うけとり》の悪い書生だから、之《これ》を相手に会読の勝敗なら訳《わ》けはない。その中、塾も二度か三度か更《か》えた事があるが、最も多く漢書を習《ならっ》たのは、白石《しらいし》と云う先生[5]である。其処《そこ》に四、五年ばかり通学して漢書を学び、その意味を解《げ》すことは何の苦労もなく存外《ぞんがい》早く上達しました。白石の塾に居て漢書は如何《いか》なるものを読《よん》だかと申すと、経書《けいしょ》[6]を専らにして論語、孟子は勿論《もちろん》、すべて経義《けいぎ》[7]の研究を勉《つと》め、殊《こと》に先生が好きと見えて詩経に書経と云うものは本当に講義をして貰《もらっ》て善《よ》く読みました。ソレカラ蒙求、世説《せせつ》[8]、左伝《さでん》[9]、戦国策《せんごくさく》[10]、老子《ろうし》、荘子《そうし》[11]と云うようなものも能《よ》く講義を聞き、その先《さ》きは私独《ひと》りの勉強、歴史は史記を始め前後漢書《ぜんごかんしょ》、晋書《しんしょ》、五代史《ごだいし》[12]、元明史《げんみんし》

**左伝通読十一偏〔遍〕**

略《りゃく》[13]と云うようなものも読み、殊に私は左伝が得意で、大概の書生は左伝十五巻の内三、四巻で仕舞《しま》うのを、私は全部通読、凡《およ》そ十一度《た》び読返して、面白い処は暗記して居た。夫《そ》れで一《ひ》ト通り漢学者の前座ぐらいになって居たが、一体の学流は亀井《かめい》風《ふう》[14]で、私の先生は亀井が大信心《だいしんじん》で、余り詩を作ることなどは教えずに寧《むし》ろ冷笑して居た。広瀬《ひろせ》

淡窓《たんそう》[15]などの事は、彼奴《あいつ》は発句師《ほっくし》、俳諧師で、詩の題さえ出来ない、書くことになると漢文が書けぬ、何でもない奴《やつ》だと云《いっ》て居られました。先生が爾《そ》う云《い》えば門弟子《もんていし》も亦《また》爾う云う気になるのが不思議だ。淡窓ばかりでない、頼山陽《らいさんよう》[16]なども甚《はなは》だ信じない、誠に目下《めした》に見下《みくだ》して居て、「何

1 **詩経・書経**　ともに四書とならび儒教で尊重された五経（易経・書経・詩経・春秋・礼記）の一つ。 2 **私は孟子の素読をする**　他の者が段階を進め、五経の読解を行っているのに、福澤は四書の素読という初歩段階であったこと。「素読」は意味は問わず、文章を声に出して読むこと。 3 **蒙求**　唐の李瀚撰。全三巻。中国、南北朝までの著名な人物の故事を四字句に織り込んで記した書。初学の児童暗誦用に作られた。 4 **会読講義**　二人以上の者が集まって、同じ書を読み、その意味を講義し研究しあうこと。 5 **白石と云う先生**　白石常人（一八一五〔文化十二〕年―八三〔明治十六〕年）。中津藩士、儒学者。号は照山。 6 **経書**　四書五経など儒教の最も基本的な書籍。 7 **経義**　四書五経の解釈、意味。 8 **世説**　『世説新語』のこと。宋の劉義慶編。古代の著名人の逸話集。 9 **左伝**　『春秋左氏伝』の略称。周代、魯の国の歴史書『春秋』に左丘明が解釈を加えた注釈書。日本でも広く読まれた。 10 **戦国策**　漢の劉向撰。中国、戦国時代の十二国の歴史を国別に記した書。 11 **老子、荘子**　ともに中国古代、道教の代表的書籍。 12 **史記・前後漢書、晋書、五代史**　いずれも中国の古代から明代に及ぶ歴史書（二十四史）の一つ。 13 **元明史略**　高松藩の儒学者、後藤世鈞が中国の歴史書をもとに編集した、元・明代の歴史書。 14 **亀井風**　筑前藩の儒者、亀井南冥・昭陽父子の学風。古文辞学派。 15 **広瀬淡窓**　一七八二（天明二）年―一八五六（安政三）年。豊後日田の儒学者。 16 **頼山陽**　一七八〇（安永九）年―一八三二（天保三）年。儒学者、詩人、史家。著書に『日本外史』などがある。

だ粗末な文章、山陽《さんよう》などの書いたものが文章と云《い》われるなら誰でも文章の出来ぬ者はあるまい。仮令《たと》い舌足らずで吃《どもっ》た所が意味は通ずると云うようなものだなんて大造《たいそう》な剣幕で、先生から爾《そ》う教込《おしえこ》まれたから、私共も山陽外史の事をば軽く見て居ました。白石《しらいし》先生ばかりでない。私の父が又その通りで、父が大阪に居るとき山陽先生は京都に居り、是非《ぜひ》交際しなければならぬ筈《はず》であるに一寸《ちょい》とも付合わぬ。野田笛浦《のだてきほ》[1]と云う人が父の親友で、野田先生はどんな人か知らない、けれども山陽を疏外《そがい》して笛浦を親しむと云えば、笛浦先生は浮気でない学者[2]と云うような意味でしたか、筑前《ちくぜん》の亀井《かめい》先生なども朱子学[3]を取らずに経義《けいぎ》に一説を立てたと云うから、その流《りゅう》を汲む人々は何だか山陽流を面白く思わぬのでしょう。

**手端器用なり**

以上は学問の話しですが、尚《なお》此《こ》の外《ほか》に申せば、私は旧藩士族の小供に較《くら》べて見ると手の先《さ》きの器用な奴《やつ》で、物の工夫をするような事が得意でした。例えば井戸に物が墜《お》ちたと云えば、如何《どう》云《い》う塩梅《あんばい》にして之《これ》を揚《あ》げるとか、簞笥《たんす》の錠《じょう》が明《あ》かぬと云えば、釘《くぎ》の尖《さき》などを色々に枉《ま》げて遂に見事に之を明けるとか云う工風《くふう》をして面白がって居る。又《ま》た障子を張ることも器用で、自家《うち》の障子は勿論《もちろん》、親類へ雇《やと》われて張りに行くこともある。兎《と》に角《かく》に何をするにも手先が器用でマメだから、自分にも面白かったのでしょう。ソレカラ段々年《とし》を取るに従て仕事も多くなって、固《もと》より貧士族《ひんしぞく》のことであるから、自分で色々工風して、下駄《げた》の鼻緒《はなお》もてれば雪駄《せった》の剝《は》がれたのも縫うと云《い》うことは私の引受《ひきう》けで、自分のばかりでない、母のものも兄弟のものも繕《つくろ》うて遣《や》る。或《あるい》は畳針《たたみばり》を買《かっ》て来て畳の表《おもて》を附《つ》け替《か》え、又或は竹を割って桶《おけ》の箍《たが》[4]を入れるような事から、その外《ほか》、戸《と》の破れ屋根の漏《も》りを繕うまで当前《あたりまえ》の仕事で、皆私が一人《ひとり》でして居ました。ソレカラ進んで本当の内職を始めて、下駄を拵《こしら》えたこともあれば、刀剣の細工をしたこともある。刀の身《み》を磨《と》ぐことは知らぬが、鞘《さや》を塗り柄《つか》を巻き、その外、金物《かなもの》の細工は田舎ながらドウヤラコウヤラ形だけは出来る。今でも私の塗《ぬっ》た虫喰塗《むしくいぬ》り[5]の脇差《わきざし》の鞘が宅に一本あるが、随分不器用なものです。都《すべ》てコンナ事は近処《きんじょ》に内職をする士族があってその人に習いました。金物《かなもの》細工をするに鑢《やすり》は第一の道具で、是《こ》れも手製に作って、その製作には随分苦心して居た所が、その後《のち》、年経《としへ》て私が江戸に来て先《ま》ず大に驚いたことがある、と申すは只《ただ》の鑢は鋼鉄《はがね》を斫《こ》うして斫う遣れば私の手にもオシ〱[6]出来るが、鋸鑢《のこぎりやすり》[7]ばかりは六《むず》かしい。ソコデ江

1 **野田笛浦** 一七九九（寛政十一）年―一八五九（安政六）年。丹後田辺の儒学者。 2 **浮気でない** 思慮深く落ち着きのある。軽々しくない。 3 **朱子学** 中国、宋代の朱熹が唱えた儒学の一派。宋学。江戸幕府はこれを官学として保護した。 4 **箍** 桶などの周囲に巻いて固定成形する輪。 5 **虫喰塗り** ここでは、虫の食ったあとのような模様になってしまった鞘。 6 **オシ〱** 中津の方言。どうにかこうにか。 7 **鋸鑢** 鋸の刃を研ぐためのヤスリ。

**鋸鑢に驚く**

戸に這入《はいっ》たとき、今思えば芝の田町《たまち》、処も覚えて居る、江戸に這入て往来の右側の家で、小僧が鋸《のこぎり》の鑢《やすり》の目を叩《たたい》て居る。皮を鑢の下に敷いて鏨《たがね》[1]で刻んで颯々《さつさ》と出来る様子だから、私は立留《たちどまっ》て之《これ》を見て、心の中で扨々《さてさて》大都会なる哉《かな》、途方もない事が出来るもの哉、自分等は夢にも思わぬ、鋸の鑢を拵《こしら》えようと云《い》うことは全く考えたこともない、然《しか》るに小供がアノ通り遣《やっ》て居るとは、途方もない工芸の進んだ場所だと思て、江戸に這入たその日に感心したことがあると云うような訳《わ》けで、少年の時から読書の外《ほか》は俗な事ばかりして俗な事ばかり考えて居て、年を取《とっ》ても兎角《とかく》手先《てさ》きの細工事《さいくごと》が面白くて、動《やや》もすれば鉋《かんな》だの鑿《のみ》だの買集《かいあつ》めて、何か作って見よう、繕《つくろ》うて見ようと思うその物は皆《み》な俗な物ばかり、所謂《いわゆる》美術と云う思想は少しもない。平生《へいぜい》万事至極《しごく》殺風景で、衣服住居などに一切頓着《とんじゃく》せず、如何《どう》いう家に居てもドンナ着物を着ても何とも思わぬ。着物の上着か下着かソレモ構わぬ。況《ま》して流行の縞模様など考えて見たこともない程の不風流《ぶふうりゅう》なれども、何か私に得意があるかと云えば、刀剣《とうけん》の拵《こしら》えとなれば、是《こ》れは善《よ》く出来たとか、小道具の作柄《さくがら》[2]釣合《つりあい》が如何《どう》とか云う考《かんがえ》はある。是れは田舎ながら手に少し覚えのある芸から自然に養うた意匠でしょう。

夫《そ》れから私が世間に無頓着《むとんちゃく》と云うことは少年から持《もっ》て生れた性質、周囲の事情に一寸《ちょい》とも感じない。藩の小士族などは酒、油、醤油などを買うときは、自分自《みず》から町に使《つかい》に行かなければならぬ。所がその頃の士族一般の風《ふう》として、頬冠《ほほかむり》をして宵出《よるで》掛《かけ》て行く。私は頬冠は大嫌いだ。生れてからしたことはない。物を買うに何だ、銭《ぜに》を遣《やっ》て買うに少しも構うことはないと云《い》う気で、顔も頭も丸出しで、士族だから大小は挟《さ》すが、徳利《とくり》を提《さげ》て、夜は扨置《さておき》白昼公然、町の店に行く。銭は家《うち》の銭だ、盗んだ銭じゃないぞと云うような気位《きぐらい》で、却《かえっ》て藩中者の頬冠をして見栄《みえ》をするのを可笑《おか》しく思《おもっ》たのは少年の血気、自分独《ひと》り自惚《うぬぼれ》て居たのでしょう。ソレカラ又家に客を招く時に、大根や牛蒡《ごぼう》を煮て喫《くわ》せると云うことに就《つい》て、

**青天白日に徳利**

必要があるから母の指図《さしず》に従て働て居た。所で私は客などがウジャ〳〵酒を呑《の》むのは大嫌い。俗な奴等だ、呑むなら早く呑《のん》で帰《かえっ》て仕舞《しま》えば宜《い》いと思うのに、中々帰らぬ。家は狭くて居処《いどころ》もない。仕方《しかた》ないから客の呑でる間《あいだ》は、私は押入の中に這入《はいっ》て寝て居る。何時《いつ》でも客をする時には、客の来る迄《まで》は働く、けれども夕方になると、自分も酒が好《すき》だから颯々《さっさつ》と酒を呑で飯《めし》を喰《くっ》て押入《おしいれ》に這入《はいっ》て仕舞い、客が帰た跡で押入から出て、何時《いつ》も寝る処に寝直すのが常例でした。

夫《そ》れから私の兄は年を取て居て色々の朋友がある。時勢論などをして居たのを聞たこともある、けれども私は夫れに就て喙《くちばし》を容《い》れるような地位でない。只追使《ただおいつかわ》れる許《ばか》り。その時、中津の

1 **鏨**　石や金属を彫刻するときなどに用いるノミに似た工具。
2 **作柄**　できばえ。

人気《にんき》[1]は如何《どう》かと云《い》えば、学者は挙《こぞっ》て水戸の御隠居様《ごいんきょさま》、即《すなわ》ち烈公《れっこう》[2]の事と、越前の春嶽《しゅんがく》様[3]の話が多い。学者は水戸の老公《ろうこう》と云い、俗では水戸の御隠居様と云う。御三家《ごさんけ》[4]の事だから譜代《ふだい》大名[5]の家来は大変に崇《あが》めて、仮初《かりそめ》にも隠居などゝ呼棄《よびすて》にする者は一人《ひとり》もない。水戸の御隠居様、水戸の老公と尊称して、天下一の人物のように話して居たから、私も左様《そう》思《おもっ》て居ました。ソレカラ江《え》川太《がわた》郎左衛門《ろうざえもん》[6]も幕府の旗本《はたもと》だから、江川様と蔭《かげ》でも屹《きっ》と様付《さまづけ》にして、之《これ》も中々評判が高い。或《ある》時《とき》兄などの話に、江川太郎左衛門と云う人は近世の英雄で、寒中袷《あわせ》[7]一枚着て居ると云うような話をして居るのを、私が側《そば》から一寸《ちょい》と聞て、何《な》にその位《くらい》の事は誰でも出来ると云うような気になって、ソレカラ私は誰にも相談せずに、毎晩掻巻《かいまき》[8]一枚《いちまい》着て敷蒲団《しきぶとん》も敷かず畳の上に寝ることを始めた。スルト母は之を見て、何の真似か、ソンナ事をすると風邪を引くと云《いっ》て、頻《しき》りに止《と》めるけれども、トウ／＼聴かずに一冬《ひとふゆ》通したことがあるが、是《こ》れも十五、六歳の頃、唯《ただ》人に負けぬ気で遣《やっ》たので身体《からだ》も丈夫であったと思われる。

又当時世間一般の事であるが、学問と云《い》えば漢学ばかり、私の兄も勿論《もちろん》漢学一方《いっぽう》の人で、只《ただ》他の学者と違うのは、豊後《ぶんご》の帆足万里《ほあしばんり》[9]先生の流《りゅう》を汲《く》んで、数学を学んで居ました。帆足先生と云えば中々大儒《だいじゅ》でありながら数学を悦《よろこ》び、先生の説に、鉄砲と算盤《そろばん》は士流の重んずべきものである、その算盤を小役人《こやくにん》に任せ、鉄砲を足軽《あしがる》に任せて置くと云うのは大間違いと云うその説が中津に流行して、士族中の有志者は数学に心を寄せる人が多い。兄も矢張《やは》り先輩に倣《なら》うて算盤《そろばん》の高尚な所まで進んだ様子です。この辺は世間の儒者と少し違うようだが、その他は所謂《いわゆる》孝悌《こうてい》忠信[10]で、純粋の漢学者に相違ない。或時《あるとき》兄が私に問《とい》を掛けて、「お前は是《こ》れから先

**兄弟問答**

き何になる積りかと云《い》うから、私が答えて、「左様《さよう》さ、先《ま》ず日本一の大金持《おおがねもち》になって思うさま金を使うて見ようと思いますと云うと、兄が苦い顔して叱《しか》ったから、私が返問《はんもん》して、「兄《にい》さんは如何《どう》なさると尋ねると、真面目《まじめ》に、「死に至るまで孝悌忠信と唯一言《ただいちごん》で、私は「へー

1 **人気** 世の中の評判。 2 **烈公** 徳川斉昭（一八〇〇〔寛政十二〕年—六〇〔万延元〕年）。水戸藩主。藩政の改革を進め、藩校・弘道館を設立するなどした。 3 **春嶽様** 松平慶永（一八二八〔文政十一〕年—九〇〔明治二十三〕年）。福井藩主。藩政改革に着手し、富国強兵策を進めた。 4 **御三家** 尾張（尾州家）、紀伊（紀州家）、常陸（水戸家）の徳川三家の総称。 5 **譜代大名** 関ヶ原の戦いの前から徳川家の家臣であった大名。 6 **江川太郎左衛門** 伊豆韮山《にらやま》の江戸幕府世襲代官。ここでは、三十六代英竜（一八〇一〔享和元〕年—五五〔安政二〕年）のこと。砲術家・海防家。民情を理解した公正な施策と洋学を取り入れた海防への取り組みで有名。 7 **袷** 裏地つきの着物。 8 **掻巻** 就寝時に上にかける、薄く綿を入れた袖つきの夜着。 9 **帆足万里** 一七七八（安永七）年—一八五二（嘉永五）年。豊後日出《ひじ》の儒学者。 10 **孝悌忠信** 父母に孝行し、兄弟の仲の良いこと、また、主君に対して忠実でいつわりのないこと。ここでは、儒教の教えのこと。

イと云《いっ》た切りそのまゝになった事があるが、先《ま》ず兄はソンナ人物で、又妙な処もある。或時《あるとき》私に向《むかっ》て、「乃公《おれ》は総領で家督[1]をして居るが、如何《どう》かして六《むず》かしい家の養子になって見たい。何とも云《い》われない頑固な、ゴク喧《やかま》しい養父母に事《つか》えて見たい。決して風波《ふうは》を起させないと云うのは、畢竟《ひつきょう》養父母と養子との間柄《あいだがら》の悪いのは養子の方の不行届《ふゆきとどき》だと説を極めてたのでしょう。所が私は正反対で、「養子は忌《いや》な事だ、[2]大嫌いだ。親でもない人を誰が親にして事える者があるかと云うような調子で、折々は互に説が違《ちがっ》て居ました。是《こ》れは私の十六、七の頃と思います。

母も亦《また》随分妙な事を悦《よろこ》んで、世間並《せけんなみ》には少し変わって居たようです。一体下等社会の者に附《つき》合《あ》うことが数寄《すき》で、出入りの百姓町人は無論《むろん》、穢多でも乞食でも颯々《さつさ》と近づけて、軽蔑もしなければ忌《いや》がりもせず言葉など至極《しごく》丁寧でした。又宗教に就《つい》て、近処《きんじょ》の老婦人達のように普通の信心はないように見える。例えば家は真宗でありながら説法も聞かず、「私は寺に参詣して阿弥陀様を拝むこと許《ばか》りは可笑《おか》しくてキマリが悪くて出来ぬと常に云《い》いながら、毎月米を袋に入れて寺に持《もっ》て行《いっ》て墓参りは欠かしたことはない（その袋は今でも大事に保存してある）。阿弥陀様は拝まぬが坊主には懇意が多い。旦那寺《だんなでら》[3]の和尚は勿論《もちろん》、又私が漢学塾に修業して、その塾中に諸国諸宗の書生坊主が居て、毎度私処に遊びに来れば、母は悦んで之《これ》を取持《とりもっ》て馳走《ちそう》でもすると云うような風《ふう》で、コンナ所を見れば唯《ただ》仏法が嫌いでもないようです。兎《と》に角《かく》に慈善心はあったに違いない。兹《ここ》に誠に穢《きたな》い奇談があるから話しましょう。中津に一人《ひとり》の女乞食があって、馬鹿のような狂者《きちがい》のような至極《しごく》の難渋者《なんじゅうもの》で、自分の名か、人の付けたのか、チエ〳〵と云《いっ》て、毎日市中を貰《もらっ》て廻《ま》わる。所が此奴《こいっ》が穢《きたな》いとも臭いとも云《い》いようのない女で、着物はボロ〳〵、髪はボウ〳〵、その髪に虱《しらみ》がウヤ〳〵して居るのが見える。母が毎度の事で天気の好《い》い日などには、おチエ此方《こっち》に這入《はいっ》て来いと云て、表の庭に呼込《よびこ》んで土間《どま》の草の上に坐らせて、自分は襷掛《たすきが》けに身構えをして乞食の虱狩《しらみがり》を始めて、私は加勢に呼《よび》出《だ》される。拾うように取れる虱を取《とっ》ては庭石の上に置き、マサカ爪《つめ》で潰《つぶ》すことは出来ぬから、私を側《そば》に置いて、この石の上のを石で潰せと申して、私は小さい手ごろな石を以《もっ》て構えて居る。母が一疋《いっぴき》取て台石《だいいし》の上に置くと私はコツリと打潰《うちつぶ》すと云う役目で、五十も百も先《ま》ずその時に取れる丈《だ》け取て仕舞《しま》い、ソレカラ母も私も着物を払うて糠《ぬか》で手を洗うて、乞食には虱を取らせて呉《く》れた褒美《ほうび》に飯《めし》を遣《や》ると云う極《きま》りで、是《こ》れは母の楽《たのし》みでしたろうが、私は穢《きた》なくて穢なくて堪《たま》らぬ。今思出《おもいだ》しても胸が悪いようです。

**乞食の虱をとる**

**1 家督**　家禄、家産を相続すべき家長の身分。跡目。**2 養子は忌な事だ**　諭吉は母、兄姉とともに暮らしてはいたが、幼少の時、隣家の叔父、中村術平（諭吉の父・百助の弟）の養子となり、中村姓を名乗っていた。ここの養子問答はこの事実を言外に含んでいるか。**3 旦那寺**　菩提寺。自家の帰依している寺。

### 反故を踏み お札を踏む

又私の十二、三歳の頃と思う。兄が何か反古《ほご》[1]を揃《そろ》えて居る処を、私がドタバタ踏んで通った所が兄が大喝《たいかつ》一声、コリャ待てと酷《ひど》く叱《しか》り付けて、「お前は眼が見えぬか、之《これ》を見なさい、何と書いてある、奥平大膳大夫《おくだいらだいぜんのたいふ》[2]と御名《おな》があるではないかと大造《たいそう》な権幕だから、「ア、左様《そう》で御在《ござい》ましたか、私は知らなんだと云《い》うと、「知らんと云《いっ》ても眼《め》があれば見える筈《はず》じゃ、御名を足で踏むとは如何《どう》云う心得である、臣子《しんし》の道はと、何《なん》か六《むず》かしい事を並べて厳しく叱るから謝らずには居られぬ。「私が誠に悪う御在ましたから堪忍《かんにん》して下さいと御辞儀《おじぎ》をして謝ったけれども、心の中では謝りも何もせぬ。「何の事だろう、殿様の頭でも踏みはしなかろう、名の書いてある紙を踏んだからッて構うことはなさそうなものだと甚《はなは》だ不平で、ソレカラ子供心に独《ひと》り思案して、兄《にい》さんの云うように殿様の名の書いてある反古を踏んで悪いと云えば、神様の名のある御札《おふだ》を踏んだら如何《どう》だろうと思《おもっ》て、人の見ぬ処で御札を踏んで見た所が何ともない。「ウム何ともない、コリャ面白い、今度は之を洗手場《ちょうずば》に持《もっ》て行《いっ》て遣《や》ろうと、一歩を進めて便所に試みて、その時は如何《どう》かあろうかと少し怖かったが、後《あと》で何ともない。「ソリャ見たことか、兄さんが余計な、あんな事を云わんでも宜《い》いのじゃと独り発明した[3]ようなものだが、是《こ》れ許《ばか》りは母にも云われず姉にも云われず、云えば屹《きっ》と叱られるから、一人《ひとり》で窃《そっ》と黙って居ました。

**稲荷様の神体を見る**

ソレカラ一つも二つも年を取れば自《おのず》から度胸も好《よ》くなったと見えて、年寄《としより》などの話にする神罰冥罰《しんばつみょうばつ》[4]なんと云《い》うことは大嘘《だいうそ》だと独《ひと》り自《みず》から信じ切《きっ》て、今度は一つ稲《いな》荷《り》様を見て遣《や》ろうと云う野心を起して、私の養子になって居た叔父様《おじさま》の家の稲荷の社《やしろ》の中には何が這入《はいっ》て居るか知らぬと明《あ》けて見たら、石が這入て居るから、その石を打擲《うっちゃ》って仕舞《しまっ》て代りの石を拾うて入れて置き、又隣家の下村《しもむら》と云う屋敷の稲荷様を明けて見れば、神体は何か木の札《ふだ》で、之《これ》も取《とっ》て棄《す》てゝ仕舞《しま》い平気な顔して居ると、間《ま》もなく初午《はつうま》[5]になって、幟《のぼり》を立てたり大鼓《たいこ》を叩いたり御神酒《おみき》を上げてワイ〳〵して居るから、私は可笑《おか》しい。「馬鹿め、乃《お》公《れ》の入れて置いた石に御神酒を上げて拝んでるとは面白いと、独《ひと》り嬉しがって居たと云うような訳《わ》けで、幼少の時から神様が怖いだの仏様が有難《ありがた》いだの云うことは一寸《ちょい》ともない。卜筮呪詛《うらないまじない》一切不信仰で、狐狸《きつねたぬき》が付くと云うようなことは初めから馬鹿にして少しも信じない。小供ながらも精神は誠にカラリとしたものでした。或時《あるとき》に大阪から妙な女が来たことがあるその女と云

1 **反古** 書き損じた書画の用紙。また、用の済んだ古い書き付け。 2 **奥平大膳大夫** 中津藩主のこと。中津藩主は代々この官名を名乗る人が多かった。 3 **発明した** 発見した。はっきり理解した。 4 **冥罰** 神仏が人知れず下す罰。 5 **初午** 二月最初の午の日。稲荷社の祭礼が行われる。

うのは、私共が大阪に居る時に邸《やしき》に出入《でいり》をする上荷頭《うわにかしら》[1]の伝法寺屋松右衛門《でんぼうじやまつえもん》と云うものゝ娘で、年の頃三十位《ぐらい》でもあったかと思う。その女が中津に来て、お稲荷様《いなりさま》を使う[2]ことを知《しっ》て居ると吹聴《ちょう》するその次第は、誰にでも御幣《ごへい》[3]を持たして置て何か祈ると、その人に稲荷様が憑拠《とっつ》くとか何とか云《いっ》て、頻《しき》りに私の家《うち》に来て法螺《ほら》を吹《ふい》て居る。夫《そ》れからその時に私は十五、六の時だと思う。「ソリャ面白い、遣《やっ》て貰《もら》おう、乃公《おれ》がその御幣を持とう、持て居る御幣が動き出すと云《い》うのは面白い、サア持たして呉《く》れろと云うと、その女がつく〲と私を見て居て、「坊《ぼん》さんはイケマヘンと云うから、私は承知しない。「今誰にでもと云たじゃないか、サア遣て見せろと、酷《ひど》くその女を弱らして面白かった事がある。

### 門閥の不平

ソレカラ私が幼少の時から中津に居て、始終《しじゅう》不平で堪《たま》らぬと云うのは無理でない。一体中津の藩風と云うものは、士族の間《あいだ》に門閥制度がチャンと定《き》まって居て、その門閥の堅い事は啻《ただ》に藩の公用に就《つい》てのみならず、今日私《わたくし》の交際上、小供の交際《つきあい》に至るまで、貴賤上下の区別を成して、上士族の子弟が私の家《うち》のような下士族の者に向《むか》ては丸で言葉が違う。私などが上士族に対して、アナタが如何《どう》なすって、斯《こ》うなすってと云えば、先方《むこう》では貴様が爾《そ》う為《し》やって、斯う為やれと云うような風で、万事その通りで、何でもない只《ただ》小供の戯れの遊びにも門閥が付て廻るから、如何《どう》しても不平がなくては居られない。その癖《くせ》今の貴様とか何とか云《い》う上士族の子弟と学校に行《いっ》て、読書会読《かいどく》と云うような事になれば、何時《いつ》でも此方《こっち》が勝つ。学問ばかりでない、腕力でも負けはしない。夫《そ》れがその交際《つきあい》、朋友互に交って遊ぶ小供遊《こどもあそび》の間《あいだ》にも、ちゃんと門閥と云うものを持《もっ》て横風至極《おうふうしごく》だから、小供心に腹が立《たっ》て堪らぬ。況《ま》して大人同士、藩の御用を勤めて居る人々に貴賤の区別は中々喧《やか》ましいことで、私が覚えて居るが、或時《あるとき》

### 下執事の文字に叱られる

私の兄が家老の処に手紙を遣《やっ》て、少し学者風でその表書《うわがき》に何々様下執事《かしつじ》[4]と書いて遣《やっ》たら大《おおい》に叱《しか》られ、下執事とは何の事だ、御取次衆《おとりつぎしゅ》[5]と認《したた》めて来いと云《いっ》て、手紙を突返《つきかえ》して来た。私は之《これ》を見ても側《そば》から独《ひと》り立腹して泣《ない》たことがある。馬鹿々々しい、こんな処に誰が居るものか、如何《どう》したって是《こ》れはモウ出るより外《ほか》に仕様《しよう》がないと、始終《しじゅう》心の中に思て居ました。ソレカラ私も次第に成長して、少年ながらも少しは世の中の事が分《わか》るようになる中に、私の従兄弟《いとこ》などにも随分一人《ひとり》や二人《ふたり》は学者がある。能《よ》く書を読む男があ

1 **上荷頭**　波止場と本船との間を連絡して荷物を運ぶ小舟の人夫の長。 2 **お稲荷様を使う**　稲荷神に仕えてその神託を伝えること。 3 **御幣**　神前でお祓いをする道具。細長い木の先に、畳んだ紙または裂いた麻を挟んだもの。 4 **下執事**　貴人に仕えて事務を執る下役人。ここでは、貴人を直接名指すことをはばかり、脇付として手紙の宛名に書き添え名宛人への敬意を表すことば。 5 **御取次衆**　手紙の脇付の一つ。下執事とほぼ同意。

る。固《もと》より下士族の仲間だから、兄なぞと話のときには藩風が善《よ》くないとか何とかいろ〳〵不平を洩《も》らして居るのを聞いて、私は始終それを止《と》めて居ました。「よしなさい、馬鹿々々しい。この中津に居る限りは、そんな愚論をしても役に立つものでない。不平があれば出て仕舞《しまう》が宜《よ》い、出なければ不平を云《い》わぬが宜《よい》と、毎度止《とめ》て居たことがあるが、是《こ》れはマア私の生付《うまれつ》きの性質とでも云うようなものでしょう。或時《あるとき》私が何か漢書を読む中に、喜怒色《いろ》に顕《あらわ》さず[1]と云う一句

**喜怒色に顕わさず**

を読《よん》で、その時にハット思うて大《おおい》に自分で安心決定《あんしんけつじょう》したことがある。「是れはドウモ金言《きんげん》だと思い、始終忘れぬようにして独《ひと》りこの教《おしえ》を守り、ソコデ誰が何と云《いっ》て賞《ほ》めて呉《く》れても、唯表面《ただうわべ》に程《ほど》よく受けて心の中には決して喜ばぬ。又何と軽蔑されても決して怒《おこ》らない。どんな事があっても怒った事はない。况《いわん》や朋輩同士で喧嘩をしたと云うことは只《ただ》の一度もない。ツイゾ人と摑合《つかみあ》ったの、打ったの、打たれたのと云うことは一寸《ちょい》ともない。是れは少年の時ばかりでない。少年の時分から老年の今日に至るまで、私の手は怒《いかり》に乗じて人の身体《からだ》に触れたことはない。所が先年二十何年前、塾の書生に何とも仕方《しかた》のない放蕩者があって、私が多年衣食を授けて世話をして遣《や》るにも拘《かか》わらず、再三再四の不埒《ふらち》、或《あ》るときそのものが何処《どこ》に何をしたか夜中《やちゅう》酒に酔《よっ》て生意気な風《ふう》をして帰《かえっ》て来たゆえ、貴様は今夜寝ることはならぬ、起きてチャント正座して居ろと申渡《もうしわた》して置《おい》て、少《すこ》して行て見ればグウ〳〵鼾《いびき》をして居

る。この不埒者《ふらちもの》めと云《いっ》て、その肩の処をつらまえて引起《ひきおこ》して、目の醒《さ》めてるのを尚《な》おグン〳〵ゆたぶって遣《やっ》たことがある。その時跡《あと》で独《ひと》り考えて、「コリャ悪い事をした、乃公《おれ》は生涯、人に向《むかっ》て此方《こっち》から腕力を仕掛《しか》けたようなことはなかったに、今夜は気に済まぬ事をしたと思《おもっ》て、何だか坊主が戒律でも破《やぶっ》たような心地《こころもち》がして、今に忘れることが出来ません。その癖《くせ》私は少年の時から能《よ》く饒舌《しゃべ》り、人並《ひとなみ》よりか口数《くちかず》の多い程に饒舌って、爾《そ》うして何でも為《す》ることは甲斐《かい》々《が》々しく遣て、決して人に負けないけれども、書生流儀の議論と云《い》うことをしない。仮令《たと》い議論すればと云《いっ》ても、ほんとうに顔を赧《あか》めて如何《どう》あっても勝たなければならぬと云う議論をしたことはない。何か議論を始めて、ひどく相手の者が躍起《やっき》となって来れば、此方《こちら》はスラリと流して仕舞《しま》う。「彼《あ》の馬鹿が何を馬鹿を云て居るのだと斯《こ》う思て、頓《とん》と深く立入ると云うことは決して遣らなかった。ソレでモウ自分の一身は何処《どこ》に行て如何《どん》な辛苦《しんく》も厭《いと》わぬ、唯《ただ》この中津に居ないで如何《どう》かして出て行《ゆ》きたいものだと、独り夫《そ》ればかり祈って居た処が、とうと長崎に行くことが出来ました。

1 **喜怒色に顕さず** 喜びや怒りの感情を顔やそぶりに表さないこと。『三国志』「蜀志」先主伝に見える言葉。

# 長崎遊学

それから長崎に出掛けた。頃は安政元年[1]二月、即《すなわ》ち私の年二十一歳（正味《しょうみ》十九歳三箇月）の時である。その時分には中津の藩地に横文字を読む者がないのみならず、横文字を見たものもなかった。[2]都会の地には洋学と云《い》うものは百年も前からありながら、中津は田舎の事であるから、原書は扨置《さてお》き、横文字を見たことがなかった。所がその頃は丁度《ちょうど》ペルリ[3]の来た時で、亜米《アメ》利加《リカ》の軍艦が江戸に来たと云うことは田舎でも皆知《しっ》て、同時に砲術と云うことが大変喧《やかま》しくなって来て、ソコデ砲術を学ぶものは皆和蘭《オランダ》流に就《つい》て学ぶので、その時私の兄が申すに、「和蘭の砲術を取調べるには如何《どう》しても原書を読まなければならぬと云うから、私には分《わか》らぬ。「原書とは何の事ですと兄に質問すると、兄の答に、「原書と云うは、和蘭出版の横文字の書だ。今、日本に翻訳書と云うものがあって、西洋の事を書いてあるけれども、真実に事を調べるにはその大本《おおもと》の蘭文の書を読まなければならぬ。夫《そ》れに就ては貴様はその原書を読む気はないかと云う。所が私は素《も》と漢書を学んで居るとき、同年輩の朋友の中では何時《いつ》も出来が好《よ》くて、読書講義に苦労がなかったから、自分にも自然頼《たのみ》にする気があったと思われる。「人の読むものなら横文字でも何でも読みましょうと、ソコデ兄弟の相談は出来て、その時丁度《ちょうど》兄が長崎に行く序《ついで》に任せ、兄の供をして参りました。長崎に落付《おちつ》き、始めて横文字の*abc*と云《い》うものを習うたが、今では日本国中到る処に、徳利《とくり》の貼紙《はりがみ》を見ても横文字は幾許《いくら》もある。目に慣れて珍しくもないが、始めての時は中々六《むず》かしい。廿六文字を習うて覚えて仕舞《しま》うまでには三日も掛りました。けれども段々読む中には又左程《さほど》でもなく、次第々々に易《やす》くなって来たが、その蘭学修業の事は扨置《さてお》き、抑《そ》も私の長崎に往《いっ》たのは、唯《ただ》田舎の中津の窮屈なのが忌《いや》で〳〵堪《たま》らぬから、文学[4]でも武芸でも何でも外に出ることが出来さえすれば難有《ありがた》いと云うので出掛けたことだから、故郷を去るに少しも未練はない、如斯処《こんなところ》に誰が居るものか、一度《いちど》出たらば鉄砲玉で、再び帰《かえっ》て来はしないぞ、今日こそ宜《い》い心地《こころもち》だと独《ひと》り心で喜び、後向《うしろむい》て唾《つばき》して颯々《さっさ》と足早《あしばや》にかけ出したの

**1 安政元年**　一八五四年。日米和親条約が締結された年。**2 中津の藩地に横文字を……見たものもなかった**　藩主、奥平昌高（一七八一〔天明元〕年―一八五五〔安政二〕年）が『蘭語訳撰』『バスタード辞書』を刊行するなど、中津藩は蘭学にむしろ理解があった。下級武士の二男としての諭吉のような立場では、横文字に接する機会がなかったということであろう。**3 ペルリ**　Matthew Calbraith Perry (1794–1858) M・C・ペリー。アメリカの海軍提督。東インド艦隊司令長官として、嘉永六（一八五三）年に浦賀に来航。日本に開国を迫り、翌年、日米和親条約の締結に成功した。**4 文学**　ここでは、学問のこと。

は今でも覚えて居る。夫《そ》れから長崎に行《いっ》て、そうして桶屋町《おけやまち》の光永寺《こうえいじ》[1]と云《い》うお寺を使《たよ》ったと云うのは、その時に私の藩の家老の倅《せがれ》で奥平壱岐《おくだいらいき》[2]と云う人はそのお寺と親類で、其処《そこ》に寓居して居るのを幸いに、その人を使ってマアお寺の居候《いそうろう》になって居るその中に、小出町《おいでまち》[3]に山本物次郎《やまもとものじろう》[4]と云う長崎両組《りょうぐみ》の地《じ》役人[5]で砲術家があって、其処《そこ》に奥平が砲術を学んで居るその縁を以《もっ》て、奥平の世話で山本の家《いえ》に食客《しょっかく》[6]に入込《いりこ》みました。抑《そ》も是《こ》れが私の生来《しょうらい》活動の始まり。

**活動の始まり**

有らん限りの仕事を働き、何でもしない事はない。その先生が眼《め》が悪くて書を読むことが出来ないから、私が色々な時勢論など、漢文で書いてある諸大家の書を読んで先生に聞かせる。又その家に十八、九の倅が在《あっ》て独息子《ひとりむすこ》、余りエライ少年でない、けれども本は読まなければならぬと云うので、ソコでその倅に漢書を教えて遣《や》らなければならぬ。是れが仕事の一つ。それから家は貧乏だけれども活計《くらし》は大きい。借金もある様子で、その借金の云延《いいのば》し、新《あらた》に借用の申込みに行き、又金談《きんだん》[7]の手紙の代筆もする。其処《そこ》の家に下婢《かひ》が一人に下男が一人ある。〔所で〕動《やや》もするとその男が病気とか何とか云《い》う時には、男の代《だい》をして水も汲む。朝夕《あさゆう》の掃除は勿論《もちろん》、先生が湯に這入《はい》る時は脊中《せなか》を流したり湯を取《とっ》たりして遣《や》らなければならぬ。又その内儀《おかみ》さんが猫が大好き、狆《ちん》が大好き、生物《いきもの》が好きで、猫も狆も犬も居るその生物《いきもの》一切の世話をしなければならぬ。上中下一切の仕事、私一人で引受けて遣《やっ》て居たから、酷《ひど》く調法な男だ、何とも云《い》われない調法な血気の少年であり乍《なが》ら、その少年の行状が甚《はなは》だ宜《よろ》しい、甚だ宜しくて甲斐々々《かいがい》しく働くと云うので、ソコデ以《もっ》て段々その山本の家の気に入《いっ》て、仕舞《しまい》にハ先生が養子にならないかと云う。私は前《まえ》にも云う通り中津の士族で、遂《つい》ぞ自分は知りはせぬが少《ちい》さい時から叔父《おじ》の家の養子になって居るから、その事を云うと、先生が夫《そ》れなら尚更《なおさ》ら乃公《おれ》の家の養子になれ、如何《どう》でも乃公《おれ》が世話をして遣《や》るからと度々《たびたび》云われた事がある。

その時の一体の砲術家の有様を申せば、写本の蔵書が秘伝で、その本を貸すには相当の謝物《しゃもつ》を取《とっ》て貸す。写したいと云《い》えば、写す為《た》めの謝料を取ると云うのが、先《ま》ず山本の家の臨時収入で、その一切の砲術書を貸すにも写すにも、先生は眼《め》が悪いから皆私の手を経《へ》る。それで私は砲術家の一切の元締《もとじめ》になって、何もかも私が一切取扱《とりあつか》って居る。その時分の諸藩の西洋家、例

1 **光永寺** 向陽山光永寺。浄土真宗大谷派の古刹。長崎市桶屋町に現存する。 2 **奥平壹岐** 中津藩の家老の息子、奥平十学。のち、江戸詰家老職。幕末に中金正衡と改名し、新政府に出仕。法律関係など著述が多い。 3 **小出町** 正しくは大井手町。現在の出来大工町の一部。 4 **山本物次郎** 山本重知。物次郎は通称。高島秋帆門人。 5 **長崎両組の地役人** 長崎奉行の下で陸上警備にあたる「町使」と「散使」を両組という。江戸から派遣されるのではなく、長崎の人が地役人として任用された。 6 **食客** 居候に同じ。他人の家に住み込み、衣食の世話を受ける者。 7 **金談** 金銭貸借などの相談。

えば宇和島《うわじま》藩、五島《ごとう》藩、佐賀《さが》藩、水戸《みと》藩などの人々が来て、或《あるい》は出島《でじま》の和蘭《オランダ》屋敷に行《いっ》て見たいとか、或は大砲を鋳《い》るから図を見せて呉《く》れとか、そんな世話をするのが山本家の仕事で、その実は皆私が遣《や》る。私は本来素人《しろうと》で、鉄砲を打つのを見た事もないが、図を引くのは訳《わ》けはない。颯々《さっさつ》と図を引いたり、説明を書いたり、諸藩の人が来れば何に付けても独《ひと》り罷《まか》り出《で》て、丸で十年も砲術を学んで立派に砲術家と見られる位《くらい》に挨拶をしたり世話をしたりすると云《い》う調子である。処《ところ》で私を山本の居候《いそうろう》に世話をして入れて呉れた人、即《すなわ》ち奥平壱岐《おくだいらいき》だ。壱岐と私とは主客《しゅかく》処《ところ》を易《か》えて、私が主人見たようになったから可笑《おか》しい。壱岐は元来漢学者の才子で局量が狭い。小藩でも大家《たいけ》の子だから如何《どう》も我儘《わがまま》だ。もう一つは私の目的は原書を読むに在《あっ》て、蘭学医の家に通うたり和蘭通詞《つうじ》[1]の家に行ったりして一意《いちい》専心《せんしん》原書を学ぶ。原書と云うものは始めて見たのであるが、五十日、百日とおい〳〵日を経《ふ》るに従て、次第に意味が分《わか》るようになる。所が奥平壱岐はお坊さん、[2]貴公子だから、緻密な原書などの読める訳《わ》けはない。その中に此方《こちら》は余程エラクなったのが主公と不和の始まり。全体奥平と云う人は決して深い巧《たくら》みのある悪人ではない。唯大家《ただたいけ》の我儘なお坊さんで智恵がない度量がない。その時に旨《うま》く私を籠絡《ろうらく》して生捕《いけど》って仕舞《しま》えば譜代《ふだい》の家来同様に使えるのに、却《かえっ》てヤッカミ出したとは馬鹿らしい。歳は私より十《とお》ばかり上だが、何分《なにぶん》気分が子供らしくて、ソコデ私を中津に還《か》えすような計略を運《めぐ》らしたのが、私の身には一大災難。

**長崎に居ること難し**

ソリャ斯《こ》う云《い》う次第になって来た。その奥平壹岐《おくだいらいき》と云う人に与兵衛《よへえ》と云う実父《じっぷ》の隠居があって、私共は之《これ》を御隠居様と崇《あが》めて居た。ソコデ私の父は二十年前に死んで居るのですけれども、私の兄が成長の後《のち》に父のするような事をして、又大阪に行《いっ》て勤番《きんばん》をして居て、中津には母一人で何もない。姉は皆嫁《かたづ》いて居て、身寄りの若い者の中には私の従兄《いとこ》の藤本元岱《ふじもとげんたい》[3]と云う医者が唯《ただ》一人、能《よ》く事が分《わか》り書も能く読める学者であるが、そこで中津に在る彼《か》の御隠居様が無法な事をしたと云うは、何《いず》れ長崎の倅《せがれ》壹岐の方から打合《うちあわせ》のあったものと見えて、その隠居が従兄の藤本を呼《よび》に来て、隠居の申すに、諭吉を呼還《よびかえ》せ、アレが居ては倅壹岐の妨げになるから早々《そうそう》呼還せ、但しソレに就《つい》ては母が病気だと申遣《もうしつか》わせと云う御《お》直《じき》[4]の厳命が下《くだ》ったから、固《もと》より否《いな》むことは出来ず、唯畏《ただかしこま》りましたと答えて、母にもそのよしを話して、ソレカラ従兄が私に手紙を寄送《よこ》して、母の病気に付き早々帰省致せと云う表向《おもてむき》の手紙と、又別紙に、実は隠居から斯《こ》う〳〵云う次第、余儀なく手紙を出したが、決して母の身を

**1 和蘭通詞** 長崎の地役人でオランダ人との通訳、翻訳を主な家職とし、通商にも携わった。**2 お坊さん** お坊ちゃん。**3 藤本元岱** 福澤の父百助の妹、国《くに》の子。中津藩医。号は箭山。**4 御直の** 直接の。直々の。

案じるなと詳《つまびらか》に事実を書いて呉《く》れたから、私は之《これ》を見て実に腹が立った。何だ、鄙劣《ひれつ》千万な、計略を運《めぐ》らして母の病気とまで偽《うそ》を云《い》わせる、ソンナ奴があるものか、モウ焼《や》けだ、大議論をして遣《や》ろうかと思《おもっ》たが、イヤ〳〵左様《そう》でない、今アノ家老と喧嘩をした所が、負けるに極《きま》って居る、戦わずして勝負は見えてる、一切喧嘩はしない、アンナ奴と喧嘩をするよりも自分の身の始末が大事だと思直《おもいなお》して、夫《そ》れからシラバクレて胆《きも》を潰《つぶ》した風《ふう》をして奥平の処に行て、扨《さて》中津から箇様《かよう》申して参りました、母が俄《にわか》に病気になりました、平生至極《へいぜいしごく》丈夫な方《ほう》でしたが、実に分らぬものです、今頃は如何《どう》云う容体《ようだい》でしょうか、遠国《えんごく》に居て気になりますなんて、心配そうな顔してグチャ〳〵述立《のべた》てると、奥平も大《おおい》に驚いた顔色《がんしょく》を作り、左様《そう》か、ソリャ気の毒な事じゃ、嘸《さぞ》心配であろう、兎《と》に角《かく》に早く帰国するが宜《よ》かろう、併《しか》し母の病気全快の上は又再遊《さいゆう》の出来るようにして遣るからと、慰《なぐ》さめるように云うのは、狂言が旨《うま》く行われたと心中得意になって居るに違いない。ソレカラ又私は言葉を続けて、唯今御指図《ただいまおさしず》の通り早々帰国しますが、御隠居様に御伝言は御在《ござい》ませんか、何《いず》れ帰れば御目《おめ》に掛ります、又何か御品《おしな》があれば何でも持《もっ》て帰りますと云《いっ》て、一《ひ》ト先《ま》ず別れて翌朝《よくあさ》又行《いっ》て見ると、主公が家に遣《や》る手紙を出して、之を屋敷に届けて呉れ、親仁《おやじ》に斯《こ》う〳〵伝言をして呉れと云い、又別に私の母の従弟《いとこ》の大橋六助《おおはしろくすけ》[1]と云う男に遣る手紙を渡して、これを六助の処に持て行け、爾《そ》うすると貴様の再遊に都合が宜《よ》かろうと云《いっ》て、故意《わざ》とその手紙に封をせずに明《あ》けて見よがしにしてあるから、何もかも委細《いさい》承知して丁寧に告別して、宿に帰《かえっ》て封なしの手紙を開《ひらい》て見れば、「諭吉は母の病気に付き是非《ぜひ》帰国と云《い》うからその意に任せて還《かえ》すが、修業勉強中の事ゆえ再遊の出来るようその方《ほう》にて取計《とりはか》らえと云う文句。私は之《これ》を見てます〳〵癪《しゃく》に障《さわ》る。「この猿松《さるまつ》[2]め馬鹿野郎めと独《ひと》り心の中で罵《ののし》り、ソレカラ山本の家にも事実は云われぬ、若《も》し是《こ》れが顕《あら》われて奥平の不面目《ふめんもく》にもなれば、禍《わざわい》は却《かえっ》て私の身に降《ふっ》て来て如何《どん》な目に逢うか知れない、ソレが怖いから唯《ただ》母の病気とばかり云て暇乞《いとまごい》をしました。

**江戸行を志す**

丁度《ちょうど》そのとき中津から鉄屋惣兵衛《くろがねやそうべえ》と云う商人が長崎に来て居て、幸いその男が中津に帰ると云うから、兎《と》も角《かく》も之と同伴と約束をして置《おい》て、ソコデ私の胸算《きょうさん》は固《もと》より中津に帰る気はない。何でも人間の行くべき処は江戸に限る、是《こ》れから真直《まっすぐ》に江戸に行きましょうと決心はしたが、この事に就《つい》ては誰かに話して相談をせねばならぬ。所が江戸から来た岡部同直《おかべどうちょく》[3]と云う蘭学書生がある。是れは医者の子で至極《しごく》面白い慥《たし》かな人物と見込んだから、

1 **大橋六助** 母方の祖父・橋本浜右衛門の兄の子。 2 **猿松** 狡猾で多弁な者。人をののしっていうことば。 3 **岡部同直** 下総古河藩の藩医。適塾に学ぶ。のち、官医となり福澤と長く交わりを続けた。

この男に委細《いさい》の内情を打明けて、「斯《こ》う〳〵云《い》う次第で僕は長崎に居《お》られぬ、余り癪《しゃく》に障《さわ》るからこのまゝ江戸に飛出《とびだ》す積《つも》りだが、実は江戸に知る人はなし、方角が分らぬ。君の家は江戸ではないか、大人《おとっさん》は開業医と聞いたが、君の家に食客《しょっかく》に置て呉《く》れる事は出来まいか。僕は医者でないが丸薬《がんやく》を丸める位《ぐらい》の事は屹《きっ》と出来るから、何卒《どうか》世話をして貰《もら》いたいと云うと、岡部も私の身の有様を気の毒に思うたか、私と一緒になって腹を立てゝ容易《たやす》く私の云う事を請合《うけあ》い、「ソレは出来よう、何でも江戸に行け。僕の親仁《おやじ》は日本橋檜物《ひもの》町に開業して居《お》るから、手紙を書いて遣《や》ろうと云《いっ》て、親仁名当《なあて》の一封を呉れたから私は喜んで之《これ》を請取《うけと》り、「ソコデ今この事が知れると大変だ、中津に帰らなければならぬようになるから、是《こ》ればかりは奥平にも山本にも一切誰《たれ》にも云わずに、君一人《ひとり》で呑込《のみこ》んで居て外《ほか》に洩《も》らさぬようにして、僕は是れから下ノ関に出て船に乗《のっ》て先《ま》ず大阪に行く、凡《およ》そ十日か十五日も掛《かか》れば着くだろう。その時を見計《みはか》ろうて中村（諭吉、当時は中村の姓を冒《おか》す）は初めから中津に帰る気はなかった、江戸に行くと云て長崎を出たと、奥平にも話して呉れ。是れも聊《いささ》か面当《つらあて》だと互に笑《わらっ》て、朋友と内々《ないない》の打合せは出来た。

それから奥平の伝言や何かをすっかり手紙に認《したた》めて仕舞《しま》い、是《こ》れは例の御隠居様に遣《や》らなければならぬ。「私は長崎を出立《しゅったつ》して中津に帰る所存《つもり》で諫早《いさはや》まで参りました処が、その途中で不《ふ》図《と》江戸に行《ゆ》きたくなりましたから、是れから江戸に参ります。就《つい》ては壹岐《いき》様から斯様《かよう》々々の御《ご》伝言で、お手紙は是《こ》れですからお届け申すと丁寧に認《したた》めて遣《や》って、ソレカラ封をせずに渡した即《すなわ》ち大橋六助《おおはしろくすけ》に宛《あて》た手紙を本人に届ける為《た》めに、私が手紙を書添《かきそ》えて、「この通りに封をせぬのは可笑《おか》しい、こんな馬鹿な事はないがこの儘御《ままお》届《とど》け申します。原《もと》はと云《い》えバ自分の方で呼還《よびかえ》すように企《くわだ》てゝ置きながら、表《うわ》べに人を欺《あざむ》くと云うのは卑劣《ひれつ》至極な奴《やつ》だ。私はもう中津に帰らず江戸に行くからこの手紙を御覧下さいと云うような塩梅《あんばい》に認《したた》めて、万事の用意は出来て、

### 諫早にて鉄屋と別る

鉄屋《くろがねや》惣兵衛と一処に長崎を出立《しゅったつ》して諫早《いさはや》まで——この間《あいだ》は七里ある——来た。丁度《ちょうど》夕方着《つい》たが何でも三月の中旬、[1]月の明るい晩であった。「扨《さて》鉄屋、乃公《おれ》は長崎を出る時は中津に帰る所存《つもり》であったが、是れから中津に帰るは忌《いや》になった。貴様の荷物と一処に乃公《おれ》のこの葛籠《つづら》も序《ついで》に持《もっ》て帰《かえっ》て呉《く》れ。乃公《おれ》はもう着換《きがえ》が一、二枚あれば沢山《たくさん》だ。是れから下ノ関に出て大阪へ行て、夫《そ》れから江戸に行くのだと云うと、惣兵衛殿は呆《あき》れて仕舞《しま》い、「それは途方もない、お前さんのような年の若い旅慣れぬお坊さんが一人で行くと云うのは。「馬鹿云うな、口があれば京に上《のぼ》る、[2]長崎から江戸に一人行くのに何のことがあるか。

1 **三月の中旬**　緒方洪庵の適塾の入門帳によれば、福澤の入門はこの年三月九日。この三月は二月の誤りであろう。　2 **口があれば京に上る**　ことわざ。一心さえあれば、できないことはないということ。

「けれども私は中津に帰《かえっ》てお母《ふくろ》さんにいい様《よう》がない。「なあに構うものか、乃公《おれ》は死《しに》も何もせぬから内《うち》のおッ母《か》さんに宜《よろ》しく云《いっ》て呉《く》れ、唯《ただ》江戸に参りましたと云《い》えば夫《そ》れで分る。鉄屋《くろがねや》も何とも云うことが出来ぬ。「時に鉄屋、乃公《おれ》は是から下ノ関に行こうと思うが、実は下ノ関を知らぬ。貴様は諸方を歩くが下ノ関に知《しっ》てる船宿《ふなやど》はないか。「私の懇意な内で船場屋《せんばや》寿久右衛門《すぐえもん》と云う船宿があります、其処《そこ》へお入来《いで》なされば宜しいと云う。抑《そ》もこの事を態々《わざわざ》鉄屋に聞かねバならぬと云うのは、実はその時私の懐中《かいちゅう》に金がない。内から呉れた金が一歩《ぶ》[1]もあったか、その外《ほか》に和蘭《オランダ》の字引の訳鍵《やくけん》[2]と云う本を売《うっ》て、掻集《かきあつ》めた所で二歩《ぶ》二朱《しゅ》か三朱しかない。それで大阪まで行くには如何《どう》しても船賃が足らぬと云う見込《みこみ》だから、そこで一寸《ちょい》と船宿の名を聞《きい》て置《おい》て、夫《そ》れから鉄屋に別れて、諫早《いさはや》から丸木船《まるきぶね》と云う船が天草《あまくさ》の海[3]を渡る。五百八十文《もん》出してその船に乗れば明日《あした》の朝佐賀まで着くと云うので、その船に乗《のっ》た所が、浪風《なみかぜ》なく朝佐賀に着《つい》て、佐賀から歩いたが、案内もなければ何もなく真実一身で、道筋の村の名も知らず宿々《しゅくじゅく》の順も知らずに、唯《ただ》東の方に向《むい》て、小倉《こくら》には如何《どう》行くかと道を聞て、筑前を通り抜けて、多分太宰府《だざいふ》の近所を通ったろうと思いますが、小倉には三日めに着《つい》た。その間《あいだ》の道中と云うものは随分困りました。一人旅、殊《こと》に何処《どこ》の者とも知れぬ貧乏そうな若侍、若《も》し行倒《ゆきだおれ》になるか暴れでもすれば宿屋が迷惑するから容易に泊めない。もう宿の善悪《よしあし》は択《えら》ぶに暇《いとま》なく、只《ただ》泊めて呉れさえすれば宜しいと

**贋手紙を作る**

云《い》うので無暗《むやみ》に歩行《ある》いて、何《どう》か斯《こう》か二晩泊《とま》って三日目に小倉に着きました。その道中で私は手紙を書いて即《すなわ》ち鉄屋惣兵衛の贋《にせ》手紙を拵《こしら》えて、「この御方《おんかた》は中津の御家中《ごかちゅう》、中村何様の若旦那で、自分は始終そのお屋敷に出入《でいり》して決して間違《まちがい》なき御方《おんかた》だから厚く頼むと鹿爪《しかつめ》らしき手紙の文句で、下ノ関船場屋寿久右衛門へ宛て鉄屋惣兵衛の名前を書いてちゃんと封をして、明日《あす》下ノ関に渡てこの手紙を用に立てんと思い、小倉《こくら》までたどり付て泊《とま》った時はおかしかった。彼方此方《あっちこっち》マゴマゴして、小倉中《じゅう》、宿を捜《さが》したが、何処《どこ》でも泊めない。ヤット一軒泊めて呉《く》れた所が薄汚ない宿屋で、相宿《あいやど》の同間《どうま》に人が寝て居る。スルト夜半《よなか》に枕辺《まくらもと》で小便する音がする。何だと思うと中風病《ちゅうふうやみ》[4]の老爺《おやじ》が、しびんに遣《やっ》てる。実は客ではない、その家の病人でしょう。その病人と並べて寝かされたので、汚くて堪《たま》らなかったのは能《よ》く覚えて居ます。

**1 一歩**　金貨の単位。一両は四歩（分とも書く）、一歩（分）は四朱。したがって一両は一六朱。後出の「文」は銭貨の単位。一、〇〇〇文を一貫文といい、公定で銭四貫文が一両に相当した。**2 訳鍵**　蘭学の初学者に広く使われた蘭日辞書。稲村三伯らが編纂した蘭日辞書『法爾末和解《ハルマわげ》』（通称『江戸ハルマ』一七九六〈寛政八〉年刊）を藤林普山が抜粋訂正したもの。**3 天草の海**　地理的に見て有明の海の誤りか。**4 中風病**　脳溢血などにより手足や言語が不自由となる病気。

それから下ノ関の渡場《わたしば》を渡て、船場屋《せんばや》を捜《さが》し出して、兼て用意の贋《にせ》手紙を持《もっ》て行《いっ》た所が、成《なる》程《ほど》鉄屋《くろがねや》とは懇意な家と見える、手紙を一見して早速《さっそく》泊めて呉《く》れて、万事能《よ》く世話をして呉れて、大阪まで船賃が一分《いちぶ》二朱《にしゅ》、賄《まかない》の代は一日若干《いくら》、ソコデ船賃を払うた外《ほか》に二百文か三百文しか残らぬ。併《しか》し大阪に行けば中津の倉屋敷で賄の代を払う事にして、是《こ》れも船宿《ふなやど》で心能《こころよ》く承知して呉れる。悪い事だが全く贋手紙の功徳でしょう。

**馬関の渡海**

小倉《こくら》から下ノ関に船で来る時は怖い事がありました。途中に出た所が少し荒く風が吹《ふい》て浪《なみ》が立《たっ》て来た。スルトその纜《つな》を引張《ひっぱっ》て呉れ、其方《そっち》の処を如何《どう》して呉れと、船頭《せんどう》が何か騒ぎ立て乗組《のりくみ》の私に頼むから、ヨシ来たと云《い》うので纜を引張たり柱を起したり、面白半分に様々加勢《かせい》をして先《ま》ず滞《とどこお》りなく下ノ関の宿に着《つい》て、「今日の船は如何《どう》したのか、斯《こ》う〳〵云う浪風《なみかぜ》で、斯う云う目に遇《あっ》た、潮《しお》を冠《かぶ》って着物が濡れたと云うと、宿の内儀《かみ》さんが「それはお危ない事じゃ、彼《あ》れが船頭なら宜《よ》いが実は百姓です。この節暇《ひま》なものですから内職にそんな事をします。百姓が農業の間《あいだ》に慣れぬ事をするから、少し浪風があると毎度大きな間違いを仕出来《しでか》しますと云うのを聞《きい》て、実に怖かった。成程奴等《やつら》が一生懸命になって私に加勢を頼んだのも道理だと思いました。

**馬関より乗船**

夫《そ》れから船場屋寿久右衛門《すぐえもん》の処から乗《の》った船には、三月[1]の事で皆上方《かみがた》見物、夫れは〳〵種々〔様々〕な奴が乗て居る。間抜《まぬ》けな若旦那も乗て居れば、頭の禿《はげ》た老爺《じじい》も乗て居る、上方辺《かみがたへん》[2]の茶屋女《ちゃやおんな》も居れば、下ノ関の安女郎《やすじょろう》も居る。坊主も、百姓も、有らん限りの動物が揃《そろ》うて、其奴等《そいつら》が狭い船の中で、酒を飲み、博奕《ばくち》をする。下《くだ》らぬ事に大きな声をして、聞かれぬ話をして、面白そうにしてる中に、私一人は真実無言、丸で取付端《とっつきは》がない。船は安芸《あき》の宮島《みやじま》[3]へ着《つい》た。私は宮島に用はない。唯《ただ》来たから唯島を見に上《あが》る。外《ほか》の連中《れんじゅう》はお互に朋友だから宜《い》いだろう。皆酒を飲む。私も飲みたくて堪《たま》らぬけれども、金がないから只《ただ》宮島を見たばかりで、船に帰《かえっ》て来てむしゃ〳〵船の飯《めし》を喰《くっ》てるから、船頭《せんどう》もこんな客は忌《い》やだろう、妙な顔をして私を睨《にら》んで居たのは今でも覚えて居る。その前に岩国の錦帯《きんたい》橋[4]も余儀《よぎ》なく見物して、夫れから宮島を出て讃岐の金比羅《こんぴら》様だ。多度津《たどつ》[5]に船が着て金比羅まで三里と云う。行きたくないことはないが、金がないから行かれない。外《ほか》の奴は皆船から出て行て、私一人で船の番をして居る。爾《そ》うすると一晩泊《ひとばんとまっ》て、どいつもこいつもグデン〳〵に酔《よっ》て陽気になって帰て来る。癪《しゃく》に障《さわ》るけ

1 **三月**　二月の誤りか。三七頁注1参照。 2 **上方辺**　京阪地方。大阪付近。 3 **安芸の宮島**　現在の広島県宮島町。厳島神社がある。 4 **錦帯橋**　山口県岩国市にある日本三大名橋の一つ。 5 **多度津**　香川県西部の町。金比羅（金刀比羅宮）参詣の上陸地として栄えた。

れども何としても仕様《しよう》がない。爾《そ》う云《い》う不愉快な船中で、如何《どう》やら斯《こ》うやら十五日目に播州明石《あかし》に着《つい》た。朝五ツ時、今の八時頃、明旦《あした》順風になれば船が出ると云う、けれどもコンナ連中のお供をしては際限がない。是《こ》れから大阪までは何里と聞けば、十五里と云う。「ヨシ、それじゃ乃公《おれ》は是《こ》れから大阪まで歩いて行く。就《つい》ては是迄《これまで》の勘定《かんじょう》は、大阪に着たら中津の倉屋敷まで取りに来い、この荷物だけは預けて行くからと云うと、船頭《せんどう》が中々聞かない。「爾う旨《うま》くは行かぬ、一切勘定を払《はらっ》て行けと云う。云われても払う金は懐中にない。その時に私は更紗《さらさ》の着物と絹紬《けんちゅう》[1]の着物と二枚あって、それを風呂敷に包んで持《もっ》て居るから、「茲《ここ》に着物が二枚ある、是れで賄《まかない》の代位《ぐらい》はあるだろう、外《ほか》に書籍《ほん》もあるが、是れは何にもならぬ。この着物を売ればその位の金にはなるではないか。大小を預《あず》ければ宜《よ》いが、是れは挟《さ》して行かねばならぬ。何時《いつ》でも宜《よろ》しい、船が大阪に着次第《ちゃくしだい》に中津屋敷で払て遣《や》るから取りに来いと云うも、船頭は頑張《がんばっ》て承知しない。「中津屋敷は知《しっ》てるが、お前さんは知らぬ人じゃ。何でも船に乗《のっ》て行きなさい。賄の代金は大阪で請取《うけと》ると云う約束がしてあるからそれは宜しい。何日《なんか》掛《かかっ》ても構わぬ、途中から上《あが》ることは出来ぬと云う。此方《こっち》は只管《ひたすら》頼むと小さくなって訳《わ》けを云えば、船頭は何でも聞かぬと剛情を張《はっ》て段々声が大きくなる。喧嘩にもならず実に当惑して居た処に、同船中、下ノ関の商人《あきんど》風の男が出て来て、乃公が請合《うけあ》うと先《ま》ず発言して船頭に向い、

**明石より上陸**

「コレお前も爾《そ》う、いんごう[2]な事を云《い》うものじゃない。賄代《まかないだい》の抵当《かた》に着物があるじゃないか。このお方はお侍じゃ、貴様達を騙《だま》す所存《つもり》ではないように見受ける。若《も》し騙したら乃公《おれ》が払う、サアお上《あが》りなさいと云《いっ》て、船頭も是《こ》れに安心して無理も云わず、ソレカラ私はその下ノ関の男に厚く礼を述《のべ》て船を飛出し、地獄に仏と心の中にこの男を拝みました。

そこで明石から大阪まで十五里の間《あいだ》と云うものは、私は泊ることが出来ぬ。財布の中はモウ六、七十文、百に足らぬ銭で迚《とて》も一晩泊《とま》ることは出来ぬから、何でも歩かなければならぬ。途中何と云《い》う処か知らぬが、左側の茶店《ちゃみせ》で、一合《いちごう》十四文の酒を二合飲んで、大きな筍《たけのこ》の煮たのを一皿と、飯を四、五杯喰《くっ》て、夫《そ》れからグン〳〵歩いて、今の神戸辺《あたり》は先だか後《あと》だか、どう通《とおっ》たか少しも分《わか》らぬ。爾《そ》うして大阪近くなると、今の鉄道の道らしい川を幾川《いくつ》も渡《わたっ》て、有難《ありがた》い事にお侍だから船賃は只《ただ》で宜《よ》かったが、日は暮れて暗夜《やみよ》で真暗《まっくら》、人に逢わなければ道を聞くことが出来ず、夜中淋《やちゅうさび》しい処で変な奴に逢えば却《かえっ》て気味が悪い。その時私の指してる大小は、脇差《わきざし》は祐定《すけさだ》[3]の丈夫な身《み》であったが、刀は太刀作《たちづく》り[4]の細身《ほそみ》でどうも役に立ちそうでなくて心細かった。

**1 絹紬**　柞蚕《さくさん》という蛾の繭糸で織った織物。絹に似た光沢がある。**2 いんごう**　因業。頑固で物わかりの悪いこと。**3 祐定**　多くの名刀を残した備前長船《おさふね》の刀工。代々、祐定を称した。**4 太刀作り**　刀剣の様式。普通の刀は刃を上向きに腰に差すが、太刀は刃を下にして腰に帯びる。

実を云《い》えば大阪近在に人殺しの無暗《むやみ》に出る訳《わ》けもない、ソンナに怖がる事はない筈《はず》だが、独旅《ひとりたび》の夜道、真暗ではあるし臆病神《おくびょうがみ》が付いてるから、ツイ腰の物を便りにするような気になる。後で考えれば却《かえっ》て危ない事だと思う。ソレカラ始終《しじゅう》道を聞くには、幼少の時から中津の倉屋敷は大阪堂島玉江橋《どうじまたまえばし》と云《い》うことを知《しっ》てるから、唯《ただ》大阪の玉江橋へはどう行くかとばかり尋ねて、ヤット夜十時過ぎでもあろう、中津屋敷に着て兄に逢《あっ》たが、大変に足が痛かった。

**大阪着**

大阪に着て久振《ひさしぶり》で兄に逢うのみならず、屋敷の内外に幼ない時から私を知てる者が沢山《たくさん》ある。私は三歳の時に国に帰《かえっ》て二十二歳に再び行《いっ》たのですから、私の生れた時に知てる者は沢山。私の面《かお》が何処《どこ》か幼顔《おさながお》に肖《に》て居ると云うその中《うち》には、私に乳を呑《の》まして呉《く》れた仲仕《なかし》[1]の内儀《かみ》さんもあれば、又今度《こんど》兄の供をして中津から来て居る武八《ぶはち》と云う極《ごく》質朴な田舎男《いなかおとこ》は、先年も大阪の私の家に奉公して私のお守《もり》をした者で、私が大阪に着た翌日、この男を連れて堂島三丁目か四丁目の処を通ると、男の云うに、お前の生れる時に我身《おりゃ》夜中《よなか》にこの横町《よこちょう》の彼《あ》の産婆《ば》さんの処に迎いに行たことがある、その産婆さんは今も達者にし居る、それからお前が段々大きくなって、此身《おりゃ》お前をだいて毎日々々湊《みなと》の部屋（勧進元《かんじんもと》[2]）に相撲の稽古を見に行《いっ》た、その産婆さんの家《うち》は彼処《あすこ》じゃ湊の稽古場は此処《こっち》の方じゃと、指をさして見せたときには、私も旧《むかし》を懐《おも》うて胸一杯になって思わず涙をこぼしました。都《すべ》て如斯《こん》な訳《わ》けで私はどうも旅とは思われぬ、真実故郷に帰《かえっ》た通りで誠に宜《い》い心地《こころもち》。それから兄が私に如何《どう》して貴様《きさま》は出し抜けに此処《ここ》に来たのかという。兄の事であるから構わず斯《こ》う云《い》う次第で参りましたと云《いっ》たら、「乃公《おれ》が居なければ宜いが、道の順序を云て見れば貴様は長崎から来るのに中津の方が順路だ。その中津を横に見ておッ母《か》さんの処を避《よけ》て来たではないか。それも乃公《おれ》が此処に居なければ兎《と》も角《かく》、乃公が此処で貴様に面会しながら之《これ》を手放《てばな》して江戸に行《ゆ》けと云えば兄弟共謀だ。如何《いか》にも済まぬではないか。おッ母さんは夫程《それほど》に思わぬだろうが、如何《どう》しても乃公が済まぬ。それよりか大阪でも先生がありそうなものじゃ、大阪で蘭学を学ぶが宜いと云うので、兄の処に居て先生を捜《さが》したら緒方《おがた》と云う先生[3]のある事を聞出《ききだし》した。

**1 仲仕** 荷物を担いで運ぶ人夫。 **2 勧進元** 勧進相撲、勧進芝居などの興行主。 **3 緒方と云う先生** 緒方洪庵(一八一〇〔文化七〕年―六三〔文久三〕年)。蘭医。適々斎と号す。種痘の普及につとめた。適々斎塾(適塾)を開いた。のち、将軍の侍医となった。多くの門人が幕末維新期に多方面に活躍した。

**長崎遊学中の逸事**

鄙事多能《ひじたのう》[1]は私の独得《どくとく》、長崎に居る間《あいだ》は山本先生の家に食客生《しょっかくせい》と為《な》り、無暗《むやみ》に勉強して蘭学も漸《ようや》く方角の分るようになるその片手に、有らん限り先生家《か》の家事を勤めて、上中下の仕事なんでも引請《ひきう》けて、是《こ》れは出来ない、其《そ》れは忌《いや》だと云《いっ》たことはない。丁度上方辺《ちょうどかみがたへん》の大地震《おおじしん》[2]のとき、私は先生家の息子に漢書の素読《そどく》をして遣《やっ》た跡で、表の井戸端で水を汲《く》んで、大きな荷桶《にない》を担《かつ》いで一足踏出《ひとあしふみだ》すその途端にガタ〳〵と動揺《ゆれ》て足が滑《すべ》り、誠に危ない事がありました。

寺の和尚、今は既《すで》に物故《ぶっこ》したそうですが、是《こ》れは東本願寺の末寺《まつじ》、光永寺《こうえいじ》と申して、下寺《したでら》[3]の三ケ寺も持《もっ》て居る先《ま》ず長崎では名のある大寺《おおでら》、そこの和尚が京に上《のぼ》って何か立身して帰《かえっ》て来て、長崎の奉行所に廻勤《かいきん》[4]に行くその若党《わかとう》に雇われてお供をした所が、和尚が馬鹿に長い衣《ころも》か装束か妙なものを着て居て、奉行所の門で駕籠《かご》を出ると、私が後《あと》からその裾《すそ》を持《もっ》てシズ〳〵と附いて歩いて行《ゆ》く。吹出《ふきだ》しそうに可笑《おか》しい。又その和尚が正月になると大檀那《だいだんな》[5]の家に年礼《ねんれい》に行くそのお供をすれば、坊さんが奥で酒でも飲《のん》でる供待《ともまち》の間《あいだ》に、供の者にも膳を出して雑煮《ぞうに》など喰《く》わせる。是れは難有《ありがた》く戴《いただ》きました。

又節分《せつぶん》に物貰《ものもら》いをしたこともある。長崎の風《ふう》に、節分の晩に法螺《ほら》の貝を吹《ふい》て何か経文《きょうもん》のような事を怒鳴《どな》って廻《ま》わる、東京で云《い》えば厄払《やくはら》い、その厄払をして市中の家の門《かど》に立てば、銭《ぜに》を呉《く》れたり米を呉れたりすることがある。所が私の居る山本の隣家《りんか》に杉山松三郎《すぎやままつさぶろう》（杉山徳三郎《とくさぶろう》[6]の実兄）と云《い》う若い男があって、面白い人物。「どうだ今夜行こうじゃないかと私を誘うから、勿論《もちろん》同意。ソレカラ何処《どこ》かで法螺《ほら》の貝を借りて来て、面《かお》を隠して二人《ふたり》で出掛けて、杉山が貝を吹く、お経の文句は、私が少年の時に暗誦《あんしょう》して居《い》た蒙求《もうぎゅう》の表題と千字文《せんじもん》[7]で請持《うけも》ち、王戎簡要天地《おうじゅうかんようてんち》玄黄《げんこう》なんぞ出《で》鱈目《たらめ》に怒鳴《どな》り立てゝ、誠に上首尾、銭《ぜに》だの米だの随分相応に貰《もらっ》て来て、餅を買い鴨を買い雑煮《ぞうに》を拵《こしら》えてタラフク喰《くっ》た事がある。

**1 鄙事多能**　つまらぬ仕事がよくできること。『論語』子罕篇にもとづく。福澤が細々とした手仕事を器用にこなしたこと。一四頁、「手端器用なり」の部分参照。**2 上方辺の大地震**　安政元（一八五四）年十一月におこった、安政南海地震のこと。**3 下寺**　本寺に所属する寺院。**4 廻勤**　挨拶まわり。**5 大檀那**　寺にお布施を多く喜捨する信者のこと。**6 杉山徳三郎**　機械工学の技術者。明治初年、東京に出て石川島の造船所につとめ、九州で炭鉱を経営したこともある。**7 千字文**　中国、梁の周興嗣がつくった四言古詩。二百五十句、一千字からなる。「王戎簡要」は『蒙求』の表題で、「天地玄黄」は『千字文』の句。福澤はこれをあわせて経文のように唱えた。

## 師弟アベコベ

私が始めて長崎に来て始めて横文字を習うと云《い》うときに、薩州の医学生に松崎鼎甫《まつざきていほ》と云う人がある。その時に藩主薩摩守《さつまのかみ》[1]は名高い西洋流の人物で、藩中の医者などに蘭学を引立て、松崎も蘭学修業を命ぜられて長崎に出て来て下宿屋に居るから、その人に頼んで教えて貰《もら》うが宜《よ》かろうと云うので行《いっ》た所が、松崎が*abc*を書いて仮名を附けて呉《く》れたのには先《ま》ず驚いた。是《こ》れが文字とは合点《がてん》が行《ゆ》かぬ。二十何字《なんじ》を覚えて仕舞《しま》うにも余程手間が掛《かかっ》たが、学べば進むの道理で、次第々々に蘭語の綴《つづり》も分《わか》るようになって来た。ソコデ松崎と云う先生の人相《にんそう》を見て応対の様子を察するに、決して絶倫の才子でない。依《よっ》て私の心中窃《ひそか》に、「是《こ》れは高《たか》の知れた人物だ。今でも漢書を読《よん》で見ろ、自分の方が数等上流の先生だ。漢蘭等《ひと》しく字を読み義を解することゝすれば、左《さ》までこの先生を恐るゝことはない。如何《どう》かしてアベコベにこの男に蘭書を教えて呉れたいものだと、生々《なまなま》の初学生が無鉄砲な野心を起したのは全く少年の血気に違いない。ソレはそれとしてその後私は大阪に行き、是れまで長崎で一年も勉強して居たから緒方でも上達が頗《すこぶ》る速くて、両三年の間《あいだ》に同窓生八、九十人の上に頭角《あたま》を現わした。所が人事の廻《まわ》り合せは不思議なもので、その松崎と云う男が九州から出て来て緒方の塾に這入《はい》り、私はその時ズット上級で[2]、下級生の会頭《かいとう》をして居るその会読《かいどく》に、松崎も出席することになって、三、四年の間《あいだ》に今昔《こんせき》の師弟アベコベ。私の無鉄砲な野心が本当な事になって、固《もと》より人には云《い》われず、又云うべきことでないから黙《だまっ》て居たが、その時の愉快は堪《たま》らない。独《ひと》り酒を飲《のん》で得意がって居ました。左《さ》れば軍人の功名《こうみよう》手柄、政治家の立身出世、金持の財産蓄積なんぞ、孰《いず》れも熱心で、一寸《ちよい》と見ると俗なようで、深く考えると馬鹿なように見えるが、決して笑うことはない。ソンナ事を議論したり理窟を述べたりする学者も、矢張《やは》り同じことで、世間並《なみ》に俗な馬鹿毛《ばかげ》た野心があるから可笑《おか》しい。

## 大阪修業

兄の申すことには私も逆《さか》らうことが出来ず、大阪に足を止《と》めまして、緒方《おがた》先生の塾に入門したのは安政二年卯歳《うどし》の三月でした。その前長崎に居る時には勿論《もちろん》蘭学の稽古をしたので、その

**1 藩主薩摩守**　島津斉彬（一八〇九〔文化六〕年—五八〔安政五〕年）。藩政を改革し、洋学を取り入れた殖産興業政策を推進した。**2 ズット上級**　適塾の入門帳によれば、松崎の入門は福澤より一年ほど早い。ここの記述は、松崎が一時塾を離れ、のちに復学したことによるものか。

稽古をした所は楢林《ならばやし》[1]と云《い》う和蘭通詞《オランダつうじ》の家《うち》、同じく楢林と云う医者の家《うち》、それから石川桜所《いしかわおうしょ》[2]と云う蘭法《らんぽう》医師、この人は長崎に開業して居て立派な門戸を張《はっ》て居る大家《たいか》であるから、中々入門することは出来ない。ソコで其処《そこ》の玄関に行《いっ》て調合所《ちょうごうじょ》の人などに習って居たので、爾《そ》う云うように彼方此方《あちこち》にちょい／＼と教えて呉《く》れるような人があれば其処《そこ》へ行く。何処《どこ》の何某《なにがし》に便り誰の門人になってミッチリ蘭書を読《よん》だと云うことはないので、ソコで大阪に来て緒方に入門したのは是《こ》れが本当に蘭学修業の始まり、始めて規則正しく書物を教えて貰《もら》いました。その時にも私は学業の進歩が随分速くて、塾中には大勢《おおぜい》書生があるけれども、その中ではマア出来の宜《よ》い方であったと思う。

**兄弟共に病気**

ソコで安政二年も終り三年の春になると、新春早々茲《ここ》に大なる不仕合《ふしあわせ》な事が起って来たと申すは、大阪の倉屋敷に勤番中の兄が僂麻質斯《リューマチス》に罹《かか》り病症が甚《はなは》だ軽くない。トウ／＼手足も叶《かな》わぬと云う程になって、追々《おいおい》全快するが如《ごと》く全快せざるが如くして居る間《あいだ》に、右の手は使うことが出来ずに左の手に筆を持《もっ》て書くと云うような容体《ようだい》。ソレと同時にその歳の二月頃であったが、緒方の塾の同窓、私の先輩で、予《かね》て世話になって居た加州の岸直輔《きしなおすけ》[3]と云う人が、腸窒扶斯《ちょうチブス》[4]に罹って中々の難症。ソコデ私は平生《へいぜい》の恩人だから、コンナ時に看病しなければならぬ。又加州の書生に鈴木儀六《すずきぎろく》[5]と云う者があって、是《こ》れも岸と同国の縁で、私と鈴木と両人、昼夜看病して、凡《およ》そ三週間も手を尽したけれども、如何《どう》しても悪症でとう〳〵助からぬ。一体この人は加賀人で宗旨は真宗だから、火葬にしてその遺骨を親元に送《おく》て遣《や》ろうと両人相談の上、遺骸を大阪の千日《せんにち》5の火葬場に持《もっ》て行《いっ》て焼《やい》て、骨を本国に送り、先《ま》ず事は済んだ所が、私が千日から帰て三、四日経つとヒョイと煩《わずら》い付《つい》た。容体《ようだい》がドウも只《ただ》の風邪でない。熱があり気分が甚《はなは》だ悪い。ソコデ私の同窓生は皆医者だから、誰かに見て貰《もらっ》た所が、是《こ》れは腸窒扶斯だ、岸の熱病が伝染したのだと云《いっ》て居る間《あいだ》に、その事が先生に聞えて、その時私は堂嶋の倉屋敷の長屋に寝て居た所が、先生が見舞に見えまして、愈《いよい》よ腸窒扶斯に違いない、本当に療治《りょうじ》しなければ是れは馬鹿にならぬ病気であると云《い》う。夫《そ》れから私はその時に今にも忘れぬ事のあると云うのは、緒方先生の深切。「乃公《おれ》はお前の病気を屹《きっ》と診《み》て遣《や》る。診て遣るけれども乃公が自分で処方することは出来ない。何分にも迷うて仕舞《しま》う。此《こ》の薬彼《あ》の薬と迷うて、

1 **楢林**　楢林栄七（オランダ通詞）、楢林健吉（蘭医）の名が、『福翁百余話』の「築城書百爾《ペル》之記」に見えるが、相当すると思われる人物は福澤と同時代の人ではなく、詳細は不明。 2 **石川桜所**　一八二二（文政五）年─一八〇（明治十三）年。陸奥の人。のち、徳川慶喜の侍医となり、維新後は軍医監をつとめた。 3 **岸直輔**　金沢藩士。嘉永六（一八五三）年、適塾に入門。 4 **腸窒扶斯**　腸チフス菌の感染により発症。高熱、舌苔、バラ疹などの症状がある。 5 **鈴木儀六**　金沢藩出身。安政二（一八五五）年、適塾に入門。のち、金沢医学館などにつとめた。 6 **千日**　現在の大阪市千日前のこと。当時は、墓地、火葬場があった。

**緒方先生の深切**

後《あと》になって爾《そ》うでもなかったと云《いっ》て又薬の加減をすると云《い》うような訳《わ》けで、仕舞《しまい》には何の療治をしたか訳《わ》けが分《わか》らぬようになると云うのは人情の免《まぬか》れぬ事であるから、病は診《み》て遣《や》るが執匙《しっぴ》[1]は外《ほか》の医者に頼む。そのつもりにして居《お》れと云て、先生の朋友、梶木《かじき》町《まち》[2]の内藤数馬《ないとうかずま》と云う医者に執匙を託し、内藤の家《うち》から薬を貰《もらっ》て、先生は只《ただ》毎日来て容体を診て病中の摂生法を指図《さしず》するだけであった。マア今日の学校とか学塾とか云うものは、人数も多く迚《とて》も手に及ばない事で、その師弟の間《あいだ》は自《おのず》から公《おおやけ》なものになって居る、けれども昔の学塾の師弟は正《まさ》しく親子の通り、緒方《おがた》先生が私の病を見て、どうも薬を授《さずけ》るに迷うと云うのは、自分の家《うち》の子供を療治して遣《や》るに迷うと同じ事で、その扱《あつかい》は実子《じっし》と少しも違わない有様であった。後世段々に世が開けて進んで来たならば、こんな事はなくなって仕舞《しまい》ましょう。私が緒方の塾に居た時の心地《こころもち》は、今の日本国中の塾生に較《くら》べて見て大変に違《ちが》う。私は真実緒方の家《うち》の者のように思い又《また》思わずには居《お》られません。ソレカラ唯今《ただいま》申す通り実父《じっぷ》同様の緒方先生が立《たち》会《あい》で、内藤数馬先生の執匙で有らん限りの療治をして貰いましたが、私の病気も中々軽くない。煩《わずら》い付て四、五日目から人事不《ふ》省《せい》、凡《およ》そ一週間ばかりは何も知らない程の容体でしたが、幸《さいわい》にして全快に及び、衰弱はして居ましたれども、歳は若し、平生身体《へいぜいからだ》の強壮なその為《た》めでしょう、恢復《かいふく》は中々早い。モウ四月になったら外に出て歩くようになり、その間《あいだ》に兄は僂麻質斯《リューマチス》を煩《わずらっ》て居《お》り、私は熱病の大病後である、如何《どう》にも始末が付かない。

**兄弟中津に帰る**

その中に丁度《ちょうど》兄の年期と云《い》うものがあって、二ケ年居れば国に帰ると云う約束で、今年の夏が二年目になり、私も亦《また》病後大阪に居て書物など読むことも出来ず、兎《と》に角《かく》に帰国が宜《よ》かろうと云うので、兄弟一緒に船に乗《のっ》て中津に帰ったのがその歳の五、六月頃と思う。所が私は病後ではあるが日々に恢復《かいふく》して、兄の僂麻質斯も全快には及ばないけれども別段に危険な病症でもない。夫《そ》れでは私は又大阪に参りましょうと云《いっ》て出たのがその歳、即《すなわ》ち安政三年の八月。モウその時は病後とは云われませぬ、中々元気が能《よ》くて、大阪に着《つい》たその時に、私は中津屋敷の空長屋《あきながや》を借用して独居自炊、即《すなわ》ち土鍋で飯《めし》を焚《たい》て喰《くっ》て、毎日朝から夕刻まで緒方の塾に通学して居ました。

**家兄の不幸再遊困難**

所が又不幸な話で、九月の十日頃であったと思う。国から手紙が来て、九月三日に兄が病死したから即刻帰《かえっ》て来いと云う急報。どうも驚いたけれども仕方《しかた》がない。取るものも取り敢《あ》えずスグ船に乗て、この度《たび》は誠に順風で、速《すみやか》に中津の港に着《つい》て、家《うち》に帰て見ればモウ葬式は勿論《もちろん》、何も斯《か》も片《かた》が付《つい》て仕舞《しまっ》た後《あと》の事で、ソレカラ私は叔父《おじ》の処の

1 **執匙**　匙を執って薬を調合すること。　2 **梶木町**　現在の大阪市中央区北浜三丁目付近。適塾の近く。

養子になって居た、所が自分の本家、即《すなわ》ち里の主人[1]が死亡して、娘が一人《ひとり》[2]あれども女の子では家督相続は出来ない、是《こ》れは弟が相続する、当然《あたりまえ》の順序だと云《い》うので、親類相談の上、私は知らぬ間《ま》にチャント福澤の主人になって居て、当人の帰国を待《まっ》て相談なんと云うことはありはしない。貴様は福澤の主人になったと知らせて呉《く》れる位《くらい》の事だ。扨《さ》てその跡を襲《つい》だ以上は、実は兄でも親だから、五十日の忌服《きふく》[3]を勤めねばならぬ。夫《そ》れから家督相続と云えば其《そ》れ相応の勤《つとめ》がなくてはならぬ、藩中小士族《こしぞく》相応の勤を命ぜられて居る、けれども私の心と云うものは天外万里《てんがいばんり》[4]、何もかも浮足《うきあし》になって一寸《ちょい》とも落付《おちつ》かぬ。何としても中津に居ようなど云うことは思いも寄らぬ事であるけれども、藩の正式に依ればチャント勤をしなければならぬから、その命を拒《こば》むことは出来ない。唯《ただ》言行を謹み、何と云われてもハイ〳〵と答えて勤めて居ました。自分の内心には如何《どう》しても再遊と決して居るけれども、周囲の有様と云うものは中々寄付《よりつ》かれもしない。藩中一般の説は姑《しばら》く差措《さしお》き、近い親類の者までも西洋は大嫌《だいきらい》で、何事も話し出すことが出来ない。ソコデ私に叔父があるから、其処《そこ》に行《いっ》て何か話をして、序《ついで》ながら夫れとなく再遊の事を少しばかり言掛《いいか》けて見ると、夫れは〳〵恐ろしい剣幕で頭から叱《しか》られた。「怪《けし》からぬ事を申すではないか。兄の不幸で貴様が家督相続した上は、御奉公大事に勤をする筈《はず》のものだ。ソレに和蘭《オランダ》の学問とは何たる心得《こころえ》違いか、呆返《あきれかえ》った話だとか何とか叱られたその言葉の中に、叔父が私を冷《ひや》かして、貴様のような奴《やつ》は負角力《まけずもう》の瘠錣《やせしこ》[5]と云《い》うものじゃと苦々《にがにが》しく睨《にら》み付けたのは、身の程知らずと云う意味でしょう。迚《とて》も叔父さんに賛成して貰《もら》おうと云うことは出来そうにもしないが、私が心に思って居れば自《おのず》から口の端《はし》にも出る。出れバ狭い所だから直《す》ぐ分る。近処《きんじょ》辺《あた》りに何処《どこ》となく評判する。平生《へいぜい》私の処に能《よ》く来るお婆《ばば》さんがあって、私の母より少し年長のお婆さんで、お八重《やえ》さんと云う人。今でも其《そ》の人の面《かお》を覚えて居る。つい向うのお婆さんで、或《あ》るとき私方に来て、「何か聞けば諭吉さんは又大阪に行くと云う話じゃが、マサカお順さん(私の母)そんな事はさせなさらんじゃろう、再び出すなんと云うのはお前さんは気が違うて居はせぬかと云うような、世間一般先《ま》ずソンナ風《ふう》で、その時の私の身の上を申せば

**母と直談**

寄辺汀《よるべなぎさ》の捨小舟《すておぶね》[6]、まるで唄《うた》の文句のようだ。ソコデ私は独《ひと》り考えた。「是《こ》れは迚《とて》も仕様《しよう》がない。唯《ただ》頼む所は母一人だ。母さえ承知して呉《く》れば誰が何と云うても怖い者はないと。

**1 里の主人** 兄の三之助のこと。 **2 娘が一人** 名はいち(一)。嘉永七(一八五四)年生まれ。 **3 忌服** 近親者が死去した場合、一定の期間喪に服し、公的な活動を控えること。 **4 天外万里** 心ここにあらずの状態。 **5 負角力の瘠錣** ことわざ「負角力の痩せ四股」。負けた相撲取りが、弱々しい四股を踏む。負け惜しみに強がっても威力がないこと。 **6 寄辺汀の捨小舟** たよるところがないという意味。「寄るべなぎさ」に「寄るべなき」の「なき」をかけている。

ソレカラ私は母にとっくり話した。「おッ母《か》さん。今私が修業して居るのは斯《こ》う云《い》う有様、斯う云う塩梅《あんばい》で、長崎から大阪に行《いっ》て修業して居《お》ります。自分で考えるには、如何《どう》しても修業は出来て何か物になるだろうと思う。この藩に居た所が何としても頭の上《あが》る気遣《きづかい》はない。真《しん》に朽《くち》果《は》つると云うものだ。どんな事があっても私は中津で朽果てようとは思いません。アナタはお淋しいだろうけれども、何卒《どうぞ》私を手放して下さらぬか。私の産れたときにお父ッさんは坊主にすると仰《おっ》しゃったそうですから、私は今から寺の小僧になったと諦《あきら》めて下さい」。その時私が出れば、母と死んだ兄の娘、産れて三つになる女の子と五十有余の老母と唯《ただ》の二人《ふたり》で、淋しい心細いに違いないけれども、とっくり話して、「どうぞ二人で留主をして下さい、私は大阪に行くから」と云《いっ》たら、母も中々思切《おもいき》りの宜《よ》い性質で、「ウム宜《よろ》しい。「アナタさえ左様《そう》云て下されば、誰が何と云ても怖いことはない。「オーそうとも。兄が死んだけれども、死んだものは仕方《しかた》がない。お前も亦余所《またよそ》に出て死ぬかも知れぬが、死生《しにいき》の事は一切言うことなし。何処《どこ》へでも出て行きなさい」。ソコデ母子の間《あいだ》と云うものはちゃんと魂胆《こんたん》が出来て仕舞《しまっ》て、ソレカラ愈《いよい》よ出ようと云うことになる。出るには金の始末をしなければならぬ。その金の始末と云うのは、

### 四十両の借金家財を売る

兄の病気や勤番中の其《そ》れ是《こ》れの入費《にゅうひ》、凡《およ》そ四十両借金がある。この四十両と云《い》うものは、その時代に私などの家に取《とっ》ては途方もない大借《だいしゃく》。これをこの儘《まま》にして置ては迚《とて》も始末が付かぬから、何でも片付けなければならぬ。如何《どう》しよう。外《ほか》に仕方がない。何でも売るのだ。一切万物売るより外なしと考えて、聊《いささ》か頼みがあると云うのは、私の父は学者であったから、藩中では中々蔵書を持《もっ》て居る。凡そ冊数にして千五百冊ばかりもあって、中には随分世間に類《るい》の少ない本もある。例えば私の名を諭吉と云うその諭の字は天保五年十二月十二日の夜《よ》、私が誕生したその日に、父が多年所望《しょもう》して居た明律《みんりつ》の上諭条例《じょうゆじょうれい》[1]と云う全部六、七十冊ばかりの唐本《とうほん》を買取《かいとっ》て、大造《たいそう》喜んで居る処に、その夜《よ》男子《なんし》が出生《しゅっしょう》して重ね〳〵の喜びと云う所から、その上諭の諭の字を取て私の名にしたと母から聞いた事がある位《くらい》で、随分珍らしい漢書があったけれども、母と相談の上、蔵書を始め一切の物を売却しようと云うことになって、先《ま》ず手近な物から売れるだけ売ろうと云うので、軸物《じくもの》のような物から売り始めて、目ぼしい物を申せば頼山陽《らいさんよう》の半切《はんせつ》の掛物《かけもの》を金《きん》二分《ぶ》に売り、大雅堂《たいがどう》[2]の柳下人物《りゅうかじんぶつ》の掛物

1 **明律の上諭条例** 『明律』は明朝の、『上諭条例』は清朝乾隆帝治世の法令集。ともに中国の法令集であったため、一書と誤認したものであろう。 2 **大雅堂** 池大雅（一七二三〔享保八〕年―一七六〔安永五〕年）。京都の画家。しばらく中津にいたことがある。

を二両二分、徂徠《そらい》[1]の書、東涯《とうがい》の書もあったが、誠に値《ね》がない、見るに足らぬ。その他はごた〳〵した雑物《ぞうもつ》ばかり。覚えて居るのは大雅堂《たいがどう》と山陽《さんよう》。刀は天正祐定《てんしょうすけさだ》[2]二尺五寸拵付《こしらえつき》[3]、能《よ》く出来たもので四両。ソレカラ蔵書だ。中津の人で買う者はありはせぬ。如何《どう》したって何十両と云《い》う金を出す藩士はありはせぬ。所で私の先生、白石《しらいし》と云う漢学の先生が、藩で何か議論をして中津を追出《おいだ》されて豊後の臼杵《うすき》藩[4]の儒者になって居たから、この先生に便《たよ》って行けば売れるだろうと思《おも》て、臼杵まで態々《わざわざ》出掛けて行《いっ》て、先生に話をした処が、先生の世話で残らずの蔵書を代金十五両で臼杵藩に買《かっ》て貰《もら》い、先《ま》ず一口《ひとくち》に大金《たいきん》十五両が手に入り、その他有らん限り皿も茶碗も丼も猪口《ちょく》も一切売《うっ》て、漸《ようや》く四十両の金が揃《そろ》い、その金で借金は奇麗に済《すん》だが、その蔵書中に易《えき》経集註《きょうしっちゅう》[5]十三冊に伊藤東涯先生が自筆で細々《こまごま》と書入《かきいれ》をした見事なものがある。是《こ》れは亡父《ぼうふ》が存命中大阪で買取《かいとっ》て殊《こと》の外《ほか》珍重したものと見え、蔵書目録に父の筆を以《もっ》て、この東涯先生書入の易経十三冊は天下稀有《けう》の書なり、子孫謹《つつしん》で福澤の家に蔵《おさ》むべしと、恰《あたか》も遺言のようなことが書いてある。私も之《これ》を見ては何としても売ることが出来ません。是れ丈《だ》けはと思うて残して置《おい》たその十三冊は今でも私の家にあります。夫《そ》れと今に残って居るのは唐焼《とうやき》の丼が二つある。是れは例の雑物売払《うりはらい》のとき道具屋が直《ね》を付けて丼二つ三分《さんぶ》と云うその三分とは中津の藩札《はんさつ》[6]で銭《ぜに》にすれば十八文《もん》のことだ。余り馬鹿々々しい、十八文ばかり有《あっ》ても無くても同じことだと思うて売らなかったのが、その後四十何年無事で、今は筆洗《ふであらい》になって居るのも可笑《おか》しい。

夫《そ》れは夫れとして、私が今度不幸で中津に帰《かえっ》て居るその間《あいだ》に一つ仕事をしました、と云《い》うのはその時に奥平壹岐《おくだいらいき》と云う人が長崎から帰て居たから、勿論《もちろん》私は御機嫌《ごきげん》伺《うかがい》に出なければならぬ。或日《あるひ》奥平の屋敷に推参《すいさん》して久々の面会、四方山《よもやま》の話の序《ついで》に、

**築城書を盗写す**

主人公が一冊の原書を出して、「この本は乃公《おれ》が長崎から持《もっ》て来た和蘭《オランダ》新版の築城書である[7]と云うその書を見た所が、勿論私などは大阪に居ても緒方の塾は医学塾であるから、医書、窮理《きゅうり》

**1 徂徠** 荻生徂徠（一六六六〔寛文六〕年―一七二八〔享保十三〕年）。儒学者。朱子学を経て古文辞学を唱えた。**2 天正祐定** 天正年間（一五七三―九一年）に鋳造された祐定の古刀。祐定については四三頁注3参照。**3 拵付** 刀剣の外装、柄・鍔・鞘などの刀身を納める装飾的な部分がそろっているもの。**4 臼杵藩** 現在の大分県東部一帯を領地とした藩。**5 易経集註** 中国の程頤（伊川）の「易伝」と朱子の「周易本儀」の二種の易経に対する注をあわせたもの。日本でも数種の版本が行われたが、ここでは、松永昌益が宋・元・明の朱子学者の諸注を抄録して加え、訓点を施した寛文四（一六六四）年の刊本。**6 藩札** 諸藩が殖産・専売政策や財政窮乏の打開のために発行した、その領内に限り通用した紙幣。「三分」は藩札の額面で、銀三分のこと。この頃、中津の藩札の相場は銀一匁（＝一〇分）が銭六〇文であった。**7 築城書** C・M・H・ペル著の『築城書』（一八五二年刊）。築城学の教科書で、野戦築城と永久築城との二編から成る。函館の五稜郭はこの書によって築城されたと伝えられている。大鳥圭介による『築城典刑』などの翻訳が出版され、幕末の兵学家の間で広く読まれた。

書[1]の外《ほか》に遂《つい》ぞそんな原書を見たことはないから、随分珍書だと先《ま》ず私は感心しなければならぬ、と云《い》うのはその時は丁度《ちょうど》ペルリ渡来の当分で、日本国中、海防軍備の話が中々喧《やかま》しいその最中に、この築城書を見せられたから誠に珍しく感じて、その原書が読《よん》で見たくて堪《たま》らない。けれども是《こ》れは貸せと云《いっ》た所が貸す気遣《きづかい》はない。夫《そ》れからマア色々話をする中に、主人が「この原書は安く買うた。二十三両で買えたから」なんと云《い》うたのには、実に貧書生の胆《きも》を潰《つぶ》すばかり。迚《とて》も自分に買うことは出来ず、左《さ》ればとてゆるりと貸す気遣はないのだから、私は唯《ただ》原書を眺めて心の底で独《ひと》り貧乏を歎息して居るその中に、ヒョイと胸に浮んだ一策を遣《やっ》て見た。「成程《なるほど》是れは結構な原書で御在《ござい》ます。迚も之《これ》を読《よん》で仕舞《しま》うと云うことは急な事では出来ません。責《せ》めては図と目録とでも一通《ひととお》り拝見したいものですが、四、五日拝借は叶《かな》いますまいかと手軽に触《あた》って見たらば、「よし貸そう」と云て貸して呉《く》れたこそ天与の僥倖《ぎょうこう》、ソレカラ私は家《うち》に持《もっ》て帰《かえっ》て、即刻鵞筆《がペン》と墨と紙を用意してその原書を初《はじめ》から写《うつし》掛けた。凡《およ》そ二百頁余《ページよ》のものであったと思う。それを写すに就《つい》ては誰にも言われぬのは勿論《もちろん》、写す処を人に見られては大変だ。家の奥の方に引込《ひきこ》んで一切客に遇《あ》わずに、昼夜精切《せいぎ》り一杯、根《こん》のあらん限り写した。そのとき私は藩の御用で城の門の番をする勤《つとめ》があって、二、三日目に一昼夜当番する順になるから、その時には昼は写本を休み、夜になれば窃《そっ》と写物《うつしもの》を持出《もちだ》して、朝、城門の明《あ》くまで写して、一目《ひとめ》も眠らないのは毎度のことだが、又この通りに勉強しても、人間世界は壁に耳あり眼《め》もあり、既《すで》に人に悟られて今にも原書を返せとか何とか云《いっ》て来はしないだろうか、いよ〳〵露顕《ろけん》すれば唯《ただ》原書を返したばかりでは済まぬ、御家老様の剣幕で中々六《むず》かしくなるだろうと思えば、その心配は堪《たま》らない。生れてから泥坊《どろぼう》をしたことはないが、泥坊の心配も大抵《たいてい》こんなものであろうと推察しながら、とう〳〵写し終りて、図が二枚あるその図も写して仕舞《しまっ》て、サア出来上った。出来上ったが読合《よみあわ》せに困る。是《こ》れが出来なくては大変だと云《い》うと、妙な事もあるもので、中津に和蘭《オランダ》のスペルリングの読めるものが只《たっ》た一人《ひとり》ある。それは藤野啓山《ふじのけいざん》[2]と云う医者で、この人は甚《はなは》だ私の処に縁がある、と云うのは私の父が大阪に居る時に、啓山が医者の書生で、私の家《うち》に寄宿して、母も常に世話をして遣《やっ》たと云う縁故からして、固《もと》より信じられる人に違いないと見抜いて、私は藤野の処に行て、「大《だい》秘密をお前に語るが、実は斯《こ》う〳〵云うことで、奥平の原書を写して仕舞た。所が困るのはその読合せだが、お前はどうか原書を見て居て呉《く》れぬか、私が写したのを読むから。実は昼遣《や》りたいが、昼は出来られない。ヒョッと分《わか》っては大変だから、夜分私が来るから御苦労だが見て居て呉れよと頼んだら、藤野が宜《よろ》しいと快く請合《うけあ》って呉れて、

**1 窮理書**　物理、化学書。**2 藤野啓山**　中津の蘭医。嘉永二（一八四九）年、中津で初めて種痘を施した。

ソレカラ私は其処《そこ》の家に三晩か四晩読合《よみあわ》せに行《いっ》て、ソックリ出来て仕舞《しまっ》た。モウ連城《れんじょう》の璧《たま》[1]を手に握ったようなもので、夫《そ》れから原書は大事にしてあるから如何《どう》にも気遣《きづかい》はない。しらばくれて奥平壹岐《おくだいらいき》の家に行て、「誠に難有《ありがと》うございます。お蔭で始めてこんな兵書を見ました。斯《こ》う云《い》う新舶来の原書が翻訳にでもなりましたら、嘸《さぞ》マア海防家には有益の事でありましょう。併《しか》しこんな結構なものは貧書生の手に得らるゝものでない。有難《ありがと》うございました。返上致しますと云《いっ》て奇麗に済んだのは嬉しかった。この書を写すに幾日かゝったか能《よ》く覚えないが、何でも二十日以上三十日足らずの間《あいだ》に写して仕舞《しま》うて、原書の主人に毛頭《もうとう》疑うような顔色《がんしょく》もなく、マンマとその宝物《ほうもつ》の正味《しょうみ》を偸《ぬす》み取《とっ》て私の物にしたのは、悪漢《わるもの》が宝蔵に忍び入《いっ》たようだ。

その時に母が、「お前は何をするのか。そんなに毎晩夜《よ》を更《ふ》かして碌《ろく》に寝《ね》もしないじゃないか。何の事だ。風邪《かぜ》でも引くと宜《よ》くない。勉強にも程のあったものだと喧《やかま》しく云う。「なあに、おッ母《か》さん、大丈夫だ。私は写本をして居るのです。この位《くらい》の事で私の身体《からだ》は何ともなるものじゃない。御安心下さい。決して煩《わずら》いはしませぬと云うたことがありましたが、ソレカラ愈《いよい》よ

### 医家に砲術修業の願書

大阪に出ようとすると、茲《ここ》に可笑《おか》しい事がある。今度出るには藩に願書を出さなければならぬ。可笑しいとも何とも云いようがない。是《こ》れまで私は部屋住《へやずみ》[2]だから、外《ほか》に出るからと云て届《とどけ》も願《ねがい》も要《い》らぬ、颯々《さっさつ》と出入《でいり》したが、今度は仮初《かりそめ》にも一家の

主人であるから願書を出さなければならぬ。夫《そ》れから私は兼《かね》て母との相談が済んで居《い》るから、叔父《おじ》にも叔母《おば》にも相談は要りはしない。出抜《だしぬ》けに蘭学の修業に参りたいと願書を出すと、懇意なその筋の人が内々《ないない》知らせて呉《く》れるに、「それはイケない。蘭学修業と云《い》うことは御家《おいえ》に先例のない事だと云う。「そんなら如何《どう》すれば宜《よ》いかと尋れば、「左様《さよう》さ。砲術修業と書いたならば済むだろうと云う。「けれども緒方《おがた》と云えば大阪の開業医師だ。お医者様の処に鉄砲を習いに行くと云うのは、世の中に余り例のない事のように思われる。是《こ》れこそ却《かえっ》て不都合な話ではござらぬか。「イヤ、それは何としても御例《ごれい》のない事は仕方がない。事実相違しても宜《よろ》しいから、矢張《やは》り砲術修業でなければ済まぬと云うから、「エー宜しい。如何《どう》でも為《し》ましょうと云《いっ》て、ソレカラ私儀《わたくしぎ》大阪表《おもて》緒方洪庵《こうあん》の許《もと》に砲術修業に罷越《まかりこ》したい云々《うんぬん》と願書を出して聞済《ききずみ》になって、大阪に出ることになった。大抵《たいてい》当時の世の中の塩梅式《あんばいしき》が分るであろう、と云うのは是《こ》れは必ずしも中津一藩に限らず、日本国中悉《ことごと》く漢学の世の中で、西洋流など云うことは仮初《かりそめ》にも通用しない。俗に云う鼻摑《はなつま》みの世の中に、唯《ただ》ペルリ渡来の一条が人心を動かして、砲術だけは西洋

**1 連城の璧** 数多くの城と交換しても惜しくないほどの、貴重な宝玉。『史記』廉頗伝に見える逸話にもとづく。 **2 部屋住** 家長の家に部屋を与えられて住むことから、二男以下で家督を相続することのできない者をいう。

流儀にしなければならぬと、云《い》わば一線《いっせん》の血路《けつろ》が開けて、ソコで砲術修業の願書で穏《おだやか》に事が済んだのです。

### 母の病気

願《ねがい》が済んで愈《いよい》よ船に乗《のっ》て出掛けようとする時に母の病気、誠に困りました。ソレカラ私は一生懸命、此《こ》の医者を頼み彼《あ》の医者に相談、様々に介抱した所が虫だと云《い》う。虫なれば如何《いか》なる薬が一番の良剤かと医者の話を聞くと、その時にはまだサントニーネ[1]と云うものはない、セメンシーナ[2]が妙薬だと云う。この薬は至極価《しごくあたい》の高い薬で田舎の薬店には容易にない。中津に只《たっ》た一軒ある計《ばか》りだけれども、母の病気に薬の価《ね》が高いの安いのと云《いっ》て居《お》られぬ。私は今こそ借金を払った後《あと》でなけなしの金を何でも二朱《にしゅ》か一歩《いちぶ》出して、そのセメンシーナを買《かっ》て母に服用させて、其《そ》れが利《き》いたのか何か分《わか》らぬ、田舎《いなか》医者の言うことも固《もと》より信ずるに足らず、私は唯《ただ》運を天に任せて看病大事と昼夜番をして居ましたが、幸《さいわい》に難症でもなかったと見えて日数凡《ひかずおよ》そ二週間ばかりで快くなりましたから、愈《いよい》よ大阪へ出掛けると日を定《き》めて、出立《しゅったつ》のとき別《わかれ》を惜しみ無事を祈って呉《く》れる者は母と姉とばかり、知人朋友、見送《みおくり》は扨置《さてお》き見向く者もなし、逃げるようにして船に乗りましたが、兄の死後、間《ま》もなく家財は残らず売払《うりはら》うて諸道具もなければ金もなし、赤貧《せきひん》洗うが如《ごと》くにして、他人の来て訪問《おとずれ》て呉れる者もなし、寂々寥々《せきせきりょうりょう》、古寺《ふるでら》見たような家に老母と小さい姪《めい》とタッタ二人残して出て行くのですから、流石磊落《さすがらいらく》書生も是《こ》れには弱りました。

**先生の大恩、緒方の食客となる**

船中無事大阪に着《つい》たのは宜《よろ》しいが、唯《ただ》生きて身体《からだ》が着《つい》た計《ばか》りで、扨《さ》て修業をすると云《い》う手当は何もない。ハテ如何《どう》したものかと思《おもつ》た所が仕方《しかた》がない。何《なに》しろ先生の処へ行《いつ》てこの通り言おうと思て、夫《それ》から、大阪着《ちゃく》はその歳の十一月頃と思う、その足で緒方《おがた》へ行て、「私は兄の不幸、斯《こ》う〳〵云う次第で又《また》出て参りましたと先《ま》ず話をして、夫から私は先生だからほんとうの親と同じ事で何も隠すことはない、家《うち》の借金の始末、家財を売払うた事から、一切万事何もかも打明《うちあ》けて、彼《か》の原書写本の一条まで真実を話して、「実は斯う云う築城書を盗写《ぬすみうつ》してこの通り持《もつ》て参りましたと云《いつ》た所が、先生は笑《わらつ》て、「爾《そ》うか、ソレは一寸《ちょい》との間《あいだ》に怪《け》しからぬ悪い事をしたような又善《よ》い事をしたような事じゃ。何は扨置《さてお》き貴様は大造《たいそう》見違えたように丈夫になった。「左様《さよう》で御在《ござい》ます。身体《からだ》は病後ですけれども、今歳《ことし》の春大層《たいそう》御厄介になりましたその時の事はモウ覚えませぬ。元の通り丈夫になりました。「それは結構だ。ソコデお前は一切聞《きい》て見ると如何《いかに》しても学費のないと云うことは明白

**1 サントニーネ**　サントニン。回虫駆除の特効薬。**2 セメンシーナ**　セメンシナ。シナの花のつぼみを乾燥させたもの。サントニンをふくみ、回虫駆除薬とする。

に分ったから、私が世話をして遣《や》りたい、けれども外《ほか》の書生に対して何かお前一人に贔負《ひいき》するようにあっては宜《よ》くない。待て〱。その原書は面白い。就《つい》ては乃公《おれ》がお前に云付《いいつ》けてこの原書を訳させると、斯《こ》う云《い》うことに仕《し》よう、そのつもりで居《い》なさいと云《いっ》て、ソレカラ私は緒方の食客生《しょっかくせい》になって、医者の家《うち》だから食客生と云うのは調合所の者より外《ほか》にありはしませぬが、私は医者でなくて只《ただ》翻訳と云う名義で医家の食客生になって居るのだから、その意味は全く先生と奥方との恩恵好意のみ、実際に翻訳はしてもしなくても宜《よ》いのであるけれども、嘘から出た誠で、私はその原書を翻訳して仕舞《しま》いました。[1]

**書生の生活**
**酒の悪癖**

私は是《こ》れまで緒方の塾に這入《はい》らずに屋敷から通《かよ》って居たのであるが、安政三年の十一月頃から塾に這入《はいっ》て内《ない》塾生となり、是れが抑《そもそ》も私の書生生活、活動の始まりだ。元来緒方の塾と云うものは真実日進々歩主義の塾で、その中に這入て居る書生は皆活潑有為《ゆうい》の人物であるが、一方から見れば血気の壮年、乱暴書生ばかりで、中々一筋縄《ひとすじなわ》でも二筋縄でも始末に行かぬ人物の巣窟《そうくつ》、その中に私が飛込《とびこん》で共に活潑に乱暴を働いた、けれども又自《おのず》から外《ほか》の者と少々違って居ると云うこともお話しなければならぬ。先《ま》ず第一に私の悪い事を申せば、生来《せいらい》酒を嗜《たしな》むと云うのが一大欠点、成長した後《のち》には自《みず》からその悪い事を知《しっ》ても、悪習既《すで》に性《せい》を成して[2]自《みず》から禁ずることの出来なかったと云うことも、敢《あえ》て包み隠さず明白に自首します。自分の悪い事を公《おおや》けにするは余り面白くもないが、正味《しょうみ》を言わねば事実談にならぬから、先《ま》ず一《ひ》ト通り幼少以来の飲酒の歴史を語りましょう。抑も私の酒癖《しゅへき》は、年齢の次第に成長するに従《したが》つて飲《のみ》覚え、飲慣れたと云《い》うでなくして、生《うま》れたまゝ物心《ものごころ》の出来た時から自然に数寄《すき》でした。今に記憶して居《い》る事を申せば、幼少の頃、月代《さかいき》[3]を剃《そ》るとき、頭の盆《ぼん》の窪《くぼ》を剃ると痛いから嫌がる。スルト剃《そつ》て呉《く》れる母が、「酒を給《た》べさせるから此処《ここ》を剃らせろと云《い》うその酒が飲みたさ計《ばか》りに、痛いのを我慢して泣かずに剃らして居た事は幽《かすか》に覚えて居ます。天性の悪癖、誠に愧《は》ずべき事です。その後、次第に年を重ねて弱冠[4]に至るまで、外《ほか》に何も法外な事は働かず行状は先《ま》ず正しい積《つも》りでしたが、俗に云う酒に目のない少年で、酒を見ては殆《ほと》んど廉恥《れんち》を忘れるほどの意気地《いくじ》なしと申して宜《よろ》しい。

ソレカラ長崎に出たとき、二十一歳とは云《い》いながらその実は十九歳余り、[5]マダ丁年《ていねん》[6]にもならぬ身で立派な酒客《しゅかく》、唯《ただ》飲みたくて堪《たま》らぬ。所が兼《かね》ての宿願を達して学問修業とあるから、自分

1 **翻訳して仕舞いました**　この福澤による翻訳は出版されなかった。　2 **性を成して**　性分、習い性となって。　3 **月代**　男性の額ぎわの髪を半月形にそり落とすこと。ここでは、単に頭の毛をそること。　4 **弱冠**　二十歳のこと。　5 **その実は十九歳余り**　満年齢でいえば十九歳の意。　6 **丁年**　満二十歳のこと。

の本心に訴えて何としても飲むことは出来ず、滞留一年の間《あいだ》、死んだ気になって禁酒しました。山本先生の家《うち》に食客《しょっかく》中も、大きな宴会でもあればその時に盗んで飲むことは出来る。又銭《ぜに》さえあれば町に出て一寸《ちょい》と升《ます》の角《すみ》から遣《や》るのも易《やす》いが、何時《いつ》か一度は露顕《ろけん》すると思《おもっ》て、トウ〳〵辛《しん》抱《ぼう》して一年の間《あいだ》、正体を現わさずに、翌年の春、長崎を去て諫早《いさはや》に来たとき始めてウント飲んだ事がある。その後程経《ほどへ》て文久元年の冬、洋行するとき、長崎に寄港して二日ばかり滞在中、山本の家を尋ねて先年中の礼を述べ、今度洋行の次第を語り、そのとき始めて酒の事を打明《うちあ》け、下戸《げこ》とは偽《いつわ》り実は大酒飲《おおざけのみ》だと白状して、飲んだも飲んだか、恐ろしく飲んで、先生夫婦を驚かした事を覚えて居ます。

### 血に交わりて赤くならず

この通り幼少の時から酒が数寄《すき》で酒の為《た》めには有《あ》らん限りの悪い事をして随分不養生も犯《おか》しましたが、又一方から見ると私の性質として品行は正しい。是《こ》れだけは少年時代、乱暴書生に交《まじわ》っても、家を成して後《のち》、世の中に交際しても、少し人に変って大きな口が利《き》かれる。滔々《とうとう》たる濁水《どろみず》社会にチト変人のようにあるが、左《さ》ればとて実際浮気《うわき》な花柳談《かりゅうだん》[1]と云《い》うことは大抵事細《たいていことこまか》に知《しっ》て居る。何故《なぜ》と云うに他人の夢中になって汚ない事を話して居るのを能《よ》く注意して聞《きい》て心に留《と》めて置くから、何でも分らぬことはない。例えば、私は元来囲碁《いご》を知らぬ、少しも分らないけれども、塾中の書生仲間に囲碁が始まると、ジャ〳〵張《ば》り出《で》て巧者《こうしゃ》なことを云《いっ》て、ヤア黒のその手は間違いだ、夫《そ》れ又やられたではないか、油断をすると此方《こっち》の方が危《あぶな》いぞ、馬鹿な奴《やつ》だあれを知らぬかなどゝ、宜《い》い加減に饒舌《しゃべ》れば、書生の素人《しろうと》の拙《へた》囲碁《ご》で、助言《じょごん》は固《もと》より勝手次第で、何方《どっち》が負けそうなと云《い》う事は双方の顔色《かおいろ》を見て能《よ》く分《わか》るから、勝つ方の手を誉めて負ける方を悪くさえ云えば間違いはない。ソコデ私は中々囲碁が強いように見えて、「福澤一番遣《や》ろうかと云われると、「馬鹿云うな、君達を相手にするのは手間《てま》潰《つぶ》しだ、そんな暇《ひま》はないと、高くとまって澄《すま》し込んで居るから、いよ〳〵上手《じょうず》のように思われて凡《およ》そ一年ばかりは胡摩化《ごまか》して居たが、何かの拍子《ひょうし》にツイ化《ばけ》の皮が現われて散々罵《さんざんのの》しられたことがある、と云うようなもので、花柳社会の事も他人の話を聞きその様子を見て大抵こまかに知《しっ》て居る、知て居ながら自分一身は鉄石《てっせき》の如《ごと》く大丈夫である。マア申せば血に交わりて赤くならぬ[2]とは私の事でしょう。自分でも不思議のようにあるが、是《こ》れは如《ど》何《う》しても私の家の風《ふう》だと思います。幼少の時から兄弟五人、他人まぜずに母に育てられて、次第に成長しても、汚ない事は仮初《かりそめ》にも蔭《かげ》にも日向《ひなた》にも家の中で聞《きい》たこともなければ話した事も

1 **花柳談** 遊里、色里の話。情話。

2 **血に交わりて赤くならぬ** ことわざ「朱に交われば赤くなる」の語尾をかえて逆の意味に用いた表現。

ない。清浄潔白《しょうじょう》、自《おのず》から同藩普通の家族とは色《いろ》を異《こと》にして、ソレカラ家を去《さっ》て他人に交わっても、その風《ふう》をチャント守《まもっ》て、別に慎《つつし》むでもない、当然《あたりまえ》な事だと思《おもっ》て居た。ダカラ緒方の塾に居るその間《あいだ》も、遂《つい》ぞ茶屋遊《ちややあそび》をするとか云《い》うような事は決してない、と云いながら前《まえ》にも云う通り何も偏屈で夫《そ》れを嫌って恐れて逃げて廻って蔭で理屈らしく不平な顔をして居ると云うような事も頓《とん》としない。遊廓の話、茶屋の話、同窓生と一処《いっしょ》になってドシ〳〵話をして問答して、而《そう》して私は夫れを又冷《ひや》かして、「君達は誠に野暮《やぼ》な奴だ。茶屋に行《いっ》てフラレて来ると云うような馬鹿があるか。僕は登楼《とうろう》[1]は為《し》ない。為ないけれども、僕が一度《ひとたび》奮発して楼に登れば、君達の百倍被待《もて》て見せよう。君等のようなソンナ野暮な事をするなら止《よ》して仕舞《しま》え。ドウセ登楼などの出来そうな柄《がら》でない。田舎者《いなかもの》めが、都会に出て来て茶屋遊の*ABC*を学んで居るなんて、ソンナ鈍いことでは生涯役に立たぬぞと云うような調子で哦鳴《がな》り廻って、実際に於《おい》てその哦鳴る本人は決して浮気でない。ダカラ人が私を馬鹿にすることは出来ぬ。能《よ》く世間にある徳行の君子なんて云う学者が、ムズ〳〵してシント考えて、他人の為《す》ることを悪い〳〵と心の中で思て不平を呑《のん》で居る者があるが、私は人の言行を見て不平もなければ心配もない、一緒に戯れて洒蛙々々《しゃあしゃぁ》として居るから却《かえっ》て面白い。

**書生を懲らしめる**

酒の話は幾《いく》らもあるが、安政二年の春、始めて長崎から出て緒方の塾に入門したその即日《そくじつ》に、在塾の一書生が始めて私に遇《あっ》て云《い》うには、「君は何処《どこ》から来たか。「長崎から来たと云《い》うのが話の始まりで、その書生の云うに、「爾《そ》うか、以来は懇親にお交際《つきあい》したい。就《つい》ては酒を一献《いっこん》酌もうではないかと云うから、私が之《これ》に答えて、「始めてお目に掛《かか》て自分の事を云うようであるが、私は元来の酒客《しゅかく》、然《し》かも大酒《たいしゅ》だ。一献酌もうとは有難《ありがた》い、是非《ぜひ》お供致《ともいた》したい、早速《さっそく》お供致したい。だが念の為《た》めに申して置くが、私には金はない、実は長崎から出て来たばかりで、塾で修業するその学費さえ甚《はなは》だ怪しい。有るか無いか分らない。矧《いわん》や酒を飲むなどゝ云う金は一銭もない。是《こ》れだけは念の為めにお話して置くが、酒を飲みにお誘《さそい》とは誠に辱《かたじけ》ない。是非お供致そうと斯《こ》う出掛けた。所がその書生の云うに、「そんな馬鹿げた事があるものか、酒を飲みに行けば金の要《い》るのは当然《あたりまえ》の話だ。夫《そ》ればかりの金のない筈《はず》はないじゃないかと云う。「何と云われても、ない金はないが、折角《せっかく》飲みに行こうと云うお誘だから是非行きたいものじゃと云うのが物分《ものわか》れでその日は仕舞《しま》い、翌日も屋敷から通って塾に行てその男に出遇《であ》い、「昨日のお話は立消《たちぎえ》になったが、如何《どう》だろうか。私は今日も酒が飲みたい。

1 **登楼**　妓楼（遊女屋）にあがって遊ぶこと。

連れて行《いっ》て呉《く》れないか、どうも行きたいと此方《こっち》から促《うなが》した処が、馬鹿云《い》うなと云《い》うような事で、お別れになって仕舞《しまっ》た。

ソレカラ一月経《ひとつきた》ち二月《ふたつき》、三月《みつき》経って、此方《こっち》もチャント塾の勝手を心得て、人の名も知れば顔も知ると云うことになって当り前に勉強して居る。一日《あるひ》その今の男を引捕《ひっつか》まえた。引捕まえて面談、「お前は覚えて居《い》るだろう、乃公《おれ》が長崎から来て始めて入門したその日に何と云《いっ》た、酒を飲みに行こうと云たじゃないか。その意味は新入生と云うものは多少金がある、之《これ》を誘出《さそいだ》して酒を飲もうと斯《こ》う云う考《かんがえ》だろう。言わずとも分《わかっ》て居る。彼《あ》の時に乃公が何と云た、乃公は酒は飲みたくて堪《たま》らないけれども金がないから飲むことは出来ないと刎付《はねつ》けて、その翌日は又此方《こっち》から促した時に、お前は半句の言葉もなかったじゃないか。能《よ》く考えて見ろ。憚《はばか》り乍《なが》ら諭吉だからその位《くらい》に強く云たのだ。乃公はその時には自《みず》から決する処があった。お前が愚図々々《ぐずぐず》云うなら即席に叩倒《たたきたお》して先生の処に引摺《ひきずっ》て行《いっ》て遣《や》ろうと思《おもっ》たその決心が顔色《がんしょく》に顕《あらわ》れて怖かったのか〔何か〕知らぬが、お前はどうもせずに引込《ひきこ》んで仕舞《しまっ》た。如何《いか》にしても済まない奴《やつ》だ。斯う云う奴のあるのは塾の為《た》めには獅《し》子《し》身中《しんちゅう》[1]の虫と云うものだ。こんな奴が居て塾を卑劣にするのだ。以来新入生に遇《あっ》て仮初《かりそめ》にも左様《さよう》な事を云うと、乃公は他人の事とは思わぬぞ。直《す》ぐにお前を捕《つか》まえて、誰とも云わず先生の前に連れて行て、先生に裁判して貰《もら》うが宜《よろ》しいか。心得て居ろと酷《ひど》く懲《こら》しめて遣《やっ》た事があった。

**塾長になる**

その後私の学問も少しは進歩した折柄《おりから》、先輩の人は国に帰る、塾中無人にて遂《つい》に私が塾長になった。[2] 扨《さて》塾長になったからと云《いっ》て、元来の塾風で塾長に何も権力のあるのではなし、唯《ただ》塾中一番六《むず》かしい原書を会読《かいどく》するときその会頭《かいとう》を勤める位《くらい》のことで、同窓生の交際《つきあい》に少しも軽重《けいじゅう》はない。塾長殿も以前の通りに読書勉強して、勉強の間《あいだ》にはあらん限りの活動ではないどうかと云《い》えば先《ま》ず乱暴をして面白がって居ることだから、その乱暴生が徳義を以《もっ》て人を感化するなど云う鹿爪《しかつめ》らしい事を考える訳《わ》けもない。又塾風を善《よ》くすれば先生に対しての御奉公、御恩報《ごおんほう》じになると、そんな老人めいた心のあろう筈《はず》もないが、唯私の本来仮初《かりそめ》にも弱い者いじめをせず、仮初にも人の物を貪《むさぼ》らず、人の金を借用せず、唯の百文《ひゃくもん》も借りたることはないその上に、品行は清浄《しょうじょう》潔白にして俯仰《ふぎょう》天地に愧《はじ》ず[3]と云う、自《おのず》から外《ほか》の者と違う処があるから、一緒になってワイ〱云て居ながら、マア一口《ひとくち》に云えば、同窓生一人も残らず自分の通りになれ、又自分の通りにして遣《や》ろうと云うような血気の威張《いば》りであったろうと今から思

1 **獅子身中の虫**　内部にあって味方に害を与える者のたとえ。 2 **塾長になった**　塾長になったのは安政四（一八五七）年。 3 **俯仰天地に愧ず**　天に対しても、人々に対しても何も恥ずかしいことはない。自分の言動に少しもやましいところがないこと。『孟子』尽心章句上にもとづく言葉。

うだけで、決して道徳とか仁義とか又大恩《だいおん》の先生に忠義とか、そんな奥ゆかしい事は更《さ》らに覚えはなかったのです。併《しか》し何でも爾《そ》う威張り廻って暴れたのが、塾の為《た》めに悪い事もあろう、又自《おのず》から役に立《たっ》たこともあるだろうと思う。若《も》し役に立て居れば夫《そ》れは偶然で、決して私の手柄でも何でもありはしない。

## 緒方の塾風

左様云《そうい》えば何か私が緒方塾の塾長で頻《しき》りに威張《いばっ》て自然に塾の風《ふう》を矯正《きょうせい》したように聞《きこ》ゆるけれども、又一方から見れば酒を飲むことでは随分塾風を荒らした事もあろうと思う。塾長になっても相替《あいかわ》らず元の貧書生なれども、その時の私の身の上は、故郷に在る母と姪と二人は藩から貰《もら》う少々ばかりの家禄《かろく》で暮して居る、私は塾長になってから表向《おもてむき》に先生家《か》の賄《まかない》を受けて、その上に新書生が入門するとき先生家《か》に束脩《そくしゅう》[1]を納めて同時に塾長へも金貮朱《きんにしゅ》を呈《てい》すと規則があるから、一箇月に入門生が三人あれば塾長には一分《いちぶ》二朱の収入、五人あれば二分二朱にもなるから小遣銭《こづかいせん》には沢山《たくさん》で、是《こ》れが大抵《たいてい》酒の代になる。衣服《きもの》は国の母が手織木綿《ておりもめん》の品《しな》を送《おくっ》て呉《く》れて夫《そ》れには心配がないから、少しでも手許《てもと》に金があれば直《すぐ》に飲むことを考える。是れが為《た》めには同窓生の中で私に誘われてツイ〳〵飲《のん》だ者も多かろう。扨《さて》その飲みようも至極《しごく》お粗末《そまつ》、殺風景で、銭《ぜに》の乏しいときは酒屋で三合《さんごう》か五合買《かっ》て来て塾中で独《ひと》り飲む。夫《そ》れから少し都合の宜《よ》い時には一朱か二朱以《もっ》て一寸《ちょい》と料理茶屋に行く、是れは最上の奢《おごり》で容易に出来兼ねるから、先《ま》ず度々《たびたび》行くのは鶏肉屋《とりや》、夫れよりモット便利なのは牛肉屋だ。その時大阪中で牛鍋《うしなべ》を喰《く》わせる処は唯《ただ》二軒ある。一軒は難波橋《なにわばし》の南詰《みなみづめ》、一軒は新町《しんまち》[2]の廓《くるわ》の側《そば》にあって、最下等の店だから、凡《およ》そ人間らしい人で出入《でいり》する者は決してない。文身《ほりもの》だらけの町の破落戸《ごろつき》と緒方の書生ばかりが得意の定《じょう》客《きゃく》だ。何処《どこ》から取寄せた肉だか、殺した牛やら、病死した牛やら、そんな事には頓着《とんちゃく》なし、一人前《ひとりまえ》百五十文ばかりで牛肉と酒と飯と十分の飲食であったが、牛は随分硬くて臭かった。

当時は士族の世の中だから皆大小は挟《さ》して居る、けれども内塾生《ないじゅくせい》五、六十人の中で、私は元来物を質入れしたことがないから、双刀《そうとう》はチャント持《もっ》て居るその外《ほか》、塾中に二腰《ふたこし》か三《み》腰もあったが、跡《あと》は皆質に置《おい》て仕舞《しまっ》て、塾生の誰《たれ》か所持して居るその刀が恰《あたか》も共有物で、是《こ》れでも差《さし》支《つかえ》のないと云うは、銘々《めいめい》倉屋敷にでも行くときに二本挟すばかりで、不断は脇差《わきざし》一本、たゞ丸

1 **束脩** 私塾で入門の時に納める礼物や金銭。
2 **新町** 現在の大阪市西区にあった遊里。

**塾生裸体**

腰にならぬ丈《だ》けの事であったから。夫《そ》れから大阪は暖《あつたか》い処だから冬は難渋な事はないが、夏は真実の裸体《はだか》、褌《ふんどし》も襦袢《じゆばん》も何もない真裸体《まつぱだか》。勿論《もちろん》飯を喫《く》う時と会読《かいどく》をする時には自《おのず》から遠慮するから何か一枚ちょいと引掛《ひつか》ける、中にも絽《ろ》1の羽織を真裸体の上に着てる者が多い。是《こ》れは余程おかしな風《ふう》で、今の人が見たら、さぞ笑うだろう。食事の時には迚《とて》も座って喰《く》うなんと云《い》うことは出来た話でない。足も踏立《ふみた》てられぬ板敷《いたじき》2だから、皆上草履《うわぞうり》を穿《はい》て立《たつ》て喰う。一度は銘々に別《わ》けてやったこともあるけれども、爾《そ》うは続かぬ。お鉢が其処《そこ》に出してあるから、銘々に茶碗に盛《もっ》て百鬼立食《ひやくきりつしよく》。ソンナ訳《わ》けだから食物《しよくもつ》の価《ね》も勿論安い。お菜《さい》は一六が葱《ねぎ》と薩摩芋の難波煮《なんばに》、五十が豆腐汁《とうふじる》、三八3が蜆汁《しじみじる》と云うようになって居て、今日は何が出ると云うことは極《きま》って居る。

**裸体の奇談失策**

裸体《はだか》の事に就《つい》て奇談がある。或《あ》る夏の夕方、私共五、六名の中に飲む酒が出来た。すると一人《ひとり》の思付《おもいつき》に、この酒を彼《あ》の高い物干《ものほし》の上で飲みたいと云うに、全会一致で、サア屋根づたいに持出《もちだ》そうとした処が、物干の上に下婢《げじよ》が三、四人涼んで居る。是《こ》れは困《こまつ》た、今彼処《あそこ》で飲むと彼奴等《きやつら》が奥に行《いっ》て何か饒舌《しやべ》るに違いない、邪魔な奴じゃと云う中に、長州生《せい》に松岡勇記《まつおかゆうき》4と云う男がある。至極《しごく》元気の宜《い》い活溌な男で、この松岡の云うに、僕が見事に彼《あ》の女共を物干から逐払《おいはら》て見せようと云いながら、真裸体で一人ツカ〳〵と物干に出て行き、お松どんお竹どん、暑いじゃないかと言葉を掛けて、そのまゝ傾向《あおむ》きに大の字なりに成《なっ》て倒れた。この風体《ふうてい》を見ては流石《さすが》の下婢も其処《そこ》に居ることが出来ぬ。気の毒そうな顔をして皆下《お》りて仕舞《しまっ》た。すると松岡が物干の上から蘭語で上首尾早く来いと云《い》う合図に、塾部屋の酒を持出して涼しく愉快に飲《のん》だことがある。

又或《あ》るとき是《こ》れは私の大失策、或る夜《よ》私が二階に寝て居たら、下から女の声で福澤さん〳〵と呼ぶ。私は夕方酒を飲《のん》で今寝たばかり。うるさい下女だ、今ごろ何の用があるかと思うけれども、呼べば起きねばならぬ。夫《そ》れから真裸体で飛起て、階子段《はしごだん》を飛下《とびお》りて、何の用だとふんばたかった所が、案に相違、下女ではあらで奥さんだ。何《ど》うにも斯《こ》うにも逃げようにも逃げられず、真裸体で座ってお辞儀も出来ず、進退窮《きゅう》して実に身の置処《おきどころ》がない。奥さんも気の毒だと思われたのか、物をも云わず奥の方に引込《ひっこん》で仕舞《しまっ》た。翌朝御詫《おわび》に出て昨夜は誠に失礼仕《つかまっ》りましたと陳《の》べる訳《わ》けにも行かず、到頭末代《とうとうまつだい》御挨拶なしに済《すん》で仕舞た事がある。是ればかりは生涯

**1 絽**　夏用の和服生地として、一定間隔をおいてすきまを作るように織った絹の布地。　**2 足も踏立てられぬ板敷**　素足ではとても立っていられない、ささくれだった板敷き。　**3 一六・五十・三八**　ひと月のうち、それぞれ一六は一と六、五十は五と十、三八は三と八のつく日。　**4 松岡勇記**　一八三四（天保五）年―九六（明治二十九）年。長州萩の人。栃木病院長、軍医、茨城県病院長を歴任し、晩年は萩に隠棲した。

忘れることが出来ぬ。先年も大阪に行《いっ》て緒方の家を尋ねて、この階子段《はしごだん》の下だったと四十年前《ぜん》の事を思出《おもいだ》して、独《ひと》り心の中で赤面しました。

### 不潔に頓着せず

塾風は不規則と云《い》わんか不整頓と云わんか乱暴狼藉《ろうぜき》、丸で物事に無頓着《むとんちゃく》。その無頓着の極《きょく》は世間で云《い》うように潔不潔、汚ないと云うことを気に止《と》めない。例えば、塾の事であるから勿論桶《もちろんおけ》だの丼《どんぶり》だの皿などの、あろう筈《はず》はないけれども、緒方の塾生は学塾の中に居ながら七輪《しちりん》もあれば鍋もあって、物を煮て喰《く》うと云うような事を不断遣《やっ》て居る、その趣《おもむき》は恰《あたか》も手鍋世帯《じょたい》[1]の台所見たような事を机の周囲《まわり》で遣《やっ》て居た。けれども道具の足ると云うことのあろう筈はない。ソコで洗手盥《ちょうずだらい》も金盥《かなだらい》も一切食物《しょくもつ》調理の道具になって、暑中など何処《どこ》からか素麺《そうめん》を貰うと、その素麺を奥の台所で湯煮《ゆで》て貰うて、その素麺を冷すには、毎朝、顔を洗う洗手盥を持《もっ》て来て、その中で冷《ひや》素麺にして、汁《つゆ》を拵《こしら》えるに調合所の砂糖でも盗み出せば上出来、その外《ほか》、肴《さかな》を拵えるにも野菜を洗うにも洗手盥は唯一のお道具で、ソンナ事は少しも汚ないと思わなかった。

夫《そ》れ所《どころ》ではない。虱《しらみ》は塾中永住の動物で、誰《だ》れ一人も之《これ》を免《まぬ》かれることは出来ない。一寸《ちょい》と裸体《はだか》になれば五疋《ごひき》も十疋も捕《と》るに造作《ぞうさ》はない。春先《はるさ》き少し暖気になると羽織の襟に匍出《はいだ》すことがある。或《あ》る書生の説に、ドウダ、吾々《われわれ》の虱は大阪の焼芋に似て居る。冬中《ふゆじゅう》が真盛《まっさか》りで、春になり夏になると次第に衰えて、暑中二、三箇月蚤《のみ》と交代して引込《ひっこ》み、九月頃新芋《しんいも》が町に出ると吾々の虱も復《ま》た出て来るのは可笑《おか》しいと云《いっ》た事がある。私は一案を工風《くふう》し、抑《そ》も虱を殺すに熱湯を用うるは洗濯婆《せんたくばばあ》の旧筆法[2]で面白くない、乃公《おれ》が一発で殺して見せようと云て、厳冬の霜夜《しもよ》に襦袢《じゅばん》を物干《ものほし》に晒《さら》して虱の親も玉子も一時に枯らしたことがある。この工風は私の新発明ではない、曾《かっ》て誰《だ》れかに聞《きい》たことがあるから遣《やっ》て見たのです。

そんな訳《わ》けだから塾中の書生に身なりの立派な者は先《ま》ず少ない。そのくせ市中の縁日など云《い》えば夜分屹度《きっと》出て行く。行くと往来の群集、就中《なかんずく》娘の子などは、アレ書生が来たと云て脇の方に避《よ》けるその様子は、何か穢多でも出て来て夫《そ》れを穢《きた》ながるようだ。如何《どう》も仕方《しかた》がない。往来の人から見て穢多のように思う筈《はず》だ。或《あ》るとき難波橋《なにわばし》の吾々《われわれ》得意の牛鍋屋《うしなべや》の親爺《おやじ》が

### 豚を殺す

豚を買出して来て、牛屋《うしや》商売であるが気の弱い奴《やつ》で、自分に殺すことが出来ぬからと云て、緒方の書生が目指された。夫れから親爺に逢《あっ》て、「殺して遣《や》るが、殺す代りに何を呉《く》れるか」――「左様《さよう》ですな」――「頭を呉れるか」――「頭なら上げましょう」。夫れから殺しに行《いっ》た。此方《こっち》は流石《さすが》に生理学者で、動物を殺すに窒塞《ちっそく》させれば訳《わ》けはないと云うことを知《しっ》て

1 **手鍋世帯** 煮たきを自分でする貧しい暮らし向き。
2 **旧筆法** 昔ながらの古くさいやり方。

居る。幸いその牛屋は河岸端《かしばた》であるから、其処《そこ》へ連《つれ》て行《いっ》て四足を縛《しばっ》て水に突込《つっこん》で直《す》ぐ殺した。そこでお礼として豚の頭を貰って来て、奥から鉈《なた》を借りて来て、先《ま》ず解剖的に脳だの眼だの能《よ》く〳〵調べて、散々《さんざん》いじくった跡を煮て喰《くっ》たことがある。是《こ》れは牛屋の主人から穢多のように見込《みこま》れたのでしょう。

### 熊の解剖

それから又或時《あるとき》には斯《こ》う云《い》う事があった。道修町《どしょうまち》[1]の薬種屋《やくしゅや》に丹波か丹後から熊が来たと云う触込《ふれこ》み。或《あ》る医者の紹介で、後学《こうがく》の為《た》め解剖を拝見致したいから誰か来て熊を解剖して呉《く》れぬかと塾に云《いっ》て来た。「それは面白い」。当時緒方の書生は中々解剖と云うことに熱心であるから、早速《さっそく》行て遣《や》ろうと云うので出掛けて行く。私は医者でないから行かぬが、塾生中七、八人行きました。夫《それ》から解剖して是《こ》れが心臓で是れが肺、是れが肝《かん》と説明して遣《やっ》た所が、「誠に有難《ありがた》い」と云て薬種屋も医者もふっと帰って仕舞《しまっ》た。その実は彼等の考《かんがえ》に、緒方の書生に解剖して貰えば無疵《むきず》に熊胆《くまのい》[2]が取れると云うことを知て居るものだから、解剖に託して熊胆《くまのい》が出るや否《いな》や帰《かえっ》て仕舞たと云う事がチャンと分《わかっ》たから、書生さん中々了簡《りょうけん》しない。是れは一番こねくって遣ろうと、塾中の衆議一決、直《す》ぐにそれ〳〵掛《かか》りの手分《てわ》けをした。塾中に雄弁滔々《とうとう》と能《よ》く喋舌《しゃべっ》て誠に剛情なシツコイ男がある、田中発太郎《たなかはったろう》[3]（今は新吾《しんご》と改名して加賀金沢に居る）と云う、是れが応接掛《おうせつがかり》、それから私が掛合《かけあい》手紙の原案者で、信州飯山から来て居る書生で菱湖風《りょうこふう》の書[4]を善《よ》く書く沼田芸平《ぬまたうんぺい》[5]と云《い》う男が原案の清書する。夫《そ》れから先方へ使者に行くのは誰《だ》れ、脅迫するのは誰れと、どうにも斯《こ》うにも手に余る奴《やつ》ばかりで、動《やや》もすれば手短《てみじか》に打毀《うちこわ》しに行くと云うような風《ふう》を見せる奴もある。又彼方《あちら》から来れば捏《こね》くる奴が控えて居る。何でも六、七人手勢《てぜい》を揃《そろ》えて拈込《ねじこん》で、理屈を述べることは筆にも口にも隙《すき》はない。応接掛りは不断の真裸体《まつぱだか》に似ず、袴羽織《はかまはおり》にチャント脇差《わきざし》を挟《さ》して緩急剛柔[6]、ツマリ学医の面目云々《めんもくうんぬん》を楯《たて》にして剛情な理屈を云うから、サア先方の医者も困《こまっ》て仕舞《しま》い、そこで平《ひら》あやまりだと云う。只謝《ただあやま》るだけで済めば宜《い》いが、酒を五升《しょう》に鶏《にわとり》と魚か何かを持《もっ》て来て、それで手を拍《うっ》て塾中で大《おおい》に飲みました。

1 **道修町** 大阪、船場《せんば》にある町。薬種問屋街として栄えた。 2 **熊胆** 熊の胆嚢を干したもの。消炎、健胃などの効能がある。 3 **田中発太郎** 一八三七（天保八）年―一九〇〇（明治三十三）年。加賀藩小松の人。安政三（一八五六）年、適塾に入門。金沢医学館教師、富山医学所教長、金沢医学校校長などを歴任した。 4 **菱湖風の書** 江戸時代中期の書家、巻菱湖（一七六七〔明和四〕年―一八三三〔天保四〕年）の書風。 5 **沼田芸平** 一八二九（文政十二）年―九〇（明治二十三）年。信州戸狩村出身。安政三年、適塾に入門。のち、郷里で医院を開業。 6 **緩急剛柔** 時に応じ様々なやり方をすること。

それに引換《ひきか》えて此方《こっち》から取られたことがある。道頓堀《どうとんぼり》の芝居に与力《よりき》や同心《どうしん》1のような役人が見廻りに行くと、スット桟敷《さじき》に通《とおっ》て、芝居の者共《ものども》が茶を持《もっ》て来る菓子を持て来るなどして、大威張《おおいば》りで芝居をたゞ見る。兼てその様子を知《しっ》て居るから、緒方の書生が、気味の悪い話サ、大小を挾《さ》して宗十郎頭巾《そうじゅうろうずきん》2を冠《かむっ》て、その役人の真似をして度々行《たびたびいっ》て、首尾能《よ》く芝居見物して居た。所が度《たび》重なれば顕《あら》われるの諺《ことわざ》に洩《も》れず、或《あ》る日、本者《ほんもの》が来た。サア此方《こっち》は何とも云《い》われないだろう、詐欺だから、役人を偽造したのだから。その時はこねくられたとも何とも、進退谷《きわ》まり大騒ぎになって、夫《そ》れから玉造《たまつくり》の与力に少し由縁《ゆかり》を得て、ソレに泣付《なきつい》て内済《ないさい》3を頼《たのん》で、ヤット無事に収まった。そのとき酒を持《もっ》て行たり肴《さかな》を持て行たりして、何でも金にして三歩《さんぶ》ばかり取られたと思う。この詐欺の一件は丹後宮津の高橋順益《たかはしじゅんえき》4と云う男が頭《とう》取《どり》であったが、私は元来芝居を見ない上に、この事を不安心に思うて、「それは余《よ》り宜くなかろう、マサカの時は大変だからと云《いっ》たが肯《きか》ない。「何《な》に訳《わ》けはない、自《おのず》から方便ありなんてズウ〳〵しく遣《やっ》て居たが、とう〳〵捕《つか》まったのが可笑《おか》しい所《どころ》か一時大《おお》心配をした。

**芝居見物の失策**

それから時としては斯《こ》う云う事もあった。その乱暴さ加減は今人の思寄《おもいよ》らぬことだ。

**喧嘩の真似**

警察がなかったから云わば何でも勝手次第である。元来大阪の町人は極《きわ》めて臆病だ。江戸で喧嘩をすると野次馬《やじうま》が出て来て滅茶苦茶にして仕舞《しま》うが、大阪では野次馬は迚《と》ても出て来ない。夏の事で夕方飯《めし》を喰《くっ》てブラ〳〵出て行く。申合《もうしあわせ》をして市中で大喧嘩の真似をする。お互に痛くないように大造《たいそう》な剣幕で大きな声で怒鳴《どなっ》て摑合《つかみあ》い打合《うちあ》うだろう。爾《そ》うするとその辺の店はバタ〳〵片付けて戸を締めて仕舞うて寂《ひっそ》りとなる。喧嘩と云《いっ》た所が唯《ただ》それだけの事で外《ほか》に意味はない。その法は同類が二、三人ずつ分《わか》れて一番繁昌な賑《にぎ》やかな処で双方から出逢うような仕《し》組《くみ》にするから、賑やかな処と云《い》えば先《ま》ず遊廓の近所、新町九軒《しんまちくけん》の辺《へん》で常極《じょうきま》りに遣《やっ》て居たが、併《しか》し余り一箇所で遣て化《ばけ》の皮が顕《あらわ》れるとイカヌから、今夜は道頓堀で遣《や》ろう、順慶《じゅんけい》町《まち》で遣ろうと云て遣たこともある。信州の沼田芸平《ぬまたうんぺい》などは余《よ》ほど喧嘩の上手《じょうず》であった。

## 弁天小僧

それから一度は斯《こ》う云《い》う事があった。私と先輩の同窓生で久留米《くるめ》の松下元芳《まつしたげんぼう》[5]と云う医者と二人連《づれ》で、御霊《ごりょう》と云う宮地《みやち》[6]に行て夜見世《よみせ》の植木を冷《ひや》かしてる中に、植木屋が、

**1 与力や同心** 与力は奉行の配下でその事務を助ける役。同心はさらにその下役。 **2 宗十郎頭巾** 江戸時代中期の俳優、沢村宗十郎が用いたことからこの名がついた頭巾。 **3 内済** 表沙汰にしないで内々に事を済ますこと。 **4 高橋順益** 一八三二（天保三）年―一八六五（慶応元）年。宮津藩の藩医。適塾に学んだのち、江戸に出て新銭座に近い芝・源助町に住んだ。福澤の親友で、福澤夫婦の結婚の橋渡しをした人物。 **5 松下元芳** 松下芳庵。適塾では福澤の前の塾長。退塾後は郷里で開業。 **6 御霊と云う宮地** 御霊神社の境内。

「旦那さん悪さをしてはいけまへんと云《いっ》たのは、吾々《われわれ》の風体《ふうてい》を見て万引をしたと云《い》う意味だから、サア了簡《りょうけん》しない。丸で弁天小僧見たように拈繰返《ねじくりかえ》した。「何でもこの野郎を打殺《うちころ》して仕舞《しま》え。理屈を云わずに打殺して仕舞えと私が怒鳴る。松下は慰《なだ》めるような風《ふう》をして、「マア殺さぬでも宜《い》いじゃないか。「ヤア面倒《めんどう》だ、一打《ひとうち》に打殺《ぶちころ》して仕舞うから止《と》めなさんなと、夫《そ》れ是《こ》れする中に往来の人は黒山のように集まって大《おお》混雑になって来たから、此方《こっち》は尚《な》お面白がって威《い》張《ばっ》て居ると、御霊の善哉屋《ぜんざいや》の餅搗《もちつき》か何かして居る角力取《すもうとり》が仲裁に這入《はいっ》て来て、「どうか宥《ゆる》して遣《やっ》て下さいと云うから、「よし貴様が中《なか》に這入《はい》れば宥して遣《や》る。併《しか》し明日の晩此処《ここ》に見世を出すと打殺して仕舞うぞ。折角中に這入《はいっ》たから今夜は宥して遣るからと云て、翌晩行《いっ》て見たら、正直な奴だ、植木屋の処だけ土場見世《どばみせ》を休んで居た。今のように一寸《ちょいと》も警察と云うものがなかったから乱暴は勝手次第、けれども存外に悪い事をしない、一寸この植木見世位《ぐらい》の話で実《み》のある悪事は決してしない。

**チボと呼ばれる**

私が一度大《おお》いに恐れたことは、是《こ》れも御霊《ごりょう》の近処で上方《かみがた》に行われる砂持《すなもち》と云う祭礼のような事があって、町中《まちじゅう》の若い者が百人も二百人も灯籠《とうろう》を頭に掛けてヤイ〳〵云て行列をして町を通る。書生三、四人して之《これ》を見物して居る中に、私が如何《どう》いう気であったか、何《いず》れ酒の機嫌でしょう、杖《つえ》か何かでその頭の灯籠を打落《ぶちおと》して遣《やっ》た。スルトその連中の奴《やつ》と見える。チボじゃ〳〵と怒鳴り出した。大阪でチボ（スリ）と云《い》えば、理非を分《わか》たず打殺して川に投《ほう》り込む習《なら》わしだから、私は本当に怖かった。何でも逃《に》げるに若《し》かずと覚悟をして、跣《はだし》になって堂島の方に逃げた。その時私は脇差《わきざし》を一本挟《さ》して居たから、若《も》し追付《おいつ》かるようになれば後向《うしろむい》て進《すすん》で斬《き》るより外仕方《ほかしかた》がない。斬《きっ》ては誠に不味《まず》い。仮初《かりそめ》にも人に疵《きず》を付ける了簡《りょうけん》はないから、唯《ただ》一生懸命に駈《か》けて、堂島五丁目の奥平《おくだいら》の倉屋敷に飛込《とびこん》でホット呼吸《いき》をした事がある。

**無神無仏**　又大阪の東北の方《ほう》に葭屋橋《あしやばし》と云う橋があるその橋手前の処を築地と云《いっ》て、在昔《むかし》は誠に如何《いかが》な家《うち》ばかり並んで居て、マア待合《まちあい》をする地獄屋[1]とでも云うような内実穢《きた》ない町であったが、その築地の入口の角《かど》に地蔵様か金比羅様《こんぴらさま》か知らん小さな堂がある。中々繁昌の様子で、其処《そこ》に色々な額《がく》が上げてある。或《あるい》は男女の拝んでる処が画《えが》いてある、何か封書が額に貼付《はりつ》けてある、又は髻《もとどり》が切《きっ》て結《ゆ》い付けてある。夫《そ》れを昼の中《うち》に見て置て、夜になるとその封書や髻のあるのを引《ひっ》さらえて塾に持《もっ》て帰て開封して見ると、種々《しゅじゅ》様々の願《がん》が掛けてあるから面白い。「ハ、アア是《こ》れは博奕《ばくち》を打《うっ》た奴が止《やめ》ると云うのか。是れは禁酒だ。是れは難船に助かったお

1　地獄屋　私娼の店。

礼。此方《こっち》のは女狂《おんなぐるい》にこり〳〵した奴だ。夫《そ》れは何歳の娘が妙な事を念じて居るなど丶、唯《ただ》それを見るのが面白くて毎度遣《やっ》た事だが、兎《と》に角《かく》に人の一心を籠《こ》めた祈願を無茶苦茶にするとは罪の深いことだ。無神無仏の蘭学生に逢《あっ》ては仕方《しかた》がない。

## 遊女の贋手紙

夫れから塾中の奇談を云《い》うと、そのときの塾生は大抵《たいてい》みな医者の子弟だから、頭は坊主か総髪《そうはつ》[1]で国から出て来るけれども、大阪の都会に居る間《あいだ》は半髪《はんぱつ》になって天下普通の武家の風《ふう》がして見たい。今の真宗坊主が毛を少し延《の》ばして当前《あたりまえ》の断髪の真似をするような訳《わ》けで、内実の医者坊主が半髪になって刀を挟《さ》して威張《いば》るのを嬉しがって居る。その時、江戸から来て居る手塚と云う書生[2]があって、この男は或《あ》る徳川家の藩医の子であるから、親の拝領した葵《あおい》の紋付《もんつき》を着て、頭は塾中流行の半髪で太刀作《たちづくり》の刀を挟《さし》てると云う風だから、如何《いか》にも見栄《みえ》があって立派な男であるが、如何《どう》も身持《みもち》が善《よ》くない。ソコデ私が或る日、手塚に向《むかっ》て、「君が本当に勉強すれば僕は毎日でも講釈をして聞かせるから、何は扨置《さてお》き北の新地に行くことは止《よ》しなさいと云《いっ》たら、当人もその時は何か後悔した事があると見えて「ア、新地か、今思出しても忌《いや》だ。決して行かない。「それなら屹度《きっと》君に教えて遣《や》るけれども、マダ疑わしい。行かないと云う証文《しょうもん》を書け。「宜《よろ》しい如何《どん》な事でも書くと云うから、云々《うんぬん》今後屹度勉強する、若《も》し違約をすれば坊主にされても苦《くるし》からずと云う証文を書かせて私の手に取《とっ》て置て、約束の通りに毎日別段に教えて居た所が、その後手塚が真実勉強するから面白くない。斯《こ》う云《い》うのは全く此方《こっち》が悪い。人の勉強するのを面白くないとは怪《け》しからぬ事だけれども、何分興《きょう》がないから窃《そっ》と両三人に相談して、「彼奴《あいつ》の馴染《なじみ》の遊女は何と云う奴か知《し》ら。「それは直《す》ぐに分《わか》る、何々という奴。「よし、それならば一つ手紙を遣《や》ろうと、夫《そ》れから私が遊女風の手紙を書く。片言交《かたことまじ》りに彼等の云いそうな事を並べ立て、何でも彼《あ》の男は無心《むしん》を云われて居るに相違ないその無心は、屹度《きっと》麝香《じゃこう》を呉《く》れろとか何とか云われた事があるに違いないと推察して、文句の中に「ソレあのとき役足《やくそく》のじゃこはどておますと云うような、判じて読まねば分らぬような事を書入れて、鉄川様何々よりと記して手紙は出来たが、併《しか》し私の手蹟《て》じゃ不味《まず》いから長州の松岡勇記《まつおかゆうき》と云う男が御家流《おいえりゅう》[3]で女の手に紛《まぎ》らわしく書いて、ソレカラ玄関の取次《とりつぎ》をする書生に云含《いいふく》めて、「是《こ》れを新地から来たと云《いっ》て持《もっ》て行け。併し事実を云えば打撲《ぶちなぐ》るぞ。宜《よろ》しいかと脅迫して、夫れから取次が本人の処に持て行《いっ》て、「鉄川と云う人は塾中にない、多分手塚君のことゝ思うから持て来たと云て渡した。手紙偽造の共謀者はその前から見え隠《がく》れに様子を窺《うかが》うて居た所が、本人の手

1 **総髪** 月代《さかやき》をそらずに髪全体をのばして結んだ髪形。医師、山伏、老人などに多く見られた。月代をそった髪形が半髪。 2 **手塚と云う書生** 手塚良庵のこと。安政二（一八五五）年、適塾に入門。漫画家・手塚治虫の曾祖父。 3 **御家流** 書道の流派、青蓮院流ともいう。この書体は公文書をはじめ広く行われた。

塚は一人《ひとり》で頻《しき》りにその手紙を見て居る。麝香《じゃこう》の無心があった事か如何《どう》か分らないが、手塚の二字を大阪なまりにテツカと云うそのテツカを鉄川と書いたのは、高橋順益《じゅんえき》の思付《おもいつき》で余《よ》ほど善く出来てる。そんな事で如何《どう》やら斯《こ》うやら遂《つい》に本人をしゃくり出して仕舞《しまっ》たのは罪の深い事だ。翌朝《よくちょう》二、三日は止《と》まって居たが果して〔遣《やっ》て〕行《いっ》たから、ソリャ締《し》めたと共謀者は待《まっ》て居る。帰《かえっ》て平気で居るから、此方《こっち》も平気で、私が鋏《はさみ》を持て行《いっ》てひょいと引捕《ひっつかま》えた所が、手塚が驚いて「どうすると云うから、「どうするも何もない、坊主にするだけだ。坊主にされて今のような立派な男になるには二年ばかり手間が掛るだろう。往生しろと云《いっ》て、髻《もとどり》を捕《つかま》えて鋏をガチャ〳〵云わせると、当人は真面目《まじめ》になって手を合せて拝む。そうすると共謀者中《ちゅう》から仲裁人が出て来て、「福澤、余り酷《ひど》いじゃないか。「何も文句なしじゃないか、坊主になるのは約束だと問答の中に、馴合《なれあい》の中人《ちゅうにん》が段々取持《とりも》つような風をして、果ては坊主の代りに酒や鶏《にわとり》を買わして、一処に飲みながら又冷《ひや》かして、「お願いだ、もう一度行て呉《く》れんか、又飲めるからとワイワイ云たのは随分乱暴だけれども、それが自《おの》から切諌《いけん》になって居たこともあろう。

**御幣担ぎを冷かす**

同窓生の間《あいだ》には色々な事のあるもので、肥後から来て居た山田謙輔《やまだけんすけ》[1]と云う書生は極《ご》々《く》の御幣担《ごへいかつぎ》[2]で、しの字を言わぬ。その時、今の市川団十郎の親の海老蔵《えびぞう》が道頓堀の芝居に出て居るときで、芝居の話をすると、山田は海老蔵のよばいを見るなんて云う位《くらい》な御幣担だから、性質は至極《しごく》立派な人物だけれども、如何《どう》も蘭学書生の気に入らぬ筈《はず》だ。何か話の端《はし》には之《これ》を愚弄《ぐろう》して居ると、山田の云うに「福澤々々、君のように無法な事ばかり云《い》うが、マア能《よ》く考えて見給《みたま》え。正月元日の朝、年礼に出掛けた時に、葬礼に逢うと鶴を台に載せて[3]担《かつい》で来るのを見ると何方《どっち》が宜《よ》いかと云うから、私は、「夫《そ》れは知れた事だ。死人《しびと》は喰《く》われんから鶴の方が宜《い》い。けれども鶴だって乃公《おれ》に喰わせなければ死人《しにん》も同じ事だと答えたような塩梅式《あんばいしき》で、何時《いつ》も冷《ひや》かして面白がって居る中に、或《あ》るとき長与専斎《ながよせんさい》[4]か誰《だ》れかと相談して、彼奴《あいつ》を一番大に遣《やっ》てやろうじゃないかと一工風《ひとくふう》して、当人の不在の間《あいだ》にその硯《すずり》に紙を巻いて位牌《いはい》を拵《こしら》えて、長与の書が旨《うま》いから立派に何々院何々居士《こじ》と云う山田の法名《ほうみょう》を書いて机の上に置て、当人の飯《めし》を喰う茶椀に灰を入れて線香を立てゝ位牌の前にチャント供えて置た所が、帰《かえ》って来て之を見て忌《いや》な顔をしたとも何とも、真青《まつさお》になって腹を立てゝ居たが、私共は如何《どう》も怖かった。

1 **山田謙輔**　安政三（一八五六）年、適塾に入門。　2 **御幣担**　縁起をかつぐ人。　3 **鶴を台に載せ**　婚礼など祝事の折、鶴や松など縁起の良い作り物を引き出物として台に乗せて飾った。　4 **長与専斎**　一八三八（天保九）年—一九〇二（明治三十五）年。肥前大村藩士。長崎でオランダ医学を学ぶ。のち、岩倉使節団に加わって欧米各国の医療制度を視察。帰国後、内務省初代衛生局長、貴族院議員、宮中顧問官を歴任した。福澤とは適塾以来、生涯の親友となった。

若《も》しも短気な男なら切付《きりつ》けて来たかも知れないから。

### 欺て河豚を喰わせる

夫《そ》れから又一度遣《やっ》た後《あと》で怖いと思《おもっ》たのは人をだまして河豚《ふぐ》を喰《く》わせた事だ。私は大阪に居るとき颯々《さっさ》と河豚も喰えば河豚の肝《きも》も喰《くっ》て居た。或《あ》る時、芸州仁方《げいしゅうにがた》[1]から来て居た書生、三刀元寛《みとうげんかん》と云《い》う男に、鯛《たい》の味噌漬《みそづけ》を貰《もらっ》て来たが喰わぬかと云《い》うと、「有難《ありがた》い、成程宜《い》い味がすると、悦《よろこ》んで喰て仕舞《しまっ》て二時間ばかり経《たっ》てから、「イヤ可愛《かあい》そうに、今喰たのは鯛でも何でもない、中津屋敷で貰た河豚の味噌漬だ。食物《しょくもつ》の消化時間は大抵《たいてい》知《しっ》てるだろう、今吐剤《とざい》を飲《のん》でも無益だ。河豚の毒が嘔《は》かれるなら嘔《はい》て見ろと云《いっ》たら、三刀も医者の事だから能《よ》く分《わかっ》て居る。サア気を揉《もん》で私に武者振《むしゃぶり》付くように腹を立てたが、私も後《あと》になって余り洒落《しゃれ》に念が入過《いりす》ぎたと思て心配した。随分間違《まちがい》の生じ易《やす》い話だから。

### 料理茶屋の物を盗む

前に云《い》う通り御霊《ごりょう》の植木見世《みせ》で万引と疑われたが、疑われる筈《はず》だ、緒方の書生は本当に万引をして居たその万引と云うは、呉服《ごふく》店で反物《たんもの》なんど云う念の入《いっ》た事ではない、料理茶屋で飲《のん》だ帰りに猪口《ちょこ》だの小皿だの色々手ごろな品を窃《そっ》と盗んで来るような万引である。同窓生互に夫《そ》れを手柄のようにして居るから、送別会などゝ云う大会のときには獲物《えもの》も多い。中には昨夜《ゆうべ》の会で団扇《うちわ》の大きなのを背中に入れて帰る者もあれば、平たい大皿を懐中し吸物椀《すいものわん》の蓋《ふた》を袂《たもと》にする者もある。又或《あ》る奴は、君達がそんな半端物《はんぱもの》を挙げて来るのはまだ拙《つた》ない。乃公《おれ》の獲物を拝見し給えと云《いっ》て、小皿を十人前揃《そろ》えて手拭《てぬぐい》に包んで来たこともある。今思えば是《こ》れは茶屋でもトックに知《しっ》て居ながら黙って通して、実はその盗品の勘定も払《はらい》の内に這入《はいっ》て居るに相違ない、毎度の事でお極《きま》りの盗坊《どろぼう》だから。その小皿に縁のある一奇談は、或《あ》る夏の事である、夜十時過ぎになって酒が飲みたくなって、

**難波橋から小皿を投ず**

嗚呼《ああ》飲みたいと一人が云うと、僕も爾《そ》うだと云う者が直《すぐ》に四、五人出来た。所《ところ》がチャント門限があって出ることが出来ぬから、当直の門番を脅迫して無理に開《あ》けさして、鍋島《なべしま》の浜と云う納涼《すずみ》の葭簀張《よしずばり》[2]で、不味《まず》いけれども芋蛸汁《いもだこじる》か何かで安い酒を飲《のん》で、帰りに例の通りに小皿を五、六枚挙げて来た。夜十二時過《すぎ》でもあったか、難波橋《なにわばし》の上に来たら、下流《かわしも》の方で茶船《ちゃぶね》[3]に乗《のっ》てジャラ〳〵三味線を鳴らして騒いで居る奴がある。「あんな事をして居やがる。此方《こっち》は百五十か其処辺《そこら》の金を見付出《みつけだ》して漸《ようや》く一盃《いっぱい》飲で帰る所だ。忌々敷《いまいまし》い奴等だ。あんな奴があるから此方等《こちとら》が貧乏するのだと云いさま、私の持《もっ》てる小皿を二、三枚投付《なげつ》けたら、一番仕舞《しまい》の一枚で三味線の音《ね》がプッツリ止《や》んだ。その時は急いで逃げたから人が怪我《けが》をしたかどうか分《わか》らな

1 **芸州仁方**　芸州は安芸国で現在の広島県。仁方は現在の呉市の東南端に位置する町。　2 **葭簀張**　葦を編んだすだれで囲った小屋。　3 **茶船**　川遊びに用いる小舟。

かった。所《ところ》が不思議にも一箇月ばかり経《たっ》て其《そ》れが能《よ》く分《わか》った。塾の一書生が北の新地に行《いっ》て何《ど》処《こ》かの席で芸者に逢うたとき、その芸者の話に、「世の中には酷《ひど》い奴もある。一箇月ばかり前の夜《ばん》に私がお客さんと舟で難波橋《なにわばし》の下で涼んで居たら、橋の上からお皿を投げて、丁度《ちょうど》私の三味線に中《あた》って裏表《うらおもて》の皮を打抜《うちぬ》きましたが、本当に危ない事で、先《ま》ず〳〵怪我をせんのが仕合《しあわせ》でした。何処《どこ》の奴《やつ》か四、五人連れでその皿を投げて置《おい》て南の方にドン〳〵逃げて行きました。実に憎らしい奴もあればあるものと、斯《こ》う〳〵芸者が話して居たと云《い》うのを、私共は夫《そ》れを聞《きい》て下手人《げしゅにん》にはチャント覚えがあるけれども、云えば面倒だからその同窓の書生にもその時には隠して置いた。

### 禁酒から煙草

又私は酒の為《た》めに生涯の大損《おおぞん》をして、その損害は今日までも身に附《つい》て居ると云うその次第は、緒方《おがた》の塾に学問修業しながら兎角《とかく》酒を飲《のん》で宜《よ》いことは少しもない。是《こ》れは済《す》まぬ事だと思い、恰《あだか》も一念こゝに発起《ほっき》したように断然酒を止《や》めた。スルト塾中の大《おお》評判ではない大笑《おおわらい》で、「ヤア福澤が昨日から禁酒した。コリャ面白い、コリャ可笑《おか》しい。何時《いつ》まで続くだろう。迚《とて》も十日は持てまい。三日禁酒で明日は飲むに違いないなんて冷《ひや》かす者ばかりであるが、私も中々剛情に辛抱《しんぼう》して十日も十五日も飲まずに居ると、親友の高橋順益《じゅんえき》が、「君の辛抱はエライ。能くも続く。見上げて遣《や》るぞ。所が凡《およ》そ人間の習慣は、仮令《たと》い悪い事でも頓に禁ずることは宜《よろ》しくない。到底出来ない事だから、君がいよ〳〵禁酒と決心したらば、酒の代りに烟草《タバコ》を始めろ。何か一方に楽しみが無くては叶《かな》わぬと親切らしく云う。所《ところ》が私は烟草が大嫌いで、是《こ》れまでも同塾生の烟草を喫《の》むのを散々に悪く云うて、「こんな無益な不養生な訳《わけ》の分らぬ物を喫《の》む奴《やつ》の気が知れない。何は扨置《さてお》き臭くて穢《きた》なくて堪《たま》らん。乃公《おれ》の側《そば》では喫んで呉《く》れるなんて、愛想《あいそ》づかしの悪口《わるくち》を云《い》って居たから、今になって自分が烟草を始めるのは如何《どう》もきまりが悪いけれども、高橋の説を聞けば亦《また》無理でもない。「そんなら遣《や》って見ようかと云《い》てそろ〳〵試《こころみ》ると、塾中の者が烟草を呉れたり、烟管《キセル》を貸したり、中には是《こ》れは極《ご》く軽い烟草だと云て態々《わざわざ》買《かっ》て来て呉れる者もあると云うような騒ぎは、何も本当な深切でも何でもない。実は私が不断烟草の事を悪くばかり云て居たものだから、今度は彼奴《あいつ》を喫烟者《タバコのみ》にして遣《や》ろうと、寄って掛《かか》って私を愚弄《ぐろう》するのは分って居るけれども、此方《こっち》は一生懸命禁酒の熱心だから、忌《いや》な烟《けむり》を無理に吹かして、十日も十五日もそろ〳〵慣らして居る中に、臭い辛《から》いものが自然に臭くも辛くもなく、段々風味が善《よ》くなって来た。凡《およ》そ一箇月ばかり経《たっ》て本当の喫烟客《タバコのみ》になった。処が例の酒だ。何としても忘れられない。卑怯《ひきょう》とは知りながら一寸《ちょい》と一盃《いっぱいやっ》遣て見ると堪《たま》らない。モウ一盃、これでお仕舞《しまい》と力《りき》んでも、徳利《とくり》を振《ふっ》て見て音がすれば我慢が出来ない。とう〳〵三合《さんごう》の酒を皆飲《のん》で仕舞《しまっ》て、又翌日は五合飲む。五合、三合、従前《もと》の通りになって、去《さ》らば烟草の方は喫《の》まぬむかしの通りにしようとしても是《こ》れも出来ず、馬鹿々々しいとも何とも訳《わ》けが分《わか》らない。迚《とて》も叶《かな》わぬ禁酒の発心《ほっしん》、一箇月の大馬鹿をして酒と烟草《タバコ》と両刀遣《づか》いに成り果て、六十余歳の今年に至るまで、酒は自然に禁じたれども烟草は止《や》みそうにもせず、衛生の為《た》め自《みず》から作《な》せる損害と申して一言《いちごん》の弁解はありません。

**桃山から帰て火事場に働く**

塾中兎《と》角《かく》貧生《ひんせい》が多いので料理茶屋に行《いっ》て旨い魚を喰《く》うことは先《ま》ず六《むず》かしい。夜になると天神橋か天満橋の橋詰《はしづめ》に魚市《さかないち》が立つ。マア云《い》わば魚の残物《ひけもの》のようなもので直《ね》が安い。夫《そ》れを買《かっ》て来て洗手盥《ちょうずだらい》で洗《あらっ》て、机の毀《こわ》れたのか何かを俎《まないた》にして、小柄《こづか》を以《もっ》て拵《こしら》えると云《い》うような事は毎度遣《やっ》て居たが、私は兼て手の先《さ》きが利《き》いてるから何時《いつ》でも魚洗《さかなあらい》の役目に廻って居た。頃は三月、桃の花の時節で、大阪の城の東に桃山《ももやま》[1]と云う処があって、盛《さか》りだと云うから花見に行こうと相談が出来た。迚《とて》も彼方《あっち》に行《いっ》て茶屋で飲食《のみく》いしようと云うことは叶わぬから、例の通り前の晩に魚の残物を買て来て、その外《ほか》、氷豆腐だの野菜物《やさいもの》だの買調《かいとと》えて、朝早くから起きて匆々《そうそう》に拵えて、それを折か何かに詰めて、それから酒を買て、凡《およ》そ十四、五人も同伴《つれ》があったろう、弁当を順持《じゅんもち》にして桃山に行て、さん〳〵飲食いして宜《い》い機嫌になって居るその時に、不図《ふと》西の方を見ると大阪の南に当《あたっ》て大火事だ。日は余程《よほど》落ちて昔の七ツ過《すぎ》。サア大変だ。丁度《ちょうど》その日に長与専斎《ながよせんさい》が道頓堀の芝居を見に行て居る。吾々《われわれ》花見連《れん》中《じゅう》は何も大阪の火事に利害を感ずることはないから、焼けても焼けぬでも構わないけれども、長与《ながよ》が行《いっ》て居る。若《も》しや長与が焼死《やけじに》はせぬか。何でも長与を救い出さなければならぬと云《い》うので、桃山《ももやま》から大阪迄《まで》、二、三里の道をどん〳〵駈《か》けて、道頓堀に駈付《かけつ》けて見た所が、疾《と》うに焼けて仕舞《しま》い、三芝居[2]あったが三芝居とも焼けて、段々北の方に焼延《やけの》びて居る。長与は如何《どう》したろうかと心配したものゝ、迚《とて》も捜《さが》す訳《わ》けに行かぬ。間もなく日が暮れて夜になった。もう夜になっては長与の事は仕方《しかた》がない。「火事を見物しようじゃないかと云《いっ》て、その火事の中へどん〳〵這入《はいっ》て行た。所が荷物《にもの》を片付けるので大騒ぎ。それからその荷物を運んで遣《や》ろうと云うので、夜具包《やぐづつみ》か何の包か、風呂敷包を担《かつ》いだり簞笥《たんす》を担いだり中々働いて、段々進《すすん》で行くと、その時大阪では焼ける家の柱に綱《つな》を付けて家を引倒《ひきたう》すと云うことがあるその綱を引張《ひっぱ》って呉《く》れと云う。「よし来たとその綱を引張る。所が握飯《にぎりめし》を喰《くわ》せる、酒を飲ませる。如何《どう》も堪《こた》えられぬ面白い話だ。散々酒を飲み握飯を喰《くっ》て八時頃にもなりましたろう。夫《そ》れから一同塾に帰《かえっ》た。所がマダ焼けて居る。「もう一度行こうではないかと又出掛けた。その時の大阪の火事と云うもの

1 **桃山**　現東大阪市稲田町地区にあった桃の名所。　2 **三芝居**　大坂の三つの芝居小屋、角座、大西座、中座。

は誠に楽なもので、火の周囲《まわり》だけは大変騒々しいが、火の中へ這入《はい》ると誠に静《しずか》なもので、一人《ひとり》も人が居らぬ位《くらい》。どうもない。只《ただ》その周囲の処に人がドヤ〳〵群集して居るだけである。夫《そ》れゆえ大きな声を出して蹴破《けやぶ》って中へ飛込《とびこ》みさえすれば誠に楽な話だ。中には火消《ひけし》の黒人《くろうと》と緒方の書生だけで大《おおい》に働いた事があると云《い》うような訳《わ》けで、随分活潑な事をやったことがありました。

一体塾生の乱暴と云うものは是《こ》れまで申した通りであるが、その塾生同士相互《あいたがい》の間柄《あいだがら》と云うものは至《いたっ》て仲の宜《よ》いもので、決して争《あらそい》などをしたことはない。勿論《もちろん》議論はする、いろ〳〵の事に就《つい》て互に論じ合うと云うことはあっても、決して喧嘩をするような事は絶《たえ》てない事で、殊《こと》に私は性質として朋友と本気になって争うたことはない。仮令《たと》い議論をすればとて面白い議論のみをして、例えば赤穂《あこう》義士の問題[1]が出て、義士は果して義士なるか不義士なるかと議論が始まる。スルト私はどちらでも宜《よろ》しい、義不義、口の先《さ》きで自由自在、君が義士と云えば僕は不義士にする、君が不義士と云えば僕は義士にして見せよう、サア来い、幾度来ても苦《くるし》くないと云《いっ》て、敵に為《な》り味方に為り、散々論じて勝《かっ》たり負けたりするのが面白いと云う位《くらい》な、毒のない議論は毎度大声で遣《やっ》て居たが、本当に顔を赧《あか》めて如何《どう》あっても是非を分《わか》って了《しま》わなければならぬと云う実《み》の入《いっ》た議論はしたことは決してない。凡《およ》そ斯《こ》う云う風《ふう》で、外に出ても亦《また》内に居ても、

## 塾生の勉強

乱暴もすれば議論もする。ソレ故一寸《ちょい》と一目《いちもく》見た所では——今までの話だけを聞《きい》た所では、如何《いか》にも学問どころの事ではなく唯《ただ》ワイ〳〵して居たのかと人が思うでありましょうが、其処《そこ》の一段に至ては決して爾《そ》うでない。学問勉強と云《い》うことになっては、当時世の中に緒方塾生の右に出る者はなかろうと思われるその一例を申せば、私が安政三年の三月、熱病を煩《わずら》うて幸《さいわい》に全快に及んだが、病中は括枕《くくりまくら》で坐蒲団《ざぶとん》か何かを括《くく》って枕にして居たが、追々《おいおい》元の体に恢復《かいふく》して来た所で、只《ただ》の枕をして見たいと思い、その時に私は中津の倉屋敷に兄と同居して居たので、兄の家来が一人《ひとり》あるその家来に、只の枕をして見たいから持《もっ》て来いと云《いっ》たが、枕がない、どんなに捜《さが》してもないと云うので、不図《ふと》思付《おもいつ》いた。是《こ》れまで倉屋敷に一年ばかり居たが遂《つい》ぞ枕をしたことがない、と云うのは時は何時《なんどき》でも構わぬ、殆《ほと》んど昼夜の区別はない、日が暮れたからと云て寝ようとも思わず頻《しき》りに書を読んで居る。読書に草臥《くたび》れ眠くなって来れば、机の上に突臥《つっぷ》して眠るか、或《あるい》は床の間の床側《とこぶち》を枕にして眠るか、遂ぞ本当に蒲団を敷いて夜具を掛けて枕をして寝るなどゝ云うことは只の一度《いちど》もしたことがない。その時に始めて

1 **赤穂義士の問題**　福澤は『学問のすゝめ』六編・七編でこの問題を論じている。

自分で気が付《つい》て、「成程《なるほど》枕はない筈《はず》だ、是《こ》れまで枕をして寝たことがなかったからと始めて気が付きました。是れでも大抵《たいてい》趣《おもむき》が分りましょう。是れは私一人が別段に勉強生でも何でもない、同窓生は大抵皆そんなもので、凡《およ》そ勉強と云《い》うことに就《つい》ては実にこの上に為《し》ようはないと云う程に勉強して居ました。

それから緒方の塾に這入《はいっ》てからも私は自分の身に覚えがある。夕方食事の時分に若《も》し酒があれば酒を飲《のん》で初更《よい》に寝る。一寝《ひとね》して目が覚《さめ》ると云うのが今で云えば十時か十時過《すぎ》、それからヒョイと起きて書を読む。夜明《よあけ》まで書を読んで居て、台所の方で塾の飯炊《めしたき》がコト〳〵飯を焚《た》く仕度《したく》をする音が聞えると、それを相図《あいず》に又寝る。寝て丁度《ちょうど》飯の出来上った頃起きて、その儘《まま》湯屋に行《いっ》て朝湯《あさゆ》に這入て、それから塾に帰《かえっ》て朝飯《あさめし》を給《た》べて又書を読むと云うのが、大抵緒方の塾に居る間殆《ほと》んど常極《じょうきま》りであった。勿論《もちろん》衛生などゝ云うことは頓《とん》と構わない。全体は医者の塾であるから衛生論も喧《やかま》しく言いそうなものであるけれども、誰も気が付かなかったのか或《あるい》は思出《おもいだ》さなかったのか、一寸《ちょいと》でも喧《やかま》しく云《いっ》たことはない。それで平気で居られたと云うのは、考えて見れば身体《からだ》が丈夫であったのか、或は又衛生々々と云うようなことを無闇《むやみ》に喧しく云えば却《かえっ》て身体が弱くなると思《おもっ》て居たのではないかと思われる。

### 原書写本会読の法

それから塾で修業するその時の仕方《しかた》は如何《どう》云《い》う塩梅《あんばい》であったかと申すと、先《ま》ず始めて塾に入門した者は何も知らぬ。何も知らぬ者に如何《どう》して教えるかと云うと、その時江戸で飜刻《ほんこく》になって居る和蘭《オランダ》の文典が二冊ある。一をガランマチカと云い、一をセインタキス[1]と云う。初学の者には先《ま》ずそのガランマチカを教え、素読《そどく》を授《さずけ》る傍《かたわら》に講釈をもして聞かせる。之《これ》を一冊読了《よみおわ》るとセインタキスを又その通《とおり》にして教える。如何《どう》やら斯《こ》うやら二冊の文典が解《げ》せるようになった所で会読《かいどく》をさせる。会読と云うことは生徒が十人なら十人、十五人なら十五人に会頭《かいとう》が一人《ひとり》あって、その会読するのを聞《きい》て居て、出来不出来に依《よっ》て白玉《しろだま》を附けたり黒玉《くろだま》を付けたりすると云う趣向で、ソコで文典二冊の素読も済めば講釈も済み会読も出来るようになると、夫《そ》れから以上は専《もっぱ》ら自身自力《じりき》の研究に任せることにして、会読本の不審は一字半句も他人に質問するを許さず、又質問を試《こころ》みるような卑劣な者もない。緒方の塾の蔵書と云うものは物理書と医書とこの二種類の外《ほか》に何もない。ソレモ取集《とりあつ》めて僅《わず》か十部に足らず、固《もと》より和蘭から舶来の原書であるが、一種類唯《ただ》一部に限ってあるから、文典以上の生徒になれば

1 **ガランマチカ・セインタキス**　*Grammatica, of Nederduitsche Spraakkunst*『和蘭文典前編』（一八四二〔天保十三〕年九月刊）と *Syntaxis, of Woordvoeging der Nederduitsche Taal*『和蘭文典後編成句論』（一八四八〔嘉永元〕年刊）。いずれも箕作阮甫が復刻した。各蘭学塾で広く使われた。

如何《どう》してもその原書を写さなくてはならぬ。銘々に写して、その写本を以《もっ》て毎月六才位《ぐらい》[1]会読をするのであるが、之《これ》を写すに十人なら十人一緒に写す訳《わ》けに行かないから、誰が先に写すかと云《い》うことは籤《くじ》で定《き》めるので、扨《さて》その写しようは如何《どう》すると云うに、その時には勿論《もちろん》洋紙と云うものはない、皆日本紙で、紙を能《よ》く磨《すっ》て真書《しんかき》[2]で写す。それはどうも埒《らち》が明かないから、その紙に礬水《どうさ》をして、[3]夫《そ》れから筆は鵞筆《がぺん》で以て写すのが先《ま》ず一般の風であった。その鵞筆と云うのは如何《どう》云うものであるかと云うと、その時大阪の薬種屋《やくしゅや》か何かに、鶴か雁《がん》かは知らぬが、三寸ばかりに切《きっ》た鳥の羽の軸を売る所が幾らもある。是《こ》れは鰹《かつお》の釣道具《つりどうぐ》にするものとやら聞て居た。価《あたい》は至極《しごく》安い物で、それを買《かっ》て、磨澄《とぎす》ました小刀《こがたな》で以てその軸をペンのように削って使えば役に立つ。夫れから墨も西洋インキのあられよう訳《わ》けはない。日本の墨壺《すみつぼ》と云うのは、磨た墨汁《すみ》を綿《わた》か毛氈《もうせん》の切布《きれ》に浸《ひた》して使うのであるが、私などが原書の写本に用うるのは、只《ただ》墨を磨たまゝ墨壺の中に入れて今日のインキのようにして貯えて置きます。斯《こ》う云う次第で、塾中誰でも是非《ぜひ》写さなければならぬから写本は中々上達して上手《じょうず》である。一例を挙《あ》ぐれば、一人《ひとり》の人が原書を読むその傍《そば》で、その読む声がちゃんと耳に這入《はいっ》て、颯々《さっさ》と写してスペルを誤ることがない。斯う云う塩梅《あんばい》に読むと写すと二人掛《ふたりがか》りで写したり、又一人で原書を見て写したりして、出来上れば原書を次の人に廻す。その人が写了《うつしおわ》ると又その次の人が写すと云《い》うように順番にして、一日の会読分は半紙にして三枚か或《あるい》は四、五枚より多くはない。扨《さて》その写

**自身自力の研究**

本の物理書、医書の会読《かいどく》を如何《どう》するかと云うに、講釈の為人《して》もなければ読んで聞かして呉《く》れる人もない。内証《ないしょ》で教えることも聞くことも書生間の恥辱《ちじょく》として、万々一も之《これ》を犯す者はない。唯《ただ》自分一人《ひとり》で以《もっ》てそれを読砕《よみくだ》かなければならぬ。読砕くには文典を土台にして辞書に便《たよ》る外《ほか》に道はない。その辞書と云うものは、此処《ここ》にヅーフと云う写本の字引《じびき》[4]が塾に一部ある。是《こ》れは中々大部なもので、日本の紙で凡《およ》そ三千枚ある。之を一部拵《こしら》えると云うことは中々大きな騒ぎで容易に出来たものではない。是れは昔長崎の出島に在留して居た和蘭《オランダ》のドクトル・ヅーフ[5]と云う人が、ハルマと云う独逸《ドイツ》和蘭対訳の原書の字引[6]を飜訳したもので、蘭学社会唯一の

**1 毎月六才**　「六才」は「六斎」。毎月六回、一・六、三・八の日というように五日おきの定例日の意。 **2 真書**　真書筆。楷書の細字速筆用に適する穂先の細い筆。 **3 礬水をして**　みょうばんをとかした水に、にかわの液をまぜたものを紙に塗ること。墨やインクや絵の具のにじみを防ぐ。 **4 ヅーフと云う写本の字引**　蘭和辞典「ヅーフ・ハルマ」。 **5 ドクトル・ヅーフ**　Hendrik Doeff（1777–1835）長崎出島のオランダ商館長。 **6 ハルマと云う……原書の字引**　フランソワ・ハルマ（Francois Halma）によるオランダ語とフランス語の対訳辞書。ドイツ語とオランダ語対訳ではない。これをオランダ商館長ヅーフがオランダ通詞たちと協力して日本語との対訳にしたものを「ヅーフ・ハルマ」（長崎ハルマ）という。

宝書と崇《あが》められ、夫《そ》れを日本人が伝写して、緒方の塾中にもたった一部しかないから、三人も四人もヅーフの周囲《まわり》に寄合《よりあっ》て見て居た。夫れからモウ一歩立上《たちのぼ》るとウェーランドと云《い》う和蘭《オランダ》の原書の字引[1]が一部ある。それは六冊物で和蘭の註が入れてある。ヅーフで分《わか》らなければウェーランドを見る。所《ところ》が初学の間《あいだ》はウェーランドを見ても分る気遣《きづかい》はない。[2]夫《それ》ゆえ便《たよ》る所は只《ただ》ヅーフのみ。会読《かいどく》は一六とか三八とか大抵《たいてい》日が極《きまっ》って居て、いよ〳〵明日《あす》が会読だと云うその晩は、如何《いか》な懶惰《らんだ》生でも大抵寝ることはない。ヅーフ部屋と云う字引のある部屋に、五人も十人も群《ぐん》をなして無言で字引を引《ひき》つゝ勉強して居る。夫れから翌朝《よくあさ》の会読になる。会読をするにも籤《くじ》で以《もっ》て此処《ここ》から此処までは誰と極《き》めてする。会頭《かいとう》は勿論《もちろん》原書を持て居るので、五人なら五人、十人なら十人、自分に割当てられた所を順々に講じて、若《も》しその者が出来なければ次に廻す。又その人も出来なければその次に廻す。その中で解《げ》し得た者は白玉《しろたま》、解し傷《そこな》うた者は黒玉《くろだま》、夫れから自分の読む領分を一寸《ちょっと》でも滞《とどこお》りなく立派に読んで了《しま》ったと云う者は白い三角を付ける。是《こ》れは只の丸玉《まるだま》の三倍ぐらい優等な印《しるし》で、凡《およ》そ塾中の等級は七、八級位《ぐらい》に分けてあった。而《そう》して毎級第一番の上席を三箇月占《しめ》て居れば登級《とうきゅう》すると云う規則で、会読以外の書なれば、先進生が後進生に講釈もして聞かせ不審も聞《きい》て遣《や》り至極《しごく》深切にして兄弟のようにあるけれども、会読の一段になっては全く当人の自力《じりき》に任せて構う者がないから、塾生は毎月六度ずつ試験に逢《あ》うようなものだ。爾《そ》う云《い》う訳《わ》けで次第々々に昇級すれば、殆《ほと》んど塾中の原書を読尽《よみつく》して云わば手を空《むなし》うするような事になる、その時には何か六《むず》かしいものはないかと云うので、実用もない原書の緒言とか序文とか云うような者を集めて、最上等の塾生だけで会読《かいどく》をしたり、又は先生に講義を願《ねがっ》たこともある。私などは即《すなわ》ちその講義聴聞者の一人でありしが、之《これ》を聴聞する中にも様々先生の説を聞て、その緻密《ちみつ》なることその放胆《ほうたん》なること実に蘭学界の一大家《いちだいか》、名実共に違《たが》わぬ大人物であると感心したことは毎度の事で、講義終り、塾に帰《かえっ》て朋友相互《あいたがい》に、「今日の先生の彼《あ》の卓説は如何《どう》だい。何だか吾々《われわれ》は頓《とん》に無学無識になったようだなど丶話したのは今に覚えて居ます。

市中に出て大《おおい》に酒を飲むとか暴れるとか云うのは、大抵会読を仕舞《しまっ》たその晩か翌日あたりで、次の会読までにはマダ四日も五日も暇《ひま》があると云う時に勝手次第に出て行《いっ》たので、会読の日に近くなると所謂《いわゆる》月に六回の試験だから非常に勉強して居ました。書物を能《よ》く読むと否《いな》とは人々の才不才《さいふさい》にも依《よ》りますけれども、兎《と》も角《かく》も外面を胡魔化《ごまか》して何年居るから登級《とうきゅう》するの卒業する

1 **ウェーランドと云う和蘭の原書の字引**　オランダの言語学者、P・ウェーランド（P. Weiland, 1754–1842）著の『オランダ語辞典』（*Nederduitsch Taalkundig Woordenboek door*, 1799–1811）。　2 **分る気遣はない**　わかるはずがない。

のと云《い》うことは絶えてなく、正味《しょうみ》の実力を養うと云うのが事実に行われて居たから、大概の塾生は能《よ》く原書を読むことに達して居ました。

## 写本の生活

ヅーフの事に就《つい》て序《ついで》ながら云うことがある。如何《どう》かするとその時でも諸藩の大名がそのヅーフを一部写して貰《もら》いたいと云う注文を申込《もうしこん》で来たことがある。ソコでその写本と云うことが又書生の生活の種子《たね》になった。当時の写本代は半紙一枚十行二十字詰で何文《なんもん》と云う相場である。処《ところ》がヅーフ一枚は横文字三十行位《ぐらい》のもので、夫《そ》れだけの横文字を写すと一枚十六文《もん》、夫れから日本文字で入れてある註の方を写すと八文、只《ただ》の写本に較《くら》べると余程《よほど》割りが宜《よろ》しい。一枚十六文であるから十枚写せば百六十四文[1]になる。註の方ならばその半値《はんね》八十文になる。註を写す者もあれば横文字を写す者もあった。ソレを三千枚写すと云うのであるから、合計して見ると中々大きな金高《きんだか》になって、自《おのず》から書生の生活を助けて居ました。今日《こんにち》より考《かんが》えれば何でもない金のようだけれども、その時には決してそうでない。一例を申せば白米一石《はくまいいっこく》が三分二朱《さんぶにしゅ》、酒が一升《いっしょう》百六十四文から二百文で、書生在塾の入費《にゅうひ》は一箇月一分貳《に》朱から一分三朱あれば足る。一分貳朱はその時の相場で凡《およ》そ二貫《にかん》四百文であるから、一日が百文より安い。然《しか》るにヅーフを一日に十枚写せば百六十四文になるから、余る程あるので、凡そ尋常一様の写本をして塾に居られるなどゝ云《い》うことは世の中にないことであるが、その出来るのは蘭学書生に限る特色の商売であった。ソレに就《つい》て一例を挙《あ》げれば斯《こ》う云《い》うことがある。江戸は流石《さすが》に大名の居る処で、啻《ただ》にヅーフ計《ばか》りでなく蘭学書生の為《た》めに写本の注文は盛《さかん》にあったもので自《おのず》から価《あたい》が高い。大阪と較《くら》べて見れば大変高い。加賀の金沢の鈴木儀六《すずきぎろく》と云う男は、江戸から大阪に来て修業した書生であるが、この男が元来一文なしに江戸に居て、辛苦《しんく》して写本で以《もっ》て自分の身を立てたその上に金を貯えた。凡《およ》そ一、二年辛抱して金を二十両ばかり拵《こしら》えて、大阪に出て来て到頭《とうとう》その二十両の金で緒方の塾で学問をして金沢に帰《かえ》った。是《こ》れなどは全く蘭書写本のお蔭である。その鈴木の考《かんがえ》では、写本をして金を取るのは江戸が宜《い》いが、修業するには如何《どう》しても大阪でなければ本当な事が出来ないと目的を定めて、ソレでその金を持《もっ》て来たのであると話して居ました。

**工芸技術に熱心**

夫《そ》れから又一方では今日のように都《すべ》て工芸技術の種子《たね》と云うものがなかった。蒸気機関などは日本国中で見ようと云《いっ》てもありはせぬ。化学《ケミスト》の道具にせよ、何処《どこ》にも揃《そろ》ったものはありそうにもしない。揃うた物どころではない、不完全な物もありはせ

1 **百六十四文** 一枚十六文の写本料十枚で百六十文であるが、当時実際には九十六文を百文として通用させる慣行があったので、四文の余剰が生じる計算となる。金貨、銭貨幣の単位については、三九頁注1参照。

ぬ。けれども爾《そ》う云《い》う中に居ながら、器械の事にせよ化学の事にせよ大体の道理は知《しっ》て居るから、如何《どう》かして実地を試みたいものだと云うので、原書を見てその図を写して似寄《により》の物を拵《こしら》えると云うことに就《つい》ては中々骨を折りました。私が長崎に居るとき塩酸亜鉛《あえん》があれば鉄にも錫《すず》を附けることが出来ると云うことを聞《きい》て知《しっ》て居る。夫《そ》れまで日本では松脂《まつやに》ばかりを用いて居たが、松脂では銅《あかがね》の類《るい》に錫を流して鍍金《めっき》することは出来る。唐金《からかね》[1]の鍋《なべ》に白《しろ》みを掛けるようなもので、鋳掛屋《いかけや》の仕事であるが、塩酸亜鉛があれば鉄にも錫が着くと云うので、同塾生と相談してその塩酸亜鉛を作ろうとした所が、薬店《くすりや》に行ても塩酸のある気遣《きづかい》はない。自分で拵えなければならぬ。塩酸を拵える法は書物で分る。その方法に依《よっ》て何《ど》うやら斯《こ》うやら塩酸を拵えて、之《これ》に亜鉛を溶かして鉄に錫を試みて、鋳掛屋の夢にも知らぬ事が立派に出来たと云うようなことが面白くて堪《たま》らぬ。或《あるい》は又ヨジュム[2]を作って見ようではないかと、色々書籍《しょじゃく》を取調《とりしら》べ、天満《てんま》の八百屋《やおや》市《いち》に行て昆布荒布《あらめ》のような海草類を買《かっ》て来て、夫《そ》れを焙烙《ほうろく》[3]で煎《いっ》て如何《どう》云う風《ふう》にすれば出来ると云うので、真黒《まっくろ》になって遣《やっ》たけれども是《こ》れは到頭《とうとう》出来ない。それから今度は硇砂《どうしゃ》[4]製造の野心を起して、先《ま》ず第一の必要は塩酸暗謨尼亜《アンモニア》であるが、是れも勿論薬店《もちろんくすりや》にある品物でない。その暗謨尼亜を造るには如何《どう》するかと云えば、骨《こつ》……骨よりもっと世話なしに出来るのは鼈甲屋《べっこうや》などに馬爪《ばづ》の削屑《けずりくず》がいくらもあって只呉《ただく》れる。肥料にするかせぬか分《わか》らぬが行きさえすれば呉れるから、それをドッサリ貰《もらっ》て来て徳利《とくり》に入れて、徳利の外面《そと》に土を塗り、又素焼の大きな瓶《かめ》を買て七輪にして沢山《たくさん》火を起し、その瓶《かめ》の中に三本も四本も徳利を入れて、徳利の口には瀬戸物の管《くだ》を附けて瓶の外に出すなど色々趣向して、ドシ〳〵火を扇《あお》ぎ立てると管の先《さ》きからタラ〳〵液が出て来る。即《すなわ》ち是《こ》れが暗謨尼亜である。至極《しごく》旨く取れることは取れるが、爰《ここ》に難渋はその臭気だ。臭いにも臭くないにも何とも云《い》いようがない。那《あ》の馬爪《ばづ》、あんな骨類《こつるい》を徳利に入れて蒸焼《むしやき》にするのであるから実に鼻持《はなもち》もならぬ。それを緒方の塾の庭の狭い処で遣《や》るのであるから奥で以《もっ》て堪《たま》らぬ。奥で堪らぬばかりではない。流石《さすが》の乱暴書生も是《こ》れには辟易《へきえき》して迚《とて》も居られない。夕方湯屋《ゆや》に行くと着物が臭くって犬が吠えると云う訳《わ》け。仮令《たと》い真裸体《まっぱだか》で遣《やっ》ても身体《からだ》が臭いと云《いっ》て人に忌《いや》がられる。勿論《もちろん》製造の本人等《ら》は如何《どう》でも斯《こ》うでもして硇砂と云う物を拵《こしら》えて見ましょうと云う熱心があるから、臭いのも何も構わぬ、頻《しき》りに試みて居るけれども、何分《なにぶん》周辺《まわり》の者が喧《やかま》しい。下女下男迄《まで》も胸が悪くて御飯《ごはん》が給《た》べられないと訴える。其《そ》れ是《こ》れの中でヤット妙な物が出来たは出来たが、粉《こ》のような物ばかりで結晶しない。如何《どう》しても完全な硇砂に

**1 唐金**　青銅のこと。　**2 ヨジユム**　ヨジウム。ヨウ素。　**3 炮烙**　食物を煎る時などに用いる素焼きの土鍋。　**4 硇砂**　塩化アンモニウムのこと。化学実験の試薬や乾電池を作るときに用いられる。

ならない、加《くわ》うるに喧《やかま》しくて〳〵堪《たま》らぬから一旦罷《や》めにした。けれども気強《きづよ》い男はマダ罷めない。折角仕掛《せっかくしか》かった物が出来ないと云《い》ては学者の外聞《がいぶん》が悪いとか何とか云《い》うような訳《わ》けで、私だの久留米の松下元芳《まつしたげんぽう》、鶴田仙庵《つるたせんあん》等は思切《おもいきっ》たが、二、三の人は尚《な》お遣《やっ》た。如何《どう》したかと云うと、淀川《よどがわ》の一番粗末な船を借りて、船頭を一人《ひとり》雇うて、その船に例の瓶《かめ》の七輪《しちりん》を積込《つみこ》んで、船中で今の通りの臭い仕事を遣《や》るは宜《い》いが、矢張《やっぱ》り煙が立《たっ》て風が吹くと、その煙が陸《おか》の方へ吹付《ふきつ》けられるので、陸の方で喧しく云う。喧しく云えば船を動かして、川を上《のぼ》ったり下《くだ》ったり、川上《かわかみ》の天神橋、天満橋《てんまばし》から、ズット下《しも》の玉江橋《たまえばし》辺まで、上下《かみしも》に逃げて廻《まわっ》て遣《やっ》たことがある。その男は中村恭安《なかむらきょうあん》と云う讃岐の金比羅《こんぴら》の医者であった。この外《ほか》にも犬猫は勿論《もちろん》、死刑人の解剖その他製薬の試験は毎度の事であったが、シテ見ると当時の蘭学書生は如何《いか》にも乱暴なようであるが、人の知らぬ処に読書研究、又実地の事に就《つい》ても中々勉強したものだ。

製薬の事に就《つい》ても奇談がある。或《あ》るとき硫酸《りゅうさん》を造ろうと云うので、様々大骨折《おおぼねおっ》て不完全ながら色の黒い硫酸が出来たから、之《これ》を精製して透明にしなければならぬと云うので、その日は先《ま》ず茶椀に入れて棚の上に上げて置《おい》た処が、鶴田仙庵が自分で之を忘れて、何かの機《はずみ》にその茶椀を棚から落して硫酸を頭から冠《かぶ》り、身体《からだ》に左《さ》までの怪我《けが》はなかったが、丁度《ちょうど》旧暦四月の頃で一枚の袷《あわせ》をズダ〳〵にした事がある。

製薬には兎《と》角《かく》徳利《とくり》が入用《にゅうよう》だから、丁度宜《よろ》しい、塾の近処《きんじょ》の丼池筋《どぶいけすじ》に米藤《こめとう》と云《い》う酒屋が塾の御《お》出《で》入《いり》、この酒屋から酒を取寄せて、酒は飲《のん》で仕舞《しまっ》て徳利は留置《とめお》き、何本でもみんな製薬用にして返さぬと云うのだから、酒屋でも少し変に思《おもっ》たと見え、内々《ないない》塾僕に聞合《ききあわ》せると、この節《せつ》書生さんは中実《なかみ》の酒よりも徳利の方に用があると云うので、酒屋は大に驚き、その後何としても酒を持《もっ》て来なくなって困《こまっ》た事がある。

### 黒田公の原書を写取る

又筑前《ちくぜん》の国主、黒田《くろだ》美濃守《みののかみ》[1]と云《い》う大名は、今の華族、黒田[2]のお祖父《じい》さんで、緒方洪庵先生は黒田家に出入《しゅつにゅう》して、勿論《もちろん》筑前に行《ゆ》くでもなければ江戸に行くでもない、只《ただ》大阪に居ながら黒田家の御出入医《おでいりい》と云うことであった。故に黒田の殿様が江戸出府《しゅっぷ》、或《あるい》は帰国の時に大阪を通行する時分には、先生は屹度《きっと》中ノ嶋《なかのしま》の筑前屋敷に伺候《しこう》して御機《ごき》嫌《げん》を伺うと云う常例であった。或歳《あるとし》、安政三年か四年と思う。筑前侯が大阪通行になると云うので、先生は例の如《ごと》く中ノ嶋の屋敷に行き、帰宅早々《そうそう》私を呼ぶから、何事かと思て行《いっ》て見ると、先生が一冊の原書を出して見せて、「今日筑前屋敷に行たら、斯《こ》う云う原書が黒田侯の手に這《は》

1 **黒田美濃守**　黒田長溥《ながひろ》（一八一一〔文化八〕年—八七〔明治二十〕年）。第十一代福岡藩主。洋学を奨励し、藩士の教育に努めた。　2 **今の華族、黒田**　侯爵黒田長成《ながしげ》、長溥の孫。

入《いっ》たと云《いっ》て見せて呉《く》れられたから、一寸《ちょい》と借りて来たと云《い》う。之《これ》を見ればワンダーベルトと云う原書[1]で、最新の英書を和蘭《オランダ》に翻訳した物理書で、書中は誠に新らしい事ばかり、就中《なかんずく》エレキトル[2]の事が如何《いか》にも詳《つまびらか》に書いてあるように見える。私などが大阪で電気の事を知《しっ》たと云うのは、只纔《ただわずか》に和蘭の学校読本《どくほん》の中にチラホラ論じてあるより以上は知らなかった。所《ところ》がこの新舶来の物理書は英国の大家フハラデー[3]の電気説を土台にして、電池の構造法などがちゃんと出来て居るから、新奇とも何とも唯《ただ》驚くばかりで、一見直《ただち》に魂《たましい》を奪われた。夫《そ》れから私は先生に向《むかっ》て、「是《こ》れは誠に珍らしい原書で御在《ござ》ますが、何時《いつ》まで此処《ここ》に拝借して居ることが出来ましょうかと云うと、「左様《さよう》さ。何《いず》れ黒田侯は二晩《ふたばん》とやら大阪に泊ると云う。御出立《ごしゅったつ》になるまでは、彼処《あちら》に入用《にゅうよう》もあるまい。「左様でございますか、一寸と塾の者にも見せとう御在ますと云て、塾へ持《もっ》て来て、「如何《どう》だ、この原書はと云ったら、塾中の書生は雲霞《うんか》の如《ごと》く[4]集って一冊の本を見て居るから、私は二、三の先輩と相談して、何でもこの本を写して取ろうと云うことに一決して、「この原書を唯《ただ》見たって何にも役に立たぬ。見ることは止《や》めにして、サア写すのだ。併《しか》し千頁もある大部の書を皆写すことは迚《とて》も出来《でき》られない[5]から、末段のエレキトルの処丈《だ》け写そう。一同筆紙墨《みんなふでかみすみ》の用意して惣掛《そうがか》りだと云た所で茲《ここ》に一つ困る事には、大切な黒田様の蔵書を毀《こわ》すことが出来ない。毀して手分《てわけ》て遣《や》れば、三十人も五十人も居るから瞬《またた》く間《ま》に出来て仕舞《しま》うが、それは出来ない。けれども緒方の書生は原書の写本に慣れて妙《みょう》を得て居るから、一人《ひとり》が原書を読むと一人は之《これ》を耳に聞《きい》て写すことが出来る。ソコデ一人は読む、一人は写すとして、写す者が少し疲れて筆が鈍《にぶっ》て来ると直《すぐ》に外《ほか》の者が交代して、その疲れた者は朝でも昼でも直《すぐ》に寝ると斯《こ》う云《い》う仕組《しくみ》にして、昼夜の別なく、飯《めし》を喰《く》う間《ま》も煙草《タバコ》を喫《の》む間《ま》も休まず、一寸《ちょい》とも隙《ひま》なしに、凡《およ》そ二夜《にや》三日《さんにち》の間《あいだ》に、エレキトルの処は申すに及ばず、図も写して読合《よみあわせ》まで出来て仕舞《しまっ》て、紙数《かみかず》は凡そ百五、六十枚もあったと思う。ソコデ出来ることなら外《ほか》の処も写したいと云《いっ》たが時日《じじつ》が許さない。マア〳〵是《こ》れだけでも写したのは有難いと云《い》うばかりで、先生の話に、黒田侯はこの一冊を八十両で買取られたと聞て、貧書生等は唯《ただ》驚くのみ。固《もと》より自分に買うと云う野心も起りはしない。愈《いよい》よ今夕《こんせき》、侯の御出立《ごしゅったつ》と定《き》まり、私共はその原書を撫《なで》くり廻《まわ》し誠に親に暇乞《いとまごい》をするように別《わかれ》を惜《おし》んで還《かえ》したことがございました。夫《そ》れから後《のち》は塾中にエレキトルの

1 **ワンダーベルトと云う原書** ピーテル・ファン・デル・ブルグ（Pieter Van der Burg）著の『自然科学基本原理入門』（一八五二―五四年刊）のこと。 2 **エレキトル** 電気。 3 **フハラデー** M. Faraday（1791-1867）イギリスの化学者、物理学者。電気化学の基礎を確立した。 4 **雲霞の如く** 雲か霞のように見えるほど大勢いるということ。 5 **出来られない** 中津の方言。「出来ない」よりも「断じて出来ない」という強い意味。

説が全く面目《めんもく》を新《あらた》にして、当時の日本国中最上の点に達して居たと申して憚《はばか》りません。私などが今日でも電気の話を聞《きい》て凡《およ》そその方角の分るのは、全くこの写本の御蔭《おかげ》である。誠に因縁のある珍らしい原書だから、その後度々《たびたび》今の黒田侯の方へ、ひょっと彼《あ》の原書はなかろうかと問合せましたが、彼方《あっち》でも混雑の際であったから如何《どう》なったか見当らぬと云《い》う。可惜《おし》い事で御在《ござい》ます。

**大坂書生の特色**

只今《ただいま》申したような次第で、緒方の書生は学問上の事に就《つい》ては一寸《ちょい》とも怠《おこた》ったことはない。その時の有様《ありさま》を申せば、江戸に居た書生が折節《おりふし》大阪に来て学ぶ者はあったけれども、大阪から態々《わざわざ》江戸に学びに行くと云うものはない。行けば則《すなわ》ち教えると云う方であった。左《さ》れば大阪に限《かぎっ》て日本国中粒選《つぶえり》のエライ書生の居よう訳《わ》けはない。又江戸に限て日本国中の鈍い書生ばかり居よう訳けもない。然《しか》るに何故《なぜ》ソレが違うかと云うことに就ては考えなくてはならぬ。勿論《もちろん》その時には私なども大阪の書生がエライ〳〵と自慢をして居たけれども、夫《そ》れは人物の相違ではない。江戸と大阪と自《おのず》から事情が違《ちがっ》て居る。江戸の方では開国の初《はじめ》とは云いながら、幕府を始め諸藩大名の屋敷と云う者があって、西洋の新技術を求むることが広く且《か》つ急《きゅう》である。従て聊《いささ》かでも洋書を解《げ》すことの出来る者を雇うとか、或《あるい》は翻訳をさせればその返礼に金を与えるとか云うような事で、書生輩が自《おのず》から生計の道に近い。極《ごく》都合の宜《い》い者になれば大名に抱えられて、昨日までの書生が今日は何百石《こく》の侍になったと云うことも稀《まれ》にはあった。夫《そ》れに引換《ひきかえ》て大阪は丸で町人の世界で、何も武家と云うものはない。従て砲術を遣《や》ろうと云う者もなければ原書を取調べようと云う者もありはせぬ。夫《そ》れゆえ緒方の書生が幾年勉強して何程《なにほど》エライ学者になっても、頓《とん》と実際の仕事に縁がない。即《すなわ》ち衣食に縁がないから縁を求めると云うことにも思い寄らぬので、然《しか》らば何の為《た》めに苦学するかと云えば一寸と説明はない。前途自分の身体《からだ》は如何《どう》なるであろうかと考えた事もなければ、名を求める気もない。名を求めぬどころか、蘭学書生と云えば世間に悪く云われるばかりで、既《すで》に已《すで》に焼けに成《なっ》て居る。唯《ただ》昼夜苦しんで六《むず》かしい原書を読んで面白がって居るようなもので実に訳《わ》けの分らぬ身の有様《ありさま》とは申しながら、一歩を進めて当時の書生の心の底を叩《たた》いて見れば、自《おのず》から楽しみがある。之《これ》を一言《いちげん》すれば——西洋日進の書を読むことは日本国中の人に出来ない事だ、自分達の仲間に限《かぎっ》て斯様《こんな》事が出来る、貧乏をしても難渋をしても、粗衣粗食、一見看《み》る影《かげ》もない貧書生でありながら、智力思想の活潑高尚なることは王侯貴人《きにん》も眼下《がんか》に見下《みくだ》すと云う気位《きぐらい》で、唯《ただ》六かしければ面白い、苦中有楽《くちゅうううらく》、苦即楽《くそくらく》と云《い》う境遇であったと思われる。喩《たと》えばこの薬は何に利《き》くか知らぬけれども、自分達より外《ほか》にこんな苦《にが》い薬を能《よ》く呑《の》む者はなかろうと云う見識で、病の在る所も問わずに唯苦ければもっと呑《のん》で遣《や》ると云う位《くらい》の血気であったに違いはない。若《も》しも真実その苦学の目的如何《いかん》なんて問う者あるも、返答は唯漠然《ただばくぜん》たる議論ばかり。医師の塾であるから政治談は余り流行せず、国の開鎖《かいさ》論を云えば固《もと》より開国なれども、甚《はなは》だしく之《これ》

**漢家を敵視す**

を争う者もなく、唯当《とう》の敵は漢法医で、医者が憎ければ儒者までも憎くなって、何でも蚊《か》でも支那流は一切打払《うちはら》いと云《い》うことは何処《どこ》となく定《き》まって居たようだ。儒者が経《けい》史《し》の講釈しても聴聞しようと云う者もなく、漢学書生を見れば唯可笑《おか》しく思うのみ。殊《こと》に漢医書生は之を笑うばかりでなく之を罵詈《ばり》して少しも許さず、緒方塾の近傍、中ノ島《なかのしま》に花岡《はなおか》と云う漢医[1]の大家があって、その塾の書生は孰《いず》れも福生《ふくせい》[2]と見え服装も立派で、中々以《もっ》て吾々《われわれ》蘭学生の類《たぐい》でない。毎度往来に出逢《であ》うて、固《もと》より言葉も交えず互に睨合《にらみあ》うて行違《ゆきちが》うその跡で、「彼《あ》の様《ざま》ァ如何《どう》だい。着物ばかり奇麗で何をして居るんだ。空々寂々《くうくうじゃくじゃく》チンプンカンの講釈を聞《きい》て、その中で古く手垢《てあか》の附《つい》てる奴《やつ》が塾長だ。こんな奴等が二千年来垢染《あかじ》みた傷寒《しょうかん》論[3]を土産にして、国に帰《かえっ》て人を殺すとは恐ろしいじゃないか。今に見ろ、彼奴等《あいつら》を根絶やしにして呼吸《いき》の音《ね》を止《と》めて遣《や》るからなんてワイ〳〵云《いっ》たのは毎度の事であるが、是《こ》れとても此方《こっち》に如斯《こう》と云う成算《せいさん》も何もない。唯《ただ》漢法医流の無学無術を罵倒して蘭学生の気焔《きえん》を吐くばかりの事である。

**目的なしの勉強**

兎《と》に角《かく》に当時緒方の書生は十中の七、八、目的なしに苦学した者であるが、その目的のなかったのが却《かえっ》て仕合《しあわせ》で、江戸の書生よりも能《よ》く勉強が出来たのであろう。ソ

レカラ考えて見ると、今日の書生にしても余り学問を勉強すると同時に始終我身の行先《ゆくさき》ばかり考えて居るようでは、修業は出来なかろうと思う。左《さ》ればと云て只《ただ》迂闊《うかつ》に本ばかり見て居るのは最も宜《よろ》しくない。宜しくないとは云いながら、又始終今も云う通り自分の身の行末《ゆくすえ》のみ考えて、如何したらば立身が出来るだろうか、如何したらば金が手に這入《はい》るだろうか、立派な家に住むことが出来るだろうか、如何すれば旨い物を喰《く》い好《い》い着物を着られるだろうかと云うような事にばかり心を引かれて、齷齪《あくせく》勉強すると云うことでは決して真の勉強は出来ないだろうと思う。就学勉強中は自《おのず》から静《しず》にして居らなければならぬと云う理屈が茲《ここ》に出て来ようと思う。

## 大阪を去て江戸に行く

私が大阪から江戸へ来たのは安政五年、[4] 二十五歳の時である。同年、江戸の奥平《おくだいら》の邸《やしき》から、

1 **花岡と云う漢医**　華岡積軒（一八二七〔文政十〕年―七二〔明治五〕年）と南洋（一七九七〔寛政九〕年―一八六五〔慶応元〕年）のことか。紀州の名医、華岡青洲の義弟の息子・積軒が大阪中之島で開業していた。また、青洲の養子・南洋はその後見をしていた。 2 **福生**　金持ちの家の学生。 3 **傷寒論**　熱病の治療法を記した中国の古い医学書。張仲景が撰したとされる。 4 **安政五年**　一八五八年。

御用《ごよう》があるから来いと云《いっ》て、私を呼《よび》に来た。それは江戸の邸に岡見《おかみ》彦曹《ひこぞう》[1]と云《い》う蘭学好《ずき》の人があって、この人は立派な身分のある上士族で、如何《どう》かして江戸藩邸に蘭学の塾を開きたいと云うので、様々に周旋して、書生を集めて原書を読む世話をして居た。所《ところ》で奥平家が私をその教師に使うので、その前、松木《まつき》弘庵〔安〕[2]、杉亨二《すぎこうじ》[3]と云うような学者を雇《やと》うて居たような訳《わ》けで、私が大阪に居ると云うことが分《わかっ》たものだから、他国の者を雇うことはない、藩中にある福澤を呼べと云うことになって、ソレで私を呼びに来たので、その時江戸詰《づめ》の家老には奥平壹岐《おくだいらいき》が来て居る。壹岐と私との関係に就《つい》ては、私は自《みず》から自慢をしても宜《よ》いことがある。是《こ》れは如何《どう》しても悪感情がなければならぬ筈《はず》、衝突がなければならぬ筈、けれども私はその人と一寸《ちょい》とも戦《たたかっ》たことがない。彼は私を敵視し愚弄《ぐろう》して居ると云うことは長崎を出た時の様《さま》でチャント分《わか》って居る。長崎を立つ時に、「貴様は中津に帰れ。帰《かえっ》たら誰にこの手紙を渡せ。誰に斯《こ》う伝言せよと命ずるからヘイ〳〵と畏《かしこま》りながら、心の中では舌を出して、「馬鹿言え、乃公《おれ》は国に帰りはせぬぞ、江戸に行くぞと云わぬばかりに、席を蹴立《けた》てゝ出たことも、後《のち》になれば先方《さき》でも知《しっ》て居る。けれどもその後私は毎度本人に逢《あ》うて仮初《かりそめ》にも怨言《えんげん》を云た事のない所《どころ》ではない、態《わざ》と旧恩を謝すると云う趣《おもむき》ばかり装うて居る中に、又もやその大切な原書を盗写《ぬすみうつ》したこともある。先方《さき》も悪ければ此方《こっち》も十分悪い。けれども唯《ただ》私がその事を人に語らず顔色《かおいろ》にも見せずに、御家老様《ごかろうさま》と尊敬して居たから、所謂《いわゆる》国家《くにが》老《ろう》のお坊《ぼう》さんで、今度私を江戸に呼寄《よびよ》せる事に就《つい》ても、家老に異議なく直《すぐ》に決して幸《さいわい》であったが、実を申せば壹岐《いき》よりも私の方が却《かえっ》て罪が深いようだ。

**三人同行**

大阪から江戸に来るに就ては、何は扨置《さてお》き中津に帰《かえっ》て一度母に逢うて別《わかれ》を告げて来ましょうと云《い》うので、中津に帰たその時は虎列拉《コレラ》の真盛《まっさか》りで、私の家の近処《きんじょ》まで病人だらけ、バタ〳〵死にました。その流行病最中《さいちゅう》、船に乗《のっ》て大阪に着《つい》て暫時《ざんじ》逗留《とうりゅう》、ソレカラ江戸に向《むかっ》て出立《しゅったつ》と云うことにした所が、凡《およ》そ藩の公用で勤番するに、私などの身分なれば道中並《ならび》に在勤中家来を一人呉《く》れるのが定例《じょうれい》で、今度も私の江戸勤番に付て家来一人振《ぶり》の金を渡して呉れた。けれども家来なんぞと云うことは思いも寄らぬ事で何も要《い》らぬ。けれども茲《ここ》に旅費がある。待て〳〵、塾中に誰か江戸に行きたいと云う者はないか、江戸に行きたければ連れて行

1 **岡見彦曹**　岡見彦三（一八一九（文政二）年―六二（文久二）年）。中津藩江戸留守居役。佐久間象山に砲術を学ぶ。蘭学を好み和蘭辞書の翻刻を行った。 2 **松木弘庵**　一八三二（天保三）年―九三（明治二十六）年。薩摩藩士。川本幸民、伊東玄朴に学ぶ。文久遣欧使節団に翻訳方として随行。のち、外務卿。 3 **杉亨二**　一八二八（文政十一）年―一九一七（大正六）年。長崎の人。緒方洪庵らに学ぶ。のち、開成所教授。中津藩の江戸屋敷で蘭学を教える（福澤の前任者）。西洋のスタチスチック（統計学）に関心を持つ。わが国、会計学の開祖。太政官出仕、杉の建言で統計院が設置された。

くが如何《どう》だ、実は斯《こ》う云《い》う訳《わ》けで金はあるぞと云うと、即席にどうぞ連れて行《いっ》て呉《く》れと云《いっ》たが岡本周吉《おかもとしゅうきち》、即《すなわ》ち古川節蔵《ふるかわせつぞう》[1]である（広島の人）。よし連れて行て遣《や》ろう。連れて行くが、君は飯《めし》を炊《た》かなければならぬが宜《よろ》しいか。江戸へ行けば米もあれば長屋もある。鍋釜《なべかま》も貸して呉れるが、本当の家来を止《や》めにすれば飯炊《めしたき》がない。その代《かわり》に連れて行くのだが如何《どう》だ。「飯を炊く位《ぐらい》の事は何でもない、飯を炊こう。「それじゃ一緒に来いと云て、夫《そ》れから私の荷物は同藩の人に頼んで、道連《みちづれ》は私と岡本、もう一人《ひとり》備中の者で原田磊蔵《はらだらいぞう》[2]と云う矢張《やは》り緒方の塾生、都合三人の道中で、勿論《もちろん》歩く。その時は丁度《ちょうど》十月下旬[3]で少々寒かったが小春《こはる》の時節、一日も川止《かわどめ》など云う災難に遇《あ》わず滞《とどこ》おりなく江戸に着て、先《ま》ず木挽町汐留《こびきちょうしおどめ》の奥平屋敷[4]に行た所が、鉄砲洲《てっぽうず》に中屋敷がある、[5]其処《そこ》の長屋を貸すと云うので、早速《さっそく》岡本と私とその長屋に住込《すみこん》で、両人自炊の世帯《しょたい》持《もち》になった、夫れから同行の原田は下谷練塀小路《したやねりべいこうじ》の大医大槻俊斎《たいいおおつきしゅんさい》[6]先生の処へ入込《いりこん》だ。江戸へ参れば知己《ちき》朋友は幾人も居て、段々面白くなって来た。

**江戸に学ぶに非ず教るなり**

扨《さて》私が江戸に参《まいっ》て鉄砲洲の奥平中屋敷に住《すまっ》て居ると云う中《うち》に、藩中の子弟が三人、五人ずつ学びに来るようになり、又他から五、六人も来るものが出来たので、その子弟に教授して居たが、前にも云《い》う通り大阪の書生は修業する為《ため》に江戸に行くのではない、行けば教えに行くのだと云う自《おのず》から自負心があった。私も江戸に来て見た処で、全体江戸の蘭学社会は如何《どう》云うものであるか知りたいものだと思《おもつ》て居る中《うち》に、或《あ》る日島村鼎甫《しまむらていほ》7の家に尋ねて行たことがある。勿論《もちろん》緒方門下の医者で、江戸に来て蘭書の飜訳などして居た。私も甚《はなは》だ能《よ》く知《しつ》て居るので、尋ねて参れば何時《いつ》も学問の話ばかりで、その時に主人は生理書の飜訳最中《さいちゆう》、その原書を持出《もちだ》して云うには、この文の一節が如何《どう》しても分《わか》らないと云う。夫《そ》れから私が之《これ》を見た所が、成程《なるほど》解し悪《にく》い所だ。依《よつ》て主人に向《むかつ》て、是《こ》れは外《ほか》の朋友にも相談し

**1 岡本周吉、即ち古川節蔵**　一八三七（天保八）年—七七（明治十）年。安芸の国小田村に生まれる。福澤塾最初の塾生であり、また最初の塾長。江戸に出て名を節蔵と改め、福澤の世話で旗本古川家の養子となる。戊辰戦争の際には榎本艦隊に参加し、箱館五稜郭の戦いで敗れて捕らわれる。のち、赦免され古川正雄と改名し、海軍兵学寮や工部省に出仕した。『万国政表』その他の著訳書がある。わが国の視覚障害者教育事業の先駆者。**2 原田磊蔵**　一八三二（天保三）年—一九一八（大正七）年。安政三（一八五六）年、適塾に入門。維新後は陸軍医官となり、のち、東京陸軍予備病院分院長。**3 十月下旬**　実際には十月中旬に江戸に到着している（同年十一月二十二日付福澤書簡による）。**4 木挽町汐留の奥平屋敷**　現在の中央区銀座八丁目にあった、中津藩上屋敷のこと。**5 鉄砲洲に中屋敷がある**　現在の中央区明石町にあった中津藩中屋敷。**6 大槻俊斎**　一八〇四（文化元）年—六二（文久二）年。陸奥国の人。蘭医。安政五（一八五八）年、神田お玉ヶ池に種痘所を設置。万延元（一八六〇）年にこれが幕府直轄となり、初代頭取に任じられた。**7 島村鼎甫**　一八二八（文政十一）年—八〇（明治十三）年。備前の人。緒方洪庵、伊東玄朴に学ぶ。のち、幕府医学所教授。維新後は大学少博士、文部中教授。著訳書に『生理発蒙』（一八五五年刊）などがある。

て見たかと云《い》えば、イヤもう親友誰々四、五人にも相談をして見たが如何《どう》しても分《わか》らぬと云うから、面白い、ソレじゃ僕が之《これ》を解《げ》して見せようと云《いっ》て、本当に見た所が中々六《むず》かしい。凡《およ》そ半時間ばかりも無言で考えた所で、チャント分《わかっ》た。一体是《こ》れは斯《こ》う云う意味であるが如何《どう》だ、物事は分《わかっ》て見ると造作《ぞうさ》のないものだと云て、主客《しゅかく》共に喜びました。何でもその一節は光線と視力との関係を論じ、蠟燭《ろうそく》を二本点《つ》けてその灯光《あかり》をどうかすると影法師が如何《どう》とかなると云う随分六かしい処で、島村の飜訳した生理発蒙《せいりはつもう》と云う訳書中にある筈《はず》です。この一事で私も窃《ひそか》に安心して、先《ま》ず是《こ》れならば江戸の学者も左《さ》まで恐れることはないと思うたことがある。

それから又原書の不審な処を諸先輩に質問して窃にその力量を試したこともある。大阪に居る中《うち》に毎度人の読損《よみそこな》うた処か人の読損いそうな処を選出《えりだ》して、そうして其《そ》れを私は分らない顔して不審を聞きに行くと、毎度の事で、学者先生と称して居る人が読損うて居るから、此方《こっち》は却《かえっ》て満足だ。実は欺《あざむい》て人を試験するようなもので、徳義上に於《おい》て相済《あいす》まぬ罪なれども、壮年血気の熱心、自《みず》から禁ずることが出来ない。畢竟《ひっきょう》私が大阪に居る間《あいだ》は同窓生と共に江戸の学者を見下《みく》だして取るに足らないものだと斯《こ》う思うて居ながらも、只《ただ》ソレを空《くう》に信じて宜《い》い気になって居ては大間違《おおまちがい》が起るから、大抵《たいてい》江戸の学者の力量を試さなければならぬと思て、悪いこととは知りながら試験を遣《やっ》て見たのです。ソコデ以《もっ》て蘭学社会の相場は大抵分て先《ま》ず安心ではあっ

**英学発心**

たが、扨《さて》又此処《ここ》に大《だい》不安心な事が生じて来た。私が江戸に来たその翌年、即《すなわ》ち安政六年、五国《ごこく》条約[1]と云《い》うものが発布になったので、横浜は正《まさ》しく開《ひら》けた計《ばか》りの処、ソコデ私は横浜に見物に行《いっ》た。その時の横浜と云うものは外国人がチラホラ来て居る丈《だ》けで、〔掘〕立小屋見たような家が諸方にチョイ〳〵出来て、外国人が其処《そこ》に住《すん》で店を出して居る。其処《そこ》へ行て見た所が一寸《ちょい》とも言葉が通じない。此方《こっち》の云うことも分《わか》らなければ、彼方《あっち》の云うことも勿《もち》論《ろん》分らない。店の看板も読めなければ、ビンの貼紙《はりがみ》も分らぬ。何を見ても私の知《しっ》て居る文字《もんじ》と云うものはない。英語だか仏語だか一向分らない。居留地をブラ〳〵歩く中《うち》に独逸《ドイツ》人でキニッフル[2]と云う商人の店に打当《ぶちあたっ》た。その商人は独逸人でこそあれ蘭語蘭文が分る。此方の言葉はロクに分らないけれども、蘭文を書けばどうか意味が通ずると云うので、ソコで色々な話をしたり、一寸と買物をしたりして江戸に帰《かえっ》て来た。御苦労な話で、ソレも屋敷に門限があるので、前の晩の十二時から行てその晩の十二時に帰たから、丁度《ちょうど》一昼夜歩いて居た訳《わ》けだ。

1 **五国条約** 前年（安政五（一八五八）年）に米・蘭・露・英・仏と結んだ通商条約。これにより神奈川、長崎、箱館の三港が開港された。 2 **キニッフル** Kniffler ドイツ人の貿易商。横浜、神戸に店を持って商売をしていた。

### 小石川に通う

横浜から帰《かえっ》て、私は足の疲れではない、実に落胆して仕舞《しまっ》た。是《こ》れは〳〵どうも仕方《しかた》がない、今まで数年《すねん》の間《あいだ》、死物狂《しにものぐる》いになって和蘭《オランダ》の書を読むことを勉強した、その勉強したものが、今は何にもならない、商売人の看板を見ても読むことが出来ない、左《さ》りとは誠に詰らぬ事をしたわいと、実に落胆して仕舞た。けれども決して落胆して居られる場合でない。彼処《あすこ》に行《おこな》われて居る言葉、書いてある文字は、英語か仏語に相違ない。所で今世界に英語の普通に行れて居ると云《い》うことは予《かね》て知《しっ》て居る。何でもあれは英語に違いない、今我国は条約を結んで開《ひら》けかゝって居る、左《さ》すればこの後《ご》は英語が必要になるに違いない、洋学者として英語を知らなければ迚《とて》も何にも通ずることが出来ない、この後は英語を読むより外《ほか》に仕方《しかた》がないと、横浜から帰た翌日だ、一度《ひとたび》は落胆したが同時に又新《あらた》に志《こころざし》を発して、夫《そ》れから以来は一切万事英語と覚悟を極《き》めて、扨《さて》その英語を学ぶと云うことに就《つい》て如何《どう》して宜《いい》か取付端《とりつきは》がない。江戸中に何処《どこ》で英語を教えて居ると云う所のあろう訳《わ》けもない。けれども段々聞《きい》て見ると、その時に条約を結ぶと云うが為《た》めに、長崎の通詞《つうじ》の森山多吉郎《もりやまたきちろう》[1]と云う人が、江戸に来て幕府の御用を勤めて居る。その人が英語を知《しっ》て居ると云う噂を聞出《ききだ》したから、ソコで森山の家に行《いっ》て習いましょうと斯《こ》う思うて、その森山と云う人は小石川の水道町に住居して居たから、早速《さっそく》その家に行て英語教授の事を頼入《たのみい》ると、森山の云うに、昨今御用が多くて大変に忙しい、けれども折角《せっかく》習おうと云《い》うならば教えて進ぜよう、就《つい》ては毎日出勤前、朝早く来いと云うことになって、その時私は鉄砲洲《てっぽうず》に住《すまっ》て居て、鉄砲洲から小石川まで頓《やが》て二里余《よ》もありましょう、毎朝早く起きて行く。所が今日はもう出勤前だから又明朝来て呉《く》れ、明《あ》くる朝早く行くと、人が来て居て行かないと云う。如何《どう》しても教えて呉《く》れる暇《ひま》がない。ソレは森山の不親切と云う訳《わ》けではない、条約を結ぼうと云う時だから中々忙くて実際に教える暇《ひま》がありはしない。そうすると、こんなに毎朝来て何も教えることが出来んでは気の毒だ、晩に来て呉れぬかと云う。ソレじゃ晩に参りましょうと云て、今度は日暮《ひぐれ》から出掛けて行く。あの往来は丁度《ちょうど》今の神田橋一橋外の高等商業学校[2]のある辺《あたり》で、素《もと》と護持院《ごじいん》ケ原《はら》と云う大きな松の樹などが生繁《おいしげ》って居る恐ろしい淋しい処で、追剥《おいはぎ》でも出そうな処だ。其処《そこ》を小石川から帰途《かえりみち》に夜の十一時十二時ごろ通る時の怖さと云うものは今でも能《よ》く覚えて居る。所がこの夜稽古《よけいこ》も矢張《やは》り同じ事で、今晩は客がある、イヤ急に外国方（外務省）から呼びに来たから出て行かなければならぬと云うような訳けで、頓《とん》と仕《し》方《かた》がない。凡《およ》そ其処《そこ》に二月《ふたつき》か三月《みつき》通うたけれども、どうにも暇がない。迚《とて》もこんな事では何も

**1 森山多吉郎**　一八二〇（文政三）年―七一（明治四）年。長崎の通詞（通訳官）。外国使節の応接に尽力し、幕府に重用される。維新後は隠棲し、東京で死去。
**2 高等商業学校**　現在の一橋大学の前身。

覚えることも出来ない。加うるに森山と云《い》う先生も何も英語を大層《たいそう》知て居る人ではない、漸《ようや》く少し発音を心得て居ると云う位《ぐらい》。迚《とて》も是《こ》れは仕方《しかた》ないと、余儀なく断念。

**蕃書調所に入門**

その前に私が横浜に行《いっ》た時にキニッフルの店で薄い蘭英会話書を二冊買《かっ》て来た。ソレを独《ひとり》で読《よむ》とした所で字書《じしょ》がない。英蘭対訳の字書があれば先生なしで自分一人《ひとり》で解《げ》することが出来るから、どうか字書を欲《ほし》いものだと云《いっ》た所で横浜に字書などを売る処はない。何とも仕方がない。所がその時に九段下に蕃書調所《ばんしょしらべじょ》[1]と云う幕府の洋学校がある。其処《そこ》には色々な字書があると云うことを聞出《ききだ》したから、如何《どう》かしてその字書を借りたいものだ、借りるには入門しなければならぬ、けれども藩士が出抜《だしぬ》けに公儀（幕府）の調所に入門したいと云ても許すものでない、藩士の入門願《ねがい》にはその藩の留守居《るすい》[2]と云うものが願書に奥印《おくいん》をして然《しか》る後《のち》に入門を許すと云う。夫《そ》れから藩の留守居の処に行て奥印の事を頼み、私は𧘕𧘔《かみしも》を着て蕃書調所に行て入門を願うた。その時には箕作麟祥《みつくりりんしょう》[3]のお祖父《じい》さんの箕作阮甫《げんぽ》[4]と云う人が調所の頭《とう》取《どり》で、早速《さっそく》入門を許して呉《く》れて、入門すれバ字書を借《か》ることが出来る。直《すぐ》に拝借を願うて、英蘭対訳の字書を手に請取《うけとっ》て、通学生の居る部屋があるから其処《そこ》で暫《しばら》く見て、夫れから懐中の風呂敷を出してその字書を包《つつん》で帰ろうとすると、ソレはならぬ、此処《ここ》で見るならば許して苦しくないが、家に持帰《もちかえ》ることは出来ませぬと、その係の者が云う。こりゃ仕方がない、鉄砲洲《てっぽうず》から九段阪下まで毎日字引《じびき》を引きに行くと云《い》うことは迚《とて》も間《ま》に合《あわ》ぬ話だ。ソレも漸《ようや》く入門してたった一日行《いっ》た切《ぎり》で断念。

扨如何《さてどう》したら宜《よ》かろうかと考えた。所で段々横浜に行く商人がある。何か英蘭対訳の字書《じしょ》はないかと頼んで置た所が、ホルトロップと云《い》う英蘭対訳発音付の辞書[5]一部二冊物がある。誠に小さな字引だけれども価《あたい》五両と云う。夫《それ》から私は奥平《おくだいら》の藩に歎願して買取《かいとっ》て貰《もらっ》て、サアもう是《こ》れで宜《よろ》しい、この字引さえあればもう先生は要《い》らないと、自力《じりき》研究の念を固くして、唯《ただ》その字引と首引《くびッぴき》で、毎日毎夜独《ひと》り勉強、又或《あるい》は英文の書を蘭語に飜訳して見て、英文に慣れる事ばかり心掛けて居ました。

1 **蕃書調所**　安政三（一八五六）年、幕府が九段坂下に創立した洋学の教育研究機関。のち、洋書調所、開成所、大学南校と改称、さらに東京大学の一部となった。 2 **留守居**　諸藩の江戸屋敷に置かれた役職。幕府や他藩との連絡にあたり、内外の情報の収集をした。 3 **箕作麟祥**　一八四六（弘化三）年—九七（明治三十）年。津山の人。外国奉行支配翻訳御用頭取。フランス法典の翻訳、紹介につとめ、民法典・商法典の編纂に携わった。明六社社員。 4 **箕作阮甫**　一七九九（寛政十一）年—六三（文久三）年。蘭学者。津山藩医。幕府天文方の翻訳掛。蕃所調所教授。安政五ヵ国条約締結に尽力した。 5 **ホルトロップと云う英蘭対訳発音付の辞書**　*John Holtrop's English and Dutch Dictionary*, the first volume; Engelsch en Nederduitsch Woordenboek van J. Holtrop, eerste deel, 1823.

### 英学の友を求む

そこで自分の一身は爾《そ》う定《き》めた所で、是《こ》れは如何《どう》しても朋友がなくてはならぬ。私が自分で不便利を感ずる通りに、今の蘭学者は悉《ことごと》く不便を感じて居るに違いない。迚《とて》も今まで学《まなん》だのは役に立たない。何でも朋友に相談をして見ようと斯《こ》う思うたが、この事も中々易《やす》くないと云《い》うのは、その時の蘭学者全体の考《かんがえ》は、私を始《はじめ》として皆、数年《すねん》の間刻《あいだこつ》苦《く》勉強した蘭学が役に立たないから、丸で之《これ》を棄《す》てゝ仕舞《しまつ》て英学に移ろうとすれば、新《あらた》に元の通りの苦《くるし》みをもう一度しなければならぬ、誠に情ない、つらい話である、譬《たと》えば五年も三年も水練《すいれん》を勉強して漸《ようや》く泳ぐことが出来るようになった所で、その水練を罷《や》めて今度は木登りを始めようと云うのと同じ事で、以前の勉強が丸で空《くう》になると、斯《こ》う考えたものだから如何《いか》にも決断が六《むず》かしい。ソコデ学友の神田《かんだ》孝平《たかひら》[1]に面会して、如何《どう》しても英語を遣《や》ろうじゃないかと相談を掛けると、神田の云うに、イヤもう僕も疾《と》うから考えて居て実は少し試みた。試みたが如何《いか》にも取付端《とりつきは》がない。何処《どこ》から取付《とりつい》て宜《い》いか実に訳《わ》けが分らない。併《しか》し年月を経《ふ》れば何か英書を読むと云う小口《こぐち》[2]が立つに違いないが、今の処では何とも仕方がない。マア君達は元気が宜《い》いから遣《やっ》て呉《く》れ、大抵《たいてい》方角が付くと僕も屹《きっ》と遣《や》るから、ダガ今の処では何分自分で遣ろうと思わないと云う。夫《そ》れから番町の村田《むらた》造六〔蔵〕（後に大村益次《おおむらますじ》郎《ろう》[3]）の処へ行て、その通りに勧めた所が、是《こ》れは如何《どう》しても遣らぬと云う考で、神田とは丸で説が違う。「無益な事をするな。僕はそんな物は読まぬ。要《い》らざる事だ。何もそんな困難な英書を辛苦《しんく》して読むがものはないじゃないか。必要な書は皆和蘭人《オランダ》が翻訳するから、その翻訳書を読めばソレで沢山《たくさん》じゃないかと云《い》う。「成程《なるほど》それも一説だが、けれども和蘭人が何も角《か》も一々翻訳するものじゃない。僕は先頃《せんころ》横浜に行って呆《あき》れて仕舞《しまっ》た。この塩梅《あんばい》では迚《とて》も蘭学は役に立たぬ。是非《ぜひ》英書を読まなくてはならぬではないかと勧むれども、村田は中々同意せず、「イヤ読まぬ。僕は一切読まぬ。遣《や》るなら君達は遣り給え。僕は必要があれば蘭人の翻訳したのを読むから構わぬと威張《いばっ》て居る。是《こ》れは迚《とて》も仕方《しかた》がないと云うので今度は小石川に居る原田敬策《はらだけいさく》4にその話をすると、原田は極《ごく》熱心で、何でも遣ろう。誰がどう云うても構わぬ。是非遣ろうと云うから、「爾《そ》うか、ソレは面白い。そんなら二人《ふたり》で遣ろう。どんな事があっても遣遂《やりと》げようではないかと云うので、原田とは極説が合うて、

1 **神田孝平**　一八三〇（天保元）年―九八（明治三十一）年。美濃の人。蘭学を杉田成卿らに学び、『経済小学』を訳した。開成所教授。のち、明六社社員、元老院議官、文部少輔。 2 **小口**　いとぐち。端緒。 3 **村田造六（後に大村益次郎）**　一八二四（文政七）年―六九（明治二）年。周防の人。適塾に学ぶ。のち、宇和島藩に仕え、蕃所調所教授手伝をつとめた。戊辰戦争で新政府の軍事指揮を執り、日本の兵制の近代化に尽力した。 4 **原田敬策**　一八三〇（天保元）年―一九一〇（明治四十三）年。岡山藩士。江戸で洋式兵学を修め、蕃所調所手伝となる。文久三（一七六三）年、池田筑後守の渡欧使節に随行。維新後は陸軍少将、貴族院議員。

愈《いよい》よ英書を読むと云《い》う時に、長崎から来て居た小供があって、その小供が英語を知《しっ》て居ると云うので、そんな小供を呼《よん》で来て発音を習うたり、又或《あるい》は漂流人で折節《おりふし》帰るものがある、長く彼方《あっち》へ漂流して居た者が、開国になって船の便があるものだから、折節帰る者があるから、そんな漂流人が着くとその宿屋に訪《たず》ねて行《いっ》て聞《きい》たこともある。その時に英学で一番六《むず》かしいと云うのは発音で、私共は何もその意味を学ぼうと云うのではない、只《ただ》スペルリングを学ぶのであるから、小供でも宜《よ》ければ漂流人でも構わぬ、爾《そ》う云う者を捜《さが》し廻《まわっ》ては学んで居ました。始めは先《ま》ず英文を蘭文に飜訳することを試み、一字々々字を引《ひい》てソレを蘭文に書直せば、ちゃんと蘭文になって文章の意味を取ることに苦労はない。唯《ただ》その英文の語音《ごいん》を正しくするのに苦《くるし》んだが、是《こ》れも次第に緒《いとぐち》が開《ひら》けて来れば夫《そ》れほどの難渋でもなし、詰《つま》る処は最初私共が蘭学を棄《す》てゝ英学に移ろうとするときに、真実に蘭学を棄てゝ仕舞《しま》い、数年《すねん》勉強の結果を空《むなし》うして生涯二度の艱難辛苦《かんなんしんく》と思いしは大間違《おおまちがい》の話で、実際を見れば蘭と云い英と云うも等しく横文にして、その文法も略相《ほぼあい》同じければ、蘭書読む力は自《おのず》から英書にも適用して決して無益でない。水を泳ぐと木に登ると全く別のように考えたのは一時《いちじ》の迷《まよい》であったと云うことを発明しました。

# 始めて亜米利加に渡る

**咸臨丸**

ソレカラ私が江戸に来た翌年、即《すなわ》ち安政六年冬、徳川政府から亜米利加《アメリカ》に軍艦を遣《や》ると云《い》う日本開闢《かいびゃく》以来、未曾有《みぞう》の事を決断しました。[1] 扨《さて》その軍艦と申しても至極《しごく》小さなもので、蒸気は百馬力、ヒュルプマシーネ[2]と申して、港の出入《でいり》に蒸気を焚《た》くばかり、航海中は唯《ただ》風を便《たよ》りに運転せねばならぬ。二、三年前、和蘭《オランダ》から買入れ、価《あたい》は小判で二万五千両、船の名を咸臨丸《かんりんまる》[3]と云う。その前、安政二年[4]の頃から幕府の人が長崎に行《いっ》て、蘭人に航海術を伝習してその技術も漸《ようや》く進歩したから、この度《たび》使節がワシントンに行くに付き、日本の軍艦もサン

**1 安政六年冬……決断しました**　日米修好通商条約批准のため、幕府は新見豊前守を正使とする使節団をアメリカに派遣することを決めた。アメリカ軍艦ポーハタン号に乗船した使節団の警護と遠洋航海の実習を目的として咸臨丸が随行した。　**2 ヒュルプマシーネ**　hulpmachine（オランダ語）補助機関。　**3 咸臨丸**　安政四（一八五七）年八月、オランダ建造のヤッパン号が長崎に回航、咸臨丸と命名された。「咸」はみな、「臨」はのぞむ、君臣互いに親しみ厚く、情あまねく行きわたるの意。易経に「咸臨貞吉」とある。　**4 安政二年**　一八五五年。オランダ政府からスンビン号（日本名、観光丸）が贈られ、長崎海軍伝習所が開かれた。

フランシスコまで航海と斯《こ》う云う訳《わ》けで幕議《ばくぎ》一決、艦長は時の軍艦奉行木村摂津守《きむらせっつのかみ》[1]、これに随従する指揮官は勝麟太郎《かつりんたろう》[2]、運用方は佐々倉桐太郎《ささくらきりたろう》[3]、浜口興右衛門《はまぐちおきえもん》、鈴藤勇次郎《すずふじゆうじろう》、測量は小野友《おのとも》五郎《ごろう》[4]、伴鉄太郎《ばんてつたろう》、松岡磐吉《まつおかばんきち》、蒸気は肥田浜五郎《ひだはまごろう》、山本金次郎《やまもときんじろう》、公用方には吉岡勇平《よしおかゆうへい》、小永井五《こながいご》八郎《はちろう》、通弁官は中浜万次郎《なかはままんじろう》[5]、少年士官には根津欽次郎《ねづきんじろう》、赤松大三郎《あかまつだいざぶろう》、岡田井蔵《おかだせいぞう》、小杉雅之進《こすぎまさのしん》と、医師二人、水夫火夫《かふ》六十五人、艦長の従者を併《あわ》せて九十六人。船の割《わり》にしては多勢《たぜい》の乗組人《のりくみにん》でありしが、この航海の事に就《つい》ては色々お話がある。

今度咸臨丸《かんりんまる》の航海は日本開闢《かいびゃく》以来、初めての大事業で、乗組士官の面々は固《もと》より日本人ばかりで事に当ると覚悟して居た処が、その時亜米利加《アメリカ》の甲比丹《カピテン》ブルック[6]と云《い》う人が、太平洋の海底測量の為《た》めに小帆前船《しょうほまえせん》へネモコパラ号[7]に乗《の》って航海中、薩摩の大島沖《おおしまおき》で難船[8]して幸《さいわい》に助かり、横浜に来て徳川政府の保護を受けて、甲比丹以下、士官一人、医師一人、水夫四、五人、久しく滞留《たいりゅう》の折柄《おりから》、日本の軍艦がサンフランシスコに航海と聞き、幸便《こうびん》だから之《これ》に乗《の》って帰国したいと云うので、その事が定《き》まろうとすると、日本の乗組員は米国人と一緒に乗るのは厭《いや》だと云う。何故《なぜ》かと云うに、若《も》しその人達を連れて帰れば、却《かえっ》て銘々共《めいめいども》が亜米利加人に連れて行て貰《もらっ》たように思われて、日本人の名誉に係《かか》るから乗せないと剛情を張る。夫《そ》れ是《こ》れで政府も余程困《こまっ》た様子でありしが、到頭《とうとう》ソレを無理圧付《おしつ》けにして同船させたのは、政府の長老も内実は日本士官の伎倆《ぎりよう》を覚束《おぼつか》なく思い、一人でも米国の航海士が同船したらばマサカの時に何かの便利になろうと云《い》う老婆心であったと思われる。

**1 木村摂津守**　木村芥舟（一八三〇〔天保元〕年―一九〇一〔明治三十四〕年）。名は喜毅。長崎海軍伝習監督、外国御用立会ならびに神奈川開港御用、軍艦奉行などを歴任。維新後は引退し、芥舟と号して自適の生活を送った。開国維新期の日本の外交についての芥舟の見聞をまとめた『三十年史』に福澤は序文を寄せている。**2 勝麟太郎**　勝海舟（一八二三〔文政六〕年―九九〔明治三十二〕年）。海舟は号。通称、麟太郎。幕府海軍の育成に尽力した。幕府側の代表として西郷隆盛と会見し、江戸無血開城を実現した。維新後は海軍卿、枢密顧問官などを歴任。福澤は「瘠我慢の説」で榎本武揚とならんで勝の維新後の出処進退を批判した。**3 佐々倉桐太郎**　一八三〇（天保元）年―七五（明治八）年。浦賀の与力。長崎海軍伝習所に学ぶ。のち、軍艦操練所教授方。維新後は兵学寮に出仕。**4 小野友五郎**　一八一七（文化十四）年―九八（明治三十一）年。笠間藩士。長崎海軍伝習所で測量航海術を学ぶ。のち、蕃書調所教授兼海軍出仕、勘定吟味役。**5 中浜万次郎**　一八二八（文政十一）年―九八（明治三十一）年。通称、ジョン万次郎。土佐の漁師。十四歳の時、出漁中に漂流しアメリカ捕鯨船に救われアメリカに渡る。嘉永四（一八五一）年に帰国後、通訳官として幕府に仕え、幕末から明治の国事に多くの貢献をした。**6 甲比丹ブルック**　キャプテン・ブルック。John M. Brooke（1826–1906）アメリカの海軍大尉。開港した日本の港の測量のために来日。部下とともに咸臨丸に乗船して、咸臨丸の太平洋横断を成功させた。南北戦争後はヴァージニア陸軍大学で物理学を講じた。**7 ヘネモコパラ号**　フェニモア・クーパー（Fenimore Cooper）号。**8 薩摩の大島沖で難船**　フェニモア・クーパー号が難破したのは安政六（一八五九）年七月、同船の横浜碇泊中で、ブルックが江戸へ行っていた間のこと。「薩摩の大島沖」というのは福澤の思い違いか。

## 木村摂津守

艦長木村摂津守《きむらせっつのかみ》と云《い》う人は軍艦奉行の職を奉じて海軍の長上官であるから、身分相当に従者を連れて行《ゆ》くに違いない。夫《そ》れから私はどうもその船に乗《のっ》て亜米利加《アメリカ》に行《いっ》て見たい志《こころざし》はあるけれども、木村と云う人は一向《いっこう》知らない。去年大阪から出て来た計《ばか》りで、そんな幕府の役人などに縁のある訳《わ》けはない。所が幸《さいわい》に江戸に桂川《かつらがわ》[1]と云う幕府の蘭家《らんか》の侍医がある。その家は日本国中蘭学医の総本山とでも名を命《つ》けて宜《よろ》しい名家であるから、江戸は扨置《さてお》き日本国中、蘭学社会の人で桂川と云う名前を知らない者はない。ソレ故《ゆえ》私なども江戸に来《く》れば何は扨置き桂川の家には訪問するので、度々《たびたび》その家に出入《しゅつにゅう》して居る。その桂川の家と木村の家とは親類——極《ごく》近い親類である。夫《そ》れから私は桂川に頼《たのん》で、如何《どう》かして木村さんの御供《おとも》をして亜米利加に行きたいが紹介して下さることは出来まいかと懇願して、桂川の手紙を貰《もらっ》て木村の家に行てその願意を述べた所が、木村では即刻許して呉《く》れて、連れて行て遣《や》ろうと斯《こ》う云うことになった。と云うのは、案ずるに、その時の世態《せたい》人情に於《おい》て、外国航海など云えば、開闢《かいびゃく》以来の珍事と云おうか、寧《むし》ろ恐ろしい命掛《いのちが》けの事で、木村は勿論《もちろん》軍艦奉行であるから家来はある、あるけれどもその家来と云う者も余り行く気はない所に、仮初《かりそめ》にも自分から進《すすん》で行きたいと云うのであるから、実は彼方《あっち》でも妙な奴《やつ》だ、幸《さいわい》と云う位《くらい》なことであったろうと思う。直《すぐ》に許されて私は御供をすることになった。

**浦賀に上陸して酒を飲む**

咸臨丸《かんりんまる》の出帆は万延元年の正月で、品川沖を出て先《ま》ず浦賀に行《いっ》た。同時に日本から亜米利加《アメリカ》に使節が立《たっ》て行《ゆ》くので、亜米利加からその使節の迎船《むかいせん》が来た。ポーハタンと云《い》うその軍艦に乗《のっ》て行くのであるが、そのポーハタンは後《あと》から来ることになって、咸臨丸は先に出帆して先ず浦賀に泊《とまっ》た。浦賀に居て面白い事がある。船に乗組《のりくん》で居る人は皆若い人で、もう是《こ》れが日本の訣別《おわかれ》であるから浦賀に上陸して酒を飲もうではないかと云出《いいだ》した者がある。何《いず》れも同説で、夫《そ》れから陸《おか》に上《あがっ》て茶屋見たような処に行て、散々《さんざん》酒を飲《のん》でサア船に帰ると云う時に、誠に手癖《てくせ》の悪い話で、その茶屋の廊下の棚の上に嗽茶椀《うがいぢやわん》が一つあった、是《こ》れは船の中で役に立ちそうな物だと思《おもっ》て、一寸《ちょい》と私が夫《それ》を盗《ぬすん》で来た。その時は冬の事で、サア出帆した所が大嵐《おおあらし》、毎日々々の大嵐、中々茶椀に飯《めし》を盛《もっ》て本式に喫《た》べるなんと云うことは容易な事ではない。所が私の盗だ嗽茶椀が役に立て、その中に一杯飯を入れて、その上に汁でも何でも皆掛けて、立《たっ》て喰《く》う。誠に世話のない話で、大層《たいそう》便利を得て、亜米利加《アメリカ》まで行て、帰りの航海中も毎日用いて、到頭《とうとう》日本まで持《もっ》て帰《かえっ》て、久しく私の家にゴロチャラして居

1　**桂川**　幕府医官。この頃の当主は、七代目、二世甫周。名は国興（一八六二〔文政九〕年―一八八一〔明治十四〕年）。安政五（一八五八）年、ヅーフハルマ（一〇一頁注6参照）を『和蘭字彙』と題して出版。

た。程経《ほどへ》て聞けばその浦賀で上陸して飲食《のみく》いした処は遊女屋だと云《い》う。夫《そ》れはその当時私は知らなかったが、そうして見ると彼《あ》の大きな茶椀は女郎の嗽茶椀《うがいぢゃわん》であったろう。思えば穢《きた》ないようだが、航海中は誠に調法、唯一の宝物《たからもの》であったのが可笑《おか》しい。

### 銀貨狼藉

扨《さて》それから船が出てずっと北の方に乗出《のりだ》した。その咸臨丸《かんりんまる》と云うのは百馬力の船であるから、航海中、始終石炭を焚《た》くと云うことは出来ない。只《ただ》港を出るとき這入《はい》るときに焚く丈《だ》けで、沖に出れば丸で帆前船《ほまえせん》、と云うのは石炭が積まれますまい、石炭がなければ帆で行かなければならぬ。その帆前船に乗《のっ》て太平海を渡るのであるから、それは〳〵毎日の暴風で、艀船《はしけぶね》が四艘《しそう》あったが激浪《げきろう》の為《た》めに二艘取られて仕舞《しま》うた。その時は私は艦長の家来であるから、艦長の為めに始終左右の用を弁じて居た。艦長は船の艫《とも》の方の部屋に居るので、或《あ》る日、朝起きていつもの通り用を弁じましょうと思て艫の部屋に行《いっ》た、所がその部屋に弗《ドルラル》が何百枚か何千枚か知れぬ程散乱して居る。如何《どう》したのかと思うと、前夜の大嵐《おおあらし》で、袋に入れて押《おし》入《いれ》の中に積上げてあった弗、定《さだ》めし錠《じょう》も卸《おろ》してあったに違いないが、劇《はげ》しい船の動揺で、弗の袋が戸を押破《おしやぶっ》て外に散乱したものと見える。是《こ》れは大変な事と思て、直《すぐ》に引返《ひきかえ》して舳《おもて》の方に居る公用方の吉岡勇平《よしおかゆうへい》にその次第を告げると、同人も大に驚き、場所に駈付《かけつ》け、私も加勢《かせい》してその弗を拾集《ひろいあつ》めて袋に入れて元の通り戸棚に入れたことがあるが、元来船中にこんな事の起るその次第は、当時外国為替《かわせ》と云う事に就《つい》て一寸《ちょい》とも考えがないので、旅をすれば金が要《い》る、金が要《い》れば金を持《もっ》て行《ゆ》くと云う極《ごく》簡単な話で、何万弗だか知れない弗を、袋などに入れて艦長の部屋に蔵《おさ》めて置《おい》たその金が、嵐の為《た》めに溢《あふ》れ出たと云うような奇談を生じたのである。夫《そ》れでも大抵《たいてい》四十年前の事情が分りましょう。今ならば一向《いっこう》訳《わ》けはない。為替で一寸《ちょい》と送《おくっ》て遣《や》れば、何も正金《しょうきん》を船に積《つん》で行く必要はないが、商売思想のない昔の武家は大抵こんなものである。航海中は毎日の嵐で、始終船中に波を打上げる。今でも私は覚えて居るが、甲板の下に居ると上に四角な窓があるので、船が傾くとその窓から大洋《たいよう》の立浪《たつなみ》が能《よ》く見える。それは大層な波で、船体が三十七、八度傾くと云うことは毎度の事であった。四十五度傾くと沈むと云うけれども、幸《さいわい》に大きな災《わざわい》もなく只《ただ》その航路を進《すすん》で行《ゆ》く。進で行く中に、何も見えるものはないその中で以《もっ》て、一度帆前船《ほまえせん》に遇《あ》うたことがあった。ソレは亜米利加《アメリカ》の船で、支那人を乗せて行くのだと云うその船を一艘見た切《ぎ》り、外《ほか》には何も見ない。

**牢屋に大地震の如し**

所で三十七日掛《かかっ》て桑港《サンフランシスコ》に着《つい》た。航海中私は身体《からだ》が丈夫だと見えて怖いと思うたことは一度もない。始終私は同船の人に戯れて、「是《こ》れは何の事はない、生れてからマダ試みたことはないが、牢屋に這《は》入《いっ》て毎日毎夜大《おお》地震に遇《あっ》て居ると思えば宜《い》いじゃないかと笑《わらっ》て居る位《くらい》な事で、船が沈もうと云うことは一寸とも思わない。と云うのは私が西洋を信ずるの念《ねん》が骨に徹して居たものと見えて、一寸《ちょい》とも怖いと思《おもっ》たことがない。夫《そ》れから途中で水が乏しくなったので布哇《ハワイ》に寄るか寄らぬかと云《い》う説が起《おこっ》た。辛抱して行けば布哇に寄らないでも間に合うであろうが、極《ごく》用心をすれば寄港して水を取《とっ》て行《ゆ》く、如何《どう》しようかと云うが、遂に布哇に寄らずに桑 港《サンフランシスコ》に直航と斯《こ》う決定して、夫れから水の倹約だ。何でも飲むより外《ほか》は一切水を使うことはならぬと云うことになった。所でその時に大《おおい》に人を感激せしめた事がある、と云うのは船中に亜米利加《アメリカ》の水夫が四、五人居ましたその水夫等《ら》が、動《やや》もすると水を使うので、甲比丹《カピテン》ブルックに、どうも水夫が水を使うて困ると云《いっ》たら甲比丹の云うには、水を使うたら直《すぐ》に鉄砲で撃殺《うちころ》して呉《く》れ、是《こ》れは共同の敵じゃから説諭も要《い》らなければ理由を質問するにも及ばぬ、即刻銃殺して下さいと云う。理屈を云えば、その通りに違いない。夫れから水夫を呼《よん》で、水を使えば鉄砲で撃殺すから爾《そ》う思えと云うような訳《わ》けで水を倹約したから、如何《どう》やら斯うやら水の尽きると云うことがなくて、同勢《どうぜい》合せて九十六人無事に亜米利加に着《つい》た。船中の混雑は中々容易ならぬ事で、水夫共は皆筒袖《つつそで》の着物は着て居るけれども穿物《はきもの》は草鞋《わらじ》だ。草鞋が何百何千足《そく》も貯えてあったものと見える。船中はもうビショ〳〵で、カラリとした天気は三十七日の間に四日か五日あったと思います。誠に船の中は大変な混雑であった（桑港着船の上、艦長の奮発で水夫共に長靴を一足ずつ買《かっ》て遣《やっ》て夫れから大に体裁が好《よ》くなった）。

**日本国人の大胆**

併《しか》しこの航海に就《つい》ては大《おおい》に日本の為《た》めに誇ることがある、と云《い》うのは抑《そ》も日本の人が始めて蒸気船なるものを見たのは嘉永六年、[1]航海を学び始めたのは安政二年の事で、安政二年に長崎に於《おい》て和蘭《オランダ》人から伝習したのが抑《そもそ》も事の始まりで、その業成《ぎょうなつ》て外国に船を乗出《のりだ》そうと云うことを決したのは安政六年の冬、即《すなわ》ち目に蒸気船を見てから足掛《あしか》け七年目、航海術の伝習を始めてから五年目にして、夫《そ》れで万延元年の正月に出帆しようと云うその時、少しも他人の手を藉《か》らずに出掛けて行こうと決断したその勇気と云いその伎倆《ぎりょう》と云い、是《こ》れだけは日本国の名誉として、世界に誇るに足るべき事実だろうと思う。前にも申した通り、航海中は一切外国人の甲比丹ブルックの助力は仮《か》らないと云うので、測量するにも日本人自身で測量する。亜米利加の人も亦《また》自分で測量して居る。互に測量したものを後で見合《みあわ》せる丈《だ》けの話で、決して亜米利加人に助けて貰うと云うことは一寸でもなかった。ソレ丈《だ》けは大に誇ても宜《よ》い事だと思う。今の朝鮮人、支那人、東洋全体を見渡した所で、航海術を五年学《まなん》で太平海を乗越《のりこ》そうと云うその事業、その勇気のある者は決してありはしない。ソレ所《どころ》ではない。昔々《むかしむかし》

1 **嘉永六年**　一八五三年。ペリーの艦隊が初めて浦賀に来た年。

露西亜《ロシア》のペートル帝[1]が和蘭《オランダ》に行て航海術を学《まなん》だと云《い》うが、ペートル大帝でもこの事は出来なかろう。仮令《たと》い大帝は一種絶倫の人傑《じんけつ》なりとするも、当時の露西亜に於《おい》て日本人の如《ごと》く大胆にして且《か》つ学問思想の緻密なる国民は容易になかろうと思われる。

**米国人の歓迎祝砲**

海上恙《つつが》なく桑港《サンフランシスコ》に着《つい》た。着くやいなや土地の重立《おもだっ》たる人々は船まで来て祝意を表《ひょう》し、之《これ》を歓迎の始めとして、陸上の見物人は黒山《くろやま》の如し。次《つい》で陸から祝砲を打つと云《い》うことになって、彼方《あちら》から打てば咸臨丸《かんりんまる》から応砲せねばならぬと、この事に就《つい》て一奇談がある。勝麟太郎《かつりんたろう》と云う人は艦長木村の次に居て指揮官であるが、至極《しごく》船に弱い人で、航海中は病人同様、自分の部屋の外に出ることは出来なかったが、着港になれば指揮官の職として万端差図《ばんたんさしず》する中に、彼《か》の祝砲の事が起《おこっ》た。所で勝の説に、ソレは迚《とて》も出来る事でない、ナマジ応砲などして遣《や》り傷《そこな》うよりも此方《こちら》は打たぬ方が宜《い》いと云う。爾《そ》うすると運用方の佐々《ささ》倉桐《くらきり》太郎《たろう》は、イヤ打てないことはない、乃公《おれ》が打《うっ》て見せる。「馬鹿云え、貴様達に出来たら乃公《おれ》の首を遣《や》ると冷《ひや》かされて、佐々倉はいよ〳〵承知しない。何でも応砲して見せると云うので、夫《そ》れから水夫共《ども》を差図して大砲の掃除、火薬の用意して、砂時計を以《もっ》て時を計り、物の見事に応砲が出来た。サア佐々倉が威張《いば》り出した。首尾克《よ》く出来たから勝の首は乃公《おれ》の物だ。併《しか》し航海中、用も多いから暫《しばら》く彼《あ》の首を当人に預けて置くと云《いっ》て、大に船中を笑わした事がある。兎《と》も角《かく》もマア祝砲だけは立派に出来た。

ソコで無事に港に着《つい》たらば、サアどうも彼方《あっち》の人の歓迎と云うものは、それは〳〵実に至れり尽せり、この上の仕様《しよう》がないと云う程《ほど》の歓迎。亜米利加《アメリカ》人の身になって見れば、亜米利加人が日本に来て始めて国を開いたと云うその日本人が、ペルリの日本行より八年目に自分の国に航海して来たと云う訳《わ》けであるから、丁度《ちょうど》自分の学校から出た生徒が実業に着《つい》て自分と同じ事をすると同様、乃公《おれ》がその端緒を開いたと云わぬ計《ばかり》の心持《こころもち》であったに違いない。ソコでもう日本人を掌《てのひら》の上に乗せて、不自由をさせぬように不自由をさせぬようにとばかり、桑港に上陸するや否《いな》や馬車を以《もっ》て迎いに来て、取敢《とりあ》えず市中のホテルに休息と云うそのホテルには、市中の役人か何かは知りませぬが、市中の重立《おもだっ》た人が雲霞《うんか》の如《ごと》く出掛けて来た。様々の接待饗応《きょうおう》。ソレカラ桑港の近傍に、メールアイランドと云う処に海軍港附属の官舎を咸臨丸《かんりんまる》一行の止宿所《ししょくじょ》に貸して呉《く》れ、船は航海中なか〳〵損所《そんしょ》が出来たからとて、船渠《ドック》に入れて修覆をして呉《く》れる。逗留《とうりゅう》中は勿論《もちろん》彼方《あっち》で賄《まかない》も何もそっくり為《し》て呉れる筈《はず》であるが、水夫を始め日本人が洋食に慣れない、矢張《やは》り日本の飯《めし》でなければ喰《く》えないと云うので、自分賄と云う訳《わ》けにした所が、亜米《アメ》

1　ペートル帝　Pyotr I（1672–1725）ピョートル一世（大帝）。ロシア皇帝。

利加《リカ》の人は兼《かね》て日本人の魚類を好むと云《い》うことを能《よ》く知《しっ》て居るので、毎日々々魚を持《もっ》て来て呉《く》れたり、或《あるい》は日本人は風呂に這入《はい》ることが好きだと云うので、毎日風呂を立てゝ呉れると云うような訳《わ》け。所でメールアイランドと云う処は町でないものですから、折節《おりふし》今日は桑　港《サンフランシスコ》に来いと云《いっ》て誘う。夫《そ》れから船に乗《のっ》て行くと、ホテルに案内して饗応すると云うような事が毎度ある。所が此方《こっち》は一切万事不慣れで、例えば馬車を見ても始めてだから実に驚いた。其処《そこ》に車があって馬が付て居れば乗物だと云うことは分《わか》りそうなものだが、一見したばかりでは一寸《ちょい》と考《かんがえ》が付かぬ。所で戸を開けて這入ると馬が駈出《かけだ》す。成程《なるほど》是れは馬の挽《ひ》く車だと始めて発明するような訳け。何《いず》れも日本人は大小を挟《さ》して穿物《はきもの》は麻裏草履《あさうらぞうり》を穿《はい》て居る。ソレでホテルに案内されて行《いっ》て見ると、絨氈《じゅうたん》が敷詰《しきつ》めてあるその絨氈はどんな物かと云うと、先《ま》ず日本で云えば余程の贅沢者《ぜいたくもの》が一寸《いっすん》四方幾干《いくら》と云《いっ》て金を出して買うて、紙入《かみいれ》にするとか莨入《たばこいれ》にするとか云うようなソンナ珍らしい品物を、八畳も十畳も恐ろしい広い処に敷詰めてあって、その上を靴で歩くとは、扨々《さてさて》途方もない事だと実に驚いた。けれども亜米利加《アメリカ》人が往来を歩いた靴の儘《まま》で颯々《さっさ》と上《あが》るから此方《こっち》も麻裏草履でその上に上《あがっ》た。上ると突然《いきなり》酒が出る。徳利の口を明けると恐ろしい音がして、先《ま》ず変な事だと思うたのはシャンパンだ。そのコップの中に何か浮《うい》て居るのも分らない。三、四月暖気の時節に氷があろうとは思いも寄らぬ話で、ズ

### 敷物に驚く

ーッと銘々《めいめい》の前にコップが並んで、その酒を飲む時の有様《ありさま》を申せば、列座の日本人中で、先《ま》ずコップに浮いて居るものを口の中に入れて胆《きも》を潰《つぶ》して吹出《ふきだ》す者もあれば、口から出さずにガリ〳〵噛《か》む者もあると云《い》うような訳《わ》けで、漸《ようや》く氷が這入《はいっ》て居ると云うことが分《わか》った。ソコで又煙草《タバコ》を一服と思《おもっ》た所で、煙草盆[1]がない、灰吹《はいふき》[2]がないから、そのとき私はストーヴの火で一寸と点《つ》けた。マッチも出て居たろうけれどもマッチも何も知りはせぬから、ストーヴで吸付《すいつ》けた所が、どうも灰吹がないので吸殻《すいがら》を棄《す》てる所がない。夫《そ》れから懐中の紙を出してその紙の中に吸殻を吹出《ふきだ》して、念を入れて揉《もん》で〳〵火の気のないように捩付《ねじつ》けて袂《たもと》に入れて、暫《しば》くして又後《あと》の一服を遣《や》ろうとするその時に、袂から煙が出て居る。何ぞ図《はか》らん、能《よ》く消したと思たその吸殻の火が紙に移《うつっ》て煙が出て来たとは大《おおい》に胆を潰した。都《すべ》てこんな事ばかりで、私は生れてから嫁入《よめいり》をしたことはないが、花嫁が勝手の分らぬ家に住込んで、見ず知らずの人に取巻かれてチャフヤ云われて、笑う者もあれば雑談《ぞうだん》を云う者もあるその中で、お嫁さんばかり独《ひと》り静《しずか》にしてお行儀を繕《つくろ》い、人に笑われぬようにしようとして却《かえっ》てマゴツイて顔を赤くするその苦しさはこんな

**1 煙草盆** 喫煙用の炭火入れや灰吹などを載せる小さい箱。

**2 灰吹** 煙草の吸殻を入れるための筒。多くは竹製。

磊落書生も花嫁の如し

ものであろうと、凡《およ》そ推察が出来ました。日本を出るまでは天下独歩、眼中人なし怖い者なしと威張《いばっ》て居た磊落書生《らいらくしょせい》も、始めて亜米利加《アメリカ》に来て花嫁のように小さくなって仕舞《しまっ》たのは、自分でも可笑《おか》しかった。夫《そ》れから彼方《あちら》の貴女紳士が打寄《うちよ》りダンシングとか云《いっ》て踊りをして見せると云《い》うのは毎度の事で、扨行《さていっ》て見た処が少しも分《わか》らず、妙な風をして男女《なんにょ》が座敷中を飛廻《とびまわ》るその様子は、どうにも斯《こ》うにも唯可笑《ただおかし》くて堪《たま》らない、けれども笑《わらっ》ては悪いと思うから成《な》るたけ我慢して笑わないようにして見て居たが、是《こ》れも初めの中は随分苦労であった。

女尊男卑の風俗に驚

一寸《ちょっと》した事でも右の通りの始末で、社会上の習慣風俗は少《すこし》も分らない。或《あ》る時にメールアイランドの近処《きんじょ》にバレーフォー[1]と云《い》う処があって、其処《そこ》に和蘭《オランダ》の医者が居る。和蘭人は如何《どう》しても日本人と縁が近いので、その医者が艦長の木村さんを招待《しょうたい》したいから来て呉《く》れないかと云うので、その医者の家に行《いっ》た所が、田舎相応の流行家と見えて、中々の御馳走《ごちそう》が出る中に、如何《いか》にも不審な事には、お内儀《かみ》さんが出て来て座敷に坐り込んで頻《しき》りに客の取持《とりもち》をすると、御亭主が周旋奔走して居る。是れは可笑しい。丸で日本とアベコベな事をして居る。御亭主が客の相手になってお内儀さんが周旋奔走するのが当然《あたりまえ》であるに、左《さ》りとはどうも可笑しい。ソコで御馳走は何かと云うと、豚の子の丸煮が出た。是れにも胆《きも》を潰《つぶ》した。如何《どう》だ、マア呆返《あきれかえっ》たな、丸で安達ケ原《あだちはら》[2]に行たような訳《わ》けだと、斯《こ》う思うた。散々《さんざん》馳走を受けて、その帰りに馬に乗らないかと云《い》う。ソレは面白い、久振《ひさしぶ》りだから乗ろうと云《いっ》て、その馬を借りて乗《のっ》て来た。艦長木村は江戸の旗本《はたもと》だから、馬に乗ることは上手《じょうず》だ。江戸に居れば毎日馬に乗らぬことはない。夫《そ》れからその馬に乗てどん〳〵駆《か》けて来ると、亜米利加人が驚いて、日本人が馬に乗ることを知《しっ》て居ると云うて不思議の顔をして居る。爾《そ》う云う訳けで双方共に事情が少しも分らない。

**事物の説明に隔靴の歎あり**

夫れから又、亜米利加人が案内して諸方の製作所などを見せて呉《く》れた。その時は桑港《サンフランシスコ》地方にマダ鉄道が出来ない時代である。工業は様々の製作所があって、ソレを見せて呉れた。其処《そこ》がどうも不思議な訳《わ》けで、電気利用の電灯はないけれども、電信はある。夫れからガルヴァニの鍍金《めっき》法[3]と云《い》うものも実際に行《おこなわ》れて居た。亜米利加人の考《かんがえ》に、そう云うものは日本人の夢にも知らない事だろうと思《おもっ》て見せて呉《くれ》た所が、此方《こっち》

**1 バレーフォー** Vallejo メールアイランドの東岸にあたる。 **2 安達ケ原** 現在の福島県安達郡にあったという原。そこの黒塚には鬼がこもったと伝えられ、妖怪の住む場所というイメージがあった。 **3 ガルヴァニの鍍金法** 電気メッキのこと。ガルヴァニ（Luigi Galvani, 1737–98）は電流を発見したイタリアの物理学者。

はチャント知《しっ》て居る。是《こ》れはテレグラフだ。是れはガルヴァニの力で斯《こ》う云うことをして居るのだ。又砂糖の製造所があって、大きな釜を真空にして沸騰を早くすると云《い》うことを遣《やっ》て居る。ソレを懇々《こんこん》と説くけれども、此方《こっち》は知《しっ》て居る、真空にすれば沸騰が早くなると云うことは。且《か》つその砂糖を清浄《しょうじょう》にするには骨炭《こったん》[1]で漉《こ》せば清浄になると云うこともチャント知《しっ》て居る。先方では爾《そ》う云う事は思いも寄らぬ事だと斯《こ》う察して、懇《ねんご》ろに教えて呉《く》れるのであろうが、此方《こっち》は日本に居る中に数年《すねん》の間《あいだ》そんな事ばかり穿鑿《せんさく》して居たのであるから、ソレは少しも驚くに足らない。只《ただ》驚いたのは、掃溜《はきだめ》に行《いっ》て見ても浜辺に行て見ても、鉄の多いには驚いた。申さば石油の箱見たような物とか、色々な缶詰の空殻《あきがら》などが沢山《たくさん》棄《す》てゝある。是《こ》れは不思議だ。江戸に火事があると焼跡に釘拾《くぎひろ》いがウヤ〳〵出て居る。所で亜米利加《アメリカ》に行て見ると、鉄は丸で塵埃《ごみ》同様に棄てゝあるので、どうも不思議だと思うたことがある。

　夫《そ》れから物価の高いにも驚いた。牡蠣《かき》を一罎《いちびん》買うと、半弗《ドル》、幾つあるかと思うと二十粒か三十粒位《ぐらい》しかない。日本では二十四文《もん》か三十文と云うその牡蠣が、亜米利加では一分二朱《いちぶにしゅ》もする勘定で、恐ろしい物の高い所だ、呆《あき》れた話だと思たような次第で、社会上、政治上、経済上の事は一向《いっこう》分らなかった。

### ワシントンの子孫如何を問う

所で私が不図《ふと》胸に浮かんで或人《あるひと》に聞て見たのは外《ほか》でない、今華盛頓《ワシントン》[2]の子孫は如《ど》何《う》なって居るかと尋ねた所が、その人の云《い》うに、華盛頓の子孫には女がある筈《はず》だ、今如何《どう》して居るか知らないが、何でも誰かの内室になって居る容子《ようす》だと如《い》何《か》にも冷淡な答で、何とも思《おもっ》て居らぬ。是《こ》れは不思議だ。勿論《もちろん》私も亜米利加は共和国、大統領は四年交代と云うことは百も承知のことながら、華盛頓の子孫と云えば大変な者に違いないと思うたのは、此方《こっち》の脳中には源頼朝《みなもとのよりとも》、徳川家康《とくがわいえやす》と云うような考《かんがえ》があって、ソレから割出《わりだ》して聞た所が、今の通りの答に驚いて、是れは不思議と思うたことは今でも能《よ》く覚えて居る。理学上の事に就《つい》ては少しも胆《きも》を潰《つぶ》すと云うことはなかったが、一方の社会上の事に就ては全く方角が付かなかった。或時《あるとき》にメールアイランドの海軍港に居る甲比丹《カピテン》のマツキヅガル[3]と云う人が、日本の貨幣を見たいと云うので、艦長は予《かね》てそんな事の為《た》めに用意したものと見え、新古金銀が数々あるから、慶長小判を始めとして万延年中迄の貨幣を揃《そろ》えて甲比丹の処へ送《おくっ》て遣《やっ》た。所

1 **骨炭**　動物の骨を焼いて炭にしたもの。木炭より吸着性にすぐれ、砂糖の脱色剤などに用いる。 2 **華盛頓**　George Washington（1720–99）アメリカ合衆国の初代大統領。 3 **マツキヅガル**　MacDougal マックドゥガル。アメリカの海軍将校。文久三（一八六三）年、連合艦隊の下関砲撃の際、軍艦ワイオミングの艦長として長州藩の船を砲撃した。

が珍らしい〳〵と計《ばか》りで、宝を貰《もらっ》たと云《い》う考《かんがえ》は一寸《ちょい》とも顔色《かおいろ》に見えない。昨日は誠に有難うと云《いっ》てその翌朝《よくあさ》お内儀《かみ》さんが花を持《もっ》て来て呉《く》れた。私はその取次《とりつぎ》をして独《ひと》り窃《ひそか》に感服した。人間と云《い》うものはア、ありたい、如何《いか》にも心の置き所が高尚だ、金や銀を貰たからと云てキョト〳〵悦《よろこ》ぶと云うのは卑劣な話だ、ア、ありたいものだと、大きに感心したことがある。

**軍艦の修繕に価を求めず**

前に云《い》うた通り亜米利加《アメリカ》人は誠に能《よ》く世話をして呉れた。軍艦を船渠《ドック》に入れて修覆して呉れたのみならず、乗組員の手元に入用《にゅうよう》な箱を拵《こしら》えて呉れるとか云うことまでも親切にして呉れた。いよ〳〵船の仕度《したく》も出来て帰ると云う時に、軍艦の修覆その他の入用を払いたいと云うと、彼方《あっち》の人は笑《わらっ》て居る。代金などゝは何の事だと云うような調子で一寸とも話にならない。何と云うても勘定を取りそうにもしない。

**始めて日本に英辞書を入る**

その時に私と通弁《つうべん》の中浜万次郎《なかはままんじろう》と云う人と両人がウエブストルと云う字引《じびき》[1]を一冊ずつ買《かっ》て来た。是《こ》れが日本にウエブストルの輸入の第一番、それを買てモウ外《ほか》には何も残ることなく、首尾克《よ》く出帆して来た。所で私が二度目に亜米利加に行《いっ》たとき、甲比丹《カピテン》ブルックに再会して八年目に聞《きい》た話がある。それは最初日本の咸臨《かんりん》丸《まる》が亜米利加に着《つい》たとき、桑港《サンフランシスコ》で中々議論があった。今度日本の軍艦が来たからその接待を盛《さかん》にしなければならぬと云《い》うので、彼処《あすこ》に陸軍の出張所を見たようなものがある。

**義勇兵**

其処《そこ》へ甲比丹ブルックが行《いっ》て、大に歓迎しようではないかと相談を掛けると、華盛頓《ワシントン》に伺《うかが》うた上でなければ出来ないと云う。「そんな事をして居ては間に合わないから、何でも出張所の独断で遣《や》れと談じても、兎角埒《とかくらち》が明《あ》かないから、甲比丹は少し立腹して、いよ〳〵政府の筋で出来なければ此方《こっち》に仕様《しよう》があると云《いっ》て、夫《そ》れから方向を転じて桑港の義勇兵に持込《もちこ》んで、どうだ斯《こ》う云う訳《わ》けであるから接待せぬかと云うと、義勇兵は大悦《おおよろこ》びで直《すぐ》に用意が出来た。全体この義勇兵と云うものは不断軍役《ぐんえき》のあるではなし、大将は御医者様で、少将は染物屋《そめものや》の主人と云うような者で組立てゝあるけれども、チャント軍服も持《もっ》て居れば鉄砲も何もすっかり備えて居て、日曜か何か暇《ひま》な時か又は月夜などに操練《そうれん》をして、イザ戦争と云う時に出て行くと云うばかりで、太平の時は先《ま》ず若い者の道楽仕事であるから、折角拵《せっかくこしら》えた軍服も滅多《めった》に着ることがない所に、今度甲比丹ブルックの話を聞《きい》て千歳一遇の好機会と思い、晴れの軍服を光らして日本の軍艦咸臨丸を歓迎したのであると、甲比丹が話して居ました。

**1 ウェブストルの字引**　ノア・ウェブスター（N. Webster）編の英英大辞典の要約版。

### 布哇寄港

祝砲と共に目出度《めでたく》桑港《サンフランシスコ》を出帆して、今度は布哇《ハワイ》寄港と定《き》まり、水夫は二、三人亜米利加《アメリカ》から連れて来たけれども、甲比丹《カピタン》ブルックは居《お》らず、本当の日本人ばかりで、何《どう》やら斯《こ》うやら布哇を捜出《さがしだ》して、其処《そこ》へ寄港して三、四日逗留した。逗留中、布哇の風俗に就《つい》ては物珍しく云《い》う程の要用はないだろう、と思うのは、三十年前《ぜん》の布哇も今も変《かわっ》たことはなかろう、その土人の風俗は汚ない有様《ありさま》で、一見蛮民《ばんみん》と云うより外仕方《ほかしかた》がない。王様にも遇《あ》うたが、是《こ》れも国王陛下[1]と云えば大層《たいそう》なようだけれども、其処《そこ》へ行《いっ》て見れば驚く程の事はない。夫婦連《づれ》で出て来て、国王は只羅紗《ただラシャ》の服を着て居ると云う位《くらい》な事、家も日本で云えば中位《ちゅうぐらい》の西洋造り、宝物《たからもの》を見せると云うから何かと思《おもっ》たら、鳥の羽で拵《こしら》えた敷物《しきもの》を持《もっ》て来て、是《こ》れが一番のお宝物だと云う。あれが皇弟か、その皇弟が笊《ざる》を提《さ》げて買物に行《ゆ》くような訳《わ》けで、マア村の漁師の親方ぐらいの者であった。

それから布哇で石炭を積込《つみこ》んで出帆した。その時に一寸《ちょいと》した事だが奇談がある。私は予《かね》て申す通り一体の性質が花柳《かりゅう》に戯れるなどゝ云うことは仮初《かりそめ》にも身に犯した事のないのみならず、口でもそんな如何《いかが》わしい話をした事もない。ソレゆえ同行の人は妙な男だと云う位《くらい》には思うて居たろう。夫《そ》れから布哇を出帆したその日に、船中の人に写真を出して見せた。

### 少女の写真

是《こ》れはどうだ（その写真は此処《ここ》に在りと、福澤先生が筆記者に示されたるものを見るに、四十年前《ぜん》の福澤先生の傍《かたわら》に立ち居るは十五、六の少女[2]なり）。その写真と云《い》うのはこの通りの写真だろう。ソコでこの少女が芸者か女郎か娘かは勿論《もちろん》その時に見さかいのある訳《わ》けはない――お前達は桑港に長く逗留して居たが、婦人と親しく相並《あいなら》んで写真を撮《と》るなぞと云うことは出来なかったろう、サアどうだ、朝夕《あさゆう》口でばかり下《くだ》らない事を云《いっ》て居るが、実行しなければ話にならないじゃないかと、大《おおい》に冷《ひや》かして遣《やっ》た。是《こ》れは写真屋の娘で、歳は十五とか云た。その写真屋には前にも行《いっ》たことがあるが、丁度《ちょうど》雨の降る日だ、その時私独《ひと》りで行た所が娘が居たから、お前さん一緒に取ろうではないかと云うと、亜米利加の娘だから何とも思いはしない、取りましょうと云うて一緒に取《とっ》たのである。この写真を見せた所が、船中の若い士官達は大に驚いたけれども、口惜《くや》しくも出来なかろう、と云うのは桑港でこの事を云出《いいだ》すと直《すぐ》に真似《まね》をする者があるから黙《だまっ》て隠して置《おい》て、いよ〳〵布哇を離れてもう亜米利加にも何処《どこ》にも縁のないと云う時に見せて遣《やっ》て、一時の戯《たわむれ》に人を冷かしたことがある。

帰る時は南の方を通《とおっ》たと思う。行くときとは違《ちがっ》て至《し》極《ごく》海上は穏かで、何でもその歳《とし》には閏《うるう》が

1 **国王陛下**　当時、ハワイは独立国で、国王はカメハメハ（Kamehameha）四世。　2 **十五、六の少女**　写真師ウィリアム・ショーの一人娘、シオードラ・アリス。実際は数え年で十二歳。

あって、[1]閏《うるう》を罩《こ》めて五月五日の午前に浦賀に着《ちゃく》した。浦賀には是非《ぜひ》錨《いかり》を卸《おろ》すと云《い》うのがお極《きま》りで、浦賀に着するや否《いな》や、船中数十日のその間は勿論《もちろん》湯に這入《はい》ると云うことの出来る訳《わ》けもない、口嗽《うがい》をする水がヤット出来ると云う位《くらい》な事で、身体《からだ》は汚れて居るし、髪はクシャ〳〵になって居る、何は扨置《さてお》き一番先に月代《さかいき》をして夫《そ》れから風呂に這入ろうと思うて、小舟《こぶね》に乗《のっ》て陸《おか》に着くと、木村のお迎《むかえ》が数十日前から浦賀に詰掛《つめか》けて居て、木村の家来に島安太郎《しまやすたろう》と云う用人《ようにん》がある、ソレが海岸まで迎いに来て、私が一番先に陸に上《あがっ》てその島に遇《あ》うた。正月の初《はじめ》に亜米利加《アメリカ》に出帆して浦賀に着《つ》くまでと云うものは風の便りもない、

### 不在中桜田の事変

郵便もなければ船の交通と云うものもない。その間《あいだ》は僅《わずか》に六箇月[2]の間《あいだ》であるが、故郷の様子は何も聞かないから、殆《ほと》んど六ケ年も遇わぬような心地《こころもち》。ヒョイと浦賀の海岸で島に遇《あっ》て、イヤ誠にお久振《ひさしぶり》り、時に何か日本に変《かわっ》た事はないかと尋ねた所が、島安太郎が顔色《かおいろ》を変えて、イヤあったとも〳〵大変な事が日本にあったと云うその時、私が、一寸《ちょい》と島さん待《まっ》て呉《く》れ、云うて呉れるな、私が中《あ》てゝ見せよう、大変と云えば何でも是《こ》れは水戸の浪人が掃部様《かもんさま》[3]の邸《やしき》に暴込《あばれこ》んだと云うような事ではないかと云うと、島は更《さ》らに驚き、どうしてお前さんはそんな事を知《しっ》て居る、何処《どこ》で誰《だ》れに聞《きい》た、聞たって聞《きか》ないたって分るじゃないか、私はマア雲気《うんき》[4]を考えて見るに、そんな事ではないかと思う、イヤ是《こ》れはどうも驚いた、邸《やしき》に暴込んだ所ではない、斯《こ》う

〳〵云《い》う訳《わ》けだと云て、桜田騒動[5]の話をした。その歳《とし》の三月三日に桜田に大《おお》騒動のあった時であるから、その事を話したので、天下の治安と云うものは大凡《おおよ》そ分るもので、私が出立する前から世の中の様子を考えて見るとゞうせ騒動がありそうな事だと思《おもっ》て居たから、偶然にも中《あたっ》たので誠に面白かった。

その前年から徐々《そろそろ》攘夷説が行《おこなわ》れると云う世の中になって来て、亜米利加に逗留中、艦長が玩《おも》具半分《ちゃはんぶん》に蝙蝠傘《かわほりがさ》を一本買《かっ》た。珍しいものだと云《いっ》て皆寄《よっ》て拈《ひね》くって見ながら、如何《どう》だろう之《これ》を日本に持《もっ》て帰《かえっ》てさして廻《まわっ》たら、イヤそれは分切《わかりきっ》て居る、新銭座の艦長の屋敷から日本橋まで行く間《あいだ》に浪人者に斬《き》られて仕舞《しま》うに違いない、先《ま》ず屋敷の中で折節《おりふし》ひろげて見るより外《ほか》に用のない品物だと云たことがある。凡《およ》そこのくらいな世の中で、帰国の後は日々に攘夷論が盛《さかん》になって来た。

**1 その歳には閏があって**　この年は三月に閏月があった。陰暦では、季節との調和をはかるために閏月が置かれた。　**2 六箇月**　一月から五月まで閏月を含めると六ヶ月になる。　**3 掃部様**　井伊掃部守。大老・井伊直弼（一八一五〔文化十二〕年—六〇〔万延元〕年）のこと。　**4 雲気**　雲行き。世の中の動き。情勢。
**5 桜田騒動**　桜田門外の変。この年の三月三日、水戸の浪士らが桜田門外で井伊直弼を暗殺した事件。

### 幕府に雇わる

　亜米利加《アメリカ》から帰《かえっ》てから塾生も次第に増して相替《あいかわ》らず教授して居る中《うち》に、私は亜米利加渡航を幸《さいわい》に彼の国人《こくじん》に直接して英語ばかり研究して、帰てからも出来るだけ英書を読むようにして、生徒の教授にも蘭書は教えないで悉《ことごと》く英書を教える。所がマダなか〳〵英書が六《むず》かしくて自由自在に読めない。読めないから便《たよ》る所は英蘭対訳の字書のみ。教授とは云《い》いながら、実は教うるが如《ごと》く学ぶが如く、共に勉強して居る中に、私は幕府の外国方（今で云えば外務省）に雇われた。[1] その次第は外国の公使領事から政府の閣老《かくろう》[2]又は外国奉行へ差出す書翰《しょかん》を翻訳する為《た》めである。当時の日本に英仏等の文を読む者もなければ書く者もないから、諸外国の公使領事より来る公文には必ず和蘭《オランダ》の翻訳文を添うるの慣例にてありしが、幕府人に横文字《よこもじ》読む者とては一人《ひとり》もなく、止《や》むを得ず吾々《われわれ》如き陪臣《ばいしん》[3]（大名の家来）の蘭書読む者を雇うて用を弁じたことであるが、雇われたに就《つい》ては自《おのず》から利益のあると云うのは、例えば英公使、米公使と云うような者から来る書翰の原文が英文で、ソレに和蘭の訳文が添うてある。如《ど》何《う》かしてこの翻訳文を見ずに直接《じか》に英文を翻訳してやりたいものだと思《おもっ》て試みる、試みて居る間《あいだ》に分《わか》らぬ処がある、分らぬと蘭訳文を見る、見ると分ると云うような訳《わ》けで、なか〳〵英文研究の為めになりました。ソレからもう一つには幕府の外務省には自《おのず》から書物がある、種々《しゅじゅ》様々な英文の原書がある。役所に出て居て読むのは勿論《もちろん》、借りて自家《うち》へ持《もっ》て来ることも出来るから、ソンな事で幕府に雇われたのは身の為《た》めに大に便利になりました。

## 欧羅巴各国に行く

私が亜米利加から帰《かえ》ったのは万延元年、その年に華英通語《かえいつうご》[4]と云《い》うものを飜訳して出版したことがある。是《こ》れが抑《そもそ》も私が出版の始まり、先《ま》ずこの両三年間と云うものは、人に教うると云うよりも自分で以《もっ》て英語研究が専業であった。所が文久二年の冬、日本から欧羅巴《ヨーロッパ》諸国に使節[5]派遣と云うことがあって、その時に又私はその使節に附て行かれる機会を得ました。この前亜米利加に行く時には私《ひそか》に木村摂津守《きむらせっつのかみ》に懇願して、その従僕と云うことにして連れて行《いっ》て貰《もらっ》たが、今度は幕府に雇われて居て欧羅巴行《ゆき》を命ぜられたのであるから、自《おのず》から一人前《いちにんまえ》の役人のような者

1 **外国方に雇われた** 万延元(一八六〇)年十一月に、外国奉行支配翻訳御用御雇となったこと。 2 **閣老** 老中のこと。 3 **陪臣** 将軍の家来である大名の家来、「またの家来」の意。 4 **華英通語** 清国人子卿による英語と中国語の対訳単語短文集。英語に発音の仮名をつけ、日本語訳を付して『増訂 華英通語』として出版した。 5 **使節** 文久元(一八六一)年、開市開港延期交渉のため、ヨーロッパ各国に派遣された使節団。正使、竹内下野守。福澤は翻訳方として随行した。

になって、金も四百両ばかり貰《もらっ》たかと思う。旅中は一切官費で、只《ただ》手当として四百両の金を貰たから、誠に世話なし。ソコで私は平生頓《とん》と金の要《い》らない男で、徒《いたずら》に金を費すと云《い》うことは決してない。四百両貰たその中で百両だけ国に居《お》る母に送《おくっ》てやった。如何《いか》にも母に対して気の毒だと云うのは、亜米利加《アメリカ》から帰《かえっ》てマダ国へ親の機嫌を聞きに行《ゆ》きもせずに、重ねて欧羅巴《ヨーロッパ》に行くと云うのだから、如何《いか》にも済まない。而已《のみ》ならず私が亜米利加旅行中にも、郷里中津の者共が色々様々な風聞《ふうぶん》を立てゝ、亜米利加に行《いっ》て彼《か》の地で死んだと云い、甚《はなは》だしきに至れば現在の親類の中の一人《ひとり》が私共の母に向《むかっ》て、誠に気の毒な事じゃ、諭吉さんもとう〳〵亜米利加で死んで、身体《からだ》は醢《しおづ》けにして江戸に持《もっ》て帰たそうだなんと、威《おど》すのか冷《ひやか》すのかソンな事まで云《いっ》て母を嬲《なぶっ》て居たと云うような事で、是《こ》れも時節柄《がら》で我慢して黙《だまっ》て居るより外《ほか》に仕方《しかた》がないとして居ながら、母に対しては如何《いか》にも気が済まない。金をやったからと云てソレで償《つぐな》える訳《わ》けのものではないけれども、マア〳〵百両だの二百両だのと云う金は生れてから見たこともない金だから、ソレでも送て遣《や》ろうと思て、幕府から請取《うけとっ》た金を分《わ》けて送りました。

それから欧羅巴に行くと云うことになって、船の出発したのは文久元年十二月の事であった。この度《たび》の船は日本の使節が行《ゆ》くと云う為《た》めに、英吉利《イギリス》から迎船《むかいぶね》のようにして来たオーヂンと云う軍艦[1]で、その軍艦に乗《のっ》て香港《ホンコン》、新嘉堡《シンガポール》と云うような印度《インド》洋の港々《みなとみなと》に立寄り、紅海に這入《はいっ》て、蘇士《スエズ》から上陸して蒸汽車に乗て、埃及《エジプト》のカイロ府に着《つい》て二晩《ふたばん》ばかり泊り、それから地中海に出て、其処《そこ》から又船に乗て仏蘭西《フランス》の馬塞耳《マルセイユ》、ソコデ蒸汽車に乗て里昂《リオン》に一泊、巴里《パリ》に着て滞在凡《およ》そ二十日、使節の事を終り、巴里を去て英吉利に渡り、英吉利から和蘭《オランダ》、和蘭から普魯西《プロシア》[2]の都の伯林《ベルリン》に行き、伯林から露西亜《ロシア》のペートルスボルグ[3]、夫《そ》れから再び巴里に帰《かえっ》て来て、仏蘭西から船に乗《のっ》て、葡萄牙《ポルトガル》に行き、ソレカラ地中海に這入《はいっ》て、元の通りの順路を経《へ》て帰て来たその間の年月は凡《およ》そ一箇年、即《すなわ》ち文久二年一杯、推詰《おしつまっ》てから日本に帰て来ました。

扨《さて》今度の旅行に就《つい》て申せば、私もこの時にはモウ英書を読み英語を語ると云《い》うことが徐々《そろそろ》出来て、夫《そ》れから前に申す通りに金も聊《いささ》か持《もっ》て居るその金は何も遣《つか》い所はないから、只《ただ》日本を出る時に尋常一様の旅装をした丈《だ》けで、その当時は物価の安い時だから何もそんなに金の要《い》る訳《わ》けがない、その余《あま》った金は皆携《たずさ》えて行て竜動《ロンドン》に逗留中、外《ほか》に買物もない、唯《ただ》英書ばかりを買て来た。是《こ》れが抑《そもそ》も日本へ輸入の始まりで、英書の自由に使われるようになったと云うのも是《こ》れからの事である。

**1 オーヂンと云う軍艦**　オーディン（Odin）号。**2 普魯西**　プロイセン王国のこと。**3 ペートルスボルグ**　ペテルブルグ。当時はロシア帝国の首府。

夫《そ》れから彼《か》の国の巡回中色々観察見聞したことも多いが、是《こ》れは後《のち》の話にして、先《ま》ず使節一行の有様《ありさま》を申さんに、その人員は、

竹内下野守《たけのうちしもつけのかみ》 正使 松平石見守《まつだいらいわみのかみ》 副使 京極能登守《きょうごくのとのかみ》 御目付 柴田貞太郎《しばたさだたろう》 組頭 日高圭三郎《ひたかけいざぶろう》 御勘定 福田作太郎《ふくださくたろう》
御徒士目付 水品楽太郎《みずしならくたろう》 調役 岡崎藤左衛門《おかざきとうざえもん》 同 高嶋祐啓《たかしまゆうけい》 御医師但し漢法医なり 川崎道民《かわさきどうみん》 雇医 益頭駿次郎《ましずすんじろう》 御普請役 上田《うえだ》
友助《ゆうすけ》 定役元締 森鉢太郎《もりはちたろう》 定役 福地源一郎《ふくちげんいちろう》 通弁 立広作《たちこうさく》 同 太田源三郎《おおたげんざぶろう》 同 斎藤大之進《さいとうだいのしん》 同心 高松彦三郎《たかまつひこさぶろう》 御小人目付
山田八郎《やまだはちろう》 同 松木弘安《まつきこうあん》 反訳方 箕作秋坪《みつくりしゅうへい》 同[1] 福澤諭吉《ふくざわゆきち》 同

右の外《ほか》に三使節[2]の家来両三人ずつと、賄《まかない》小使《こづかい》六、七人、この小使の中には内証で諸藩から頼んで乗込んだ立派な士人もある。松木、箕作、福澤等は先《ま》ず役人のような者ではあるが、大名の家来、所謂陪臣《いわゆるばいしん》の身分であるから、一行中の一番下席《かせき》で惣人数《そうにんず》凡そ四十人足らず、孰《いず》れも日本服に大小を横《よこた》えて巴里《パリ》、竜動《ロンドン》を闊歩《かっぽ》したも可笑《おか》しい。

**旅行中用意の品々失策又失策**

日本出発前《ぜん》に外国は何でも食物が不自由だからと云《い》うので、白米を箱に詰めて何百箱の兵粮《ひょうろう》を貯え、又旅中止宿《ししゅく》の用意と云うので、廊下に灯《とも》す金行灯《かなあんどん》＝二尺《にしゃく》四方もある鉄《てつ》網《あみ》作りの行灯を何十台も作り、その外提灯《ほかちょうちん》、手燭《てしょく》、ボンボリ、蠟燭《ろうそく》等に至るまで一切取揃《とりそろ》えて船に積込《つみこ》んだその趣向は、大名が東海道を通行して宿駅《しゅくえき》の本陣[3]に止宿する位《くらい》の胸算《きょうさん》に違いない。

夫《そ》れからいよいよ巴里に着して、先方から接待員が迎いに出て来ると、一応の挨拶終りて先《ま》ず

此方《こっち》よりの所望《しょもう》は、随行員も多勢《たぜい》なり荷物も多いことゆえ、下宿は成るべく本陣に近い処に頼むと云《い》うのは、万事不取締《ふとりしまり》不安心だから、一行の者を使節の近処《きんじょ》に置きたいと云う意味でしょう。スルト接待員はいさい承知して、先《ま》ず人数を聞糺《ききただ》し、惣勢《そうぜい》三十何人と分《わかっ》て、「是《こ》ればかりの人数なれば一軒の旅館に十《と》組《くみ》や二十組は引受けますとの答に、何の事やら訳《わ》けが分《わか》らぬ。ソレカラ案内に連《つれ》られて止宿した旅館は、巴里《パリ》の王宮の門外にあるホテルデロウブルと云う広大な家で、五階造り六百室、婢僕《ひぼく》五百余人、旅客は千人以上差支《さしつかえ》なしと云うので、日本の使節などは何処《どこ》に居るやら分らぬ。唯《ただ》旅館中の廊下の道に迷わぬように、当分はソレが心配でした。各室には温《あたた》めた空気が流通するから、ストーヴもなければ蒸気もなし、無数の瓦斯《ガス》灯《とう》は室内廊下を照らして日の暮るゝを知らず、食堂には山海の珍味を並べて、如何《いか》なる西洋嫌いも口腹《こうふく》に攘夷の念はない、皆喜んで之《これ》を味《あじわ》うから、爰《ここ》に手《て》持不沙汰《もちぶさた》なるは日本から脊負《しょっ》て来た用意の品物で、ホテルの廊下に金行灯《かなあんどん》を点《つ》けるにも及ばず、ホテルの台所で米の飯《めし》を炊《た》くことも出来ず、とう〳〵仕舞《しまい》には米を始め諸道具一切の雑物《ぞうぶつ》を、接待掛《がか》りの下役《したやく》のランベヤと云う男に進上し

**1 箕作秋坪**　一八二五（文政八）年―八六（明治十九）年。箕作阮甫の養子。適塾に学ぶ。幕府天文台に入り、蕃書調所教授手伝等をつとめる。のち、三叉学舎を開く。明六社社員。**2 三使節**　竹内下野守、松平石見守、京極能登守の三人。**3 本陣**　大名、公家、幕府役人が泊まる公認の宿泊施設。

て、唯貰《ただもら》て貰《もら》うたのも可笑《おか》しかった。

先《ま》ずこんな塩梅式《あんばいしき》だから、吾々《われわれ》一行の失策物笑《ものわら》いは数《かず》限りもない。シガーとシュガーを間違えて烟草《タバコ》を買いに遣《やっ》て砂糖を持《もっ》て来るもあり、医者は人参《にんじん》と思《おもっ》て買《かっ》て来て生姜《しょうが》の粉《こ》であったこともある。又或《あ》るときに三使節中の一人が便所に行く、家来がボンボリを持《もっ》て御供《おとも》をして、便所の二重の戸を明放《あけはな》しにして、殿様が奥の方で日本流に用を達《た》すその間、家来は袴着用《はかまちゃくよう》、殿様の御腰《おこし》の物を持て、便所の外の廊下に平《ひら》き直《なおっ》てチャント番をして居るその廊下は旅館中の公道で、男女往来織《お》るが如《ごと》くにして、便所の内外瓦斯《ガス》の光明《こうめい》昼よりも明《あきらか》なりと云《い》うから堪《たま》らない。私は丁度其処《ちょうどそこ》を通り掛《かかっ》て、驚いたとも驚くまいとも、先《ま》ず表に立塞《たちふさ》がって物も言わずに戸を打《ぶち》締《し》めて、夫《そ》れからそろ〳〵その家来殿に話したことがある。

### 欧洲の政風人情

政治上の事に就《つい》ては竜動《ロンドン》、巴里《パリ》等《とう》に在留中、色々な人に逢うて色々な事を聞《きい》たが、固《もと》よりその事柄の由来を知らぬから能《よ》く分《わか》る訳《わ》けもない。当時は仏蘭西《フランス》の第三世ナポレヲンが欧洲第一の政治家と持囃《もてはや》されてエライ勢力であったが、隣国の普魯士《プロシア》も日の出の新進国で油断はならぬ。墺地利《オーストリア》との戦争、又アルサス、ローレンスの事なども国交際《こっこうさい》の問題として、何《いず》れ後年には云々の変乱が生ずるであろうなんと云《い》うことは朝野政通《ちょうやせいつう》の予言する所で、私の日記覚書《おぼえがき》にもチョイ〳〵記してある。又竜動に居るとき、或《あ》る社中の人が社名を以《もっ》て議院に建言したと云《い》うて、その草稿を日本使節に送《おく》って来た。建言の趣意は、在日本英国の公使アールコック[1]が新開国たる日本に居て乱暴無状、恰《あたか》も武力を以《もっ》て征服したる国民に臨むが如《ごと》し云々とて、種々《しゅじゅ》様々の証拠を挙げて公使の罪を責るその証拠の一つに、公使アールコックが日本国民の霊場として尊拝《そんぱい》する芝の山内《さんない》[2]に騎馬にて乗込《のりこみ》たるが如き言語《ごんご》に絶えたる無礼なりと痛論したる節《ふし》もある。私はこの建言書を見て大《おおい》に胸が下《さが》った。成《な》るほど世界は鬼ばかりでない、是《こ》れまで外国政府の仕振《しぶり》を見れば、日本の弱身に付込み日本人の不文《ふぶん》殺伐なるに乗じて無理難題を仕掛《しか》けて真実困《こまっ》て居たが、その本国に来て見れば〔自《おのず》から〕公明正大、優しき人もあるものだと思て、ます／＼平生の主義たる開国一偏の説を堅固《けんご》にしたことがある。又各国巡回中、待遇の最も濃《こまやか》なるは和蘭《オランダ》の右に出《いず》るものはない。是れは三百年来特別の関係で爾《そ》うなければならぬ。殊《こと》に私を始め同行中に横文字読む人で蘭文を知らぬ者はないから、文書言語で云えば欧羅巴《ヨーロッパ》中第二の故郷に帰《かえっ》たような訳《わ》けで自然に居心《いごころ》が宜《い》い。夫《そ》れは扨置《さてお》き和蘭滞留中に奇談がある。或《あ》るとき使節がアムストルダムに行《いっ》て地方の紳士紳商に面会、四方八方《よもやま》の話の序《ついで》に、

**1 アールコック** Rutherford Alcock（1890–97）R・オルコック。安政六（一八五九）年、日本駐在総領事となり、翌年に公使となる。元治元（一八六四）年まで在任。 **2 芝の山内** 芝増上寺の境内。徳川氏の霊廟や東照宮などがある。

使節の問《とい》に、「このアムストルダム府の土地は売買勝手なるかと云《い》うに、彼《か》の人答えて、「固《もと》より自由自在。「外国人へも売るか。「直段《ねだん》次第、誰にでも、又何ほどにても。「左《さ》れば爰《ここ》に外国人が大資本を投じて広く土地を買占《かいし》め、之《これ》に城郭砲台でも築くことがあったら、夫《そ》れでも勝手次第かと云うに、彼の人も妙な顔をして、「ソンナ事は是《こ》れまで考えたことはない。如何《いか》に英仏その他の国々に金満家《きんまんか》が多いとて、他国の地面を買《かっ》て城を築くような馬鹿気《ばかげ》た商人はありますまいと答えて、双方共に要領を得ぬ様子で、私共は之を見て実に可笑《おか》しかったが、当時日本の外交政略は凡《およ》そこの辺から割出したものであるから堪《たま》らない訳《わ》けさ。

**土地の売買勝手次第**

夫れは扨置《さてお》き、私がこの前亜米利加《アメリカ》に行《いっ》たときには、カリフォルニヤ地方にマダ鉄道がなかったから、勿論《もちろん》鉄道を見たことがない、けれども今度は蘇士《スエズ》に上《あがっ》て始めて鉄道に乗り、ソレカラ欧羅巴《ヨーロッパ》各国を彼方此方《あちこち》と行くにも皆鉄道ばかり、到る処に歓迎せられて、海陸軍の場所を始めとして、官私の諸工場、銀行会社、寺院、学校、倶楽部《クラブ》等は勿論、病院に行けば解剖も見せる、外科手術も見せる、或《あるい》は名ある人の家に晩餐《ばんさん》の饗応《きょうおう》、舞踏の見物など、誠に親切に案内せられて、却《かえっ》て招待の多いのに草臥《くたび》れると云う程の次第であったが、唯《ただ》こゝに一つ可笑《おか》しいと云うのは、日本はその時丸で鎖国の世の中で、外国に居なが

**見物自由の中又不自由**

ら兎角《とかく》外国人に遇《あ》うことを止《と》めようとするのが可笑《おか》しい。使節は竹内《たけのうち》、松平《まつだいら》、京極《きょうごく》の三使節、その中の京極は御目附《おめつけ》と云《い》う役目で、ソレには又相応の属官が幾人も附て居る。ソレが一切の同行人を目《め》ッ張子《ぱりこ》[1]で見て居るので、なか〳〵外国人に遇うことが六《むず》かしい。同行者は何《いず》れも幕府の役人連で、その中に先《ま》ず同志同感、互に目的を共にすると云《い》うのは箕作秋坪《みつくりしゅうへい》と松木弘安《まつきこうあん》と私と、この三人は年来の学友で互に往来して居たので、彼方《あちら》に居てもこの三人だけは自然別なものにならぬ。何でも有らん限りの物を見ようと計《ばか》りして居る、ソレが役人連の目に面白くないと見え、殊《こと》に三人とも陪臣《ばいしん》で、然《し》かも洋書を読むと云うから中々油断をしない。何か見物に出掛けようとすると、必ず御目附方《おめつけがた》の下役《したやく》が附いて行かなければならぬと云う御定《おさだ》まりで始終附《つい》て廻《まわ》る。此方《こっち》は固《もと》より密売しようではなし、国の秘密を洩《も》らす気遣《きづか》いもないが、妙な役人が附て来れば只《ただ》蒼蠅《うるさ》い。蒼蠅いのはマダ宜《よ》いが、その下役が何か外《ほか》に差支《さしつかえ》があると、私共も出ることが出来ない。ソレは甚《はなは》だ不自由でした。私はその時に――是《こ》れはマア何の事はない、日本の鎖国をそのまゝ担《かつ》いで来て、欧羅巴各国を巡回するようなものだと云《いっ》て、三人で笑《わらっ》たことが

**1 目ッ張子で** 目をいっぱいに見開いて。

## 血を恐れる

ありまます。ソレでも私共は見ようと思うものは見、聞こうと思う事は聞《きい》たが、序《ついで》ながらこの見聞《けんもん》のことに就《つい》て私の身の恥を云《い》わねばならぬ。私は少年の時から至《し》極《ごく》元気の宜《い》い男で、時として大言壮語《たいげんそうご》したことも多いが、天稟《うまれつき》気の弱い性質で、殺生が嫌い、人の血を見ることが大嫌い。例えば緒方の塾に居るときは刺胳《しらく》[1]流行の時代で、同窓生は勿論《もちろん》私も腕の脈に針をして血を取《とっ》たことがある。所が私は自分でも他人でもその血の出るのを見て心《こころ》持《もち》が善《よ》くないから、刺胳と云えばチャント眼《め》を閉じて見ないようにして居る。腫物《しゅもつ》が出来ても針をすることは先《ま》ず見合せたいと云《い》い、一寸《ちょっ》とした怪我でも血が出ると顔色《がんしょく》が青くなる。毎度都会の地にある行倒《ゆきだおれ》、首縊《くびくくり》、変死人などは何としても見ることが出来ない。見物どころか、死人の話を聞ても逃げて廻ると云うような臆病者である。所が露西亜《ロシア》に滞留中、或《あ》る病院に外科手術があるから見物せよとの案内に箕作《みつくり》も松木《まつき》も医者だから直《す》ぐに出掛ける。私にも一処に行けと無理に勧めて連れて行かれて、外科室に這入《はいっ》て見れば石淋《せきりん》[2]を取出す手術で、執刀の医師は合羽《かっぱ》を着て、病人をば俎《まないた》のような台の上に寝かして、コロヽホルムを臭《か》がせて先《ま》ず之《これ》を殺して、夫《そ》れからその医師が光り燿《かがや》く刀《とう》を執《とっ》てグット刺すと、大造《たいそう》な血が迸《ほとばし》って医師の合羽は真赤になる、夫れから刀の切口《きりぐち》に釘抜《くぎぬき》のようなものを入れて膀胱《ぼうこう》の中にある石を取出すとか云《い》う様子であったが、その中に私は変な心持になって何だか気が遠くなった。スルト同行の山田《やまだ》八郎《はちろう》と云《い》う男が私を助けて室外に連出《つれだ》し、水など呑《の》まして呉《く》れてヤット正気に返《かえっ》た。その前独逸《ドイツ》の伯林《ベルリン》の眼《がん》病院でも、欹目《やぶにらみ》の手術とて子供の眼《め》に刀《とう》を刺す処を半分ばかり見て、私は急いでその場を逃出してその時には無事に済んだことがある。松木《まつき》も箕作《みつくり》も私に意気地《いくじ》がないと云て頻《しき》りに冷《ひや》かすけれども、持《もっ》て生れた性質は仕方がない、生涯これで死ぬことでしょう。

**事情探索の胸算**

夫《そ》れは扨置《さてお》き私の欧羅巴《ヨーロッパ》巡回中の胸算《きょうさん》は、凡《およ》そ書籍《しょじゃく》上で調べられる事は日本に居ても原書を読《よん》で分《わか》らぬ処は字引《じびき》を引て調べさえすれば分らぬ事はないが、外国の人に一番分り易《やす》い事で殆《ほと》んど字引にも載《の》せないと云《い》うような事が此方《こっち》では一番六《むず》かしい。だから原書を調べてソレで分らないと云う事だけをこの逗留中に調べて置きたいものだと思《おもっ》て、その方向で以《もっ》て是《こ》れは相当の人だと思えばその人に就《つい》て調べると云うことに力を尽して、聞くに従て一寸々々《ちょいちょいちょいこ》斯う云うように（この時先生細長《ほそなが》くして古々《ふるぶる》しき一小冊子を示す）記して置《おい》て、夫れから日本に帰《かえっ》てからソレを台にして尚《な》お色々な原書を調べ又記憶する所を綴合《つづりあわ》せて西洋事情[3]と云うものが出来ました。凡《およ》そ理化学、器械学の事に於《おい》て、或《あるい》はエレキトルの事、蒸汽の事、印

**1 刺胳**　瀉血。患者の静脈から血液の一部を抜いて治療をすること。 **2 石淋**　腎臓や膀胱に結石の生ずる病気。ここでは、その結石のこと。 **3 西洋事情**　全十巻（初編三巻、外編三巻、二編四巻）。慶応二（一八六六）年—明治三（一八七〇）年刊。

刷の事、諸工業製作の事などは必ずしも一々聞かなくても宜《よろ》しいと云《い》うのは、元来私が専門学者ではなし、聞《きい》た所が真実深い意味の分る訳《わ》けはない、唯一通《ただひととお》りの話を聞くばかり、一通りの事なら自分で原書を調べて容易に分《わか》るから、コンナ事の詮索《せんさく》は先《ま》ず二の次にして、外《ほか》に知りたいことが沢山《たくさん》ある。例えばコヽに病院と云うものがある、所でその入費《にゅうひ》の金はどんな塩梅《あんばい》にして誰が出して居るのか、又銀行《バンク》と云うものがあってその金の支出入は如何《どう》して居《い》るか、郵便法が行《おこなわ》れて居てその法は如何《どう》云う趣向にしてあるのか、仏蘭西《フランス》では徴兵令を励行《れいこう》して居るが英吉利《イギリス》には徴兵令がないと云う、その徴兵令と云うのは、抑《そ》も如何《どう》云う趣向にしてあるのか、その辺の事情が頓《とん》と分らない。ソレカラ又政治上の選挙法と云うような事が皆無《かいむ》分らない。分らないから選挙法とは如何《どん》な法律で議院とは如何《どん》な役所かと尋ねると、彼方《あっち》の人は只笑《ただわらっ》て居る、何を聞くのか分り切《きっ》た事だと云う様な訳《わけ》。ソレが此方《こっち》では分らなくてどうにも始末が付かない。又党派には保守党と自由党と徒党のような者があって、双方負けず劣らず鎬《しのぎ》を削《けずっ》て争うて居ると云う。何の事だ、太平無事の天下に政治上の喧嘩をして居ると云う。サア分らない。コリャ大変なことだ、何をして居るのか知らん。少しも考《かんがえ》の付こう筈《はず》がない。彼《あ》の人と此《こ》の人とは敵だなんと云うて、同じテーブルで酒を飲《のん》で飯を喰《くっ》て居る。少しも分らない。ソレが略《ほぼ》分るようになろうと云うまでには骨の折れた話で、その謂《いわ》れ因縁が少しずつ分るようになって来て、入《いり》組《く》んだ事柄になると五日も十日も掛《かか》てヤット胸に落ると云《い》うような訳《わけ》で、ソレが今度洋行の利益でした。

**樺太の境界談判**

それからその逗留中に誠に情けなく感じたことがあると申すは、私共の出立前から して日本国中、次第々々に攘夷論が盛《さかん》になって、外交は次第々々に不始末だらけ、今度の使節が露西亜《ロシア》に行《いっ》た時に此方《こっち》から樺太《カラフト》の境論《さかいろん》を持出《もちだ》して、その談判の席には私も出て居たので、日本の使節がソレを云出《いいだ》すと先方は少しも取合わない。或《あるい》は地図などを持出して、地図の色は斯《こ》う〳〵云う色ではないか、自《おの》から此処《ここ》が境だと云うと、露西亜人の云うには、地図の色で境が極《きま》れバ、この地図を皆赤くすれば世界中露西亜の領分になって仕舞《しま》うだろう、又これを青くすれば世界中日本領になるだろうと云うような調子で漫語《まんご》放言《ほうげん》、迚《とて》も寄付《よりつ》かれない。マア兎《と》にも角《かく》にもお互に実地を調べたその上の事に為《し》ようと云うので、樺太の境は極《き》めずに宜加減《いいかげん》にして談判は罷《やめ》になりましたが、ソレを私が傍《そば》から聞《きい》て居て、是《こ》れは迚も仕様《しよう》がない、一切万事便《たよ》る所なし、日本の不文不明の奴等《やつら》が殻威張《からいばり》して攘夷論が盛《さかん》になればなる程、日本の国力は段々弱くなる丈《だ》けの話で、仕舞《しまい》には如何《どう》云うようになり果てるだろうかと思《おもっ》て、実に情けなくなりました。

**露政府の厚遇**

国交際《こっこうさい》の談判は右の通りに水臭《みずくさ》い次第であるが、使節に対する私《わたくし》の待遇は爾《そ》うでない。ペートルスボルグ滞在中は日本使節一行の為《た》めに特に官舎を貸渡《かしわた》して、接待委員と云《い》う者が四、五人あってその官舎に詰切《つめき》りで、いろ〳〵饗応《きょうおう》するその饗応の仕方《しかた》と云うは頗《すこぶ》る手厚く、何《な》に一つ遺憾はないと云う有様。ソレで御用がない時は名所旧跡を始め諸所の工場と云うような所に案内して見せて呉《く》れる。その中に段々接待委員の人々と懇意になって種々《しゅじゅ》様々な話もしたが、その節露西亜《ロシア》に日本人が一人居《お》ると云う噂《うわさ》を聞《きい》たその噂は、どうも間違ない事実であろうと思われる。名はヤマトフ[1]と唱えて、日本人に違いないと云う。勿論《もちろん》その噂は接待委員から聞《きい》たのではない。その外《ほか》の人から洩《も》れたのであるが、先《ま》ず公然の秘密と云う位《くらい》な事で、チャント分《わかっ》て居た。そのヤマトフに遇《あっ》て見たいと思うけれどもなか〳〵遇《あ》われない。到頭《とうとう》逗留中出て来《こ》ない。出て来ないがその接待中の模様に至《いたっ》ては動《やや》もすると日本風の事がある。例えば室内に刀掛《かたなかけ》があり、寝床《ベッド》には日本流の木の枕があり、湯殿《ゆどの》には糟《ぬか》を入れた糟袋[2]があり、食物も勉《つと》めて日本調理の風《ふう》にして箸《はし》茶椀なども日本の物に似て居る。どうしても露西亜人の思付《おもいつ》く物でない。シテ見ると噂の通り何処《どこ》にか日本人の居るのは間違いない、明《あきらか》に分《わかっ》て居るけれども、到頭分らずに帰《かえっ》て仕舞《しま》いました。私の西航日記にこの事を記して、その傍《かたわら》に詩のようなものが一寸《ちょい》と書てある。

起来就食々終眠、飽食安眠過一年、
他日若遇相識問、欧天不異故郷天[3]

今日になって一々記憶もないが、余程《よほど》日本流の事が多かったと思われます。

**露国に止まることを勧む**

夫《そ》れから或日《あるひ》の事で、その接待委員の一人が私の処に来て、一寸《ちょいと》こちらに来て呉《く》れろと云《いっ》て、一間《ひとま》に私を連れて行《いっ》た。何だと云て話をすると、私の一身上の事に及んで、お前はこの度《たび》使節に付て来たが、是《こ》れから先は日本に帰《かえっ》て何をする所存《つもり》かソリャ勿論《もちろん》知らないが、お前は大層金持《たいそうかねもち》かと尋ねるから、「イヤ決して金持ではない、マア幾らか日本の政府の用をして居る、用をして居れば自《おのずか》らその報酬と云《い》うものがあるから衣食の道に差支《さしつかえ》はないものだと、斯《こ》う私は答えた。所が接待委員の云うに、「日本の事だから我々に委《くわ》しい事情の分《わか》る訳《わ》けはない、分りはしないけれども、どうも大体を考えて見た所で日

**1 ヤマトフ**　遠州掛川藩士、立花粂蔵（橘耕斎）のロシアでの呼び名。安政元（一八五四）年、伊豆下田に来航したプチャーチンの中国語通訳ゴシュケビッチと知り合い、日本を脱出しロシアに渡る。その後、ゴシュケビッチとともに橘耕斎の名で最初の日露辞典『和魯通言比考』を著す。明治六（一八七三）年、岩倉大使一行のロシア訪問の時、帰国を勧められ、翌年、帰国した。　**2 糟袋**　糠を入れた布製の小さい袋。入浴の時、肌をこすって洗う。　**3 起来就食々終眠……欧天不異故郷天**　起き来たりて食に就き食終わって眠る、飽食安眠して一年を過ごす、他日もし相識の問に遇わば、欧天は故郷の天に異ならずと。

本は小国だ、ア、云《い》う小さな国に居て男子の仕事の出来るものじゃない。ソレよりかお前はヒョイと茲《ここ》に心を変えてこの露西亜《ロシア》に止《と》まらないかと云うから、私は答えて、「自分の身は使節に随従して来て居るものであるから、爾《そ》う勝手に止《と》まられる訳《わ》けのものじゃないと有りのまゝに云うと、「イヤ夫《そ》れは造作《ぞうさ》もない話だ、お前さえ今から決断して隠れる気になれば直《す》ぐに私が隠して遣《や》る。どうせ使節は長く此処《ここ》に居る気遣《きづかい》はない、間もなく帰る。帰ればソレ切《きり》だ。そうしてお前は露西亜人になって仕舞《しま》いなさい。この露西亜には外国の人は幾らも来て居る、就中独逸《なかんずくドイツ》の人などは大変に多い、その外和蘭《ほかオランダ》人も来て居れば英吉利《イギリス》人も来て居る。だから日本人が来て居たからと云《いっ》て何も珍しい事はない、是非此処《ぜひここ》に止《と》まれ。いよ〳〵止《とま》ると決すれば、その上はどんな仕事でも為《し》ようと思えば面白い愉快な仕事は沢山《たくさん》ある。衣食住の安心は勿論《もちろん》、随分金持《かねもち》になる事も出来るから止まれと懇《ねんごろ》に説いたのは、決して尋常の戯れでない。チャント一間《ひとま》の中に差向《さしむか》いで真面目《まじめ》になって話したのである。けれども私がその時に止まると云う必要もなければ、又止まろうと云う気もない。宜《い》い加減に返答をして置くと、その後《ご》二、三度同じような事を云《いっ》て来たが、固《もと》より話は纏《まとま》らず。その時に私は大に心付《こころづ》きました、成程《なるほど》露西亜は欧羅巴《ヨーロッパ》の中で一種風俗の変《かわっ》た国だと云《い》うが、ソレに違いない。例えば今度英仏にも暫《しばら》く滞留し、又前年亜米利加《アメリカ》に行《いっ》たときにも、人に逢《あ》いさえすれば日本に行《ゆ》こう〳〵と云う者が多い。

何か日本に仕事はないか、どうかして一緒に連れて行《いっ》て呉《く》れないかと、ソリャもう行《ゆ》く先々《さきざき》でうるさいように云《い》う者はあれども、遂《つい》ぞ止《と》まれと云うことを只《ただ》の一度も云《いっ》た人はない。露西亜に来て始めて止まれと云う話を聞た、その趣《おもむき》を推察すれば、決して是《こ》れは商売上の話ではない、如何《どう》しても政治上又国交際上の意味を含んで居るに違いない。こりゃどうも気の知れない国だ、言葉に意味を含んで止まれと云う所を見れば、或《あるい》は陰険の手段を施す為《た》めではないか知らんと思うた事があった。けれどもそんな事を聞《きい》たと云うことを同行の人に語ることも出来ない、語ればどんな嫌疑を蒙《こうむ》るまいものでもないから、その時に語らぬのは勿論《もちろん》、日本に帰《かえっ》て来ても人に云わずに黙《だまっ》て居ました。或《あるい》は爾《そ》う云うことを云われたのは私一人でなく、同行の者も同じ事を云われて、私と同じ考えで黙て居た者があったかも知れない。兎《と》に角《かく》に気の知れぬ国だと思われる。

## 生麦の報道到来して使節苦しむ

夫《そ》れから露西亜を去て仏蘭西《フランス》に帰り、いよ〳〵出発と云うその時は生麦《なまむぎ》の大《おお》騒動[1]、即《すなわ》ち生麦で英人のリチャードソンと云うものを薩摩の侍《さむらい》が斬《きっ》たと云うことが丁度《ちょうど》彼方《あっち》に報告になった時で、サア仏蘭西のナポレオン政府が吾々《われわれ》

1　**生麦の大騒動**　文久二年八月二十一日（西暦一八六二年九月十四日）、神奈川近傍の生麦村でおきた、薩摩藩士による英国商人リチャードソンらの殺傷事件。

日本人に対して気不味《きまず》くなって来た。[1] 人民はどうか知らないが政府の待遇の冷淡不愛相になった事は甚《はなは》だしい。主人の方でその通りだから、客たる吾々日本人のキマリの悪いこと如何《どう》にも云《い》い様がない。日本の使節が港から船に乗ろうと云うその道は十町余りもあったかと思う、道の両側に兵隊をずっと幷《なら》べて見送らした。是《こ》れは敬礼を尽すのではなくして日本人を威《おど》かしたに違いない。兵士を幾ら幷べたって鉄砲を撃つ訳《わ》けでないから、怖くも何ともありはしないけれども、その苦々《にがにが》しい有様と云うものは実に堪《たま》らない訳《わ》けであった。私の西航記中の一節に、

閏《うるう》八月十三日 文久二年 朝八時ロシフヲルトに着《ちゃく》。ロシフヲルトは巴里《パリ》より仏里にて九十里の処にある仏蘭西《フランス》の海軍港なり。蒸汽車より下《お》り船に乗るまでの路《みち》十余町、この間《あいだ》盛《さかん》に護衛の兵卒千余人を列せり。敬礼を表するに似て或《あるい》は威を示すなり。日本人は昨夜蒸汽車に乗り車中安眠するを得ず大に疲れたるに、此処《ここ》に着して暫時も休息せしめず車より下《お》りて直《ただち》に又船に乗らしむ。且《か》つ船に乗るまで十余町の道、日本の一行には馬車を与えず徒歩にて船まで云々。

ソレカラ仏蘭西を出発して葡萄牙《ポルトガル》のリスボンに寄港し、使節の公用を済《すま》して又船に乗り、地中海に入り、印度《インド》洋に出て、海上無事、日本に帰《かえっ》て見れば攘夷論の真盛りだ。

## 攘夷論

**攘夷論の鋒先洋学者に向う**

井伊掃部頭《いいかもんのかみ》はこの前殺されて、今度は老中の安藤対馬守《あんどうつしまのかみ》が浪人に疵《きず》を付けられた。[2] その乱暴者の一人が長州の屋敷に駈込《かけこ》んだとか何とか云《い》う話を聞て、私はその時始めて心付いた、成るほど長州藩も矢張《やは》り攘夷の仲間に這入《はいっ》て居るのかと斯《こ》う思た[3]ことがある。兎《と》にも角《かく》にも日本国中攘夷の真盛《まっさか》りでどうにも手の着けようがない。所で私の身にして見ると、是《こ》れまでは世間に攘夷論があると云う丈《だ》けの事で、自分の身に就《つい》て危《あやう》いことは覚えなかった。大阪の塾に居る中に勿論暗殺などゝ云うことのあろう筈はない。又

1 **仏蘭西のナポレオン政府が……気不味くなって来た**　当時の通信交通事情では、生麦事件の情報が使節のパリ出発までに到達したとは思われない。フランス政府の対日態度が変化したのは、六月二十六日（和暦五月二十九日）の第二東禅寺事件の詳報が九月七日から十二日にかけてパリに到達したためか。　2 **安藤対馬守が浪人に疵を付けられた**　一八六二（文久二）年一月十五日、安藤信正が水戸浪士らに坂下門外で襲われて負傷した事件（坂下門外の変）。　3 **成るほど長州藩も……斯う思た**　長州藩は文久二年半ば頃までは公武合体説をとり、対外進出を進める航海遠略策で朝廷に働きかけていた。その後、攘夷論に転じたので遣欧使節の一行は帰国後にその変化を知った。

江戸に出て来たからとて怖い敵もなければ何でもないと計《ばか》り思《おもつ》て居た所が、サア今度欧羅巴《ヨーロッパ》から帰《かえつ》て来たその上はなか〳〵爾《そ》うでない。段々喧《やかま》しくなって、外国貿易をする商人が俄《にわか》に店を片付けて仕舞《しま》うなどゝ云《い》うような事で、浪人と名《なづ》くる者が盛《さかん》に出て来て、何処《どこ》に居て何をして居るのか分らない。丁度今の壮士《そうし》と云うようなもので、ヒョコ〳〵妙な処から出て来る。外国の貿易をする商人さえ店を仕舞うと云うのであるから、況《ま》して外国の書を読《よん》で欧羅巴の制度文物を夫《そ》れ是《こ》れと論ずるような者は、どうも彼輩《あいつ》は不埒《ふらち》な奴じゃ、畢竟彼奴等《ひつきょうあいつら》は虚言《うそ》を吐《つい》て世の中を瞞着《まんちゃく》する売国奴《ばいこくど》だと云うような評判がソロ〳〵行《おこな》われて来て、ソレから浪士の鋒先《ほこさき》が洋学者の方に向いて来た。是れは誠に恐入《おそれいつ》た話で、何も私共は罪を犯した覚えはない。是れはマア何処まで小さくなれば免《まぬか》るゝかと云うと、幾ら小さくなっても免れない。到頭仕舞《とうとうしまい》には洋書を読むことを罷《や》めて仕舞うて攘夷論でも唱えたらば、ソレはお詫《わび》が済むだろうが、マサカそんな事も出来ない。此方《こっち》が無頓着《むとんちゃく》に思う事を遣《や》ろうとすれば、浪人共は段々きつくなって来る。既《すで》に私共と同様幕府に雇われて居る飜訳方の中に手塚律蔵《てづかりつぞう》[1]と云う人があって、その男が長州の屋敷に行《いつ》て何か外国の話をしたら、屋敷の若者等が斬《きつ》て仕舞うと云うので、手塚はドン〳〵駈出す、若者等は刀を抜《ぬい》て追蒐《おつかけ》る、手塚は一生懸命に逃げたけれども逃切れずに、寒い時だが日比谷外《そと》の濠の中へ飛込んで漸《ようや》く助かった事もある。夫れから同じ長州の藩士で東条礼蔵《とうじょうれいぞう》[2]と云う人も矢《や》張《は》り私と同僚飜訳方で、小石川の素《も》と蜀山人《しょくさんじん》3の住居《すまい》と云《い》う家に住《すん》で居た。所がその家に所謂《いわゆる》浮浪の徒が暴込《あばれこ》んで、東条は裏口から逃出して漸《やっ》と助《たすか》ったと云うような訳《わ》けで、いよ〳〵洋学者の身が甚《はなは》だ危《あやう》くなって来て油断がならぬ。左《さ》ればとて自分の思う所、為《な》す仕事は罷《や》められるものじゃない。夫《そ》れから私は構わない、構おうと云《いっ》た所が構われもせず、罷《や》めようと云た所が罷められる訳けでない、マア〳〵言語《げんぎょ》挙動を柔《やわら》かにして決して人に逆《さから》わないように、社会の利害と云うような事は先《ま》ず気の知れない人には云わないようにして、慎《つつし》める丈《だ》け自分の身を慎んで、ソレと同時に私は専《もっぱ》ら著書飜訳の事を始めた。その著訳の一条に就《つい》ては今コヽで別段に云う事はない、私の今年開版《かいはん》した福澤全集4の緒言に詳《つまびらか》に書《かい》てあるから是《こ》れは見合せるとして、その

1 **手塚律蔵**　一八二二（文政五）年―七八（明治十一）年。周防の人。文久二（一八六二）年十二月、長州藩邸からの帰途を襲われ、恐れて佐倉に隠遁した。維新後は開成所教授を経て、外務省に出仕。　2 **東条礼蔵**　東条英庵（一八二一〔文政四〕年―七五〔明治八〕年）。萩藩医。のち、蕃書調所、軍艦操練所などで教え、開成所教授職並となる。維新後、静岡学問所二等教授。　3 **蜀山人**　太田直次郎（一七四九〔寛延二〕年―一八二三〔文政六〕年）。蜀山人、南畝、四方赤良などと称す。幕臣。狂歌、狂詩、洒落本など多くの作品を残す。　4 **福澤全集**　明治三十一（一八九八）年一月から五月に、全五巻が時事新報社から刊行された。緒言はその冒頭に置かれたが、全集に先立って前年十二月に単行本としても出版された。本書にも収録。

著訳事業中、即《すなわ》ち攘夷論全盛の時代に、洋学生徒の数は次第々々に殖《ふ》えるからその教授法に力を尽《つく》し、又家の活計《くらし》は幕府に雇われて[1]扶持米《ふちまい》を貰《もら》うてソレで結構暮らせるから、世間の事には頓《とん》と頓着《とんじゃく》せず、怖い半分、面白い半分に歳月《としつき》を送《おく》て居る。或時可笑《あるときおかし》い事があった。私が新銭座に一寸住居《ちょいとすまい》の時[2](新銭座塾[3]に非《あら》ず)、誰方《どなた》か知らないが御目に掛りたいと云《いっ》てお侍《さむらい》が参りましたと下女が取次《とりつぎ》するから、「ドンナ人だと聞くと、「大きな人で、眼が片眼《かため》で、長い刀を挾《さ》して居ますと云《い》うから、コリャ物騒な奴だ、名は何と云う。「名はお尋ね申したが、お目に掛れば分ると云て被仰《おっ》しゃいません――どうも気味の悪い奴だと思《おもっ》て、夫《そ》れから私は窃《そっ》と覗いて見ると、何でもない、筑前の医学生で原田水山《はらだすいざん》、緒方の塾に一緒に居た親友だ。思わず罵《ののしっ》た。この馬鹿野郎、貴様は何だ、何《な》ぜ名を云て呉《く》れんか、乃公《おれ》は怖くて堪《たま》らなかったと云て、奥に通して色々世間話をして、共々に大笑《たいしょう》した事がある。爾《そ》う云う世の中で洋学者もつまらぬ事に驚かされて居ました。

### 英艦来る

夫れから攘夷論と云うものは次第々々に増長して、徳川将軍家茂《いえもち》公の上洛となり、続いて御親発《ごしんぱつ》として長州征伐に出掛ける[4]と云うような事になって、全く攘夷一偏の世の中となった。ソコで文久三年の春、英吉利《イギリス》の軍艦が来て、去年生麦にて日本の薩摩の侍《さむらい》が英人を殺したその罪は全く日本政府にある、英人は只懇親《ただこんしん》を以《もっ》て交ろうと思うて是《こ》れまでも有らん限り柔《やわら》かな手段ばかりを執《と》て居た、然《しか》るに日本の国民が乱暴をして剰《あまつさ》え人を殺した、如何《いか》にしてもその責《せめ》は日本政府に在《あっ》て免《まぬか》るべからざる罪であるから、この後《のち》二十日《はつか》を期して決答せよと云《い》う次第は、政府から十万磅《ポンド》の償金を取り、尚《な》お二万五千磅は薩摩の大名から取り、その上罪人を召捕《めしとっ》て眼の前で刑に処せよとの要求、その手紙の来たのがその歳の二月十九日、長々とした公使の公文《こうぶん》が来た。その時に私共が飜訳《ほんやく》する役目に当《あたっ》て居るので、夜中《やちゅう》に呼びに来て、赤坂に住《すん》で居る外国奉行松平石見守《まつだいらいわみのかみ》の宅に行《いっ》たのが、私と杉田玄端《すぎたげんたん》5、高畑五郎《たかばたけごろう》6、その三人で出掛けて行て、夜の明けるまで飜訳したが、是《こ》れはマアどうなる事だろうか、大変な事だと窃《ひそか》に

**1 幕府に雇われて** 元治元（一八六四）年十月、外国方翻訳局に出仕し、扶持米一五〇俵を与えられた。**2 新銭座に一寸住居の時** 文久元（一八六一）年、結婚を機に築地鉄砲洲の奥平家中屋敷を出て芝新銭座に借家をしたこと。文久三（八六三）年秋にもとの奥平家中屋敷に戻った。**3 新銭座塾** 慶応四（一八六八）年に、塾を芝新銭座に移転したこと。後出二一四頁参照。**4 家茂公の上洛……長州征伐に出掛ける** 将軍家茂の上洛は文久三（一八六三）年と元治元（一八六四）年と慶応二（一八六六）年の三回あった。続いて長州征伐に出掛けたのは三回目の上洛時。**5 杉田玄端** 一八一八（文政元）年—八九（明治二十二）年。蘭医。蕃書調所教授、外国方翻訳御用頭取。維新後は沼津陸軍医学所頭取となった。この時に翻訳した英国公使館書簡に翻訳者として杉田の名は見えない。福澤の記憶違いか。**6 高畑五郎** 一八二五（文政八）年—八四（明治十七）年。徳島藩士。開成所教授職並。維新後は海軍省などに出仕。

心配した所が、その翌々二十一日には将軍が危急《ききゅう》存亡の大事を眼前《がんぜん》に見ながら其《そ》れを棄《す》てゝ置《お》いて上洛して仕舞《しま》うた。[1] 爾《そ》うするとサア二十日の期限がチャント来た。十九日に手紙が来たのだから丁度翌月十日、所がもう二十日待《まっ》て呉《く》れろ、ソレは待つの待たないのと捫着《もんちゃく》の末、どうやら斯《こ》うやら待て貰うことになった。所でいよ〳〵償金を払うか払わないかと云《い》う幕府の評議がなか〳〵決しない。その時の騒動と云うものは、江戸市中そりゃモウ今に戦争が始まるに違いない、何日に戦争がある抔《など》と云う評判、その二十日の期間も既《すで》に過去《すぎさっ》て、又十日と云うことになって、始終《しじゅう》十日と二十日の期限を以《もっ》て次第々々に返辞《へんじ》を延《のば》して行く。私はその時に新銭座に住《すん》で居たから、迚《とて》もこりゃ戦争になりそうだ、なればどうも逃げるより外《ほか》に仕様《しよう》がないと、ソロ〳〵逃《にげ》仕度をすると云うような事で、ソコで愈《いよい》よ期日も差迫《さしせまっ》て、今度はもう掛値《かけね》なし、一日も負《ま》からないと云う日になった、と云うのを私は政府の飜訳局《ほんやくきょく》に居て詳《つまびらか》に知《しっ》て

**仏国公使無法に威張る**

居るから尚《な》お堪《たま》らない。その飜訳をする間《あいだ》に、時の仏蘭西《フランス》のミニストル・ベレクル[2]と云う者が、どう云う気前だか知らないが大層な手紙を政府に出して、今度の事に就《つい》て仏蘭西は全く英吉利《イギリス》と同説だ、愈よ戦端《せんたん》を開く時には英国と共々に軍艦を以て品川沖を暴《あ》れ廻《まわ》ると、乱暴な事を云うて来た。誠に謂《いわ》れのない話で、丸でその趣《おもむき》は今の西洋諸国の政府が支那人を威《おど》すと同じ事で、政府は唯《ただ》英仏人の剣幕を見て心配する計《ばか》り。私には能《よ》くその事

情が分《わか》る、分れば分るほど気味が悪い。是《こ》れはいよ〳〵遣《や》るに違いないと鑑定《かんてい》して、内の方の政府を見れば何時迄《いつまで》も説が決しない。事が喧《やかま》しくなれば閣老は皆病気と称して出仕する者がないから、政府の中心は何処《どこ》に在《あ》るか訳《わけ》が分らず、唯《ただ》役人達が思い〳〵に小田原評議3のグズ〳〵で、愈《いよい》よ期日が明後日と云《い》うような日になって、サア荷物を片付けなければならぬ。今でも私の処に疵《きず》の付《つい》た箪笥《たんす》がある。愈よ荷物を片付けようと云うので箪笥を細引《ほそびき》4で縛《しばっ》て、青山の方へ持《もっ》て行けば大丈夫だろう、何も只《ただ》の人間を害する気遣《きづかい》はないからと云うので、青山の穏田《おんでん》と云う処に呉黄石《くれこうせき》5と云う芸州《げいしゅう》の医者があって、その人は箕作の親類で、私は兼て知て居るから、呉の処に行てどうか暫《しばら》く此処《ここ》に立退場《たちのきば》を頼むと相談も調《ととの》い、愈よ青山の方と思うて荷物は一切拵《こしら》えて名札を付けて担出《かつぎだ》す計《ばか》りにして、そうして新銭座の海浜

**事態いよ〳〵迫る**

**1 その翌々二十一日には将軍が……上洛して仕舞うた**　家茂上洛の出発は二十一日ではなく、実際には十三日のことであった。二十一日は、イギリス公使に幕府側から最初の回答をした日で、家茂が二条城に入った日。**2 ベレクル**　P. Duchesne de Bellecourt 安政六（一八五九）年、駐日総領事となり、ついで公使。文久三（一八六三）年、退任。「ミニストル」は minister（公使）。**3 小田原評議**　長びいてなかなか決定しない相談のたとえ。**4 細引**　麻をより合わせた細く丈夫な縄。**5 呉黄石**　一八一一（文化八）年―七九（明治十二）年。広島藩医。箕作阮甫の長女と結婚していた。

にある江川の調練場1に行《いっ》て見れば、大砲の口を海の方に向けて撃《う》つような構えにしてある。是《こ》れは今明日《こんみょうにち》の中にいよ〳〵事は始まると覚悟を定めた。その前に幕府から布令《ふれ》が出てある。愈《いよい》よ兵端《へいたん》を開く時には浜御殿《はまごてん》2、今の延遼館《えんりょうかん》で、火矢《ひや》3を挙《あ》げるから、ソレを相図《あいず》に用意致せと云《い》う市中に布令が出た。江戸ッ子は口の悪いもので、「瓢箪《ひょうたん》兵端の開け初めは冷火矢でやる」と川柳があったが、是れでも時の事情は分る。

**米と味噌と大失策**

夫《そ》れから又可笑《おか》しい事がある。私の考えに、是れは何でも戦争になるに違いないから、マア米を買おうと思《おもっ》て、出入《でいり》の米屋に申付《もうしつ》けて米を三十俵買《かっ》て米屋に預け、仙台味噌を一樽買て納屋《ものおき》に入れて置《おい》た。所が期日が切迫するに従て、切迫すればするほど役に立たないものは米と味噌、その三十俵の米を如何《どう》すると云うた所が、担《かつ》いで行かれるものでもなければ、味噌樽を背負《せおっ》て駈けることも出来なかろう。是れは可笑しい、昔は戦争のとき米と味噌があれば宜《い》いと云《いっ》たが、戦争の時ぐらい米と味噌の邪魔になるものはない、是れはマア逃げる時はこの米と味噌樽は棄《す》てゝ行くより外《ほか》はないと云て、その騒動の真盛《まっさか》りに大笑いを催《もよお》した事がある。その時にも新銭座の家に学生が幾人か居て、私はその時二分金《にぶきん》で百両か百五十両持《もっ》て居たから、この金を独《ひと》りで持て居ても策でない、イザと云《い》えば誰が何処《どこ》にどう行くか分らない、金があれば先《ま》ず餧《かっ》えることはないから、この金は私が一人で持て居るよりか、家内が一人で持《もっ》て居るよりか、是《こ》れは銘々《めいめい》に分けて持つが宜《よ》かろうと云《い》うので、その金を四つか五つに分けて、頭割《あたまわり》にして銘々ソレを腰に巻《まい》て行こうと、用意金の分配まで出来て、明日か明後日は愈《いよい》よ戦争の始まり、外《ほか》に道はないと覚悟した所が、茲《ここ》に幸《さいわい》な事があると云うのは、その時に唐津の殿様で小笠原壹岐守《おがさわらいきのかみ》[4]と云う閣老がある。夫《そ》れから横浜に浅野備前守《あさのびぜんのかみ》[5]と云う奉行がある。ソレ等の人が極秘密に云合《いいあわ》せた事と見えて、五月の初旬、十日前後[6]と思いますが、愈よ今日と云う日に、前日まで大病だと云《いっ》て寝て居た小笠原壹岐守がヒョイとその朝起きて、日本の軍艦に乗《のっ》て品川沖を出て行く。スルト英吉利《イギリス》の砲艦《ガンボート》が壹岐守の船の尻に尾《つ》いて走ると云うのは、壹岐守は上方《かみがた》に行くと云て品川湾を出発したから、若《も》し本当にその方針を取《とっ》て本牧《ほんもく》の鼻を廻《まわ》れば英人は後から砲撃する筈《はず》であったと云う。所が壹岐守は本牧を廻らずに横浜の方へ這入《はいっ》て、自分の独断で即刻《そっこく》に償金を払《はら》うて仕舞《しまっ》た。十万磅《ポンド》を時の相場に

**小笠原壹岐守**

**1 江川の調練場**　江川太郎左衛門が砲術銃術の訓練をした場所で、現在のJR新橋・浜松町間の路線敷の一部に当たる。新銭座慶應義塾の所在地もその近くであった。**2 浜御殿**　浜御殿（現在の浜離宮恩賜公園）は将軍の別荘。維新後に延遼館という外国貴賓の接待所となった。**3 火矢**　火を仕掛けて放った矢。ここでは、大砲。**4 小笠原壹岐守**　肥前唐津藩主の世子、小笠原長行《ながみち》のこと。**5 浅野備前守**　浅野氏祐のこと。伊賀守、神奈川奉行。のち、美作守。備前守は福澤の記憶違い。**6 五月の初旬、十日前後**　実際は五月九日。

すればメキシコ弗《ドル》[1]で四十万になるその正銀《しようぎん》を、英公使セント・ジョン・ニール[2]に渡して先《ま》ず一段落を終りました。

**鹿児島湾の戦争**

幕府に要求した十万磅《ポンド》の償金は五月十日に片付《かたづい》て、夫《そ》れから今度はその英軍艦が鹿児島に行《いっ》て、被害者遺族の手当として二万五千磅を要求し、且《か》つその罪人を英国人の見て居る所で死刑に処せよと云《い》う掛合の為《た》めに、〔七〕六艘の軍艦は鹿児島湾に廻《まわっ》て錨《いかり》を卸《おろ》した。スルト薩摩藩から直《ただ》ちに来意訪問の使者が来る。英の旗艦《きかん》の水師提督はクーパー[3]、司令長官はウキルモット[4]、船長はジョスリング[5]と云う人で、書翰《しよかん》を薩摩の役人に渡し、応否の返答如何《いかん》と待《まっ》て居る。所がなか〳〵容易な事に返辞《へんじ》が出来ない。ソレコレする中に薩摩に西洋形の船、即《すなわ》ち西洋から薩摩藩に買取《かいとっ》た船が〔三〕二艘あるその二艘の船を談判《だんぱん》の抵当に取ると云う趣《しゆ》意《い》で、桜島の側に碇泊《ていはく》してあった二艘の船を英の軍艦が引張《ひっぱっ》て来ると云う手詰《てづめ》の場合になった。スルト陸の方からこの様子を見ていよ〳〵発砲し始めて、陸から発砲すれば海からも発砲して、ドン〳〵大合戦《おおかっせん》になった、と云うのが丁度文久三年五月下旬[6]、何でも二十八、九日頃である。その時に英の旗艦はマダ陸からは発砲しないことゝ思《おもっ》て錨を挙《あ》げずに居た所が、俄《にわか》に陸の方で撃始《うちはじ》めたものだから、サア錨を上げようとすると生憎《あいにく》その時は大変な暴風、加《くわ》うるに海が最も深いからドウも錨を上げる遑《いとま》がないと云うので、錨の鎖《くさり》を切《きっ》て夫れから運動するようになった。

是《こ》れが例の英吉利《イギリス》の軍艦の錨《いかり》が薩摩の手に入《はい》った由来である。ソコで陸から打つ鉄砲もなか〳〵エライ、専《もっぱ》ら旗艦を狙《ねら》うて命中するものも多いその中に、大きな丸い破裂弾が旨《うま》く発して怪我人が出来た中に、司令長官と甲比丹《カピテン》と二人の将官が即死して船中の騒動、又船から陸に向《むかっ》ての砲撃もなか〳〵劇《はげ》しく、海岸の建物は大抵焼払《やきはら》うて是れも容易ならぬ損害であったが、詰《つま》る所、勝負なしの戦争と云《い》うのは、薩摩の方は英吉利《イギリス》の軍艦を撃《うっ》て二人の将官まで殺したけれどもその船を如何《どう》することも出来ない、又軍艦の方でも陸を焼払うて随分荒したことは荒したけれども上陸することは出来ない、双方共に勝ちも負けもせずに、英の軍艦が横浜に帰《かえっ》たのは六月十日前の頃[7]であったが、その時に面白い話がある。戦争の済んだ後で彼の旗艦に命中した破裂弾の砕片《かけら》を見て、船中の英人等が頻《しき》りに語り合うに、「こんな弾丸が日本で出来る訳《わけ》はない。イ

**1 メキシコ弗**　十六世紀以降、メキシコで鋳造された銀貨。太平洋・東アジア地域の貿易の決済通貨として使われた。開港時には、一ドルは金貨三歩（四分の三両）と等価と定められていた。 **2 英公使セント・ジョン・ニール**　Edward St. John Neale イギリスの代理公使。 **3 クーパー**　Augustus Leopold Kuper（1890–85）イギリスの支那艦隊司令長官で、薩英戦争の時の司令長官。 **4 ウヰルモット**　Edward Wilmot 司令長官とあるが Commander で、Captain（艦長）の下位に位置する副長。 **5 ジョスリング**　John James Stephen Josling 旗艦ユライアラス号の艦長。 **6 文久三年五月下旬**　実際は六月下旬。このあたりの記述は一ヶ月ほどのずれがある。 **7 六月十日前の頃**　実際は七月八日夜から十一日朝。

ヤ能《よ》く見れば露西亜《ロシア》製のものじゃ。露西亜から日本に送ったのであろうなど丶評議区々《まちまち》なりしと云《い》う。当時クリミヤ戦争の当分ではあるし、元来《がんらい》英吉利《イギリス》と露西亜との間柄は犬と猿のようで、相互《あいたがい》に色々な猜疑心《さいぎしん》がある。今日に至るまでも仲は好《よ》くないように見える。

**松木、五代、英艦に投ず**

それは扨《さて》置き茲《ここ》に薩摩の船を二艘此方《こちら》に引張《ひっぱ》て来ると云う時に、その船長の松木《まつき》弘安《こうあん》（後に寺嶋陶蔵《てらじまとうぞう》又後に宗則《むねのり》）、五代才助《ごだいさいすけ》（後に五代友厚《ともあつ》[1]）の両人が、船奉行と云う名義で云《い》わば船長である。ソコで英の軍艦が二艘の船を引張て来ようと云うその時に、乗込《のりこみ》の水夫などは其処《そこ》から上陸させたが、船長二人だけは英艦の方に投じた。投じたけれども自分の船から出るときに、実は松木と五代と申し談《だん》じて窃《ひそか》にその船の火薬庫に導火《みちび》を点《つ》けて置《お》たから、間もなく船は二艘とも焼けて仕舞《しまっ》た。[2]夫《そ》れは夫れとして、扨松木に五代と云うものは捕虜《ほりょ》でもなければ御客《おきゃく》でもない、何しろ英の軍艦に乗込んで横浜に来たに違《ちがい》はない。その事は横浜の新聞紙にも出て居たのであるが、ソレ切《ぎ》り少しも消息が分らない。私はその前年松木と欧羅巴《ヨーロッパ》に一緒に行《いっ》たのみならず、以前から私と箕作《みつくり》と松木と云うものは甚《はなは》だ親しい朋友の間柄で、ソコで松木が英船に乗《のっ》たと云うが如何《どう》したろうかと只《ただ》その噂《うわさ》をするばかりで尋ねる所もない。英人が若《も》しこの両人を薩摩の方へ還《かえ》せば、ソリャもう若武者共が直《す》ぐに殺すに極《きまっ》て居る。然《さ》ればと云《いい》て之《これ》を幕府の方に渡せば、殺さぬまでもマア嫌疑《けんぎ》の筋があるとか取調べる廉《かど》があるとか云《いっ》て取敢《とりあ》えず牢には入れるだろう。所が今日まで薩摩に還《かえ》したと云《い》う沙汰もなければ、幕府に引渡したと云う様子もない。如何《どう》したろうか、如何《いか》にも不審な事じゃと唯《ただ》箕作と私と始終《しじゅう》その話をして居た。所が凡《およ》そこの事が済んで一年ばかり経《たっ》てから、不意とその松木を見付け出したこそ不思議の因縁である。松木の話は次にして置《おい》て、横浜に英吉利《イギリス》の軍艦が帰《かえっ》て来た跡で、薩摩から談判の為《た》めに江戸に人が出て来た。その江戸に人の出て来たと云うのは、岩下佐治右衛門《いわしたさじえもん》〔次〕3、重野孝之丞《しげのこうのじょう》〔厚〕（後に安繹《やすつぐ》）4、その外《ほか》に黒幕見たような役目を帯《お》びて来たのが大久保市蔵《おおくぼいちぞう》〔一〕（後に利通《としみち》）5、その三人が出て来た処《ところ》で、第一番に薩摩の望む所は兎《と》にも角《かく》にもこの戦争を暫《しばら》く延引《えんいん》して貰《もら》いたいと云う注文なれども、その周旋

**薩人、英人と談判**

**1 五代才助（後に五代友厚）** 一八三五（天保六）年―八五（明治十八）年。薩摩藩士。藩命により留学生を率いてヨーロッパ各国を歴訪。帰朝後、参与、外国事務掛、大阪府権判事などを歴任。のち、大阪商工会議所、関西貿易社を設立し、関西実業界の発展に寄与した。 **2 船は二艘とも焼けて仕舞た** 実際はイギリス艦隊の砲撃により沈没した。 **3 岩下佐治右衛門** 岩下方平（一八二七〔文政十〕年―一九〇〇〔明治三十三〕年）。薩摩藩江戸詰側用人。のち、貴族院議員。 **4 重野孝之丞（後に安繹）** 一八二七（文政十）年―一九一〇（明治四十三）年。薩摩藩応接係。のち、帝国大学文科大学教授。歴史学者。 **5 大久保市蔵（後に利通）** 一八三〇（天保元）年―七八（明治十一）年。薩摩藩士。西郷隆盛、木戸孝允とならぶ維新三傑の一人として明治政府の指導的役割を果たす。明治十一年五月、暗殺された。

を誰《たれ》に頼むと云《い》う手掛りもなく当惑の折柄《おりから》、こゝに一人の人があるその一人と云うのは清水卯《しみずう》三郎《さぶろう》（瑞穂屋《みずほや》卯三郎）[1]と云う人で、この人は商人ではあるけれども英書も少し読み西洋の事に付《つい》ては至極《しごく》熱心、先《ま》ず当時に於《おい》てはその身分に不似合《ふにあい》な有志者である。初め英艦が薩摩に行こうと云うときに、若《も》し薩摩の方から日本文の書翰《しょかん》を出されたときには之《これ》を読むに困る。通弁《つうべん》にはアレキサンドル・シーボルト[2]があるから差支《さしつかえ》ないけれども、日本文の書翰を颯々《さっさ》と読む人がない、と云うので英人から同行を頼まれた。清水は平生《へいぜい》勇気もあり随分《ずいぶん》そんな事の好きな人で、夫《そ》れは面白い行《いっ》て見ようと容易《たやすく》承諾し、横浜税関の免状を申受《もうしう》けて旗艦《きかん》に乗込み、先方に着《ちゃく》して親しく戦争をも見物したその縁があるので、今度薩州の人が江戸に来て英人との談判に付き、黒幕の大久保《おおくぼ》市蔵《いちぞう》〔一〕は取敢《とりあ》えず清水卯三郎を頼み、兎《と》に角《かく》にこの戦争を暫《しばら》く延引《えんいん》して貰いたいと云う事を、在横浜の英公使ジョン・ニールに掛合うことにした。ソコで清水は大久保の依託を受けて横浜の英公使館に出掛けてその話を申込んだ所が、取次《とりつぎ》の者の言うに、斯《かか》る重大事件を談《だん》ずるに商人などでは不都合なり、モット大きな人が来たら宜《よ》かろうと云うから、清水は之を押し返し、人に大小軽重《けいじゅう》はない、談判の委任を受けて居れば沢山《たくさん》だ、夫れでも拙者《せっしゃ》と話は出来ないかと少しく理屈を云《いっ》た所が、そう云う訳《わ》けなら直ぐに遇《あ》うと云うので、夫れから公使に面会して戦争中止の事を話掛《はなしか》けると、なか〳〵聞きそうにも為《し》ない。イヤもう既《すで》に印度洋から軍艦を増発して何千の兵士は唯今《ただいま》支度最中、然《しか》るにこの戦争の時期を延《のば》して待つなどゝは謂《いわ》れのない話だ云々《うんぬん》と、思うさま威嚇《おど》して聞きそうな顔色《がんしょく》がない。ソコで清水はその挨拶を承《うけたまわ》って薩人に報告すると、重野が、迚《とて》もこりゃ六《むず》かしそうだ、兎《と》に角《かく》に自分達が自《みず》から談判して見ようと云《いっ》て、遂《つい》に薩英談判会を開き、種々様々《しゅじゅ》問答の末、とう〳〵要求通りの償金を払う事になり、高《たか》は二万五千磅《ポンド》、時の相場にして凡《およ》そ七万両ぐらいに当り、その七万両の金は内実幕府から借用して、そうして島津《しまづ》薩摩守《さつまのかみ》の名義では払われないと云《い》うので、分家の島津淡路守《あわじのかみ》の名を以《もっ》て金を渡すことにして、且《か》つ又リチャルドソン[3]を殺した罪人は何分にも何処《どこ》にか逃げて分らないから、若《も》し分《わか》ったらば死刑と云うことで以《もっ》て事が収まった。その談判の席には大久保《おおくぼ》市蔵《いちぞう》は〔一〕

**1 清水卯三郎（瑞穂屋卯三郎）** 一八二九（文政十二）年―一九一〇（明治四十三）年。武蔵国葛沢（現在の埼玉県羽生市）の酒造家に生まれる。蘭学を箕作阮甫に学ぶ。徳川昭武に従い、パリ万国博覧会に参加。のちに瑞穂屋として洋書、印刷機械、医療器械などを輸入。明六社社員。この前後の記事は、この人からの伝聞が中心になっているが、その誤りがかなり残されている。 **2 アレキサンドル・シーボルト** Alexander Georg Gustav von Siebold（1864–1911）日本研究で知られたオランダ商館付医師フィリップ・フランツ・フォン・シーボルト（Philipp Franz von Siebold）の長男。イギリス公使館通訳官、のち、明治政府外務省に雇用される。 **3 リチャルドソン** 生麦事件で薩摩藩士に殺されたイギリス商人。

出ない。岩下《いわした》と重野《しげの》の両人、それから幕府の外国方から鵜飼弥市《うかいやいち》〔一〕[1]、監察方から斎藤金〔謹〕吾《さいとうきんご》[2]と云《い》う人が立会い、いよ〳〵書面を取換《とりかわ》して事のすっかり収まったのが、文久三年の十一月の朔日《ついたち》か二日頃であった。

### 松木、五代、埼玉郡に潜む

扨夫《さてそ》れから私の気になる松木《まつき》、即《すなわ》ち寺島《てらしま》の話は斯《こ》う云《い》う次第である。松木、五代《ごだい》が薩摩の船から英の軍艦に乗移《のりうつっ》た所が、清水が居たので松木も驚いた。清水と云う男は以前江戸にて英書の不審を松木に聞《きい》て居たこともある至極懇《しごくこん》意《い》な間柄で、その清水が英の軍艦に居るから松木の驚くも無理はない。「イヤ如何《どう》して此処《ここ》に居るか。「お前さんは如何して又此処に来たと云うような訳《わ》けで、大変好都合であった。ソコで横浜に来たけれども、この儘《まま》に何時迄《いつまで》もこの船の中に居られるものでない。マア如何《どう》かして上陸したい、と云うその事に付《つい》ては清水卯三郎が一切《いっさい》引受ける。それは松木と五代は極々日蔭《ひかげ》者《もの》で、青天白日の身と云うのは清水一人、そこで清水が先《ま》ず横浜に上《あがっ》て、夫れから亜米利加《アメリカ》人のヴエンリート[3]と云う人にその話をした所が、如何《どう》でも周旋しよう、兎《と》に角《かく》に艀船《はしけぶね》に乗《のっ》て神奈川の方に上る趣向に為《し》よう、その船も何も世話をして遣《や》ろうと云うことになった。所でアドミラルが如何《どう》云うかソレに聞《きい》て見なければならぬので、アドミラルにその事を話すと至極寛大で、上陸差支《さしつかえ》なしと云うので、ソレカラ一切万事、清水とヴエンリートと諜《しめ》し合せて、落人《おちうど》両人の者は夜分窃《ひそか》にその艀船《はしけ》に乗り移り、神奈川以東の海岸から上《のぼ》る積りに用意した所が、その時には横浜から江戸に来る街道一町か二町目毎《ごと》に今の巡査《じゅんさ》交番所見たようなものがずっと建《たっ》て居て、一人でも怪しいものは通行を咎《とが》めると云《い》うことになって居るから、なか〳〵大小などを挟《さ》して行かれるものでない。ソコで大小も陣笠《じんがさ》も一切《いっさい》の物はヴエンリートの家に預《あず》けて、丸で船頭か百姓のような風をして、小舟に乗込み、舟は段々東に下《くだっ》てとう〳〵羽根田《はねだ》の浜から上陸して、ソレカラ道中は忍び忍んで江戸に這入《はい》るとした所で、マダ幕府の探偵が甚《はなは》だ恐ろしい。只《ただ》の宿屋には泊られないから、江戸に這入《はいっ》たらば堀留《ほりどめ》の鈴木《すずき》と云う船宿に清水が先へ行《いっ》て待《まっ》て居るから其処《そこ》へ来いと云う約束がしてある。ソコで両人は夜中《やちゅう》勝手も知れぬ海浜に上陸して、探り〳〵に江戸の方に向《むかっ》て足を進める中に夜が明けて仕舞《しま》い、コリャ大変と夫《そ》れから駕籠に乗《のっ》て面《かお》を隠して堀留の船宿に来たのがその翌日の昼であった。清水は昨夜から待て居るので万事の都合宜《よろし》く、その船宿に二晩窃《ひそか》に泊《とまっ》て、夫《そ》れから清水の故郷武州《ぶしゅう》埼玉郡《ごおり》羽生村《はにゅうむら》まで二人を連れて

**1 鵜飼弥市**　役職は外国奉行支配調役組頭。**2 斎藤金吾**　役職は徒目付。**3 ヴエンリート**　Eugene M. van Read オランダ系アメリカ人。横浜のアメリカ領事館書記をつとめたほか、運送、貿易業にも携わった。明治三（一八七〇）年に岸田吟香と『横浜新報　もしほ草』を創刊。

来て、其処《そこ》も何だか気味が悪いと云《い》うので、又その清水《しみず》の親類で奈良村に吉田一《いち》〔市〕右衛門《えもん》[1]と云《い》う人がある、その別荘に移して、此処《ここ》は極《ごく》淋しい処《ところ》で見付かるような気遣《きづか》いはないと安心して二人とも収め込んで仕舞《しま》い、五代《ごだい》はその後五、六ケ月して窃《ひそか》に長崎の方に行き、松木《まつき》は凡《およ》そ一年ばかりも其処《そこ》に居る中に、本藩の方でも松木の事を心頭《しんとう》に掛けてその所在を探索し、大久保《おおくぼ》、岩下《いわした》、重野《しげの》を始めとして、江戸の薩州屋敷には肥後七左衛門《ひごしちざえもん》、南部弥八《なんぶやはち》〔郎〕など云う人が様々周旋の末、これは清水卯三郎《うさぶろう》が知《しっ》て居《い》はしないかと思い付《つい》て、清水の処に尋ねに来た。所が清水はドウも怖くて云《い》われない、不意《ふい》と捕まえられて首を斬《き》られるのではなかろうかと思《おもっ》て真実が吐《は》かれない。一応は唯《ただ》知らぬと答えたれども、薩摩の方では中々疑《うたがっ》て居る様子。爾《そ》うかと思うと時としては幕府の方からも清水の家に尋ねに来る。ソコで清水も当惑して、如何《どう》しようとも考えが付かない。殺さないなら早く出して遣《や》りたいが、殺すような事なら今まで助けて置《おい》たものだから出したくないと、自分の思案に余《あまっ》て、夫《そ》れから江戸の洋学の大家川本幸民《かわもとこうみん》[2]先生は松木の恩師であるから、この大先生の意見に任せようと思て相談に行《いっ》た所が、先生の説に、「ソリャ出すが宜《よ》かろう、薩藩人が爾う云うなら有《あり》のまゝに明《あか》して渡して遣《や》るが宜かろう、マサカ殺しもしなかろうと云うので、ソコで始めて決断して清水の方から薩人に通知して、実は初めから何も斯《か》も自分が世話をした事で一切《いっさい》知て居る、早速御引渡し申すが、只《ただ》約束は決して本人を殺さぬようにと念を押して、ソコデ松木《まつき》が始めて薩人に面会して、この時から松木弘安《こうあん》を改めて寺島陶蔵《てらしまとうぞう》と化けたのです。[3]右の一条は薩州の方でも甚《はなは》だ秘密にして、事実を知《しっ》て居る者は藩中に唯《ただ》七人しかないと清水が聞《きい》たそうだが、その七人とは多分大久保《おおくぼ》、岩下《いわした》なぞでしょう。

**始めて松木に逢う**

その時は既《すで》に文久四年となり、四年の何月かドウモ覚えない、寒い時ではなかった、夏か秋だと思いますが、[4]或日肥後七左衛門《ひごしちざえもん》が不意《ふい》と私方に来て、松木が居るが、お前の処に来ても差支《さしつかえ》はないかと云《い》う。私は実に驚いた。去年からモウ気になって居て、箕作《みつくり》と遇《あ》いさえすればその噂《うわさ》をして居たが、生きて居たか。「確かに生きて居る。「何処《どこ》に居るか。「江戸に居る、兎《と》に角《かく》に此処《ここ》に来て宜いか。「宜いとも、大宜《おおよ》しだ。何も憚《はばか》ることはない、少しも構わない、直《す》ぐに逢いたいと云うと、その翌日松木が出て来た。誠に冥土《めいど》の人に遭《あっ》たような気がして、ソレカラいろ〳〵な話を聞《きい》て、清水と一緒になったと云うことも分れば何

1 **吉田一右衛門**　代々、市右衛門を名乗る。武蔵国奈良村（現在の埼玉県熊谷市内）の豪農。 2 **川本幸民**　一八一〇（文化七）年—七一（明治四）年。摂津国三田《さんだ》藩医。のち、蕃書調所教授。『気海観瀾広義』を著す。 3 **松木弘安を改めて寺島陶蔵と化けた**　松木から寺島への改名はこの時ではなく、慶応二（一八六六）年七月、イギリス公使に倒幕の助力を依頼した時。 4 **文久四年となり……夏か秋だと思いますが**　寺島の自伝によれば七月の終わりか八月の初めのこと。

も箇《か》も分《わかっ》て仕舞《しまっ》た。その時、私は新銭座に居ましたが、[1] マア久振《ひさしぶ》りで飲食を共にして、何処《どこ》に居るかと聞けば、白銀《しろかね》〔金〕台町《だいまち》に曹 某《そうなにがし》と云《い》う医者がある、その家は寺島の内君の里なので、その縁で曹の家に潜《ひそ》んで居ると云う。その日は先《ま》ずその儘《まま》分れて、夫《そ》れから私は直《す》ぐに箕作《みつくり》の処に事の次第を云《いっ》て遣《やっ》て、箕作も直《す》ぐその翌日出て来て両人同道して白銀〔金〕の曹の家に行き、三友団座昼から晩までいろ〳〵な事を話すその中に、例の麑島《かごしま》戦争の話などもあって、その戦争の事に就《つい》てはマダ〳〵いろ〳〵面白い事があるけれども、長くなるから此処《ここ》で之《これ》を略し、扨寺島《さててらしま》の身の上は如何《どう》だと云うに、薩摩の方は大抵是《こ》れで宜《よろ》しいがマダ幕府の意向が分らない、けれども是れとても別段に幕府の罪人でもないから爾《そ》う恐れる事もない訳《わ》け。ソコで寺島は何をして喰《くっ》て居るかと聞けば、今は本藩の飜訳《ほんやく》などして居ると云う。それこれの話の中に寺島が云うには、モウ〳〵鉄砲は嫌だ〳〵、今でも乃公《おれ》は鉄砲の音がドーンと鳴ると頭の中がズーンとして来る、モウ嫌だぜ〳〵、乃公は思い出しても身がブル〳〵ッとする、夫れから又その船の火薬庫に導火《みちび》を点《つ》けるときは随分気味の悪い話だった、だが命拾いをしたその時、懐中に金が二十五両あったからその金を持《もっ》て上陸したと云う。いろ〳〵の話の中に英人が薩摩湾に碇泊《ていはく》中菓物《くだもの》が欲しいと云うと、薩摩人が之を進上する風をしてその機に乗《じょう》じて斬込《きりこ》もうとして出来なかったと云うような種々《しゅじゅ》様々な話がありますが、それはマア止めにして錨《いかり》の話。

その錨《いかり》を切《きっ》たと云《い》うことは清水卯三郎《しみずうさぶろう》が船に乗《のっ》て見て居たばかりで薩摩の人は多分知らない。ソレカラ清水が薩摩の人に遇《あっ》て、那《あ》の時に英艦の方では錨を切《きっ》たのだから拾い挙《あ》げて置《おい》たら宜《よ》かろうと云《いっ》た所が、薩摩でも余り気に留《と》めなかったと見えて、その錨は何でも漁夫が挙げたと云う話だ。ソレで錨は薩摩の手に這入《はいっ》たが、二万五千磅《ポンド》の金を渡して和睦《わぼく》をしたその時に、英人が手軽に錨を還《かえ》して貰いたいと云うと、易《やす》い事だと云《いっ》て何とも思わずに古鉄《ふるがね》でも渡す積りで返して仕舞《しまっ》た様子だが、前にも云う通り戦争の負勝《まけかち》は分らなかったのでしょう、何方《どちら》が勝《かっ》たでもない、錨を切て将官が二人死んで水兵は上陸も出来ずに帰たと云えばマア負師《まけいくさ》、夫《そ》れから又薩摩の方も陸を荒されて居ながら帰《かえっ》て行く船を追蒐《おっか》けて行くこともせず打遣《うちやっ》て置《おい》たのみならず、戦争の翌朝英艦から陸に向《むかっ》て発砲しても陸から応砲もせぬと云えばこりゃ薩摩の負師のように当る、勝たと云えば何方《どちら》も勝た、負けたと云えば何方《どちら》も負けた、詰《つま》り勝負なしとした所で、何でも錨と云うものは大事な物である、ソレを浮か〳〵と還して仕舞《しまっ》たと云うのは誠に馬鹿げた話だけれども、当時の日本人が国際法と云うことを知らないのはマアこの位なもので、加之《しかのみ》ならず本来今度の生麦事件で英国が一私人殺害の為《た》めに大

**夢中で錨を還す**

1 **私は新銭座に居ました** 福澤の記憶違いか。福澤が新銭座に借家をしていたのは文久元（一八六一）年から三年まで。この頃は鉄砲洲にいた。

層な事を日本政府に云掛《いいか》けて、到頭《とうとう》十二万五千磅《ポンド》取《とっ》たと云《い》うのは理か非か、甚《はなは》だ疑わしい。三十余年前の時節柄とは云え、吾々《われわれ》日本人は今日に至るまでも不平である。夫《そ》れから薩摩から戦の日延べを云出《いいだ》したその時に、英公使の云振《いいぶ》りが威嚇《おど》したにも威嚇《おど》さぬにもマア大変な剣幕で、悪く云《い》えば日本人はその威嚇《おどし》を喰たようなもので、〔畢〕必竟何も知らずに夢中でこの事が終《おわっ》て仕舞《しまっ》た。今ならばこんな馬鹿げた事は勿論《もちろん》なかろうが、既《すで》にその時にも亜米利加《アメリカ》人などは日本政府で払わなければ宜《い》いがと云《いっ》て居たことがある。英公使は威嚇《おど》し抜《ぬい》て、その上に仏蘭西《フランス》のミニストルなどが横合から出て威張るなんと云うのは、丸で狂気の沙汰で訳《わ》けが分らない。ソレで事が済んだのは今更《いまさ》ら何とも評論のしようがない。

## 緒方先生の急病　村田蔵六の変態

所で京都の方では愈《いよい》よ五月十日（文久三年）が攘夷の期限だと云う。ソレで和蘭《オランダ》の商船が下ノ関を通ると、下ノ関から鉄砲を打掛《うちか》けた。けれども幸に和蘭船は沈みもせずに通《とおっ》たが、ソレがなか〳〵大騒ぎになって、世の中は益々《ますます》恐ろしい事になって来た。所でその歳《とし》の六月十日に緒方洪庵先生の不幸。その前から江戸に出て来て下谷《したや》に居た緒方先生が、急病で大層吐血《とけつ》したと云う急使《きゆうつかい》に、私は実に胆《きも》を潰《つぶ》した。その二、三日前に先生の処へ行てチャント様子を知《しっ》て居るのに、急病とは何事であろうと、取るものも取敢《とりあ》えず即刻宅《そっこくうち》を駈出して、その時分には人力車も何もありはしないから、新銭座から下谷まで駈詰《かけづめ》で緒方の内に飛込んだ所が、もう縡切《ことき》れて仕舞《しまつ》た跡。是《こ》れはマア如何《どう》したら宜《よ》かろうかと丸で夢を見たような訳《わ》け。道の近い門人共は疾《と》く先に来て、後から来る者も多い。三十人も五十人も詰掛けて、外《ほか》に用事もなし、今夜は先《ま》ずお通夜として皆起きて居る。所が狭い家だから大勢坐《すわ》る処もないような次第で、その時は恐ろしい暑い時節で、坐敷から玄関から台所まで一杯人が詰《つまっ》て、私は夜半玄関の敷台《しきだい》の処に腰を掛けて居たら、その時に村田《むらた》蔵六《ぞうろく》（後に大《おお》村益次郎《むらますじろう》）が私の隣に来て居たから、「オイ村田君――君は何時《いつ》長州から帰《かえっ》て来たか。「この間帰《かえっ》た。「ドウダエ馬関《ばかん》1では大変な事を遣《やっ》たじゃないか。何をするのか気狂《きちがい》共が、呆返《あきれかえっ》た話じゃないかと云うと、村田が眼に角《かど》を立て、「何だと、遣たら如何《どう》だ。「如何だッて、この世の中に攘夷なんて丸で気狂いの沙汰じゃないか。「気狂いとは何だ、怪《け》しからん事を云うな。長州ではチャント国是《こくぜ》が極まってある。あんな奴原《やつばら》に我儘《わがまま》をされて堪《たま》るものか。殊《こと》に和蘭の奴が何だ、小さい癖に横風な面《つら》して居る。之《これ》を打攘《うちはら》うのは当然《あたりまえ》だ。モウ防長の士民は悉《ことごと》く死尽《しにつく》しても許しはせぬ、何処《どこ》までも遣《や》るのだと云うその剣幕は以前の村田ではない。実に思掛けもない事で、是れは変なことだ、妙なことだと思うたから、私は宜加減《いいかげん》に話を結んで、夫《そ》れから箕作の処に

1 **馬関**　下関のこと。赤馬関《あかまがせき》という別名から出た略称。

来て、大変だ〳〵、村田の剣幕は是《こ》れ〳〵の話だ、実に驚いた、と云《い》うのはその前から村田が長州に行《いっ》たと云うことを聞《きい》て、朋友は皆心配して、あの攘夷の真盛《まっさか》りに村田がその中に呼込《よびこ》まれては身が危《あやう》い、どうか怪我のないようにしたいものだと、寄ると触ると噂《うわさ》をして居る其処《そこ》に、本人の村田の話を聞て見れば今の次第、実に訳《わ》けが分らぬ。一体村田は長州に行て如何《いか》にも怖いと云うことを知て、そうして攘夷の仮面《めん》を冠《かぶっ》て態《わざ》とりきんで居るのだろうか、本心からあんな馬鹿を云《い》う気遣《きづかい》はあるまい、どうも彼《あれ》の気が知れない。「そうだ、実に分らない事だ。兎《と》に角《かく》にも一切彼《あ》の男の相手になるな。下手な事を云うとどんな間違いになるか知れぬから、暫《しばら》く別ものにして置くが宜《い》いと、箕作《みつくり》と私と二人云合《いいあわ》して、夫《そ》れから外《ほか》の朋友にも、村田は変だ、滅多な事を云うな、何をするか知れないからと気を付けた。是《こ》れがその時の実事談で、今でも不審が晴れぬ。当時村田は自身防禦《ぼうぎょ》の為《た》めに攘夷の仮面《めん》を冠て居たのか、又は長州に行て、どうせ毒を舐《な》めれば皿までと云うような訳けで、本当に攘夷主義になったのか分りませぬが、何しろ私を始め箕作秋坪その外《ほか》の者は、一時《いちじ》彼に驚かされてその儘《まま》ソーッと棄置《すておい》たことがあります。

### 外交機密を写取る

文久三年癸亥《みずのとい》の歳《とし》は一番喧《やかま》しい歳で、日本では攘夷をすると云《い》い、又英の軍艦は生麦一件に就《つい》て大造《たいそう》な償金を申出《もうしだ》して幕府に迫ると云《い》う、外交の難局と云うたらば、恐ろしい怖い事であった。その時に私は幕府の外務省の飜訳局《ほんやくきょく》に居たから、その外国との往復書翰《しょかん》は皆見て悉《ことごと》く知《しっ》て居る。即《すなわ》ち英仏その他の国々から斯《こ》う云う書翰が来た、ソレに対して幕府から斯う返辞《へんじ》を遣《やっ》た。又此方《こっち》から斯う云う事を諸外国の公使に掛合《かけあい》付けると、彼方《あっち》から斯う返答して来たと云う次第、即《すなわ》ち外交秘密が明《あきらか》に分《わかっ》て居なければならぬ筈《はず》。勿論《もちろん》その外交秘密の書翰を宅に持《もっ》て帰ることは出来ない、けれども役所に出て飜訳するか或《あるい》は又外国奉行の宅に行《いっ》て飜訳するときに、私はちゃんとソレを諳記《あんき》して置《おい》て、宅に帰《かえっ》てからその大意を書《かい》て置く。例えば生麦の一件に就《つい》て英の公使から来たその書翰の大意は斯様《かよう》々々、ソレに向《むかっ》て此方《こっち》から斯う返辞を遣《つか》わしたと云うその大意、一切《いっさい》外交上往復した書翰の大意を、宅に帰ては薄葉《うすよう》の罫紙《けいし》に書記《かきしる》して置《おい》た。ソレは勿論ザラに人に見せられるものでない。唯《ただ》親友間の話の種にする位の事にして置たが、随分《ずいぶん》面白いものである。所が私はその書付《かきつけ》を一日《あるひ》不意と焼《やい》て仕舞《しまっ》た。焼て仕舞たと云うことに就て話がある。その時に何とも云われぬ恐ろしい事が起《おこっ》た、と云うのは神奈川奉行組頭、今で云えば次官と云うような役で、脇屋卯《わきやう》三郎《さぶろう》と云う人があった。その人は次官であるから随分身分のある人で、その人の親類が長州に在《あっ》て、之《これ》に手紙を遣《やっ》た所が、その手紙を不意《ふい》と探偵に取られた。その手紙は普通の親類に遣《や》る手紙であるから何でもない事で、その文句の中に、誠に穏《おだや》かならぬ御時節柄《ごじせつがら》で心配の事だ、どうか明君賢相《めいくんけんしょう》が出て来て何とか始末をしなければならぬ云々《うんぬん》と書て《かい》あった。ソコで幕府の役人がこの手紙を見て、何々、天下が騒々敷《そうぞうし》い、ドウカ明君が出て始末を付けて貰うようにしたいと云《い》えば、是《こ》れは公方様《くぼうさま》[1]を蔑《ないがし》ろにしたものだ、即《すなわ》ち公方様を無きものにして明君を欲すると云う所謂謀反人《いわゆるむほんにん》だと云う説になって、直《す》ぐに脇屋《わきや》を幕府の城中で捕縛して仕舞《しまっ》た。丁度私が城中の外務省に出て居た日で、大変だ、今脇屋が捕縛《ほばく》されたと云う中に、縛られては居ないが同心を見たような者が付《つい》て脇屋が廊下を通《とおっ》て行《いっ》た。何《いず》れも皆驚いて、神奈川の組頭が捕まえられたと云うは何事だと云《いう》て、その翌日になって聞《きい》た所が、今の手紙の一件で斯《こ》う〳〵云う嫌疑《けんぎ》だそうだと云う。夫《そ》れから脇屋を捕まえると同時に家捜《やさが》しをして、そうしてその儘《まま》当人は伝

## 脇屋卯三郎の切腹

馬町に入牢《にゅうろう》を申付《もうしつ》けられ、何かタワイもない吟味《ぎんみ》の末、牢中で切腹を申付られた。その時に検視に行《いっ》た高松彦三郎《たかまつひこさぶろう》と云う人は御小人目付《おこびとめつけ》[2]で私の知人だ。伝馬町へ検視には行たが誠に気の毒であったと、後で彦三郎が私に話しました。ソコで私も脇屋卯三郎《うさぶろう》がいよ〳〵殺されたと云うことを聞て酷《ひど》く恐れた、その恐れたと云うのは外《ほか》ではない、明君云々《うんぬん》と云《いっ》た丈《だ》けの話で彼《かれ》が伝馬町の牢に入れられて殺されて仕舞た、爾《そ》うすると私の書記《かきしる》して置《おい》たものは外交の機密に係《かか》る

恐ろしいものである、若《も》しこれが分りでもすれば直《す》ぐに牢《ろう》に打込《ぶちこ》まれて首を斬《き》られて仕舞《しま》うに違《ちが》いないと斯《こ》う思《おもっ》たから、その時は私は鉄砲洲に居たが、早々《そうそう》その書付《かきつけ》を焼《やい》て仕舞《しまっ》たけれども、何分気になって堪《たま》らぬと云うのは、私がその書付の写しか何かを親類の者に遣《やっ》たことがある、夫《そ》れから又肥後《ひご》の細川藩の人にソレを貸したことがある、貸したその時にアレを写しはしなかったろうかと如何《どう》も気になって堪《たま》らない、と云《いっ》て今頃からソレを荒立てゝ聞きに遣《や》れば又その手紙が邪魔になる、既《すで》に原本は焼て仕舞たがその写しなどが出て呉《く》れなければ宜《よ》いが、出て来られた日には大変な事になると思《おもっ》て誠に気懸《きがか》りであった。所が幸《さいわい》に何事もなく王政維新になったので、大きに安堵《あんど》して、今では颯々《さっさ》とそんな事を人に話したりこの通りに速記することも出来るようになったけれども、幕府の末年には決して爾《そ》うでない、自分から作《つくっ》た災《わざわい》で、文久三年亥歳《いどし》から明治元年まで五、六年の間《あいだ》と云うものは、時の政府に対して恰《あたか》も首の負債を背負《しょい》ながら、他人に言われず家内にも語らず、自分で自分の身を窘《くるし》めて居たのは随分《ずいぶん》悪い心持でした。

脇屋《わきや》の罪に較《くら》べて五十歩百歩でない、外交機密を漏《もら》した奴の方が余程の重罪なるに、その罪の重い方は旨《うま》く免《まぬ》かれて、何でもない親類に文通した者は首を取られたこそ気の毒ではないか、

1 **公方様** 将軍の尊称。 2 **御小人目付** 江戸幕府の職名。監察官の最下級の者。

無惨《むざん》ではないか。人間の幸不幸は何処《どこ》に在《あ》るか分らない、所謂因縁《いわゆるいんねん》でしょう。この一事でも王政維新は私の身の為《た》めに難有《ありがた》い。夫《そ》れは扨置《さてお》き、今日でも彼《あ》の書《かい》たものを見れば、文久三年の事情はよく分《わかっ》て、外交歴史の材料にもなり、頗《すこぶ》る面白いものであるが、何分にも首には易《か》えられず焼《やい》て仕舞《しまっ》たが、若《も》しも今の世の中に誰か持《もっ》て居る人があるなら見たいものと思います。

**下ノ関の攘夷**

夫れから世の中はもう引続いて攘夷論ばかり、長州の下ノ関では只和蘭《ただオランダ》船を撃つばかりでなく、その後亜米利加《のちアメリカ》の軍艦にも発砲すれば、英吉利《イギリス》の軍艦にも発砲すると云《い》うような訳《わ》けで、到頭《とうとう》その尻と云うものは英仏蘭米四ケ国から幕府に捩込《ねじこ》んで、三百万円の償金を出せと云うことになって、捫着《もんちゃく》の末、遂《つい》にその償金を払うことになった。けれども国内の攘夷論はなか〳〵収まりが付かないで、到頭仕舞《しまい》には鎖国攘夷と云うことを云わずに新《あらた》に鎖港と云《い》う名を案じ出して、ソレで幕府から態々池田播磨守《わざわざいけだはりまのかみ》[1]と云う外国奉行を使節として仏蘭西《フランス》まで鎖港の談判に遣《つか》わすと云うような騒ぎで、一切滅茶苦茶《いっさいめちゃくちゃ》、暗殺は殆《ほと》んど毎日の如《ごと》く、実に恐ろしい世の中になって仕舞《しまっ》た。爾《そ》う云う時勢であるから、私は唯《ただ》一身を慎《つつし》んでドウでもして災《わざわい》を遁《のが》れさえすれば宜《よ》いと云うことに心掛けて居ました。兎《と》に角《かく》に癸亥《みづのとい》の前後と云うものは、世の中は唯無闇に武張《ぶば》るばかり。その武張ると云うのも自《おのず》から由来がある。徳川政府は行政外交の局に当《あたっ》て居るから拠《よんどこ》ろなく開港説――開国論を云わなければならぬ、又行わなければならぬ、けれどもその幕臣全体の有様はドウだと云うと、ソリャ鎖国家の巣窟《そうくつ》と云ても宜《よ》い有《あり》様《さま》で、四面八方ドッチを見ても洋学者などの頭を擡《もた》げる時代でない。当時少しく世間に向くような人間は悉《ことごと》く長大小《ながだいしょう》を横《よこた》える。夫《そ》れから江戸市中の剣術家は幕府に召出《めしだ》されて巾《はば》を利《き》かせて、剣術大《おお》流行の世の中になると、その風は八方に伝染して坊主までも体度《たいど》を改めて来た。元来《がんらい》その坊主と云うものは城内に出仕して大名旗本《はたもと》の給仕役を勤める所謂《いわゆる》茶道坊主であるから、平生《へいぜい》は短い脇差《わきざし》を挟《さ》して大名に貰《もらっ》た縮緬《ちりめん》の羽織を着てチョコ〳〵歩くと云うのが是《こ》れが坊主の本分であるのに、世間が武張《ぶば》るとこの茶道坊主までが妙な風になって、長い脇差を挟して坊主頭を振り立てゝ居る奴がある。又当時流行の羽織はどうだと云うと、御家人《ごけにん》旗本の間《あいだ》には黄平《きびら》2の羽織に漆紋《うるしもん》、それは昔し〳〵家康公が関ケ原合戦の時に着て夫れから水戸の老公が始終《しじゅう》ソレを召《め》して居たとか云うような云伝《いいつた》えで、ソレが武家社会一面の大《おお》流行。ソレカラ江戸市中七夕《たなばた》の飾りには、笹に短冊を付けて西瓜《すいか》の切《きれ》とか瓜《うり》の張子《はりこ》とか団扇《うちわ》とか云うものを吊すのが江戸の風である。所が武道一偏、攘夷の世の中であるから、張子の太刀《たち》

**剣術の全盛**

1 **池田播磨守** 正しくは筑後守。池田長発《ながおき》のこと。この頃は外国奉行であった。

2 **黄平** 生平。平織りの麻織物で、白くさらさないもの。

とか兜《かぶと》とか云《い》うようなものを吊すようになって、全体の人気がすっかり昔の武士風になって仕《し》舞《まっ》た。迚《とて》も是《こ》れでは寄付《よりつ》きようがない。

**刀剣を売払う**

ソコで私は只《ただ》独りの身を慎《つつし》むと同時に、是れはドウしたって刀は要《い》らない、馬鹿々々《ばかばか》しい、刀は売《うっ》て仕舞《しま》えと決断して、私の処にはそんなに大小などは大層もありはしないが、ソレでも五本や十本はあったと思う、神明前《しんめいまえ》の田中重兵衛《たなかじゅうべえ》と云う刀屋を呼《よん》で、悉《ことごと》く売払《うりはらっ》て仕舞《しまっ》た。けれどもその時分はマダ双刀《だいしょう》を挟《さ》さなければならぬ時であるから、私の父の挟して居た小刀《ちいさがたな》、即《すなわ》ち社裃《かみしも》を着るとき挟す脇差の鞘《さや》を少し長くして刀に仕立て、夫《そ》れから神明前の金物屋で小刀《こがたな》を買《かっ》て短刀作りに拵《こしら》えて、唯印《ただしる》し丈《だ》けの脇差に挟すことにして、アトは残らず売払て、その代金は何でも二度に六、七十両請取《うけとっ》たことは今でも覚えて居る。即ち家に伝わる長い脇差の刀に化けたのが一本、小刀で拵えた短い脇差が一本、それ切《ぎり》で外《ほか》には何もない。そうして小さくなって居るばかり。私は少年の時から大阪の緒方の塾に居るときも、戯《たわむれ》に居合を抜《ぬい》て、随分《ずいぶん》好きであったけれども、世の中に武芸の話が流行すると同時に、居合刀《がたな》はすっかり奥に仕舞《しま》い込んで、刀なんぞは生れてから挟すばかりで抜たこともなければ抜く法も知らぬと云うような風《ふう》をして、唯用心に用心して夜分は決して外に出ず、凡《およ》そ文久年間から明治五、六年まで十三、四年の間《あいだ》と云うものは、夜分外出したことはない。その間の仕事は何だと云《い》うと、唯《ただ》著書飜訳《ほんやく》にのみ屈託《くったく》して歳月を送《おくつ》て居ました。

## 再度米国行

夫《それ》から慶応三年になって又私は亜米利加《アメリカ》に行《いつ》た。是《こ》れで三度目の外国行《こう》。慶応三年の正月二十三日に横浜を出帆して、今度の亜米利加行に就《つい》ても亦《また》なか〳〵話がある。と云うのは、先年亜米利加の公使ロベルト・エーチ・プライン[1]と云う人が来て居て、その時に幕府で軍艦を拵《こしら》えなければならぬと云うことで、亜米利加の公使にその買入方《かいいれかた》を頼んで、数度に渡したその金高は八十万弗《ドルラル》、そうして追々《おいおい》にその軍艦が出来て来る筈《はず》。ソレで文久三、四年の頃、富士山《ふじやま》と云う船が一艘出来て来て、その価《あたい》は四十万弗。[2]所がその後幕府はなか〳〵な混雑、又亜米利加にも南北戦争と云う内乱が起《おこつ》たと云うような訳《わけ》で、その後一向便りもない。何しろ金は八十万

1 **ロベルト・エーチ・プライン** Robert H. Pruyn（1815–82）文久元（一八六一）年に駐日アメリカ公使として来日。生麦事件の調停に尽力した。慶応元（一八六五）年、帰国。 2 **その価は四十万弗** 勝海舟の『海軍歴史』等によると、富士山艦は慶応元年十二月七日（西暦一八六六年一月二十三日）に横浜に到着し、その価は回航諸経費等を含め、約三〇万ドルであった。

弗《ドルラル》渡したその中で、四十万弗の船が来た丈《だ》けでその後は何も来ない。左《さ》りとは埒《らち》が明かぬから、アトの軍艦は此方《こっち》から行《いっ》て請取《うけと》ろう。その序《ついで》に鉄砲も買《かっ》て来ようと云《い》うような事で、その時派遣の委員長に命ぜられたのは小野友五郎《おのともごろう》、この人は御勘定吟味役《ごかんじょうぎんみやく》[1]と云う役目で御勘定奉行の次席、なか〳〵時の政府に於《おい》ては権力もあり地位も高い役人である。その人が委員長を命ぜられて、その副長には松本寿太夫《まつもとじゅだゆう》[2]と云う人が命ぜられたと云うことは、その前年の冬に定《き》まった。夫《そ》れから私もモウ一度行て見たいものだと思《おもっ》て、小野の家に度々《どど》行て頼んだ。何卒《どうぞ》一緒に連れて行て呉《く》れないかと云《いっ》た所が、連れて行こうと云うことになって、私は小野に随従《ずいじゅう》して行くことになりました。その外《ほか》同行の人は、船を請取るのですから海軍の人も両人ばかり、又通弁《つうべん》の人も行きました。

### 太平海の郵便汽船始めて通ず

この時には亜米利《アメリ》加《カ》と日本との間《あいだ》に太平海の郵便船が始めて開通したその歳《とし》で、第一着に日本に来たのがコロラドと云う船で、その船に乗込む。前年亜米利加に行た時には小さな船で海上三十七日も掛《かかっ》たと云うのが、今度のコロラドは四千噸《トン》の飛脚船、船中の一切《いっさい》万事、実に極楽世界で、廿二《にじゅうに》日目に桑港《サンフランシスコ》に着《つい》た。着たけれども今とは違《ちがっ》てその時分はマダ鉄道のないときで、パナマに廻《まわ》らなければならぬから、桑港に二週間ばかり逗留《とうりゅう》して、其処《そこ》で太平洋汽船会社の別の船に乗替えてパナマに行て、蒸気車に乗《のっ》てあの地峡《ちきょう》を踰《こ》えて、向側《むこうがわ》に出て又船に乗て、丁度三月十九日に紐育《ニューヨーク》に着き、華聖頓《ワシントン》に落付《おちつい》て、取敢《とりあ》えず亜米利加の国務卿に遇《あ》うて例の金の話を始めた。その時の始末でも幕府の模様が能《よ》く分る。此方《こっち》を出立《しゅったつ》する時から、先方の談判には八十万弗渡したと云う請取がなければならぬと云うことは能く分《わか》て居る。所がどうも丸で一寸《ちょい》とした紙切に十万とか五万とか書《かい》てあるものが何でも十枚もある、その中には而《し》かも三角の紙切に僅《わずか》に何万弗請取りと記して唯《ただ》プラインと云う名ばかり書《かい》てあるのが何枚もある。何の為《た》めにどうして請取たと云う約定《やくじょう》もなければ何にもない。只《ただ》金を請取たと云う丈《だ》けの印ばかりである。代言流義[3]に行けば誠に薄弱な殆《ほと》んど無証拠と云《いっ》ても宜《い》い位。ソコでその事に就《つい》ては出発前《ぜん》に随分《ずいぶん》議論しました。却《かえっ》て是《こ》れが宜《よろ》しい、此方《こっち》では一切《いっさい》万事、亜米利加の公使と云うものを信じ抜て、イヤ亜米利加の公使を信じたのではない、日本の政府が亜米利加の政府を信じたのだ、書付も要らなければ条約も要らない、只《ただ》口で請取たら請取たと云《い》うた丈《だ》けで沢山だ、是れは只覚書に数《すう》を記した丈《だ》けの事、固《もと》よりこんな物は証拠にしないと云う風に出ようと相談を極《き》めて、彼方《あっち》へ行

1 **御勘定吟味役**　老中に属し収税や金穀の出納の検査に当たる役職。小野友五郎については、一三一頁注4参照。　2 **松本寿太夫**　一八三二（天保三）年―?。外国奉行支配調役、箱館奉行支配組頭などを経て、この頃は開成所頭取並。帰国後は大阪町奉行、勘定奉行などを歴任。　3 **代言流義**　弁護士のようなやりかた。

てからその話に及ぶと、直《す》ぐに前の公使プラインが出て来た。出て来て何とも云わない、ドウですか船を渡すなり金を渡すなりドウでも宜《い》いと、文句なしに立派に出掛けて来た。先《ま》ず是《こ》れで安心であるとした所で、此方《こっち》では軍艦一艘欲しい。夫《そ》れから諸方の軍艦を見て廻《まわっ》て、是れが宜《よ》かろうと云《いっ》て、ストーンウオールと云う船、ソレが日本に来て東艦《あずまかん》とな

**吾妻《ママ》艦を買う**

りましたろう、この甲鉄艦[1]を買うことにして、その外《ほか》小銃何百挺《ちょう》か何千挺か買入れたけれども、ソレでもマダ金が彼方《あっち》に七、八万弗《ドルラル》残て居る。是れは亜米利加《アメリカ》の政府に預けて置《おい》て、その船を廻航《かいこう》するに付《つい》て、私共は先に帰《かえっ》たが、海軍省から行《いっ》た人はアトに残《のこっ》て、そうして亜米利加の船長を一人雇《やと》うて此方《こっち》に廻航することになって、夫れで事が済《す》んだ。丁度船の日本に着《つい》たのは王政維新の明治政府になってから、即《すなわ》ち明治元年であるが、その事に就《つい》て当時会計を司《つかさど》って居た由利公正《ゆりきみまさ》[2]さんに遇《あっ》て後に聞《きい》た所が、ドウもあの時金を払うには誠に困《こまっ》た、明治政府には金がない。如何《どう》やら斯《こ》うやらヤット何十万弗拵《こしら》えて払《はらっ》たと云う話を私が聞て、ソレは大間違いだ、マダ幾らか金が余《あまっ》て彼方《あっち》に預けてある筈《はず》だと云うたら、爾《そ》うかと云って、由利は大《たい》造《そう》驚いて居ました。何処《どこ》にドウなったか、二重に金を払たことがある。亜米利加人が取る訳《わ》けはない、何処《どこ》かに舞込《まいこ》んで仕舞《しまっ》たに違《ちが》いない。

それは扨置《さて》き、私の一身に就《つい》てその時甚《はなは》だ穏かならぬ事があった、と云《い》うのは私は幕府の用をして居るけれども、如何《いか》なこと幕府を佐《たす》けなければならぬとか云うような事を考えたことがない。私の主義にすれば第一鎖国が嫌い、古風の門閥無理圧制が大嫌いで、何でもこの主義に背《そむ》く者は皆敵のように思うから、此方《こっち》が思う通りに、先方《さき》の鎖国家古風家も亦《また》洋学者を外道《げどう》のように悪《にく》むだろう。所で私が幕府の様子を見るに、全く古風のそのまゝで、少しも開国主義と思われない、自由主義と見えない。

## 幕府人の無法を厭う、安いドルラル

例えば年来、政府の御用達は三井《みつい》八郎《はちろう》右衛《え》門《もん》[3]で、政府の用を聞くのみならず、役人等の私用をも周旋するの慣行でした。ソコで今度の米国行《こう》に付《つい》ても、役人が幕府から手当の金を一歩銀で請取《うけと》れば、亜米利加に行くときには之《これ》を洋銀[4]の弗に替《か》えなければならぬ。然《しか》るにその時は弗《ドル》相場の毎日変化する最中で、両替が甚《はなは》だ面倒である。スルト一行中の或《あ》る役人が三井の手代を横

1 **甲鉄艦**　木造の艦体に鉄板を張ったもので、この当時の軍艦としては最新式。 2 **由利公正**　一八二九（文政十二）年—一九〇九（明治四十二）年。福井藩士。旧名、三岡《みつおか》八郎。維新後に改名し、御用金穀取扱として新政府に出仕。のち、東京府知事、元老院議官、貴族院議員。交詢社社員。 3 **三井八郎右衛門**　三井家代々の通り名。三井家は朝廷、幕府の御用金融に従い、維新後も新政府の財政に関与し、後年の三井財閥の基礎を築いた。 4 **洋銀**　メキシコ・ドル銀貨、単にドルラルともいった。一八一頁注1参照。

浜の旅宿に呼出《よびだ》し、色々弗《ドル》の相場を聞糺《ききただ》して扨云《さてい》うよう、「成程昨今の弗は安くない、併《しか》し三井にはズットその前安い時に買入れた弗もあるだろう、拙者《せっしゃ》のこの一歩銀《いちぶぎん》はその安い弗と両替して貰いたいと云うと、三井の手代は平伏して、畏《かしこま》りました、お安い弗と両替いたしましょうと云《いっ》て、幾《いく》らか割合を安くして弗を持《もっ》て来た。私は傍《そば》に居てこの様子を見て居て「ドウモ無鉄砲な事を言う奴だ、金の両替をするに、安いときに買入れた金と云《いっ》て、ドウ云う印があるか、安いも高いもその日の相場に定《き》まったものを、夫れを相場外《はず》れにせよと云いながら、愧《はず》る気色《けしき》もなく平気な顔をして居るのみならず、その人の平生《へいぜい》も賤《いや》しからぬ立派な士君子であるとは驚いた。又三井の手代も算盤《そろばん》を知るまいことか、チャント知《しっ》て居ながら平気で損をして何とも云わぬ。畢竟《ひっきょう》人の罪でない、時の気風の然《しか》らしむる所、腐敗の極度だ、こんな政府の立行《たちゆ》こう筈《はず》はないと思《おも》たことがある。夫《そ》れから私共が亜米利加《アメリカ》に行《いっ》た所で、その時に日本は

**御国益論に抵抗す**

国事多端の折柄、徳川政府の方針に万事倹約は勿論、仮令《たと》い政府であろうとも利益あることには着手せねばならぬと云うので、その掛の役人を命じて御国益掛《ごこくえきがかり》と云うものが出来た。種々《しゅじゅ》様々な新工夫の新策を奉《たてまつ》る者があれば、ソレを政府に採用していろ〳〵な工夫をする。例えバ江戸市中の何処《どこ》の所に掘割《ほりわり》をして通船《かよいせん》の運上《うんじょう》[1]を取るが宜《よろ》しいと云う者もあり、又或《あるい》は新川《しんかわ》に這入《はい》る酒に税を課したら宜《よ》かろうとか、何処《どこ》の原野の開墾《かいこん》を引受けてソレで

幾らかの運上を納めようと云《い》う者もあり、又或《あ》る時江戸市中の下肥《しもごえ》を一手に任せてその利益を政府に占《し》めようではないかと云う説が起《おこっ》た。スルト或《あ》る洋学者が大に気焔《きえん》を吐《はい》て、政府が差配《さはい》人《にん》[2]を無視して下肥の利を専《もっぱ》らにせんとは、是《こ》れは所謂《いわゆる》圧制政府である、昔し〳〵亜米利加国民はその本国英の政府より輸入の茶に課税したるを憤《いきどお》り、貴婦人達は一切《いっさい》茶を喫《のま》ずして茶話《ちゃわ》会の楽しみをも廃したと云《い》うことを聞《きい》た、左《さ》れば吾々もこの度は米国人の顰《ひん》に倣《なら》い[3]、一切上圊《じょうせい》[4]を廃して政府を困《こま》らして遣《や》ろうではないか、この発案の可否如何《いかん》とて、一座大笑《たいしょう》を催《もよお》したことがある。政府の事情が凡《およ》そ斯《こ》う云う風であるから、今度の一行中にも例の御国益掛の人が居て、その人の腹案に、今後日本にも次第に洋学が開けて原書の価《あたい》は次第に高くなるに違いない、依《よっ》て今この原書を買て持て帰て売たら何分かの御国益になろうと云うので、私にその買入方を内命したから、私が容易に承知しない。「原書買入は甚《はなは》だ宜《よろ》しい。日本には原書が払底《ふってい》であるから一冊でも余計に輸入したいと思う所に、幸《さいわい》なる哉《かな》、今度米国に来て官金を以《もっ》て沢山《たくさん》に買入れ、

1 **運上**　商・工・運輸業者などに課した雑税。 2 **差配人**　家主に代わって貸家を管理し賃金の取り立てに当たる者。江戸市中では肥料に使うために便所の汲み取りをする農民が、差配人に農作物などをお礼に進呈する習慣があった。 3 **顰に倣う**　人のまねをすること。『荘子』に見える逸話にもとづく。 4 **上圊**　便所に入ること。圊はかわや。

日本に持《もっ》て帰《かえっ》て原価でドシ〳〵売《うっ》て遣《や》ろう、左様《そう》なれば誠に難有《ありがた》い。如何《いか》ようにも勉強して、安いもの適当なものを買入れよう。この儀は如何《どう》で御座ると尋《たずぬ》れば、「イヤ左様《そう》でない、自《おのず》から御《ご》国益《こくえき》にする積りだと云《い》う。「左《さ》すれば政府は商売をするのだ。私は商売の宰取《さいとり》[1]をする為《た》めに来たのではない、けれども政府が既《すで》に商売をすると切《きっ》て出れば、私も商人になりましょう。左る代りにコンミッション（手数料）を思うさま取るがドウだ。何《いず》れでも宜《よろ》しい、政府が買《かっ》た儘《まま》の価《あたい》で売て呉《く》れると云《い》えば、私はどんなにでも骨を折《おっ》て、本を吟味《ぎんみ》して値切り値切《ねぎっ》て安く買うて売て遣《や》るようにするが、政府が儲《もう》けると云えば、政府にばかり儲けさせない、私も一緒に儲ける。サア爰《ここ》が官商分れ目だ。如何《いかが》で御座《ござ》ると捩《ねじ》り込んで、大変喧《やかま》しい事になって、大に重役の歓心を失うて仕舞《しまっ》たが、今日より考えれば事の是非《ぜひ》に拘《かか》わらず、随行の身分にして甚《はなは》だ宜《よ》くない事だと思います。

### 幕府を倒せ

夫《そ》れから又斯う云う事がある。同行の尺振八《せきしんぱち》[2]などゝ飲みながら壮語快談、ソリャもう官費の酒だから、船中の事で安くはないが何《な》に構うものか、ドシ〳〵飲み次第喰い次第で、颯々《さっさ》と酒を注文して部屋に取《とっ》て飲む。サアそれからいろ〳〵な事を語《かたり》出して、「ドウしたってこの幕府と云うものは潰《つぶ》さなくてはならぬ。抑《そ》も今の幕政の様《ざま》を見ろ。政府の御用と云えば、何品《なにしな》を買うにも御用だ。酒や魚を買うにも自分で勝手な値《ね》を付けて買て居るではないか。上総房州から船が這入《はい》ると、幕府の御用だと云《いっ》て一番先にその魚を只持《ただもっ》て行くようなことをして居る。ソレも将軍様が喰《く》うならばマア宜《い》いとするが、爾《そ》うではない、料理人とか云うような奴が只取《とっ》て来て、その魚を又売《うっ》て居るではないか。この一事推《お》して他を知るべし、実に鼻持のならぬ政府だ。ソレも宜いとして置《おい》て、この攘夷はドウだ。自分がその局に当《あたっ》て居るから拠《よんどこ》ろなく渋々《しぶしぶ》開国論を唱えて居ながら、その実を叩《たた》いて見ると攘夷論の張本だ。彼《あ》の品川の海鼠台場《なまこだいば》、マダあれでも足りないと云て拵《こしら》え掛けて居るではないか。夫《そ》れから又勝麟太郎《かつりんたろう》が兵庫に行《いっ》て、七輪見たような丸い白い台場を築くなんて何だ。攘夷の用意をするのではないか。そんな政府なら叩き潰して仕舞うが宜いじゃないかと云うと、尺振八が、爾うだ、その通りに違いない。けれども斯《こ》うして船に乗《のっ》て亜米利加《アメリカ》に往来するのも、幕府から入用《にゅうよう》を出して居ればこそだ。御同前《ごどうぜん》に喰《くっ》て居るものも着て居るものも幕府の物ではないか。夫れを衣食して居ながら、ソレを潰すと云うのは何だか少し気に済まないようではないか。「それは構わぬ。御同前に此身等《こちとら》が政府の御用をすると云うのは、何も人物がエライと云て用いられて居るのでは

**1 宰取り**　とりしきること。　**2 尺振八**　一八三九（天保十）年―一八六（明治十九）年。下総高岡藩医の家に生まれる。中浜万次郎に英語を学び、幕府の通訳官となる。維新後は江戸本所に英学塾、共立学舎を開き、米国公使館通訳、大蔵省翻訳局長をつとめた。

**穢多に革細工**

ない、是《こ》れは横文字を知《しっ》て居るからと云《い》うに過ぎない。之《これ》を喩《たと》えば革細工《かわざいく》だから穢多《えた》にさせると云《い》うと同じ事で、マア御同前《ごどうぜん》は雪駄《せった》直しを見たような者だ。幕府の殿様方は汚い事が出来ない、幸い此処《ここ》に革細工をする奴が居るからソレにさせろと云うので、デイ〳〵[1]が大きな屋敷の御出入《おでいり》になったのと少しも変ったことはない。ソレに遠慮会釈も糸瓜《へちま》も要《い》るものか、颯々《さっさ》と打毀《ぶちこわ》して遣《や》れ。只《ただ》此処で困るのは、誰が之《これ》を打毀すか、ソレに当惑して居る。乃公等《おれら》は自分でその先棒《さきぼう》になろうとは思わぬ。誰が之を打毀《うちこわ》すか、之が大問題である。今の世間を見るに、之を毀そうと云《いっ》て騒いで居るのは所謂《いわゆる》浮浪の徒、即《すなわ》ち長州とか薩州とか云う攘夷藩の浪人共であるが、若《も》しも彼《か》の浪人共が天下を自由にするようになったら、ソレこそ徳川政府の攘夷に上塗りをする奴じゃないか。ソレよりもマダ今の幕府の方が勝《ま》しだ。けれども如何《どう》したって幕府は早晩《いつか》倒さなければならぬ、唯差当《ただささしあた》り倒す人間がないから仕方なしに見て居るのだ。困《こまっ》た話ではないかなどゝ、且《か》つ飲み且つ語り、部屋の中とは云いながら、人の出入りを止《と》めるでもなし、傍若無人《ぼうじゃくぶじん》、大きな声でドシ〳〵論じて居たのだから、爾《そ》う云うような話もチラホラ重役の耳に聞えたことがあるに違《ちが》いない。

**謹慎を命ぜらる**

サア夫《そ》れから江戸に帰《かえっ》た所が、前にも云《い》う通り私は幕府の外務省に出て飜訳《ほんやく》をして居たのであるが、外国奉行から咎《とが》められた。ドウも貴様は亜米利加《アメリカ》行《こう》の御用中不都合があるから引込《ひっこ》んで謹慎せよと云う。勿論《もちろん》幕府の引込めと云うのは誠に楽なもので、外に出るのは一向構わぬ。只《ただ》役所に出さえしなければ宜《よろ》しいのであるから、一身の為《た》めには何ともない。却《かえっ》て暇になって難有《ありがた》い位のことだから、命令の通り直《す》ぐ引込んで、その時に西洋旅案内[2]と云う本を書《かい》て居ました。

**福澤の実兄薩州に在り**

亜米利加から帰《かえっ》て日本に着《つい》たのはその歳《とし》の六月下旬、天下の形勢は次第に切迫してなか〳〵喧《やかま》しい。私は唯家《ただうち》に引籠《ひきこもっ》て生徒に教えたり著書飜訳したりして何も騒ぎはしないが、世間ではいろ〳〵な評判をして居る。段々聞くと、福澤の実兄は鹿児島に行《いっ》て居るとか何とか云《い》う途方もない評判をして居る。兄が薩藩に与《く》みして居るから弟も変だと云うのは、私が動《やや》もすれば幕府の攘夷論を冷評して、こんな政府は潰《つぶ》すが宜《い》い抔《など》云うから、自《おのず》からそんな評判も立つのであろうが、何は扨《さて》置き十余年前にこの世を去《さっ》た兄が鹿児島

**1 デイ〳〵**　雪駄の修繕を商売にする職人（雪駄直し）のこと。「デイ〳〵」は往来を流して歩くときの呼び声。 **2 西洋旅案内**　慶応三（一八六七）年刊。海外渡航者に必要な知識として、船賃の払い方、外国為替、災難請合（保険）などにつき、平易に説明している。

に居る訳《わ》けもなし、俗世界の流言として聊《いささ》か弁解もせず、又幕府に対しても所謂《いわゆる》有志者中には種々《しゅじゅ》様々の奇策妙案を建言する者が多い様子なれども、私は一切《いっさい》関係せず、唯独《ただひと》り世の中を眺めて居る中《うち》に、段々時勢が切迫して来て、或日《あるひ》中嶋〔島〕三郎助《さぶろうすけ》[1]と云《い》う人が私の処に来て、ドウして引込《ひっこ》んで居るか。「斯《こ》う〳〵云う次第で引込んで居る。「ソリャアどうも飛んだ事だ、この忙しい世の中にお前達が引込《ひっこん》で居ると云うことがあるか、直《す》ぐ出ろ。「出ろッたって出さぬものを出られないじゃないか。「宜《よろ》しい、拙者がすぐに出して遣《や》ると云て、夫《そ》れからその時に稲葉美《いなばみ》濃守《ののかみ》[2]と云う老中があって、ソコへ中嶋が行《いっ》て、福澤を引込《ひっこ》まして置かないで出すようにしたら宜《よ》かろうと云うような事になって、夫れから再び出ることになった。その美濃守と云うのは旧淀藩主で、今日は箱根塔沢《とうのさわ》に隠居して居るあの老爺《おじい》さんのことで、中嶋三郎助は旧浦賀の与力《よりき》、箱館の戦争に父子共に討死した立派な武士で、その碑は今浦賀の公園に立《たっ》てある。

### 長官に対して不従順

全体今度の亜米利加《アメリカ》行《こう》に就《つい》て斯《か》く私が擯斥《ひんせき》されたと云うのは、何か私が独り宜《い》いようにあるけれども、実を申せば左様《そう》でない、と云うのは元《も》と私は亜米利加に行きたい〳〵と云て小野友五郎《おのともごろう》に頼み、同人の信用を得て随行員となった一人であれば、一切万事長者の命令に従いその思う通りの事をしなければ済《す》まない訳《わ》けだ。所が実際は爾《そ》うでなく、始終《しじゅう》逆らうような事をするのみか、明《あきらか》に命令に背《そむ》いたこともある。例えば彼の在留中、小野《おの》も立腹したと見え、私に向《むか》て、最早《もは》や御用も済みたればお前は今から先《さ》きに帰国するが宜《よろ》しいと云《い》うと、私が不服だ。「此処《ここ》まで連れて来て散々御用を勤めさせて、用が少なくなったからと云《いっ》て途中で帰れと云う権力は長官にもなかろう。私は日本を出るとき閣老にお暇《いとま》乞《ごい》をして出て来た者である、早く云えば御老中から云付《いいつ》けられて来たのだ。お前さんが帰れと云ても私は帰らないとリキンダのは、私の方が無法であろう。又或日《またあるひ》食事の時に私が何か話の序《ついで》に、全体今の幕府の気が知れない、攘夷鎖港とは何の趣意《しゅい》だ、之《これ》が為《た》めに品川の台場の増築とは何の戯《たわぶ》れだ、その台場を築いた者はこのテーブルの中にも居るではないか、こんな事で日本国が保《も》てると思うか、日本は大切な国だぞなどゝ、公衆の前で公言したような事は、私の方こそ気違いの沙汰《さた》である。成程小野は頑固な人に違《ちが》いない、けれども私の不従順と云うことも十分であるから、始終《しじゅう》嫌われたのは尤《もっと》も至極《しごく》、少しも怨《うら》む所はない。

1 **中嶋三郎助**　一八二一（文政四）年―六九（明治二）年。浦賀奉行所与力。ペリー来航時に異国船応接掛として最初に接触した日本人の一人。長崎海軍伝習所に学ぶ。軍艦操練所教授方。榎本武揚軍の旗艦である開陽丸に機関長として乗組み、函館五稜郭で戦死した。　2 **稲葉美濃守**　稲葉正邦（一八三四〔天保五〕年―一九〇八〔明治四十一〕年）。山城国淀藩主。

# 王政維新

その歳《とし》も段々迫《せまっ》て、とう〳〵慶応三年の暮《くれ》になって、世の中が物騒《ぶっそう》になって来たから、生徒も自然にその影響を蒙《こうむ》らなければならぬ。国に帰るもあれば方々《ほうぼう》に行くもあると云《い》うような訳《わ》けで、学生は次第々々に少《すく》なくなると同時に、今まで私の住《すん》で居た鉄砲洲《てっぽうず》の奥平《おくだいら》の邸《やしき》は、外国人の居留地《きょりゅうち》になるので幕府から上地《じょうち》を命ぜられ、既《すで》に居留地になれば私も其処《そこ》に居られなくなる。ソコで慶応三年十二月の押詰めに、新銭座《しんせんざ》の有馬《ありま》と云う大名の中屋敷[1]を買受《かいう》けて、引移《ひきうつ》るや否《いな》や鉄砲洲は居留地になり、明《あ》くれば慶応四年、即《すなわ》ち明治元年の正月早々、伏見《ふしみ》の戦争[2]が始まって、将軍慶喜《よしのぶ》公[3]は江戸へ逃げて帰り、サアそこで又大きな騒ぎになって仕舞《しまっ》た。即ち是《こ》れが王政維新の始まり、その時に私は少しも政治上に関係しない。抑《そもそ》も王政維新が政治の始まりであるから、話が少し前に戻って長くなりますけれども、一通り私が少年のときからの話をして、政治に関係しない顚末《てんまつ》を明《あきらか》にしなければならぬ。

素《も》と私は小士族の家に生《うま》れ、その頃は封建時代の事で日本国中何《いず》れも同様、藩の制度は守旧一偏《しゅきゅういっぺん》の有様で、藩士銘々《めいめい》の分限がチャント定《き》まって、上士《じょうし》は上士、下《か》士《し》は下士と、箱に入れたようにして、その間《あいだ》に少しも融通《ゆうづう》があられない。ソコで

**維新の際に一身の進退**

上士族の家に生れた物は親も上士族であれば子も上士族、百年経《たっ》てもその分限は変らない。従《したがっ》て小士族の家に生れた者は、自《おのず》から上流士族の者から常に軽蔑《けいべつ》を受ける。人々の智愚賢不《ちぐけんふ》肖《しょう》に拘《かか》わらず、上士は下士を目下に見下《くだ》すと云う風《ふう》が専《もっぱ》ら行われて、私は少年の時からソレに就《つい》て如何《いか》にも不平で堪《たま》らない。所がその不平の極《きょく》は、人から侮辱されるその侮辱の事柄を悪《にく》み、

**門閥の人を悪まずしてその風習を悪む**

遂《つい》には人を忘れて唯《ただ》その事柄を見苦しきことゝ思い、門閥の故《ゆえ》を以《もっ》て漫《みだり》に威張るは男子の愧《は》ずべき事である、見苦しきことであると云う観念を生じ、例えば上士下士相対《あいたい》して上士が横風《おうふう》である、私は之《これ》を見てその上士の傲慢《ごうまん》無礼《ぶれい》を憤《いきどお》ると同時に、心の中では思直《おもいなお》して、この馬鹿者めが、何も知らずに夢中に威張《いばっ》て居る、

1 **有馬と云う大名の中屋敷**　越前丸岡藩主、有馬道純の借地とその隣接地。現、JR浜松町駅付近。中屋敷は駒込にあった。 2 **伏見の戦争**　鳥羽伏見の戦い。 3 **将軍慶喜公**　徳川慶喜（一八三七〔天保八〕年―一九一三〔大正二〕年）。徳川第十五代将軍。慶応二（一八六六）年、将軍職に就く。慶喜が江戸に帰ったのは、慶応四（一八六八）年一月十二日のこと。

見苦しい奴だと却《かえっ》て気の毒に思うて、心中却て此方《こっち》から軽蔑《けいべつ》して居ました。私がその時老成人《ろうせいじん》であるか又は仏者《ぶっしゃ》であったら、人道世教《せきょう》の為《た》めに如何《どう》とか、又は平等を愛して差別を排するとか何とか云《い》う説もあろうが、十歳以上十九か二十歳《はたち》の少年にそんな六《むず》かしい奥ゆかしい考《かんがえ》のあるべき筈《はず》はない。唯《ただ》人間の殻威張《からいばり》は見苦しいものだ、威張る奴は恥知らずの馬鹿だとばかり思《おもっ》て居たから、夫《そ》れゆえ藩中に居て人に軽蔑されても侮辱されても、その立腹を他に移して他人を辱《はず》かしめると云うことはドウしても出来ない。例えば私が小士族の身分で上流に対しては小さくなって居なければならぬけれども、順を云えば又私より以下の者が幾らもあるから、その以下の者に向《むかっ》て自分が軽蔑された丈《だ》けソレ丈け軽蔑して遣《や》れば、所謂《いわゆる》江戸の敵《かたき》を長崎で討《うっ》て、

## 父母の遺伝

勘定の立つようなものだが、ソレが出来ない。出来ない所ではない、その反対に私は下《しも》の方に向て大変丁寧にして居ました。是《こ》れは私独りの発明でない、私の父母共に爾《そ》う云う風があったと推察が出来ます。前にも云《いっ》た通り、私の父は勿論《もちろん》漢学者で、身分は私と同じ事であるから、定《さだ》めて上流士族から蔑視《べっし》されて居たでしょう。所が私の父は決して他人を軽蔑しない。例えば江州水口《ごうしゅうみなくち》の碩学中村栗園《せきがくなかむらりつえん》[1]は父の実弟のように親しくして居ましたが、元来《がんらい》栗園の身分は豊前中津《ぶぜんなかつ》の染物屋《そめものや》の息子で、所謂素町人の子だから、藩中士族は誰も相手になるものがない、けれども私の父はその人物を愛して、身分の相違を問《と》わず大層《たいそう》丁寧に取扱う

て、大阪の倉屋敷の家に寄寓《きぐう》させて尚《な》お種々《しゅじゅ》に周旋して、とう〳〵水口《みなくち》の儒者になるように取持ち、その間柄と云《い》うものは真《まこと》に骨肉の兄弟にも劣《おと》らず、父の死後私の代になって、栗園《りつえん》先生は福澤の家を第二の実家のような塩梅《あんばい》にして、死ぬまで交際して居ました。シテ見ると是《こ》れは決して私の発明でない、父母から譲《ゆず》られた性質であると思う。ソレで私は中津《なかつ》に居て上流士族から蔑視《べっし》されて居ながら、私の身分以下の藩士は勿論《もちろん》、町人百姓に向《むか》っても、仮初《かりそめ》にも横風《おうふう》に構えてその人々を目下に見下《みくだ》して、威張るなどゝ云うことは一寸《ちょい》ともしたことがない。勿論上の者に向て威張りたくも威張ることが出来ない、出来ないから唯《ただ》モウ触《さわ》らぬように相手にならぬようと、独り自《みず》から安心決定《あんじんけつじょう》して居る。既《すで》に心に決定して居れば、藩に居て功名心《こうめいしん》と云うものは更《さ》らにない、立身出世して高い身分になって錦を故郷に着て人を驚かすと云うような野心は少しもないのみか、私にはその錦が却《かえっ》て恥かしくて着ることが出来ない。グズ〳〵云えば唯この藩を出て仕舞《しま》う丈《だ》けの事だと云うのが若い時

**本藩に対して功名心なし**

からの考えで、人にこそ云わね、私の心では眼中藩なしと斯《こ》う安心を極《き》めて居ましたので、夫《そ》れから長崎に行き大阪に出て修業して居るその中に、藩の御用で江戸に呼ばれて藩中の子弟を

1 **中村栗園** 一八〇六（文化三）年―八一（明治十四）年。水口藩の儒学者。帆足万里に学ぶ。

教うると云《い》うことをして居ながらも、藩の政庁に対しては誠に淡泊《たんぱく》で、長い歳月の間只《あいだただ》の一度も建白なんと云うことをしたことはない。能《よ》く世間にある事で、イヤどうも藩政を改革して洋学を盛《さかん》にするが宜《よ》いとか、兵制を改革するが宜《よ》いとか云うことは書生の能《よ》く遣《や》ることだ、けれども私に限り只の一度も云出《いいだ》したことがない。ソレと同時に自分の立身出世を藩に向《むか》って求めたことがない。ドウ云うようにか身分を取立てゝ貰《もら》いたい、ドウ云うようにして禄を増して貰いたいと云うような事は、陰《いん》にも陽《よう》にもどんな事があっても藩の長老に内願などしたことがない。ソコで江戸に参《まい》ってからも、本藩の様子を見れば種々《しゅじゅ》な事を試《こころ》みて居る。兵制で申せば西洋流の操練を採用したことがある。けれども私はソレを宜《よ》いと云て誉《ほ》めもしなければ悪いと云て止《と》めたこともなし、又或《あるい》は大に漢学を盛《さかん》にすると云て頻《しき》りに学校の改革などを企てたこともある。或《あるい》は兵制は甲州流[1]が宜《い》いと云て法螺《ほら》の貝を吹《ふい》て藩中で調練をしたこともある。ソレも私は只目《ただもく》前《ぜん》に見て居るばかりで、善《よ》いとも悪いとも一寸《ちょい》とも云たことがない。或時《あるとき》に家老の隠居があって、大層政治論の好きな人で、私が家老の家に行《いっ》たらば、その隠居が、ドウも公武《こうぶ》の間《あいだ》が甚《はなは》だ穏かでない、全体どうも近衛様《このえさま》が爾《そ》うも有りそうもない事だとか、或は江戸の御老中が詰《つま》らないとか云うような慷慨《こうがい》談[2]を頻りに云て居る。爾う云われると私も何か云いそうな事だ、所が私は決して云わない。如何《いか》にも爾うでしょう、ソリャ成程近衛様も爾うだろう、御老中も爾うだろうが、扨《さて》ソレが実地になると傍観者の思うようにはならぬもので、近くはこの奥平様の屋敷でも、マダして宜《い》いこともあるだろう、為《し》なくて宜《い》いこともあるだろう、傍観者から之《これ》を見たらば嘸堪《さぞた》え難《がた》いことに思うでありましょうけれども、当局の御家老の身になって見れば又爾《またそ》う思う通りに行かないもので、矢張り今の通りより外《ほか》に仕様《しよう》がない。余り人の事を批評しても詰《つま》らぬ事です。私は一体そんな事に就《つい》ては何を議論しようとも思わぬと云《いっ》て、少しも相手にならなかった。

### 拝領の紋服をその日に売る

爾う云う風に構えて、一切《いっさい》政治の事に就《つい》て口を出そうと思わない。思わないから奥平の邸《やしき》で立身出世しようとも思わない。立身出世の野心がなければ人に依頼する必要もない。眼中人もなければ藩もなし、左《さ》ればとて藩の邪魔をしようとも思わず、唯《ただ》屋敷の長屋を借りて安気に住居するばかり、誠に淡泊なもので、或時《あるとき》私が何かの事に就て御用があるから出て来いと云うから、上屋敷の御小納戸《おこなんど》[3]の処へ参《まいっ》た所が、之を貴様に下さると云て、奥平家の御紋の付《つい》て居る縮緬《ちりめん》の羽織を呉《く》れた。即《すなわ》ち御紋服拝領《ごもんぷくはいりょう》だ。左《さ》まで喜

1 **甲州流**　江戸初期に起こった兵学の一派。武田信玄・山本勘助の兵法を受け継いだものという。 2 **慷慨**　社会の不義、不正に憤り嘆く談義。 3 **御小納戸**　納戸役または小納戸方の敬称。大名や幕府の膳番や庭方など、日常の細事をつかさどる職務。

びもしなければ、品物が粗末だと云《いっ》て苦情も云《い》わず、只難有《ただありがと》うございますと云て拝領《はいりょう》して、その帰りに屋敷内に国から来て居る亡兄《ぼうけい》の朋友菅沼孫右衛門《すがぬままごえもん》[1]と云う人の勤番《きんばん》長屋に何か用があって寄《よっ》た所が、其処《そこ》に出入りの呉服屋か知らん古着屋か知らん呉服商人が来て何か話をして居る。ソレを聞《きい》て居ると羽織を拵《こしら》えると云うような様子。夫《そ》れから私が、ア、孫右衛門さん、羽織をお拵えか。「左様《さよう》さ。「爾《そ》うか、羽織には宜《い》い縮緬《ちりめん》の売物があるがお買いなさらんか。「爾うかソリャ幸いだが、紋所は。「紋所は御紋付《ごもんつき》[2]だから誰にでも着られる羽織だがドウだ。「ソリャ宜《い》い、爾う云う売物があるなら兎《と》も角《かく》も見たいものだ。「買うと云いなされば此処《ここ》に持て居るこの羽織だがドウだ。「成程御紋付だから差支《さしつかえ》ない、買おう。就《つい》ては此処《ここ》に呉服屋が来て居るが、価《あたい》はドウだ。「値《ね》は呉服屋に付けて貰えば宜《い》いと云て、夫れからどの位の価かと云たら、単《ひとえ》羽織の事だから一両三分だと云《い》う。スグ相談が出来て、その羽織を売《うっ》て一両三分の金を持て、私は鉄砲洲《てっぽうず》の中屋敷に帰《かえっ》たことがあると云うような次第で、全体藩の一般の習慣にすれば、拝領の御紋服と云うものはその拝領した年月を系図にまで認《したた》めて家の名誉にすると云う位のものなれども、私はその御紋服の羽織を着ても着なくても何ともない。夫《そ》れよりか金の方が宜い。一両三分あれば昨日《きのう》見た彼《か》の原書も買われる、原書を買わなければ酒を飲むと云うような、至極《しごく》無邪気な事であった。

**主従の間も売言葉に買言葉**

爾《そ》う云《い》う風であるから藩に対して甚《はなは》だ淡泊、淡泊と云えば言葉が宜《い》いけれども、同藩士族の眼から見れば不親切な薄情な奴と見えるも道理で、藩中の若い者等が酒席などで毎度議論を吹掛ることがあるその時に、私は答えて「不親切薄情と云うけれども、私は何も奥平様に向《むかっ》て悪い事をしたことはない、一寸《ちょい》とでも藩政の邪魔をしたことはない、只《ただ》命令の儘《まま》に堅く守《まもっ》て居るのだ。この上に親切と云《いっ》てドウ云うことをするのか。私は厚かましい事は出来ない、之《これ》を不親切と云えば仕方がない。今も申す通り私は藩に向て悪い事をしないのみか、一寸《ちょい》とでも求めたことがなかろう、或《あるい》は身分を取立て呉《く》れろ、禄を増して呉れろと云うような事は、蔭《かげ》にも日向《ひなた》にも一言《いちごん》でも云たことがあるか。その言葉を聞《きい》た人がこの藩中に在るかドウか、御家老以下の役人に聞て見るが宜《い》い。厚かましく親切を尽《つく》して、厚かましく泣付《なきつ》くと云うことは、自分の性質に於《おい》て出来ない。是《こ》れで悪いと云うならば追出すより外《ほか》に仕方はあるまい。追出せば謹《つつし》んで命《めい》を奉じて出て行く丈《だ》けの話だ。凡《およ》そ人間の交際は売言葉に買言葉で、藩の方から数代御奉公を仰付《おおせつ》けられて難有《ありがた》い仕合《しあわ》せであろうと酷《ひど》く恩に被《き》せ

**1 菅沼孫右衛門** 中津藩士。禄高百石の上士。福澤の家とは家格が違うが、兄の三之助とは学友であったか。 **2 御紋付** 主君奥平家の紋のついた羽織。

れば、失敬ながら此方《こっち》にも言葉がある、数代家来になって正直に勤めたぞ、そんなに恩に被《き》せなくても宜《よ》かろうと云《い》わねばならぬ。之《これ》に反して藩の方から手前達のような家来が数代神妙に奉公して呉《く》れたからこの藩も行立《ゆきた》つと斯《こ》う云えば、此方《こっち》も亦《また》言葉を改め、数代御恩を蒙《こうむ》て難有《ありがた》い仕合《しあわ》せに存じ奉ります、累代の間には役に立たぬ小供もありました、病人もありました、ソレにも拘《かか》わらず下さる丈《だ》けの家禄はチャンと下さって家族一同安楽に生活しました、主恩海より深し山より高しと、此方《こっち》も小さくなってお礼を申上げる。是《これ》が即《すなわ》ち売言葉に買言葉だ。ソレ丈《だ》けの事は私《わたくし》も能《よ》く知《しっ》て居る。爾《そ》う無闇《むやみ》に恩に被せる事ばかり云《いっ》て、只《ただ》漠然と不親切と云うような事を云て貰いたくないと云うような調子で、始終《しじゅう》問答をして居ました。

**長州征伐に学生の帰藩を留める**

夫《そ》れから長州藩が穏かでない。朝敵と銘《めい》が付《つい》て、ソコで将軍御親発《ごしんぱつ》[1]となり、又幕府から九州の諸大名にも長州に向《むかっ》て兵を出せと云う命令が下《くだっ》て、豊前中《ぶぜんなか》津《つ》藩からも兵を出す。就《つい》ては江戸に留学して居る学生、小幡篤次郎《おばたとくじろう》[2]を始め十人も居ました、ソレを出兵の御用だから帰れと云て呼還《よびかえ》しに来たその時にも、私は不承知だ。この若い者が戦争《いくさ》に出るとは誠に危ない話で、流丸《りゅうがん》に中《あたっ》ても死んで仕舞《しま》わなければならぬ、こんな分らない戦争に鉄砲を担《かつ》がせると云うならば、領分中の百姓に担がせても同じ事だ、この大事な留学生に帰《かえっ》て鉄砲を担《かつ》げなんて、ソンな不似合な事をするには及ばぬ、仮令《たと》い弾丸に中《あた》らないでも、足に踏抜《ふみぬ》きしても損だ、構うことはない病気と云《いっ》て断《ことわっ》て仕舞《しま》え、一人も還《かえ》さない、ソレが罷《まか》り間違えば藩から放逐《ほうちく》丈《だ》けの話だ、長州征伐と云う事の理非曲直[3]はどうでも宜《よろ》しい、兎《と》に角《かく》に学者書生の関係すべき事でないから決して帰らせないと頑張《がんばっ》た所が、藩の方でも因《いん》循《じゅん》[4]であったのか、強《し》いて呼返すと云《い》うこともせずに、その罪は中津《なかつ》に居る父兄の身に降り来《きたっ》て、その方共の子弟が命《めい》に背《そむ》いて帰藩せぬのは平生の教訓宜《よろ》しからざるに由《よ》る云々《うんぬん》の文句で、何でも五十日か六十日の閉門を申付《もうしつ》けられたことがある。凡《およ》そ私の心事はこんな風で、藩に仕えて藩政を如何《どう》しようとも思わず、立身出世して威張《いば》ろうとも思わず、世間で云う功名《こうみょう》心は腹の底から洗《あらっ》たように何にもなかった。

1 **御親発**　将軍が自ら軍勢を率いること。第一次長州征討の軍が起こされたのは元治元（一八六四）年。将軍の親発は慶応元（一八六五）年の第二次征討。 2 **小幡篤次郎**　一八四二（天保十三）年—一九〇五（明治三十八）年。元治元（一八六四）年慶應義塾に入る。福澤の門下第一の高弟として終生福澤を助け、塾長および社頭をつとめる。貴族院議員。『天変地異』『生産道案内』『英氏経済論』『上木自由論』など著訳書多数。 3 **理非曲直**　是非、善悪。 4 **因循**　決断ができずにぐずぐずすること。

**幕府にも感服せず**

藩に対しての身の成行《なりゆき》、心の置《おき》どころは右の通りで、扨《さて》江戸に来て居る中に幕府に雇《やと》われて、後にはいよ〳〵幕府の家来になって仕舞《しま》えと云《い》うので、高百五十俵、正味百俵ばかりの米を貰《もらっ》て一寸《ちょい》と旗本《はたもと》のような者になって居たことがある。けれども是《こ》れ亦《また》、藩に居るときと同様、幕臣になって功名手柄をしようと云うような野心はないから、随《したがっ》て自分の身分が何であろうとも気に留《と》めたことがない。一寸《ちょい》とした事だが可笑《おか》しい話があるその次第は、江戸で御家人《ごけにん》の事を旦那《だんな》と云《い》い、旗本《はたもと》の事を殿様《とのさま》と云うのが一般の慣例である、所が私が旗本になったけれども、固《もと》より自分で殿様なんて馬鹿気《ばかげ》たことを考える訳《わ》けもなければ、家内の者もその通りで、平生《へいぜい》と少しも変《かわっ》た事はない。爾《そ》うすると或日《あるひ》知己の幕人（たしか福地源一郎[1]であったかと覚ゆ）が玄関に来て殿様はお内か。「イーエそんな者は居ません。「お内においでなさらぬか、殿様は御不在か。「そんな人は居ませんと、取次の下女と頻《しきり》に問答して居る様子、狭い家だからスグ私が聞付《ききつ》けて、玄関に出てその客を座敷に通したことがあるが、成るほど殿様と云《いっ》て下女に分る訳けはない、私の家の中で云う者もなければ聞《きい》た者もない言葉だから。

**洋行船中の談話**

夫《そ》れでも私に全く政治思想のないではない。例えば文久二年欧行の船中で松木弘安《まつきこうあん》と箕作秋坪《みつくりしゅうへい》と私と三人、色々日本の時勢論を論じて、その時私が「ドウだ迚《とて》も幕府の一手持《いってもち》は六《むず》かしい、先《ま》ず諸大名を集めて独逸聯邦《ドイツれんぽう》のようにしては如何《いかん》と云うに、松木《まつき》も箕作《みつくり》も、マアそんな事が穏かだろうと云《い》う。夫《そ》れから段々身の上話に及んで、今日吾々《われわれ》共の思う通りを云《い》えば、正米《しょうまい》2を年に二百俵貰《もら》うて親玉《おやだま》（将軍の事）の御師匠番になって、思う様《よう》に文明開国の説を吹込《ふきこ》んで大変革をさして見たいと云うと、松木が手を拍《う》て、左様《そう》だ〳〵、是《こ》れは遣《やっ》て見たいと云《いっ》たのは、松木の功名《こうめい》心もその時には二百俵の米を貰うて将軍に文明説を吹込むぐらいの事で、当時の洋学者の考《かんがえ》は大抵皆大同小異、一身の為《た》めに大きな事は考えない。後にその松木が寺島宗則《てらしまむねのり》となって、参議《さんぎ》とか外務卿《がいむきょう》とか云《い》う実際の国事に当たのは、実は本人の柄《がら》に於《おい》て商売違《ちが》いであったと思います。

夫《そ》れは扨《さて》置き世の中の形勢を見れば、天下の浮浪即《すなわ》ち有志者は京都に集《あつまっ》て居る。夫れから江戸の方では又幕府と云うものが勿論《もちろん》時の政府でリキンで居ると云う訳《わ》けで、日本の政治が東西二派に相分れて、勤王佐幕と云う二派の名が出来た。出来た所で、サア其処《そこ》に至《いたっ》て私が如何《どう》するかと云うに、

第一、私は幕府の門閥圧制、鎖国主義が極々《ごくごく》嫌いで之《これ》に力を尽《つく》す気はない。

**1 福地源一郎**　福地桜痴（一八四一〈天保十二〉年―一九〇六〈明治三十九〉年）。文久遣欧使節に通弁として随行。『東京日日新聞』社長兼主筆。歌舞伎改良に尽力した。

**2 正米**　米切手などではない現物の米。

第二、左《さ》ればとて彼《か》の勤王家と云《い》う一類を見れば、幕府より尚《な》お一層甚《はなは》だしい攘夷論で、こんな乱暴者を助ける気は固《もと》よりない。

第三、東西二派の理非曲直は姑《しばら》く捌置《さてお》き、男子が所謂《いわゆる》宿昔青雲《しゅくせきせいうん》の志《こころざし》[1]を達するは乱世に在《あ》り、勤王でも佐幕でも試《こころ》みに当《あたっ》て砕けると云うが書生の事であるが、私にはその性質習慣がない。

今その次第を語りましょう。抑《そ》も私が始めて江戸に来た時からして幕府の人には感服しない。一寸《ちょい》と旗本御家人《はたもとごけにん》に出遇《であ》う所が、応接振りは上品で、田舎者と違い弁舌も好《よ》く行儀も立派であるが、何分にも外辺《うわべ》ばかりで、物事を緻密《ちみつ》に考える脳力《のうりょく》もなければ又《また》腕力も弱そうに見える、けれども先方《さき》は幕府の御直参《ごじきさん》、此方《こちら》は見る影もない陪臣だから手の着《つ》けようもなく、旗本などに対してはその人の居ない処でも何様々々と尊敬して居るその塩梅《あんばい》式は、京都の御公卿様《おくげさま》を取扱うように、唯《ただ》見た所ばかりを丁寧にして心の中では見縊《くび》り抜《ぬい》て居た。所がその無脳力、無腕力と思う幕府人の剣幕は中々大造《たいそう》のものである。些細《ささい》な事のようだが、当時最も癪《しゃく》に障るのは

### 葵の紋の御威光

旅行の道中で、幕人の威張《いば》り方と云うものは迚《とて》も今時の人に想像は出来ない。私などは譜代大名の家来だから丸で人種違いの蛆虫《うじむし》同様、幕府の役人は勿論、凡《およ》そ葵の紋所の付《つい》て居る御三家と云い、夫《そ》れから徳川親藩の越前家と云うような大名か又は

その家来が道中をして居る処に打付《ぶっつ》かろうものならソリャ堪《たま》らない。寒中朝寒い時に宿屋を出て、河を渡ろうと思《おもっ》て寒風の吹く処に立て一時間も船の来るのを待《まっ》て居る、ヤッと船が着《つい》て、やれ嬉しやこの船に乗ろうと云《い》う時に、不意と後ろから葵の紋の侍《さむらい》が来るとその者が先《さ》きへその船に乗《のっ》て仕舞《しま》う、又アト一時間も待たなければならぬ。駕籠《かご》を舁《かつ》ぐ人足でも無人のときには吾々《われわれ》は問屋場《といやば》に行《いっ》て頼んでヤッと出来た処に、アトから例の葵の紋が来ると、出来たその人足を横合から取られて仕舞う。如何《どん》なお心善《こころよし》でも腹を立てずには居られない。凡《およ》そ幕府の圧制殻《から》威張《いば》りは際限のない事ながら、私共が若い時に直接に侮辱軽蔑《ぶじょくけいべつ》を受けたのは、道中の一事でも血気の熱心は自《おのず》から禁ずることが出来ず、前後左右に深い考えもなく、唯癇癪《ただかんしゃく》の余りに、こんな悪政府は世界中にあるまいと腹の底から観念して居た。

**幕府の攘夷主義**

幕政の殻威張りが癇癪に障ると云うのは、是《こ》れは此方《こっち》の血気の熱心であるとして姑《しばら》く差置《さしお》き、扨《さて》この日本を開いて外国交際をドウするかと云うことになっては、如何《どう》も見て居られない、と云うのは私は若い時から洋書を読《よん》で、夫《そ》れから亜米利加《アメリカ》に行き、その次には欧羅巴《ヨーロッパ》に行き、又亜米利加に行て、只《ただ》学問ばかりでなく実地を見聞《けんもん》して見れば、

1 **宿昔青雲の志** 立身出世することを願う気持。

如何《どう》しても対外国是《こくぜ》は斯《こ》う云《い》うように仕向《しむ》けなければならぬと、ボンヤリした処でも外国交際法と云《い》うことに気の付くは当然《あたりまえ》の話であろう。ソコでその私の考《かんがえ》から割出《わりだ》して、この徳川政府を見ると殆《ほと》んど取所《とりどころ》のない有様で、当時日本国中の輿論《よろん》は都《すべ》て攘夷で、諸藩残らず攘夷藩で徳川幕府ばかりが開国論のように見えもすれば聞えもするようでありますけれども、正味の精神を吟味すれば天下随一の攘夷藩、西洋嫌いは徳川であると云て間違いはあるまい。或《あるい》は後年に至《いたっ》て大老井伊掃部頭《いいかもんのかみ》は開国論を唱えた人であるとか開国主義であったとか云うような事を、世間で吹聴《ふいちょう》する人もあれば書《ほん》に著《あら》わした者もあるが、開国主義なんて大嘘《だいうそ》の皮《かわ》、何が開国論なものか、存じ掛《が》けもない話だ。井伊掃部頭と云う人は純粋無雑、申分《もうしぶん》のない参河武士《みかわぶし》[1]だ。江戸の大城炎上《たいじょう》のとき幼君を守護して紅葉山《もみじやま》に立退《たちの》き、周囲に枯草の繁りたるを見て非常の最中不《ぶ》用心《ようじん》なりとて、親《みず》から腰の一刀を抜《ぬい》てその草を切払《きりはら》い、手に幼君を擁《よう》して終夜家外に立詰めなりしと云う話がある。又この人が京都辺の攘夷論者を捕縛して刑に処したることはあれども、是《こ》れは攘夷論を悪《にく》む為《た》めではない、浮浪の処士が横議《おうぎ》[2]して徳川政府の政権を犯すが故にその罪人を殺したのである。是等の事実を見ても、井伊大老は真実間違いもない徳川家の譜代、豪勇無二の忠臣ではあるが、開鎖の議論に至《いたっ》ては、真闇《まっくら》な攘夷家と云《い》うより外《ほか》に評論はない。唯《ただ》その徳川が開国であると云うのは、外国交際の衝《しょう》に当《あたっ》て居るから余儀なく渋々《しぶしぶ》開国論に従《したがっ》て居た丈《だ》けの話で、一幕捲《まくつ》て正味《しょうみ》の楽屋《がくや》を見たらば大変な攘夷藩だ。こんな政府に私が同情を表することが出来ないと云《い》うのも無理はなかろう。先《ま》ずその時の徳川政府の頑固な一例を申せば斯《こ》う云《い》うことがある。私がチエーンバーの経済論[3]を一冊持《もっ》て居て、何か話の序《ついで》に御勘定方の有力な人、即《すなわ》ち今で申せば大蔵省中の重要の職に居る人にその経済書の事を語ると、大造悦《たいそうよろこ》んで、ドウか目録だけでも宜《い》いから是非見たいと所望するから、早速飜訳《ほんやく》する中に、コンペチション[4]と云う原語に出遭《であ》い、色々考えた末、競争と云う訳字を造り出して之《これ》に当箝《あては》め、前後二十条ばかりの目録を飜訳して之を見せた所が、その人が之を見て頻《しき》りに感心して居たようだが、「イヤ茲《ここ》に争《あらそい》と云う字がある、ドウも是《こ》れが穏かでない、どんな事であるか。「どんな事ッて是れは何も珍らしいことはない、日本の商人のして居る通り、隣で物を安く売ると云えば此方《こっち》の店で

1 **参河武士**　徳川将軍家創業を支えた参河国（現、愛知県東南部）の武士。その独特の気質を持つ家臣団。

2 **処士が横議して**　浪人が勝手気儘に無責任な発言をして世間を惑わすこと。「処士」は、民間にいて仕官しない人。『孟子』滕文公章句下に見える言葉。　3 **チエーンバーの経済論**　チェンバーズ社教育叢書中の『経済学』(*Political Economy, for use in schools and for private instruction*, W. and R. Chambers, London and Edinburgh, 1852)。『西洋事情　外編』は本書前半の翻訳である。　4 **コンペチション**　competition（競争）。

はソレよりも安くしよう、又《また》甲の商人が品物を宜《よ》くすると云《い》えば、乙はソレよりも一層宜《よ》くして客を呼ぼうと斯《こ》う云《い》うので、又或《あ》る金貸が利息を下げれば、隣の金貸も割合を安くして店の繁昌を謀《はか》ると云うような事で、互《たがい》に競い争うて、ソレで以《もっ》てちゃんと物価も定《き》まれば金利も極《き》まる、之《これ》を名《なづ》けて競争と云うので御座《ござ》る。「成程、爾《そ》うか、西洋の流儀はキツイものだね。「何もキツイ事はない、ソレで都《すべ》て商売世界の大本《おおもと》が定《き》まるのである。「成程《なるほど》、爾う云えば分らないことはないが、何分ドウも争《あらそい》と云う文字が穏かならぬ。是れではドウモ御老中方へ御覧に入れることが出来ないと、妙な事を云うその様子を見るに、経済書中に人間互《たがい》に相譲《あいゆず》るとか云うような文字が見たいのであろう。例えば商売をしながらも忠君愛国、国家の為《た》めには無代価でも売るとか云うような意味が記してあったらば気に入るであろうが、夫《そ》れは出来ないから、「ドウも争と云う字が御差支《おさしつかえ》ならば、外に飜訳《ほんやく》の致しようもないから、丸で是《こ》れは削りましょうと云《いっ》て、競争の文字を真黒に消して目録書を渡したことがある。この一事でも幕府全体の気風は推察が出来ましょう。夫れから又長州征伐のとき外国人は中々注意して居て、或時《あるとき》英人であったか米人であったか幕府に書翰を出《いだ》し、長州の大名にドウ云う罪があって征伐するのだろうか、ソレを承《うけたまわ》りたいと云て来た。爾《そ》うするとその時の閣老役人達がいろ〳〵評議をしたと見え、長々と返辞《へんじ》を遣《やっ》たその返辞の中に、開鎖論と云うことを頓《とん》と云わない。当りまえならば国を開いた今日、長州の大名は政府の命令を奉ぜずに外国人を敵視するとか、下ノ関で外国の船艦に発砲したからとか云《い》いそうなものであるに、ソンな事は一言《いちごん》半句も云《い》わないで、イヤどうも京都に暴れ込んだとか、或《あるい》は勅命に戻《もと》り台命《たいめい》[1]に背《そむ》き、その罪南山《なんざん》の竹を尽《つく》すも数えがたし[2]と云うような、漢学者流の文句をゴテ〳〵書て遣《やっ》た。私はその返辞《へんじ》を見て、コリャどうも仕様《しよう》がない、表面《うわべ》には開国を装うて居るも、幕府は真実自分も攘夷が為《し》たくて堪《たま》らないのだ、迚《とて》もモウ手の着《つ》けようのない政府だと、実に愛想が尽きて同情を表する気がない。

然《しか》らば則《すなわ》ち之《これ》に取《とっ》て代ろうと云う上方《かみがた》の勤王家はドウだと云うに、彼等が代《かわっ》たら却《かえっ》てお釣《つり》の出るような攘夷家だ。コリャ又幕府よりか一層悪い。勤王攘夷と佐幕攘夷と名こそ変れ、その実は双方共に純粋無雑な攘夷家でその攘夷に深浅厚薄の別はあるも、詰《つま》る所は双方共に尊攘の仕振りが善いとか悪いとか云うのが争論の点で、その争論喧嘩が遂《つい》に上方の攘夷家と関東の攘夷家と鉄砲を打合うような事になるであろう。ドチラも頼むに足らず、その中にも上方の勤王

1 **台命** 将軍の命令。 2 **その罪南山の竹を尽すも数えがたし** 南山の竹をすべて矢にして射つくしてでも滅ぼさねばならぬような大罪の意。『孔子家語』第十九「子路」の章に見える、学問を勧めようとする孔子に対し、「学問に益があろうか、南山の竹は矯正せずとも自ずと真っ直ぐで、切ってこれを使えば犀の革をも貫く。天性優れた者にとって何の学ぶ必要があろうか」と述べた子路の言をふまえたものか。

家は、事実に於《おい》て人殺しもすれば放火《つけび》もして居る、その目的を尋ねて見ると、仮令《たと》いこの国を焦土にしても飽《あ》くまで攘夷をしなければならぬと云《い》う触込《ふれこ》みで、一切《いっさい》万事一挙一動 悉《ことごと》く攘夷ならざるはなし。然《しか》るに日本国中の人がワッとソレに応じて騒ぎ立て居るのであるから、何としても之《これ》に同情を表して仲間になるような事は出来られない。是《こ》れこそ実に国を滅す奴等《やつら》だ、こんな不文不明な分らぬ乱暴人に国を渡せば亡国は眼前に見える、情けない事だと云《い》う考《かんがえ》が始《し》終《じゅう》胸に染込んで居たから、何としても上方《かみがた》の者に左袒《さたん》する気にならぬ。その前後に緒方の隠居は江戸に居る。是《こ》れは故緒方洪庵先生の夫人で、私は阿母《おっか》さんのようにして居る恩人である。或時《あるとき》に隠居が私と箕作《みつくり》[1]を呼んで、ドウじゃい、お前さん方は幕府に雇われて勤めて居るけれども、馬鹿々々《ばかばか》しい止《よ》しなさい、ソレよりか上方に行《いっ》て御覧。ソリャどうもいろ〳〵な面白いことがあるぜ、と云う。段々聞《きい》て見ると村田《むらた》造六〔蔵〕即《すなわ》ち大村益次郎《おおむらますじろう》とか佐野栄寿《さのえいじゅ》（常民《つねたみ》[2]）とか云うような有志者が、皆緒方の家に出入をして居る。ソレを隠居さんが知《しっ》て居て、私と箕作の事は自分の子のようにして居たものだから、江戸に居るな、上方に行けと勧めたのも無理はない。その時に私は、誠に難有《ありがと》うございます、大阪に行けば必ず面白い仕事がありましょうけれども、私はドウも首をもがれたッて攘夷のお供は出来ません、爾《そ》うじゃないかと、箕作と云《いっ》て断わったことがありましたが、その位の訳《わ》けで、ドウしてもその上方勢に与《く》みすることは出来なかった。

夫《それ》からモウ一つ私の身に就《つい》て云えば、少年の時から中津の藩を出て仕舞《しまつ》たので、所謂《いわゆる》藩の役人らしい公用を勤めたことがない。夫《そ》れから前にも云《い》う通り、江戸に来て徳川の政府に雇われたからと云《いつ》た所が、是《こ》れは云《い》わば筆執る飜訳《ほんやく》の職人で、政治に与《あず》かろう訳《わ》けもない。只《ただ》職人の積りで居るのだから、政治の考《かんがえ》と云うものは少しもない。自分でも仕《し》ようとも思わなければ、又《また》私は出来ようとも思わない。仮令《たと》い又私が奮発して、幕府なり上方《かみがた》なり何でも都合の宜《い》い方に飛出すとした処が、人の下流に就《つい》て仕事をすることは固《もと》より出来ず、中津藩の小士族で他人に侮辱軽蔑《ぶじょくけいべつ》されたその不平不愉快は骨に徹《てつ》して忘れられないから、今更《さ》ら他人に屈してお辞儀をするのは禁物である。左《さ》れば大《おおい》に立身して所謂政治界の大人《たいじん》とならんか、是れも甚《はなは》だ面白くない。前にも申した通り私は儀式の箱に入れられて小さくなるのを嫌う通りに、その通りに儀式張《ばつ》て横風《おうふう》な顔をして人を目下に見下だすことも亦《また》甚だ嫌いである。例えば私は少年の時から人を呼棄《すびすて》にしたことがない。車夫、馬丁《ばてい》、人足《にんそく》、小商人《こあきんど》の如《ごと》き下等社会の者は別にして、苟《いやしく》も話の出来る人間らしい人に対して無礼な言葉を用いたことはない。青年書生は勿論《もちろん》、家内の子

**1 箕作** 箕作秋坪のこと。 **2 佐野栄寿（常民）** 一八二二（文政五）年―一九〇二（明治三十五）年。佐賀藩士。適塾に学ぶ。パリ万博に参加、工業技術を学ぶ。維新後は兵部少丞、枢密顧問官、農商務大臣などを歴任。西南戦争時に博愛社を創設、のち、日本赤十字社に改組し初代社長となる。

供を取扱うにもその名を呼棄《よびすて》にすることは出来ない。左《さ》る代《かわ》りに政治社会の歴々とか何とか云《い》う人を見ても何ともない。夫《そ》れも白髪の老人とでも云《い》えば老人相応に待遇はすれども、その人の官爵が高いなんて高慢な風をすれば唯可笑《ただおか》しいばかりで、話をするのも面白くない。是《こ》れは私が持《もっ》て生れた性質か、又は書生流儀の習慣か、老年の今日に至るまでも同じ事で、之《これ》を要するに如何《どう》しても青雲の雲の上には向きの悪い男であるから、維新前後にも独《ひと》り別物になって居たこと丶、自分で自分の事を推察して居ます。ソレはソレとして、

扨《さて》慶喜さんが京都から江戸に帰《かえっ》て来たと云《い》うその時には、サア大変。朝野《ちょうや》共に物論沸騰して、武家は勿論《もちろん》、長袖[1]の学者も医者も坊主も皆政治論に忙《いそがわ》しく、酔えるが如《ごと》く狂するが如く、人が人の顔を見れば唯《ただ》その話ばかりで、幕府の城内に規律もなければ礼儀もない。平生《ふだん》なれば大広間、溜《たまり》の間、雁の間、柳の間なんて、大小名の居る処で中々喧《やか》ましいのが、丸で無住のお寺を見たようになって、ゴロ〳〵箕坐《あぐら》を掻《かい》て、怒鳴る者もあれば、ソット袂《たもと》から小さいビンを出してブランデーを飲んでる者もあると云うような乱脈になり果てたけれども、私は時勢を見る必要がある、城中の外国方に飜訳抔《ほんやくなど》の用はないけれども、見物半分に毎日の様に城中に出て居ましたが、その政論流行の一例を云て見ると、或日加藤弘之《かとうひろゆき》[2]と今一人、誰であったか名を覚えませぬが、二人が𧘕𧘔《かみしも》を着て出て来て外国方の役所に休息して居るから、私が其処《そこ》へ行《いっ》て、

「イヤ加藤《かとう》君、今日はお社祚で何事に出て来たのかと云《い》うと、「何事だッて、お逢いを願うと云うのは、此《こ》の時に慶喜さんが帰《かえっ》て来て城中に居るでしょう、ソコで色々な策士論客、忠臣義士が躍気《やっき》となって、上方《かみがた》の賊軍が出発したから何でも是《こ》れは富士川《ふじがわ》で防がなければならぬとか、イヤ爾《そ》うでない、箱根の嶮阻《けんそ》に拠《よっ》て二子山《ふたこやま》[3]の処で賊を鏖殺《みなごろ》しにするが宜《い》い、東照神君《とうしょうしんくん》三百年の洪業は一朝にして棄《す》つべからず、吾々臣子の分として義を知るの王臣となって生けるは恩を知るの忠臣となって死するに若《し》かずなんて、種々《しゅじゅ》様々の奇策妙案を献じ、悲憤慷慨《こうがい》の気焔《きえん》を吐く者が多いから、云《い》わずと知れた加藤等もその連中で、慶喜さんにお逢いを願う者に違いない。ソコデ私が、「今度の一件はドウなるだろう、いよ〳〵戦争になるか、ならないか、君達には大抵《たいてい》分るだろうから、ドウぞ夫《そ》れを僕に知らして呉《く》れ給《たま》え、是非《ぜひ》聞きたいものだ。「ソレを聞いて何にするか。「何にするッて分《わか》ってるではないか、是れがいよ〳〵戦争に極《き》まれば僕は荷物を拵《こしら》えて逃げなくてはならぬ、戦争にならぬと云えば落付《おちつい》て居る。その和戦如何《いかん》はなか〳〵容易ならぬ大切な事であるから、ドウぞ知らして貰いたいと云うと、加藤は眼を丸くして、「ソ

1 **長袖** 公卿や僧侶、神官、儒者などのこと。長袖の衣服を着ていたことからいう。 2 **加藤弘之** 一八三六（天保七）年—一九一六（大正五）年。但馬の人。開成所教授職並、勘定頭をつとめる。維新後は、帝国大学総長、枢密顧問官などを歴任。明六社社員。 3 **二子山** 神奈川県、箱根火山中央火口丘の一つ。

ンな気楽な事を云《いっ》て居る時勢ではないぞ、馬鹿々々《ばかばか》しい。「イヤ〳〵気楽な所ではない、僕は命掛けだ。君達は戦うとも和睦しようとも勝手にしなさい、僕は始まると即刻《そっこく》逃げて行くのだからと云《いっ》たら、加藤《かとう》がプリ〳〵怒《おこっ》て居たことがあります。

夫《そ》れから又或日《またあるひ》に外国方《がいこくがた》の小役人が出て来て、時に福澤さんは家来は何人お召連《めしつ》れになるかと問《と》うから、「家来とは何だと云《い》うと、「イヤ事急なれば皆この城中に詰《つ》める方々にお賄《まかない》を下さるので人数《にんず》を調べて居る処です。「爾《そ》うかソレは誠に難有《ありがた》い、難有《ありがた》いが私は勿論《もちろん》家来もなければ主人もない。ドウぞ福澤のお賄だけはお止《や》めにして下さい。弥々《いよいよ》戦争が始まると云うのに、この城の中に来て悠々と弁当など喰《くっ》て居られるものか、始まろうと云う気振《けぶ》りが見えれば何処《どこ》かへ直《す》ぐに逃出して行きます。先《ま》ず私のお賄は要《い》らないものとして下さいと、笑《わらっ》て茶を呑《の》んで居た。全体を云うと真実徳川の人に戦う気があれば、私がそんな放語漫言したのを許す訳《わ》けはない、直《す》ぐ一刀の下に首が失くなる筈《はず》だけれども、是《こ》れが所謂《いわゆる》幕末の形勢で、迚《とて》も本式に戦争などの出来る人気《にんき》でなかった。

その前に慶喜さんが東帰して来たときに、政治上の改革とでも云うか種々《しゅじゅ》様々な役人が出来た。可笑《おか》しくて堪《たま》らない。新潟奉行に誰が命ぜられて、何処《どこ》の代官に誰がなる。甚《はなは》だしきに至《いたっ》ては逃去て来た後《あと》の兵庫奉行になった人さえあって、名義上の奉行だけは此方《こっち》に出来て居る。

夫《そ》れから又御目附《おめつけ》になるもあれば、御使番《おつかいばん》[1]になるものもある。何でも加藤弘之《かとうひろゆき》、津田真一《つだしんいち》〔郎〕（真道《まみち》）[2]なども御目附か御使番かになって居たと思う。私にも御使番になれと云《い》う。奉書[3]到来と云う儀式で、夜中差紙《やちゅうさしがみ》[4]が来たが、真平《まっぴら》御免だ、私は病気で御座《ござ》ると云《いっ》て取合わない。夫れから段々切迫して官軍（上方《かみがた》勢）が這入《はい》り込んで、ソロ〳〵鎮将府《ちんしょうふ》[5]と云《い》うようなものが江戸に出来て、慶喜さんは水戸の方に行くと斯《こ》うなったので、是《こ》れは慶応四年即《すなわ》ち明治元年春からの騒ぎで、その時に私は芝《しば》の新銭座《しんせんざ》に屋敷が買ってあったから引越《ひっこ》さなければならぬ。その屋敷の地坪は四百坪、長屋が一棟に土蔵が一つある切りだから、生徒の為《た》めに塾舎も拵《こしら》えなければならず、又私の住居《すまい》も拵えなければならぬ。扨《さて》その普請《ふしん》の一段になった所で、江戸市中大《おお》騒動の最中、却《かえっ》て都合が宜《い》い。八百八町只《ただ》の一軒でも普請をする家はない。ソレどころではない、荷物

1 **御使番**　戦時に伝令や戦功の監査などを行う役職。平時には諸大名の監察、江戸の火消しの指揮などにあたった。 2 **津田真一（真道）**　一八二九（文政十二）年—一九〇三（明治三十六）年。津山藩士。幕末に幕府よりオランダへ派遣され、西周とともに法学、行政学などを学ぶ。明六社社員。貴族院議員。 3 **奉書**　将軍の名によって奉行、老中などから下される文書。 4 **差紙**　官府への出頭を命ずる召喚状。 5 **鎮将府**　明治元（一八六八）年七月、江戸を東京としたとき、五月に設置した江戸鎮台を廃し、新たに鎮将府を置き、駿河（静岡県）から東の十三国を管理した。

を揚《から》げて田舎に引越《ひっこ》すと云《い》うような者ばかり、手廻《まわ》しの宜《い》い家では竈《かまど》の銅壺《どうこ》[1]まで外《はず》して仕舞《しまっ》て、自分は土竈《どべっつい》[2]を拵《こしら》えて飯を焚《た》て居る者もある。この最中に私が普請《ふしん》を始めた処が、大工や左官の悦《よろこ》びと云うものは一方《ひとかた》ならぬ。安いにも〳〵、何でも飯が喰《く》われさえすれば宜い、米の代さえあれば働くと云《い》う訳《わ》けで、安い手間料で人手は幾らでもあるから、普請は颯々《さっさ》と出来る。その建物も新たに拵えるのではない。奥平屋敷の古長屋を貰《もらっ》て来て、凡《およ》そ百五十坪も普請したが、入費《にゅうひ》は僅《わず》か四百両ばかりで一切《いっさい》仕上げました。いよ〳〵普請の出来たのはその年（明治元年）四月頃と覚ゆ。その時私の朋友などは態《わざ》々止《と》めに来て、「今頃普請をするものがあるか、何処《どこ》でも家を毀《こ》わして立退くと云う時節に、君独り普請をしてドウする積《つも》りだと云《い》うから、私は答えて、「ソリャ爾《そ》うでない、今僕が新《あらた》に普請するから可笑《おか》しいように見えるけれども、去年普請をして置《おい》たらドウする。いよ〳〵戦争になって逃げる時にその家を担《かつ》いで行かれるものでない。成程《なるほど》今戦争になれば焼けるかも知れない、又焼けないかも知れない、仮令《たと》い焼けても去年の家が焼けたと思えば後悔も何もしない、少しも惜しくないと云《いっ》て颯々と普請をして、果して何の災《わざわい》もなかったのは投機商売の中《あたっ》たようなものです。何でも私の処で普請をした為《た》めに、新《しん》銭座《せんざ》辺は余程立退きが寡《すくな》かった。彼処《あすこ》の内で普請をする位だから戦争にならぬであろう、マア引越を見合せようと云《いっ》て思止まった者も大分《だいぶ》あったようだ。けれども実は私も心の中では怖いさ。何処《どこ》から焼け始まってドンな事になるか知れぬと思うから、何処かに逃げる用意はして置かなければならぬ。屋敷の中に穴を掘《ほっ》て隠れて居ようか、ソレでは雨の降るときに困る。土蔵の椽〔縁〕の下に這入《はいっ》て居ようか、若《も》し大砲で撃れると困る。ドウしようかと思う中に、近所に紀州《きしゅう》の屋敷（今の芝離宮《しばりきゅう》[3]）があって、その紀州藩から幾人も生徒が来て居るを幸い、その人達に頼んで屋敷を見に行《いっ》た所が、広い庭で土手が二重に喰違《くいちが》いになって居る処がある。此処《ここ》が宜《よ》かろう、罷《まか》り違《ちがっ》ていよ〳〵ドン〳〵遣《や》るようにならば、此処《ここ》へ逃げて来よう、けれども表から行かれない、行かれないから海岸から行くより外《ほか》ないと云《い》うので、いよ〳〵セッパ詰《つまっ》たその時に、私は伝馬船《てんまぶね》を五、六日の間雇《やとっ》て、新銭座《しんせんざ》の浜辺に繋《つな》いで置《おい》たことがある。サアいよ〳〵と云うときに、家内の者をその船に乗せて海の方からその紀州の屋敷へ行《いっ》て、土手の間に隠れて居ようと云う覚悟。その時に私の処の子供が二人、一《いち》（総領の一太郎《いちたろう》氏なり）と捨《すて》（次男の捨次郎《すてじろう》氏なり）、家内と子供を連れて其処《そこ》へ行こうと云う覚悟をして居た所が、ソレ程心配にも及ばず、追々官軍が入込《いりこ》んで来た所が存外優しい、決して乱暴な事をしない。既《すで》に奥平の屋敷が汐《しお》

1 **銅壺**　竈の側壁や長火鉢の灰の中に埋め込むなどして用いる、銅製の湯わかし。 2 **土竈**　土でつくった竈。 3 **紀州の屋敷（今の芝離宮）**　幕末に紀州藩の浜屋敷。明治九（一八七六）年、離宮となり、外国貴賓の接待所として使われる。現、芝離宮恩賜公園。

留《どめ》にあって[1]、彼処《あすこ》に居る（別室に居る年寄を指して）一太郎《いちたろう》のお祖母《ばば》さん[2]がその屋敷に居るので、五歳《いつつ》ばかりの一太郎が前夜からお祖母さんの処に泊《とまっ》て居た所が、奥平《おくだいら》屋敷のツイ近所に増《ます》山《やま》[3]と云う大名屋敷があって、その屋敷へ不逞《ふてい》の徒が何人とか籠《こもっ》て居ると云《い》うので、長州の兵が取囲んで、サア戦争だ、ドン〳〵遣《やっ》て居る。夫《そ》れから捕《つら》まえられたとか斬られたとか、或《あるい》は奥平屋敷の溝の中に人が斬倒《きりたお》されて、ソレを又《また》上から鎗《やり》で突《つい》たと云うような大《おお》騒動。所で私の倅《せがれ》はお祖母さんの処に居る、奥平の屋敷も焼かれて仕舞《しま》うだろう、あの子とお祖母さんはドウなろうかと大変な心配で、迎いに遣《や》ろうと云《いっ》ても遣ることも出来ない。夫《そ》れ是《こ》れする中に夕方になった所で事は鎮《しず》まって仕舞《しまっ》たが、その時でも大変に優しくて、ジッとして居ればドウもしない、何もこの内に居る者に怪我をさせようともしなければ乱暴もしない、チャンと軍令と云うものがあって締《しま》りが付《つい》て居るから安心しなさいと頻《しき》りに和《なだ》めて一寸《ちょい》とも手を触れないと云う一例でも、官軍の存外優しかったことが分る。前に思《おもっ》たとは大違い、何ともない。

### 義塾次第に繁昌

扨《さて》四月になった所で普請も出来上り、塾生は丁度慶応三年と四年の境が一番諸方に散じて仕舞《しまっ》て、残《のこっ》た者は僅《わずか》に十八人、夫れから四月になった所が段々帰《かえっ》て来て、追々塾の姿を成して次第に盛《さかん》になる。又盛になる訳《わ》けもある、と云《い》うのは今度私が亜米利加《アメリカ》に行た時には、其《それ》以前、亜米利加に行た時よりも多く金を貰《もら》いました。所《ところ》で旅行中の費用は都《すべ》て官費であるから、政府から請取《うけとっ》た金は皆手元に残る故《ゆえ》、その金を以《もっ》て今度こそは有らん限りの原書を買《かっ》て来ました。大中小の辞書、地理書、歴史等は勿論、その外《ほか》法律書、経済書、数学書などもその時始めて日本に輸入して、塾の何十人と云《い》う生徒に銘々《めいめい》その版本を持たして立派に修業の出来るようにしたのは、実に無上の便利でした。ソコデその当分十年余も亜《ア》米《メ》利《リ》加《カ》出版の学校読本が日本国中に行われて居たのも、畢竟《ひっきょう》私が始めて持《もっ》て帰《かえっ》たのが因縁になったことです。その次第は生徒が始めて塾で学ぶ、その学んで卒業した者が方々《ほうぼう》に出て教師になる、教師になれば自分が今まで学んだものをその学校に用るのも自然の順序であるから、日本国中に慶應義塾に用いた原書が流布《るふ》して広く行われたと云うのも、事の順序はよく分《わかっ》て居ます。

**官賊の間に偏せず党せず**

それで先《ま》ず官軍は存外柔かなものであって、何も心配はない。併《しか》し政治上の事は極めて鋭敏なもので、嫌疑《けんぎ》と云うことがあっては是《こ》れは容易ならぬ訳《わ》けであるから、ソレを明《あきらか》にする為《た》めに、私は一切《いっさい》万事何も斯《か》も打明けて、一口に云《い》えば塾も住居《すまい》も殻明《からあ》きにして仕舞《しま》い、何処《どこ》を捜した所で鉄砲は勿論一挺《もちろんいっちょう》もなし、刃物《はもの》もなければ

1 **汐留にあって** 汐留の屋敷は中津藩上屋敷。 2 **一太郎のお祖母さん** 福澤夫人の母、土岐太郎八夫人ハマ。 3 **増山** 伊勢長島藩の江戸上屋敷のこと。この頃の藩主は増山正修《まさなが》。

飛道具《とびどうぐ》もない、一目明白、直《すぐ》に分るようにしました。始終爾《しじゆうそ》う云《い》う身構えにして居るから、私の処には官軍方の人も颯々《さつさ》と来れば、賊軍の人も颯々と出入りして居て、私は官でも賊でも一切《いっさい》構わぬ、何方《どちら》に向ても依怙贔屓《えこひいき》なしに扱《あつかっ》て居るから、双方共に朋友でした。その時に斯《こ》う云う面白い事がありました。官軍が江戸に乗込んでマダ賊軍が上野に籠《こも》らぬ前に、市川辺に小競合《こぜりあい》がありました。爾うすると賊軍方の者が夜は其処《そこ》に行《いっ》て戦《たたかっ》て、昼は睡《ねむ》いからと云《いっ》て塾に来て寝て居た者があったが、根《ねっ》から構わない。私はその人の話を聞て、「君はソンナ事をして居るのか、危ない事だ、マア止《よし》にした方が宜《よ》かろうと云たくらいのことである。

## 古川節蔵脱走

夫《そ》れから古川節蔵《ふるかわせつぞう》は長崎丸と云う船の艦長であったが、榎本釜次郎《えのもとかまじろう》1よりも先駆けして脱走すると云うので、私にその事を話した。所が節蔵は先年私が大阪から連れて来た男で、弟のようにして居たから、私はその話を聞て親切に止《と》めました。「ソリャ止《よ》すが宜《い》い、迚《とて》も叶わない、戦争すれば必ず負けるに違いない。東西ドチラが正しいとか正しくないとか云うような理非曲直は云わないが、何しろ斯う云う勢《いきおい》になったからは、モウ船に乗《のっ》て脱走したからとて勝てそうにもしないから、ソレは思い止《と》まるが宜《い》いと云た所が、節蔵はマダなか〳〵強気《つよき》で、「ナアに屹度《きっと》勝つ、是《こ》れから出掛けて行《いっ》て、諸方に出没して居る同志者をこの船に乗せて便利の地に挙《あ》げて、官軍が江戸の方に遣《やっ》て来るその裏を衝《つい》て、夫《そ》れから大阪湾に行《いっ》て掻廻《かきまわ》せば官軍が狼狽すると云《い》うような事になって、屹度勝算はありますと云《いっ》て、中々私の云うことを聞かないから、「爾《そ》うか、ソレならば勝手にするが宜《い》い、乃公《おれ》はモウ負けても勝《かっ》ても知らないぞ。だが乃公《おれ》は足下《そっか》を助けようとは思わぬ。唯可哀《ただかあい》そうなのはお政《まさ》さんだ（節《せっ》蔵《ぞう》氏の内君）、ソレ丈《だ》けは生きて居られるように世話をして遣《や》る、足下は何としても云《い》う事を聞かないから仕方がない、ドウでもしなさいと云て別れたことがあります。

**発狂病人一条米国より帰来**

もう一ケ条。この時に仙台の書生で、以前この塾に居て夫《そ》れから亜米利加《アメリカ》に留学して居た一条《いちじょう》某[2]と云うものがあって、ソレが亜米利加から帰《かえっ》て来た。所がこの男が発狂して居ると云う。ソレを船中で親切に看病して呉《く》れたと云うのは、矢張り一条と同時に塾に居た柳本直太郎《やぎもとなおたろう》[3]、是《こ》れはこの間まで愛知県の書記官をして居たが、今

1 **榎本釜次郎** 榎本武揚（一八三六〈天保七〉年—一九〇八〈明治四十一〉年）。釜次郎は通称。長崎海軍伝習所を経てオランダに留学。帰国後、海軍副総裁。江戸開城ののち、旧幕府艦隊を率いて北海道に渡り、箱館五稜郭にこもり官軍に抵抗したが降伏。のち、赦されて明治政府に出仕し諸大臣を歴任した。 2 **一条某** これは仙台藩士、大条清助（慶応二〈一八六六〉年、入塾）のことで、福澤の記憶違い。 3 **柳本直太郎** 一八四八（嘉永元）年—一九一三（大正二）年。福井藩士。東京外国語学校校長などをつとめる。のち、愛知県書記官から名古屋市長になった。

では市長か何かになって居るそうだ。この柳本直太郎《やぎもとなおたろう》が親切に看病して、横浜に着船した。その時は丁度《ちょうど》仙台藩がいよ〳〵朝敵になったときで、江戸中で仙台人と見れば見付《みつけ》次第捕縛《ほばく》と云《い》うことになって居る。ソコで横浜に来た所が、正《まさ》しく仙台人だ、捕縛しようかと云うに、紛《まが》う方なき発狂人だ、ドウにも手の着けようがない。その時に寺島（宗則）が横浜の奉行をして居て、発狂人は仕方がないから打遣《うちやっ》て置けと云うような事でその儘《まま》にしてあるその中に、病人は人を疑う病症を発して、飲食物に毒があると云《いっ》て一切《いっさい》受付けず、凡《およ》そ一週間余り何も飲食しない。飲食しないからその儘《ままま》棄てゝ置けば餓死する。ソコでいろ〳〵と和《なだ》めて勧めたけれども何としても喰わない。爾《そ》うすると、不意としたことで、その病人が福澤先生に遇《あ》いたいと云うことを云出《いい》した。福澤は江戸に居ましょう、ソコで横浜に置くなら宜いが江戸に連れて行くのはドウかと思て、御奉行（寺島）に伺た所が、御奉行様も福澤に行くと云うなら颯々《さつさ》と連れて行けと云うので、ソレから新銭座《しんせんざ》に連れて来た。ソレが面白い、来た所で先《ま》ず取敢《とりあ》えず久振りと云《いっ》て茶を出して、茶も飲め、序《ついで》に飯も喰えと勧めて、夫《そ》れから握飯を出して、私も喫《た》べるから君も一つ喫べなさい、ソレが喫べられなければ私の喫べ掛けを半分喫べなさい、毒はないじゃないかと云うようなことで試みた所が、ソコで喰《くい》出した。喰《くっ》て見れば気狂いの事だから、今まで思《おもっ》て居たことは忘れて仕舞《しま》い、新銭座に来て安心したと見え、食気は回復して、ソレは宜いが、マダ〳〵病人が何を遣《や》り出すか知れない、昼夜番が要《い》る。所が可笑《おか》しい。その時に薩州の者も居れば土州の者も居る、その官軍一味の者が居て、朝敵だから捕縛しようと云《い》う位な病人を扶《たす》けて看病して居る。爾《そ》うすると仙台の者が忍んで来る。大槻《おおつき》の倅《せがれ》[1]なども内々見舞に来て、官軍と賊軍と塾の中で混り合《あっ》て、朝敵藩の病人を看病して居ながら、何も風波《ふうは》もなければ苦味《にがみ》もない。ソンナ事が塾の安全であった訳《わ》けでしょう。真実平等区別なし、疑わんとするも疑うべき種《たね》がない。一方には脱走して賊軍に投ずるがあるかと思えば、一方にはチャンと塾に這入《はいっ》て居る官軍もあると云うような不思議な次第柄で、斯《こ》う云う事は造《つくっ》たのじゃ出来ぬ、装うても出来ぬ、私は腹の底から偏頗《へんぱ》[2]な考《かんがえ》がない、少しも幕府の事を感服しなければ、官軍の事をも感服しない、戦争するなら銘々《めいめい》勝手にしろと、裏も表もなくその趣意《しゅい》で貫いて居たから、私の身も塾も危《あやう》い所を無難《ぶなん》に過したことゝ思う。

1 **大槻の倅** 仙台藩の儒学者、大槻磐渓の子、修二（如電）、文彦の二人。
2 **偏頗** かたよること。

### 新政府の御用召

夫《そ》れからいよ〳〵王政維新と定《き》まって、大阪に明治政府の仮政府[1]が出来て、その仮政府から命令が下《くだっ》た。御用があるから出て来いと一番始めに沙汰《さた》のあったのが、神《かん》田《だ》孝平《たかひら》と柳川《やながわ》〔河〕春三《しゅんさん》[2]と私と三人。所が柳川〔河〕春三はドウも大阪に行くのは嫌《いや》だ、だから命は奉ずるけれども御用があればドウゾ江戸に居て勤めたいと云《い》う注文。神田孝平は命に応じて行くと云う。私は一も二もなく病気で出られませぬと断り。その後大阪の仮政府は江戸に遷《うつっ》て来て、江戸の新政府から又御用召《ごようめし》で度々《たびたび》呼びに来ましたけれども、始終《しじゅう》断る計《ばか》り。或時《あるとき》神田孝平が私の処へ是非《ぜひ》出ろと云《いっ》て勧めに来たから、私は之《これ》に答えて、「一体君は何《ど》う思うか、男子の出処進退は銘々《めいめい》の好む通りにするが宜《い》いではないか、世間一般そうありたいものではないか、之に異論はなかろう。ソコデ僕の目から見ると、君が新政府に出たのは君の平生《へいぜい》好む所を実行して居るのだから僕は甚《はなは》だ賛成するけれども、僕の身には夫れが嫌いだ、嫌いであるから出ないと云うものも是亦《これまた》自分の好む所を実行するのだから、君の出て居るのと同じ趣意《しゅい》ではないか。左《さ》れば今僕は君の進退を賛成して居るから、君も亦《また》僕の進退を賛成して、福澤は能《よ》く引込《ひっこ》んで居る、旨《うま》いと云《いっ》て誉めてこそ呉《く》れそうなものだ。夫れを誉めもせずに呼出しに来るとは友達甲斐《がい》がないじゃないかと大《おおい》に論じて、親友の間であるから遠慮会釈もなく刎付《はねつ》けたことがある。夫れから幾ら呼びに来ても政府へはモウ一切《いっさい》出ないと説を極《き》めて居た所が、或日《あるひ》細川《ほそかわ》

**学者を誉めるなら豆腐屋も誉めろ**

潤次郎《じゅんじろう》[3]が私の処へ来たことがある。その時はマダ文部省と云《い》うものゝない時で[4]、何でもこの政府の学校の世話をしろと云う。イヤそれは往《い》けない、自分は何もそんな事はしないと答え、夫《そ》れからいろ〳〵の話もあったが、細川の云うに、ドウしても政府に於《お》て只棄《ただす》てゝ置くと云う理屈はないのだから、政府から君が国家に尽《つく》した功労を誉めるようにしなければならぬと云うから、私は自分の説を主張して、誉めるの誉められぬのと全体ソリャ何の事だ、人間が人間当前《あたりまえ》の仕事をして居るに何も不思議はない、車屋は車を挽《ひ》き豆腐屋は豆腐を拵《こしら》えて書生は書を読むと云うのは人間当前《あたりまえ》の仕事として居るのだ、その仕事をして居るのを政府が誉めると云うなら、先《ま》ず隣の豆腐屋から誉めて貰《もら》わなければならぬ、ソンな事は一切止《いっさいよ》しなさいと云《いっ》て断《ことわっ》たことがある。是《こ》れも随分《ずいぶん》暴論である。

**1 明治政府の仮政府**　明治元（一八六八）年三月二十一日から閏四月八日まで、天皇が関東親政のために京都を発って大阪の本願寺別院の行在所に滞在したこと。**2 柳川春三**　一八三二（天保三）年―七〇（明治三）年。開成所教授職。幕末、わが国最初の雑誌『西洋雑誌』を、続いて『中外新聞』を発行した。維新後、学校制度取調御用係、大学少博士。**3 細川潤次郎**　一八三四（天保五）年―一九二三（大正十二）年。江戸の海軍伝習所で航海術を修める。維新後は開成学校判事、印刷局長、法制官などを歴任した。**4 文部省と云うものゝない時**　文部省の設置は明治四（一八七一）年七月。それ以前は、旧幕府の昌平坂学問所や開成所を統合してできた大学（のちに東京大学）が新政府の文部行政を担当していた。

マア斯《こ》う云《い》うような調子で、私は酷《ひど》く政府を嫌うようにあるけれども、その真実の大本《たいほん》を云《い》えば、前に申した通りドウしても今度の明治政府は古風一〔点〕天張りの攘夷政府と思込《おもいこ》んで仕舞《しまつ》たからである。攘夷は私の何より嫌いな事で、コンな始末では仮令《たと》い政府は替《かわつ》ても迚《とて》も国は持てない、大切な日本国を滅茶苦茶にして仕舞《しま》うだろう本当に爾《そ》う思《おもつ》た所が、後に至《いたつ》てその政府が段々文明開化の道に進んで今日に及んだと云うのは、実に難有《ありがた》い目出《めで》たい次第であるが、その目出たかろうと云うことが私には始めから測量が出来ずに、唯《ただ》その時に現れた実の有様に値《ね》を付けて、コンな古臭い攘夷政府を造《つくつ》て馬鹿な事を働いて居る諸藩の分らず屋は、国を亡ぼし兼《か》ねぬ奴等《やつら》じゃと思《おもつ》て、身は政府に近づかずに、唯《ただ》日本に居て何か勉《つと》めて見ようと安心決定《けつじよう》したことである。

**英国王子に潔身の祓**

私が明治政府を攘夷政府と思たのは、決して空《くう》に信じたのではない、自《おの》ずから憂《うれ》うべき証拠がある。先《ま》ず爰《ここ》に一奇談を申せば、王政維新となって明治元年であったか二年であったか歳《とし》[1]は覚えませぬが、英吉利《イギリス》の王子が日本に来遊、東京城に参内《さんだい》することになり、表面は外国の貴賓を接待することであるから固《もと》より故障はなけれども、何分にも穢《けが》れた外国人を皇城に入れると云うのはドウも不本意だと云うような説が政府部内に行われたものと見えて、王子入城の時に二重橋の上で潔身《みそぎ》の祓《はらい》をして内に入れたことがある、と云うのは夷狄《いてき》の奴は不浄の者であるからお祓《はらい》をして体《たい》を清めて入れると云《い》う意味でしょう。所がソレが宜《い》い物笑いの種サ。その時に亜米利加《アメリカ》の代理公使にポルトメン[2]と云う人が居まして、毎度ワシントン政府に自分の任所《にんしょ》の模様を報知して遣《や》る、けれども余り必要でない事は大統領がその報告書を見ない、此方《こっち》では又ソレを見て貰《もら》うのが公使の名誉としてある。ソコで公使が今度英の王子入城に付き潔身《みそぎ》の祓云々《うんぬん》の事を探り出して大《おおい》に悦《よろこ》び、是《こ》れは締《し》めた、この大奇談を報告すれば大統領が見て呉《く》れるに違《ちが》いないと云うので、その表書《うわがき》に即《すなわ》ちエッヂンボルフ王子[3]の清《きよ》めと云う可笑しな不思議な文字を書《かい》て、中の文句はドウかと云うに、この日本は真実、自尊自大[4]の一小鎖国にして、外国人をば畜生同様に取扱うの常なり、既《すで》にこの程英吉利《イギリス》の王子入城謁見のとき、城門外に於《おい》て潔身の祓を王子の身辺に施したり、抑《そ》も潔身の祓とは上古穢《けが》れたる者を清めるに灌水法を行いしが、中世、紙の発明以来紙を以《もっ》て御幣なるものを作り、その御幣を以て人の身体を撫《な》で、水の代用として一切《いっさい》の不浄不潔を払うの故実あり、故に今度英の王子に施したるはその例に由《よ》ることにして、日本人の眼《まなこ》を以て見れば王子も亦唯《またただ》不浄の畜生たるに

**1 明治元年であったか二年であったか** 以下の事件は明治二（一八六九）年七月のこと。 **2 ポルトメン** A. L. C. Portman アメリカ公使館書記官、代理公使。 **3 エッヂンボルフ王子** イギリスのエジンバラ公。ヴィクトリア女王第二王子。 **4 自尊自大** 自分で自分の価値に誇りを持ち大事にすること。

過ぎず云々《うんぬん》とて、筆を巧《たくみ》に事細かに書て遣《やっ》たことがある。ソレは私が尺振八《せきしんぱち》から詳《つまびらか》に聞きました。この尺振八と云《い》う人はその時、亜米利加《アメリカ》公使館の通弁をして居たので、尺が私の処に来てこの間是《あいだこ》れ〳〵の話、大笑いではないかと云《いっ》て、その事実もその書面の文句も私に親しく話して聞かせましたが、実に苦々しい事で、私は之《これ》を聞《きい》て笑い所ではない泣きたく思いました。

### 米国前《さき》の国務卿<br>又日本を評す

又その頃、亜米利加の前国務卿シーワルト[1]と云う人が、令嬢と同伴して日本に来遊したことがある。この人は米国有名の政治家で、彼《か》の南北戦争のとき専《もっぱ》ら事に当《あたっ》て、リンコルン[2]の遭難と同時に兇徒に傷《きずつ》けられたこともある。元《がん》来《らい》英国人とは反りが合わずに、云《い》わば日本贔屓《びいき》の人でありながら、今度来遊、その日本の実際を見て何分にも贔屓が出来ぬ、こんな根性の人民では気の毒ながら自立は六《むず》かしいと断言したこともある。ソコデ私の見る所で、新政府人の挙動は都《すべ》て儒教の糟粕《そうはく》[3]を嘗《な》め、古学の固陋《ころう》主義より割出して空威張《からいば》りするのみ。顧《かえり》みて外国人の評論を聞けば右の通り。迚《とて》も是《こ》れは仕方がないと真実落胆したれども、左《さ》りとて自分は日本人なり、無為にしては居られず、政治は兎《と》も角《かく》も之《これ》を成行に任せて、自分は自分にて聊《いささ》か身に覚えたる洋学を後進生に教え、又根気のあらん限り著書飜訳《ほんやく》の事を勉《つと》めて、万が一にも斯民《このたみ》を文明に導くの僥倖《ぎょうこう》もあらんかと、便り少なくも独り身構えした事である。

**子供の行末を思う**

その時の私の心事は実に淋しい有様《ありさま》で、人に話したことはないが今打明けて懺悔《ざんげ》しましょう。維新前後、無茶苦茶の形勢を見て、迚《とて》もこの有様では国の独立は六《むず》かしい、他年一日外国人から如何《いか》なる侮辱《ぶじょく》を被《こうむ》るかも知れぬ、左ればとて今日全国中の東西南北何《いず》れを見ても共に語るべき人はない、自分一人では勿論《もちろん》何事も出来ず亦《また》その勇気もない、実に情ない事であるが、いよ〳〵外人が手を出して跋扈《ばっこ》乱暴と云うときには、自分は何とかしてその禍《わざわい》を避けるとするも、行《ゆ》く先《さ》きの永い子供は可愛そうだ、一命に掛けても外国人の奴隷にはしたくない、或《あるい》は耶《ヤ》蘇宗《ソしゅう》の坊主にして政事人事の外に独立させては如何《いかん》、自力自食して他人の厄介にならず、その身は宗教の坊主と云えば自《おのず》から辱《はずか》しめを免《まぬ》かるゝこともあらんかと、自分に宗教の信心《しんじん》はなくして、子を思うの心より坊主にしようなどゝ種々《しゅじゅ》無量に考えたことがあるが、三十年の今日より回想すれば恍として夢の如《ごと》し、唯《ただ》今日は世運の文明開化を難有《ありがた》く拝するばかりです。

**1 シーワルト**　Willam Henry Seward（1801–72）　一八六一年、国務長官となりリンカーンを補佐。強硬な奴隷制廃止論者であった。　**2 リンコルン**　リンカーン Abraham Lincoln（1809–65）。アメリカ合衆国第十六代大統領。　**3 糟粕**　酒かす。あとに残った、つまらないもののたとえ。

授業料の濫觴

扨《さて》鉄砲洲《てっぽうず》の塾を芝《しば》の新銭座《しんせんざ》に移したのは明治元年即《すなわ》ち慶応四年、明治改元の前でありしゆえ、塾の名を時の年号に取《と》て慶應義塾と名づけ、一時散じた生徒も次第に帰来して塾は次第に盛《さかん》になる。塾が盛になって生徒が多くなれば塾舎の取締も必要になるからして、塾則のようなものを書《かい》て、是《こ》れも写本は手間が取れると云《い》うので版本にして、一冊ずつ生徒に渡し、ソレには色々箇条のある中に、生徒から毎月金を取ると云うことも慶應義塾が創《はじ》めた新案である。従前、日本の私塾では支那風を真似たのか、生徒入学の時には束脩《そくしゅう》を納めて、教授する人を先生と仰《あお》ぎ奉《たてまつ》り、入学の後も盆暮《ぼんくれ》両度ぐらいに生徒銘々《めいめい》の分に応じて金子《きんす》なり品物なり熨斗《のし》を附けて先生家《か》に進上する習わしでありしが、私共の考えに、迚《とて》もこんな事では活溌《かっぱつ》に働く者はない、教授も矢張《やは》り人間の仕事だ、人間が人間の仕事をして金を取るに何の不都合がある、構うことはないから公然価《あたい》を極《き》めて取るが宜《よ》いと云うので、授業料と云う名を作《つくっ》て、生徒一人から毎月金二分《きんにぶ》ずつ取立て、その生徒には塾中の先進生が教えることにしました。その時塾に眠食する先進長者は、月に金四両あれば喰うことが出来たので、ソコで毎月生徒の持《もっ》て来た授業料を掻《か》き集めて、教師の頭に四両ずつ行渡《いきわた》れば死《しに》はせぬと大本《だいほん》を定《さだ》めて、その上に尚《な》お余りがあれば塾舎の入用にすることにして居ました。今では授業料なんぞは普通当《とう》然《ぜん》のようにあるが、ソレを始めて行うた時は実に天下の耳目を驚かしました。生徒に向《むかっ》て金二分持て来い、水引《みずひき》も要らなければ熨斗も要らない、一両持《もっ》て来れば釣《つり》を遣《や》るぞと云《い》うように触《ふれ》込《こ》んでも、ソレでもちゃんと水引を掛けて持て来るものもある。スルとこんな物があると札《さつ》を検《あらた》める邪魔になると云《いっ》て、態《わざ》と上包《うわづつみ》を還《かえ》して遣るなどは随分《ずいぶん》殺風景なことで、世間の人の驚いたのも無理はないが、今日それが日本国中の風俗習慣になって、何ともなくなったのは面白い。何事に由《よ》らず新工風《しんくふう》を運《めぐ》らして之《これ》を実地に行うと云うのは、その事の大小を問わず余程の無鉄砲でなければ出来たことではない。左《さ》る代りに夫《そ》れが首尾能《よ》く参《まいっ》て、何時《いつ》の間にか世間一般の風《ふう》になれば、私の為《た》めには恰《あたか》も心願成就で、こんな愉快なことはありません。

## 上野の戦争

新銭座《しんせんざ》の塾は幸《さいわい》に兵火の為《た》めに焼けもせず、教場もどうやらこうやら整理したが、世間は中々喧《やかま》しい。明治元年の五月、上野に大《おお》戦争[1]が始まって、その前後は江戸市中の芝居も寄席《よせ》も見世物も料理茶屋も皆休んで仕舞《しまっ》て、八百八町は真の闇、何が何やら分らない程の混乱なれども、私はその戦争の日も塾の課業を罷《や》めない。上野ではどん〳〵鉄砲を打《うっ》て居る、けれども上野と新銭座とは二里も離れて居て、鉄砲玉の飛《とん》で来る気遣《きづかい》はないと云うの

1　**明治元年の五月、上野に大戦争**　新政府軍と旧幕臣により組織された彰義隊が、東叡山寛永寺のある上野（現、台東区上野公園）で衝突した戦。彰義隊は一日で敗れた。

で、丁度あの時私は英書で経済《エコノミー》の講釈[1]をして居ました。大分騒々敷《そうぞうし》い容子《ようす》だが烟《けぶり》でも見えるかと云うので、生徒等《ら》は面白がって梯子《はしご》に登《のぼっ》て屋根の上から見物する。何でも昼から暮《くれ》過ぎまでの戦争でしたが、此方《こちら》に関係がなければ怖い事もない。

此方《こっち》がこの通りに落付払《おちつきはらっ》て居れば、世の中は広いもので又妙なもので、兵馬騒乱の中にも西洋の事を知りたいと云《い》う気風は何処《どこ》かに流行して、上野の騒動が済《す》むと奥州の戦争と為《な》り、その最中にも生徒は続々入学して来て、塾はます〳〵盛《さかん》になりました。

### 日本国中唯慶應義塾のみ

顧《かえり》みて世間を見れば、徳川の学校は勿論潰れて仕舞い、その教師さえも行衛《ゆくえ》が分らぬ位、況《ま》して維新政府は学校どころの場合でない、日本国中 苟《いやしく》も書を読《よん》で居る処は唯《ただ》慶應義塾ばかりと云う有様《ありさま》で、その時に私が塾の者に語《かたっ》たことがある。昔し〳〵拿破翁《ナポレオン》の乱に和蘭《オランダ》国の運命[2]は断絶して、本国は申すに及ばず印度《インド》地方まで悉《ことごと》く取られて仕舞《しまっ》て、国旗を挙《あ》げる場所がなくなった。所が、世界中纔《わずか》に一箇処を遺《のこ》した。ソレは即《すなわ》ち日本長崎の出島である。出島は年来和蘭人の居留地で、欧洲兵乱の影響も日本には及ばずして、出島の国旗は常に百尺竿頭《ひゃくしゃくかんとう》[3]に飜々《へんぺん》して和蘭王国は曾《かっ》て滅亡したることなしと、今でも和蘭人が誇《ほこっ》て居る。シテ見るとこの慶應義塾は日本の洋学の為《た》めには和蘭の出島と同様、世の中に如何《いか》なる騒動があっても変乱があっても未《いま》だ曾《かっ》て洋学の命脈を断やしたことはないぞよ、慶應義塾は一日も休業したことはない、この塾のあらん限り大日本は世界の文明国である、世間に頓着《とんじゃく》するなと申して、大勢の少年を励ましたことがあります。

### 塾の始末に困る、楽書無用

夫《そ》れはそれとして又《また》一方から見れば、塾生の始末には誠に骨が折れました。戦争後意外に人の数は増したが、その人はどんな種類の者かと云《い》うに、去年から出陣してさん〴〵奥州地方で戦《たたかっ》て漸《よう》く除隊になって、国には帰らずに鉄砲を棄《す》てヽその儘《まま》塾に来たと云《い》うような少年生が中々多い。中にも土佐の若武者などは長い朱鞘《しゅざや》の大小を挟《さ》して、鉄砲こそ持たないが今にも斬《きっ》て掛《かか》ろうと云うような恐ろしい顔色《がんしょく》をして居る。爾《そ》うかと思うとその若武者が紅《あか》い女の着物を着て居る。是《こ》れはドウしたのかと云うと、会津《あいづ》で分捕りした着物だと云《いっ》て威張《いばっ》て居る。実に血腥《ちなまぐさ》い怖い人物で、一見先《ま》ず手の着けようがない。ソコデ私は前申す通り新銭座の塾を立てると同時に極《きわ》めて簡単な塾則を拵《こしら》えて、塾中金の貸借《かしかり》は一切《いっさい》相成らぬ、寝るときは寝て、起るときは起き、喰《く》うときには定《さだ》めの時間に食堂に出る、夫《そ》

**1 英書で経済の講釈**　この時に使用していたのはF・ウェーランドの『経済学』(*The Elements of Political Economy*, 1837)。『西洋事情　二編』巻之一の後半は福澤によるその抄訳である。**2 和蘭国の運命**　オランダは一八一〇年にフランスに併合された。また東インドの植民地もイギリスに占領されていた。**3 百尺竿頭**　百尺のさおの先。高く掲げた竿の先。

れから楽書《らくがき》一切《いっさい》相成らぬ、壁や障子に楽書を禁ずるは勿論《もちろん》、自分所有の行灯《あんどん》にも机にも一切の品物に楽書は相成《あいな》らぬと云《い》うくらいの箇条で、既《すで》に規則を極《き》めた以上はソレを実行しなくてはならぬ。ソコで障子に楽書してあれば私は小刀を以《もっ》て其処《そこ》だけ切破《きりやぶ》て、この部屋に居る者が元の通りに張れと申付《もうしつ》ける。夫れから行灯に書《かい》てあれば、誰の行灯でも構わぬ、その持主を咎《とが》めると、時としてはその者が、「是《こ》れは自分でない、人の書《かい》たのですと云《いっ》ても私は許さぬ。人が書たと云うのは云訳《いいわ》けにならぬ、自分の行灯に楽書されてソレを見て居ると云うのは馬鹿だ、馬鹿の罰に早々張替えるが宜《よろ》しい、楽書した行灯は塾に置かぬ、破るからアトを張《はっ》て置きなさいと云うようにして、寸毫《すんごう》も仮《か》さない。[1]如何《いか》に血腥《ちなまぐさ》い若武者が何と云《い》おうとも、そんな事を恐れて居られない。ミシ〳〵遣付《やっつ》けて遣《や》る。名は忘れたが、不図《ふと》見た所が桐の枕に如何《いかが》な楽書がしてある。「コリャ何だ。銘々《めいめい》の私有品でも楽書は一切相成らぬと云《いっ》たではないか、ドウ云う訳けだ、一句の返答も出来なかろう。この枕は私は削りたいけれども削ることが出来ない、打《ぶち》毀《こ》わすから代りを取《とっ》て来なさいと云て、その枕を取上げて足で踏潰《ふみつぶ》して、サアどうでもしろ、攫《つか》み掛《かかっ》て来るなら相手になろうと云《い》わぬばかりの思惑を示した所で、決して掛らぬ。全体私は骨格《からだ》は少し大きいが、本当は柔術も何も知らない、生れてから人を打《うっ》たこともない男だけれども、その権幕はドウも撃ちそうな攫み掛りそうな気色《けしき》で、口の法螺《ほら》でなくして身体《からだ》の法螺で吹《ふき》倒した。所が皆小さくなって言うことを聞くようになって来て、ソレでマア戦争帰りの血腥《なまぐさ》い奴も自《おのず》から静になって塾の治まりが付き、その中には真成《ほんとう》な大人《おとな》しい学者風の少年も多く、至極《しごく》勉強してます〳〵塾風を高尚にして、明治四年まで新銭座《しんせんざ》に居ました。

**始めて文部省**

維新の騒乱も程なく治まって天下太平に向《む》て来たが、新政府はマダマダ跡の片付《かたづけ》が容易な事でなくして、明治五、六年までは教育に手を着けることが出来ないで、専《もっぱ》ら洋学を教えるは矢張り慶應義塾ばかりであった。何でも廃藩置県[2]の後に至るまでは、慶應義塾ばかりが洋学を専らにして、ソレから文部省と云《い》うものが出来て、政府も大層《たいそう》教育に力を用うることになって来た。義塾は相変らず元の通りに生徒を教えて居て、生徒の数も段々殖《ふ》えて、塾生の数は常に二百から三百ばかり、教うる所の事は一切《いっさい》英学と定《さだ》め、英書を読み英語を解するようにとばかり教導して、古来日本に行われる漢学には重きを置かぬと云う風《ふう》にしたから、その時の生徒の中には漢書を読むことの出来ぬ者が随分《ずいぶん》あります。漢書を読まずに英語ばかりを勉強するから、英書は何でも読めるが日本の手紙が読めないと云うような少年が出来

**1 寸毫も仮さない** 「寸毫」はきわめてわずかなこと。少しも許さない。**2 廃藩置県** 明治四（一八七一）年七月、全国の藩を廃し、府県を設置した。同年末には北海道のほか三府七十二県が置かれた。

て来た。物事がアベコベになって、世間では漢書を読《よ》んでから英書を学ぶと云《い》うのを、此方《こちら》には英書を学んでから漢書を学ぶと云う者もあった。波多野承五郎《はたのしょうごろう》[1]などは小供の時から英書ばかり勉強して居たので、日本の手紙が読めなかったが、生れ付き文才があり気力のある少年だから、英学の跡《あと》で漢書を学べば造作もなく漢学が出来て、今では彼《あ》の通り何でも不自由なく立派な学者に成《なっ》て居ます。畢竟《ひっきょう》私がこの日本に洋学を盛《さかん》にして、如何《どう》でもして西洋流の文明富強国にしたいと云う熱心で、その趣は慶應義塾を西洋文明の案内者にして、恰《あたか》も東道の主人[2]と為《な》り、西洋流の一手販売、特別エゼント[3]とでも云うような役を勤めて、外国人に頼まれもせぬ事を遣《やっ》て居たから、古風な頑固な日本人に嫌われたのも無理はない。元《がん》来《らい》私の教育主義は自然の原則に重きを置《おい》て、数と理とこの二つのものを本《もと》にし

**教育の方針は数理と独立**

て、人間万事有形の経営は都《すべ》てソレから割出して行きたい。又一方の道徳論に於《おい》ては、人生を万物中の至尊至霊[4]のものなりと認め、自尊自重《じちょう》苟《いやしく》も卑劣な事は出来ない、不品行な事は出来ない、不仁不義、不忠不孝ソンな浅ましい事は誰に頼まれても、何事に切迫しても出来ないと、一身を高尚至極《しごく》にし所謂《いわゆる》独立の点に安心するようにしたいものだと、先《ま》ず土台を定めて、一心不乱に唯《ただ》この主義にのみ心を用いたと云うその訳《わ》けは、古来東洋西洋相対《あいたい》してその進歩の前後遅速を見れば、実に大造《たいそう》な相違である。双方共々に道徳の教《おしえ》もあり、経済の議論もあり、文に

武におの〳〵長所短所ありながら、扨《さて》国勢の大体より見れば富国強兵、最大多数、最大幸福の一段《いつだん》に至れば、東洋国は西洋国の下に居らねばならぬ。国勢の如何《いかん》は果して国民の教育より来《く》るものとすれば、双方の教育法に相違がなくてはならぬ。ソコで東洋の儒教主義と西洋の文明主義と比較して見るに、東洋になきものは、有形に於《おい》て数理学[5]と、無形に於て独立心と、この二点である。彼《か》の政治家が国事を料理するも、実業家が商売工業を働くも、国民が報国の念に富み、家族が団欒《だんらん》の情に濃《こまやか》なるも、その大本《たいほん》を尋《たずぬ》れば自《おのず》から由来する所が分る。近く論ずれば今の所謂《いわゆる》立国の有らん限り、遠く思えば人類のあらん限り、人間万事、数理の外《ほか》に逸《いっ》することは叶わず、独立の外に依《よ》る所なしと云《い》うべきこの大切なる一義を、我日本国に於ては軽《かろ》く視《み》て居る。是《こ》れでは差向き国を開《ひらい》て西洋諸強国と肩を並べることは出来そうにもしない。全く漢学

1 **波多野承五郎**　一八五八（安政五）年—一九二九（昭和四）年。明治七（一八七四）年慶應義塾を卒業し教員となる。その後時事新報、朝野新聞などを経て、三井銀行入社、以後三井系各社の要職を歴任。この間長く慶應義塾評議員をつとめる。　2 **東道の主人**　主人となって来客の世話やもてなしをする人。晋と秦に挟まれた鄭の使者が、秦王に鄭を滅ぼすよりも秦が東方へ進む時の案内者として存続させることの利を説いて説得したという『春秋左氏伝』の引く故事による。　3 **エゼント**　エージェント。agent（代理業者、代理店）。　4 **至尊至霊**　このうえなく尊く気高いこと。　5 **数理学**　数学と理学。経験と実証にもとづく近代科学（physical science）。自然科学もしくは物理学。

教育の罪であると深く自《みず》から信じて、資本もない不完全な私塾に専門科を設けるなどは迚《とて》も及ばぬ事ながら、出来る限りは数理を本《もと》にして教育の方針を定め、一方には独立論の主義を唱えて、朝夕一寸《ちょうせきちょっと》した話の端《はし》にもその必要を語り、或《あるい》は演説に説《と》き或《あるい》は筆記に記しなどしてその方針に導き、又自分にも様々工風《くふう》して躬行実践《きゅうこうじっせん》[1]を勉《つと》め、ます／＼漢学が不信仰になりました。今日にても本塾の旧生徒が社会の実地に乗出して、その身分職業の如何《いかん》に拘《かかわ》らず物の数理に迂《う》闊《かっ》ならず、気品高尚にして能《よ》く独立の趣意《しゅい》を全うする者ありと聞けば、是《こ》れが老余の一大楽事です。

右の通り私は唯《ただ》漢学が不信仰で、漢学に重きを置かぬ計《ばか》りでない、一歩を進めて所謂《いわゆる》腐儒の腐説を一掃して遣《や》ろうと若い時から心掛けました。ソコで尋常一様の洋学者や通詞《つうじ》など云《い》うような者が漢学者の事を悪く云うのは普通の話で、余り毒にもならぬ。所が私は随分《ずいぶん》漢書を読《よん》で居る。読で居ながら知らない風《ふう》をして毒々敷《し》い事を言うから憎まれずには居られない。他人に対しては真実素人のような風をして居るけれども、漢学者の使う故事などは大抵知《しっ》て居る、と云うのは前にも申した通り、少年の時から六《むず》かしい経史をやかましい先生に授けられて本当に勉強しました。左国史漢[2]は勿論《もちろん》、詩経、書経のような経義《けいぎ》でも、又は老子、荘子のような妙な面白いものでも、先生の講義を聞き又自分に研究しました。是れは豊前中津《ぶぜんなかつ》の大儒白石《しらいし》先生[3]の賜《たまもの》である。その経史の義を知《しっ》て、知らぬ風《ふう》をして折々漢学の急処のような所を押えて、話にも書たものにも無遠慮に攻撃するから、是《こ》れぞ所謂《いわゆる》獅子身中《しんちゅう》の虫で、漢学の為《た》めには私は実に悪い外道《げどう》である。斯《か》くまでに私が漢学を敵にしたのは、今の開国の時節に、陳《ふる》く腐れた漢説が後進少年生の脳中に蟠《わだか》まっては、迚《とて》も西洋の文明は国に入ることが出来ないと飽《あ》くまでも信じて疑わず、如何《いか》にもして彼等を救出《すくいだ》して我が信ずる所に導かんと、有らん限りの力を尽《つく》し、私の真面目《しんめんもく》を申せば、日本国中の漢学者は皆来い、乃公《おれ》が一人で相手になろうと云うような決心であった。ソコで政府を始め世間一般の有様を見れば、文明の教育稍々《やや》普《あま》ねしと雖《いえど》も、中年以上の重《おも》なる人は迚も洋学の佳境に這入《はい》ることは出来ず、何か事を謀《はか》り事を断ずる時には余儀《よぎ》なく漢書を便《たより》にして、万事ソレから割出すと云う風潮の中に居て、その大切な霊妙不思議な漢学の大主義を頭から見下して敵にして居るから、私の身の為めには随分《ずいぶん》危ない事である。

**著書翻訳一切独立**

又《また》維新前後は私が著書翻訳《ほんやく》を勉《つと》めた時代で、その著訳書の由来は福澤全集の緒言に記してあるから之《これ》を略しますが、元来《がんらい》私の著訳は真実私一人の発意《ほつい》で、他人の

1 **躬行実践** 自分で実際に行動すること。 2 **左国史漢** 中国史書の代表的なもの。『春秋左氏伝』『国語』『史記』『漢書』のこと。 3 **白石先生** 白石照山のこと。一三頁注5参照。

差図も受けねば他人に相談もせず、自分の思う通りに執筆して、時の漢学者は無論、朋友たる洋学者へ草稿を見せたこともなければ、況《ま》して序文題字など頼んだこともない。是《こ》れも余り殺風景で、実は当時の故老先生とか云《い》う人に序文でも書かせた方が宜《よ》かったか知れないが、私は夫《そ》れが嫌いだ。ソンな事かた〴〵[1]で、私の著訳書は事実の如何《いかん》に拘《かか》わらず古風な人の気に入る筈《はず》はない。ソレでもその書が殊更《ことさら》に大《おお》に流行したのは、文明開国の勢《いきおい》に乗じたことでありましょう。

### 義塾三田に移る

慶應義塾が芝《しば》の新銭座《しんせんざ》を去《さっ》て三田の只《ただ》今の処に移《うつっ》たのは明治四年、是れも塾の一大改革ですから一通り語りましょう。その前年五月私が酷《ひど》い熱病に罹《かか》り[2]、病後神経が過敏になった所為《せい》か、新銭座の地所が何か臭いように鼻に感じる。又《また》事実湿地でもあるから何処《どこ》かに引移りたいと思い、飯倉《いいくら》の方に相当の売家《うりや》を捜出《さがしだ》して略《ほぼ》相談を極《き》めようとするときに、塾の人の申すに、福澤が塾を棄《す》てゝ他に移るなら塾も一緒に移ろうと云う説が起《おこっ》て、その時には東京中に大名屋敷が幾らもあるので、[3]塾の人は毎日のように方々《ほうぼう》の明屋敷《あきやしき》を捜して廻《ま》わり、彼処《そこ》でもない此処《ここ》でもないと勝手次第に宜《よ》さそうな地所《じしょ》を見立てゝ、いよ〳〵芝の三《み》田《た》にある島原《しまばら》藩の中屋敷[4]が高燥《こうそう》の地で海浜《かいひん》の眺望も良し、塾には適当だと衆論一決はしたれども、此方《こっち》の説が決した計《ばか》りで、その屋敷は他人の屋敷であるから、之《これ》を手に入れるには東京府に頼み、政府から島原《しまばら》藩に上地《じょうち》を命じて、改めて福澤に貸渡すと云《い》う趣向にしなければならぬ。ソレには政府の筋に内談して出来るように拵《こしら》えねばならぬと云うので、時の東京府知事[5]に頼込《たのみこ》むは勿論《もちろん》、私の平生知《しっ》て居る佐野常民《さのつねたみ》その他の人にも事の次第を語りて助力を求め、塾の先進生惣掛《そうがか》りにて運動する中に、或日《あるひ》私は岩倉《いわくら》公[6]の家に参り、初めて推参なれども御目《おめ》に掛りたいと申込んで公に面会、色々塾の事情を話して、詰《つま》り島原藩の屋敷を拝借したいと云《い》う事を内願して、是《こ》れも快く引受けて呉《く》れる。何処《どこ》も此処《ここ》も至極《しごく》都合の好《よ》い折柄、幸いにも東京府から私に頼む事が出来て来たと云うは、当時東京の取締には邏卒《らそつ》とか何とか云う名を付けて、諸藩の兵士が鉄砲を担《かつ》いで市中を巡廻《じゅんかい》して居るその有様《ありさま》の殺風景とも何とも、丸で戦地のように見え

1 **かたぐ**　あれやこれや。　2 **前年五月……熱病に罹り**　福澤は適塾在学中に腸チフスをわずらったが、その後十余年を経て明治三（一八七〇）年五月、発疹チフスに罹り八月頃ようやく回復した。　3 **大名屋敷が幾らでもあるので**　諸大名は江戸市中に上、中、下屋敷など多くの屋敷を持っていたが、維新後は旧藩主の私邸と藩役所的な施設以外の屋敷を所持できなくなったので、空き屋敷が多くあった。　4 **島原藩の中屋敷**　当時の藩主は松平主殿守忠和。　5 **東京府知事**　この時の知事は公家出身の壬生基修《みぶもとなが》。　6 **岩倉公**　岩倉具視（一八二五〔文政八〕年―八三〔明治十六〕年）。公家。公武合体を説き倒幕運動の宮廷における中心的存在、維新政府の中軸となる。明治四（一八七一）～六（一八七三）年、岩倉使節団を率いて欧米諸国を回った。

る。政府も之《これ》を宜《よ》くないことゝ思い、西洋風にポリスの仕組《しくみ》に改革しようと心付きはしたが、扨《さて》そのポリスとは全体ドンなものであるか、概略でも宜《よろ》しい、取調べて呉《く》れぬかと、役人が私方に来て懇々内談するその様子は、この取調《とりしらべ》さえ出来れば何か礼をすると云《い》うように見えるから、此方《こっち》は得たり賢し、お易《やす》い御用で御座《ござ》る、早速《さっそく》取調べて上げましょうが、私の方からも願《ねがい》の筋《すじ》がある、兼て長官へ内々御話いたしたこともある通り、三田《みた》の島原《しまばら》の屋敷地を拝借いたしたい、是《こ》れ丈《だ》けは厚く御含《おふくみ》を願うと云うは、巡査法の取調と屋敷地の拝借と交易にしようと云うような塩梅《あんばい》に持掛《もちか》けて、役人も否《いな》と云わずに黙諾《もくだく》して帰る。ソレから私は色々な原書を集めて警察法に関する部分を飜訳《ほんやく》し、[1]綴《つづ》り合せて一冊に認《したた》め早々清書して差出した所が、東京府ではこの飜訳を種《たね》にして尚《な》お市中の実際を斟酌《しんしゃく》し様々に工風《くふう》して、断然彼《か》の兵士の巡廻《じゅんかい》を廃し、改めて巡邏《じゅんら》[2]と云《い》うものを組織し、後に之《これ》を巡査と改名して東京市中に平和穏当の取締法が出来ました。ソコで東京府も私に対して自《おのず》から義理が出来たような訳《わ》けで、屋敷地の一条もスラ〳〵行われて、島原の屋敷を上地させて福澤に拝借と公然命令書が下り、地所一万何千坪は拝借、建物六百何十坪[3]は一坪一円の割合にて所謂《いわゆる》大名の御殿二棟、長屋幾棟の代価六百何十円を納めて、いよ〳〵塾を移したのが明治四年の春でした。

**敬礼を止める**

引越して見れば誠に広々とした屋敷で申分《もうしぶん》なし。御殿を教場にし、長局《ながつぼね》を書生部屋にして、尚《な》お足らぬ処は諸方諸屋敷の古長屋を安く買取《かいとつ》て寄宿舎を作りなどして、俄《にわか》に大きな学塾に為ると同時に入学生の数も次第に多く、この移転の一挙を以《もつ》て慶應義塾の面目を新《あらた》にしました。序《ついで》ながら一奇談を語りましょう。新銭座《しんせんざ》入塾から三田《みた》に引越し、屋敷地の広さは三十倍にもなり、建物の広大な事も新旧較《くら》べものにならぬ。新塾の教場即《すなわ》ち御殿の廊下などは九尺巾《きゆうしやくはば》4もある。私は毎日塾中を見廻り、日曜は殊《こと》に掃除日と定めて書生部屋の隅まで一々検《あらた》め、大小便所の内まで私が自分で戸を明《あ》けて細《こまか》に見ると云《い》うようにして居たから、一日に幾度《いくた》び廊下を通《とおつ》て幾人の書生に逢うか知れない。所がその行逢《ゆきあ》う毎《ごと》に、新入生などは勝手を知らずに、私の顔を見ると丁寧に辞儀《じぎ》をする。先方《さき》から丁寧に遣《や》れば、此方《こつち》も之《これ》に応じて辞儀をしなければならぬ。忙しい中にウルサクて堪《た》まらぬ。ソレから先進の教師連に尋ねて、

1 **警察法に関する部分を翻訳し** *The New American Cyclopaedia*, 16 vols., N. Y., 1866–67. の Polis の項を「取締之法」（『福澤諭吉全集』第二十巻、五四―六二頁）と題して翻訳した。 2 **巡邏** 市中警備の兵士の呼称。巡邏を廃した後の名称「邏卒」ととり違えたものか。 3 **六百何十坪** 長屋のほか建物いっさいの建坪は七七〇坪弱。払い下げ価格は一坪当たり一円ゆえ、総額は七七〇円弱であった（『慶應義塾百年史』上巻、三二四頁）。 4 **九尺巾** 約三メートル。

「廊下で書生のお辞儀《じぎ》に困りはせぬか、双方の手間《てま》潰《つぶし》だがと云《い》うと、何《いず》れも同様、塾が広くなって家の内の御辞儀には閉口と云うから、「よし来た、乃公《おれ》が広告を掲示して遣《や》ると云《いっ》て、

塾中の生徒は長者に対するのみならず相互《あいたがい》の間にも粗暴無礼は固《もと》より禁ずる所なれども、講堂の廊下その他塾舎の内外往来頻繁《ひんぱん》の場所にては、仮令《たと》い教師先進者に行逢《ゆきあ》うとも丁寧に辞儀するは無用の沙汰《さた》なり、互《たがい》に相見て互に目礼を以《もっ》て足るべし。益《えき》もなき虚飾に時を費すは学生の本色に非《あら》ず。この段心得の為《た》めに掲示す。

と張紙《はりがみ》して、生徒のお辞儀を止《と》めた事がある。長者に対して辞儀をするなと云えば、横風《おうふう》になれ、礼儀を忘れよと云うように聞えて、奇なように思われるが、その時の事情は決して爾《そ》うでない。百千年来圧制の下に養われて官民共に一般の習慣を成したるこの国民の気風を活溌《かっぱつ》に導かんとするには、お辞儀の廃止も自《おのず》から一時の方便で、その功能は慥《たしか》に見えました。今でも塾にはコンな風が遺《のこ》て、生徒取扱いの法は塾の規則に従い、不法の者があれば会釈なくミシ〳〵遣付《やっつ》けて寸毫《すんごう》も仮《か》さず、生徒に不平があらば皆出て行け、此方《こっち》は何ともないと、チャンと説を極《き》めて思う様に制御して居《お》れども、教師その他に対して入らざる事に敬礼なんかんと云うような田舎らしい事は塾の習慣に於《おい》て許さない。左《さ》ればとて本塾の生徒に限《かぎっ》て粗暴な者が多いでもなし、一方から見て幾分かその気品の高尚にして男らしいのは、虚礼虚飾を脱したその功徳《くどく》で

あろうと思われる。

三田《みた》の屋敷は福澤諭吉の拝借地になって、地租もなければ借地料もなし恰《あたか》も私有地のようではあるが、何分にも拝借と云《い》えば何時《いつ》立退《たちのき》を命じられるかも知れず、東京市中を見れば私同様官地を拝借して居る者は甚《はなは》だ多い、孰《いず》れも不安心に違《ちが》いないと推察が出来る。

**地所払下**

如何《どう》かして之《これ》を御払下《おはらいさげ》にして貰いたいと様々思案の折柄、当時政府に左院[1]と称して議政局のようなものが立《たっ》て居て、その左院の議員中に懇意《こんい》の人があるからその人に面会、何か話の序《ついで》には拝借地の有名無実なるを説《と》き、等しく官地を使用せしむるならば之を私有地にして銘々《めいめい》に地所保存の謀《はかりごと》を為《な》さしむるに若《し》かずと、頻《しき》りに利害を論じてその人の建言を促したるは毎度の事で、その他政府の筋の人にさえ逢えば同様の事を語るの常なりしが、明治四年の頃、それかあらぬか、政府は市中の拝借地をその借地人又《また》は縁故ある者に払下げるとの風聞《ふうぶん》が聞える。是《こ》れは妙《みょう》なりと大《おお》いに喜び、その時東京府の課長に福田と云う人が専《もっぱ》ら地所の事を取扱うと云う事を聞伝《ききつた》え、早速福田の私宅を尋ねて委細の事実を確かめ、いよ〳〵発令の時には知らして呉《く》れることに約束して、帰宅して日々便りを待《まっ》て居ると、数日の後に至り、今日発令したと報知

1 **左院** 明治四(一八七一)年の廃藩置県により、正院、左院、右院からなる政府の機構が組織され、左院は法制を議定するとされた。

が来たから、暫時《しばし》も猶予《ゆうよ》は出来ず、翌朝東京府に代理の者を差出し御払下《おはらいさげ》を願うて、代金を上納せんと金を出した処が、府庁にも昨日発令した計《ばか》りで出願者は一人もなし、マダ帳簿も出来ず、上納金請取の書式も出来ずと云《い》うから、その正式の請取は後日の事として今日は唯金子《ただきんす》丈《だ》けの御収納を願うと云《いっ》て、強《し》いて金を渡して仮《か》り御払下の姿を成し、その後、地所代価収領の本証書も下《くだ》りて、いよ〳〵私の私有地と為《な》り、地《ち》券面《けんめん》本邸の外に附属の町地面を合して一万三千何百坪、本邸の方は千坪に付き価《あたい》十五円、町地《まちぢ》の方は割合に高く、両様共算して五百何十円[1]とは、殆《ほとん》ど無代価と申して宜《よろ》しい。その代価の事は兎《と》も角《かく》もとして、斯《か》く私が事を性急にしたのは、この屋敷に久しく住居《じゅうきょ》すればするほどいよ〳〵ます〳〵宜《い》い屋敷になって来て、実に東京第一、他に匹敵するものはないと自《みず》から感心して、塾員と共に満足すると同時に、之《これ》を私有地にすると云《い》えば何か故障の起りそうな事だと、俗に云う虫が知らせるような塩梅《あんばい》で、何だか気になるから無暗に急いで埒《らち》を明けた所が、果して然《しか》り、東京の諸屋敷地を払下げると云う風聞が段々世間に知れ渡《わたっ》たその時に、島原藩士何某が私方に遣《やっ》て来て、当屋敷は由緒ある拝領屋敷なるゆえ、主人島原藩主より御払下を願う、此方《こっち》へ御譲渡《おゆずりわた》し下されいと捩込《ねじこ》んで来たから、私は一切《いっさい》知らず、この地所のむかしが誰のものでありしや夫《そ》れさえ心得て居ない、兎《と》に角《かく》に私は東京府から御払の地所を買請《かいう》けたまでの事なれば、府の命に服従するのみ、何か思召《おぼしめし》もあらば府庁へ御談《おだん》じ然《しか》るべしと刎《はね》付ける。スルと先方も中々渋《しぶ》とい。再三再四遣《やっ》て来て、とう〳〵仕舞《しまい》には屋敷を半折《はんせつ》して半分ずつ持とうと云《い》うから、是《こ》れも不承知。地所の事は島原《しまばら》藩と福澤と直談《じきだん》すべき性質のものでないから御返答は致さぬ、一切《いっさい》万事君夫《そ》れ之を東京府に聞けと云《い》う調子に構えて居て、六《む》ずかしい談判も立消になったのは難有《ありがた》い。今日になって見れば、東京中を尋ね廻《まわ》っても慶應義塾の地所と甲乙を争う屋敷は一箇所もない。正味一万四千坪、土地は高燥《こうそう》にして平面、海に面して前に遮《さえぎ》るものなし、空気清く眺望佳《か》なり、義塾唯一の資産にして、今これを売ろうとしたらば、むかし御払下《おはらいさげ》の原価五百何十円は、百倍でない千倍になりましょう。義塾の慾張《よくば》り、時節を待《まっ》て千倍にも二千倍にもして遣《や》ろうと、若い塾員達はリキンで居ます。

**教員金の多少を争う**

右の通り三田《みた》の新塾は万事都合能《よ》く行われて、塾の資本金こそ皆無なれ、生徒から毎月の授業料を取集めて之《これ》を教師に分配して、如何《どう》やら斯《こ》うやら立行くその中にも、教師は皆本塾の先進生であるから、この塾に居て余計な金を取ろうと云う考《かんがえ》はない。第一私は一銭でも塾の金を取らぬのみか、普請《ふしん》の時などには毎度此方《こっち》から金を出

1　**両様共算して五百何十円**　払い下げをうけた藩邸敷地坪数は一万一、八五六坪で、払い下げ価格は一、〇〇〇坪一五円ゆえ、地代総額は、一七七円八四銭。この金額を支払った領収書が残されている。(『慶應義塾百年史』上巻、三三二―三六頁)。町地については詳細不明。

して遣《や》る。教師達もその通りで、外に出れば随分《ずいぶん》給料の取れるのを取らずに塾の事を勤めるから、是《こ》れも私金を出すと同じ事である。凡《およ》そコンな風で無資金の塾も維持が出来たが、その時の真面目《しんめんもく》を申せば、月末などに金を分配するとき、動《やや》もすれば教師の間に議論が起るその議論は即《すなわ》ち金の多少を争う議論で、僕はコンなに多く取る訳《わ》けはない、君の方が少ないと云《い》うと、私は「イヤ爾《そ》うでない、僕は是《こ》れで沢山だ、イヤ多い、少ないと、喧嘩のように云《いっ》てるから、私は側《そば》から見て、「ソリャ又始まった、大概にして置きなさい、ドウせ足りない金だから宜《い》い加減にして分けて仕舞《しま》え、争う程の事でもないと毎度笑《わらっ》て居ました。この通りで慶應義塾の成立《なりたち》は、教師の人々がこの塾を自分のものと思うて勉強したからの事です。決して私一人の力に叶う事ではない。人間万事余り世話をせずに放任主義の方が宜いかと思われます。その後時勢も次第に進歩するに従い、塾の維持金を集め、又《また》大学部の為《た》めにも募《つの》り、近来は又重ねて募集金[1]を始めましたが、是れも私は余り深く関係せず、一切《いっさい》の事を塾出身の若い人に任せて居ます。

## 暗殺の心配

是《こ》れまで御話し申した通り、私の言行は有心故造《ゆうしんこぞう》[2]態《わざ》と敵を求める訳《わ》けでは固《もと》よりないが、鎖国風の日本に居て一際《ひときわ》目立つ様《よう》に開国文明論を主張すれば、自然に敵の出来るのも仕方がない。その敵も口で彼是《かれこれ》喧《やかま》しく云て罵詈《ばり》する位は何でもないが、唯《ただ》怖くて堪《たま》らぬのは襲撃暗殺の一事です。是《こ》れから少しその事を述べましょうが、凡《およ》そ世の中に我身に取《とっ》て好かない、不愉快な、気味の悪い、恐ろしいものは、暗殺が第一番である。この味は狙われた者より外《ほか》に分るまいと思う。実に何とも口にも言われず筆にも書かれません。是れが病気を煩《わずら》うとか、痛所《いたみどころ》があるとか何とか云《い》えば、家内に相談し朋友に謀《はか》ると云う様なこともあるが、暗殺ばかりは家内の者へ云えば当人よりは却《かえっ》て家の者が心配しましょう、心配して呉《く》れてソレが何にも役に立たぬ、ダカラ私はそんな事を家内の者に云《いっ》た事もなければ親友に告げた事もない。固《もと》よりこの身に罪はない、仮令《たと》い狙われても恥かしい事ではないと云うことは分切《わかりきっ》て居ても、人に語《かたっ》て無益の事であるから、心配するのは自分一人である。私が暗殺を心配したのは毎度の事で、或《あるい》は風《ふう》声鶴唳《せいかくれい》[3]にも驚きました。丁度今の狂犬を見たようなもので、おとなしい犬でも気味が悪いと云《い》

1 **大学部の為めにも募り、近来は又重ねて募集金** 慶應義塾の学事改良に際し、明治三十（一八七九）年秋より基本金設置のための募金を開始した。 2 **有心故造** 下心をもって故意に行うこと。 3 **風声鶴唳** 「風声」は風の音、「鶴唳」は鶴の鳴き声。わずかな物音にも驚き、おびえることのたとえ。『晋書』謝玄伝にもとづく言葉。ここでは、ちょっとした物音や人声のこと。

うような訳《わ》けで、どうも人を見ると気味がわるい。ソレに就《つい》ては色々面白い話がある。

### 床の下から逃げる積り

今この三田《みた》の屋敷の門を這入《はいっ》て右の方にある塾の家は、[1]明治初年私の住居《すまい》で、その普請《ふしん》をするとき、私は大工に命じて家の床《ゆか》を少し高くして、押入の処に揚板《あげいた》を造《つくっ》て置《おい》たと云うのは、若《も》し例の奴等《やつら》に踏込まれた時に、旨《うま》く逃げられゝば宜《よ》いが、逃げられなければ揚板から床の下に這入て其処《そこ》から逃出《にげだ》そうと云う私の秘計で、今でも彼処《あすこ》の家は爾《そ》うなって居ましょう。その大工に命ずる時に何故と云うことは云われない、又家内の者にも根ッから面白い話でないから何とも云うことが出来ぬ、詰《つま》り私独りの苦労で、実に馬鹿気《ばかげ》た事ですが、夫《そ》れは差置《さしお》き、私の見る処で、我開国以来世に行われた

### 暗殺の歴史

暗殺の歴史を申さんに、最初は唯《ただ》新開国の人民が外国人を嫌うと云うまでの事で、深い意味はない。外国人は穢《けが》れた者だ、日本の地には足踏みもさせられぬと云うことが国民全体の気風で、その中に武家は双刀を腰にして気力もあるから、血気の若武者は折々《おりおり》外国人を暗打《やみうち》にしたこともある。併《しか》しその若武者も日本人を憎む訳《わ》けはないから、私などが仮令《たと》い時の洋学書生であっても災に罹《かか》る筈はない。大阪修業中は勿論《もちろん》、江戸に来ても当分は誠に安心、何も心配したことはない。例えば開国の初に、横浜で露西亜《ロシア》人の斬られたことなどは、唯《ただ》その事変に驚くばかりで自分の身には何とも思わざりしに、その後間もなく外人嫌いの精神は俄《にわか》に進歩して殺人《ひとごろし》の法

が綿密になり、筋道《すじみち》が分《わか》り、区域が広くなり、之《これ》に加《くわ》うるに政治上の意味をも調合して、万延元年、井伊《いい》大老の事変後[2]は世上何となく殺気を催《もよお》して、手塚律蔵《てづかりつぞう》、東条礼蔵《とうじょうれいぞう》は洋学者なるが故にとて長州人に襲撃せられ、塙二郎《はなわじろう》[3]は国学者として不臣なりとて何者かに首を斬《き》られ、江戸市中の唐物屋《とうぶつや》[4]は外国品を売買して国の損害するとて苦しめらるゝと云《い》うような風潮になって来ました。是《こ》れが即《すなわ》ち尊王攘夷の始りで、幕府が王室に対する法は多年来何も相替ることはなけれども、京都の御趣意《ごしゅい》は攘夷一天張〔点〕りであるのに、然《しか》るに幕府の攘夷論は兎角因循姑息《とかくいんじゅんこそく》[5]に流れて埒《らち》が明かぬ、即ち京都の御趣意に背《そむ》くものである、尊王の大義を弁《わきま》えぬものである、外国人に媚びるものである、と斯《こ》う云《い》えば、その次には洋学者流を売国奴と云うのも無理はない。サア洋学者も怖くなって来た。殊《こと》に私などは同僚親友の手塚、東条両人まで侵されたと云うのであるから、怖がらずには居られない。又真実怖い事もある。凡《およ》そ維新前、文久二、三年から維新後、

**1　三田の屋敷の門を這入て右の方にある塾の家**　三田移転当初、敷地の北東隅の門（現、東門）を入り、現在の慶應義塾図書館（旧館）のあたりに福澤の住居があった。**2　万延元年、井伊大老の事変**　桜田門外の変。一五一頁注5参照。**3　塙二郎**　一八〇七（文化四）年―六二（文久二）年。国学者、塙保己一の四男。和学講談所御用掛。廃帝の事例を調べたとの誤解をうけて、九段坂付近で長州藩士に暗殺された。**4　唐物屋**　輸入雑貨店、洋品店。**5　因循姑息**　旧習を改めず、一時しのぎで間にあわせること。

明治六、七年の頃まで、十二、三年の間が最も物騒な世の中で、この間私は東京に居て夜分は決して外出せず、余儀《よぎ》なく旅行するときは姓名を偽《いつわ》り、荷物にも福澤と記さず、コソ〳〵して往来するその有様《ありさま》は、欠落者《かけおちもの》[1]が人目を忍び、泥坊《どろぼう》が逃げて廻《ま》わるような風《ふう》で、誠に面白くない。そのとき途中で廻国巡礼[2]に出逢い、その笠を見れば何の国何郡何村の何某《なにがし》と明白に書《かい》てある。「扨《さて》々羨《うらや》ましい事だ、乃公《おれ》もア丶云《い》う身分になって見たいと、自分の身を思い又世の有様を考えて、妙な心持になって、ソレからその巡礼に銭など与えて、貴様達は夫婦か、故郷に子はないか、親はあるか、など色々話し、問答して別れたことは今に覚えて居ます。

**廻国巡礼を羨む**

是《こ》れも私が姓名を隠して豊前中津《ぶぜんなかつ》[3]から江戸に帰《かえっ》て来た時の事です。元治元年、私が中津に行《いっ》て、小幡篤次郎《おばたとくじろう》兄弟を始め同藩子弟七、八名に洋学修業を勧めて共に出府する時に、中津から先《ま》ず船に乗《のっ》て出帆《しゅっぱん》すると、二、三日天気が悪くて、風次第で何処《どこ》の港に入るか知れない、スルと南無三宝[4]、攘夷最中の長州室津《ちょうしゅうむろつ》と云う港に船が着《つい》た。そのとき私は同行少年の名を借りて三輪光五郎《みわみつごろう》[5]（今日は府下目黒のビール会社に居る）と名乗《なのっ》て居たが、一寸《ちょいと》上陸して髪結床《かみゆいどこ》に行《いっ》た所が、床の親仁《おやじ》が喋々《ちょうちょう》[6]述べて居る、「幕府を打潰《ぶっつぶ》す——毛唐人を追巻《おいま》くると云い、女子供の唄の文句は忘れたが、「やがて長門《ながと》は江戸になるとか何とか

**長州室津の心配**

云うことを面白そうに唄うて居る。そのあたりを見れば兵隊が色々な服装《なり》をして鉄砲を担《かつ》いで威張《いばつ》て居るから、若《も》しも福澤と云《い》う正体が現われては、たった一発と、安い気はしないが、爰《ここ》が大事と思い態《わざ》と平気な顔をして、唯《ただ》順風を祈《いのつ》て船の出られるのを待《まつ》て居るその間の怖さと云うものは、何の事はない、躄者《いざり》が病犬《やまいぬ》7に囲まれたようなものでした。ソレから船は大阪に着《つい》て上陸、東海道をして箱根に掛り、峠の宿の破不屋《はふや》と云う宿屋に泊ると、奥の座敷に戸田何某《なにがし》8と云う人が江戸の方から来て先《さ》きに泊《とまつ》て居る。この人は当時、山陵奉行とか云う京都の御用を勤めて居て、供の者も大勢附《つい》て居る様子、問わずと知れた攘夷の一類

## 箱根の心配

**1 欠落者** 失踪者。逃亡者。 **2 廻国巡礼** 諸国の霊場、寺社を巡礼する者。 **3 小幡篤次郎兄弟** 小幡篤次郎と仁三郎。篤次郎については二二三頁注2参照。仁三郎（のち、甚三郎、弘化二〔一八四五〕年―明治六〔七三〕年）は、兄に次いで慶應義塾の塾長となり、明治四（一八七一）年、旧藩主奥平昌邁《まさゆき》に従いアメリカに留学し、同六（一八七三）年一月、同地で病死した。 **4 南無三宝** なむさん。驚嘆した時などに発する語。さあ大変だ。 **5 三輪光五郎** 一八四八（嘉永元）年―一九二七（昭和二）年。中津藩士。小幡兄弟とともに福澤に伴われて江戸に出た最古参の塾生の一人。築地兵学校教授、東京医科大学監事などを経て、エビスビール会社支配人。 **6 喋々** しきりにしゃべるさま。 **7 病犬** 狂犬。 **8 戸田何某** 戸田大和守忠至《ただゆき》（一八〇九〔文化六〕年―八三〔明治十六〕年）。宇都宮藩家老。文久二（一八六二）年、山陵奉行（天皇陵など御陵の修補をつかさどる職務）に補せられた。

と推察して気味が悪い、終夜ろくに寝もせず、夜の明ける前に早々宿屋を駈出《かけだ》してコソ〳〵逃げたことがある。

### 中村栗園先生の門を素通り

その時の道中であったか、江州水口《ごうしゅうみなくち》、中村栗園《なかむらりつえん》先生の門前を素通《すどお》りしましたが、是《こ》れは甚《はなは》だ気に済まぬ。栗園の事は前にも申す通り私の家と浅からぬ縁のある人で、前年、私が始めて江戸に出るとき水口を通行して其処《そこ》へ尋ねた所が、先生は非常に喜んで、過ぎし昔の事共を私に話して聞かせ、「お前の御親父《ごしんぷ》の大阪で御不幸の時は、私は直《す》ぐ大阪に行《いっ》て、ソレからお前達が船に乗《のっ》て中津に帰るその時には、私がお前を抱いて安治川口《あじかわぐち》の船まで行《いっ》て別れた。そのときお前は年弱《としよわ》の三つで、何も知らなかろうなど〻云う話で、私も実にほんとうの親に逢《あっ》たような心持がして、今晩は是非《ぜひ》泊れと云《いっ》て、中村の家に一泊しました。斯《か》くまでの間柄であるから、今度も是非とも訪問しなければならぬ。所がその前に人の噂を聞けば、水口の中村先生は近来専《もっぱ》ら孫子[1]の講釈をして、玄関には具足《ぐそく》[2]などが飾《かざっ》てあると云う、問うに及ばず立派な攘夷家である、人情としては是非とも立寄《たちよっ》て訪問せねばならぬが、ドウも寄ることが出来ぬ。栗園先生は頼んでも私を害する人ではないが、血気の門弟子《もんていし》が沢山《たくさん》居るから、立寄れば迚《とて》も助からぬと思《おもっ》て、不本意ながらその門前を素通りしました。その後先生には面会の機会がなくて、遂《つい》に故人になられました。今日に至るまでも甚《はなは》だ心残りで不愉快に思います。

以上は維新前の事で、直《ただち》に私の身に害を及ぼしたでもなし、唯無暗《ただむやみ》に私が怖く思《おもっ》たばかり、所謂《いわゆる》世間の風声鶴唳《ふうせいかくれい》に臆病心を起したのかも知れないが、維新後になっても忌《いや》な風聞は絶えず行われて、何分にも不安心のみか、歳月を経《へ》て後に聞けば、実際恐るべき事も毎度のことでした。頃は明治三年、私が豊前中津《ぶぜんなかつ》へ老母の迎いに参《まいっ》て、母と姪[3]と両人を守護して東京に帰《かえっ》たことがあります。その時は中津滞留も左《さ》まで怖いとも思わず、先《ま》ず安心して居ましたが、数年の後に至《いたっ》て実際の話を聞けば、恐ろしいとも何とも、実に命拾いをしたような事です。私の再《また》

**増田宗太郎に窺わる**

従弟《いとこ》に増田宗太郎《ますだそうたろう》〔宋〕[4]と云う男があります。この男は後に九州西南の役に賊軍に投じて城山で死に就《つい》た一種の人物で、世間にも名を知られて居ますが、私が中津に行《いっ》たときはマダ年も若く、私より十三、四歳も下ですから、私は之《これ》を子供のように思い、且《か》つ住居《すまい》の家も近処《きんじょ》で朝夕往来して交際は前年の通り、宗《そう》さん〳〵と云《いっ》て親しくして居

**1 孫子** 中国、呉の兵法家、孫武の兵法書。 **2 具足** 甲冑、刀などの武具。 **3 姪** 姪は兄・三之助の遺児、いち（一）。 **4 増田宗太郎** 一八五〇（嘉永三）年―七七（明治十）年。中津藩士。福澤の母方の又従兄弟。渡辺重石丸に国学、漢学を学び、のち、京都の皇学所に学ぶ。一時慶應義塾に入ったが数ヵ月で中津に帰る。『田舎新聞』社長兼主筆。

ましたが、元来《がんらい》この宗〔宋〕太郎の母は神官の家の妹で、その神官の倅《せがれ》即《すなわ》ち宗太郎の従兄《いとこ》に水戸学風の学者があって、宗太郎はその従兄を先生にして勉強したから中々エライ、その上に増田《ますだ》の家は年来堅固なる家風で、封建の武家としては一点も愧《はじ》る所はない。宗太郎の実父は私の母の従兄ですから、私もその風采《ふうさい》を知《しっ》て居ますが、ソレハソレハ立派な侍《さむらい》と申して宜《よろ》しい。この父母に養育せられた宗太郎が水戸学、国学を勉強したとあれば、所謂《いわゆる》尊攘家に違いはあるまい。ソコで私は今度中津に帰《かえっ》ても宗太郎をば乳臭《にゅうしゅう》の小児と思い、相替らず宗《そう》さん〱で待遇して居た処が、何ぞ料《はか》らん、この宗さんが胸に一物、恐ろしい事をたくらんで居て、そのニコ〱優しい顔をして私方に出入《しゅつにゅう》したのは全く探偵の為《た》めであったと云《い》う。扨《さて》探偵も届いたか、いよ〱今夜は福澤を片付けると云《い》うので、忍び〱に動静《ようす》を窺《うかが》いに来た、田舎の事で外廻りの囲いもなければ戸締りもない、所が丁度《ちょうど》その夜《よ》は私の処に客があって、その客は服部五郎兵衛《はっとりごろべえ》[1]と云う私の先進先生、至極磊落《しごくらいらく》な人で、主客相対《しゅかくあいたい》して酒を飲みながら談論《はなし》は尽きぬ。その間宗太郎は外に立《たっ》て居たが、十二時になっても寝そうにもしない、一時になっても寝そうにもしない、何《い》時《つ》までも二人差向いで飲んで話をして居るので、余儀《よぎ》なくお罷《や》めになったと云う。是《こ》れは私が大酒《たいしゅ》夜更《よふか》しの功名ではない僥倖《ぎょうこう》である。

ソレから家の始末も大抵《たいてい》出来て、いよ〱中津の廻米船[2]に乗《のっ》て神戸まで行き、神戸から東京までの間は外国の郵船に乗る積りで、サア乗船と云《い》う所が、中津《なかつ》の海は浅くて都合が悪い。中津の西一里ばかりの処に鵜《う》ノ島《しま》と云う港があって、其処《そこ》に船が掛《かかっ》て居ると云うから、私はそのとき大病後ではあるし、老人、子供の連れであるから、前日から鵜ノ島に行《いっ》て一泊して翌朝ゆるりと乗船する趣向にして、その晩鵜ノ島の船宿のような家に泊りましたが、知らぬが仏とは申しながら、後に聞けばこの夜が私の万死一生、恐ろしい時であったと云うは、

**一夜の危険**

その船宿の若い主人が例の有志者の仲間であるとは恐ろしい、私の一行は老母と姪とその外《ほか》に近親今泉《いまいずみ》の後室と小児[3]（小児は秀太郎《ひでたろう》六才）、役に立ちそうな男は私一人、是《こ》れも病後のヒョロ〳〵と云うその人数を留《と》めて置て、宿の奴が中津の同志者に使《つかい》を走らして、「今夜は上都合云々《うんぬん》と内通したから堪《たま》らない。ソコデ以《もっ》て中津の有志者即《すなわ》ち暗殺者は、金谷《かなや》と

1 **服部五郎兵衛**　中津藩士。禄高二百石の上士格。奏者番、元締役に任じた。鹿児島で西洋砲術を学ぶ。福澤の幼少時に四書の素読を教えた。福澤の姉かね（鐘）が服部の弟復城に嫁している。2 **廻米船**　諸藩の年貢米、蔵米などを江戸や大阪に廻送した船。3 **近親今泉の後室と小児**　福澤夫人きん（錦）の姉、今泉たうとその子、秀太郎。たうは西洋流の助産法を学んだ。秀太郎は明治十七（一八八四）年四月に慶應義塾を卒業、同年九月に福澤による戯文を付した錦絵「北京夢枕」を出版、その後渡米して甲斐商店に勤務、かたわら漫画、写真術などを学ぶ。二十三（一八九〇）年に帰国して時事新報社に入り、一瓢の名で挿絵や漫画を担当した。著書に『一瓢雑話』がある。

云《い》う処に集会を催《もよお》して、今夜いよ〳〵鵜《う》ノ島《しま》に押掛けて福澤を殺すことに議決した、その理由は、福澤が近来奥平《おくだいら》の若殿様を誘引《そそのか》して亜米利加《アメリカ》に遣《や》ろうなんと云う大反《だいそ》れた計画をして居るのは怪《け》しからぬ、不臣な奴だと云う罪状であるから、満座同音、国賊の誅罰に異論はない。

福澤の運命はいよ〳〵切迫した、老人子供の寝て居る処に血気の壮士が暴れ込んでは迚《とて》も助かる道はない、所が爰《ここ》に不思議とや云《い》わん、天の恵《めぐみ》とや云わん、壮士連の中に争論を生じたと云うのは、如何《いか》にも今夜は好機会で、行《ゆ》きさえすれば必ず上首尾と極《きまっ》て居るから、功名手柄を争うは武士の習いで、仲間中の両三人が、「乃公《おれ》が魁《さきがけ》すると云えば、又一方の者は、「爾《そ》う甘くは行かん、乃公の腕前で遣《やっ》て見せると言出して、負けず劣らず、とう〳〵仲間喧嘩が始まって、深更に及ぶまで如何《どう》しても決しない、余り喧嘩が騒々しく、大きな声が近処《きんじょ》まで聞えると、その隣家に中西与太夫《なかにしよだゆう》1と云う人の住居《すまい》がある、この人は私などより余程年を取《とっ》て居る、その人が何の事か知らんと行《いっ》て見た所が、斯《こ》う〳〵云《い》う訳《わ》けだと云う。中西は流石《さすが》に老成の士族だけあって、「人を殺すと云うのは宜《よ》くない事だ、思止《おもいと》まるが宜《い》いと云うと、壮士等は中々聞入れず、「イヤ思止まらぬと威張《いば》る、ヤレ止まれ、イヤ止まらぬと、今度は老人を相手に大議論を始めて、彼《か》れ此《こ》れと悶着《もんちゃく》して居る間に夜《よ》が明けて仕舞《しまい》い、私は何にも知らずにその朝船に乗《のっ》て海上無事神戸に着きました。

**老母の大坂見物も叶わず**

扨神戸《さてこうべ》に着《つい》た処で、母は天保七年、大阪を去《さっ》てから三十何年になる、誠に久し振りの事であるから、今度こそ大阪、京都方々《ほうぼう》を思うさま見物させて悦《よろこ》ばせようと、中津《なかつ》出帆《しゅっぱん》の時から楽しんで居た処が、神戸に上陸して旅宿《やどや》に着《つい》て見ると、東京の小幡篤次郎《おばたとくじろう》から手紙が来てあるその手紙に、昨今京阪の間甚《はなは》だ穏かならず、少々聞込《ききこ》みし事もあれば、神戸に着船したらば成《な》るたけ人に知られぬように注意して、早々郵船にて帰京せよとある。ヤレ〳〵又《また》しても面白くない報《しらせ》だ、左《さ》ればとてこんな忌《いや》な事を老母の耳に入れるでもなしと思い、何かつまらぬ口実《いいぐさ》を作《つくっ》て、折角楽しみにした上方《かみがた》見物も罷《や》めにして、空しく東京に帰《かえっ》て来ました。

**警戒却て無益なり**

前の鵜《う》ノ島《しま》の話に引替えて、誠に馬鹿々々《ばかばか》しい事もあります。明治五年かと思う。私が中津《なかつ》の学校[2]を視察に行き、その時旧藩主に勧めて一家挙《こぞ》って東京に引越し、私が供をして参ると云《い》うことになった。処《ところ》で藩主が藩地を去るは固《もと》より士族の悦《よろこ》ぶことでない。私も能《よ》くその情実は知《しっ》て居るけれども、昔の大名風で藩地に居れば奥平《おくだいら》家の維持が

1 **中西与太夫** 中津藩士。小野派一刀流の使い手で、山奉行や郡方勘定人をつとめた。2 **中津の学校** 明治四（一八七一）年十一月に開校した中津市学校。旧中津藩の藩主奥平家、士族の互助組織天保義社などの出資により、福澤や小幡篤次郎などが組織づくりを支援して発足した。

出来ない、思切《おもいきつ》て断行せよと云《い》うので、疾雷耳《しつらい》を掩《おお》うに暇《いとま》あらず、[1]僅《わず》か六、七日間の支度《したく》で、御隠居様も御姫様も中津《なかつ》[2]の浜から船に乗《のつ》て馬関《ばかん》に行き、馬関で蒸気船に乗替えて神戸《こうべ》と、都《すべ》ての用意調《ととの》い、いよ〳〵中津の船に乗て夕刻沖の方に出掛けた処が生憎《あいにく》風がない、夜中水尾木《みおぎ》[3]の処《ところ》にボチャ〳〵して少しも前に進まない。ソコで私は考えた。「コリャ大変だ、爰《ここ》にグズ〳〵して居ると例の若武者が屹《きっ》と遣《やっ》て来るに違いない、来ればその目指す敵《かたき》は自分一人だ、幸い夜の明けぬ中に船を上《あがっ》て陸行するに若《し》くはなしと決断して、極暑《ごくしょ》の時であったが、払暁《ふつぎょう》マダ暗い中に中津の城下に引返して、その足で小倉まで駈けて行きました。所が大きに御苦労、後に聞けばこの時には藩士も至極《しごく》穏かで何の議論もなかったと云う。此方《こっち》が邪推を運《めぐ》らして用心する時は何でもなく、ポカンとして居る時は一番危《あやう》い、実に困《こまっ》たものです。

**疑心暗鬼互に走る**

時は違うが維新前、文久三、四年の頃、[4]江戸深川六軒堀に藤沢志摩守《ふじさわしまのかみ》[5]と云う旗本《はたもと》がある。是《こ》れは時の陸軍の将官を勤め、極《ごく》の西洋家で、或日《あるひ》その人の家に集会を催《もよお》し、客は小出播磨守《こいではりまのかみ》[6]、成島柳北《なるしまりゅうほく》[7]を始め、その外《ほか》皆むかしの大家と唱うる蘭学医者、私とも合して七、八名でした。その時の一体の事情を申せば、前に申した通り、私は十二、三年間、夜分外出しないと云う時分で、最も自《みず》から警《いまし》めて、内々《ないない》刀にも心を用い、能《よ》く研《と》がせて斬《き》れるようにして居ます。敢《あえ》て之《これ》を頼みにするではなけれども、集会の話が面白く、ツイ〳〵

怖い事を忘れて思わず夜を更《ふ》かして、十二時にもなった所で、座中みな気が付《つい》て、サア帰りが怖い。疵《きず》持つ身と云《い》う訳《わ》けではないが、いずれも洋学臭い連中だから皆《みん》な怖がって、「大分晩《おそ》うなったが如何《どう》だろうと云うと、主人が気を利《き》かして屋根舟を用意し、七、八人の客を乗せて、六軒堀の川岸《かし》から市中の川、即《すなわ》ち堀〔掘〕割を通り、行く〳〵成島《なるしま》は柳橋《やなぎばし》から上《あが》り、それから近いもの〳〵と段々に上げて、仕舞《しまい》に戸塚《とつか》と云う老医[8]と私と二人になり、新橋の川岸に着《つい》て、戸塚は

1 **疾雷耳を掩うに暇あらず** 雷が急に鳴り出して耳をふさぐ暇もない。事態が急でそれに備えるだけの時間がないこと。 2 **御隠居様も御姫様も** ご隠居様は藩主・奥平昌邁《まさゆき》の養父、昌服《まさとも》。お姫様は昌服の娘、春子。 3 **水尾木** 澪つくし。通行する船を水先案内するための、標識とした杭。 4 **文久三、四年の頃** 後出に「新銭座に帰る」「寒い晩」とあるので、文久二（一八六二）年の暮れから翌年の初め頃のことと思われる。 5 **藤沢志摩守** 桂川甫賢の子。旗本の名家、藤沢家の養嗣子となり、藤沢次謙と称した。軍艦奉行、陸軍副総裁を経て、沼津兵学校を設立。維新後は明治政府に出仕し、元老院少書記となった。 6 **小出播磨守** 名は英道。旗本。歩兵奉行。 7 **成島柳北** 一八三七（天保八）年―一八四（明治十七）年。旗本。洋学を学び、外国奉行などをつとめ、維新後は文筆生活に入り朝野新聞社長となる。著書に『柳橋新誌』などがある。 8 **戸塚と云う老医** 戸塚静海（一七九九〔寛政十一〕年―一八七六〔明治九〕年）のこと。幕府の侍医。シーボルトの鳴滝塾に学ぶ。

麻布に帰り私は新銭座《しんせんざ》に帰らねばならぬ。新橋から新銭座まで凡《およ》そ十丁もある。時刻はハヤ一時過ぎ、然《し》かもその夜は寒い晩で、冬の月が誠に能《よ》く照して何となく物凄い。新橋の川岸《かし》へ上《あがっ》て大通りを通り、自《おのず》から新銭座の方へ行くのだから、此方側《こっちがわ》即《すなわ》ち大通り東側の方を通《とおっ》て四辺《あたり》を見れば人は唯《ただ》の一人も居ない。その頃は浪人者が徘徊して、其処《そこ》にも此処《ここ》にも毎夜のように辻《つじ》斬《ぎり》とて容易に人を斬ることがあって、物騒とも何とも云《い》うに云われぬ、夫《そ》れから袴《はかま》の股立《ももだち》を取《とっ》て[1]進退に都合の好《い》いように趣向して、颯々《さっさ》と歩いて行《ゆ》くと丁度《ちょうど》源助町《げんすけちょう》[2]の央《なかば》あたりと思う、向《むこう》から一人やって来るその男は大層《たいそう》大きく見えた。実は如何《どう》だか知らぬが、大男に見えた。「ソリャ来た、どうもこれは逃げた所がおっ付《つか》ない。今ならば巡査が居るとか人の家に駈込《かけこ》むとか云うこともあるが、如何《どう》して〳〵騒々しい時だから不意に人の家に入られるものでない、却《かえっ》て戸を閉《たっ》て仕舞《しまっ》て、出て加勢しようなんと云うものゝないのは分り切《きっ》てる。「コリャ困《こまっ》た、今から引返すと却て引身《ひけみ》になって追駈けられて後から遣《や》られる、寧《いっ》そ大胆に此方から進むに若《し》かず、進むからには臆病な風を見せると付上《つけあが》るから、衝当《つきあた》るように遣ろうと決心して、今まで私は往来の左の方を通て居たのを、斯《こ》う斜《ななめ》に道の真中へ出掛けると、彼方の奴も斜《ななめ》に出て来た。コリャ大変だと思《おもっ》たが、最《も》う寸歩も後に引かれぬ。いよ〳〵となれば兼《かね》て少し居合の心得もあるから、如何《どう》して呉《く》れようか、これは一ツ下から刎《は》ねて遣《や》りましょうと云う考《かんがえ》で、一生懸命、イザと云《い》えば真実《ほんとう》に遣《や》る所存《つもり》で行くと、先方《むこう》もノソ〳〵遣《やっ》て来る。私は実に人を斬《きる》と云《い》うことは大嫌い、見るのも嫌いだ、けれども逃げれば斬られる、仕方がない、愈《いよい》よ先方《むこう》が抜掛《ぬきかか》れば背に腹は換えられぬ、此方《こっち》も抜《ぬい》て先を取らねばならん、その頃は裁判もなければ警察もない、人を斬《きっ》たからと云《いっ》て咎《とが》められもせぬ、只《ただ》その場を逃げさえすれば宜《よろ》しいと覚悟して、段々行くと一《ひと》歩々々《あしひとあし》近くなって、到頭《とうとう》すれ違いになった、所が先方《あっち》の奴も抜かん、此方《こっち》は勿論《もちろん》抜かん、所で擦違《すれちがっ》たから、それを拍子に私はドン〳〵逃げた。どの位《くらい》足が早かったか覚えはない、五、六間《けん》先へ行《いっ》て振返《ふりかえっ》て見ると、その男もドン〳〵逃げて行く。如何《どう》も何とも云われぬ、実に怖かったが、双方逃げた跡で、先《ま》ずホッと呼吸《いき》をついて安心して可笑《おか》しかった。双方共に臆病者と臆病者との出逢い、拵《こしら》えた芝居のようで、先方《さき》の奴の心中も推察が出来る。コンな可笑《おか》しい芝居はない。初めから此方《こっち》は斬る気はない、唯《ただ》逃げては不味《まず》い、屹《きっ》と殺《や》られると思《おもっ》たから進んだ所が、先方《さき》も中々心得て居る、内心怖《こ》わ〳〵表面颯々《さっさ》と出て来て、丁度《ちょうど》抜きさえすれば切先《きっさき》の届く位すれ〳〵になった処《ところ》で、身を翻《ひるがえ》して逃出《にげだ》したのは誠にエライ。こんな処で殺されるのは真実の

1 **袴の股立を取て**　袴の左右をつまみ上げて腰の紐に挟むこと。足裁きをよくするための格好。　2 **源助町**　現在の新橋五丁目付近。

犬死だから、此方《こっち》も怖かったが、彼方《あっち》もさぞ〳〵怖かったろうと思う。今その人は何処《どこ》に居るやら、三十何年前若い男だから、まだ生きて居られる年だが、生きて居るなら逢うて見たい。その時の怖さ加減を互《たがい》に話したら面白い事でしょう。

## 雑記

**暗殺の患は政治家の方に廻わる**

凡《およ》そ私共の暗殺を恐れたのは、前に申す通り文久二、三年から明治六、七年頃までのことでしたが、世間の風潮は妙なもので、新政府の組織が次第に整頓して、随《したがっ》て執政者の権力も重きを成して、自《おのず》から威福[1]の行われるようになると同時に、天下の耳目《じもく》は政府の一方に集り、私の不平も公衆の苦情も何も蚊《か》もその原因を政府の当局者に帰して、之《これ》に加《くわ》うるに羨望嫉妬《せんぼうしっと》の念を以《もっ》てして、今度は政府の役人達が狙われるようになって来て、洋学者の方は大《おおい》に楽になりました。喰違《くいちがい》に岩倉《いわくら》公襲撃[2]の頃からソロ〳〵始まって、明治十一年、大久保《おおくぼ》内務卿の暗殺[3]以来、毎度の兇変《きょうへん》は皆政治上の意味を含んで居るから、云《い》わば学者の方は御留主《おるす》になって、政治家の為《ため》には誠に気の毒で万々推察しますが、私共は人に羨《うらや》まれる事がないから、先《ま》ず以《もっ》て今日は安心と思います。

**剣を棄て、剣を揮う**

私が芝《しば》の源助町《げんすけちょう》で人を斬《き》ろうと決心した、居合《いあい》も少し心得て居るなんて云《い》えば、何か武人めいて刀剣でも大切にするように見えるけれども、その実は全く反対で、爾《そ》うではないどころか、日本武士の大小を丸で罷《や》めて仕舞《しま》いたいとは私の宿願でした。源助町のときには成程《なるほど》双刀を挟《さ》して、刀は金剛兵衛盛高《こんごうびょうえもりたか》[4]、脇差は備前祐定《びぜんすけさだ》、先《ま》ず相応に切れそうな物であったが、その後、間もなく盛高も祐定も家にある刀剣類はみんな売《う》て仕舞《しまっ》て、短かい脇差のような物を刀にして御印《おしるし》に挟して居たが、是《こ》れに就《つい》ても話がある。或日《あるひ》、本郷に居る親友高畑五郎《たかばたけごろう》〔畠〕を訪問していろ〳〵話をして居る中に、不図《ふと》気が付《つい》て見ると恐ろしい長い刀が床の間に一本飾《かざっ》てあるから、私が高畑に向《むかっ》て、あれは居合刀のようだが何にするのかと問えば、主人の云うに、近来世の中に剣術が盛《さかん》になって刀剣が行われる、ナニ洋学者だからと云《いっ》て負けることはない、僕も一本求めたのだとリキンで居るから、私は之《これ》を打消し、「ソレは詰《つま》ら

1 **威福** 権力でおどしたり、恩恵をほどこしたりして、人民を思いのままに従わせること。 2 **喰違に岩倉公襲撃** 明治七（一八七四）年一月、岩倉具視が赤坂喰違で高知県士族らに襲撃されて負傷した。 3 **大久保内務卿の暗殺** 明治十一（一八七八）年五月、大久保利通が紀尾井坂で石川県士族らに暗殺された。 4 **金剛兵衛盛高** 筑前の刀工で正宗直門の名匠。ここでは彼のつくった刀。

ない、君は之《これ》を以《もっ》て威《おど》すつもりだろうが、長い刀を家に置《おい》て今の浪人者を威《おど》そうと云《いっ》ても、威《おど》嚇《かし》の道具になりはしない。詰《つま》らぬ話だ、止《よ》しなさい。僕は家にある刀剣はみんな売《うっ》て仕舞《しまっ》て、今挟《さ》して居ることの大小二本きりしかない。然《し》かもその大の方は長い脇差を刀にしたので、小の方は鰹節小刀《かつおぶしこがたな》を鞘《さや》に蔵《おさ》めてお飾《かざり》に挟して居るのだ。ソレに君がこんな大造《たいそう》な長い刀を弄《いじ》くると云うのは、君に不似合だ、止《よ》すが宜《よ》い、御願《おねがい》だから止《よ》して呉《く》れ。論より証拠、君にはこの刀は抜けないに極《きまっ》て居る、それとも抜くことが出来るか。「ソレは抜くことは出来ない、迚《とて》もこんな長い物を。「ソリャ見たことか、抜けもせぬものを飾《かざっ》て置くと云《い》う馬鹿者があるか。僕は一切刀を罷《や》めて居るが、憚《はばか》りながら抜くことは知《しっ》て居るぞ、抜《ぬい》て見せようと云て、四尺ばかりもある重い刀を取て庭に下《お》りて、兼《かね》て少し覚え居る居合の術で二、三本抜て見せて、「サア見給《たま》え、この通りだ。どうだ、君には抜けなかろう。その抜ける者は疾《と》くに刀を売て仕舞《しまっ》たのに、抜けない者が飾て置くとは間違いではないか。是《こ》れは独り吾々《われわれ》洋学者ばかりでない、日本国中の刀を皆《みん》なうっちゃって仕舞《しま》うと云うことにしなければならぬ、だからこんなものは颯々《さっさ》と片付けて仕舞うが宜《よろ》しい。君も今から廃刀と決心して、いよ〳〵飾りに挟さなければならんと云うなら、小刀でも何でも宜《よろ》しいと云て、大きに論じた事がある。

是《こ》れも大抵《たいてい》同時代と思う。幕府の飜訳局《ほんやくきょく》に雇れて其処《そこ》に出て居た時、或人《あるひと》が私に話すに、「近来なか〳〵面白い扇子《せんす》が流行《はや》る。鉄扇《てっせん》と云《い》うものは昔から行われて居たが、今はソレが大《おおい》に進歩して、唯《ただ》の扇子と見せて置《おい》て、その実はヒョイと抜くと懐剣が出て来る、なか〳〵面白い事を発明したと噂《うわさ》して居る。

**扇子から懐剣が出る**

ソコで私が大にまぜかえして遣《やっ》た。「扇子の中から懐剣の出るのが何が賞《ほ》めた話だ。それよりも懐剣として置て、ヒョイと抜くと中から扇子の出るのが本当だ、倒《さかさ》まにしろ、爾《そ》うしたら賞めて遣《や》る、そんな馬鹿な殺伐な事をする奴があるものか、面白くもないと云《いっ》て、打毀《うちこわ》した事を覚えて居ます。

幕府が倒れると私はスグ帰農[1]して、夫《そ》れ切《ぎ》り双刀を廃して丸腰になると、塾の中でも段々廃刀者が出来る。所がこの廃刀と云う事は中々容易な事でない。実を申せば持兇器を罷《や》めるのだから、世間の人は悦《よろこ》びそうなものだが、決して爾《そ》うでない。私が始めて腰の物なしで汐留《しおどめ》の奥平屋敷[2]に行《いっ》た所が、同藩士は大に驚き、丸腰で御屋敷に出入《しゅつにゅう》するとは殿様に不敬ではないかなどゝ議論する者もありました。又或《あ》るとき塾の小幡仁三郎《おばたじんざぶろう》と誰か二、三人で散歩中、その廃刀

1 **帰農** 官職を辞して郷里に帰り、農業に従事すること。ここでは、武士をやめて平民になること。 2 **汐留の奥平屋敷** 中津藩上屋敷。

を何処《どこ》かの壮士に見咎《とが》められて怖い思いをした事もある、けれども私は断然廃刀と決心して、少しも世の中に頓着《とんちゃく》せず、「文明開国の世の中に難有《ありがた》そうに兇器《きょうき》を腰にして居る奴は馬鹿だ、その刀の長いほど大馬鹿であるから、武家の刀は之《これ》を名《なづ》けて馬鹿メートルと云《い》うが好かろうなどゝ放言して居れば、塾中にも自《おのず》から同志がある。明治四年、新銭座《しんせんざ》から今の三《み》田《た》に移転した当分の事と思う、或日《あるひ》和田《わだ》義郎《よしろう》[1]（今は故人になりました）と云う人が、思切《おもいきっ》た戯《たわむれ》をして壮士を驚かしたことがある。この人は後に慶應義塾幼稚舎の

### 〔義〕和田与四郎 壮士を挑む

舎長として性質極《きわ》めて温和、大勢の幼稚生を実子のように優しく取扱い、生徒も亦《また》舎長夫婦を実の父母のように思うと云う程の人物であるが、本来は和歌山藩の士族で、少年の時から武芸に志して体格も屈強、殊《こと》に柔術は最も得意で、所謂《いわゆる》怖いものなしと云う武士であるが、一夕《いっせき》例の丸腰で二、三人連れ、芝《しば》の松本町《まつもと》を散歩して行くと、向うから大勢の壮士が長い大小を横たえて大道《だいどう》狭しと遣《やっ》て来る。スルと和田が小便をしながら往来の真中を歩いて行く。サアこの小便を避《よ》けて左右に道を開くか、何か咎《とが》め立てして喰《くっ》て掛るか、爰《ここ》が喧嘩の間一髪、いよ〱掛《かかっ》て来れば五人でも十人でも投《ほう》り出して殺して仕舞《しま》うと云う意気込《いきごみ》が、先方《さき》の若武者共に分《わかっ》たか、何にも云わずに避けて通《とおっ》たと云う。大道で小便とは今から考えれば随分《ずいぶん》乱暴であるが、乱世の時代には何でもない、こんな乱暴が却《かえっ》て塾の独立を保つ為《た》めになりました。

**百姓に乗馬を強ゆ**

相手は壮士ばかりでない、唯《ただ》の百姓町人に対しても色々試《こころ》みた事がある。その頃私が子供を連れて江ノ島、鎌倉に遊び、七里ケ浜《しちりがはま》を通るとき、向うから馬に乗《のっ》て来る百姓があって、私共を見るや否《いな》や馬から飛下りたから、私が咎《とが》めて、「是《こ》れ、貴様は何だと云《いっ》て、馬の口を押えて止めると、百姓が怖《こ》わそうな顔をして頻《しき》りに詫《わび》るから、私が、「馬鹿云《い》え、爾《そ》うじゃない、この馬は貴様の馬だろう「ヘイ「自分の馬に自分が乗《のっ》たら何だ、馬鹿な事するな、乗て行けと云ても中々乗らない。「乗らなけりゃ打撲《ぶんなぐ》るぞ、早く乗て行け、貴様は爾う云う奴だからいけない。今政府の法律では百姓町人、乗馬勝手次第[2]、誰が馬に乗て誰に逢うても構わぬ、早く乗て行けと云て、無理無体に乗せて遣《や》りましたが、その時私の心中で独《ひと》り思うに、古来の習慣は恐ろしいものだ、この百姓等が教育のない計《ばか》りで物が分らずに

**1 和田義郎** 一八四〇（天保十一）年—九二（明治二十五）年。慶応二（一八六六）年、紀州和歌山藩留学生として慶應義塾に入る。明治七（一八七四）年、福澤の要請で、幼少者のために慶應義塾構内に和田塾（明治十三年頃、幼稚舎と改称）を開き、終生舎長をつとめた。福澤は「親友福澤諭吉涙を揮て之を記す」と結ぶ和田の墓誌を書いている。 **2 百姓町人、乗馬勝手次第** 江戸時代には乗馬通行は武士の特権。維新後、この風習がくずれ、改めて明治二（一八六九）年、平民の乗馬通行禁止令が出されたが、同四年に平民の路上での乗馬が許された。

法律のあることも知らない。下々《しもじも》の人民がこんなでは仕方《しかた》がないと余計な事を案じた事がある。

### 路傍の人の硬軟を試る

夫《そ》れから又斯《またこ》う云《い》う面白い事がありました。明治四年の頃でした。[1]摂州三田《せっしゅうさんだ》藩の九鬼《くき》と云う大名[2]は兼《かね》て懇意《こんい》の間柄で、一度は三田に遊びに来いと云う話もあり、私もその節病後の身で有馬の温泉にも行《いっ》て見たし、かた〳〵先《ま》ず大阪まで出掛けて、大阪から三田まで凡《およ》そ十五里、途中名《な》塩《しお》に一泊する積りにして、ソコで大阪に行けば何時《いつ》でも緒方の家を訪問しないことはない、故先生は居ないでも未亡夫人が私を子のようにして愛して呉《く》れるから、大阪に着くと取敢《とりあ》えず緒方に行て、三田に遊び有馬《ありま》に行くことなども話しました所が、私は病後でどうも歩けそうにない、駕籠《かご》を貸して遣《や》ろうと云《い》われるので、その駕籠をつらせて大阪を出立した。頃は旧暦の三、四月、誠に好《よ》い時候で、私はパッチ[3]を穿《はい》て羽織か何か着て蝙蝠《かわほり》傘を持《もっ》て、駕籠に乗《のっ》て行くつもりであったが、少し歩いて見るとなか〳〵歩ける。「コリャ駕籠は要《い》らぬ、駕籠屋、先へ行け、乃公《おれ》は一人で行くからと云《いっ》て、たった一人で供もなければ連れもない、話相手がなくて面白くない所から、何でも人に逢うて言葉を交えて見たいと思い、往来の向うから来る百姓のような男に向《むかっ》て道を聞《きい》たら、そのとき私の素振りが何か横風《おうふう》で、むかしの士族の正体が現われて言葉も荒らかったと見える、するとその百姓が誠に丁寧に道を教えて呉《く》れてお辞儀《じぎ》をして行く、こりゃ面白いと思い、自分の身を見れば持《もっ》て居るものは蝙蝠傘一本きりで何にもない、も一度遣《やっ》て見ようと思うて、その次《つ》ぎに来る奴に向《むかっ》て怒鳴り付け、「コリャ待て、向うに見える村は何と申す村だ、シテ村の家数は凡《およ》そ何軒ある、あの瓦屋の大きな家は百姓か町人か、主人の名は何と申すなどゝ下《くだ》らぬ事をたゝみ掛けて士族丸出しの口調で尋ねると、其奴《そいつ》は道の側《はた》に小さくなって恐れながら御答《おこたえ》申上げますと云《い》うような様子だ。此方《こっち》はます〳〵面白くなって、今度は逆《さかさま》に遣て見ようと思付《おもいつ》き、又向うから来る奴に向て、「モシモシ憚《はばか》りながら一寸《ちょと》ものをお尋ね申しますと云うような口調に出掛けて、相替《あいかわ》らず下らぬ問答を始め、私は大阪生れで又大阪にも久しく寄留して居たから、その時には大抵《たいてい》大阪の言葉も知《しっ》て居たから、都《すべ》て奴の調子に合せてゴテ〳〵話をすると、奴は私を大阪の町人が掛取《かけとり》にでも行く者と思うたか、中々横風でろくに会釈もせずに颯々《さっさ》と別れて行く、底《そこ》で今度は又その次ぎの奴に横風をきめ込み、又その次ぎには丁寧に出掛け、一切先方《いっさいさき》の面色《かおいろ》に取捨なく誰でも唯《ただ》向うから来る人間一匹ずつ一つ置きと極《き》めて遣て見た所が、凡《およ》そ三里ばかり歩く間、思う通りに成たが、ソコで私の心中は甚《はなは》だ面白くない。如何《いか》にも是《こ》れは仕様のない奴等《やつら》だ、誰

**1 明治四年の頃** 実際には明治五（一八七二）年四月のこと。大阪、有馬、京都などを経て、五月中津に行き、七月に帰京した。 **2 九鬼と云う大名** 三田藩主、九鬼隆義のこと。明治二（一八六九）年、三田藩知事。 **3 パッチ** 足首までの長いももひき。

も彼も小さくなるなら小さくなり、横風《おうふう》ならば横風で可《よ》し、斯《こ》う何《ど》うも先方《さき》の人を見て自分の身を伸縮《のびちぢみ》するような事では仕様《しよう》がない、推《お》して知るべし地方小役人等《こやくにんら》の威張《いば》るのも無理はない、世間に圧制政府と云《い》う説があるが、是《こ》れは政府の圧制ではない人民の方から圧制を招くのだ、之《これ》を何《ど》うして呉《く》れようか、捨てようと云て固《もと》より見捨てられる者でない、左《さ》ればとて之を導いて俄《にわか》に教えようもない、如何《いか》に百千年来の余弊《よへい》とは云《い》いながら、無教育の土百姓が唯無闇《ただむやみ》に人に詫《あやま》るばかりなら宜《よろ》しいが、先《さ》き次第で驕傲《きょうごう》になったり柔和になったり、丸でゴムの人形見るようだ、如何《いか》にも頼母《たのも》しくないと大《おお》いに落胆したことがあるが、変れば変る世の中で、マアこの節はそのゴム人形も立派な国民と成《なっ》て学問もすれば商工業も働き、兵士にすれば一命を軽《かろ》んじて国の為《た》めに水火にも飛込む。福澤が蝙蝠《かわほり》傘一本で如何《いか》に士族の仮色《こわいろ》を使うても、之に恐るゝ者は全国一人もあるまい。是《こ》れぞ文明開化の賜《たまもの》でしょう。

### 独立敢て新事例を開く

私の考《かんがえ》は塾に少年を集めて原書を読ませる計《ばか》りが目的ではない。如何様《いかよう》にもしてこの鎖国の日本を開《ひらい》て西洋流の文明に導き、富国強兵以《もっ》て世界中に後《おく》れを取らぬようにしたい。左《さ》りとて唯《ただ》これを口に言うばかりでなく、近く自分の身より始めて、仮初《かりそ》めにも言行齟齬《そご》しては済《す》まぬ事だと、先《ま》ず一身の私を慎《つつ》しみ、一家の生活法を謀《はか》り、他人の世話にならぬようにと心掛けて、扨《さて》一方に世の中を見て文明改進の為《た》めに施して見たいと思う事があれば、世論に頓着《とんちゃく》せず思切《おもいきつ》て試《こころ》みました。例えば前にも申した通り、学生から授業料の金を取立てる事なり、武士の魂と云う双刀を棄《す》てゝ丸腰になる事なり、演説の新法[1]を人に説《とい》て之《これ》を実地に施す事なり、又は著訳書に古来の文章法を破《やぶつ》て平易なる通俗文を用うる事なり、凡《およ》そ是等《これら》は当時の古風家に嫌われる事であるが、幸に私の著訳は世間の人気に投じて渇する者に水を与え、大旱《たいかん》に夕立のしたようなもので、その売れたことは実に驚く程の数でした。時節の悪いときに、ドンな文章家ドンな学者が何を著述したって何を飜訳《ほんやく》したって、私の出版書のように売れよう訳《わけ》はない。畢竟《ひつきよう》私の才力がエライと云《い》うよりも、時節柄がエラかったのである。又その時代の学者達が筆不調法であったか、馬鹿に青雲熱《せいうんねつ》に浮かされて身の程を知らず時勢を見ることを知らなかったか、マアそのくらいの事だと思われる。兎《と》にも角《かく》にも著訳書が私の身を立て家を成《な》す唯一の基本になって、ソレで私塾を開《ひらい》ても、生徒から僅《わずか》ばかりの授業料を掻《かき》集めて私の身に着けるようなケチな事をせずに、全く教師等《ら》の所得にすることが出来たその上に、折々《おりおり》私の財嚢《ざいのう》から金を出して塾用を弁ずることも出来ました。

**1 演説の新法**　日本には従来、自ら思うことを多くの人の前に立って積極的に話すという習慣がほとんどなかった。その新しい方法を広め実践するために、明治七（一八七四）年、三田演説会を創設し、翌年にはその演説・討論のための場としての演説館を慶應義塾構内に建設し開館させた。

所で私の性質は全体放任主義と云《い》おうか、又は小慾にして大無慾とでも云おうか、塾の事に就《つい》て朝夕心を用いて一生懸命、些《さ》細《さい》の事まで種々無量に心配しながら、又一方ではこの塾にブラサガッて居る身ではない、是非《ぜひ》とも慶應義塾を永久に遺《のこ》して置かなければならぬと云《い》う義務もなければ名誉心もないと、初めから安心決定《あんしんけつじょう》して居るから、随《したがっ》て世の中に怖いものがない。同志の後進生と相談して思う通りに事を行えば、塾中自《おのず》から独立の気風を生じて世間の反《そ》りに合わぬことも多いのと、又一つには私が政治社会に出ることを好まずに在野の身でありながら、口もあれば筆もあるから颯々《さっさ》と言論して、時としてはその言論が政府の癪《しゃく》に障ることもあろう。実を云《い》えば私は政府に対して不平はない、役人達の以前が、無鉄砲な攘夷家であろうとも、人を困らせた奴であろうとも、一切《いっさい》既往を云《い》わず、唯《ただ》今日の文明主義に変化して開国一偏に国事を経営して呉《く》れゝば遺憾なしと思えども、何かの気まぐれに官民とか朝野《ちょうや》とか忌《いや》に区別を立てゝ、私塾を疎外し邪魔にして、甚《はなは》だしきは之《これ》を妨げんなんとケチな事をされたのには少々困りました。今これを云えば話も長し言葉も穢《きたな》くなるから抜きにして、近年帝国議会の開設以来は官辺《かんぺん》の風《ふう》も大《おお》に改まりて、余り酷《ひど》い事はない。何《いず》れ遠からぬ中に双方打解けるように成るでしょう。

又《また》私は知る人の為《た》めに尽力したことがあります。是《こ》れは唯私の物数寄《ものずき》ばかり、決して政治上の意味を含んで居るのでも何でもない。真実一身の道楽と云《い》おうか、慈悲と云おうか、癇癪《かんしゃく》と云おうか、マアそんな所から大《おおい》に働いたことがあります。仙台藩の留守居《るすい》役を勤めて居た大童《おおわら》信太夫《しんだゆう》[1]と云《い》う人があって、旧幕府時代から私はその人と極《ごく》、懇意《こんい》にして居ました、と云てその人が蘭学者でもなければ英学者でもない、けれども兎《と》に角《かく》に西洋文明の風《ふう》を好み洋学書生を愛して楽しみにして居る所は、気品の高い名士と申して宜《よろ》しい。当時諸藩の留守居役でも勤めて居れば、芸者を上げて騒ぐとか、茶屋に集まるとか、相撲を贔屓《ひいき》にするとか云うのが江戸普通の風俗で、大童も大藩の留守居だから随分《ずいぶん》金廻わりも宜《よ》かったろうと思われるに、絶えてそんな馬鹿な遊びをせず、唯《ただ》何でも書生を養《やしな》って遣ると云うことが面白くて、書生の世話ばかりして、凡《およ》そ当時仙台の書生で大童の家の飯を喰《く》わない者はなかろう。今の富田《とみた》鉄之助《てつのすけ》[2]を始め一人とし

**1 大童信太夫** 一八三二（天保三）年—一九〇〇（明治三十三）年。仙台藩江戸留守居役。洋学に理解ある開明派。英字新聞を購入し福澤に翻訳を依頼した。戊辰戦争時に佐幕派を支援したことで罪に問われ、家跡没収の処分を受け黒川剛と改名した。のち、大蔵、文部、内務各省に出仕し、また宮城県内の牡鹿郡長などを歴任した。 **2 富田鉄之助** 一八三五（天保六）年—一九一六（大正五）年。仙台藩士。慶応三（一八六七）年、アメリカに留学。のち、ニューヨーク領事館に在勤。帰国後は大蔵省に出仕した。さらに、日本銀行総裁、東京府知事、貴族院議員などを歴任。

て世話にならない者はない。所が幕末の時勢段々切迫して、王政維新の際に仙台は佐幕論に加担して忽《たちま》ち失敗して、その謀主は但木土佐《ただきとさ》[1]と云《い》う家老であると定《き》まって、その人は腹を切《きっ》て仕《し》舞《ま》ったその後で、但木土佐が謀主だと云《い》うけれども、その実は謀主の謀主がある、ソレは誰だと云うに大童信太夫《おおわらしんだゆう》、松倉良助《まつくらりょうすけ》[2]の両人だと斯《こ》う云う訳《わ》けで、維新後その両人は仙台に帰《かえっ》て居た所が、サアその仙台の同藩中の者から妙な事を饒舌《しゃべ》り出した、既《すで》に政府は朝敵の処分をして事済《ことずみ》になっては居るが、内からそんなことを云出《いいだ》して、マダ罪人が幾人もあると訴えたからには、マサか捨てゝも置かれぬと云う所から、久我大納言《こがだいなごん》[3]を勅使として下向を命じた、と云う政府の趣意《しゅい》は甚《はなは》だ旨い、この時に政府は既《すで》に処分済の後だから、成《な》る丈《た》け平穏を主として事を好まぬ。ソコで久我と仙台家とは親類であるから、久我が行けば定めて大目に見るであろう、左《さ》すれば怪我人も少ないだろうと云《い》う為《た》めに、態《わざ》と久我を択《えら》んだと云うことは、その時私も窃《ひそか》に聞きました。政府の略は中々行届いて居る、所が仙台の藩士が有ろうことか有るまいことか、御上使の御下向と聞《きい》て景気を催《もよお》し、生首を七ツとやら持《もっ》て出たので久我も驚いたと云う、そんな事まで仙台藩士が遣《やっ》た。その時に松倉も大童も、居れば危ないから脊戸口《せどぐち》から駈出《かけだ》して、東京まで逃げて来た、と云うのは両人ともモウちゃんと首を斬《き》られる中に数えられて居たその次第を、誰か告げて呉《く》れる者があって、その儘《まま》家を飛出して東京へ来て潜《ひそ》んで居るその中にも、仙台藩の人が在京の同藩人に対して様々残酷な事をして、既《すで》に熱海《あつみ》貞爾《ていじ》4と云《い》う男は或夜今其処《そこ》で同藩士に追駈けられたと申して、私方に飛込んで助かった事さえありましたが、この物騒な危ない中にも、大童《おおわら》と松倉《まつくら》はどうやら斯《こ》うやら久しく免《まぬ》かれて居て、私は素《もと》より懇意《こんい》だからその居処《いどころ》も知《しっ》て居れば私の家にも来る。政府の人から見られるのは苦しくない、政府はそんな野暮はしない、そんな者を見ようともしないが、何分にも同藩の者が遣《や》るので誠に危ない。引捕《ひっとら》えて、是《こ》れが罪人でございと云《い》えば、如何《いか》に優しい大目《おおめ》な政府でも唯《ただ》見ては居られない。実に困《こまっ》た身の有様《ありさま》だと、毎度両人と話す中に、私は両人の為《た》めに同情を表すると云《い》うよりも、寧《むし》ろこの仙台藩士の無情残酷と云うことに酷《ひど》く腹が立ちました。弱武者の意気地のない癖に酷《ひど》い事をする奴だ、ドウかして呉《く》れたいものだと斯う考えた所で、夫《そ》れから私が大童に面会して、ド

1 **但木土佐**　一八一八（文政元）年―六九（明治二）年。仙台藩家老。奥羽越列藩同盟の中心人物として処刑された。 2 **松倉良助**　松倉恂《まこと》（一八二七（明治十）年―一九〇四（明治三十七）年）。仙台藩目付。維新後は大蔵省、愛媛・岩手各県に出仕し、初代仙台区長をつとめた。 3 **久我大納言**　久我通久《みちつね》（一八四一（天保十二）年―一九二五（大正十四）年）。維新後は陸軍少将、宮内省宗秩寮総裁などを歴任。 4 **熱海貞爾**　仙台藩士。仙台藩降伏の後、箱館の榎本軍に加わったが、五稜郭陥落の時には脱出して東京に潜伏していた。維新後は内務省に出仕。

ウか青天白日の身になる工夫がありそうなものだ、私が一つ試《こころ》みて見よう、何でも是《こ》れは一番、藩主[1]を引捕《ひっとら》えて談ずるが上策だろうと相談して、私は大きに御苦労な訳《わ》けだけれども、日比谷内にある仙台の屋敷に行《いっ》て、藩主に御目《おめ》に懸《かか》りたいと触込《ふれこ》んで、藩主に面会した。ソコで私がこの藩主に向《むかっ》て大に談じられる由縁《ゆかり》のあると云《い》うのは、その藩主と云う者は伊達《だて》家の分家宇和《うわ》島《じま》藩から養子に来た人で、前年養子になると云うその時に、私が与《あずかっ》て大《おおい》に力がある、と云うのは当時大童《おおわら》が江戸屋敷の留守居《るすい》で世間の交際が広いと云うので、養子選択の事を一人で担任して居て、或時《あるとき》私に談じて、「お前さんの処（奥平家《おくだいら》）の殿様は宇和島から来て居る、その兄さんが国（宇和島）に居る、その人の強弱智愚如何《いかん》を聞《きい》て貰《もら》いたいと云うから、早速取調べて返事をして、先《ま》ず大童の胸に落ちて、今度は宇和島家の方に相談をして貰いたいと云うので、夫《そ》れから又私は麻布《あざぶ》竜土《りゅうど》の宇和島の屋敷に行《いっ》て、家老の桜田大炊《さくらだおおい》と云う人に面会してその話をすると、一も二もなく、本家の養子になろうと云うのだから唯難有《ただありがた》いとの即答、一切《いっさい》大童と私と二人で周旋して、夫《そ》れから表向きになって貰《もらっ》たその人が、その時の藩主になって居るので、ソコで私がその藩主に遇《あ》うて、時に尊藩の大童、松倉《まつくら》の両人が、この間仙台から逃げて参《まいっ》たのは、彼方《あっち》に居れば殺されるから此方《こっち》に飛出して来たのであるが、彼《あ》の両人は今でも見付け出せば藩主に於《おい》て本当に殺す気があるのか、但《ただ》し殺したくないのか、ソレを承《うけたまわ》りたい。「イヤ決して殺したいなど〻云《い》う意味はない。「然《しか》らばモウ一歩進めて、お前さんはソレを助けると云う工夫をして、ドウかして、命の繋《つな》がるようにして遣《やっ》ては如何《いかが》で御座《ござ》る。実はお前さんは大童《おおわら》に向《むかっ》て大《おおい》に報いなければならぬことがある。知るや知らずや、お前さんが仙台の御家《おいえ》に養子に来たのは斯《こ》う云《い》う由来、是《こ》れ〳〵の次第であったが、夫《そ》れを思うても殺すことは出来まい。屹度《きっと》御決答《ごけっとう》を伺いたいと、顔色《がんしょく》を正しくして談じた処が、「決して殺す気はないが、是《こ》れは大参事2に任《ま》かしてあるから、大参事さえ助けると云う気になれば、私には勿論《もちろん》異論はないと云う。マダ若い小供でしたから何事も大参事に任かしてあったのでしょう。「然《しか》らばお前さんは確かだな。「確かだ。「ソレならば宜《よろ》しい、大参事に遇《あ》おうと云《いっ》て、直《す》ぐ側《そば》の長屋に居たから其処《そこ》へ捩《ねじ》込《こ》んだ。サア今藩主に話をして来たがドウだ。藩主は大参事次第だと確かに申された。然《しか》らば則《すなわ》ち生殺はお前さんの手中にある、殺す気か、殺さぬ気か。仮《よ》しや殺す積りで捜し出そうと云ても決して出る気遣いはない。私はちゃんと居処を知《しっ》て居る、捜せるなら試《こころ》みに捜して見るが

1 **藩主**　この時の仙台藩知事、伊達宗敦《むねあつ》（一八四八〔嘉永元〕年—一九一〇〔明治四十三〕年）。宇和島藩主伊達宗城《むねなり》の子で中津藩主奥平昌邁《まさゆき》の兄に当たる。藩知事免官後、イギリスに留学。のち、貴族院議員。

2 **大参事**　藩知事に次ぐ官職。この時は遠藤文七郎。遠藤は奥羽列藩同盟に反対し、事態を平和のうちに収拾しようとした。

宜《い》い、捕縛すると云うなら私の力の有らん限り隠蔽《いんぺい》して見せよう、出来るだけ摘発して見なさい、何時《いつ》まで経《たっ》ても無益だ。そんな事をして人を苦しめないでも宜《い》いだろうと、裏表から色々話すと、大参事にも言葉がない。いよ〳〵助ける、助けるけれども薩州辺《あた》りから何とか口を添えて呉《く》れると都合が宜いなんて又《また》弱い事を云うから、宜《よろ》しいと云《い》い棄《す》てゝ、夫《そ》れから私は薩州の屋敷に行《いっ》て、斯《こ》う〳〵云う次第柄だから助けて遣《やっ》て呉れぬかと云うと、大藩とか強藩とか云うので口を出すのは実は迷惑な話だが、何も六《むず》かしい事はない、宮内省に弁事[1]と云うものがあるから、その者に就《つい》て政府の内意を聞《きい》て上げるからと云《いっ》て、薩摩の公用人が政府の内意を聞て、私の処に報知して呉《く》れたには、兎《と》も角《かく》も自訴させるが宜しい、自訴すれば八十日の禁錮ですっかり罪は滅びて仕舞《しま》うと云うことが分《わかっ》た。夫《そ》れから念の為《た》め私は又仙台の屋敷に行て大参事に面会して、政府の方は自訴すれば八十日と極《きまっ》て居るが、之《これ》にお負けが付きはしないか、自訴と云えばこの屋敷に自訴するのであるが、この屋敷で本藩の私《わたくし》を以《もっ》て八十日を八年にして遣《や》ろうなんと云うお負けを遣《や》りはしないか、ソレを確かに約束しなければ玉は出されないと、念に念を入れて問答を重ね、最後には若《も》し違約すれば復讐するとまで脅迫して、いよ〳〵大丈夫と安心して、ソレからその翌日両人を連れて日比谷の屋敷に行た、所が屋敷の役所見たような処には罪人、大童《おおわら》、松倉《まつくら》の旧時《むかし》の属官ばかりが列《なら》んで居るだろう、罪人の方が余程エライ、オイ貴様はドウして居るのだと云うような調子で、私は側《そば》から見て可笑《おか》しかった。夫れから宇田川町の仙台屋敷の長屋の二階に八十日居て、ソレで事が済《す》んで、ソレから二人は青天白日、外を歩くようになって、その後は今日に至るまでも旧《もと》の通りに交際して互《たがい》に文通して居ます。生涯変らぬ事でしょう。只《ただ》この事たるや仙台藩の無気力残酷を憤《いきどお》ると同時に、藩中稀有《けう》の名士が不幸に陥りたるを気の毒に感じたからのことで、随分《ずいぶん》彼方《あち》此方《こち》と歩き廻《まわ》りましたが、口で云《い》えば何でもないけれども、人力車のある時節ではなし、一切《いっさい》歩いて行かなければならぬから中々骨が折れました。

夫《そ》れから榎本《えのもと》（当年の釜次郎《かまじろう》、今の武揚《たけあき》）の話をしましょう。前に申す通りに古川節蔵《ふるかわせつぞう》は私の家から脱走したようなもので、後で聞《きい》て見れば榎本よりか先《さ》きに脱走したそうで、房州鋸《ぼうしゅうのこぎり》山《やま》[2]とか何処《どこ》とかに居た佐幕党の人を長崎丸に乗せて、ソレを箱根山に上げて、ソレで箱根の騒動[3]が起《おこっ》たので、あれは古川節蔵が遣《やっ》たのだと申します。節蔵が脱走した後で以《もっ》て、脱走艦は

1 **弁事**　明治元（一八六八）年に太政官総裁局や鎮将府などに設けられた事務官。 2 **房州鋸山**　房総半島の南西部にある山。 3 **箱根の騒動**　幕府の主戦派による騒動。林昌之助を総統とする「遊撃隊」が房州館山から真鶴に渡り、箱根で関所を警備していた小田原藩と官軍を相手に戦った事件。

追々函館《はこだて》に行《いっ》て、夫《そ》れから古川《ふるかわ》の長崎丸と一処《いっしょ》に又此方《またこっち》へ侵しに来た、[1] と云《い》うのは官軍方の東《あずま》艦、即《すなわ》ち私などが亜米利加《アメリカ》から持《もっ》て来た東艦が官軍の船になって居る、ソレを分捕《ぶんど》りしようと云うことを企てゝ、そうして奥州宮古《おうしゅうみやこ》と云う港で散々戦《たたかっ》た所が、負けて仕舞《しまっ》て到頭《とうとう》降参して、夫れから東京へ護送せられて、その時は法律も裁判所も何もないときで、糺問所《きゅうもんじょ》と云う牢屋《ろうや》のようなものがあって、その糺問所の手に掛《かかっ》て古川節蔵《せつぞう》と、前年、私が米国に同行した小笠原賢《おがさわらけん》蔵《ぞう》[2]と云う海軍士官と、二人《ふたり》連れで霞ケ関の芸州《げいしゅう》の屋敷[3]に監禁されて居る。ソコで私は前には馬鹿をするなと云《いっ》て止《と》めたのであるけれども、監禁されて居ると云《い》えば可哀想《かわいそう》だ。幸い芸州の屋敷に懇意《こんい》な医者が居るから、その医者の処に行《いっ》て、ドウかして古川に遇《あ》いたいものだが遇《あ》わして呉《く》れぬかと云《いっ》たらば、番人も何も居ないようであったが、その医者の取計いで、遇わして呉れました。夫れから長屋の暗いような処に行て見ると二人が這入《はいっ》て居るから、私が先《ま》ず言葉を掛けて、「ザマア見ろ、何だ、仕様《しよう》がないじゃないか。止めまいことか、あれ程乃公《おれ》が止めたじゃないか。今更《さ》ら云たって仕方《しかた》はないが、何しろ喰物《くいもの》が不自由だろう、着物が足りなかろうと云て、夫《そ》れから宅に帰《かえっ》て毛布《ケット》を持《もっ》て行て遣《やっ》たり、牛肉の煮たのを持て行て遣たり、戦争中の様子や監禁の苦しさ加減を聞《きい》たりした事があるので、私は〔能《よ》く〕糺問所の有様《ありさま》を知《しっ》て居ます。

所が榎本釜次郎《えのもとかまじろう》だ。釜次郎は節蔵《せつぞう》よりか少し遅れて此方《こっち》に帰《かえっ》て来て同じく糺問所《きゅうもんじょ》の手に掛《かかっ》て居る。所が頓《とん》と音《おと》ずれが分らない、と云うのは私は榎本と云《い》う男は知《しっ》て居ることは知て居る、途中で遇《あっ》て一寸《ちょいと》挨拶したぐらいな事はあるが、一緒に相対《あいたい》して共に語り共に論ずると云うような深い交際はない。だから余り気に止《と》めて居なかった。所がこの榎本と云う一体の大本《おおもと》を云うと、あの阿母《おっか》さんと云う人は素《も》と一橋家の御馬方《おんまかた》で林代次郎《はやしだいじろう》[4]と云う日本第一乗馬の名人と云われた大家の娘で、この婦人が幕府の御徒士《おかち》の榎本円兵衛《えんべえ》[5]と云う人に嫁して設けた次男が榎本釜次郎です。ソコでその林の家と私の妻の里の家とは回縁《かいえん》の遠い続合《つづきあ》いになって居るから、ソレで前年中は榎本の家内の者も此方に来たことがある。又私の妻も小娘のときには祖母《おばあ》さんに連れられて榎本の家に行《いっ》たことがあると云うので、少し往来の道筋が通《とおっ》て居て全く知らぬ人でな

1 **古川の長崎丸……侵しに来た**　古川節蔵は品川湾脱走の際は長崎丸の艦長であったが、この時には榎本軍が秋田藩から奪った高雄丸の艦長であった。 2 **小笠原賢蔵**　慶応三（一八六七）年、軍艦購入委員として福澤とともにアメリカに渡航。帰国後、脱走して榎本軍に加わった。 3 **芸州の屋敷**　安芸広島藩主、浅野家の江戸上屋敷が霞ケ関にあった。 4 **林代次郎**　名は正利。一橋民部卿の御馬預りをつとめた。 5 **榎本円兵衛**　備後の郷士、箱田家の息子。江戸の榎本家の養子となった。

い。所が榎本《えのもと》が今度糺問所《きゅうもんじょ》の手に掛《かか》て居て、その節《せつ》、榎本の阿母《おっか》さんも姉《あね》さん[1]もお内儀《かみ》さんも静岡に居るが、一向釜次郎《かまじろう》の処から便りがないので大《おおい》に案じて居ると、丁度《ちょうど》その時に榎本の妹の良人《おっと》に江連加賀守《えづれかがのかみ》[2]と云《い》う人があって、この人は素《も》と幕府の外国奉行を勤めて居て私は外国方の飜訳方であったから能《よ》く知《しっ》て居る。ソコで江連が静岡から私の処に手紙を寄越《よこ》して、榎本はこの節どうして居るだろうか、頓《とん》と便りがないので母も姉も家内も日夜案じて居る、何でも江戸に来て居ると云う噂《うわさ》は風の便りに聞《きい》たけれども、ソレも確めることが出来ない、其《そ》れに就《つい》て江戸に親戚身寄《みより》の者に問合《といあわ》せたけれども、嫌疑《けんぎ》を恐れてか只《ただ》の一度も返辞《へんじ》を寄越した者がない、ソコで君の処に聞きに遣《やっ》たら何か様子が分るだろうと思うが、ドウぞ知らして呉《く》れぬかと云うことを縷々《こまごま》と書《かい》て来ました。所で私はその手紙を見て先《ま》ず立腹したと申すは、榎本は兎《と》も角《かく》も、その親戚身寄の者が江戸に居ながら嫌疑を恐れて便りをしないとは卑劣な奴だ、薄情な奴だ、実に幕府の人間は皆こんな者だ、好《よ》し乃公《おれ》が一人で引受けて遣《や》ると云う心が頭に浮んで来て、加うるに私は古川節蔵《ふるかわせつぞう》の一件で糺問所の様子を知て居るから、スグ江連の方へ返辞を出し、榎本は今糺問所に這入《はいっ》て居る、殺されるか助かるかソリャどうも分らない、分らないけれども何しろ煩《わずら》いもしなければ何もせずに無事に居るので御座《ござ》る、その事を阿母さん始め皆さんへ伝えて呉《く》れよと云て遣《や》ると、又重ねて手紙を寄越して、老母と姉が東京に出たいと云うが上京しても宜《よろ》しかろうかと云《いっ》て来たから、颯々《さつさ》と御出《おいで》なさい、私方に嫌疑《けんぎ》もなんにもない、公然と出て御出《おい》でなさいと返辞《へんじ》をすると、間もなく老人と姉さんと母子二人出京して、ソレから糺問所の様子も分《わか》り差入物《さしいれもの》などして居る中に、阿母さんが是非《ぜひ》釜次郎《かまじろう》に逢いたいと云出《いいだ》した。所が法律も何もない世の中で、何処《どこ》に訴えて如何《どう》しようと云《い》う方角が分らない。ソコで私が一案を工風《くふう》して、老母から哀願書を差出すことにして、私が認《したた》めた案文のその次第は、云々今般《うんぬんこんぱん》倅《せがれ》釜次郎犯罪の儀、誠に以《もっ》て恐れ入ります、同人事は実父円兵衛《えんべえ》存命中斯様《かよう》々々、至極《しごく》孝心深き者で、父に事《つか》えて平生は云々、又その病中の看病は云々、私は現在ソレを見て居ます、この孝行者にこの不忠を犯す筈《はず》はない、彼《あ》れに限《かぎっ》て悪い根性の者では御在《ございま》せん、ドウゾ御慈悲に御助けを願います、私はモウ余命もない者で御座《ござ》るから、いよ〳〵釜次郎を刑罰とならばこの母を身代りとして殺して下さいと云う趣意《しゅい》で、分らない理屈を片言交りにゴテ〳〵厚かましく書《かい》て、姉さんのお楽さんに清書をさせて、ソレからお婆《ばあ》さんが杖《つえ》をついて哀願書を持《もっ》て糺問所に出掛けた処が、コレは余程《よほど》監守の人を感動さしたと見え、固《もと》よりこんな事で罪人の助かる訳《わ》けはない

**1 姉さん** 鈴木らく。はじめ徳川家大奥に仕える。若くして夫と死別し、榎本家の家事一切を取り仕切っていた。**2 江連加賀守** 名は尭則《たかのり》。蕃書調所頭取、外国奉行。のち、開成所奉行に任じ、徳川家の駿府移住に従った。榎本武揚の妹・歌の夫。

が、とう〱仕舞《しまい》に獄窓《ごくそう》を隔てゝ母子《ぼし》面会だけは叶いました。夫《そ》れ是《こ》れする中に爰《ここ》に妙な都合の宜《よ》い事が出来ましたその次第は、榎本《えのもと》が箱館《はこだて》で降参のとき、自分が嘗《かつ》て和蘭《オランダ》在留中学び得たる航海術の講義筆記[1]を秘蔵して居るその筆記の蘭文の書を、国の為《た》めにとて官軍に贈《おくっ》て、その書が官軍の将官黒田良助《くろだりようすけ》（黒田清隆《きよたか》[2]）の手にあると云《い》うことを聞きました。所で人は誰か忘れたが、或日《あるひ》その書を私方に持参して、何の書だか分らぬがこの蘭文を翻訳《ほんやく》して貰《もら》いたいと云うから、之《これ》を見れば兼《かね》て噂《うわさ》に聞《きい》た榎本の講義筆記に違いない。是《こ》れは面白いと思い、蘭文翻訳は易《やす》いことであるのを、私は先方に気を揉《も》ませる積りで態《わざ》と手を着けない。初めの方《ほう》四、五枚だけ丁寧に分るように翻訳して、原本に添えて返して遣《やっ》て、是《こ》れは如何《いか》にも航海にはなくてはならぬ有益な書に違いない、巻初の四、五枚を見ても分る、所が版本の原書なれば翻訳も出来るが、講義筆記であるからその講義を聴聞した本人でなければ何分にも分り兼ねる、誠に可惜《おし》い宝書で御座《ござ》ると云《いっ》て、私は榎本の筆記と知りながら知らぬ風をして唯《ただ》翻訳の云々で気を揉まして、自然に榎本の命の助かるように、云《い》わば伏線の計略を運《めぐ》らした積りである。又その時代には黒田も私方に来れば、私も黒田の家に行《いっ》たこともある。何時《いつ》か何処《どこ》か時も処も忘れましたが、私が黒田に写真を贈《おくっ》たことがあるその写真は、亜米利加《アメリカ》の南北戦争、南部敗北のとき、南部の大統領か大将か何でも有名の人が婦人の着物を着て逃げ掛けて居る写真で、私がその前年、亜米利加から持て帰《かえっ》て一枚あったから黒田《くろだ》に贈《おくっ》て、是《こ》れは亜米利加《アメリカ》の南部の何と云《い》う人で、逃げる時に斯《こ》う云う姿で逃げたと云う、敢《あえ》て命を惜むでもなかろうけれども、又一方から云えば命は大切な者だ、何としても助かろうと思えば斯《か》く見苦しい姿をしても逃げるのが当然《あたりまえ》の道である。人間と云うものは一度《ひとた》び命を取れば後で幾ら後悔しても取返しが付かない。ドウも榎本《えのもと》は大変な騒ぎをした男であるが、命だけは取らぬようにした方が得じゃないか、何しろこの写真を進上するから御覧《ごらん》なさいと云て、濃《こまやか》に話したこともある。爾《そ》うした所で、ドウやら斯うやらする間にいよ〳〵助かることになった、けれどもその助かると云うのは固《もと》より私の周旋したばかりで助かったと云う訳《わ》けではない、その時の真実内情の噂《うわさ》を聞けば長州勢はドウも榎本等を殺すような勢《いきおい》があった、ソコで薩州の藩士がソレを助けようと云う意味があったと云うから、長州勢に任かせたら或《あるい》は殺されたかも知れぬ。何《いず》れ大西郷《さいごう》3などがリキンでとう〳〵助かるようになったのでしょう。是《こ》れは私の為《た》めには大童信太夫《おおわらしんだゆう》よりか余程《よほど》骨の折れた仕事でした。彼《か》れ

1 **航海術の講義筆記**　フランス人オルトランが記した海上国際法に関する書籍を、榎本のオランダ留学中の師・フレデリクスがオランダ語に翻訳した写本。「万国海律全書」の名で知られる。 2 **黒田良助（黒田清隆）**　一八四〇（天保十一）年—一九〇〇（明治三十三）年。薩摩藩士。維新後は陸軍中将、開拓長官、内閣総理大臣などを歴任。 3 **大西郷**　西郷隆盛。弟の西郷従道と区別するための呼び名。

此《こ》れする中に私が煩《わずら》い付《つい》て、その事は病後まで引張《ひっぱっ》て居て、病気全快に及ぶと云《い》うときだから、明治三年にいよ〳〵放免になりましたが、[1]唯《ただ》残念で気の毒なのは、阿母《おっか》さんは愛子の出獄前に病死しました。

所が前申す通り榎本釜次郎《えのもとかまじろう》と私とは刎頸《ふんけい》の交《まじわり》[2]と云う訳《わ》けではなし、何もそんなに力を入れる程の親切のあろう訳けもない、只《ただ》仙台藩士の腰抜けを憤《いきどお》ったと同じ事で、幕府の奴の如何《いか》にも無気力不人情と云うことが癪《しゃく》に障《さわっ》たので、ソコでどうでも斯《こ》うでも助けて遣《や》ろうと思《おもっ》て駈廻《かけま》わりましたが、その節《せつ》、毎度妻と話をして今でも覚えて居ます、私の申すに、扨《さて》榎本の為《た》めに今日はこの通りに骨を折《おっ》て居るが、是《こ》れは唯《ただ》人間一人の命を助けるばかりの志で外《ほか》になんにも趣《しゅ》意《い》はない、元来《がんらい》榎本と云う男は深く知らないが随分《ずいぶん》何かの役に立つ人物に違いはない、少し気《け》色《いろ》の変《かわっ》た男ではあるが、何分にも出《で》身が幕府の御家人《ごけにん》だから殿様好きだ、今こそ牢《ろう》に這入《はいっ》て居るけれども、是《こ》れが助かって出るようになれば、後日或《ごにちあるい》は役人になるかも知れぬ、その時は例の通りの殿様風でぴん〳〵するような事があるかも知れない、その時になって殿様のぴん〳〵を見たり聞《きい》たりして、ヤレ昔を忘れて厚かましいだの可笑《おか》しいだのと云う念が兎《う》の毛[3]ほども腹の底にあっては、是れは榎本の悪いのでなく此方《こっち》の卑劣と云うものだから、そんな事なら私は今日唯《ただ》今から一切《いっさい》の周旋を止《や》めるがドウだと妻に語れば、妻も私と同説で、左様《そん》な浅ましい卑しい了簡は決してないと申して、夫妻固く約束したことがあるが、後日に至《いたっ》て私の云《いっ》た通りになったのが面白い。榎本《えのもと》が段々立身して公使になったり大臣になったりして立派な殿様になったのは、私が占八卦《うらないはっけ》の名人のようだけれども、私の処にはチャンと説が極《き》まって居て、一切《いっさい》の事情を知る者は私と妻と両人より外《ほか》にないから、榎本がドウなろうと私の家で噂《うわさ》をする者もない、子供などは今度のこの速記録を見て始めて合点《がてん》するでしょう。

## 一身一家経済の由来

是《こ》れから私が一身一家の経済の事を陳《の》べましょう。凡《およ》そ世の中に何が怖いと云《いっ》ても、暗殺は別にして、借金ぐらい怖いものはない。他人に対して金銭の不義理は相済《あいす》まぬ事と決定《けつじょう》すれば、借金はます〳〵怖くなります。私共の兄弟姉妹は幼少の時から貧乏の味を嘗《な》め尽《つく》して、母の苦労した様子を見ても生涯忘れられません。貧小士族の衣食住その艱難《かんなん》の中に、母の精神を以《もっ》て

**1 明治三年にいよ〳〵放免になりました**　実際は、明治五（一八七二）年一月六日のこと。**2 刎頸の交**　その友人のためなら、たとえ首を斬られても後悔しないほどの親しい交際。『史記』廉頗藺相如伝に見える言葉。**3 兎の毛**　きわめて小さな事のたとえ。

自《おのず》から私共を感化した事の数々あるその一例を申せば、私が十三、四歳のとき母に云付《いいつ》けられて金子《きんす》返済の使《つかい》をしたことがあります。その次第柄《しだいがら》は斯《こ》う云《い》うことです。天保七年、大阪に於《おい》て私共が亡父の不幸で母に従《したがっ》て故郷の中津《なかつ》に帰りましたとき、家の普請《ふしん》をするとか何とか云うに、勝手《かって》向《むき》[1]は勿論《もちろん》不如意《ふにょい》ですから、人の世話で頼母子《たのもし》

**頼母子の金弐朱を返す**

講《こう》[2]を拵《こしら》えて一口《ひとくち》金《きん》二《に》朱《しゅ》ずつで何両とやら纏《まと》まった金が出来て一時の用を弁じて、その後、毎年幾度か講中が二朱ずつの金を持寄《もちよ》り、鬮引《くじびき》にて満座に至りて皆済《かいさい》になる仕組《しくみ》であるが、大家の人は二朱計《ばか》りの金の為《た》めに何年もこんな事に関係して居るのは面倒だと云う所から、一時二朱の掛金《かけきん》を出したまゝに手を引く者がある。之《これ》を掛棄《かけずて》と云います。その実は講主が人に金を唯《ただ》貰うような事なれども、一般の風俗で左《さ》まで世間に怪しむ者もない。所が福澤の頼母子に大阪屋《おおさかや》五郎兵衛《ごろうべえ》と云う廻船屋《かいせんや》[3]が一口二朱を掛棄にしたそうです。勿論《もちろん》私の三、四歳頃か幼少の時の事で何も知りませんでしたが、十三、四歳のとき或日《あるひ》母が私に申すに、「お前は何も知らぬ事だが、十年前に斯う〳〵云う事があって大阪屋が掛棄にして、福澤の家は大阪屋に金二朱を貰うたようなものだ。誠に気に済《す》まぬ。武家が町人から金を恵まれて夫《そ》れを唯《ただ》貰うて黙《だまっ》て居ることは出来ません。疾《と》うから返したい〳〵と思ては居たがドウも爾《そ》う行かずに、ヤッと今年は少し融通が付たから、この二朱のお金を大阪屋に持《もっ》て行《いっ》て厚《あつ》う礼を述べて返して来いと申して、そ

の金を紙に包んで私に渡しました。ソレから私は大阪屋《おおさかや》に参《まいっ》て金の包みを出すと、先方では意外に思うたか、「御返済など却《かえっ》て痛入《いたみい》ります。最早《もは》や古い事です。決してそんな御心配には及びませんと云《いっ》て頻《しき》りに辞退すれども、私は母の云《い》うことを聞《きい》て居るから、是非《ぜひ》渡さねばならぬと、互《たがい》に押し返して口喧嘩のように争うて、金を置《おい》て帰《かえっ》たことがあります。今はハヤ五十二、三年も過ぎてむかし〳〵の事であるが、そのとき母に云付《いいつ》けられた口上も、先方の大阪屋の事も、チャンと記憶に存して忘れません。年月日は覚えないが何でも朝のことゝ思う、豊前中津《ぶぜんなかつ》下小路《しもこうじ》の西南の角屋敷、大阪屋五郎兵衛の家に行《いっ》て主人五郎兵衛は留守で、弟の源七に金を渡したと云うことまで覚えて居ます。こんなことが少年の時から私の脳中に遺《のこっ》て居るから、金銭の事に就《つい》ては何としても大胆な横着な挙動は出来られません。ソレから段々成長して、中津《なかつ》に居る間は漢学修業の傍《かたわら》に内職のような事をして多少でも家の活計を助け、畑もすれば米も搗《つ》き

1 **勝手向** くらしむき。家計。 2 **頼母子講** 無尽または無尽講とも。一定の期日ごとに互いに掛け金を出し合い、くじ引きや入れ札により、順次、金を必要とする者が受け取る仕組み。 3 **廻船屋** 廻船問屋。海運業者のこと。

**金がなければ出来る時まで待つ**

飯も炊き、鄙事多能《ひじたのう》、あらん限りの辛苦《しんく》して貧小士族の家に居り、年二十一のとき始めて長崎に行《いっ》て、勿論《もちろん》学費のあろう訳《わ》けもない、寺の留守番をしたり砲術家の食客《しょっかく》になったりして、不自由ながら蘭学を学んで、その後大阪に出て、大阪の緒方《おがた》先生の塾に修業中も、相替《あいかわ》らず金の事は恐ろしくて唯《ただ》の一度でも他人に借りたことはない。人に借用すれば必ず返済せねばならぬ。当然《あたりまえ》のことで分《わか》り切《きっ》て居るから、その返済する金が出来る位ならば、出来る時節まで待《まっ》て居て借金はしないと、斯《こ》う覚悟を極《き》めて、ソコで二朱や一分は扨《さて》置き、百文《ひゃくもん》の銭でも人に借りたことはない。チャンと自分の金の出来るまで待て居る。夫《そ》れから又私は質《しち》に置《おい》たことがない。着物は塾に居るときも故郷の母が夏冬手《なつふゆて》織木《おりも》綿《めん》の品を送《おくっ》て呉《く》れましたが、ソレを質に置くと云《い》えば何時か一度は請還《うけかえ》さなければならぬ。請還す金があるならその金の出来るまで待て居るが宜《よ》いと斯う思うから、金の入用はあっても只《ただ》の一度も質に入れたことがない。けれどもいよ〳〵金に迫《せまっ》て如何《どう》してもなくてならぬと云うときか、恥かしい事だが酒が飲みたくて堪《たま》らないと云うようなことがあれば、思切《おもいきっ》てその着物を売《うっ》て仕舞《しま》います。例えばその時に浴衣一枚を質に入れゝば貳朱《にしゅ》貸して呉れる、之《これ》を手離して売ると云えば貳朱と貳百文になるから売ることにすると云《い》うような経済法にして、且《か》つ又《また》私は写本で銭を取ることもしない。大事な修業の身を以《もっ》て銭の為《た》めに時を費すは勿体《もったい》ない、吾身《わがみ》の為めには一刻千金の時である、金がなければ唯使《ただつか》わぬと覚悟を定《き》めて、大阪に居る間とう〳〵一銭の金も借用したことなくして、その後江戸に来ても同様、仮初《かりそめ》にも人に借用したことはない。折節《おりふし》自分で想像しては唯《ただ》怖くて堪《たま》らない、借金が出来て人から催促されたら如何《どう》だろう、世間の人、朋友の中にも毎度ある話だ、借金が出来て返さなければならぬと云《いっ》て、此方《こっち》から借りては彼方《あっち》に返し、又彼方から借りては此方に返すと云う者があるが、私は少しも感服しない。誠に気の済まぬ話で、金を借りて返さなくてならぬなんて嘸《さぞ》忙しい事であろう、能《よ》くもアレで一日でも半日でも安《やす》んじて居られたものだと思うて、殆《ほとん》ど推量が出来ない。一口《ひとくち》に云えば私は借金の事に就《つい》て大の臆病者で、少しも勇気がない。人に金を借用してその催促に逢うて返すことが出来ないと云うときの心配は、恰《あたか》も白刃《はくじん》を以《もっ》て後ろから追蒐《おっか》けられるような心地《こころもち》がするだろうと思います。ソコで私が金を大事にする心掛けの事実に現われた例を申せば、江戸に参《まいっ》てから下谷練塀小路《したやねりべいこうじ》の大槻俊斎《おおつきしゅんさい》先生の塾に朋友があって、私はその時鉄砲《てっぽう》洲《ず》に居たが、その朋友の処へ話に行《いっ》て、夜になって練塀小路を出掛けて、和泉橋《いずみばし》の処に来ると雨が降出《ふりだ》した。こりゃドウも困《こまっ》たことが出来た、迚《とて》も鉄砲洲までは行かれないと思うと、和泉橋の側《わき》に辻駕籠《かご》が居たから、その駕籠屋に鉄砲洲まで幾らで行くかと聞たら、三朱《しゅ》だと云う。ドウも三朱と云う金を出してこの駕籠に乗るは無益だ、

### 駕籠に乗らず下駄、傘を買う

此方《こっち》は足がある。ソレは乗らぬことにして、その少し先《さ》きに下駄屋が見えるから、下駄屋へ寄《よっ》て下駄一足に傘一本買《かっ》て両方で二朱《しゅ》余り、三朱出ない。夫《そ》れから雪駄を懐《ふところ》に入れて、下駄を穿《はい》て傘をさして鉄砲洲《てっぽうず》まで帰《かえっ》て来た。デその途中私は独《ひと》り首肯《うなず》き、この下駄と傘が又役に立つ、駕籠に乗《のっ》たって何も後に残るものはない、こんな処が慎しむべきことだと思《おもっ》たことがあります、マアその位《くらい》に注意して居たから、外《ほか》は推《お》して知るべし、一切《いっさい》無駄な金を使《つかっ》たことがない。紙入《かみいれ》に金を入れて置く、ソレは二分《ぶ》か三分か入れてある、入れてあるけれども何時《いつ》まで経《たっ》てもその金のなくなったことがない。酒は固《もと》より好きだから朋友と酒を飲みに行くことはある、ソンな時には金も入りますが、唯《ただ》独りでブラリと料理茶屋に這入《はいっ》て酒を飲むなぞと云《い》うことは仮初《かりそめ》にもしたことがない。ソレ程に私が金を大事にするから、又同時に人の金も決して貪《むさぼ》らない。ソリャ以前奥平家に対して朝鮮人を気取たのは別な話にして、その外と云うのは決して金は貪らないと、自身独立、自力自活と覚悟を極《き》めました。

**事変の当日、約束の金を渡す**

ソコで以《もっ》て慶応三年、即《すなわ》ち王政維新の前年の冬、芝新銭座《しばしんせんざ》に有馬《ありま》家（大名）の中屋敷が四百坪ばかりあるその屋敷を私が買いました。徳川の昔からの法律に依《よ》ると、武家屋敷は換え屋敷を許しても売買は許さないと云うのが掟であった。所が徳川もその末年になると様々な根本的改革と云うような事が行われて、武家屋敷でも代金を以《もっ》て売買勝手次第と云《い》うことになって、新銭座《しんせんざ》の有馬《ありま》の中屋敷が売物になると人の話を聞《きい》て、同じ新銭座住居《すまい》の木村摂津守《きむらせっつのかみ》[1]の用人大橋栄次《おおはしえいじ》と云う人に周旋を頼んで、その有馬屋敷を買うことに約束して、価《あたい》は三百五十五両、その時の事だから買うと云《いっ》た所が、武家と武家との間で手金だの証書取換《とりかわ》せなど丶云うことのあろう訳《わ》けはない、唯《ただ》売りましょう然《しか》らば即《すなわ》ち買いましょうと云う丈《だ》けの話で約束が出来て、その金の受取渡しは何時《いつ》だと云うと、十二月二十五日に金を相渡し申す、請取ろうと、チャンと約束が出来て居て、夫《そ》れから私はその前日、三百五十五両の金を揃《そろ》えて風呂敷に包んで、翌早朝新銭座の木村の屋敷に行《いっ》て見ると、門が締《しまっ》て潜戸《くぐりど》まで鎖してある。夫《そ》れから門番に、此処《ここ》を明けて呉《く》れ、何で締めて置くかと云うと、「イーエ此処は明けられません。「明けられませんたって福澤だと云うのは、私は亜米利加《アメリカ》行の由縁《ゆかり》で、木村家には常に出入《しゅつにゅう》して家の者のようにして居たから、門番も福澤と聞《きい》て潜戸を明けて呉れたは呉れたが、何だか門前が騒々しい、ドタバタ遣《やっ》て居る。何事か知らんと思て南の方を見ると、真黒な烟が立て居る。ソレで木村の玄関に上《あがっ》て大橋に遇《あっ》て、大変騒々しいが何だと云うと、大

1 **木村摂津守** 木村芥舟のこと。一三一頁注1参照。

橋がヒソ〳〵して、「お前さんは何も知らぬか、大変な事が出来ました、大騒動だ、酒井《さかい》[1]の人数が三田《みた》の薩州の屋敷を焼払おうと云《い》う、ドウもそりゃ大騒動、戦争で御座《ござ》ると云うから、私も驚いて、ソリャ少しもしらなかった、成程ドウも容易ならぬ形勢だが、夫《そ》れは夫れとして、時にあの屋敷の金を持《もっ》て来たから渡してお呉《く》んなさいと云うと、大橋が、途方もない、屋敷どころの話じゃない、何の事だ、モウこりゃ江戸中の屋敷が一銭の価《あたい》なしだ、ソレを屋敷を買うなんてソンな馬鹿らしい事は一切罷《や》めだ、マアそんな事を為《し》なさるなと云て取合《とりあわ》ぬから、私は不承知だ。ソリャ爾《そ》うでない、今日渡《わたす》と云う約束だからこの金は渡さなくてはならぬと云うと、大橋《おおはし》は脇の方に向《むい》て、「約束したからと云て時勢に依《よっ》たものだ、この大変な騒動中に屋敷を買うと云うような馬鹿気《ばかげ》たことがあるものか。仮令《たと》い今買えばと云ても、三百五十五両を半価《はんね》にしろと云えば半価にするに違いない、只《ただ》の百両でも悦《よろこ》んで売るだろう、兎《と》に角《かく》に見合せだ、罷《や》めだ〳〵と云て相手にならぬから、私は押返して、「イヤそれは出来ません。大橋さん、能《よ》くお聞きなさい。先達《せんだっ》てこれを有馬から買おうと云うときに、何と貴方《あなた》は約束なすったか、只十二月の廿五日即《すなわ》ち今日、金を渡そう、受取ろうと、ソレより外《ほか》に何にも約束はなかった。若《も》し万が一、世の中に変乱があれば破約する、その価を半分にすると云う言葉が、約束の中にあるかないかと云うに、そんな約束はないではないか。仮令《たと》い約条書がなかろうと、人と人と話したのが何寄《なにより》の証拠だ。売買の約束をした以上は当然《あたりまえ》に金を払わぬこそ大きな間違いだ、何でも払わんければならぬ。加之《しかのみ》ならず、マダ私が云《い》うことがある。若《も》し大橋《おおはし》さんの言う通りにこの三百五十五両を半価にせよとか百両にせよとか云《い》えば、時節柄有馬《ありま》家では承知するであろう。ソコで私が三百五十五両の物を百両に買《かっ》たと斯《こ》うした所で、この変乱がどんなになるか分《わか》らない。今あの通り酒井《さかい》の人数が三田の薩州屋敷を焼払《やきはらっ》て居るが、是《こ》れが何でもない事で天下泰平《たいへい》、安全の世の中になるまいものでもない。扨《さて》いよ／＼天下泰平になって、私が彼《あ》の買屋敷の内に住《すま》い込んで居る。スルと有馬の家来も大勢あるから、私の処の門前を通る度《たび》に睨《にら》んで通るだろう、彼の屋敷は三百五十五両の約束をしたが、金の請取渡《うけとりわた》しのその日に三田に大変乱があったその為《た》めに百両で売た、福澤は二百五十五両得をして、有馬家では二百五十五両損をしたと、通る度に睨んで通るに違いない。口に言わないでも心に爾《そ》う思《おもっ》て忌《いや》な顔をするに極《きまっ》て居る。私はソンな不愉快な屋敷に住もうと思わない。何は扨《さて》置き、構うことはない、ドウぞこの金を渡して下《く》ださい。皆無《かいむ》損をしても宜《よろ》しい。この金を唯《ただ》渡した計《ばか》りで、その屋敷に住まうどころではない、逃出して行くと云うような大騒動があるかも知れない。有ればあった時の話だ。人間世界

1 **酒井** 酒井忠篤《ただすみ》。出羽庄内藩主。庄内藩はこのとき江戸市中取締役も任じられていた。

の事は何が何やら分らない、確かに生きて居ると思う人が死んだりする。矧《いわ》んや金だ、渡さなければならぬと捩《ねじ》くれ込んで、到頭持《とうとうもっ》て行《いっ》て貰いました。爾《そ》う云《い》う訳《わ》けで誠に私が金と云うことに就《つい》て極《きわ》めて律義に正しく遣《やっ》て居たと云うのは、是《こ》れは矢張《やは》り昔の武家根性で、金銭の損得に心を動かすは卑劣だ、気が餒《う》えると云うような事を思《おもっ》たものと見えます。

### 子供の学資金を謝絶す

それに又似寄《またによっ》たことがある。[1] 明治の初年に横浜の或《あ》る豪商[2]が学校を拵《こしら》えて、この慶應義塾の若い人を教師に頼んでその学校の始末をして居ました。爾《そ》うするとその主人は私に親《みず》から新塾に出張して監督をして貰いたいと云う意があるように見える。私の家にはそのとき男子が二人、娘が一人あって、[3] 兄が七歳《ななつ》に弟が五歳《いつつ》ぐらい。是れも追々成長するに違いない、成長すれば外国に遊学させたいと思《おもっ》て居る、所が世間一般の風を見るに、学者とか役人とか云う人が動《やや》もすれば政府に依頼して、自分の子を官費生にして外国に修業させることを祈《いのっ》て、ドウやら斯《こ》うやら周旋が行届《ゆきとどい》て目的を達すると獲物でもあったように悦ぶ者が多い。嗚呼《ああ》見苦しい事だ、自分の産んだ子ならば学問修業の為《た》めに洋行させるも宜《よろ》しいが、貧乏で出来なければ為《さ》せぬが宜《よろ》しい、夫《そ》れを乞食のように人に泣付《なきつい》て修業をさせて貰うとは扨《さて》も〳〵意気地のない奴共だと、心窃《ひそか》に之《これ》を愍笑《びんしょう》して居ながら、私にも男子が二人《ふたり》ある、この子が十八、九歳にもなれば是非《ぜひ》とも外国に遣《や》らなければならぬが、先《さき》だつものは金だ、どうかしてその金を造り出したいと思えども、前途甚《はなは》だ遥《はるか》なり、二人《ふたり》遣《やっ》て何年間の学費は中々の大金、自分の腕で出来ようか如何《どう》だろうか誠に覚束《おぼつか》ない、困《こま》ったことだと常に心に思《おもっ》て居るから、敢《あえ》て愧《はず》ることでもなし、颯々《さっさ》と人に話して、金が欲しい、金が欲しい、ドウかして洋行をさせたい、今この子が七歳《ななつ》だ五歳《いつつ》だと云《い》うけれども、モウ十年経《た》てば仕度《したく》をしなければならぬ、ドウもソレまでに金が出来れば宜《よ》いがと、人に話して居ると、誰かその話を例の豪商にも告げた者があるか、或日《あるひ》私の処に来て商人の云うに、お前さんに彼《あ》の学校の監督をお頼み申したい、斯《か》く申すのは月に何百円とかその月給を上げるでもない、態々《わざわざ》月給と云《いっ》ては取りもしなかろうが、茲《ここ》に一案があります、外《ほか》ではない、お前さんの小供両人、彼《あ》のお坊ッちゃん両人を外国に遣《や》るその修業金になるべきものを今お渡し申すが如何《どう》だろう、此処《ここ》で今五千円か一万円ばかりの金をお前さんに渡す、所で今要《い》らない金だからソレを何処《どこ》へか預けて置く、預けて置く中《うち》に小供衆が成長する、成長して外国に行こうと云うときには、その金も利倍増長して確かに立派

1 **気が餒える** 不愉快になる。気が腐る。 2 **横浜の或る豪商** 高島嘉右衛門（一八二三〔天保三〕年―一九一四〔大正三〕年）のこと。材木商、土木建築請負業で財をなし、明治三（一八七〇）年、横浜に高島学校という英学校をおこした。京浜間の鉄道敷設に尽力。北海道炭礦鉄道会社、東京市街鉄道会社社長などを歴任した。 3 **男子が二人、娘が一人** 男子は一太郎と捨次郎、女子は里《さと》。

な学費になって、不自由なく修業が出来ましょう、この御相談は如何《いかが》で御座《ござ》ると云《い》い出した。成程是《こ》れは宜《い》い話で、此方《こっち》はモウ実に金に焦《こが》れて居るその最中に、二人の子供の洋行費が天から降《ふっ》て来たようなもので、即刻《そっこく》応と返辞《へんじ》をしなければならぬ処だが、私は考えました。待て霎時《しばし》、どうも爾《そ》うでない、抑《そ》も乃公《おれ》が彼《あ》の学校の監督をしないと云《い》うものは、為《し》ない所以《ゆえん》があって為《し》ないとチャンと説を極《き》めて居る。ソコで今金の話が出て来て、その金の声を聞き前説を変じて学校監督の需《もとめ》に応じようと云《い》えば、前に之《これ》を謝絶したのが間違いか、ソレが間違いでなければ今その金を請取《うけと》るのが間違いである。金の為《た》めに変説と云えば、金さえ見れば何でもすると斯《こ》う成らなければならぬ。是《こ》れは出来ない。且《か》つ又今日金の欲しいと云うのは何の為《た》めに欲しいかと云えば、小供の為《た》めだ。小供を外国で修業させて役に立つように為《し》よう、学者に為ようと云う目的であるが、子を学者にすると云う事が果して親の義務であるかないか、是《こ》れも考えて見なければならぬ。家に在る子は親の子に違《ちが》いない。違いないが、衣食を授けて親の力相応の教育を授けて、ソレで沢山だ。如何《どう》あっても最良の教育を授けなければ親たる者の義務を果さないと云う理窟はない。親が自分に自《みず》から信じて心に決して居るその説を、子の為めに変じて進退すると云《いっ》ては、所謂《いわゆる》独立心の居処《いどころ》が分らなくなる。親子だと云ても、親は親、子は子だ。その子の為めに節《せつ》を屈して子に奉公しなければならぬと云うことはない。宜《よろ》しい、今後若《も》し乃公《おれ》の子が金のない為《た》めに十分の教育を受けることが出来なければ、是《こ》れはその子の運命だ。幸《さいわい》にして金が出来れば教育して遣《や》る、出来なければ無学文盲のまゝにして打遣《うちやっ》て置くと、私の心に決断して、扨《さて》先方の人は誠に厚意を以《もっ》て話して呉《く》れたので、固《もと》より私の心事を知る訳《わ》けもないから、体能《ていよ》く礼を述べて断りましたが、その問答応接の間、私は眼前《がんぜん》に子供を見てその行末を思い、又顧《かえり》みて自分の身を思い、一進一退これを決断するには随分《ずいぶん》心を悩ましました。その話は相済《あいす》み、その後も相替《あいかわ》らず真面目に家を治めて著書飜訳《ほんやく》の事を勉《つと》めて居ると、存外に利益が多くて、マダその二人の小供が外国行の年頃にならぬ先きに金の方が出来たから、小供を後廻しにして中上川彦次郎《なかみがわひこじろう》[1]を英国に遣《や》りました。彦次郎は私の為《た》めに只《たっ》た一人の甥で、彼方《あちら》も亦《また》只た一人の叔父さんで外《ほか》に叔父はない、私も亦《また》彦次郎の外に甥はないから、先《ま》ず親子のようなものです。彼《あ》れが三、四年も英国に居る間には随分金も費しましたが、ソレでも後の小供を修業に遣ると云う金はチャンと用意が出来て、二人とも亜米利加《アメリカ》に六年ばかり遣《やっ》て置きまし

1 **中上川彦次郎** 一八五四（安政元）年—一九〇一（明治三十四）年。福澤の姉・婉《えん》の子。明治二（一八六九）年、慶應義塾に入塾。イギリス留学からの帰国後は工部省や外務省に勤務したが、明治十四年の政変で辞職。のち、時事新報、山陽鉄道社長を歴任。明治二十四（一八九一）年、三井銀行理事となり、三井財閥の基礎を確立した。

た。私は今思い出しても誠に宜《い》い心持がします。能《よ》くあの時に金を貰《もら》わなかった、貰えば生涯気掛りだが、宜《い》い事をしたと、今日までも折々思い出して、大事な玉に瑾《きず》を付けなかったような心持がします。

### 乗船切符を偽らず

右様な大金の話でない、極々《ごくごく》些細の事でも一寸《ちょい》と胡麻化《ごまか》して貪《むさぼ》るようなことは私の虫が好かない。明治九年の春、私が長男一太郎《いちたろう》と次男捨次郎《すてじろう》と両人を連れて上方《かみがた》見物に行くとき、一は十二歳余り、捨は十歳余り、父子三人従者も何もなしに、横浜から三菱会社の郵便船に乗り、船賃は上等にて十円か十五円、規則の通りに払うて神戸に着船、金場《きんば》小《こ》平次《へいじ》と云《い》う兼《かね》て懇意《こんい》の問屋[1]に一泊、ソレから大阪、京都、奈良等、諸所見物して神戸に帰《かえっ》て来て、復《ま》た三菱の船に乗込むとき、問屋の番頭に頼んで乗船切符を買い、サア乗込みと云うときにその切符を請取《うけとっ》て見れば、大人の切符が一枚と子供の半札が二枚あるから、番頭を呼んで、「先刻申した通り切符は大人が二枚、小供が一枚の筈《はず》だ、何かの間違いであろう、替えて貰いたいと云うと、番頭は落付払《おちつきはら》い、「ナーニ間違いはありません。大きいお坊ッちゃんの御年《おとし》も御《お》誕生も聞きました。正味十二と二、三ケ月、半札は当然《あたりまえ》です。規則には満十二歳以上なんて書《かい》てありますが、満十三、四歳まで大人の船賃を払う者は一人もありはしませんと云《い》うから、私は承知しない。「二、三ケ月でも二、三日でも規則は規則だ、是非《ぜひ》規則通りに払うと云《い》うと、番頭も中々剛情で、ソンな馬鹿な事は致しませんと云《いっ》て議論のように威張《いば》るから、「何でも宜《よろ》しい。乃公《おれ》は乃公の金を出して払うものを払い、貴様には唯《ただ》その周旋を頼む丈《だ》けだ。何も云わずに呉《く》れろと申して、何円か金を渡して、乗船前、忙しい処に切符を取替えた事がある。是《こ》れは何も珍らしくない、買物の代を当然《あたりまえ》に払うまでの事だから、世間の人も左様《そう》であろうと思うけれども、今日例えば汽車に乗《のっ》て見ると、青い切符[2]を以《もっ》て一寸《ちょい》と上等に乗込む人もあるようだ。過日も横浜から例の青札《あおふだ》を以て上等に飛込み神奈川に上《あがっ》た奴がある。私は箱根帰りに丁度《ちょうど》その列車に乗て居て、ソッと奴の手に握《にぎっ》てる中等切符を見て、扨々賤《さてさていや》しい人物だと思いました。

　是れまで申した所では何だか私が潔白な男のように見えるが、中々爾《そ》うでない。この潔白な男が本藩の政庁に対しては不潔白とも卑劣とも名状すべからざる挙動《ふるまい》をして居ました。話は少々長いが、私が金銭の事に付き数年の間に豹変《ひょうへん》したその由来を語りましょう。王政維新のその時に、幕府から幕臣一般に三箇条の下問を発し、第一、王臣になるか、第二、幕臣になって静岡に行くか、第三、帰農して平民になるかと云《いっ》て来たから、私は無論帰農しますと答えて、

1 **問屋**　ここでは、廻船問屋のこと。　2 **青い切符**　中等車両の乗車券。

**本藩の扶持米を辞退す**

その時から大小を棄《す》てゝ丸腰になって仕舞《しま》い、ソコで是《こ》れまで幕府の家来になって居るとは云《い》いながら、奥平《おくだいら》からも扶持米《ふちまい》を貰《もらっ》て居たので、[1]幕臣でありながら半《なか》ばは奥平家の藩臣である。然《しか》るに今度いよ〳〵帰農と云《い》えば、勿論《もちろん》幕府の物を貰う訳《わ》けもないから、同時に奥平家の方から貰《もらっ》て居る六人扶持《ぶち》か八人扶持の米も、御辞退申すと云《いっ》て返して仕舞《しま》いました、と申すはその時に私の生活はカツ〳〵出来るか出来ないかと云《い》う位であるが、併《しか》しドウかしたなら出来ないことはないと大凡《おおよそ》その見込《みこみ》が付《つい》て居ました。前にも云う通り私は一体金の要《い》らない男で、一方では多少の著訳書を売《うっ》て利益を収め、又一方では頓《とん》と無駄な金を使わないから多少の貯蓄《たくわえ》も出来て、赤貧ではない。是《こ》れから先《さ》き無病堅固にさえあれば、他人の世話にならずに衣食して行かれると考《かんがえ》を定めて、ソレで男らしく奥平家に対しても扶持方を辞退しました。スルと奥平の役人達は却《かえっ》て之《これ》を面白く思わぬ。「ソンなにしなくても宜《よ》い、是《こ》れまで通り遣《や》ろうと云て、その押問答がなか〳〵喧《やか》ましい。妙なもので、此方《こっち》が貰おうと云うときには容易に呉れぬものだが、要らないと云うと向うが頻《しき》りに強《し》うる。ソレで仕《し》舞《まい》には、ドウもお前は不親切だ、モウ一歩進めると藩主に対して薄情不忠な奴だと云うまでになって来た。夫《そ》れから此方《こっち》も意地になって、「ソレなら戴きましょう。戴きましょうだが、毎月その扶持米を精《しら》げて[2]貰《もら》いたい。モ一つ序《つい》でにその米を飯《めし》か粥に焚《たい》て貰いたい。イヤ毎月と云わずに毎日貰《もら》いたい。都《すべ》ての失費は皆米の内で償いさえすれば宜《よ》いから爾《そ》うして貰いたい。ソレでドウだと申すに、御扶持《おふち》を貰わなければ不親切、不忠と云《い》われる、不忠の罪を犯すまでにして御辞退申す程の考《かんがえ》はないから慎《つつし》んで戴きます。願の通りその御扶持米《まい》が飯《めし》か粥になって来れば、私は新銭座《しんせんざ》私宅近処《きんじょ》の乞食に触《ふれ》を出して、毎朝来い、喰《く》わして遣《や》ると申して、私が殿様から戴いた物を、私宅の門前に於《おい》て難渋者共に戴かせます積りですと云《い》うような乱暴な激論で、役人達も困《こまっ》たと見え、どう〳〵私の云《い》う通りに奥平藩の縁も切れて仕舞《しま》いました。

**本藩に対してはその卑劣朝鮮人の如し**

斯《こ》う云えば私が如何《いか》にも高尚廉潔の君子のように見えるが、この君子の前後を丸出しにすると実は大笑いの話だ。是《こ》れは私一人でない、同藩士も同じことだ。イヤ同藩士ばかりでない、日本国中の大名の家来は大抵《たいてい》皆同じことであろう。藩主から物を貰えば拝領と云《いっ》て、之《これ》に返礼する気はない。馳走《ちそう》になれば御酒下《ごしゅくだ》されなんと云て、気の毒にも思わず唯難有《ただありがた》いと御辞儀《じぎ》をするばかりで、その実は人間相互《あいたが》いの附合《つきあ》いと思わぬから、金銭の事に就《つい》ても亦《また》その通りでなければならぬ。私が中津《なかつ》藩に対する筆

**1 奥平からも扶持米を貰て居たので**　福澤は元治元（一八六四）年に幕臣となってからも、藩から洋学教師として俸禄（六人扶持）を支給されていた。　**2 精げて**　精米して。

法は、金の辞退どころか唯《ただ》取ること計《ばか》り考えて、何でも構わぬ、取れる丈《だ》け取れと云《い》う気で、一両でも十両でも旨《うま》く取出せば、何だか猟《かり》に行て獲物《えもの》のあったような心持《こころもち》がする。拝借と云《いっ》て金を借りた以上は此方《こっち》のもので、返すと云う念は万々ない。仮初《かりそめ》にも自分の手に握れば、借りた金も貰《もらっ》た金も同じことで、後《あと》の事は少しも思わず、義理も廉恥《れんち》もないその有様《ありさま》は、今の朝鮮人が金を貪《むさぼ》ると何にも変《かわっ》たことはない。嘘も吐《つ》けば媚《こび》も献じ、散々《さんざん》なことをして、藩の物を只《ただ》取ろう〳〵とばかり考えて居たのは可笑《おか》しい。その二、三ケ条を云えば、小幡《おばた》その外《ほか》の人が江戸に来て居て、私が一切《いっさい》引受けて世話をして居るときに、藩から勿論《もちろん》ソレに立行く丈《だ》けの金を呉《く》れよう訳《わ》けはない。ドウやら斯《こ》うやら種々様々に、私が有らん限りの才覚をして金を造《つくっ》た。例えば当時横浜に今のような欧字新聞がある、一週に一度ずつの発行、その新聞を取寄せて、ソレを飜訳《ほんやく》しては、佐賀藩の留守居《るすい》とか仙台藩の留守居とか、その外一、二藩もありました、ソンな人に話を付けて、ドウぞ飜訳を買《かっ》て貰いたいと云て多少の金にするような工風《くふう》をしたり、

**百五十両を掠め去る**

又は私が外国から持《もっ》て帰《かえっ》た原書の中の不用物を売《うっ》たりして金策をして居ましたが、何分大勢《おおぜい》の書生の世話だからその位の事では迚《とて》も追付く訳けのものでない。所でその時江戸の藩邸に金のあることを聞込《ききこ》んだから、即案に宜《い》い加減な事を書立《かきた》て、何月何日の頃何の事で自分の手に金の這入《はい》る約束があると云うような嘘を拵《こしら》えて、誠めかしく

家老の処に行《いっ》て、散々御辞儀《じぎ》をして、斯《こ》う〳〵云う訳けですから暫時《ざんじ》百五十両丈《だ》けの御振替《おふりかえ》[1]を願いますと極手軽《ごく》に話をすると、家老は逸見志摩《へんみしま》[2]と云う誠に正しい気の宜《い》い人で、暫時《ざんじ》のことならば拝借仰付《おおせつ》けられても宜《よ》かろうと云うような曖昧な答をしたから、その答を聞くや否《いな》やすぐにその次《つ》ぎの元締役《もとじめやく》の奉行の処に行て、今御家老《ごかろう》志摩殿に斯う云う話をした所が、貸して苦しくないと御聞済《おききずみ》になったから、今日その御金を請取《うけと》りたいと云うと、奉行は不審を抱《いだ》き、ソレは何時《いつ》の事だか知らぬがマダその筋《すじ》から御沙汰《ごさた》にならぬと妙な顔色《かお》して居るから、仮令《たと》い御沙汰にならぬでもモウ事は済んで居ます、唯《ただ》金をさえ渡して下されば宜《よろ》しい、何も六《むず》かしい事はないと段々説《とい》た、所が家老衆が爾《そ》う云《い》えば、御金のないことはない、余り不都合でもなかろうとその答も曖昧であったが、此方《こっち》はモウ済んだ事にして仕舞《しまっ》て、その足で又その下役の元締小吟味《こぎんみ》、是《こ》れが真実その金庫の鍵を持《もっ》て居る人であるその小吟味方の処へ行て、只《ただ》今金を出して貰《もら》いたい、斯う〳〵云う次第で決してお前さんの落度になりはしない、正当な手順で、僅《わず》か三ヶ月経《た》てば私の手にちゃんと金が出来るからすぐに返上すると云て、何の事はない、疾雷耳《しつらい》

1 **御振替** 一時的にある物を他の物と取り替えること。ここでは、立て替えるという意。 2 **逸見志摩** 中津藩の江戸詰家老。

を掩《おお》うに遑《いとま》あらず、役人と役人と評議相談のない間に、百五十両と云《い》う大金を掠《かす》めて持《もっ》て来たその時は、恰《あたか》も手に竜宮の珠《たま》を握りたるが如《ごと》くにして、且《かつ》その握《にぎっ》た珠を竜宮へ返《か》えそうなんと云う念は毛頭《もうとう》ない。誠に不埒《ふらち》な奴さ。夫《そ》れで以《もっ》て一年ばかり大《おお》に楽をしたことがあります。

**原書を名にして金を貪る**

又或《またあ》る時、家老奥平壹岐《おくだいらいき》の処に原書を持参して、御買上《おかいあげ》を願うと持込んだ所が、この家老は中々黒人《くろうと》、その原書を見て云うに、是《こ》れは宜《よ》い原書だ、大層《たいそう》高価のものだろうと頻《しき》りに賞《ほ》めるから、此方《こっち》はチャンと向うの腹を知《しっ》て居る、有益な本で実価は安いなどと威張《いばっ》て出掛けると、ソレじゃ外《ほか》へ持て行けと云うに極《きまっ》て居るから、一番、その裏を掻《かい》て、「左様《さよう》です、原書は誠に必要な原書ですが、之《これ》を私が奥平様にお買上げを願うと云うのは、この代金を私が請取《うけとっ》て、その金は私が使《つかっ》て、爾《そ》うしてその御買上《おかいあげ》げになった原書を私が拝借しようと斯《こ》う云うので、正味を申せば私がマア金を唯《ただ》貰おうと云う策略でござる。斯《か》くの通り平たく心の実を明らさまに申上げるのだから、ドウかこの原書を名にして[1]金を下さい。一口に申せば私は体《てい》の宜《い》い乞食、お貰《もら》い見たようなものでござると打付《ぶっつ》けた所が、家老も仕方《しかた》がない、その訳《わ》けは、家老が以前に自分の持て居る原書一冊を奥平藩に二十何両かで売付けたことがあるその事を聞込《ききこ》んだから私が行《いっ》たので、若《も》しも否めばお前さんはドウだと暴れて遣《や》ろうと云う強身《つよみ》の伏線がある、丸で脅迫手段だから、家老も仕方なしに承知して、私も矢張《やは》りその原書を名にして先例に由《よ》り二十何両かの金を取《とつ》て、その内十五両を故郷の母の方に送《おくつ》て一時の窮を凌《しの》ぎました。

と云《い》うような次第で、ソレはソレは卑劣とも何とも実に云《い》いようのない悪い事をして一寸《ちょい》とも愧《は》じない。仮初《かりそめ》にも是《こ》れはドウも有間敷事《あるまじきこと》だなんと思《おもつ》たことがない。取らないのは損だとばかり、猟《かり》に行けば雀を撃《うつ》たより雁を取《とつ》た方がエライと云う位の了簡で、旨《うま》く大金を掠《かす》め取れば心窃《ひそか》に誇《ほこつ》て居るとは、実に浅ましい事であるのみならず、本来私の性質がソレ程卑劣とも思わない、随分《ずいぶん》家風の悪くない家に生れて、幼少の時から心正しき母に育てられて、

**人間は社会の虫なり**

苟《いやしく》も人に交《まじわつ》て貪《むさぼ》ることはしないと説を立てゝ居る者が、何故に藩庁に対してばかり斯《か》くまでに破廉恥《はれんち》なりしや、頓《とん》と訳《わ》けが分らぬ。シテ見ると人間と云う者はコリャ社会の虫に違いない。社会の時候が有りのまゝに続けば、その虫が虫を産んで際限のない所に、この蛆虫《うじむし》即《すなわ》ち習慣の奴隷が、不図《ふと》面目を改めると云うには、社会全体に大なる変革激動がなければならぬと思われる。ソコで三百年の幕府が潰れたと云えば、是《こ》れは日本社会の大変革で、随分《ずいぶん》私の一身も始めて夢が醒《さ》めて、藩庁に対する挙動《きょどう》も改まらなければならぬ。是れ

1 **名にして**　担保にして。口実にして。

まで自分が藩庁に向《むか》て愧《は》ずべき事を犯したのは、畢竟《ひっきょう》藩の殿様など云《い》う者を崇《あが》め奉《たてまつ》って、その極度はその人を人間以上の人と思い、その財産を天然の公共物と思い、知らず識《し》らず自《みず》から鄙劣《ひれつ》に陥りしことなるが、是《こ》れからは藩主も平等の人間なりと一念こゝに発起して、この平等の主義からして物を貪《むさぼ》るは男子の事に非《あら》ずと云う考えが浮かんだのだろうと思われる。その時には特に考えたこともない、説を付けたこともないが、私の心の変化は恐ろしい。何故《なにゆえ》に以前藩に対してあれほど卑劣な男が後に至《いたっ》ては折角《せっかく》呉れようと云う扶持方《ふちかた》をも一酷《いっこく》に辞退したか、辞退しなくっても世間に笑う者もないのに、打《うっ》て変《かわっ》た人物になって、この間まで丸で朝鮮人見たような奴が、恐ろしい権幕を以《もっ》て呉れる物を刎返《はねかえ》して、伯夷《はくい》、叔斉《しゅくせい》[1]のような高潔の士人に変《へん》化《か》したとは、何と激変ではあるまいか。他人の話ではない、私が自分で自分を怪しむことであるが、畢竟《ひっきょう》封建制度の中央政府を倒してその倒るゝと共に個人の奴隷心を一掃したと云わなければならぬ。

**支那の文明、望むべからず**

之《これ》を大きく論ずれば、彼《か》の支那の事だ、支那の今日の有様を見るに、何としても満清《まんしん》政府[2]をあの儘《まま》に存じて置《おい》て、支那人を文明開化に導くなんと云うことは、コリャ真実無益な話だ。何は扨置《さて》き老大政府を根絶やしにして仕舞《しまっ》て、ソレから組立てたらば人心こゝに一変することもあろう。政府に如何《いか》なるエライ人物が出ようとも、百の李鴻章《りこうしょう》[3]が出て来たって何にも出来はしない。その人心を新《あらた》にして国を文明にしようとならば、何は兎《と》もあれ、試《こころ》みに中央政府を潰すより外《ほか》に妙策はなかろう。之《これ》を潰して果して日本の王政維新のように旨《うま》く参るか参らぬか、屹《きっ》と請合は難《かた》けれども、一国独立の為《た》めとあれば試《こころ》みにも政府を倒すに会釈はあるまい、国の政府か、政府の国か、このくらいの事は支那人にも分る筈《はず》と思う。

**旧藩の平穏は自から原因あり**

私の経済話から段々枝《えだ》がさいて長くなりましたが、序《ついで》ながら中津藩の事に就《つい》て、モ少し云う事があります。前に申す通り私は勤王佐幕など云う天下の政治論に少しも関係しないのみならず、奥平藩の藩政にまでも至極《しごく》淡泊にあったと云うその為《た》めに、茲《ここ》に随分《ずいぶん》心に快いことがある、と云うのはあの王政維新の改革が行われたときに、諸藩の事情を察するに、勤王佐幕の議論が盛《さかん》で、動《やや》もすれば旧大臣等に腹を切らせるとか、大英断を以《もっ》て藩政改革とか云う為めに、一藩中に争論が起り、党派が分れて血を流す

1 **伯夷、叔斉** 中国古代、殷末周初の賢人兄弟。周の武王が殷の紂王を討とうとするのをいさめたが聞き入れられず、周が天下を統一すると首陽山にこもって餓死した。清廉潔白な人物の代表とされる。 2 **満清政府** 満州民族がおこした清国の政府。 3 **李鴻章** 一八二三―一九〇一年。清朝末期の政治家。産業の近代化を進める洋務運動を推進。直隷総督として多くの外交問題の処理に当たった。特に北清事変、日清戦争などの外交交渉に功績があった。

と云《い》うようなことは、何《いず》れの藩も十中八、九、皆ソレであったその時に、若《も》し私に政治上の功名心があって、藩に行《いっ》て佐幕とか勤王とか何か云出《いいだ》せば、必ず一騒動を起すに違いない。所が私は黙《だまっ》て居て一寸《ちょいと》も発言せず、人が噂《うわさ》をすれば、爾《そ》う喧《やかま》しく云わんでも宜《い》い、棄《す》てゝ置きなさいと云うように、極《ごく》淡泊にして居たから、中津《なかつ》の藩中が誠に静で、人殺しも何もなかったのはソレが為《た》めだろうと思います。人殺しどころか人を黜陟《ちっちょく》し[1]たと云うこともなかった。ソコで私が明治三年、中津に母を迎えに行《いっ》たことがある、所がその時は藩政も大いに変《かわっ》て居まして、福澤が東京から来たから話を聞こうではないかと云うようなことになって、家老の邸《やしき》に呼ばれて行た、所が藩の役人と云う有らん限りの役人重役が皆其処《そこ》に出て居る。案ずるに、私が行たらば嘸《さぞ》ドウも大変な事を云うだろうと待受《まちう》けて居たに違いない。

**藩の重役に因循姑息説を説く**

夫《そ》れから私が其処に出席すると、重役達の云うに、藩はドウしたら宜《よ》かろうか、方向に迷《まよっ》て五里霧中なんかんと、何か心配そうに話すから、私は之《これ》に答えて、イヤもう是《こ》れはドウするにも及ばぬことだ、能《よ》く諸藩では或《あるい》は禄を平均すると云うような事で大分騒々《そうぞう》しいが、私の考えでは何にもせずに今日のこの儘《まま》で、千石取《とっ》て居る人は千石、百石取て居る人は百石、太平無事に悠々《ゆうゆう》として居るが上策だと、その説を詳《つまびらか》に陳べると、列座の役人は大層驚くと同時に、是《こ》れは〳〵穏かなことを云うもの哉《かな》と云わぬばかりの趣で、大分顔色が宜い。夫《そ》れから段々話が進んで来た所で、私は一つ注文を出した。今云《い》う通り禄も身分も元の通りにして置くが宜《よ》かろう、ソレは宜《よろ》しいが、玆《ここ》に一つ忠告したいことがある。今この中津《なかつ》藩には小銃もあれば大砲もあり、武を以《もっ》て国を立てようと云うその趣《おもむき》はチャンと見えて居るが、併《しか》し今の藩士とこの藩に在る武器で以て果して戦争が出来るかドウか、私

**武器売却を勧む**

はドウも出来なかろうと思う、左《さ》れば今日只《ただ》今長州の人がズッと暴れ込めば長州に従わなければならぬ、又薩州の兵が攻来《せめく》れば之《これ》にも抵抗することが出来ないから薩州に従わなければならぬ、誠に心配な話である、之を私が言葉を設けて評すれば、弱藩罪《つみ》なし武器災《わざわい》をなすと云わねばならぬ、ダカラ寧《いっ》そこの鉄砲を皆売《うっ》て仕舞《しま》いたい、見れば大砲は何《いず》れもクルップ[2]だ、これを売れば三千五百或《あるい》は一万円になるかも知れぬから、一切《いっさい》売て仕舞《しまっ》て昔の琉球見たようになって仕舞うが宜《よ》い、爾《そ》うして置《おい》て長州から攻めて来たら、ヘイ〳〵、又薩摩から遣《やっ》て来たら、ヘイ〳〵、斯《こ》う為《し》ようとか、ア、為ようとか云えば、ドウか長州に行《いっ》て直《じき》に話をして下さい、又長州ならドウか薩州に行て直談《じきだん》を頼むと云て、一切の面倒を他に嫁して、此方《こっち》はド

1 **黜陟**　位を上げたり下げたりすること。出処進退を左右すること。　2 **クルップ**　クルップ社製。クルップ社はドイツの兵器製造会社。

ウでも宜《い》いと、斯《こ》う云《い》う仕向けが宜《よ》かろう、そうした所で殺しもしなければ捕縛して行きもしないから爾《そ》う云うようにしたい、そうして一方に於《おい》てはドウしてもこの世の中は文明開化になるに極《きまっ》てるから、学校を拵《こしら》えて文明開化の何物たるを藩中の少年子弟に知らせると云う方針を執《と》るが一番大事である、扨《さて》爾う云う方針を執るとして、武器を廃して仕舞《しま》えば、余り割合が宜《よ》過《す》ぎるようだが、ソコには斯う云うことがある、今私は東京の事情を察するに、新政府は陸海軍を大に改革しようとして金がなくて困《こまっ》て居る、ソコで一片の願書なり届書なり認《したた》めて出して見るが宜《よろ》しい、その次第はこの中津《なかつ》藩は武備を廃したる為《た》めに年々何万円と云う余計な金がある、この金を納めましょうから政府の方でドウでも為《な》すって下さいと斯う云《い》えば、海陸軍では大に悦《よろこ》ぶ、政府の身になって見れば、この諸藩三百の大名が各々《おのおの》色変りの武器を作り色変りの兵を備えて置くその始末に堪《た》まるものじゃない、ドウしたッて一様にしたいと云うのは、コリャ政府の政略に於《おい》て有るに極《きまっ》た訳《わ》けではないか、然《しか》るに此処《ここ》ではクルップの鉄砲だ、隣ではアームストロング[1]の大砲だ、イヤ彼処《あすこ》では仏蘭西《フランス》の小銃、此方《こっち》は和蘭《オランダ》から昔《むか》し輸入したゲベル[2]を持て居ると云うような、日本国中千種万様の兵備では、政府に於《おい》てイザ事と云《いっ》ても戦争が出来そうにもしない、ソレよりかその金を納むるが宜《よ》い、爾うすれば独り政府が悦《よろこ》ぶのみならずして、中津藩も誠に安楽になる、所謂《いわゆる》一挙両全の策であるから爾う遣りなさいと云《いっ》た。所がソレには大反対さ。兵事係の役人が三人も四人も居る中で、菅沼新五右衛門《すがぬましんごえもん》[3]と云《い》う人などは大反対、満坐一致で、ソレは出来ませぬ、何の事はない、武士に向《むか》つて丸腰になれと云うような説で、ソレ計《ばか》りは何としても出来ないと云うから、私は深く論じもせず、出来なければ為《し》なさるな、ドウでも宜《よろ》しい、御勝手になさい、只《ただ》私は爾うしたらば便利だと思う丈《だ》けの話だからと云て、ソレ切《き》り罷《や》めになって仕舞《しま》いましたが、併《しか》し私はその政治論に熱しなかったと云う為《た》めに、中津の藩士が怪我を為なかったと云うことは、是《こ》れは事実に於《お》て間違いないことで、自《おのず》から藩の為めに功徳になって居ましょう。その上に中津《なかつ》藩では減禄をしないのみならず、平均した所で加増した者がある。何でも大変に割合が宜《よ》かった。例えば私の妻の里[4]などは二百五十石取《とつ》て居て三千円ばかりの公債証書[5]を貰《もら》い、今泉《いまいずみ》（秀太郎《ひでたろう》氏なり）は私の妻の

## 武士の丸腰

**1 アームストロング**　アームストロング社製。アームストロングはイギリスの発明家、企業家。アームストロング砲を発明し、世界的な兵器産業をおこした。**2 ゲベル**　ゲーベル銃。江戸末期の先込め式洋式小銃。天保の頃にオランダから初めて輸入され幕末維新の諸戦に用いられた。**3 菅沼新五右衛門**　中津藩士。維新後に新《あらた》と改名。中津市学校の世話人。中津第七十八国立銀行副頭取。**4 妻の里**　妻の実家、この時の当主は土岐謙之助。**5 公債証書**　ここでは、明治維新以後、政府が華族・士族に家禄や賞典禄（秩禄）に代えて交付した秩禄公債証書（禄券）のこと。

姉の家で三百五十石か取《とっ》て居たが四千円も貰《もら》いましたろう。けれども藩士の禄券と云うものは悪銭身に付《つ》かずと云《い》うような訳《わ》けで、終《つい》にはなくして仕舞《しまっ》て何もありはしない。兎《と》に角《かく》に中津《なかつ》藩の穏かであったと云うことは間違いない話です。

**商売の実地を知らず**

話は以前《もと》に立還《たちかえっ》て復《ま》た経済を語りましょう。私は金銭の事を至極《しごく》大切にするが、商売は甚《はなは》だ不得手である、その不得手とは敢《あえ》て商売の趣意を知らぬではない、その道理は一通《ひととお》り心得《こころえ》て居る積《つも》りだが、自分に手を着けて売買貸借《ばいばいかしかり》は何分ウルサクて面倒臭くて遣《や》る気がない。且《か》つむかしの士族書生の気風として、利を貪《むさぼ》るは君子の事に非《あら》ずなんと云うことが脳《あたま》に染込《しみこ》んで、商売は愧《はず》かしいような心持《こころもち》がして、是《こ》れも自《おの》から身に着き纏《まと》うて居るでしょう。既《すで》に江戸に始めて来たとき、同藩の先輩岡見《おかみ》彦曹《ひこぞう》〔三〕と云う人が、和蘭《オランダ》辞書の原書を飜刻《ほんこく》して一冊の代価五両、その時には安いもので随分望む人もある中に、私が世話をして朋友に一冊買わせて、その代金五両を岡見に持《もっ》て行くと、主人が金一分、紙に包んで呉《く》れたから驚いた、是れは何の事か少しも分らん、本の世話をして売《うっ》たその礼とは呆れた話だ、畢《ひっ》竟《きょう》主人が少年書生と見縊《みくびっ》て金を恵む了簡であろう、無礼な事をするもの哉《かな》と少し心に立腹して、真面目になって争うた事があると云うような次第で、物の売買に手数料など丶云うことは町人共の話として、書生の身には夢ほども知らない。左《さ》れども是等《これら》は唯書生の一身に直接して然《しか》るのみ。扨《さて》経済の理屈に於《おい》ては当時町人共の知らぬ処に考《かんがえ》の届くことがある。

### 火斗を買て貨幣法の間違いを知る

或《あ》るとき私が鍛冶《かじ》橋外《ばしそと》の金物屋に行《いっ》て台火斗《だいじゅうのう》[1]を買《かっ》て、価が十二匁《もんめ》と云《い》うその時、どう云う訳《わ》けだか供の者に銭を持たせて、十二匁なれば凡《およ》そ一貫二、三百文[2]になるから、その銭を店の者に渡したときに、私が不図《ふと》心付《こころづい》た。この銭の目方は凡《およ》そ七、八百目から一貫目もある、然《しか》るに銭の代りに請取《うけとっ》た台火斗は二、三百目しかない、銭も火斗も同じ銅でありながら、通用の貨幣は安くて売買の品は高い、是《こ》れこそ経済法の大間違いだ、こんな事が永く続けば銭を鋳潰して台火斗を作るが利益だ、何としても日本の銭の価は騰貴するに違いないと説を定めて、一歩を進めて金貨と銀貨との目方、性合《しょうあい》[3]を比較して見て、西洋の金一銀十五の割合にすれば、日本の貨幣法は間違いも間違いか大間違いで、私が首唱して云うにも及ばず、外国の商人は開国その時から大判小判の輸出で利を占めて居るとの風聞。ソレから私も知《しっ》て居る金持の人に頻《しき》りに勧めて金貨を買わせた事があるが、是《こ》れも唯《ただ》人に話をする計《ばか》り

1 **台火斗**　炭火を盛って運ぶ道具（じゅうのう）に台をつけたもの。　2 **十二匁なれば凡そ一貫二、三百文**　代価の銀十二匁を銭貨にするとすれば一貫二、三百文になるということ。　3 **性合**　貨幣の純金または純銀と混和物との割合。

で自分には何にも為《し》ようとも思付《おもいつ》かぬ。唯《ただ》私の覚えて居るのは安政六年の冬、米国行の前、或《ある》人に金銀の話をして、翌年夏、帰国して見れば、その人が大《おお》に利益を得た様子で、御礼《おれい》に進上すると云《いっ》て、一朱銀の数も計《かぞ》えず私の片手に山盛り一杯金を呉《く》れたから、深く礼を云《い》うにも及ばず、何は扨置《さてお》き早速《さっそく》朋友を連れて築地の料理茶屋に行《いっ》て、思うさま酒を飲ませたことがある。

### 簿記法を飜訳して簿記を見るに面倒なり

先《ま》ずこの位なことで、その癖私は維新後早く帳合之法《ちょうあいのほう》[1]と云う簿記法の書を飜訳《ほんやく》して、今日世の中にある簿記の書は皆私の訳例に倣《なら》うて書《かい》たものである。ダカラ私は簿記の黒人《くろうと》でなければならぬ、所が読書家の考《かんがえ》と商売人の考とは別のものと見えて、私はこの簿記法を実に活用することが出来ぬのみか、他人の記した帳簿を見ても甚《はなは》だ受取が悪い。ウンと考えれば固《もと》より分らぬことはない、屹《きっ》と分るけれども、唯面倒臭くてソンな事をして居る気がないから、塾の会計とか新聞社の勘定とか、何か入組んだ金の事はみんな人任せにして、自分は唯その総体の締《しめ》て何々と云う数を見る計《ばか》り。こんな事で商売の出来ないのは私も知《しっ》て居る。例えば塾の書生などが学費金を持《もっ》て来て、毎月入用だけ請取りたいから預けて置きたいと云《い》う者がある。今の貴族院議員の滝口吉良《たきぐちよしろう》[2]なども、先年書生の時はその中の一人で、何百円か私の処に預けてあったが、私はその金をチャンと箪笥の抽斗《ひきだし》に入れて置《おい》て、毎月取りに来れば十円でも十五円でも入用だけ渡して、その残りは又紙に包んで仕舞《しまっ》て置く。その金を銀行に預けて如何《どう》すれば便利だと云《い》うことを知るまい事か、百も承知で心に知《しっ》て居ながら、手で為《す》ることが出来ない。銀行に預けるは扨置《さてお》き、その預《あずかっ》た紙幣の大小を一寸《ちょいと》私に取替えて本《もと》の姿を変えることも気が済《す》まない。如何《どう》でも是《こ》れは持《もっ》て生れた藩士の根性か、然《しか》らざれば書生の机の抽斗《ひきだし》の会計法でしょう。ソコで或時《あるとき》例の金融家のエライ人が私方に来て、何か金の話になって、千種万様、実に目に染《し》みるような混雑な事を云うから、扨《さ》て〳〵如何《どう》もウルサイ事だ、この金を彼方《あっち》に

**借用証書があらば百万円遣ろう**

向けて、彼《あ》の金は此方《こっち》に返《か》えすと云う話であるが、人に貸す金があれば借りなくても宜《よ》さそうなものだ、商売人は人の金を借りて商売すると云うことは私も能《よ》く知て居るが、苟《いやしく》も人に金を貸すと云うことは余《あまっ》た金があるから貸すのだ、仮令《たと》い商売人でも貸す金があるなら成《な》る丈《た》けソレを自分に運転して、他人の金をば成る丈け借用しないようにするのが本意ではないか、然《しか》るに自分に資本を持て居ながら、態々《わざわざ》人に借用とは入《い》らざる事をしたものだ、余計な苦労を求めるようなものだと云うと、その人が大《おお》いに笑《わらっ》て、迂闊《うかつ》千万、途方もない事を云う、商売人と云う

1 **帳合之法** わが国最初の西洋簿記学の翻訳書。明治六（一八七三）年六月に初編、翌年六月に二編が刊行された。 2 **滝口吉良** 一八五八（安政五）年―一九三五（昭和十）年。山口県の人。明治十四（一八八一）年、慶應義塾に入塾。のち、県会議員を経て、貴族院議員、衆議院議員となる。

ものは入組《いりく》んで〳〵滅茶々々《めちゃめちゃ》になったと云《い》うその間に、又種々様々の面白いことのあるもので、そんな馬鹿な事が出来るものか、啻《ただ》に商売人に限らず、凡《およ》そ人の金を借用せずに世の中を渡ると云うことが出来るものか、ソンな人が何処《どこ》に在るかと云《いっ》て私を冷却するから、私はその時始めてヒョイと思付《おもいつい》た。今御話を聞けば、世の中に借金しない者が何処に在るかと云うが、その人は今こゝに居ます。私は是《こ》れまで只《ただ》の一度も人の金を借りたことがない。「そんな馬鹿な事を云いなさるな。「イヤ如何《どう》してもない。生れて五十年（是れは十四、五年前の話）人の金を一銭でも借りたことはない。ソレが嘘ならば、試《こころみ》に私の印形《いんぎょう》の据《すわっ》て居るものとは云わない、反《ほ》古《ご》でも何でも宜《よろ》しい、ソレを捜して持《もっ》て来て御覧。私が百万円で買おう。ドウしたってありはしない。日本国中に福澤の書《かい》た借用証文と云うものはソレこそ有る気遣いはないが如何《どう》だ、と云うような訳《わ》けで、その時に私も始めて思い出したが、私は生れてこの方遂《かたつい》ぞ金を借りたことがない。是れはマア私の眼から見れば尋常一様の事と思うけれども、世間の人が見たらば甚《はなは》だ尋常一様でないのかも知れぬ。

**金を預けるも面倒なり**

ソレで私は今でも多少の財産を持て居る、持て居たけれども私ところの会計と云うものは至極《しごく》簡単で、少しも入込んだことはない。この金を誰に返《か》えさなければならぬ、之《これ》を此方《こちら》に振向けなければならぬと云うような事は絶えてない。ソレで僅《わず》かばかり二百円とか三百円とか云《い》う金が、手元にあってもなくても構わない、ソレを銀行に預けて、必要のとき小切手で払いをすれば利息が徳になると云う、ソレは私も能《よ》く知《しっ》て居て、世間一体そう云う風《ふう》になりたいとは思えども、扨《さて》自分には小面倒《こめんどう》臭い、ソンな事にドタバタするよりか、金は金で仕舞《しまっ》て置《おい》て、払うときにはその紙幣《さつ》を計《かぞ》えて渡して遣《や》ると、斯《こ》う云う趣向にして、私も家内もその通りな考えで、真実封建武士の机の抽斗《ひきだし》の会計と云うことになって、その話になると丸で別世界のようで、文明流の金融法は私の家に這入《はい》りません。

## 仮初にも愚痴を云わず

夫《そ》れからして、世間の人が私に対して推察する所を、私が又推察して見るに、ドウも世人の思う所は決して無理でない、と云うのは私が若い時から困《こまっ》たと云うことを一言《いちごん》でも云うたことがない、誠に家事多端で金の入用が多くて困るとか、今歳《ことし》は斯う云う不時な事があって困却致すとか云うような事を、仮初《かりそめ》にも口外したことがない、私の眼には世間が可笑《おか》しく見える、世間多数の人が動《やや》もすれば貧乏で困る、金が不自由だ、無力だ、不如意だ、なんかんと愚痴をこぼすのは、或《あるい》は金を貸して貰《もら》いたいと云うような意味で言うのか、但《ただ》しは洒落《しゃれ》に言うのか、飾りに言うのか、私の眼から見れば何の事だか少しも訳《わ》けが分らない、自分の身に金があろうとなかろうと敢《あえ》て他人に関係したことでない、自分一身の利害を下らなく人に語るのは独語《ひとりごと》を言うようなもので、こんな馬鹿気《ばかげ》た事はない、私の流儀にすれば金がなければ使わない、有《あっ》ても無駄に使わない、多く使うも、少なく使うも、一切《いっさい》世間の人のお世話に相成《あいな》らぬ、使いたくなければ使わぬ、使いたければ使う、嘗《かっ》て人に相談しようとも思わなければ、人に喙《くちばし》を容《い》れさせようとも思わぬ、貧富苦楽、共に独立独歩、ドンな事があっても、一寸《ちょいと》でも困《こまっ》たなんて泣言を云《い》わずに何時も悠々として居るから、凡俗世界ではその様子を見て、コリャ何でも金持《かねもち》だと測量する人もありましょう。所が私は又その測量者があろうとなかろうと、その推測が中《あた》ろうと中るまいと、少しも頓着《とんちゃく》なしに相替らず悠々として居ます。既《すで》に先年、所得税法の始めて発布せられた時などは可笑《おか》しい、区内の所得税掛りとか何とか云う人が、私の家には財産が凡《およ》そ七十万円あるその割合で税を取ると、内々云《いっ》て来た者があるから、私がその者に云うに、何卒《どうぞ》その言葉を忘れて呉《く》れるな、見て居る前で福澤の一家残らず裸体《はだか》になって出て行くから、七十万で買《かっ》て貰いたい、財産は帳面のまゝ渡して、家も倉も衣服も諸道具も鍋も釜も皆遣《や》るから、ソックリ買取《かいとっ》て七十万円の金に易《か》えたい、唯《ただ》漠然たる評価は迷惑だ、現金で売買したい、爾《そ》うなれば生来始めての大儲けで、生涯さぞ安楽であろうと云て、大笑いしたことがあります。

私が経済上に堅固を守《まもっ》て臆病で大胆な事の出来ないのは、先天の性質であるか、抑《そ》も亦《また》身の境遇に駈られて遂《つい》に堅く凝《こ》り固まったものでしょう。本年六十五歳になりますが、二十一歳の

**他人に私事を謀らず**

とき家を去《さっ》て以来、自《みず》から一身の謀《はかりごと》[1]を為《な》し、二十三歳、家兄《かけい》を喪《うしな》いしより後は、老母と姪と二人の身の上を引受け、二十八歳にして妻を娶り子を生み、一家の責任を自分一身に担《にな》うて、今年に至るまで四十五年のその間、二十三歳の冬大阪緒方先生に身の貧困を訴えて大恩に浴したるのみ、その他は仮初《かりそめ》にも身事家事の私を他人に相談したこともなければ又依頼したこともない。人の智恵を借りようとも思わず、人の差図《さしず》を受けようとも思わず、人間万事天運に在りと覚悟して、勉《つと》めることは飽《あ》くまでも根気能《よ》く勉《つと》めて、種々様々の方便を運《めぐ》らし、交際を広くして愛憎の念を絶ち、人に勧め又人の同意を求めるなどは十人並に遣《や》りながら、ソレでも思う事の叶わぬときは、尚《な》お其《それ》以上に進んで哀願はしない、唯《ただ》元に立戻《たちもど》て独《ひと》り静《しずか》に思《おもい》止《とどま》るのみ。詰《つま》る所、他人の熱に依《よ》らぬと云《い》うのが私の本願で、この一義は私が何時《いつ》発起したやら、自分にも是《こ》れと云う覚えはないが、少年の時からソンな心掛け、

**按摩を学ぶ**

イヤ心掛けと云うよりもソンな癖があったと思われます。中津《なかつ》に居て十六、七歳のとき、白石《しらいし》と云う漢学先生[2]の塾に修業中、同塾生の医者か坊主か二人、至極《しごく》の貧生で、二人とも按摩《あんま》をして凌《しの》いで居る者がある。その時、私は如何《どう》でもして国を飛出そうと

1　**一身の謀**　生計をたてるための仕事。　2　**白石と云う漢学先生**　白石常人（照山）のこと。一三頁注5参照。

思て居るから、之《これ》を見て大《おおい》に心を動かし、コリャ面白い、一文なしに国を出て、罷《まか》り違《ちが》えば按《あん》摩《ま》をしても喰《く》うことは出来ると思《おも》て、ソレから二人の者に按摩の法を習い、頻《しき》りに稽古《けいこ》して随《ずい》分《ぶん》上達しました。幸《さいわい》にその後按摩の芸が身を助ける程の不仕合《ふしあわせ》もなしに済《す》みましたが、習うた芸は忘れぬもので、今でも普通の田舎按摩よりかエライ。湯治などに行《いっ》て家内子供を揉んで遣《やっ》て笑わせる事があります。こんな事がマア私の常に云う自力自活の姿とでも云《い》うべきものか、是れが故人の伝を書くとか何とか云えば、何々氏夙《つと》に独立の大志あり、年《とし》何歳その学塾に在るや按摩法を学んで云々《うんぬん》なんと、鹿爪《しかつめ》らしく文字を並べるであろうが、私などは十六、七のとき大志も何もありはせぬ、唯《ただ》貧乏でその癖、学問修業はしたい、人に話しても世話をして呉《く》れる気遣いなし、しょうことなしに自分で按摩と思付《おもいつい》た事です。凡《およ》そ人の志はその身の成行《なりゆき》次第に由《よっ》て大きくもなり又小さくもなるもので、子供の時に何を言おうと何を行おうと、その言行が必ずしも生涯の抵当になるものではない、唯先天の遺伝、現在の教育に従《したがっ》て、根気能《よ》く勉《つと》めて迷わぬ者が勝を占めることでしょう。

## 一大投機

私が商売に不案内とは申しながら、生涯の中で大きな投機のようなことを試《こころ》みて、首尾能《よ》く出来た事があります。ソレは幕府時代から著書飜訳《ほんやく》を勉めて、その製本売《うり》捌《さばき》の事をば都《すべ》て書林[1]に任《まか》してある。所が江戸の書林が必ずしも不正の者ばかりでもないが、兎《と》角《かく》人を馬鹿にする風《ふう》がある。出版物の草稿が出来ると、その版下[2]を書くにも、版木《はんぎ》版摺《はんずり》[3]の職人を雇うにも、亦《また》その製本の紙を買入るゝにも、都《すべ》て書林の引受けで、その高いも安いも云うがまゝにして、大本《おおもと》の著訳者は当合扶持《あてがいぶち》を授けられると云《い》うのが年来の習慣である。ソコで私の出版物を見ると中々大層なもので、之《これ》を人任せにして不利益は分《わか》て居る。書林の奴等《やつら》に何程の智恵もありはしない、高《たか》の知れた町人だ、何でも一切《いっさい》の権力を取揚《とりあ》げて此方《こっち》のものにして遣《や》ろうと説を定《さだ》めた。定めたは宜《い》いが実は望洋の歎[4]で、少しも取付端《とっつきは》がない。第一番の必要と云うのが職人を集めなければならぬ。今までは書林が中に挟《はさ》まって居て、一切の職人と云う者は著訳者の御直参《おじきさん》[5]でなく、向う河岸《がし》に居るようなものだから、彼《あ》れを此方の直轄にしなければならぬと云うのが差向《さしむ》きの必要。ソコで私は一策を案じたその次第は、当時、明治の初年で余程金もあり、之《これ》を掻《かき》集めて千両ばかり出来たから、夫《そ》れから数寄屋町の鹿島と云う大きな紙問屋に人を遣《やっ》て、紙の話をして、土佐半紙を百何十俵、代金千両余りの品を即金で一度に買うことに約束をした。その時に千両の紙と云《い》うものは実に人の耳目《じもく》を驚かす。如何《いか》なる大書林と雖《いえど》も、

1 **書林**　書店。出版から販売までをあわせて行う業者。　2 **版下**　木版を彫る前に版木に貼る下書き。薄い紙に絵や文字を書いて、これを裏返しに版木に貼りつけてから彫る。　3 **版摺**　版木から紙に摺り出すこと。　4 **望洋の歎**　思案にくれること。　5 **御直参**　将軍直属の家臣である旗本や御家人のこと。

百五十両か二百両の紙を買うのがヤットの話で、ソコへ持《もっ》て来て千両現金、直《す》ぐに渡して遣《や》ると云うのだから、値《ね》も安くする、品物も宜《い》い物を寄越すに極《きまっ》てる。高かったか安かったか知らないが、百何十俵の半紙を一時に新銭座《しんせんざ》に引取《ひきとっ》て、土蔵一杯積込んで、ソレから書林に話して版摺の職人を貸して呉《く》れと云うことにして、何十人と云う大勢の職人を集め、旧同藩の士族二人を監督に置《おい》て仕事をさせて居る中に、職人が朝夕紙の出入《だしい》れをするから、蔵に這入《はいっ》てその紙を見て大に驚き、大変なものだ、途方もないものだ、この家に製本を始めたが、このくらい紙があれば仕事は永続するに違《ちが》いないと先《ま》ず信仰して、且《か》つ此方《こっち》では払いをキリ〳〵[1]して遣《や》ると云うような訳《わ》けで、是《こ》れが端緒《いとぐち》になって、職人共は問わず語りに色々な事を皆白状して仕舞《しま》う。此方の監督者は利いた風《ふう》[2]をして居るが、その実は全くの素人でありながら、職人に教わるようなもので、段々巧者になって、ソレから版木師も製本仕立師も次第々々に手に附けて、是《こ》れまで書林の為《な》すべき事は都《すべ》て此方の直轄にして、書林には唯《ただ》出版物の売捌《うりさばき》を命じて手数料を取らせる計《ばか》りのことにしたのは、是《こ》れは著訳社会の大変革でしたが、唯この事ばかりが私の商売を試《こころ》みた一例です。

# 品行家風

経済の事は右の如《ごと》くにして、私は私の流義を守《まも》って生涯このまゝ替えずに終ることであろうと思いますが、ソレから又《また》自分の一身の行状は如何《どう》であったか、家を成した後に家の有様は如何かと云《い》うことに付《つい》て、有りのまゝの次第を語りましょう。扨《さて》私の若い時は如何だと申すに、中《なか》津《つ》に居たとき子供の時分から成年に至るまで、何としても同藩の人と打解けて真実に交わることが出来ない、本当に朋友になって共々に心事を語る所謂莫逆《いわゆるばくげき》の友と云うような人は一人もない、世間にないのみならず親類中にもない、と云《いっ》て私が偏窟《へんくつ》者で人と交際《つきあい》が出来ないと云うではない。ソリャ男子に接しても婦人に逢うても快く話をして、ドチラかと云えばお饒舌《しゃべ》りの方であったが、本当を云うと表面《うわむき》ばかりで、実はこの人の真似をして見たい、彼《あ》の人のように成りたいとも思わず、人に誉められて嬉しくもなく、悪く云われて怖

**莫逆の友なし**

1 **キリ〲** きちんと始末すること。 2 **利いた風** 知ったかぶりをすること。 3 **莫逆の友** 意見の異なることが全くない、互いに心が通じあった友。『荘子』大宗師篇に見える言葉。

くもなく、都《すべ》て無頓着《むとんちやく》で、悪く評すれば人を馬鹿にして居たようなもので、仮初《かりそめ》にも争う気がないその証拠には、同年輩の子供と喧嘩をしたことがない、喧嘩をしなければ怪我もしない、友達と喧嘩をして泣《ない》て家に帰《かえつ》て阿母《おつか》さんに言告《いいつ》けると云うようなことは唯《ただ》の一度もない。口先き計《ばか》り達者で内実は無難無事な子でした。ソレから国を去《さつ》て長崎に行き大阪に出てその修業中も、ワイ〳〵朋友と共に笑い共に語《かたつ》て浮々《うかうか》して居るようにあるけれども、身の行状を慎《つつし》み品行を正しくすると云《い》うことは、努《つと》めずして自然にソレが私の体に備《そなわつ》て居ると云《いつ》ても宜《よろ》しい。

**大言壮語の中、忌むべきを忌む**

モウそれはさん〴〵な乱暴な話をして、大言壮語、至らざる所なしと云う中にも、嫌《いや》らしい汚ない話と云うことは一寸《ちよい》とでも為《し》たことがない。同窓生の話に能《よ》くある事で、昨夜《ゆうべ》、北の新地[1]に遊んでなんと云うような事を云出《いいだ》そうとすると、私は態《わざ》と其処《そこ》を去らずに大箕坐《あぐら》をかいてワイ〳〵とその話を打消し、「馬鹿野郎、余計なことを口走るな、と云うような調子で雑《ま》ぜ返して仕舞《しま》う。ソレから江戸に出て来ても相替《あいかわ》らずその通り、朋友も多い事だから相互《あいたがい》に往来するのは不断の事で、頻《しき》りに飛廻《とびまわつ》て居たけれども、扨《さて》例の吉原とか深川[2]とか云う事になると、朋友共が私に話をすることが出来ない。その癖《くせ》私は能く事情を知《しつ》て居る。誠に事細《ことこまか》に知て居るその訳《わ》けは、小本《こほん》[3]なんぞ読むにも及ばず、近く朋友共が馬鹿話に浮かれて饒舌《しやべ》るのを、黙《だまつ》て聞《きい》て居れば容易に分る。六《むず》かしい事も何にもない、チャンと呑込んで知《しっ》て居るけれども、如何《いか》なこと、左様《さよう》な事を思出したこともないのみならず、吉原深川は扨置《さて》き、上野の花見に行《いっ》たこともない。私は安政三年〔五〕、江戸に出て来て、只《ただ》酒が好きだから所謂口腹《いわゆるこうふく》[4]の奴隷で、家にない時は飲みに行かなければならぬ、朋友相会《あいかい》すれば飲みに行くと云《い》うような事は、ソリャ為《し》て居るけれども、遂《つい》ぞ花見遊山はしない。文久三年六月、緒方先生不幸のとき、下谷《したや》の自宅出棺、駒込の寺に葬式執行《しっこう》のその時、上野山内を通行して、始めて上野と云う処を見た。即《すなわ》ち私が江戸に来てから六年目である。「成《な》る程これが上野か、花の咲く処かと、通行しながら見物しました。

**始めて上野、向島を見る**

向島[5]もその通りで、江戸に来てから毎度人の話には聞くが一度も見たことがない。所で明治三年酷《ひど》い腸窒扶斯《ちょうチブス》を煩《わずら》い、病後の運動には馬に乗るのが最も宜《よろ》しいと、医者も勧め朋友も勧めたので、その歳の冬から馬に乗《のっ》て諸方を乗廻《のりまわ》り、向島と云う処も始めて見れば、玉川辺にも遊び、市中内外、行かれる処だけは何処《どこ》でも乗廻わして、東京の方角も大抵分りました。その時に向島は景色もよし道もよし、毎度馬を試《こころ》みて、向島を廻《まわっ》て上野の方に帰《かえっ》て来るとき、何でも土手

1 **北の新地**　大阪の歓楽街。 2 **吉原とか深川**　江戸の歓楽街。 3 **小本**　江戸時代後期に発達した遊蕩小説、洒落本のこと。半紙四つ折りに仕立ててあるので小本という。 4 **口腹**　口と腹、転じて飲み食いの意。 5 **上野・向島**　いずれも桜の名所で、当時の行楽地。

のような処を通りながら、ア、彼処《あれ》が吉原かと心付《こころづい》て、ソレではこのまゝ馬に乗《のり》て吉原見物を為《し》ようじゃないかと云出《いいだ》したら、連騎の者が場所柄に騎馬では余り風《ふう》が悪いと止《と》めて、ソレ切りになって未《いま》だに私は吉原と云《い》う処を見たことがない。

斯《こ》う云うような次第で、一寸《ちょい》と人が考えると私は奇人偏窟《へんくつ》者のように思われましょうが、決して爾《そ》うでない。私の性質は人に附合《つきあ》いして愛憎《あいそう》のない積りで、貴賤貧富、君子も小人も平等一様、芸妓《げいぎ》に逢うても女郎を見ても塵も埃も之《これ》を見て何とも思わぬ。何とも思わぬから困ることもない。此奴《こいっ》は穢《けが》れた動物だ、同席は出来ないなんて、妙な渋い顔色して内実プリ〳〵怒ると云うような事は決してない。古いむかしの事であるが、四十余年前、長崎に居る

### 小僧に盃を差す

とき、光永寺と云う真宗寺《しんしゅうでら》に同藩の家老が滞留中、或《ある》日市中の芸妓か女郎か五、六人も変な女を集めて酒宴の愉快、私はその時酒を禁じて居るけれども陪席御相伴《ごしょうばん》を仰《おお》せ付けられ、一座杯盤狼藉《はいばんろうぜき》[1]の最中、家老が私に杯をさして、「この酒を飲んで、その杯を座中の誰でも宜《よろ》しい、足下《そっか》の一番好いてる者へさすが宜《よ》かろうと云うのは、実は其処《そこ》に美人が幾《いく》人《たり》も居る、私はその杯を美人にさしても可笑《おか》しい、態《わざ》と避けてさゝなくても可笑しい、屹《きっ》と困るであろうと嬲《なぶ》るのはチャンと分《わかっ》て居る。所が私は少しも困らない。杯をグイと干して、大夫さん[2]の命に従い一番好いた人に上げます、ソレ高さん[3]、と云《いっ》て杯をさしたのは、六、七歳ばか

りの寺の末子《ばっし》で、私が瀉蛙々々《しゃあしゃあ》として笑《わらっ》て居たから家老殿も興にならぬ。既《すで》に今年春ジャパン・タイムス社の山田季治《やまだすえじ》4が長崎へ行くと聞き、不図《ふと》光永寺の事を思出して、あの寺は如何《どう》なってるか、高さんと云《い》う小僧があった筈《はず》だが、如何して居るか尋ねて見たいと申したら、山田の返事に、寺は旧《もと》の通り焼けもせず、高さんも無事息災、今は五十一歳の老僧で隠居して居るとて写真など寄送《よこ》しましたが、右の一件も私の二十一歳の時だから、計《かぞ》えて見ると高さんは七歳でしたろうに、恐ろしい古い話です。左様《そう》いう訳《わ》けで私は若い時から婦人に対して

**嫌疑を憚らず**

仮初《かりそめ》にも無礼はしない。仮令《たと》い酒に酔《よっ》ても謹《つつし》む所は屹《きっ》と謹み、女の忌《いや》がるような禁句を口外したことはない。上戸本性《じょうごほんしょう》5で、謹みながら女を相手に話もすれば笑いもして談笑自在、何時《いつ》も慣れ〳〵しくして、その極《きょく》は世間で云う嫌疑《けんぎ》と云うような事を何とも思わぬ。

**1 杯盤狼藉**　杯や皿などが散乱している酒宴のさま。　**2 大夫さん**　家老の異称。　**3 高さん**　のちに光永寺住職になった正木現諦のこと。幼名を孝丸《たかまる》といった。　**4 山田季治**　松口鍋吉（福澤夫人きん〔錦〕の父土岐太郎八の弟）の三男、のち、鳥取藩士山田忠右衛門養子。福澤家の玄関番をしながら学び、のち、鳥取の小学校や愛知英学校で教育に従事した。明治十三（一八八〇）年、三菱会社に入り、その後日本郵船会社に転じた。三十（一八九七）年、福澤の支援を得て、日本で最初の本格的な英字新聞ジャパン・タイムズを創刊し社長に就任した。　**5 上戸本性**　上戸は酒の好きな者。酔って何も覚えていないなどというが、実際には酔っていても理性を失うようなことはないものだという意。

血に交わりて赤くならぬこそ男子たる者の本領であると、チャンと自分に説を極《き》めてあるから、男女夜行くときは灯《ともしび》を照らすとか、物を受授するに手より手にせずとか、アンな古《ふる》めかしい教訓は、私の眼から見ると唯可笑《ただおか》しいばかり。扨《さて》も〳〵卑怯なる哉《かな》、ソンな窮窟〔屈〕な事で人間世界が渡れるものか、世間の人が妙な処に用心するのはサゾ忙しいことであろう、自分は古人の教《おしえ》に縛《しばら》れる気はないと、自《みず》から自分の身を信じて颯々《さっさ》と人の家に出入《でいり》して、其処《そこ》にお嬢さんが居ようと、若い内君《おかみさん》が独り留守して居ようと、又は杯盤狼藉《はいばんろうぜき》の席に芸妓《げいぎ》とか何とか云《い》う者が騒いで居ようと、少しも遠慮はしない。酒を飲《のん》で大きな声をしてドン〳〵話をして、酔えば面白くなって戯れて居ると云うような風《ふう》であるから、或《あるい》は人が見たらば変に思うこともありましょう。ソコで或《ある》時奥平藩の家老が態々《わざわざ》私を呼びによこして、扨《さて》云うよう、足下《そっか》は近来某々《それぞれ》の家などに毎度出入して、例の如《ごと》く夜分晩くまで酒を飲で居るとの風聞、某家には娘もあり、某家は何時《いつ》も芸妓など出入《でいり》して家風が宜《よろ》しくない、足下がそんな処に近づいて醜声外聞とは残念だ、君子は瓜田《かでん》に履《くつ》を結ばず、李下《りか》に冠を正さず1と云うことがある、年若い大事な身体《からだ》である、少し注意致したら宜《よ》かろうと、真面目《まじめ》になって忠告したから、私はその時少しも謝《あやま》らない。左様《さよう》

### 醜声外聞の評判却て名誉

で御在ますか、コリャ面白い。私は今まで随分《ずいぶん》太平楽[2]を云《いっ》たとか、恐ろしい声高《こわだか》に話をして居たとか云て、毎度人から嫌《いや》がられたこともありましょうが、併《しか》し艶男《いろおとこ》と云《い》われたのは今日が生れてから始めて。コリャ私の名誉で、至極《しごく》面白い話だから私は罷《や》めますまい。相替《あいかわ》らずその家に出入しましょう。此処《ここ》で御注意を蒙《こうむっ》て夫《そ》れで前非を改めて罷《や》めるなんて、ソンな弱い男ではござらぬ。但《ただ》し御親切は難有《ありがた》い、御礼は申上げましょうが、実は私は何とも思わぬ。却《かえっ》て面白いから、モッと評判を立てゝ貰《もら》いたいと云《いっ》て、冷かして帰《かえっ》た事があります。

前に申す通り、私は江戸に来て六年目に始めて上野と云う処を見て、十四年目に始めて向島を見たと云うくらいの野暮《やぼ》だから、勿論《もちろん》芝居などを見物したことはない。少年のとき旧藩中津《なかつ》で、藩主が城内の能舞台で田舎の役者共を呼出して芝居を催《もよお》し、藩士ばかりに陪観《ばいかん》させる例があって、その時に一度見物して、その後大阪修業中、今の市川団十郎《いちかわだんじゅうろう》の実父海老蔵《えびぞう》が道頓堀の興行中、或《あ》る夜同窓生が今から道頓堀の芝居に行くから一緒に行こう、酒もあると云うから、

1 **瓜田に履を結ばず、李下に冠を正さず**　瓜畑の中で履をはき直したり、すももの木の下で冠をかぶり直したり、瓜やすももを盗んでいると疑われるような行いはするべきではない。他人に疑われるような振る舞いは慎しむべきだということ。

2 **太平楽**　好き放題にいうこと。

**始めて東京の芝居を観る**

私は酒と聞《きい》て応と答え、ソレから行く道で酒を一升買《かっ》て、徳利を携《たずさ》えて二、三人連れで芝居に這入《はい》り、夜分二幕か三幕見たのが生来二度目の見物。ソレから江戸に来て、江戸が東京となっても、芝居見物の事は思出しもせず、又その機会もなくして居る中に、今を去ること凡《およ》そ十五、六年前、不図《ふと》した事で始めて東京の芝居を見て、その時戯《たわむ》れに、

誰道名優伎絶倫
先生遊戯事尤新
春風五十独醒客
却作梨園一酔人 1

と云《い》う詩が出来ました。之《これ》を見ると私が変人のようにあるが、実は鳴物《なりもの》は甚《はなは》だ好きで、女の子には娘にも孫にも琴、三味線を初め、又運動半分に踊《おどり》の稽古もさせて老余唯一の楽みにして居ます。元来《がんらい》私は生れ付き殺風景でもあるまい、人間の天性に必ず無芸殺風景と約束があるでもなかろうと思うが、何分私の性質と云うよりも少年の時から様々の事情がコンな男にして仕舞《しまっ》たのでしょう。先《ま》ず第一に私は幼少の時から教育の世話をして呉《く》れる者がないので、ロクに手《て》

習《ならい》をせずに成長したから、今でも書が出来ない。成長の後でも自分で手本を習《ならっ》たら宜《よ》さそうなものだが、その時は既《すで》に洋学の門に入《はいっ》て天下の儒者流を目の敵《かたき》にして、儒者のすることなら一から十まで皆気に入らぬ、就中《なかんずく》その行状が好かない。口に仁義忠孝など饒舌《しゃべ》りながら、サアと云《い》うときには夫《そ》れ程に意気地《いくじ》はない。殊《こと》に不品行で酒を飲《のん》で詩を作《つくっ》て書が旨いと云《い》えば評判が宜《い》い。都《すべ》て気に喰《く》わぬ。よし〳〵洋学流の吾々《われわれ》は反対に出掛けて遣《や》ろうと云《い》う気になって、恰《あたか》も江戸の剣術全盛の時代に刀剣を売払《うりはらっ》て仕舞《しま》い、兼て嗜《す》きな居合《いあい》も罷《や》めて知らぬ風《ふう》をして居たような塩梅式《あんばいしき》に、儒者の奴等が詩を作ると云えば此方《こっち》は態《わざ》と作らずに見せよう、奴等が書を善くすると云えば此方は殊更《ことさら》に等閑《なおざり》にして善く書かずに見せようと、飛だ処に力身込《りきみこん》で手習をしなかったのが生涯の失策。私の家の遺伝を云えば、父も兄も文人で、殊《こと》に兄は書も善くし、画《え》も出来、篆刻《てんこく》2も出来る程の多芸な人に、その弟はこの通りな無芸無能、書画は扨置《さてお》き骨董も美術品も一切無頓着《いっさいむとんちゃく》、住居《すまい》の家も大工任せ、庭園の木石も植木屋次第、衣服の流行など何が何やら少しも知らず又知ろうとも思わず、唯《ただ》人の着せて呉《く》れるもの

**不風流の由来**

1 **誰道名優……梨園一酔人** 誰かいう名優の伎は絶倫なりと。先生（福澤）の遊戯、事ははなはだ新たなり。春風五十、独醒の客。却って梨園（劇場）の一酔人となる。 2 **篆刻** 木、石などに多くは篆書の文字を彫ること。

を着て居る。或《ある》時家内の留守に急用が出来て外出のとき、着物を着替えようと思い、箪笥《たんす》の引出しを明けて一番上にある着物を着て出て、帰宅の上、家内の者が私の着て居るのを見て、ソレは下着だと云《いっ》て大《おおい》に笑われたことがある。殺風景も些《ち》と念入《ねんいり》の殺風景で、決して誉めた話でない。畢竟《ひっきょう》少年の時から種々様々の事情に逐《お》われてコンな事に成行き、生涯これで終るのでしょう。兎《と》角《かく》世間の人の悦んで居るような事は、私には楽みにならぬ、誠に損な性分です。ダカラ近来は芝居を見物したり、又は宅に芸人など呼ぶこともあるが、是《こ》れとて無上の快楽事とも思われず、マア〳〵児孫《まごこ》を集めて共に戯《たわぶ》れ、色々な芸をさせたり嗜《す》きな物を馳走《ちそう》したりして、一家内の長少睦しく互《たがい》に打解けて談《かた》り笑うその談笑の声を一種の音楽として、老余の楽みにして居ます。

## 妻を娶て九子を生む

ソレから私方の家事家風を語りましょう。文久元年、旧同藩士の媒妁を以《もっ》て同藩士族江戸定府《じょうふ》[1]土岐太郎八《ときたろはち》[2]の次女を娶《めと》り、是《こ》れが今の老妻です。結婚の時私は二十八歳、妻は十七歳、藩制の身分を申せば妻の方は上流士族、私は小士族、少し不《ふ》釣合《つりあい》のようにあるが、血統は両人共頗《すこぶ》る宜《よろ》しく、往古はイザ知らず、凡《およ》そ五世以降双方の家に遺伝病質もなければ忌むべき病に罹《かか》りたる先人もなし。妻は無論、私の身に悪疾のあるべきようもなく、夫妻無病。文久三年に生れたのが一太郎《いちたろう》、その次は捨次郎《すてじろう》と、次第に誕生して四男五女、合して九人の子供になり、幸《さいわい》にして九人とも生れたまゝ皆無事で一人も欠《か》けない。九人の内五人までは母の乳で養い、以下四人は多産の母の身体衛生の為《た》めに乳母を雇うて育てました。養育法は着物よりも食物の方に心を用い、粗服はさせても滋養物は屹《きっ》と与えるようにして、九人とも幼少の時から体養[3]に不足はない。又《また》その躾《しつけ》

**子供の活動を妨げず**

方《かた》は温和と活潑《かっぱつ》とを旨とし、大抵《たいてい》の処までは子供の自由に任せる。例えば風呂の湯を熱くして無理に入れるような事はせず、据風呂《すえふろ》[4]の側《そば》に大きな水桶を置《おい》て、子供の勝手次第に、ぬるくも熱くもさせる。全く自由自在のようなれども、左《さ》ればとて食物を勝手に任《まか》せて何品でも喰い次第にすると云う訳《わ》けではない。又子供の身体の活潑を祈れば室内の装飾などは迚《とて》も手に及ばぬ事と覚悟して、障子唐紙《からかみ》を破り諸道具に疵《きず》付けても先《ま》ず見逃がしにして、大抵な乱暴には大きな声をして叱ることはない。酷《ひど》く剛情を張るような事があれば、父母の顔色を六《むず》かしくして睨

1 **江戸定府**　藩士が参勤交代をせずに江戸に定住し藩邸の事務にあたること。 2 **土岐太郎八**　福澤夫人きん（錦）の父。土岐は二百五十石、役料五十石、供番格の上士。福澤とは家格が全く違い、当時の慣習では福澤ときんの結婚は異例といえる。娘の結婚前に没した太郎八の遺言によるといわれる。 3 **体養**　栄養や休息を十分にとって身体の健康に気をつけること。 4 **据風呂**　桶の下部に竈を据え付けた風呂。

む位が頂上で、如何《いか》なる場合にも手を下《くだ》して打《うっ》たことは一度もない。又親が実子に向《むかっ》ても嫁に接しても、又《また》兄姉が弟妹に対しても名を呼棄《よびすて》にせず、家の中に厳父《げんぷ》慈母《じぼ》の区別なく、厳と云《い》えば父母共に厳なり、慈と云えば父母共に慈なり、一家の中は丸で朋友のようで、今でも小さい孫などは、阿母《おっか》さんはどうかすると怖いけれども、お祖父《じい》さんが一番怖くないと云《いっ》て居る。世間並《なみ》にすると少し甘いように見えるが、ソレでも私方の孫子《まごこ》に限《かぎっ》て別段に我儘《わがまま》でもなし、長少戯《たわぶ》れながら長者の真面目に言う事は能《よ》く聞《きい》て逆う者もないから、余り厳重にせぬ方が利益かと思われる。又家の中に秘密事なしと云《い》うのが私方の家風で夫婦親子の間に隠す事はない、ドンな事でも云われないことはない。子供が段々成長して、是《こ》れは彼《あ》の子に話して此《こ》の子には内証なんて、ソンな事は絶えてない。親が子供の不行届を咎《とが》めて遣《や》れば、子供も亦《また》親の失策を笑うと云うような次第で、古風な目を以《もっ》て見ると一寸《ちょい》と尊卑の礼儀がないように見えましょう。その礼儀の事に就《つい》て申せば、家の主人が出入《でいり》するとき家内の者が玄関まで送迎して御辞儀《じぎ》をすると云うような事が能《よ》く世間にあるが、私の処では絶えてソンな事がない。私の外出するには玄関からも出れば台所からも出る。帰るときもその通りで唯《ただ》足

**家に秘密事なし**

の向《むい》た方に這入《はいっ》て来る。或《あるい》は車に乗《のっ》て帰《かえっ》て来た時に、車夫又《また》別当1共へ、玄関の処で御帰りなんて余計な事を云《いっ》て呉《く》れるな、と云《い》う訳《わ》けであるから、幾ら玄関で怒《ど》鳴《なっ》ても出て来る人はない。その一点になると世間の人じゃない近くは内の御祖母《おばば》さんが怪《あやし》んで居ましょう。

**礼儀足らざるが如し**

この老人は土岐《とき》家の後室、本年七十七歳、むかしは奥平藩士の奥様で、武家の礼儀作法を大事に勤めた身であるから、今日の福澤の家風を見て、何分不作法で善くない、左《さ》ればとて是《こ》れが悪いと云う箇条もない、妙な事だと思《おもっ》て居るだろうと、私は窃《ひそか》に推察します。

**子女の間に軽重なし**

ソレから又私に九人の子供があるが、その九人の中に軽重愛憎と云うことは真実一《ちょ》寸《い》ともない。又四男五女のその男の子と女の子と違いのあられよう訳けもない。世間では男子が生れると大造目出度《めでた》がり、女の子でも無病なれば先《ま》ず〳〵目出度《めでた》いなんて、自《おのず》から軽重があるようだが、コンな馬鹿気《ばかげ》た事はない。娘の子なれば何が悪いか、私は九人の子がみんな娘だって少しも残念と思わぬ。唯《ただ》今日では男の子が四人、女の子が五人、宜《い》い塩梅《あんばい》に振分けになってると思うばかり、男女長少、腹の底から之《これ》を愛して兎《う》

1 **別当** 馬丁。乗馬の口取りをする者。

の毛ほども分隔《わけへだ》てはない。道徳学者は動《やや》もすると世界中の人を相手にして一視同仁[1]なんて大きな事を云《いっ》てるではないか。況《ま》して自分の生んだ子供の取扱いに、一視同仁が出来ぬと云《い》うような浅ましい事があられるものか。唯《ただ》私の考《かんがえ》に、総領もその他の子供も同じとは云いながら、私が死ねば総領が相続する、相続すれば自《おのず》から中心になるから、財産を分配するにも、外《ほか》の子に比較して一段手厚くして、又何か物があって、兄弟中誰にも遣《や》りようがない、唯一つしかないと云うような物は、総領の一太郎が取《とっ》て宜《よ》かろうと云うくらいな事で、その外《ほか》には何も変ることはない。例えば斯《こ》う云う事がある。明治十四、五年の頃、月日は忘れたが、私が日本橋の知る人の家に行《いっ》て見ると、その座敷に金屏風だの蒔絵だの花活《はないけ》だのゴテ〳〵一杯に列《なら》べてある。コリャ何だと聞《きい》て見れば、亜米利加《アメリカ》に輸出する品だと云う。夫《そ》れから私が不図《ふと》した出来心で、この品を一目見渡して私の欲しいものは一品でもない、皆不用品だが、又入用と云えば一品も残さず皆入用だ、兎《と》に角《かく》に之《これ》を亜米利加に積出して幾らの金になれば宜《い》いのかソレは知らぬけれども、売ると云えば皆買うが如何《どう》だ、買《かっ》たからと云てソレを又《また》儲けて売ろうと云うのではない、家に仕舞《しまい》込んで置くのだと云うと、その主人も唯の素町人でない、成程爾《そ》うだな、コリャ名古屋から来た物であるが、亜米利加に遣《やっ》て仕舞《しま》えば是《こ》れ丈《だ》けの品がなくなる、お前さんの処に遣れば失くならずにあるから売りましょう、ソンなら皆買うと云て、二千二、三百円かで、何百品あるか碌《ろく》に品も見ないで皆買《かっ》て仕舞《しまっ》たが、夫《そ》れから私がその品を見て楽むではなし、品柄も能《よ》く知らず数も覚えず、唯邪魔《ただ》になるばかりだから、五、六年前の事でした、九人の小供に分けて取《とっ》て仕舞《しま》えと申して、小供がワイ〳〵寄《よっ》て、その品を九に分けて、ソレを籤《くじ》で取《とっ》て、今では皆小供が銘々《めいめい》に引受けて、家を持《もっ》て居る者は家に持て行く者もあり、マダ私のところの土蔵の中に入れてあるのもある、と云《い》うのが凡《およ》そ私の財産分配法で、如何《いか》にもその子に厚薄と云うものは一寸《ちょい》ともないのですから、小供の中に不平があろうたッて有られた訳《わ》けのものでないと思《おもっ》て居ます。

**西洋流の遺言法に感服せず**

近来遺言も書きました。遺言の事に就《つい》ては、能く西洋の話にある主人の死んだ後で遺言書を明けて見てワッと驚いたなんて云う事は毎度聞《きい》てるが、私は甚《はなは》だ感服しない。死後に見せることを生前に言うことが出来ないとは可笑《おか》しい。畢《ひっ》竟《きょう》西洋人が習慣に迷うて馬鹿をして居るのだ、乃公《おれ》はソンな馬鹿の真似はしないぞと云《いっ》て、家内子供に遺言の書付を見せて、この遺言書は箪笥《たんす》のこの抽斗《ひきだし》に這入《はいっ》て居るから皆能く見て置け、又説が変れば又書替《かきか》えて又見せるから、能く見て置《おい》て、乃父の死んだ後で争うような卑劣

1　一視同仁　すべての人を平等に愛すること。韓愈の「原人」に見える言葉。

な事をするなよと申して笑《わらっ》て居ます。

**体育を先にす**

扨《さて》又子供の教育法に就《つい》ては、私は専《もっぱ》ら身体の方を大事にして、幼少の時から強《し》いて読書などさせない。先《ま》ず獣身《じゅうしん》を成して後に人心を養うと云《い》うのが私の主義であるから、生れて三歳、五歳まではいろはの字も見せず、七、八歳にもなれば手習《てならい》をさせたりさせなかったり、マダ読書はさせない。夫《そ》れまでは唯《ただ》暴れ次第に暴れさせて、唯衣食には能《よ》く気を付けて遣《や》り、又子供ながらも卑劣な事をしたり賤《いや》しい言葉を真似たりすれば之《これ》を咎《とがむ》るのみ、その外《ほか》は一切《いっさい》投遣《なげや》りにして自由自在にして置くその有様は、犬猫の子を育てると変わることはない。即《すなわ》ち是《こ》れが先《ま》ず獣身を成すの法にして、幸《さいわい》に犬猫のように成長して無事無病、八、九歳か十歳にもなればソコで始めて教育の門に入れて、本当に毎日時を定めて修業をさせる。尚《な》おその時にも身体の事は決して等閑《なおざり》にしない。世間の父母は動《やや》もすると勉強々々と云《いっ》て、子供が静《しずか》にして読書すれば之《これ》を賞《ほ》める者が多いが、私方の子供は読書勉強して遂《つい》ぞ賞められたことはないのみか、私は反対に之を止《と》めて居る。小供は既《すで》に通り過ぎて今は幼少な孫の世話をして居るが、矢張《やは》り同様で、年齢不似合に遠足したとか、柔術、体操がエラクなったとか云《い》えば、褒美でも与えて賞《ほ》めて遣《や》るけれども、本を能《よ》く読むと云《いっ》て賞めたことはない。既《すで》に二十年前の事です。長男一太郎《いちたろう》と次男捨次郎《すてじろう》と両人を帝国大学の予備門[1]に入れて修学させて居た処が兎角《とかく》胃が悪くなる。ソレから宅に呼返して色々手当すると次第に宜《よ》くなる。宜くなるから又《また》入れると又悪くなる。到頭《とうとう》三度入れて三度失敗した。その時には田中不二麿《たなかふじまろ》2と云《い》う人が文部の長官をして居たから、田中にも毎度話をしました。私方の小供を予備門に入れて実際の実験があるが、文部学校の教授法をこのまゝにして遣《やっ》て行けば、生徒を殺すに極《きまっ》て居る。殺さなければ気狂いになるか、然《しか》らざれば身心共に衰弱して半死半生の片輪者になって仕舞《しま》うに違いない。丁度《ちょうど》この予備門の修業が三、四年かゝる、その間に大学の法が改まるだろうと思《おもっ》て、ソレを便りに子供を予備門に入れて置くが、早く改正して貰《もら》いたい。この儘《まま》で置くならば東京大学は少年の健康屠殺場と命名して宜《よろ》しい。早々教授法を改めて貰いたいと、懇意《こんい》の間柄で遠慮なく話はしたが、何分埒《らち》が明かず、子供は相替《あいかわ》らず三ケ月遣《やっ》て置けば三ケ月引かして置かなければならぬと云うような訳《わ》けで、何としても予備門の修業に堪《た》えず、私も遂《つい》に断念して仕舞うて、夫《そ》れから此方《こちら》の塾（慶應義塾なり）に入れて普通の学科を卒業させて、亜米利加《アメリカ》に遣て彼《か》の大学校の世話になりました。私は日本大学の教科を悪いと云うのではない、けれども教育の仕様《しよう》が余り厳

1 **帝国大学の予備門** 旧制第一高等学校の前身。 2 **田中不二麿** 一八四五（弘化二）年—一九〇九（明治四十二）年。岩倉使節団に参加し欧米の教育制度を調査。明治七（一八七四）年文部大輔。在任中、「文部省は竹橋にあり、文部卿は三田にあり」といわれた。十二（一八七九）年、自由教育令制定に関わる。

重で、荷物が重過ぎるのを恐れて文部大学を避けたのです。その通りで今でも説は変えない、何としても身体が大事だと思います。

### 子女幼時の記事

又私の考《かんがえ》に、人間は成長して後に自分の幼年の時の有様《ありさま》を知りたいもので、他人はイザ知らず私が自分で左様《そう》思うから、筆まめな事だが私は小供の生立《おいたち》の模様を書《かい》て置きました。[1] この子は何年何月何日何分に産れ、産の難易は云々《うんぬん》、幼少の時の健康は斯《か》く〳〵、気質の強弱、生付《うまれつき》の癖など、ザッと荒増《あらま》し記してあれば、幼少の時の写真を見ると同様、この書《かい》たものを見れば成長の後、第一面白いに違いない、自《おのず》から又心得になる事もありましょう。私などは不幸にして実父の面《かお》も知らず、画像《えぞう》に写したものもなし、又私がドンな子供であったか母に聞《きい》たばかりで書たものはない。少年の時から長老の人がソンな話をすると耳を傾《かたむ》けて聞《きい》て、唯《ただ》残念にばかり思うて、独《ひと》り身の不幸を悲んで居たから、今度は私の番になってこの通りに自分の伝を記して子供の為《た》めにし、又《また》先年小供の生立の事をも認《したた》めて置《おい》たから先《ま》ず遺憾はない積りです。又親子の間は愛情一偏で、何ほど年を取《とっ》ても互《たがい》に理窟らしい議論は無用の沙汰《さた》である。是《こ》れは私も妻も全く同説で、親子の間を成る丈《た》け離れぬようにする計《ばか》り。

**三百何十通の手紙**

例えば先年、長男次男が六年の間亜米利加《アメリカ》に行《いっ》て居ましたその時には、亜米利加の郵船が一週間に大抵一度、時としては二週間に一度と云《い》う位の往復でしたが、小供両人の在米中、私は何か要用の時は勿論《もちろん》、仮令《たと》い用事がなくても毎便必ず手紙を遣《や》らない事はない。六年の間何でも三百何十通と云う手紙を書きましたが、私が手紙を書放《かきはなし》にして家内が校合方《きょうごうかた》[2]になって封じて遣るから、両親の親筆に相違ない。彼方《あちら》の小供両人も飛脚船の来る度に必ず手紙を寄越《よこ》す。この事は両人出発の節堅く申付《もうしつけ》て、「留学中手紙は毎便必ず〳〵出せ、用がなければ用がないと云《いっ》て寄越せ、又学問を勉強して半死半生の色の青い大学者になって帰《かえっ》て来るより、筋骨逞《たくま》しき無学文盲なものになって帰て来い、その方が余程悦《よろこば》しい。仮《かり》初《そめ》にも無法な事をして勉強し過ぎるな。倹約は何処《どこ》までも倹約しろ、けれども健康に係わると云うほどの病気か何かの事に付き、金次第で如何《どう》にもなると云うことならば思い切《きっ》て金を使え、少しも構わぬからと斯《こ》う云うのが私の命令で、ソンな事で六年の間学んで二人とも無事に帰て来ました。

1 **小供の生立の模様を書て置きました**　この九人（四男五女）の子供たちの生い立ちの記録は「福澤諭吉子女之伝」（『福澤諭吉全集』別巻所収）と題して残されている。

2 **校合方**　校正、校閲の担当者。

又《また》私の内が夫婦親子睦《むつま》じくて私の行状が正しいからと云《いっ》て、特に誉める程の事でもない。世の中に品行方正の君子は幾らもある。私も亦《また》、これが人間唯一の目的で一身の品行修まりて能事《のうじ》終る[1]なんて自慢をするような馬鹿でもない。扨《さて》又これが妙なもので、社会の交際に関係する所は甚《はなは》だ広くて、意

**一身の品行、亦自から効力あり**

外の辺に力を及ぼすことがあるその一例を申せば、旧藩の奥平家に対して私は如何《いか》なる者ぞと尋ぬるに、見る影もなき貧小士族が、洋学など修業して異様な説を唱え、或《あるい》は外国に行き、又或《あるい》は外国の書を飜訳《ほんやく》して大言を吐散《はきち》らし、剰《あまつ》さえ儒流を軽蔑《けいべつ》して憚《はばか》る所を知らずと云《い》えば、是《こ》れは所謂《いわゆる》異端《いたん》外道《げどう》に違《ちが》いない。同藩一般の見る所でこの通りなれば、藩主の奥なんぞにはドンな報告が這入《はいっ》て居るか知れない。兎《と》に角《かく》に福澤諭吉は大変な奴だと折紙が付《つい》て居たに違いない。所が物換り星移り、段々時勢が変遷して王政維新の世の中になって見れば、藩論も自《おのず》から面目を改め、世間一般西洋流の喧《やか》ましい今日、福澤もマンザラでなし、或《あるい》は之《これ》を近づけて何かの役に立つこともあろうと云《い》うような説がチラホラと涌《わい》て来たその時に、嶋〔島〕津《しまづ》祐太郎《すけたろう》[2]と云う奥平家の元老は、頗《すこぶ》る事の能《よ》く分る、云《い》わば卓識の君子で、時勢の緩急を視察して、コリャ福澤を疎《そ》外《がい》するは不利であると云うことに着眼して居る折柄、奥平家の大奥に芳蓮院《ほうれんいん》様と云う女隠居[3]がある、この貴婦人は一橋《ひとつばし》家から奥平家に下《くだっ》て来た由緒ある身分で、最早《もは》や余程の老年でもあり、

一家無上の御方様《おんかたさま》と崇《あが》められて居る。ソコで嶋津が先《ま》ずその御隠居様に対して色々西洋の話をする中に、彼《か》の国には文学武備、富国強兵、医術も精《くわ》しく航海術も巧《たくみ》なり、その中には随分《ずいぶん》日本の風俗習慣に違《ちがっ》た事も数々ありますが、爰《ここ》に西洋流義〔儀〕に不思議なるは男女の間柄で、男女相《あい》互《たがい》に軽重なく、如何《いか》なる身分の人でも一夫一婦に限《かぎっ》て居ます、是《こ》れ丈《だ》けは西洋の特色で御座《ござ》ると云《い》う所を持込《もちこん》だ所が、その御隠居様も若い時には直接に身に覚えがある。この話を聞《きい》て心を動かさずには居られない。恰《あたか》も豁然《かつぜん》4発明した様子で、ソレから福澤を近づける気になって、次第々々に奥向の方に出入の道が開けて、御隠居様を始め所謂《いわゆる》御《お》上通《かみどお》りの人に逢うて見れば、福澤の外道も唯《ただ》の人間で、角《つの》も生えて居なければ尻尾《しっぽ》のある者でもない、至極《しごく》穏かな人間だと云う所からして、段々懇親になったと云うその話は、程経《ほどへ》て後に内々嶋津から聞きました。シテ見ると一夫一婦の説も隠然《いんぜん》の中には随分勢力のあるもので、就《つい》ては今の世に多妻の悪弊を除《のぞい》て文明風にするなんと論ずるは野暮《やぼ》だと云うような説があるけれども、畢竟負惜《ひっきょうまけおし》みの苦しい遁《に》げ

1 **能事終る**　できることはすべてなし終えた。 2 **嶋津祐太郎**　一八一〇（文化七）年—七八（明治十一）年。中津藩の元締、郡奉行、破損奉行などを兼務した要人。廃藩後、私財を投じて中津・日田間の道路を開いた。 3 **芳蓮院様と云う女隠居**　当時の中津藩主昌邁《まさゆき》の三代前の藩主奥平昌暢《まさのぶ》の正室、国子（一橋民部卿斉敦《なりあつ》の娘）。 4 **豁然**　疑いや迷いが解けて物事がはっきりするさま。

口上で取るに足らない。一夫一婦の正論決して野暮《やぼ》でない、世間の多数は同主義で、殊《こと》に上流の婦人は悉《ことごと》く此方《こっち》の味方であるから、私の身がこの先《さ》き何時《いつ》まで生きて居るか知れぬけれども、有らん限りの力を尽して、前後左右を顧《かえり》みずドンな奴を敵にしても構わぬ、多妻法を取締めて、少しでもこの人間社会の表面だけでも見られるような風《ふう》にして遣《や》ろうと思《おもっ》て居ます。

## 老余の半生

### 仕官を嫌う由縁

私の生涯は終始替《しゅうしかわ》ることなく、少年時代の辛苦、老後の安楽、何も珍らしいことはない。今の世界に人間普通の苦楽を嘗《な》めて、今日に至るまで大に愧《はず》ることもなく大に後悔することもなく、心静《こころしずか》に月日を送りしは、先《ま》ず以《もっ》て身の仕合《しあわ》せと云《い》わねばならぬ。所で世間は広し、私の苦楽を遠方から見て色々に評論し色々に疑う者もありましょう。就中《なかんずく》私がマンザラの馬鹿でもなく政治の事も随分《ずいぶん》知て居ながら、遂《つい》に政府の役人にならぬと云《い》うは可笑《おか》しい、日本社会の十人は十人、百人は百人、皆立身出世を求めて役人にこそなりたがるその処《ところ》に、福澤が一人これをいやがるのは不審だと、蔭《かげ》で窃《ひそか》に評論する計《ばか》りでない、現に直接に私に向《むかっ》て質問する者もある。啻《ただ》に日本人ばかりでない、知己の外国人も私の進退を疑い、何故《なぜ》政府に出て仕事をせぬか、政府の好地位に立《たっ》て思う事を行えば、名誉にも為《な》り金にも為り、面白いではないかと、米国人などは毎度勧めに来たことがあるけれども、私は唯笑《ただわらっ》て取合《とりあ》わぬ。ソコで維新の当分は政府の連中が私を評して佐幕家の一人と認め、彼《あ》れは旧幕府に操《みさお》を立て丶新政府に仕官せぬ者である、将軍政治を悦《よろこ》んで王政を嫌う者である、古来、革命の歴史に前朝の遺臣と云《い》う者があるが、福澤もその遺臣を気取《きどっ》て、物外[1]に飄然《ひょうぜん》として居ながら心中無限の不平を抱いて居るに違《ちが》いない、心に不平があれば新政府の為《た》めに宜《よ》いことは考えない、油断のならぬ奴だなんて、種々様々な想像を運《めぐ》らして居る者の多いのは、私も大抵知《たいていしっ》て居る。所が斯《か》く評せらる丶前朝の遺臣殿は、久しい以前から前朝の門閥制度、鎖国主義に愛想をつかして、維新の際に幕府の忠臣義士が盛《さか》んに忠義論を論じて佐幕の気焰《きえん》を吐《はい》て脱走までする時に、私は強《しい》て議論もせず、脱走連中に知《しっ》て居る者があれば、余計な事をするな、負けるから罷《よし》にしろと云て止《と》めて居た位だから、福澤を評するに前朝の遺臣論も勘定が合わぬ。前朝の遺臣と云えば維新の時に幕府の忠臣義士こそ丁度《ちょうど》適当の嵌役《はまりやく》なれども、この忠臣義士は前朝に忠義の一役を勤めて何時の間にか早替り、第二の忠義役を勤めて第二の忠臣義士となって居るから、是《こ》れも遺

1 **物外**　俗世間の外。世事からはなれたところ。

臣と云《い》われぬ。その遺臣論は姑《しばら》く擱《さしお》き、私の身の進退は、前に申す通り、維新の際に幕府の門閥制度、鎖国主義が腹の底から嫌《きらい》だから佐幕の気がない。左《さ》ればとて勤王家の挙動を見れば、幕府に較《くら》べてお釣りの出る程の鎖国攘夷、固《もと》よりコンな連中に加勢しようと思いも寄らず、唯《ただ》ジッと中立独立と説を極《き》めて居ると、今度の新政府は開国に豹変《ひょうへん》した様子で立派な命令は出たけれども、開国の名義中、鎖攘タップリ、何が何やら少しも信ずるに足らず、東西南北何《いず》れを見ても共に語るべき人は一人もなし、唯独《ただひと》りで身に叶う丈《だ》けの事を勤めて開国一偏、西洋文明の一天《〔点〕》張りでリキンで居る内に、政府の開国論が次第々々に真成《ほんとう》のものになって来て、一切《いっさい》万事改進ならざるはなし、所謂《いわゆる》文明駸々乎《しんしんこ》[1]として進歩するの世の中になったこそ実に有《あ》り難《がた》い仕《し》合《あわ》せで、実に不思議な事で、云《い》わば私の大願も成就したようなものだから、最早《もは》や一点の不平は云われない。ソコで私の身の進退に就《つい》ても更らに問題が起る。

### 問題更らに起る

是《こ》れまで新政府に出身しなかったのは、政府が鎖国攘夷の主義であるから之《これ》を嫌うたのだ、仮令《たと》い開国と触出《ふれだ》してもその内実は鎖攘の根性、信ずるに足らずと見縊《みくび》ったのである、然《しか》るに政府の方針がいよ／＼開国文明と決して着々事実に顕《あら》わるゝに於《おい》ては、官界に力を尽して政府人と共に文明の国事を経営するこそ本意ではないかと世間の人の思うのは、一寸《ちょい》と尤《もっと》ものように見えるが、この一段になってもマダ私に動く気がない。従前《これまで》曾《かつ》て人に語らず、又《また》語る必要もな

### 殻威張の群に入るべからず

いから黙《だまっ》て居て、内の妻子も本当に知りますまいが、私の本心に於《おい》て何としても仕官が出来られないその真面目《しんめんぼく》を丸出しに申せば、第一、政府がその方針を開国文明と決定《けってい》して大《おおい》に国事を改革すると同時に、役人達が国民に対して無暗に威張《いば》る、その威張るのも行政上の威厳と云えば自《おのず》から理由もあるが、実際は爾《そ》うでない、唯《ただ》殻威張《からいばり》をして喜んで居る。例えば位記[2]などは王政維新、文明の政治と共に罷《や》めそうなことを罷めずに、人間の身に妙な金箔を着けるような事をして、日本国中いらざる処に上下貴賤の区別を立てゝ、役人と人民と人種の違うような細工をして居る。既《すで》に政府が貴《たっと》いと云《い》えば政府に入る人も自然に貴くなる、貴くなれば自然に威張るようになる、その威張りは即《すなわ》ち殻威張で、誠に宜《よろ》しくないと知りながら、何《なに》も蚊《か》も自然の勢《いきおい》で、役人の仲間になれば何時《いつ》の間にか共に殻威張を遣《や》るように成り行く。然《し》かのみならず、自分より下に向《むかっ》て威張れば上に向ては威張られる。鼬《いたち》ごっこ鼠《ねずみ》ごっこ、実に馬鹿らしくて面白くない。政府に這入りさえせねば馬鹿者の威張るのを唯見物して唯笑《わらっ》て居る計《ばか》りなれども、今の日本の風潮で、役人の仲間になれば、仮令《たと》い最上

1 **駸々乎** 物事が速く進むさま。
2 **位記** 位を授かる者に与える文書。ここでは、位や階級のこと。

の好地位に居ても兎《と》に角《かく》に殻威張《からいばり》と名づくる醜体《しゅうたい》を犯さねばならぬ。是《こ》れが私の性質に於《おい》て出来ない。之《これ》を第一として、第二には甚《はなは》だ申し憎いことだが、役人全体の風儀を見るに気品が高くない。その平生美衣美食、大きな邸宅に住居して散財の法も奇麗で、万事万端思切《おもいき》りが能《よ》くて、世に処し政《まつりごと》を料理するにも

## 身の不品行は人種を殊にするが如し

卑劣でない、至極《しごく》面白い気風であるが、何分にも支那流の磊落《らいらく》を気取て一身の私を慎《つつ》しむことに気が付かぬ。動《やや》もすれば酒を飲んで婦人に戯《たわぶ》れ、肉慾を以《もっ》て無上の快楽事として居るように見える。家の内外に妾《しょう》などを飼うて、多妻の罪を犯しながら恥かしいとも思わず、その悪事を隠そうともせずに横風《おうふう》な顔をして居るのは、一方に西洋文明の新事業を行い、他の一方には和漢の旧醜体を学ぶものと云《い》わねばならぬ。ダカラ外《ほか》の事を差置《さしお》いてこの一点に就《つい》て見れば、何だか一段下《さがっ》た下等人種のように見える。是《こ》れも世の中の流俗として遠方から眺めて居れば左《さ》まで憎らしくもなく又咎《とが》めようとも思わぬ、時に往来して用事も語り談笑妨げなけれども、扨《さて》いよ〳〵この人種の仲間になって一つ竈《かまど》の飯《めし》を喰《く》い本当に親しく近くなろうと云《い》うには、何処《どこ》となく穢《きた》ないように汚れたように思われてツイ嫌《いや》になる。是れは私の潔癖とでも云うようなもので、

### 忠臣義士の浮薄を厭う

全体を申せば度量の狭いのでしょうが、何分にも生れつきの性質とあれば仕方《しかた》がない。第三、幕末に勤王佐幕の二派が東西に立分《たちわか》れて居るその時に、私は唯古来《ただ》の門閥制度が嫌い、鎖国攘夷が嫌いばかりで、固《もと》より幕府に感服せぬのみか、コンな政府は潰して仕舞《しま》うが宜《い》いと不断気焔《きえん》を吐《はい》て居たが、左《さ》ればとて勤王連の様を見れば、鎖攘論は幕府に較べて一段も二段も劇《はげ》しいから、固よりコンな連中に心を寄せる筈《はず》はない。唯黙《だまっ》て傍観して居る中に維新の騒動になって、徳川将軍は逃げて帰《かえっ》て来た。スルと幕府の人は勿論《もちろん》、諸方の佐幕連が中々喧《やかま》しくなって議論百出、東照神君三百年の遺業は一朝にして棄《す》つべからず、三百年の君恩は臣子の身として忘るべからず、薩長何者ぞ、唯是《こ》れ関ケ原の降参武士のみ、堂々たる三河《みかわ》譜代の八万騎、何の面目あれば彼の降参武士に膝を屈すべきやなんて、大造《たいそう》な剣幕で、薩長の賊軍を東海道に邀《むか》え撃《うた》んとする者もあれば、軍艦を以《もっ》て脱走する者もあり、策士論客は将軍に謁して一戦の奮発を促がし、諫争《かんそう》[2]の極《きょく》、声を放《はなっ》て号泣するなんぞは、如何《いか》にもエライ有様《ありさま》で、忠臣義士の共進会[3]であったが、その忠義論もトウ〱行われずに幕府が

1 **風儀** 態度や身なり。 2 **諫争** 相手の意に逆らうことになっても、人をいさめること。 3 **共進会** 明治政府の勧業政策の一つ。産業発展のために行われた、産物や製品などを公開する会。

いよ〳〵解散になると、忠臣義士は軍艦に乗《のっ》て箱館《はこだて》に居る者もあれば、陸兵を指揮して東北地方に戦う者もあり、又はプリ〳〵立腹して静岡の方に行く者もあるその中で、忠義心の堅い者は東京を賊地と云《いっ》て、東京で出来た物は菓子も喰《く》わぬ、夜分寝る時にも東京の方は頭にせぬ、東京の話をすれば口が汚《けが》れる、話を聞けば耳が汚れると云《い》う塩梅《あんばい》式は、丸で今世の伯夷《はくい》、叔斉《しゅくせい》、静岡は恰《あたか》も明治初年の首陽山《しゅようざん》であったのは凄まじい。所が一年立ち二年立つ中に、その伯夷、叔斉殿が首陽山に蕨《わらび》の乏しいのを感じたか、ソロ〳〵山の麓《ふもと》に下りて、賊地の方にノッソリ首を出すのみか、身体《からだ》を丸出《まるだし》にして新政府に出身、海陸の脱走人も静岡行の伯夷、叔斉も、猫も杓子《しゃくし》も政府の辺に群れ集《あつま》て、以前の賊徒今の官員衆に謁見、是《こ》れは初めて御目《おめ》に謁《かか》るとも云《い》われまい、兼て御存じの日本臣民で御座《ござ》ると云うような調子で、君子は既往を語らず、前言《ぜんげん》前行《ぜんこう》は唯戯《ただたわぶ》れのみと、双方打解けて波風《なみかぜ》なく治まりの付《つい》たのは誠に目出度《めでた》い、何も咎《とがめ》立てするにも及ばぬようだが、私には少し説がある。抑《そ》も王政維新の争《あらそい》が、政治主義の異同から起《おこっ》て、例えば勤王家は鎖国攘夷を主張し、佐幕家は開国改進を唱えて、遂《つい》に幕府の敗北と為《な》り、その後に至て勤王家も大《おおい》に悟りて開国主義に変じ、恰も佐幕家の宿論に投ずるが故に、之《これ》と共に爾《じ》後《ご》の方針を与《とも》にすると云《い》えば至極尤《しごくもっと》もに聞ゆれども、当時の争に開鎖など云う主義の沙汰《さた》は少しもない。佐幕家の進退は一切《いっさい》万事、君臣の名分から割出して、徳川三百年の天下云々《うんぬん》と争いながら、その天下が無くなったら争《あらそい》の点も無くなって平気の平左衛門《へいざえもん》とは可笑《おか》しい。ソレも理屈の分らぬ小輩ならば固《もと》より宜《よろ》しいが、争論の発起人で頻《しき》りに忠義論を唱えて伯夷《はくい》、叔斉《しゅくせい》を気取り、又はその身躬《みみず》から脱走して世の中を騒がした人達の気が知れない。勝負は時の運に由《よ》る、負けても恥かしいことはない、議論が中《あた》らなかっても構わないが、遺傷《やりそこ》なったらその身の不運と諦らめて、山に引込《ひきこ》むか、寺の坊主にでもなって、生涯を送れば宜《よ》いと思えども、中々以《もっ》て坊主どころか、洒蛙々々《しゃあしゃあ》と高い役人になって嬉しがって居るのが私の気に喰《く》わぬ。扨々《さてさて》忠臣義士も当てにならぬ、君臣主従の名分論も浮気なものだ、コンな薄《うす》っぺらな人間と伍を為《な》すよりも独りで居る方が心持が宜いと説を極《き》めて、初一念を守り、政治の事は一切《いっさい》人に任せて、自分は自分だけの事を勉《つと》めるように身構えをしました。実は私の身の上に何も縁のないことで、入らざるお世話のようだが、前後の事情を能《よ》く知《しっ》て居るから、忠臣義士の成行《なりゆき》を見るとツイ気の毒になって、意気地なしのように腰抜のように、思うまいと思《おもっ》ても思われて堪《たま》らない。全く私の癇癪《かんしゃく》でしょうが、是《こ》れも自然に私の功名心を淡泊にさせた原因であろうと思われます。

## 独立の手本を示さんとす

第四には、勤王佐幕など云《い》う喧《やかま》しい議論は差置き、維新政府の基礎が定まると、日本国中の士族は無論、百姓の子も町人の弟も、少しばかり文字でも分る奴は皆役人になりたいと云う。仮令《たと》い役人にならぬでも、兎《と》に角《かく》に政府に近づいて何か金儲でもしようと云う熱心で、その有様《ありさま》は臭い物に蝿《はえ》のたかるようだ。全国の人民、政府に依らねば身を立てる処のないように思うて、一身独立と云《い》う考《かんがえ》は少しもない。偶《たま》ま外国修業の書生などが帰《かえっ》て来て、僕は畢生《ひっせい》独立の覚悟で政府仕官は思いも寄らぬ、なんかんと鹿爪《しかつめ》らしく私方へ来て満腹の気焔《きえん》を吐く者は幾らもある。私は最初から当てにせずに宜《い》い加減に聞流して居ると、その独立先生が久しく見えぬ。スルと後に聞けばその男はチャンと何省の書記官に為《な》り、運の好《い》い奴は地方官になって居ると云うような風《ふう》で、何も之《これ》を咎《とが》めるではない、人々の進退はその人の自由自在なれども、全国の人が唯《ただ》政府の一方を目的にして外《ほか》に立身の道なしと思込《おもいこ》んで居るのは、畢竟《ひっきょう》漢学教育の余弊で、[1]所謂宿昔《いわゆるしゅくせき》青雲の志と云うことが先祖以来の遺伝に存して居る一種の迷《まよい》である。今この迷を醒《さ》まして文明独立の本義を知らせようとするには、天下一人でもその真実の手本を見せたい、亦自《またおのず》からその方針に向う者もあるだろう、一国の独立は国民の独立心から涌《わい》て出てることだ、国中を挙げて古風の奴隷根性では迚《とて》も国が持てない、出来ることか出来ないことかソンな事に躊躇《ちゅうちょ》せず、自分がその手本になって見ようと思付《おもいつ》き、人間万事無頓着《むとんちゃく》と覚悟を定《き》めて、唯独立独歩と安心決定《けつじょう》したから、政府に依りすがる気もない、役人達に頼む気もない。貧乏すれば金を使わない、金が出来れば自分の勝手に使う。人に交わるには出来る丈《だ》けの誠を尽して交わる、ソレでも忌《いや》と云《い》えば交わって呉《く》れなくても宜《よろ》しい。客を招待すれば此方《こっち》の家風の通りに心を用いて饗応する、その風が嫌いなら来て呉《く》れなくても苦しうない。此方の身に叶う丈《だ》けを尽して、ソレから上は先方《さき》の領分だ。誉めるなり譏《そし》るなり怒《いか》るなり勝手次第にしろ、誉められて左《さ》まで歓びもせず、譏られて左まで腹も立てず、いよ〳〵気が合わねば遠くに離れて附合わぬ計《ばか》りだ。一切《いっさい》万事、人にも物にもぶら下らずに、云《い》わば捨身になって世の中を渡るとチャンと説を定めて居るから、何としても政府へ仕官などは出来ない。この流儀が果して世の中の手本になって宜《い》い事か、悪い事か、ソレも無頓着だ、宜《よ》ければ甚《はなは》だ宜《よろ》しい、悪るければソレまでの事だ、その先《さ》きまで責任を脊負《せお》い込もうとは思いません。

右の通り条目を並べて第一から第四まで述立《のべた》てゝ見れば、私の政府に出ないのは初めからチャンと理屈を定《さだ》めて箇様々々と自《みず》から自分を束縛してあるように見えるが、実はソレホド窮屈な訳《わ》けではない、ソレホド六《むず》かしい事でもない。唯《ただ》今日これを筆記して人に分るようにしようとするには、話に順序がなくては叶わぬ。ソコで久しい前年から今日に至るまで、物に触れ事に当り、人と談論した事などを思出して、彼の時はアヽであった、この時は斯《こ》うであったと、記憶中に往来するものを取集めて見ると、前に記した通りになる。詰《つま》る所、私は政治の事を軽

1 **余弊** 前代から残された弊害。

く見て熱心でないのが政界に近づかぬ原因でしょう。喩《たと》えば人の性質に下戸《げこ》上戸《じょうご》があって、下戸は酒屋に入らず上戸は餅屋に近づかぬと云《い》う位のもので、政府が酒屋なら私は政事の下戸でしょう。とは云うもの丶、私が政治の事を全く知らぬではない、口に談論もすれば紙に書きもする。但《ただ》し談論書記する計《ばか》りで、自《みず》からその事に当ろうと思わぬその趣《おもむき》は、恰《あたか》も診察医が病を診断してその病を療治しようとも思わず、

**政治の診察医にして開業医に非ず**

又事実に於《おい》て療治する腕もないようなものでしょうが、病床の療治は皆無素人《かいむしろうと》でも、時としては診察医も役に立つことがある。ダカラ世間の人も私の政治診断書を見て、是《こ》れは本当の開業医で療治が出来るだろう、病家を求めるだろうと推察するのは大間違《おおまちがい》の沙汰《さた》です。

**明治十四年の政変**

この事に就《つい》て一寸《ちょい》と語りますが、明治十四年の頃、日本の政治社会に大騒動が起《おこっ》て、私の身にも大笑いな珍事が出来ました。明治十三年の冬、時の執政大隈《おおくま》、伊藤《いとう》、井上《いのうえ》[1]の三人から私方に何か申して参《まいっ》て、或《あ》る処に面会して見ると、何か公報のような官報のような新聞紙を起すから私に担任して呉《く》れろと云う。一向趣意《しゅい》が分らぬから先《ま》ず御免と申して去ると、その後度々《たびたび》人の往復を重ねて話が濃くなり、とう／＼仕舞《しまい》に、政府はいよ／＼国会を開く積りでその用意の為《た》めに新聞紙も起す事であると秘密を明かしたから、是《こ》れは近頃面白い話だ、ソンな事なら考え直して新聞紙も引受けようと凡《およ》そ約束は出来たが、マダ何時《いつ》からと云う期日

は定《さだ》まらずに、そのまゝに年も明けて明治十四年と為《な》り、十四年も春去秋来《しゅんきょしゅうらい》、頓《とん》と埒《らち》の明かぬ様子なれども、此方《こっち》も左《さ》まで急ぐ事でないから打遣《うちやっ》て置く中に、何か政府中に議論が生じたと見え、以前至極《しごく》同主義でありし隈伊井の三人が漸《ようや》く不和になって、その果ては大隈《おおくま》が辞職することになりました。扨《さて》大隈の辞職は左《さ》まで驚くに足らず、大臣の進退は毎度珍らしくもない事であるが、この辞職の一条が福澤にまで影響して来たのが大笑いだ。当時の政府の騒ぎは中々一通りでない。政府が動けば政界の小輩も皆動揺して、随《したがっ》て又種々様々の風聞を製造する者も多いその風聞の一、二を申せば、全体大隈と云うは専横な男で、様々に事を企てるその後《うしろ》には、福澤が居て謀主になってるその上に、三菱の岩崎弥太郎《いわさきやたろう》[2]が金主になって既《すで》に三十万円の大金を出したそうだなんて、馬鹿な茶番狂言[3]の筋書見たような事を触廻《ふれま》わして、ソレから大隈の辞職と共に政府の大方針が定まり、国会開設は明治二十三年と予約して色々の改革を施す中にも、従前の教育法を改めて所謂《いわゆる》儒教主義を復活せしめ、文部省も一時妙な風《ふう》になって来て、

1 **大隈、伊藤、井上**　当時、内閣の中枢にあった大隈重信（一八三八〔天保九〕年―一九二二〔大正十一〕年）、伊藤博文（一八四一〔天保十二〕年―一九〇九〔明治四十二〕年）、井上馨（一八三五〔天保六〕年―一九一五〔大正四〕年）のこと。　2 **岩崎弥太郎**　一八三四（天保五）年―八五（明治十八）年。土佐藩出身。維新後、海運業をおこし三菱商会を設立、政府の保護を受け独占的地位を占める。三菱財閥の基礎を築いた。　3 **茶番狂言**　茶番劇。見えすいたお芝居。

その風《ふう》が全国の隅々までも靡《なび》かして、十何年後の今日に至るまで政府の人もその始末に当惑して居るでしょう。凡《およ》そ当時の政変は政府人の発狂とでも云《い》うような有様《ありさま》で、私はその後岩倉《いわくら》[1]から度々《たびたび》呼びに来て、ソッと裏の茶室のような処で面会、主人公は何かエライ心配な様子で、この度の一件は政府中、実に容易ならぬ動揺である、西南戦争の時にも随分苦労したが、今度の始末はソレよりも六《むず》かしいなんかんと話すのを聞けば、余程《よほど》騒いだものと察しられる。実に馬鹿気《ばかげ》たことで、政府は明治二十三年、国会開設と国民に約束して、十年後には饗応すると云《いっ》て案内状を出したようなものだ、所がその十年の間に客人の気に入らぬ事ばかり仕向《しむ》けて、人を捕えて牢に入れたり東京の外に逐出《おいだ》したり、[2]マダ夫《そ》れでも足らずに、役人達はむかしの大名公卿の真似をして華族になって、[3]是《こ》れ見よがしに殻威張《からいばり》を遣《やっ》て居るから、天下の人はます〳〵腹を立てゝ暴れ廻わる。何の事はない饗応の主人と客とマダ顔も合わせぬ先《さ》きに角突合いになって居るから可笑《おか》しい。十四年の真面目《しんめんもく》の事実は、私が詳《つまびらか》に記して[4]家に蔵めてあるけれども、今更《さ》ら人の忌《いや》がる事を公けにするでもなし黙《だまっ》て居ますが、そのとき私は寺島《てらしま》[5]と極懇意《ごくこんい》だから何も蚊《か》も話して聞かせて、「ドウダイ僕が今、口まめに饒舌《しゃべっ》て廻ると政府の中に随分《ずいぶん》困る奴が出来るがと云うと、寺島も始めて聞《きい》て驚き、「成程そうだ、政治上の魂胆は随分穢《きたな》いものとは云《い》いながら、是《こ》れはアンマリ酷《ひど》い。少し捩《ねじ》くって遣ても宜《い》いじゃないかと、態《わざ》と勧めるような風《ふう》であったけれども、私は夫《そ》れ程に思わぬ。「御同前に年はモウ四十以上ではないか、先《ま》ず〱〔ソンナ〕無益な殺生は罷《やめ》にしようと云《いっ》て、笑《わらっ》て分れたことがある。コンな訳で、私は十四年の政変のその時から、何も実際に関係はない、俗界に云《い》う政治上の野心など思《おもい》も寄らぬ事だから誠に平気で、唯《ただ》他人のドタバタするのを見物して居るけれども、政府の目を以《もっ》て

**保安条例**

この見物人を見れば、又不思議なもので、色々な姿に写ると見える。明治何年か[6]保安条例の出たとき、私もこの条例の科人《とがにん》になって東京を逐出《おいだ》されると云う風聞。ソレはその時塾に居た小野友次郎《おのともじろう》[7]が警視庁に懇意《こんい》の人があって、極内々その事を聞出して、私と同時に後藤《ごとう》象次郎《しょうじろう》[8]も共に放逐《ほうちく》と確《たしか》に云うから、「ナニ殺されるではなし、イザと云えば川崎辺まで出て行

〔二〕

1 **岩倉**　岩倉具視のこと。二六三頁注6参照。 2 **東京の外に逐出したり**　自由民権運動取締のために、明治二十（一八八七）年十二月に制定・施行された保安条例のこと。四五一名が皇居から三里以上離れた所へ追放された。福澤は危うくその難を逃れた。 3 **役人達はむかしの大名公卿の真似をして華族になって**　明治十七（一八八四）年の華族令で、公侯伯子男の五爵が定められ、旧公卿・大名以外の新新華族が生まれた。 4 **私が詳に記して**　「明治辛巳紀事」（『福澤諭吉全集』二十巻所収）のこと。 5 **寺島**　寺島宗則。一一七頁注2参照。 6 **明治何年か**　明治二十年十二月二十五日のこと。 7 **小野友次郎**　一八五九（安政六）年—一九三八（昭和十三）年。福澤の援助で慶應義塾を卒業し、時事新報社、三井銀行などにつとめた。 8 **後藤象次郎**　一八三八（天保九）年—九七（明治三十）年。土佐藩士。坂本龍馬とともに大政奉還を画策。維新後、参議となるも征韓論政変で下野。板垣退助らと民撰議員設立を建白。のち、逓信相、農商務相となる。

けば宜《い》いと申して居る中、その翌日か翌々日か小野《おの》が又《また》来て、前の事は取消しになったと云《い》うので事は済《す》みました。又その後明治二十年頃かと思う、井上角五郎《いのうえかくごろう》[1]が朝鮮で何とやらしたと云うので捕《とら》えられて、その時の騒動と云うものは大変で、警察の役人が来て私方の家捜しサ。夫《それ》から井上が何か吟味に逢うて、福澤諭吉に証人になって出て来いと云て、私を態々《わざわざ》裁判所に呼《よび》出《だ》して、タワイもない事を散々尋《たずね》て、ドウかしたら福澤も科人《とがにん》の仲間にしたいと云うような風《ふう》が見えました。都《すべ》てコンな事は唯大間違《ただおおまちがい》で、私の身には何ともない。却《かえっ》て世の中の人心の動くその運動の方向緩急を視察して面白く思《おもっ》て居るが、又一歩を進めて虚心平気《きょしんへいき》に考うれば、私が兎角《とかく》政界の人に疑われると云うのも全く無理はない。第一私は何としても役人になる気がない、是《こ》れは世間に例の少ない事で、仕官流行、熱中奔走の世の中に、独《ひと》りこれが嫌いと云えば、一寸《ちょい》と見て不審を起さねばならぬ。ソレもいよ〳〵官途に気がないとならば田舎にでも引込《ひっこ》んで仕舞《しま》えば宜《い》いに、都会の真中に居て然《し》かも多くの人に交際して、口も達者に筆もまめに、洒蛙々々《しゃあしゃあ》と饒舌《しゃべっ》たり書たりするから、世間の目に触れ易《やす》く、随《したがっ》て人に不審を懐《いだ》かせるのも自然の勢《いきおい》である。之《これ》を第一として、モ一つ本当の事を云うと、私の言論を以《もっ》て政治社会に多少の影

**一片の論説能く天下の人心を動かす**

響を及ぼしたこともありましょう。例えば是《こ》れまで頓《とん》と人の知らぬ事で面白い話がある。明治十年、西南の戦争も片付《かたづい》て後、世の中は静になって、人間が却《かえっ》て無事に苦しむと云《い》うとき、私が不図《ふと》思付《おもいつい》て、是《こ》れは国会論を論じたら天下に応ずる者もあろう、随分《ずいぶん》面白かろうと思《おもっ》て、ソレからその論説を起草して、マダその時には時事新報[2]と云うものはなかったから、報知新聞の主筆藤田茂吉《ふじたもきち》[3]、箕浦勝人《みのうらかつんど》[4]にその草稿を見せて、「この論説は新聞の社説として出されるなら出して見なさい、屹《きっ》と世間の人が悦《よろこ》ぶに違いない。但《ただ》しこの草稿のまゝに印刷すると、文章の癖が見えて福澤の筆と云うことが分るから、文章の趣意《しゅい》は無論、字句までも原稿の通りにして、唯《ただ》意味のない妨げにならぬ処をお前達の思

**1 井上角五郎**　一八五九（天保六）年―一九三八（昭和十三）年。明治十五（一八八二）年、慶應義塾卒業後、朝鮮政府の顧問となる。明治十七（一八八四）年、甲申政変に際して帰国。のち、同政変に関与の嫌疑で捕らえられ、官吏侮辱罪で処罰される。憲法発布による特赦後、政界に入り、たびたび衆議院に当選、また北海道炭礦鉄道会社ほかの重役をつとめた。**2 時事新報**　一八八二（明治十五）年三月、福澤が不偏不党、独立不羈を標榜して創刊。**3 藤田茂吉**　一八五二（嘉永五）年―九二（明治二十五）年。慶應義塾卒業後、郵便報知新聞主筆。立憲改進党創設に参加。衆議院議員。明治十七（一八八四）年、『文明東漸史』刊。**4 箕浦勝人**　一八五四（安政元）年―一九二九（昭和四）年。藤田とともに郵便報知新聞社に入り、のち、社長。立憲改進党の創設に参加。衆議院議員連続十五回当選。逓信相となる。

う通りに直して、試《こころ》みに出して御覧。世間で何と受けるか、面白いではないかと云《い》うと、年の若い元気の宜《い》い藤田《ふじた》、箕浦《みのうら》だから、大《おおい》に悦んで草稿を持《もっ》て帰《かえっ》て、早速《さっそく》報知新聞の社説に載せました。当時、世の中にマダ国会論の勢力のない時ですから、この社説が果して人気に投ずるやら、又《また》は何でもない事になって仕舞《しま》うやら、頓《とん》と見込みが付かぬ。凡《およ》そ一週間ばかり毎日のように社説欄内を塡《うず》めて、又藤田、箕浦が筆を加えて東京の同業者を煽動《せんどう》するように書立《かきた》てゝ、世間の形勢如何《いかん》と見て居た所が、不思議なる哉《かな》、凡《およ》そ二、三箇月も経《た》つと、東京市中の諸新聞は無論、田舎の方にも段々議論が喧《やかま》しくなって来て、遂《つい》には例の地方の有志者が国会開設請願なんて東京に出て来るような騒ぎになって来たのは、面白くもあれば、又ヒョイと考《かんがえ》直して見れば、仮令《たと》い文明進歩の方針とは云《い》いながら、直《ただち》に自分の身に必要がなければ物数寄《ものずき》と云《い》わねばならぬその物数寄な政治論を吐《はい》て、図《はか》らずも天下の大騒ぎになって、サア留めどころがない、恰《あたか》も秋の枯野に自分が火を付けて自分で当惑するようなものだと、少し怖くなりました。

併《しか》し国会論の種は維新の時から蒔《まい》てあって、明治の初年にも民選議院云々《うんぬん》の説もあり、その後とても毎度同様の主義を唱えた人も多い。ソンな事が深い永い原因に違いはないけれども、不《ふ》図《と》した事で私が筆を執《とっ》て、事の必要なる理由を論じて喋々喃々《ちょうちょうなんなん》[1]数千言、嚙《か》んでくゝめるように言《いっ》て聞かせた跡で、間もなく天下の輿論《よろん》が一時に持上《もちあがっ》て来たから、如何《どう》しても報知新聞の論説が一寸《ちょい》と導火《みちび》になって居ましょう。その社説の年月を忘れたから先達《せんだって》箕浦に面会、昔話をして新聞の事を尋ねて見れば、同人もチャンと覚えて居て、その後古い報知新聞を貸して呉《く》れて、中を見ると明治十二年の七月二十九日から八月十日頃まで長々と書並《かき》べて、2一寸《ちょい》と辻褄《つじつま》が合《あっ》て居ます。是《こ》れが今の帝国議会を開く為《た》めの加勢になったかと思えば自分でも可笑《おか》しい。シテ見ると先《さ》きの明治十四年の騒動に、福澤が政治に関係するなんかんと云《い》われて、その後も兎角《とかく》私の身に目を着ける者が多くて色々に怪しまれたのも、直接に身に覚えのない事とは云《い》いながら、間接には自《おのず》から因縁のないではない。国会開設、改進々歩が国の為《た》めに利益なればこそ善《よ》けれ、是《こ》れが実際の不利益ならば、私は現世の罪は免《まぬ》かれても死後閻魔《えんま》の庁で酷《ひど》い目に逢う筈《はず》でしょう。報知新聞の一件ばかりでない、政治上に就《つい》て私の言行は都《すべ》てコンな塩梅《あんばい》式で、自分の身の私に利害はない所謂《いわゆる》診察医の考《かんがえ》で、政府の地位を占めて自《みず》から政権を振廻《ふりま》わして天下の治療をしようと云う了簡はないが、如何《どう》でもして国民一般を文明開化の門に入れて、この日本国を兵力の強い商売繁昌する大国にして見たいと計《ばか》り、夫《そ》れが大本願で、自分独り自分の身に叶う丈《だ》

**1 喋々喃々** あれこれと言葉をつくすこと。 **2 長々と書並べて** 福澤が自ら原稿を書き、藤田、箕浦の連名で発表した「国会論」は、郵便報知新聞に連載ののち、二人の名で単行本として出版された。

けのことをして、政界の人に交際すればとて、誰に逢うても何ともない、別段に頼むこともなければ相談することもない、貧富苦楽、独り分に安《やす》んじて平気で居るから、考《かんがえ》の違う役人達が私の平生を見たり聞《きい》たりして変に思うたのも決して無理でない、けれども真実に於《おい》て私は政府に対して少しも怨《うらみ》はない、役人達にも悪い人と思う者は一人もない、是《こ》れが封建門閥の時代に私の流儀にして居たらば、ソレコソ如何《いか》なる憂き目に逢《あっ》て居るか知れない。今日安全に寿命を永くして居るのは明治政府の法律の賜《たまもの》と思《おもっ》て喜んで居ます。

### 時事新報

ソレから明治十五年に時事新報と云《い》う新聞紙を発起しました。丁度《ちょうど》十四年政府変動の後で、慶應義塾先進の人達が私方に来て頻《しき》りにこの事を勧める。私も亦《また》自分で考えて見るに、世の中の形勢は次第に変化して、政治の事も商売の事も日々夜々運動の最中、相《あい》互《たがい》に敵味方が出来て議論は次第に喧《かまびす》しくなるに違いない。既《すで》に前年の政変も孰《いず》れが是か非かソレは差置《さしお》き、双方主義の相違で喧嘩をしたことである。政治上に喧嘩が起れば経済商売上にも同様の事が起らねばならぬ。今後はいよ〳〵ます〳〵甚《はなは》だしい事になるであろう。この時に当て必要なるは所謂《いわゆる》不偏不党の説であるが、扨《さて》その不偏不党とは口でこそ言え、口に言いながら心に偏する所があって一身の利害に引かれては迚《とて》も公平の説を立てる事が出来ない。ソコで今全国中に聊《いささ》かながら独立の生計を成《な》して多少の文思《ぶんし》[1]もありながら、その身は政治上にも商売上にも野心なくして恰《あたか》も物外に超然たる者は、嗚呼《おこ》がましくも自分の外《ほか》に適当の人物が少なかろうと心の中に自問自答して、遂《つい》に決心して新事業に着手したものが即《すなわ》ち時事新報です。既《すで》に決断した上は友人中これを止《と》める者もありしが、一切《いっさい》取合わず、新聞紙の発売数が多かろうと少なかろうと他人の世話になろうと思わず、この事を起すも自力なれば倒すも自力なり、仮令《たと》い失敗して廃刊しても一身一家の生計を変ずるに非《あら》ず、又自分の不名誉とも思わず、起すと同時に倒すの覚悟を以《もっ》て、世間の風潮に頓着《とんちゃく》なしに今日までも首尾能《よ》く遣《やっ》て来たことですが、畢竟《ひっきょう》私の安心決定《けつじょう》とは申しながら、その実は私の朋友には正直有為《ゆうい》の君子が多くて、何事を打任せても間違いなど云《い》う忌《いや》な心配は聊《いささ》かもない。発行の当分、何年の間は中上《なかかみ》川彦《がわひこ》次郎《じろう》が引受け、

1 文思　学問、教養があり思慮深いこと。

その後は伊藤欽亮《いとうきんすけ》[1]、今は次男の捨次郎《すてじろう》[2]が之《これ》に任じ、会計は本山彦一《もとやまひこいち》[3]、次で坂田実《さかたみのる》[4]、今は戸張志《とばりし》智之助《ちのすけ》[5]等が専《もっぱ》ら担任して居ますが、私の性質として金銭出納の細目を聞《きい》たこともなく、見たこともなく、その人々のするがまゝに任かせて置《おい》て、曾《かつ》て一度も変な間違いの出来たことはない。誠に安心気楽なものです。コンな事が新聞事業の永続する訳《わ》けでしょう。又編輯《へんしゅう》の方に就《つい》て申せば、私の持論に、執筆者は勇を鼓《こ》して自由自在に書くべし、他人の事を論じ他人の身を評するには、自分とその人と両々相対《あいたい》して直接に語られるような事に限りて、其《それ》以外に逸すべからず、如何《いか》なる劇論、如何なる大言壮語も苦しからねど、新聞紙に之を記すのみにて、扨《さて》その相手の人に面会したとき自分の良心に愧《は》じて卒〔率〕直に陳《の》べることの叶わぬ事を書《かい》て居ながら、遠方から知らぬ風をして恰《あたか》も逃げて廻わるようなものは、之を名づけて蔭弁慶《かげべんけい》[6]の筆と云う、その蔭弁慶こそ無責任の空論と為《な》り、罵詈讒謗《ばりざんぼう》[7]の毒筆と為《な》る、君子の愧《は》ずべき所なりと常に警《いま》しめて居ます。併《しか》し私も次第に年をとり、何時《いつ》までもコンな事に勉強するでもなし、老余は成る丈《た》け閑静に日を送る積りで、新聞紙の事も若い者に譲り渡して段々遠くなって、紙上の論説なども石河幹明《いしかわみきあき》[8]、北川礼弼《きたがわれいすけ》[9]、堀江帰一《ほりえきいち》[10]などが専ら執筆して、私は時々立案してその出来た文章を見て一寸々々《ちょいちょい》加筆する位にして居ます。

### 事を為すに極端を想像す

扨《さて》これまで長々と話を続けて、私の一身の事、又私に関係した世の中の事をも語りましたが、私の生涯中に一番骨を折たのは著書飜訳《ほんやく》の事業で、是《こ》れには中々話が多いが、その次第は本年再版した福澤全集の緒言に記してあれば之《これ》を

**1 伊藤欽亮** 一八五七（安政四）年―一九二八（昭和三）年。山口県の人。時事新報社から日本銀行に入り、のち、日本新聞社長になる。 **2 次男の捨次郎** 一八六五（慶応元）年―一九二六（大正十五）年。慶應義塾卒業後、マサチューセッツ工科大学で土木工学を学び、山陽鉄道技師を経て時事新報社に入社。諭吉の晩年、その社長となる。 **3 本山彦一** 一八五三（嘉永六）年―一九三二（昭和七）年。箕作秋坪門下。福澤の知遇をえて慶應義塾構内に起居。兵庫県の役人・学校長などを経て大阪毎日新聞社・時事新報社につとめる。のち、大阪毎日新聞社長、貴族院議員。 **4 坂田実** 慶應義塾卒業後、義塾の教員を経て岡山県中学や師範学校で教える。のち、慶應義塾幼稚舎長から時事新報記者、さらに、日本銀行支店長などをつとめ、豊国銀行専務取締役となる。 **5 戸張志智之助** 埼玉県の人。粕壁中学教師となり、磯部弥一郎とともに国民英学会を創設。のち、時事新報社につとめる。 **6 蔭弁慶** 人のいない所では強がり、面と向かうと意気地のない人。うちべんけい。 **7 罵詈讒謗** 誹謗、中傷すること。 **8 石河幹明** 三頁注3参照。 **9 北川礼弼** 福井県の人。朝野新聞の経営などを経て時事新報社に入り編集長となった。福澤没後は慶應義塾塾監となり、のち、千代田生命専務取締役。 **10 堀江帰一** 一八七六（明治九）年―一九二七（昭和二）年。慶應義塾卒業後、時事新報論説記者となり、のち、慶應義塾教員に転じ経済学・財政学を講じた。

略し、著訳の事を別にして、元来《がんらい》私が家に居《お》り世に処するの法を一括して手短《てみじか》に申せば、都《すべ》て事の極端を想像して覚悟を定《さだ》め、マサカの時に狼狽《ろうばい》せぬように後悔せぬようにと計《ばか》り考えて居ます。生きて居る身はいつ何時《なんどき》死ぬかも知れぬから、その死ぬ時に落付《おちつい》て静にしようと云《い》うのは誰も考えて居ましょう。夫《そ》れと同様に、例えば私が自身自家の経済に就《つい》ては、何としても他人に対して不義理はせぬと心に決定《けつじょう》して居るから、危い事を犯すことが出来ない。斯《こ》うすれば利益がある、爾《そ》うすれば金が出来るなど云《いっ》ても、危険を犯して失敗したときには必ず狼狽《ろうばい》することがあろう、後悔することがあろうと思《おもっ》て、手を出すことが出来ない。金を得て金を使うよりも、金がなければ使わずに居る。按摩按腹《あんぷく》[1]をしても餓えて死ぬ気遣《きづか》いはない、粗衣粗食などに閉口する男でないと力身《りきみ》込《こ》んで居るような訳《わ》けで、私が経済上に不活潑《かっぱつ》なのは失敗の極端を恐れて鈍くして居るのですが、その外《ほか》直接に一身の不義理にならぬ事に就ては必ずしも不活潑でない。トヾの詰り遣傷《やりそこ》なっても自身独立の主義に妨げのない限りは颯々《さっさ》と遣《や》ります。例えば慶應義塾を開いて何十年来様々変化は多い。時としては生徒の減ることもあれば増《ふえ》ることもある。唯《ただ》生徒ばかりでない、会計上からして教員の不足することも度々《たびたび》でしたが、ソンな時にも私は少しも狼狽しない。生徒が散ずれば散ずるまゝにして置け、教員が出て行くなら行くまゝにして留めるな、生徒散じ教員去《さっ》て塾が空屋《あきや》になれば、残る者は乃公《おれ》一人だ、ソコで一人の根気で教えられる丈《だ》けの生徒を相手に自分が教授して遣《や》る、ソレも生徒がなければ強《し》いて教授しようとは云《い》わぬ、福澤諭吉は大塾を開《ひらい》て天下の子弟を教えねばならぬと人に約束したことはない、塾の盛衰に気を揉《も》むような馬鹿はせぬと、腹の底に極端の覚悟を定《き》めて、塾を開《ひらい》たその時から、何時《なんどき》でもこの塾を潰して仕舞《しま》うと始終《しじゆう》考えて居るから、少しも怖いものはない。平生は塾務を大切にして一生懸命に勉強もすれば心配もすれども、本当に私の心事の真面目《しんめんもく》を申せば、この勉強心配は浮世の戯《たわむ》れ、仮りの相ですから、勉《つと》めながらも誠に安気です。近日は又慶應義塾の維持の為《た》めとて、本塾出身の先進輩が頻《しき》りに資金を募集して居ます。是《こ》れが出来れば斯道《このみち》の為《た》めに誠に有益な事で、私も大《おおい》に喜びますが、果して出来るか出来ないか、私は唯静《ただしずか》にして見て居ます。又時事新報の事も同様、最初から是非とも永続させねばならぬと誓《ちかい》を立てた訳《わ》けでもなし、或《あるい》は倒れることもあろう、その時に後悔せぬようにと覚悟をして居るから、是れも左《さ》までの心配にならぬ。又私の著訳書に他人の序文を求めたことのないのも矢張り同じ趣意《しゆい》であると申すは、人の序文題字などを以《もつ》て出版書の信用を増すは自《おのず》から名誉でもあろうが、内実は発売を多くせんとするの計略と云《いつ》ても宜《よろ》しい。所が私の考《かんがえ》は左様《そう》でない。自分の著訳書が世

**1 按腹** 按摩術の一つ。腹部を中心にマッサージし、消化吸収機能を高める。

間に流行すれば宜《よ》いと固《もと》より心の中に願いながらも、又《また》一方から考えて是《こ》れが全く売れなくても後悔はしないと、例の極端を覚悟して居るから、実際の役にも立たぬ余計な文字を人に書《かい》て貰《もらっ》たことはない。又他人に交わるの法もこの筆法に従い、私は若い時からドチラかと云《い》えば出しゃばる方で、交際の広い癖に、遂《つい》ぞ人と喧嘩をしたこともない。親友も甚《はなは》だ多いが、この交際に就《つい》ても矢張《やは》り極端説は忘れない。今日までこの通りに仲好く附合《つきあい》はして居るが、先方の人がいつ何時《なんどき》変心せぬと云《い》う請合は六《むず》かしい。若《も》し左様《そう》なれば交際は罷《や》めなければならぬ。交際を罷めても此方《こっち》の身に害を加えぬ限りは相手の人を憎むには及ばぬ、唯《ただ》近づかぬようにする計《ばか》りだ。コンな事で朋友が一人《ひとり》なくなり二人なくなり次第に淋しくなって、自分独《ひと》り孤立するようになっても苦しうない、決して後悔しない、自分の節を屈して好かぬ交際は求めずと、少年の時から今に至るまでチャンと説は極《き》めてありながら、扨《さて》実際には頓《とん》とソンな必要はない。生来六十余年の間に、知る人の数は何千も何万もあるその中で、誰と喧嘩したことも義絶[1]したこともないのが面白い。都《すべ》て斯《こ》う云う塩梅《あんばい》式で、私の流儀は仕事をするにも朋友に交わるにも、最初から棄身《すてみ》になって取《とっ》て掛り、仮令《たと》い失敗しても苦しからずと、浮世の事を軽く視《み》ると同時に一身の独立を重んじ、人間万事、停滞せぬようにと心の養生をして参れば、世を渡るに左《さ》までの困難もなく、安気に今日まで消光《くら》して来ました。扨《さて》又心の養生法は右の如《ごと》しとして、身の

### 身体の養生

養生は如何《どう》だと申すに、私の身に極めて宜《よろ》しくない極めて赤面すべき悪癖は、幼少の時から酒を好む一条で、然《し》かも図抜《ずぬ》けの大酒、世間には大酒をしても必ずしも酒が旨いとは思わず、飲んでも飲まなくても宜《い》いと云《い》う人があるが、私は左様《そう》でない。私の口には酒が旨くて多く飲みたいその上に、上等の銘酒を好んで、酒の良否《よしあし》が誠に能《よ》く分る。先年中一樽の価《あたい》七、八円のとき、上下五十銭も相違すれば、先《ま》ず価を聞かずにチャンとその風味を飲み分けると云うような黒人《くろうと》で、その上等の酒をウンと飲んで、肴《さかな》も良い肴を沢山《たくさん》喰《くら》い、満腹飲食《のみくい》した跡で飯もドッサリ給《た》べて残す所なしと云う、誠に意地の穢《きた》ない所謂《いわゆる》牛飲馬食とも云うべき男である。尚《な》おその上に、この賤しむべき男が酒に酔《よっ》て酔狂でもすれば自《みず》から警《いまし》めると云うこともあろうが、大酒の癖に酒の上が決して悪くない。酔えば唯《ただ》大きな声をして饒舌るばかり、遂《つい》ぞ人の気になるような忌《いや》がるような根性の悪いことを云《いっ》て喧嘩をしたこともなければ、上戸《じょうご》本性真面目《まじめ》になって議論したこともないから、人に邪魔にされない。是《こ》れが却《かえっ》て不幸で、本人は宜《い》い気になって、酒とさえ云《い》えば一番先《さ》きに罷出《まかりで》て、人の一倍も二倍も三倍も飲んで天下に敵なしなんて得意がって居たのは、返す〲も愧《はず》かしい事であるが、酒の事を除《のぞい》てその外《ほか》

1　**義絶**　絶交。

になれば、私は少年の時から宜《い》い加減な摂生家と云《いっ》ても宜《よろ》しい。何も別段に摂生をしようなんてソンな六《むず》かしい考《かんがえ》のあろうようもないが、日に三度の食事の外《ほか》にメッタに物を食わない。或《あるい》は母が給《た》べさせなかったのか知らぬが、幼少から癖になって間の食物が欲しくない。殊《こと》に晩食の後、夜になれば如何《いか》なる好物があっても口に入れることが出来ない。例えば親類の不幸に通夜するとか、又は近火の騒ぎに夜を更《ふ》かすとかして、自然に其処《そこ》に食物が出て来ても食う気にならぬ。是《こ》れは母に仕込まれた習慣が生涯残《のこっ》て居るのでしょう。摂生の為《た》めには最も宜しい習慣です。又私は随分気の長い方でない、何事もテキパキ早く遣《や》ると云《い》う風《ふう》で、時としては人に笑われるような事も多い。所が三度の食事となると丸で別人のように変化《へんげ》して、何としても早く食うことが出来ない。子供の時に早飯《はやめし》と何とやらは武士の嗜《たしなみ》なんと云《いっ》て、人に悪く云われた事もあり、又自分でも早く食いたいと思《おもっ》て居たが、何分にも頰張《ほおばっ》て生嚙《なまがみ》にして食うことが出来ない。その後西洋流の書を読んで生嚙の宜しくない事を知《しっ》て、始めて是《こ》れは却《かえっ》て自分の悪い癖が宜《い》い事になったと合点して大《おお》きに悦び、爾来《じらい》憚《はばか》る所もなくゆる〳〵食事をして、凡《およ》そ人の一、二倍も時を費します。是れも摂生の為《た》めに甚《はなは》だ宜しい。ソレカラ又酒の話になって、私が生得《しょうとく》酒を好んでも、郷里に居るとき少年の身として自由に飲まれるものでもなし、長崎では一年の間、禁酒を守り、大阪に出てから随分《ずいぶん》自由に飲むことは飲んだが、兎角《とかく》銭に窮して思うように行かず、年二十五歳のとき江戸に来て以来、囊中《のうちゅう》も少し温かになって酒を買う位の事は出来るようになったから、勉強の傍《かたわ》ら飲むことを第一の楽みにして、朋友の家に行けば飲み、知る人が来ればスグに酒を命じて、客に勧めるよりも主人の方が嬉しがって飲むと云《い》うような訳《わ》けで、朝でも昼でも晩でも時を嫌わず能《よ》くも飲みました。夫《そ》れから三十二、三歳の頃と思う。独《ひと》り大《おお》いに発明して、斯《こ》う飲んでは迚《とて》も寿命を全くすることは叶わぬ、左《さ》ればとて断然禁酒は、以前に覚えがある、唯《ただ》一時の事で永続きが出来ぬ、詰《つま》り生涯の根気でそろ〳〵自《みず》から節するの外《ほか》に道なしと決断したのは、支那人が阿片《あへん》を罷《や》めるようなもので随分苦しいが、先《ま》ず第一に朝酒を廃し、暫《しばら》くして次《つ》ぎに昼酒を禁じたが、客のあるときは矢張《やは》り客来を名にして飲んで居たのを、漸《よう》く我慢して、後にはその客ばかりに進めて自分は一杯も飲まぬことにして、是《こ》れ丈《だ》けは如何《どう》やら斯うやら首尾能《よ》く出来て、サア今度は晩酌の一段になって、その全廃は迚も行われないから、そろ〳〵量を減ずることにしようと方針を定め、口では飲みたい、心では許さず、口と心と相反《あいはん》して喧嘩をするように争いながら、次第々々に減量して、稍《や》や穏《おだやか》になるまでには三年も掛りました、と云うのは私が三十七歳のとき酷《ひど》い熱病に罹《かかっ》て、万死一生の幸《さいわい》を得たそのとき、友医の説に、是《こ》れが以前のような大酒では迚も助かる道はないが、幸に今度の全快は近年節酒の賜《たまもの》に相違ないと云《いっ》たのを覚えて居るから、私が生涯鯨飲《げいいん》の全盛は

**漸く酒を節す**

凡《およ》そ十年間と思われる。その後酒量は減ずるばかりで増すことはない。初めの間は自《みず》から制するようにして居たが、自然に減じて飲みたくも飲めなくなったのは、道徳上の謹慎と云《い》うよりも年齢老却の所為《せい》でしょう。兎《と》に角《かく》に人間が四十にも五十にもなって酒量が段々強くなって、遂《つい》には唯《ただ》の清酒は利《き》きが鈍いなんてブランデーだのウヰスキーだの飲む者があるが、アレは宜《よ》くない。苦しかろうが罷《や》めるが上策だ。私の身に覚えがある。私のような無法な大酒家でも、三十四、五歳のときトウ〳〵酒慾を征伐して勝利を得たから、況《ま》して今の大酒家と云《いっ》ても私より以上の者は先《ま》ず少ない、高の知れた酒客の葉武者《はむしゃ》[1]だ、そろ〳〵遣《や》れば節酒も禁酒も屹《きっ》と出来ましょう。ソレから私の身体運動は如何《どう》だとその話もしましょう。幼年の時から貧家に生れて

**身体運動**

身体の運動はイヤでもしなければならぬ。ソレが習慣になって生涯身体を動かして居ます。少年のとき荒仕事ばかりして、冬になると皸《あかぎれ》が切れて血が出る、スルと木綿糸で皸の切口《きれくち》を縫《ぬっ》て熱油《にえあぶら》を滴《た》らして手療治《てりょうじ》をして居た事を覚えて居る。江戸に来てから自然ソンナことが無くなったから、或《あ》る時、

鄙事多能年少春
立身自笑却壊身
浴余閑坐肌全浄

曾是綿糸縫瘃人[2]

と云《い》う詩のようなものを記した事がある。又藩中に居て武芸をせねば人でないように風《ふう》が悪いから、中村庄兵衛《なかむらしょうべえ》[3]と云う居合の先生に就《つい》て少し稽古したから、その後、洋学修業に出ては、国に居るときのように荒い仕事をしないから、始終《しじゅう》居合刀を所持して、大阪の藩の倉屋敷に居るとき、又緒方の塾でも、折節《おりふし》はドタバタ遣《やっ》て居ました。夫《そ》れから江戸に来て世間に攘夷論が盛《さかん》になってから居合は罷《や》めにして、兼て腕に覚えのある米搗《こめつき》[4]を始めて、折々遣《やっ》て居た所が、明治三年、大病[5]を煩《わずら》うて、病後何分にも旧《もと》のようにならぬ。その年か翌年か岩倉《いわくら》大使[6]が欧行に付き、親友の長与《ながよ》専斎《せんさい》も随行を命ぜられ、近々《きんきん》出立とて私方に告別に参り、キニーネ[7]一オンスのビンを懐中から出して、「君の大病全快はしたが、来年その時節に為《な》ると何か故障を生じて薬品の必要があるに違いない。是《こ》れは塩酸キニーネ最上の品で、薬店などにはない。之《これ》を遣《や》るから大

1 **葉武者** 端武者。取るに足りない武者。雑兵。 2 **鄙事多能……糸縫瘃人** 鄙事に多能なりき年少の春には、立身して自ら笑う却って身を壊《やぶ》るを、浴余閑坐するに肌は全く浄《きよ》し、曾て是れ綿糸もて瘃《あかぎれ》を縫いし人。 3 **中村庄兵衛** 中津藩の立身新流居合術師範。 4 **米搗** 玄米をついて精白すること。 5 **明治三年、大病** 発疹チフスにかかったこと。 6 **岩倉大使** 岩倉具視のこと。二六三頁注6参照。 7 **キニーネ** 解熱剤、鎮痛剤で、マラリアの治療薬として用いられる。

事に貯えて置け。僕の留守中に思当《おもいあた》ることがあろうと云《い》うのは実に朋友の親切なれども、私は却《かえっ》て喜ばぬ。「馬鹿なことを云《いっ》て呉《く》れるな。病気全快の僕の身に薬なんぞ要《い》るものか。面白くもない。僕は貰わないと云うと、長与《ながよ》が笑《わらっ》て、「知らぬ事を云うな。屹《きっ》と役に立つことがあるから黙《だまっ》て取《とっ》て置けと云て、その薬を私に渡して別れた所が、果して然《しか》り、長与の外行留主《るす》中、毎度発熱して、夫《そ》れキニーネ又《また》キニーネとて、トウ〳〵一オンスの品を飲み尽したと云うような容体で、何分にも力が回復しない。横浜の友医ドクトル・シモンズ[1]の説に、何でも肌に着くものはフラネル[2]にせよと云うから、シャツも股引《ももひき》もフラネルで拵《こしら》え、足袋の裏にもフラネルを着けさせて全身を纏《まと》うて居た所が、頓《とん》と効能が見えぬ。ドウかすると風を引《ひい》て悪《お》寒《かん》を催して熱が昇る。毎度の事で、凡《およ》そ二年余り三年になっても同様であるから、或日《あるひ》私が大《おお》に奮発して、

## 病に媚びず

是《こ》れは医師の命令に従い、余り病気を大切にして、云《い》わば病に媚《こび》るようなものだ。此方《こっち》から媚るから病は段々付揚《つけあが》る。自分の身体には自分の覚えがある。真実の病中には固《もと》より医命に服することなれども、今日は病後の摂生より外《ほか》に要はないから、自分で摂生を試《こころ》みましょう。抑《そ》も自分の本《もと》は田舎士族で、少年のとき如何《いか》なる生活して居たかと云《い》えば、麦飯を喰《くら》い唐茄子《とうなす》[3]の味噌汁を啜《すす》り、衣服は手織《ており》木綿のツンツルテンを着て、フラネルなんぞ目に見たこともない。この田舎者が開国の風潮に連れ東京に住居して、当世流に摂生も可笑《おか》しい。

田舎者の身体の方が驚いて仕舞《しま》う。即《すなわ》ち今日風《かぜ》を引《ひい》たり熱が出たりしてグズ〳〵して居るのは摂生法の上等に過る誤《あやまち》であるから、直《ただち》に前非を改めると申して、その日からフラネルのシャツも股引《ももひき》も脱ぎ棄てゝ仕舞《しまつ》て、唯《ただ》の木綿の襦袢に取替え、ストーブも余りに焚かぬようにして、洋服は馬に乗る時計《ばか》り、騎馬の服と定《さだ》めて、不断《ふだん》は純粋の日本の着物を着て、寒い風が吹通《ふきとお》しても構わず家にも居れば外にも出る。唯《ただ》食物ばかりを西洋流に真似て好《よ》き品を用い、その他は一切《いっさい》むかしの田舎士族に復古して、ソレから運動には例の米搗《こめつき》、薪割《まきわり》に身を入れて、少年時代の貧乏世帯《じよたい》と同じようにして毎日汗を出して働いて居る中に、次第に身体が丈夫になって、風も引かず発熱もせぬようになって来ました。私の身の丈《た》けは五尺七寸三、四分、体量は十八貫目足らず。年の頃十八、九の時から六十前後まで増減なし、十八貫を出たこともなければ十七貫に下《くだつ》たこともない。随分調子の宜《よろ》しいその身体が、病後は十五貫目にまで減じて二、三年悩んだが、この田舎流の摂生法でチャンと旧《もと》の通りに復して、その後六十五歳の今日に至り今で

**1 シモンズ** Duane B. Simmons アメリカ人の医師、宣教師。安政六（一八五九）年、フルベッキとともに来日。横浜で医業開業。福澤とは明治三（一八七〇）年、チフスの治療以来親交を深める。一時帰国し、再来日後は慶應義塾構内に住み、その家で明治二十二（一八八九）年没した。墓碑銘は福澤が書いている。 **2 フラネル** フランネル。やわらかい毛織物。ネル。 **3 唐茄子** かぼちゃ。

も十七貫五百目より少なくはない。扨《さて》私が考えるに右の田舎摂生が果して実効を奏したのか、又は病の回復期が自然に来た処で偶然にも摂生法を改めたのか、ソレは何とも判断が付かぬ。兎《と》に角《かく》に生理上必要の処に少し注意さえすれば、田舎風の生活も悪くないと云《い》うこと丈《だ》けは確かに分る。但《ただ》し肌に寒風の吹通しが有益であるか、又《また》は外の摂生を以《もっ》て体力が強くなって、実際害に為《な》るべき寒風にも能《よ》く抵抗して之《これ》に堪《た》うるのであるか、即《すなわ》ち寒風その物は薬に非《あら》ず、寒風をも犯して無頓着《むとんちゃく》と云うその全般の生活法が有益であるか、凡《およ》そこの種の関係は医学の研究すべき問題と思います。ソレは扨《さて》置き、私の摂生は明治三年、三十七歳大病の時から一面目を改め、書生時代の乱暴無茶苦茶、殊《こと》に十年間鯨飲《げいいん》の悪習を廃して、今日に至るまで前後凡そ四十年になりますが、この四十年の間にも初期は文事勉強の余暇を偸んで運動摂生したものが、次第に老却するに従い今は摂生を本務にしてその余暇に文を勉《つと》めることにしました。今でも宵は早く寝て朝早く起き、食事前に一里半ばかり芝《しば》の三光《さんこう》から麻布古川辺の野外を少年生徒と共に散歩して、午後になれば居合を抜《ぬ》たり米を搗《つい》たり、一時間を費して晩の食事も、チャンと規則のようにして、雨が降《ふっ》ても雪が降ても年中一日も欠かしたことはない。

**居合、米搗** 去年の晩秋戯《たわむ》れに、

一点寒鐘声遠伝

半輪残月影猶鮮
草鞋竹策侵秋暁
歩自三光渡古川[1]

**行路変化多し**

なんて詩を作りましたが、この運動摂生が何時《いつ》まで続くことやら、自分で自分の体質の強弱、根気の有無を見て居ます。回顧すれば六十何年、人生既往を想えば恍《こう》として夢の如《ごと》しとは毎度聞く所であるが、私の夢は至極《しごく》変化の多い賑《にぎや》かな夢でした。旧小藩の小士族、窮窟な小さい箱の中に詰込《つめこ》まれて、藩政の楊枝を以《もっ》て重箱の隅《すみ》をほじくるその楊枝の先《さ》きに掛《かかっ》た少年が、ヒョイと外に飛出して故郷を見捨るのみか、生来教育された漢学流の教《おしえ》をも打遣《うちやっ》て西洋学の門に入り、以前に変《かわっ》た書を読み、以前に変った人に交わり、自由自在に運動して、二度も三度も外国に往来すれば考《かんがえ》は段々広くなって、旧藩は扨《さて》置き日本が狭く見えるようになって来たのは、何と賑かな事で大きな変化ではあるまいか。或《あるい》はその間に艱難《かんなん》辛苦など述立てれば大造《たいそう》のようだが、咽元《のどもと》通れば熱さ忘れると云うその通りで、艱難辛苦も過ぎて仕《し》

1　**一点寒鐘……渡古川**　一点の寒鐘声遠く伝う。半輪の残月影なお鮮やかなり。草鞋、竹策（竹の杖）秋暁を侵し、歩して三光より古川を渡る。

舞《ま》えば何ともない。貧乏は苦しいに違いないが、その貧乏が過ぎ去《さっ》た後で昔の貧苦を思出《おもいだ》して何が苦しいか、却《かえっ》て面白いくらいだから、私は洋学を修めて、その後ドウやら斯《こ》うやら人に不義理をせず頭を下げぬようにして、衣食さえ出来れば大願成就と思《おもっ》て居た処に、又図《またはか》らずも王政維新、いよ〳〵日本国を開《ひらい》て本当の開国となったのは難有《ありがた》い。幕府時代に私の著わした西洋事情なんぞ、出版の時の考《かんがえ》には、天下にコンなものを読む人が有るか無いか夫《そ》れも分らず、仮《た》令《と》い読んだからとて之《これ》を日本の実際に試《こころ》みるなんて固《もと》より思いも寄らぬことで、一口《ひとくち》に申せば西洋の小説、夢物語の戯作《げさく》[1]くらいに自《みず》から認《したた》めて居たものが、世間に流行して実際の役に立つのみか、新政府の勇気は西洋事情の類でない、一段も二段も先《さ》きに進んで思切《おもいきっ》た事を断行して、アベコベに著述者を驚かす程のことも折々見えるから、ソコで私も亦《また》以前の大願成就に安《やす》んじて居られない。コリャ面白い、この勢《いきおい》に乗じて更に大《おおい》に西洋文明の空気を吹込み、全国の人心を根底から転覆して、絶遠の東洋に一新文明国を開き、東に日本、西に英国と、相対《あいたい》して後《おく》れを取らぬようになられないものでもないと、茲《ここ》に第二の誓願を起して、扨《さて》身に叶う仕事は三寸の舌、一本の筆より外《ほか》に何もないから、身体の健康を頼みにして専《もっぱ》ら塾務を務め、又筆を弄《もてあそ》び、種々様々の事を書き散らしたのが西洋事情以後の著訳です。一方には大勢の学生を教育し、又演説などして所思《しょし》を伝え、又一方には著書飜訳《ほんやく》、随分《ずいぶん》忙しい事でしたが、是《こ》れも所謂《いわゆる》万分一を勉《つと》める気でしょう。所で顧《かえり》みて世の中を見れば堪《た》え難《がた》いことも多いようだが、一国全体の大勢は改進々歩の一方で、次第々々に上進して、数年の後その形に顕《あら》われたるは、日清戦争など官民一致の勝利、愉快とも難有《ありがた》いとも云《い》いようがない。命あればこそコンな事を見聞するのだ、前《さき》に死んだ同志の朋友が不幸だ、アヽ見せて遣《や》りたいと、毎度私は泣きました。実を申せば日清戦争何でもない。唯是《ただこ》れ日本の外交の序開《じょびら》きでこそあれ、ソレほど喜ぶ訳《わ》けもないが、その時の情に迫《せ》まれば夢中にならずには居られない。凡《およ》そコンな訳《わ》けで、その原因は何処《いずく》に在るかと云えば、新日本の文明富強は都《すべ》て先人遺伝の功徳に由来し、吾々《われわれ》共は丁度《ちょうど》都合の宜《い》い時代に生れて祖先の賜《たまもの》を唯《ただ》貰うたようなものに違いはないが、兎《と》に角《かく》自分の願《がん》に掛けて居たその願が、天の恵み、祖先の余徳に由《よっ》て首尾能《よ》く叶うたことなれば、私の為《た》めには第二の大願成就と云《い》わねばならぬ。左《さ》れば私は自分の既往を顧みれば遺憾なきのみか愉快な事ばかりであるが、

**人間の慾に際限なし**

扨《さて》人間の慾《よく》には際限のないもので、不平を云《い》わすればマダ〳〵幾らもある。外国交際又は内国の憲法政治などに就《つい》て其《そ》れ是《こ》れと云う議論は政治家の事として差置《さしお》き、私の生涯の中に出来《でか》して見たいと思う所は、全国男女の気品を次第々々に高

1 **戯作**　戯れに書いた著作。

尚に導いて真実文明の名に愧《はず》かしくないようにする事と、仏法にても耶蘇《ヤソ》教にても孰《いず》れにても宜《よろ》しい、之《これ》を引立てゝ多数の民心を和《やわ》らげるようにする事と、大《おおい》に金を投じて有形無形、高尚なる学理を研究させるようにする事と、凡《およ》そこの三ケ条です。人は老しても無病なる限りは唯《ただ》安閑としては居られず、私も今の通りに健全なる間は身に叶う丈《だ》けの力を尽す積《つもり》です。

福翁自伝　終

# 福澤全集緒言

四十年来、余が著述又は飜訳《ほんやく》したる諸書類を集めて新《あらた》に版行《はんこう》せんとするに当り、聊《いささ》かその趣《しゅ》意《い》を一言《いちごん》して巻首に記し置かんとす。抑《そ》も余が著訳書はその数甚《はなは》だ尠《すく》なからずと雖《いえど》も、随《したが》て作れば随て散じ、所見を天下に披露したる後は所謂成行《いわゆるなりゆき》次第に任せて主人は曾《かつ》て相知《あいし》らず、歳月の遷移《せんい》と共にその書物を算《かぞ》えて算え難く、主人自《みず》から忘却して失笑する場合もなきに非《あら》ず。今これを版行して散逸を防ぐは一は余《よ》自身の子孫の為《た》めにして又知己《ちき》朋友の為めなり。現に先頃版行の事を思立《おもいた》つと同時に隈《くま》なく家内を捜索せしも、何時《いつ》しか蔵書四散してその半《なかば》を留めず、余儀なく使《つかい》を旧知人の許《もと》に馳《は》せ、或《あるい》は借受《かりう》け或は貰受《もらいうけ》などして漸《ようや》く全部を取揃《とりそろ》えたるその手数《てかず》は実に容易ならず。今日斯《かか》る始末なれば、行《ゆ》く〳〵五年を過ぎ七年を過ぎ余の死後にも至らば、捜索の労は十倍して尚《な》お捜し得ざる者あらん、情に於《お》て窃《ひそか》に惜む所なり。一身の私情は暫《しばら》く措《お》て、扨《さて》広く世間を見渡すに、今日の日本は昔日《せきじつ》の日本に非ず、所謂《いわゆる》新日本と称して旧来の旧観を改め、文明諸国と交際して敢《あえ》て遜色《そんしょく》なきに至りたれども、新日本は一朝の誕生に非ず、因果の理路《りろ》を尋ね来れば、近きは四十年、遠きは四百年のその上にも越えて、変遷沿革の端緒を見出すことあるべし。左《さ》は云《い》え、兎《と》に角《かく》に日本が旧物破壊、新物輸入の大《だい》活劇を演じたるは即《すなわ》ち開国四十年のことにして、その間の筋書《すじがき》と為《な》り台帳と為り全国民をして自由改進の舞台に新様《しんよう》の舞を舞わしめたるもの多き中に就《つい》て、余が著訳書も亦自《またおのず》からその一部分を占《し》めたりと云《い》うも敢て疚《やま》しからず、余の放言して憚《はば》からざる所なり。左ればその筋書、台帳を彼《か》れ是《こ》れ寄集《よせあつ》めて之《これ》を後世に保存するは、近世文明の淵源《えんげん》由来を知るに於《おい》て自《おのず》から利益なきに非《あら》ず、歴史上の必要と言うも過言に非ざるべし。

以上は旧書新刊の理由として、尚《な》お事の序《ついで》に前年、余が多くの書を著訳したるその由来因縁を、記憶のまゝに一節ずつ記し置くも、自《おのず》から世人の参考に無益ならざるべし。先《ま》ず第一に、余が文筆概して平易にして読み易《やす》きは世間の評論既《すで》に之を許し、筆者も亦自《またみず》から信じて疑わざる所なり。今その由来を語らんに、四十余年前、余は大阪の大学医[1]、緒方洪庵《おがたこうあん》[2]先生の門に在り。先生の平生、温厚篤実、客に接するにも門生《もんせい》を率いるにも諄々《じゅんじゅん》[3]として応対倦《う》まず、誠に類《たぐ》い稀《ま》れなる高徳の君子なり。然《しか》るにこの先生が一旦文事に臨《のぞ》むときは、大胆とも磊落《らいらく》とも譬《たと》え難《がた》き放胆家にして、その議論には毎度人を驚かすことあり。当時上国《じょうこく》にて蘭学の大家と云《い》えば先《ま》ず先生一人にして、門生常に門に満ち著訳の書亦甚《はなは》だ多し。扨《さて》大阪を措《お》て江戸の方には蘭学を以《もっ》て門戸を張るもの甚だ多くして、その中《うち》最も有名なるは杉田成卿《すぎたせいけい》[4]先生なり。この人は真実無垢《むく》

1 **大学医** 立派な医者。 2 **緒方洪庵** 一八一〇（文化七）年―六三（文久三）年。蘭医。適塾を開いた。のち、将軍の侍医となった。 3 **諄々** よくわかるように教えるさま。 4 **杉田成卿** 一八一七（文化十四）年―五九（安政六）年。蘭医。杉田玄白の孫。幕府天文台の翻訳官、蕃書調所教授をつとめた。

の学者にして、その蘭書を飜訳《ほんやく》するには用意周到、一字一句を苟《いやし》くもせず原文の儘《まま》に飜訳するの流義なれば、字句文章、極《きわ》めて高尚にして俗臭を脱し、一寸手《ちょっと》に執《と》りて読下《よみくだ》したるのみにては容易に解《かい》すべからず、熟読幾回、趣味津々《しんしん》として尽きざるの名文にして、この先生の世に出《いだ》したる訳書も亦尠《またすく》なからず。以上二先生は東西学問の両大関《おおぜき》にして名望学識共に相下《あいくだ》らず、おの〳〵得意はありながら、その飜訳の風《ふう》に至ては徹頭徹尾、正反対にして、緒方先生は前にも云《い》う如《ごと》く一向《いっこう》字句に構わず、荷蘭《オランダ》の文法を明《あきらか》にしてその難文を解釈するは最も得意なれども、飜訳の一段に至れば原書を軽蔑して眼中に置かず、その持論に曰《いわ》く、抑《そ》も飜訳は原書を読み得ぬ人の為《た》めにする業《わざ》なり、然《しか》るに訳書中無用の難文字を臚列《ろれつ》して、[1]一読再読尚《な》お意味を解するに難きものあり、畢竟《ひっきょう》原書に拘泥《こうでい》して無理に漢文字を用いんとするの罪にして、その極《きょく》、訳書と原書と対照せざれば解《かい》すべからざるに至る、笑うべきの甚《はなは》だしきものなり云々《うんぬん》とは、吾々《われわれ》門下生の毎《つね》に聞く所にして、その持論の事実に現われたる一例を言わんに、或時《あるとき》門生の一人坪井《つぼい》信良《しんりょう》[2]と云う者が、遠方にて何か飜訳したりとて、先生の許《もと》に草稿を送りて校閲を乞いけるに、先生は朱筆《しゅひつ》を把《と》りて頻《しき》りに之《これ》を添刪《てんさく》しつゝあり。その時、余は先生の傍《かたわ》らに居合せ親しく様子を窺《うかが》うに、先生の机上には原書なくして唯《ただ》飜訳草稿を添刪するのみ。原書を見ずして飜訳書に筆を下《くだ》すは蓋《けだ》し先生一人ならん。その文事に大胆なること概《おおむ》ね此《かく》の如《ごと》し。その頃余は塾に居て蘭人ペル著の築城書[3]を飜訳する折柄にてありしかば、或日《あるひ》、先生余に告げて云わるゝよう、今足下《そっか》[4]の飜訳する築城書は兵書なり、兵書は武家の用にして武家の為《た》めに訳するものなり、就《つい》ては精々《せいぜい》文字に注意して決して難解の文字を用うる勿《なか》れ、その次第は日本国中に武家多しと雖《いえど》も大抵《たいてい》は無学不文[5]の輩のみにして、是《こ》れに難解の文字は禁物なり、試《こころみ》に彼等を平均して見よ、足下などは年も少《わか》くして固《もと》より漢学の先生には非《あら》ざれども、士族の中では先《ま》ず以《もっ》て知字《ちじ》の学者と申して宜《よろ》し、左《さ》ればこの知字の学者が洋書を訳するに難字難文を用いんとすれば、唯《ただ》徒《いたずら》に読者の迷惑たるべきのみ、故に飜訳の文字は単に足下の知る丈《だ》けを限りとして苟《いやし》くも辞書類の詮議立《だて》[6]無用たるべし、玉篇《ぎょくへん》[7]又は雑字《ざつじ》類編《るいへん》[8]なども坐右《ざゆう》に置くべからず、難字難文を作り出すの恐れあ

1 **臚列して** 並べたてて。 2 **坪井信良** 一八二三（文政六）年—一九〇四（明治三十七）年。蘭医。坪井信道、緒方洪庵らに学ぶ。蕃書調所教授補、幕府奥医師をつとめ、維新後は東京府病院長などを歴任。 3 **蘭人ペル著の築城書** C・M・H・ペル著の『築城書』（一八五二年刊）。築城学の教科書で、野戦築城と永久築城との二編から成っている。 4 **足下** 相手に対する敬語。あなた。 5 **無学不文** 学問に暗く、文字を知らないこと。 6 **詮議立** 詳しく調べること。 7 **玉篇** 部首分類による漢字字典。原本を宋の陳彭年らが増補改編した「大広益会玉篇」が日本でも広く行われた。 8 **雑字類編** 日常語の漢字表記を求めるための漢字辞書。柴野栗山編、貞穀訂。天明六（一七八六）年に成立し明治初年まで版を重ねた。

ればなり、但《ただ》し人間の記憶には自《おのず》から限りありて易《やす》き文字も不図《ふと》忘るゝこと多し、その時には俗間の節用字引《せつようじびき》[1]にて事足るべし、医師の流には学者も多くして自《おのず》から訳字の議論喧《かまびす》しきことなきに非《あら》ざれども、足下《そっか》は医流に縁なし、高《たか》の知れたる武家を相手にすることなれば、返す〳〵も六《むず》かしき字を弄《もてあそ》ぶ勿《なか》れ云々《うんぬん》と警《いまし》められたる先生の注意懇到、父の子を訓《おしう》るも啻《ただ》ならず、余は深く之《これ》を心に銘じて爾来《じらい》、曾《かつ》て忘れたることなし。文を草するに当り思わず筆端に難文字の現われんとすることあれば、直《ただち》に先生の警《いましめ》を思出《おもいだ》して之を改むるに吝《やぶさか》ならず。例《たと》えば築城書の一節に「応有《おうゆう》の材料云々」と記して心窃《ひそか》に平《たいら》かならず、早速《さっそく》「有合《ありあい》の品《しな》云々」と改めて始めて満足したるが如《ごと》き、毎度の事にして枚挙に遑《いとま》あらず。余が著訳の平易を以《もっ》て終始するは誠に先生の賜《たまもの》にして、今日に至る迄《まで》無窮の師恩を拝する者なり。その後《のち》江戸に来りて種々の著訳を試《こころみ》るに至りても、力《つとめ》て難解の文字を避《さけ》て平易を主とするの一事は曾《かつ》て念頭を去らず、同時に江戸の洋学社会を見るに、著訳の書、固《もと》より多くして何《いず》れも仮名交《まじ》りの文体なれども、動《やや》もすれば漢語を用いて行文《こうぶん》の正雅なるを貴《たっと》び、之が為《た》めに著訳者は原書の文法を読砕《よみくだ》きて文意を解するは容易なれども穏当の訳字を得ること難くして、学者の苦《くるし》みは専《もっぱ》らこの辺に在るのみ。その事情を丸出しに云《い》えば、漢学流行の世の中に洋書を訳し洋説を説くに文の俗なるは見苦しとて、云わば漢学者に向《むかっ》て容《かたち》を装うものゝ如し。蓋《けだ》し百年来の飜訳《ほんやく》法なれども、斯《か》くては迚《とて》も今日の用を弁ずるに足らざるを信じ、依て窃《ひそか》に工風《くふう》したる次第は、漢文の漢字の間に仮名を挿《さしはさ》み俗文中の候《そろ》の字を取除くも共に著訳の文章を成すべしと雖《いえど》も、漢文を台にして生じたる文章は仮名こそ交《まじ》りたれ矢張《やは》り漢文にして文意を解するに難し。之に反して俗文俗語の中に候《そろ》の文字なければとてその根本俗なるが故に俗間に通用すべし。但《ただ》し俗文に足らざる所を補うに漢文字を用うるは非常の便利にして、決して棄《す》つべきに非《あら》ず。行文《こうぶん》の都合次第に任せて遠慮なく漢語を利用し、俗文中に漢語を挿《さしはさ》み、漢語に接するに俗語を以《もっ》てして、雅俗めちゃ〳〵に混合せしめ、恰《あたか》も漢文社会の霊場を犯してその文法を紊乱《びんらん》し、2 唯《ただ》早分りに分り易《やす》き文章を利用して通俗一般に広く文明の新思想を得せしめんとの趣意《しゅい》にして、乃《すなわ》ちこの趣意に基《もとづ》き出版したるは西洋旅案内、窮理図解等の書にして、当時余は人に語りて云《いわ》く、是等《これら》の書は教育なき百姓町人輩に分《わか》るのみならず、山出《やまだし》の下女《げじょ》をして障子越《ごし》に聞かしむるもその何の書たるを知る位にあらざればば余が本意に非《あら》ずとて、文を草して漢学者などの校正を求めざるは勿論《もちろん》、殊更《ことさ》らに文字に乏しき家の婦人子供等へ命じて必ず一度は草稿を読ませ、その分らぬと訴《うつたう》る処《ところ》に必ず漢語の六《むず》かし

**1 節用字引**　室町時代に成立し、江戸時代から明治初期にかけて数多く出版され用いられた、通俗簡易な用字用語辞典。イロハ順に部門分けを併用するものや、イロハ順で音節数による形式のものが多い。　**2 紊乱す**　乱す。

きものあるを発見して之《これ》を改めたること多し。然《し》かのみならず、余が心事既《すで》に漢文に無頓着《むとんちゃく》なりと決定したる上は勉《つと》めてこの主義を明《あきらか》にせんことを欲し、例えば「之を知らざるに坐《ざ》する」、或《あるい》は「この事を誤解したる罪なり」と云《い》えば漢文の句〔口〕調にて左《さ》まで難文にも非《あら》ざれども、態《わざ》と之を改めて「之を知らざるの不調法《ぶちょうほう》なり」又「この事を心得違《ちがい》したる不《ふ》行届《ゆきとどき》なり」と記すが如《ごと》き、少年の時より漢文に慣れたる自身の習慣を改めて俗に従わんとするは随分《ずいぶん》骨の折れたることなり。又字義に就《つい》ても同様にして、例えば恐《きょう》の字と懼《く》の字と漢文には必ずその区別を明にすれども、和訓には二字共にオソルと読むゆえ、先《ま》ず世間普通の例に倣《なら》うて恐の字ばかりを用いたり。この外《ほか》、余が著訳書中には漢文流の字義を誤りたるもの甚《はなは》だ多し。実は自分にもその大概を知らざるに非ざれども、兎《と》に角《かく》に通俗に分りさえすれば夫《そ》れにて宜《よろ》しとして態《わざ》と無頓着に附し去り、要は世間の洋学者を磊落《らいらく》放胆に導き漢学を蔑視《べっし》せしめんとしたる臨機一時の方便なりと知るべし。

又余が若年《じゃくねん》十七、八歳の頃、旧藩地豊前中津《ぶぜんなかつ》に居るとき、家兄が朋友と何か文章の事を談ずるその談話中に、和文の仮名使いは真宗蓮如上人《れんにょしょうにん》[1]の御文章《おふみさま》[2]に限る、是《こ》れは名文なり云々《うんぬん》と頻《しき》りに称賛するを、余は傍《かたわら》より之を聞て始めて蓮如上人の文章家たることを知りたれども、その御文章とは如何《いか》なる書籍にや目に触れたることもなく、唯《ただ》一時長者《ちょうじゃ》の文談を聞流しにしたるまでのことなりしが、その後《のち》数年を経て江戸に来り洋書飜訳《ほんやく》を試《こころみ》るときに至りて前年の事を思出《おもいだ》し、右御文章の合本一冊を買《かい》求めて之を見れば、如何《いか》にも平易なる仮名交《まじ》りの文章にして甚《はなは》だ読易《よみやす》し。是《こ》れは面白しとて幾度も通覧熟読して一時は暗記したるものもあり。之が為《た》めに仏法の信心発起《ほっき》は疑わしけれども、多少にても仮名文章の風《ふう》を学び得たるは蓮如上人の功徳《くどく》なるべし。

又高谷《またたかや》竜洲《りょうしゅう》[3]先生は元《も》と旧中津《なかつ》藩士にして、余が母の再従兄弟《またいとこ》なれば自《おのず》から親戚の交際もあり、且《か》つ先生は豊後《ぶんご》帆《ほ》足万里《あしばんり》[4]先生の門に在て余が父にも交り、漢学に於《おい》ては深く経義《けいぎ》[5]に通じて文章に名ある人物なり。維新後、東京に住居せられ、或時《あるとき》余が家に来訪、談話は例の如《ごと》く文談にして、先生の云《い》わるゝに、足下《そつか》は幼《よう》にして薄命[6]、何も知らぬ事なれども、在昔尊厳《ざいせきそんげん》[7]福澤百助《ひゃくすけ》先生が豊前中津藩の文壇を専《もっぱ》らにして[8]敢《あえ》て争う者なかりしは拙者の親しく見る所なり、この父にしてこの子あり、今日足下の著訳書を見るに文章甚《はなは》だ妙《みょう》なり、唯《ただ》遺憾なるは足下が漢文を知

**1 蓮如上人**　一四一五（応永二十二）年—九九（明応八）年。浄土真宗中興の祖。　**2 御文章**　蓮如が浄土真宗の教義を平易に記して門徒に与えた書簡体の文章を集めたもの。大谷（東本願寺）派では「御文《おふみ》」、西本願寺派では「御文章」と称する。　**3 高谷竜洲**　一八一八（文政元）年—九五（明治二十八）年。儒学者。明治六（一八七三）年、東京に私塾をおこし中江兆民らを教えた。　**4 帆足万里**　一七七八（安永七）年—一八五二（嘉永五）年。豊後日出《ひじ》の儒学者。　**5 経義**　四書五経の解釈、意味。　**6 薄命**　不運。薄幸。

**7 尊厳**　父親、すなわち、諭吉の父に対する尊称。　**8 文壇を専らにす**　文章家としての名声が高いこと。

らずして仮名交《まじ》りの俗文に偏するの一事のみ、左《さ》れば足下《そっか》も今より志を立て丶正文《せいぶん》を学ぶの意なきや、若《も》しもその意あらんには他人を煩《わずら》わすに及ばず拙者自《みず》から之《これ》を教授すべし、足下の才を以《もっ》て勉強すれば僅《わずか》に半年を費し忽《たちま》ち日本一の文章家と為《な》りて、第二の福澤百助《ひゃくすけ》先生を生ずるは拙者の確《たしか》に保証する所なり云々《うんぬん》とは、流石《さすが》親戚の間柄なり、又亡父《ぼうふ》の親友なり、少しも挟《さしはさ》む所のものなく親切一偏の勧告なれば、余に於《おい》てはその至情に対して返す言葉もなき次第なれども、左ればとて今更《いまさら》自《みず》から漢学漢文の先生たるを好まざるのみか、寧《むし》ろ之を排斥せんとて勉強する最中なれば、先生には気の毒千万ながら固《もと》より之に従うの意なく、乃《すなわ》ち頓首して先《ま》ず一礼を述べ、先生の御忠告誠に過《か》分至《ぶんし》極難《ごくありがたき》有仕合《しあわせ》なれども、自分は御存じの通り三歳にして父を喪《うしな》い、教育の世話いたす者なければ漢学とて何等の所得もなく、弱冠にして洋学を学び、今は著訳などするもその文章は唯《ただ》通俗一偏のみ、亡父に対しては恥かしき次第なれども、自分の筆は既《すで》に世俗流の習慣を成したるゆえ、今更ら之を改むる訳《わ》けにも参らず云々《うんぬん》と、体《てい》よく謝して分れたることあり。夫《そ》れより独《ひと》り自《みず》から按《あん》ずるに、竜洲《りょうしゅう》先生が亡父以来の旧縁故《えんこ》を以《もっ》て斯《か》くまで深切《しんせつ》に忠告せられたることなれば、他にも亦《また》必ず同感の人あるべきなれども、自分の文章は最初より世俗と決心し、世俗通用の俗文を以て世俗を文明に導くこと、恰《あたか》も真宗の開祖親鸞上人《しんらんしょうにん》[1]が自《みず》から肉食《にくじき》して肉食の男女を教化したるの顰《ひん》に倣《なら》い、何処《どこ》までも世俗平易の文章法を押通し、世俗と共に文明の佳境に達せんとするの本願にして、曾《かつ》て初一念《しょいちねん》を変じたるなき今日、到底先生の忠告には従うべからずと覚悟して、その忠告と同時に却《かえっ》てます〳〵俗文主義の志を固くしたることそ是非なき次第なれ。又《また》これに就《つい》て一些事《いっさじ》を記さんに、余が印章に三十一谷人《こくじん》の五字を刻《こく》したるものあり。是《こ》れは谷にも山にも地名などに縁あるに非《あら》ず、三十一を一字にすれば世の字[2]にして、谷人の人を扁〔偏〕にして左右に並ぶれば俗の字と為《な》るが故に、即《すなわ》ち世俗の意を寓したるものにして、前年、竜洲《りょうしゅう》先生の文談を聞きし後に特に彫刻せしめたる戯作《ぎさく》思付《おもいつ》きの印《いん》なり。

又王政維新後、明治の初年、大阪に医学校ようのものを官設し、余が旧友中この学校に奉職して医書を飜訳《ほんやく》する者あり。或時《あるとき》余は大阪に遊びその学校を一見せしに、在校の一友、今その人を記憶せず（坪井芳洲《つぼいほうしゅう》[3]かと覚ゆ）、余を迎《むかえ》て共に語り種々の原書など見る中に、友人が書中の一原字《いちげんじ》を指点《してん》し、時にこの字を何と訳して穏《おだやか》ならん、あてはめると云う字であるが抑《さて》訳語に

**1 親鸞上人**　一一七三（承安三）年―一二六二（弘長二）年。浄土真宗の開祖。**2 三十一を一字にすれば世の字**　「丗」と「一」を合わせると「丗=（世）」の字になる。**3 坪井芳洲**　一八二四（文政七）年―一八八六（明治十九）年。医者。江戸で坪井信道に学び、その養子となる。薩摩藩医、幕府の西洋医学所教授などをつとめ、のち、埼玉県立医学校長。

は困る、君は是《こ》れまで毎度訳したることもあらんが、こんな字に出逢うたときには何とするやとの相談に、余は大《おおい》に笑い、君は今訳語に困ると口に言いながらその口は既《すで》に適当なる語を吐《はい》て原字を訳出したるに非《あら》ずや、君の言わるゝ如《ごと》く、あてはめるとは誠に穏《おだやか》なる日本語にして申《もうし》分《ぶん》なき訳字なり、僕なれば直《ただち》にこの日本語を以《もっ》て原字を訳する積りなり、全体君等が西洋の原書を飜訳《ほんやく》するに四角張った文字ばかり用うるは何の為《た》めなるや、詰《つま》る所は漢学流の機嫌を取る積りならんなれども、今の文明世界に漢字を詮索するが如き閑日月《かんじつげつ》はあるべからず、御同前に眼中漢学者なしと度胸を定めて、唯《ただ》新知識の伝播《でんぱ》を勉むべきのみ云々《うんぬん》とて、朋友の間柄、他に憚《はばか》る所もなく、互《たがい》に思う所を談話したることあり。当時は洋学社会の人数甚《はなはだ》多からず、その互《たがい》に懇親なるは一種の秘密結社に等しく、他人に言うべからざる事柄にても互に打明けて語るの常にして、是れは今人《こんじん》の知らざる所なり。

飜訳文の事は凡《およ》そ右の方針にして先《ま》ず便利を得たれども、之《これ》に次《つい》で困却したるは、追い〱西洋の新事物を輸入するに随《したがっ》て之を代表する新文字の絶えて無きこと是れなり。初めの中《うち》は漢書を彼《か》れ是れと乱抽《らんちゅう》して相当の文字もがなと詮索したれども、到底その甲斐なきも道理なり。元来《がんらい》文字は観念の符号に過ぎざれば、観念の形なき所に影の文字を求むるは、恰《あたか》も雪を知らざる印度《インド》人に雪の詩を作らしむるが如く到底無用の沙汰なれば、遂《つい》に自《みず》から古《いにしえ》を為《な》し[1]、新日本の新文字を製造したるその数《かず》亦《また》尠《すく》なからず。例えば英語のスチームを従来蒸気と訳するの例なりしかども、何か一文字に縮めることは叶うまじきやと思付《おもいつ》き、是れと目的はなけれども、蔵書の康熙字典《こうきじてん》[2]を持出して唯《ただ》無暗に火《ひ》扁〔偏〕水《みず》扁などの部を捜索する中に、汽と云《い》う字を見て、その註に水の気なりとあり、是れは面白しと独《ひと》り首肯《しゅこう》して始めて汽の字を用いたり。但《ただ》し西洋事情の口絵に蒸瀛〔汽〕済人云々[3]と記したるは、対句の為《た》め蒸の一字を加えたることなり。今日と為《な》りては世の中に瀛車と云い瀛船問屋と云い、誠に普通の言葉なれども、その本《もと》を尋《たず》ぬれば三十二年前余が盲捜《めくらさが》しに捜し当てたるものを即席の頓智《とんち》に任せて漫《まん》に版本に上《のぼ》せたるこそ瀛の字の発端《ほったん》なれ。又当時、コピライト[4]の意義を含みたる文字もなし。官許と云《い》えば稍《や》や似寄りたれども、その実は政府の忌諱《きい》に触れずとの意を示すのみにして、江戸の慣例に拠《よ》れば、臭草紙《くさぞうし》[5]の類は町年寄[6]

**1 自から古を為し**　自我作古。我より古《いにしえ》を作《な》す。慣習にこだわらず、自らが新しく事を行い、自分自身が先例となる。『宋史』礼志に見える言葉。杉田玄白の『蘭学事始』にもこの語を見出すことができる。　**2 康熙字典**　清の康熙帝の命により編纂された画引き字書。康熙五十五（一七一六）年刊。権威ある辞書とされ、日本でも流行した。　**3 蒸瀛済人云々**　初編、巻之一の扉絵上部に「蒸汽済人電気伝信」（蒸汽は人を助け電気は信を伝う）の句がある。　**4 コピライト**　copyright（版権、著作権）。　**5 臭草紙**　草双紙。庶民向けの読み物。多くは絵入り。　**6 町年寄**　江戸時代、江戸、大坂などに置かれた上席の町役人のこと。町奉行の支配を受け、江戸では町名主の上に位置した。

の権限内にて取捌《とりさば》き、其《それ》以上、学者の著述は聖堂[1]、又飜訳《ほんやく》書なれば蕃書調所《ばんしょしらべしょ》[2]と称する政府の洋学校にて許可するの法にして、著書発行の名誉権利は著者の専有に帰すと云《い》うが如《ごと》き私有権の意味を知る者なし。依《よっ》て余はそのコピライトの横文字を直訳して版権の新文字を製造したり。その他吾々《われわれ》友人間にて作りたる新字も甚《はなは》だ少なからず。名は忘れたり、或《あ》る学友が横文《おうぶん》にあるドルラル[3]の記号$を見て竪に似寄りの弗の字を用い、ドルラルと読ませたるが如き面白き思付《おもいつき》にして、之《これ》に反し余がポストオフィス[4]を飛脚場《ひきゃくば》、ポステージ[5]を飛脚印《じるし》と訳して郵便の郵の字に心付かず、ブックキーピング[6]を帳合《ちょうあい》と訳して簿記の字を用いざりしは、余り俗に過ぎたる故か今日世に行わるゝを見ず。

　又文久年間のことゝ覚《おぼ》う。唐人往来とて余が記したる一小冊子あり。出版はせざりしなれども、今その草稿の遺《のこ》るものを取出し見れば、誠に小児《しょうに》の話にて唯可笑《ただおか》しけれども、亦以《またもっ》て三十何年前の事情を想い見るべく、又当時、余が之を記したる由来に付き一奇談こそあれば併《あわ》せて之を語らんに、その頃は所謂《いわゆる》攘夷論の最中にして、浮浪の徒と称する輩《はい》が諸方に乱暴を逞《たくまし》うし、外国人を暗殺する者あり、洋学者を脅迫要撃[7]する者あり、御殿山《ごてんやま》の公使館を焼き、市中の唐物《とうぶつ》店[8]に乱入する等、実に物凄き世の中なりし。折しも余が学友神田孝平《かんだたかひら》[9]氏は江戸に住居して独身の書生なれば、年とりたる婆《ばば》を雇うて賄《まかない》をさせ居《い》たりしに、この婆が律義《りちぎ》一偏堅気《いっぺんかたぎ》の正直者たるに拘《かか》わらず生来の唐人嫌《とうじんぎらい》にて（当時外国人のことを通俗一般に唐人と云《い》う）、朝夕何事《ちょうせきなにごと》に付けても外国人を憎むこと甚《はなは》だしく、小買物《こがいもの》して魚類の価が高し、野菜が高し、米が高し、酒が高し、豆腐の代が同じことゝ思えば形を小さくしたり、蕎麦の蒸籠《せいろう》も小形《こがた》になれば鰻《うなぎ》の丼《どんぶり》も正《しょう》味《み》甚だ軽少なり、そのくせ紙屑を売れば屑やは見倒し、[10] 灰を売れば灰買《はいかい》[11]はたゞ之《これ》を持《もっ》て行かんとす、諸色高直《しょしきこうじき》、[12] 諸人《しょにん》難渋、是《こ》れも唐人のお蔭《かげ》なり其《そ》れも唐人の所為《しょい》なりとて、喋々《ちょうちょう》[13]しゃべり続けに喧《かまびす》しけれども、主人公の神田《かんだ》は少しも叱らずして却《かえ》って面白きことに思い、よし〳〵乃公《おれ》の弁舌方便を以《もっ》てこの婆を説諭し呉《く》れん、是式《これしき》の老耄《おいぼれ》を説き伏せる位の伎倆《ぎりょう》なくて迚《とて》も天下に開国論を唱うることは叶わず、婆の頑固なるこそ幸《さいわい》なれ、先《ま》ず之を試《こころ》みんとて、夫《そ》れより主人

1 **聖堂** 昌平坂学問所のこと。 2 **蕃書調所** 安政三（一八五六）年に設立された洋学の教育研究機関。のち、洋書調所、さらに開成所と改称。 3 **ドルラル** dollar（ドル）。 4 **ポストオフィス** post office（郵便局）。 5 **ポステージ** postage（郵便料金）。 6 **ブックキーピング** book-keeping（簿記）。 7 **要撃** 襲撃。 8 **唐物店** 舶来品を商う店。輸入雑貨、洋品店。 9 **神田孝平** 一八三〇（天保元）年—一八九八（明治三十一）年。蘭学を杉田成卿らに学び、『経済小学』を訳した。開成所教授、のち、明六社社員、文部少輔。 10 **見倒し** 商品を安く買いたたくこと。 11 **灰買** 灰を買い歩く人。江戸時代、灰は肥料などに用いられた。 12 **諸色高直** 物価が高いこと。 13 **喋々** あれこれといいたてること。

は殊更《ことさ》らに婆《ばば》を手なずけ、開〔閑〕暇の時には種々様々の話を始め、直接に遠《とおま》廻わしに開鎖の利害を説き、或《あるい》は笑い或は洒落《しゃれ》、或は立腹の真似し或は心配の体《てい》を装うなど、丁寧反覆、気長《きなが》にすること三箇月も半年も試《こころ》みたれども、婆の剛情は鉄石の如《ごと》く何としても解くべからず、神田も近来は根気に負けて聊《いささ》か閉口の様子なりと、或日《あるひ》のことなり箕作秋萍《みつくりしゅうへい》〔坪〕[1]氏に面会し、共にこの事を語りて笑い、且《か》つは神田の苦心を推察し、共に時運の非なるを歎息して相分れたるその跡にて、余も亦《また》一策を按《あん》じ、神田が能弁を振《ふる》て婆を口説《くど》くと云《い》えば、自分は筆を以《もっ》て之《これ》を試みん、一本の筆を振り廻わして江戸中の爺婆《じじいばばあ》を開国に口説き落《おと》さんには愉快なりと、夫《そ》れより匆々《そうそう》執筆書き綴りたるは即《すなわ》ち唐人往来なり。之を写して色々の人に与えたる数《かず》も随分《ずいぶん》多かりしなれども、果して功能ありしやなかりしや固《もと》より分らず、往時恍《こう》として夢の如し。今懐旧の為《た》めにその全文を左に記す。

## 唐人往来

江戸　鉄砲洲《てっぽうず》某稿

一　先年、亜米利加《アメリカ》合衆国よりペルリと云《い》える船大将《ふなだいしょう》を江戸へ差遣《さしつかわ》し、日本は昔より外国と附《つき》合《あい》なき国なれども、斯《か》く国を鎖《とざ》して世間と交《まじわ》らざるは天理人情[2]に戻《もと》ることなれば、古来の法を替え外国と親しく交《まじわり》を結びて互《たがい》に国の難渋を救い、漂流人などある節は何《いず》れの国にても厚く之を取扱う様《よう》致し度《た》く、且《か》つ平生国産の品をも双方町人同士互《たがい》に交易売買するを許し度き趣を公議へ申出《もうしいで》、引続き英吉利《イギリス》、仏蘭西《フランス》等の国々よりも追々使節渡来して条約を取結び、且つ又右の如く両国の間柄親しくなる上は色々掛合事《かけあいごと》3もあるに付きその取扱《とりあつかい》を為《な》すため、彼《かの》国々より留守居《るすい》（外国の言葉にてミニストル4と云《い》う。又日本にては公使とも云う。）一人ずつを江戸へ勤番《きんばん》5致させ、又双方売買の取締として横浜、長崎、箱館《はこだて》等へコンシュル6と云《い》える役人壹人ずつ勤番に差置《さしお》くよう取極《きめ》たり。然《しか》る処、日本国中の学者達は勿論《もちろん》、余り物知りでもなき人までも、何か外国人は日本国を取りにでも来たように、鎖国の、攘夷の、異国船は日本海へ寄附《よせつ》けぬ、唐人へは日本の地を踏ませぬなど仰山《ぎょうさん》に唱え触らし、間《ま》には外国人を暗打《やみうち》にする者など出来て、今のように人気の騒立《さわぎた》つは唯《ただ》内の騒動ばかりでない、斯《か》く人心の片意地なるは世間へ対して不外聞至《し》極《ごく》ならずや。元来《がんらい》何の悪意もなくて一筋に異人を嫌い、異人が来ては日本の為《た》めにならぬと思込《おもいこ》みたる輩は、自分には知らぬ事なが

1 **箕作秋萍**　一八二五（文政八）年―八六（明治十九）年。箕作阮甫の養子。適塾に学ぶ。幕府天文台に入り、蕃書取調方教授。文久二（一八二六）年、福澤らとともにヨーロッパを歴訪。帰国後は洋学塾、三叉学舎を開き教育に従事。教育博物館館長などを歴任。明六社社員。　2 **天理**　天然自然の道理。人為でない天の正しい道理。　3 **掛合事**　話し合うことがら。　4 **ミニストル**　minister（公使）。　5 **勤番**　諸大名の家来が交代で江戸や大坂の藩邸などにつとめたこと。　6 **コンシュル**　consul（領事）。

ら我生国《しょうこく》の恥辱を世間一般に吹聴《ふいちょう》する同様にて気の毒千万なれば、この人々の為《た》め聊《いささ》か弁解することとあるべし。大凡《おおよそ》世界の広さ一里坪[1]にして八百四十万坪程あり。この広き地面を五に分《わか》ちこれを五大洲と云《い》う。亜細亜《アジア》洲《しゅう》、欧羅巴《ヨーロッパ》洲、亜米利加《アメリカ》洲、亜弗利加《アフリカ》洲、澳太利《オーストラリア》洲なり。右五大洲の中、亜弗利加、澳太利は下国《げこく》にして、洲の内に国と云う国もなく、住人も生れ付知慧《つきちえ》少なくして余り学問も出来ず、衣服その外《ほか》諸道具を巧者《こうしゃ》に作る事をも知らず、先《ま》ず日本にて云えば蝦夷《えぞ》[2]位《ぐらい》のものなり。亜米利加洲も北亜米利加の合衆国は別段開けたる国にて世界中第一番の上国《じょうこく》とも云うべき程なれども、その外は格別目ぼしき国もなし。唯《ただ》一洲の内不残《のこらず》繁昌して学問も武術も格別に世話行届き、砲術調練の盛《さかん》なるは勿論《もちろん》、その外蒸気船、蒸気車等、便利よき道具を造り、人手を費さずして、師《いくさ》の備も為《な》し平日の用も達《たっ》し、安楽にして国の強きは欧羅巴洲に限るなり。亜細亜洲も随分《ずいぶん》よき大洲にて人の数も多く産物も沢山あり、小細工物などは世界中に名を売りたる程巧者に作り出し学問も出精し、中々亜非利加《アフリカ》、澳太利の比類にはあらざれども、兎角《とかく》改革の下手《へた》なる国にて、千年も二千年も古《いにしえ》の人の云いたることを一生懸命に守りて少しも臨機応変を知らず、むやみに己惚《うぬぼれ》の強き風《ふう》なり。その証拠には唐土《もろこし》、宋《そう》の時代より北方にある契丹《きったん》、或《あるい》は金《きん》、〔元〕《げん》[3]など云う国を夷狄《いてき》[4]々と唱え、そのくせ夷狄と師をすればいつも負けながら蔭《かげ》では矢張《やは》り畜生同様に見下し、己が方には何の改革も為《な》さず備《そなえ》もせず己惚許《ばか》り増長して、遂《つい》にはその夷狄へ国も奪取《うばいとら》れたり。その後度々代《たびたびだい》も替りて明朝《みんちょう》に至り、その頃、今の清朝《しんちょう》は矢張《やは》り北国の韃靼《だったん》[5]に居たるものなれば、明朝にては先々代《せんせんだい》の如《ごと》く之《これ》を韃夷《だつい》など丶散々軽蔑したるに、又その韃夷に国を取られ、即《すなわ》ち今の清朝は昔の韃夷なり。然《しか》る処《ところ》清朝になりては自国の近傍に夷狄と云うべき国もなく、先年中、己が夷狄と云われたることを今は早《はや》忘却して、今度は掛隔《かけへだ》てたる西洋諸国の事を指して夷狄夷匪《いひ》など唱え、犬猫を取扱う様に心得、我儘《わがまま》ばかり働きし処、道光年中[6]、阿片《あへん》始末[7]の節、英吉利《イギリス》より痛き目に逢い償金など出して漸《ようや》く中なおりしたり。その後こそ心付き国内の政事兵備を改革し外国との附合《つきあい》にも信実を尽くして不都合なき様《よう》すべき筈《はず》なるに、又々性《しょう》も懲《こり》もなく四、五年前、天津《てんしん》と云う処にて英吉利の軍艦と取合《とりあい》を始

**1 一里坪**　約十六平方キロメートル。　**2 蝦夷**　古代、東北日本に土着した人を広くさしたことば。　**3 契丹・金、〔元〕**　いずれも四世紀以降、中国東北部に勃興した民族がおこした国。　**4 夷狄**　辺境未開の民。　**5 韃靼**　中国北方のモンゴル系民族の呼び名であるが、ここでは、その民族の支配地をさす。　**6 道光年中**　中国、清朝八代皇帝、道光帝の時代（在位一八二一―五〇年）。　**7 阿片始末**　アヘン戦争（一八四〇―四二年）のこと。中国、清王朝のアヘン禁輸措置によってイギリスと清国との間におこった戦争。清国が敗北し、列強諸国との不平等条約が締結され、中国の半植民地化の起点となった。

め不都合の始末にて、[1]遂《つい》に英吉利《イギリス》、仏蘭西《フランス》申合《もうしあわ》せ、大兵を指向《さしむ》けて北京《ペキン》へ攻入り、咸豊《かんほう》帝[2]は韃《だっ》靼《たん》へ出奔《しゅっぽん》し餓死同様見苦しく落命したり。是《こ》れ皆世間知らずにて己《おの》が国を上もなく貴《たっと》き物の様に心得て、更《さ》らに他国の風《ふう》に見習い改革することを知らざる己惚《うぬぼれ》の病より起りたる禍《わざわい》なり。言語道断、風上《かざかみ》にも置かれぬ悪風俗、苟《かりそ》めにもその真似をすべからず。兎《と》角《かく》亜細亜《アジア》洲にはこの風俗あるゆえ能々《よくよく》謹《つつし》むべきことなり。偖《さて》右五大洲八百四十万坪の地に在る人員凡《およそ》十億許《ばか》りなり。その十億の中、或《あるい》は五百万人或は千万人或は五千万人宛《ずつ》仲間を結びて一所に住居する土地を一国と云《い》う。即《すなわ》ち亜細亜《アジア》洲にては日本、唐土《もろこし》[3]、暹羅《シャム》[4]、安南《あんなん》[5]、天竺《てんじく》[6]、ペルシャ[7]国等、欧羅巴《ヨーロッパ》洲にては英吉利、仏蘭西、荷蘭《オランダ》、魯西亜《ロシア》、孛漏生《プロイセン》[8]、葡萄〔牙〕《ポルトガル》、伊太利《イタリア》等、亜米利加《アメリカ》洲にては合衆国、メキシコ等、大国もあり小国もあり、帝国の位もあり王国の位もあり輪番持《りんばんもち》の政事[9]もありて、何《いず》れも互《たがい》に条約を結《むす》んで親しく交り、欧羅巴、亜米利加などにて各国附合《つきあい》の様子は、日本国中にて諸大名の国々相互《あいたがい》に親しく附合い、使者の往来もあり、主人は主人同士、家来は家来同士、縁組も為《な》し、百姓町人は国産の物を互に売買することあるが如《ごと》し。尤《もっと》も世界中広きことなれば、飲食、衣服、住宅等は土地の寒暖又旧来の風習にて国々異《こと》なることもあるべけれども、人情は古今万国一様にて、言葉の唱えこそ違え仁義五常[10]の教《おしえ》なき国はなし。何《いず》れの国にても親に不孝、国に不忠にて構わぬと云う政事もなきものにして、人を殺せば死罪に行われ、人の物を盗めば夫々《それぞれ》の刑法もあり、才徳あれば人に貴ばれ、愚昧《ぐまい》なれば人に賤《いやし》まるゝ等、何も珍らしからぬことにて一々並べ立つるにも及ばず。然《しか》るに今、日本一国に限り自《みず》から神国などゝ唱え世間の交《まじわり》を嫌い独《ひと》り鎖籠《とじこも》りて外国人を追払わんとするは如何《いか》にも不都合ならずや。固《もと》より我日本を大切に思い之《これ》を尊敬し、悪《あ》しき事をも成丈《なるた》け包み隠して人に知れぬよう致し度《た》きは人情の当然、古人の教《おしえ》に国悪を諱《い》む[11]と云《い》う事もあれば、随分《ずいぶん》国を尊大に構え他国を見下す程の威力を張り度《た》き事なれども、謂《いわ》れもなく自国許《ばか》りを別段貴きものゝ様に思込《おもいこ》み、世間の事に頓着《とんちゃく》せずして我《が》意《い》を言募《いいつの》らば、遂《つい》には人の嘲弄を受け、唐土同様の始末に陥り、我国を貴ぶ心より実は却《かえっ》て我国を賤《いやし》むるの場合に成行《なりゆく》べきやと深く心配する処なり。前にも云《い》える如く、世界中の人数を十億人とし、その内日本人の数凡《およそ》三千万程あり。故に世界中の人数と比例すれば九十七人と三

1 **四、五年前、天津と云う処にて……不都合の始末にて**　アロー戦争（第二次アヘン戦争、一八五六―六〇年）。 2 **咸豊帝**　清朝第十代皇帝（在位一八三一―六一年）。 3 **唐土**　中国の旧称。 4 **暹羅**　タイの旧称。 5 **安南**　ヴェトナムの旧称。 6 **天竺**　インドの旧称。 7 **ペルシヤ**　イランの旧称。 8 **孛漏生**　プロイセン王国のこと。現在のドイツ北東部地方。 9 **輪番持の政事**　共和政治。 10 **仁義五常**　儒教において人の守るべき五つの道、仁・義・礼・智・信のこと。 11 **国悪を諱む**　国家の行う悪事は、禁忌として口にすることを避ける。『春秋左氏伝』僖公元年に見える言葉。

人との割合なり。扨今何《さていず》れの国にもせよ、百人の人あり、その内九十七人は睦《むつま》しく附合い往来する処へ、三人は天から降《ふ》りたる者のよう気高《けだか》く構え、別に仲間を結《むすん》で三人の外《ほか》は一切《いっさい》交《まじわり》を絶ち分らぬ理屈を言いながら、自分達の風《ふう》に合わぬとて九十七人の者を畜生同様に取扱わんとせば、夫《そ》れにて済《す》むべきや。先《ま》ず世の中の笑われものなるべし。又譬《たと》えば日本にて諸大名の内風違《ふうちがい》の家ありて、自分の家は古来の家格にて世間の附合《つきあい》をなさず、諸家と縁組などは勿論《もちろん》領分の百姓町人も他国のものと商売するを許さず、自国は自国の産物を以《もっ》て用を達《た》し、決して他国の産物を領内へ入るべからず、若《も》し他国より附合を始めんと所望して使者を差遣《さしつかわ》し又は町人共より商売に来ることあらば之《これ》を追払い、領分の土地へは一歩も近付くべからずなど分らぬ我意を云《い》い張らば、第一その大名の家にても万事差支えて不自由は勿論《もちろん》、その上日本国中の評判に之を何と云うべきや。必ずその儘《まま》には差置《さしお》くまじ。左《さ》れば日本一国にて鎖国攘夷など唱うるは、右に言える百人の中三人の仲間か又は風違の大名と少しも異《こと》なることなく、唯《ただ》世間の笑《わらい》を取る許《ばか》りにてこの上もなき不外聞なれば、能々《よくよく》前後を見合せ気を鎮め心を落着《おちつ》けて勘弁すべきことなり。

一　外国と交易始りてより、彼《かの》国無用の品を持来りて我国有用の物と引替《ひきかえ》るゆえ、国内の品物追々少なくなり、就《つい》ては諸色高直《こうじき》、諸人難渋すると言うは世上一般通用の話なれども、此亦《これまた》物の道理を弁《わきま》えざる人の妄《みだ》りに触流《ふれなが》す空言《そらごと》にして、能々その本《もと》を糺《ただ》せば証拠もなきことなり。交易に彼《かの》国より積来《つみく》る品は、羅紗《らしゃ》[1]、呉絽服《ごろふく》[2]、更紗《さらさ》、金巾《かなきん》[3]、天鵞絨《ビロード》、唐棧《とうざん》[4]、鉄、錫《すず》、ブリキ、薬種《やくしゅ》等なり。日本より積出す品物は絹糸、茶、煙草《タバコ》、蠟《ろう》、油、樟脳《しょうのう》、昆布、椎蕈《しいたけ》、煎海鼠《いりこ》[5]、鮑《あわび》、鱶《ふか》の鰭《ひれ》等なり。右双方出入の品物を較《くらぶ》るに何《いず》れが有用、何れが無用と云う差別もなし。唯《ただ》余計のものと不足のものと取替るまでのことにて格別損得もあるまじ。或《あるい》は日本の絹物は貴《たか》く舶来の反物は下品《げひん》に見ゆるなど云うものあれども、此《これ》は唯《ただ》品物の多きと少なきとに付き人の気前[6]の違いたるに過ぎず。先年中、長崎一箇所交易ありし節は舶来品払底《ふってい》、縮緬《ちりめん》一反二両なれば呉絽服の羽織地は五両、唐棧も仙台平《せんだいひら》より高直なりしに、直段《ねだん》の高きほど好む人も多く、その頃は世間の人、皆仙台平の袴に黒縮緬の羽織を着るよりも呉絽の羽織に唐棧の袴を貴く思い人の目にも好《よ》く見えたり。（古渡りの品物[7]は新物とは違うなど云う者もあるべけれども、この節、唐棧一着三分の直段を小判直上りの割合にして二両一分も出す気ならば、如何様の品物にても手に入るべし。）左れば近来に至り俄《にわか》に唐物を安く見下《みくだ》し、縮緬、仙台平は有用、呉絽服、唐棧は無用と云う理屈もなかるべし。勿論《もちろん》交易する者は双方町人の事なれば、直段安く商売にして引合う物を互《たがい》に

1 **羅紗**　厚地の毛織物。　2 **呉絽服**　ゴロフクレンの略。羊などの獣の毛に綿、麻の糸を交えた荒く粗末な毛織物。　3 **金巾**　薄地で目の細かい綿織物。　4 **唐棧**　唐桟。インドから渡来した綿織物。多くは藍地に赤や茶などのたて縞模様。　5 **煎海鼠**　ナマコの煮干し。中国料理の材料として用いられる。　6 **気前**　気分。気持ち。　7 **古渡りの品物**　昔、外国から渡来したもの。

売買するは町人根性、当然の理、交易の始りたる当座は日本町人が内証にて頻《しき》りに銅を売出さんとし（町人にて銅地金を売渡すことは条約の禁制なり）彼《かの》国より綿を買込《かいこみ》たることありし処、その後《のち》日本にて銅の相場高くなりたるに付き当時は之《これ》を積出す者絶てなく、仮令《たと》い売渡《うりわた》さんとしても直段《ねだん》が高ければ外国人も買わず、又合衆国は綿の名産処《めいさんしょ》にて世界中に積出し居たる処、同国内乱に付《つき》、産物払底《ふってい》になりしより日本へも積渡らず、却《かえっ》て一《ひ》と頃《ころ》は日本の綿を売渡す様になりたり。この節は又々模様替りたるや綿の積出し止《や》みたる由《よし》、此等《これら》は町人同士の掛引にて中々素人《しろうと》には分からず。然《しか》るに青表紙[1]の学者達が物知り顔にて、何は無用、何は有用、之を売《うり》ては国の損、之を買《かい》ては国の害など、彼是《かれこれ》言うは可笑《おか》しからずや。町人の目から見たらば片腹痛し[2]とこそ思うべし。尤《もっと》も市中唐物《とうぶつ》見世《みせ》など一見した所ではフラスコ、コップ、絵、鳴物[3]、筒袖の古着など無用の玩物[4]らしき品もあれども、此等は交易品と云う程の物でもなく、又この玩物あるとて大日本国の害にもなるまじ。そう云《い》えば日本より漆器、竹細工、根付《ねつけ》等の小間物《こまもの》は沢山外国へ渡り、彼国の見世にも此等の玩物をかざり置き、日本見世とてその繁昌するは矢張《やは》り日本の唐物見世と同様にして、強《あな》がち日本許《ばか》りに玩物を売付《うりつ》け、彼の国へは実用の物を持帰る訳にもあらず。却て船来の医法薬品などこそ人命にも拘《かか》わり必用の品とも云うべし。先年来、種痘にて人命の助りたるは云うまでもなく、近日は色々の名薬《みょうやく》船来して、古来日本にては直り兼《かね》たる難病もその療治《りょうじ》出来る由《よし》、此《こ》は六《むず》かしき医師の話にて素人には分からぬ事なれども、誰にも合点《がてん》し易《やす》き一例を云《い》えば、七、八年前、唐船《からふね》の入津《にゅうしん》5なき節、大黄《だいおう》6の相場俄《にわか》に上り、貧しき病人は中々之《なかなかこれ》を買うべき手当もなく、無拠《よんどころなく》和大黄など云う日本産の品を代用せし処、少しもその功能なく、却て腹痛する許《ばか》りにて大《おおい》に苦《くるし》みたり。然《しか》る処、近来交易始りしより大黄は品物沢山《たくさん》、直段も安く、如何《いか》なる貧乏人にても和大黄など飲《のん》で腹を痛むるに及ばず。左《さ》れば世間銘々の子供へ種痘をさせて難痘を遁《のが》れ、又先年、和大黄に腹痛したる輩は、義理にも外国交易の事を悪《あし》くは云われまじ。又未来不祥の事ながら、万一不幸にして日本国中大饑饉あらばその時こそ思い当るべし。先年、奥州《おうしゅう》筋饑饉《ききん》の節も数十万の人餓死したり。憐れなるは云うまでもなく、食物不足なるを以《もっ》て人命を失うとは国の為《た》め惜むべき事ならずや。然《しか》る処、斯《か》く外国と条約を結《むすん》で交易する上は、その後个様《かよう》なる天災の節は外国より米穀を積渡るは必定《ひつじょう》、既《すで》に五、六十年前、英吉利《イギリス》国饑饉にて諸民難渋せし処、亜米利加《アメリカ》合衆国の官府より数艘の船を仕立て英国官府へ麦粉《むぎこ》を贈《おくり》てその

1 **青表紙**　四書五経などの儒教書。ここでは、儒学者の蔑称。2 **片腹痛し**　身のほど知らずな相手の態度を笑いとばす意。ちゃんちゃらおかしい。3 **鳴物**　楽器。4 **玩物**　ふだん使っているもの。取るに足らない日用品。5 **入津**　入港。6 **大黄**　タデ科の多年草。根茎の外皮を除き乾燥させたものを健胃剤・瀉下剤として用いる。

国人を救いしことあり。されば万一の時日本にても仮令《たと》い外国官府の恵《めぐみ》を受けず金子《きんす》を以《もっ》て米穀を買取るとも、先《ま》ず饑饉《ききん》に餓死の心配はなく難有仕合《ありがたきしあわせ》と思うべし。○扨又《さてまた》諸色高直《しょしきこうじき》にて諸人《しょにん》難渋と云《い》うもの多けれども、此《これ》も評判許《ばか》りにて根も葉もなきこと、実は品物の直上《ねあが》りにあらず金《きん》の位《くらい》の下《さが》りたるにて、小判直上りの割合にすれば昔一両の品物はこの節《せつ》三両か四両にて丁度《ちょうど》相当、諸色の高直に付《つい》ては日雇賃《ひやとい》も高くなり、武家の払米《はらいまい》[1]も同様の割合にて、何《いず》れも困る訳《わけ》はなき筈《はず》なり。実は交易始《はじま》りてより以来、日本国中金銀の融通よく、難渋するもの却《かえっ》て少なくなりたるその証拠は色々あれども、先ず一、二を云えば、世柄《よがら》[2]悪しく渡世六《とせいむず》かしければ給金は安くとも喰う事が出来さえすればとて奉公に出るもの多き筈《はず》なるに、近来世間に奉公人少なく道中の雲助《くもすけ》[3]迄《まで》も減じたるは、全く奉公などするよりも別によき挊《かせ》ぎの道出来たるに非《あら》ずや。既《すで》に奥州《おうしゅう》辺、拾《じゅう》万石許りの或《あ》る大名にて、領分より絹の売出し追々増して一箇年にて九十万両余の高になりたる由《よし》、拾万石の人数を十万人と積り、平均一年一人に付《つき》九両ずつの金を得る姿なり。誠に莫大《ばくだい》の利益と云うべし。右に付その領分にてはわれも〳〵と蚕を仕立《したて》、中々《なかなか》奉公などするものはなく、何れも勝手向《かってむき》[4]よくなり、普請をしたり着物を買《かっ》たり、先年中、麦飯を塩にて食したる者も当時は米の飯に肴《さかな》を喰う様になり、就《つい》ては米も魚類も高直となり、米を作る百姓も魚を取る漁者も大工も左官も金廻《かねまわ》りよく、一国中世柄《よがら》直りたる由《よし》。右は奥州許《ばか》りに限らず日本国中同様の事にて、絹の出来ぬ国なれば綿を作り、綿の出来ぬ土地なれば油種子《あぶらたね》[5]を作り、仮《た》令《と》い外国交易に持出さぬ米でも麦でも、日本国中廻り持《もち》の融通にて諸色売捌《うりさばけ》よく、百姓も職人も仕事に追わるゝ程忙しくなりたり。日本に交易始りて世間一般の潤《うるおい》となりたるを譬《たとえ》んには、江戸に火事ありて鳶《とび》の者の喜ぶと同様の訳《わけ》なり。平生鳶の者は屈強の体なれ共《ども》、火事がなければ仕《し》方《かた》もなく、溷浚《どぶさら》えか道普請《みちぶしん》などして兎角《とかく》仕事なきに困る処へ、一つ大火事があると地ならしの普請のとて俄《にわか》に忙しく金廻りもよくなる故に、不人情の事ながら朝夕火事のあるを祈るものなり。日本人も一体国の土地柄はよく沢山に産物を作り出すことも疾《と》くより心得居たれども、限りある一国中の事にて折角作り出しても売捌出来《うりさばきでき》兼《かね》るゆえ無拠《よんどころなく》先《ま》ず程々《ほどほど》に挊《かせ》ぎ、鳶の者にて言えば溷浚え位の渡世を仕《し》来《きた》りしに、外国と交易始りて世界中に産物を売出すと云う場合になりしより俄《にわか》に仕事多くなり、挊《かせ》げば金の取れることにて我れも〳〵と思立ち、火事後に鳶の忙しき様なり。況《ま》して交易には火事もなくして仕事の多くなりたるなれば目出度《めでた》き事ならずや。この様子なれば年々産物も増し何程外国へ積出すとも更に差支《さしつかえ》なかるべし。故に交易は我

1 **払米**　年貢米を売り払い換金すること。またその米のこと。 2 **世柄**　世のありさま。世間の状態。 3 **雲助**　近世、宿駅・渡し場・街道で、駕籠かき・荷運びなどに従事した人足。 4 **勝手向**　くらしむき。家計。 5 **油種子**　菜種油。古くから灯火燃料に用いられた。

国一般繁昌の基《もとい》と思い喜ぶべき事にて、少し物心ある人は皆合点せる所なり。然《しか》るに世上一般、諸色高直《こうじき》にて難渋々々と唱るは何故なるやと考《かんが》うるに、その本《もと》は皆人情の自分勝手より起りたる話に相違なし。大抵《たいてい》世の中の人は自分に都合よき事なれば先《ま》ず隠すものにて、金があるとて自慢する金持もなく、大儲けをしたと吹聴する町人もなし。何か自分の身に付き不足あれば少しの事にても頻《しき》りに唱触《となえふ》らし仰山《ぎょうさん》に言いなすは人情の常、当時、諸色高直と云うも矢張《やは》り交易の御蔭《おかげ》を以《もっ》て好《よ》き事した所はだんまりにして置き、取《とっ》ても付かぬ外《ほか》の事へ交易を引合に出し自《じ》儘勝手《まかって》の愚痴を述ぶることゝ思わる。又一つには諸色高直とはよき言い種《ぐさ》にもなることとあり。物を売るにも、金を借《か》るにも、借金の催促をするにも、催促の断《ことわり》を言うにも、諸色高直に付き个様《かよう》々々と云《い》い、又奉公人など多く召使う家にても倹約をする云い種にもなり、幸も不幸も都合好き言い種にて、この節になりては訳《わ》けもなく朝夕の話に諸色高直という様に成りたるなり。能々《よくよく》事の本《もと》を詮議して根もなきことにて世間の人を迷わさぬようにするがよし。

一　外国と附合始《つきあいはじま》りてより、日本国中の学者先生と云う先生は、大概不残《のこらず》海防策と云うものを書き種々様々の理屈を述立て、何でも唐人共へは油断が出来ぬ、之《これ》を防がねばならぬ、その趣向は个様々々《かようかよう》、浜辺に台場を築き大筒《おおづつ》を並べ木蔭《こかげ》から小筒《こづつ》を打つの、唐人は船師《ふないくさ》は上手《じょうず》なれども陸《おか》に上れば河伯《かっぱ》も同様いくじはなし、唐人が来たならば先ず相手にならずして陸《おか》に上《あが》らせ、そこで我方より兼て得道具《えどうぐ》の槍剣を以て之を鏖《みなごろし》にするがよし、夫《そ》れよりも彼《かの》軍艦が来たらば此方《こちら》より小船に乗《のっ》て本船に漕ぎ付け船中へ飛乗《とび》て、大筒も小筒も打たさぬ間《ま》に唐人共を不残切《のこらずきり》殺《ころ》し船も奪取《うばいと》るがよし、又一段上の手に出る工風《くふう》あり、个様《かよう》に異船が来てから打つ様な事では受身になる姿故《ゆえ》、日本にも軍艦を拵《こしら》えて此方から出掛て先方を攻め、序《ついで》に地面も奪取るがよしと云う者あり、或《あるい》は又弱武者《よわむしゃ》が取越し苦労して、迚《とて》も日本は小国にて五大洲には叶わぬ故、早く降参するがよしなど大騒《おおさわぎ》の話にて、その有様を見るに、何か外国と散々師でもした跡でまだ仲なおりも済《すま》ず互《たがい》に睨み合《あっ》て居る様なり。成程《なるほど》火を見たら火事と思え、人を見たらば盗人《どろぼう》と思え[1]と云う諺《ことわざ》もあれば、初対面の外国人、何をするやら分らぬゆえ、若《も》しや賊ではあるまいかと、我本国を大切に思い用心の余り一旦の騒ぎは尤《もっとも》なれども、今になりては最早《もはや》月日も経たる事なれば能々《よくよく》心を落付けて考《かんが》うべし。元来《がんらい》外国人の日本に来たる趣意《しゅい》は、最初にも云《い》える如《ごと》く日本国を盗み取りに来たではなし、各国より当前《あたりまえ》の礼義を以《もっ》て使者を差遣《さしつか》わし既《すで》に条約も取り結びたることとなれば、隔意なく附合い篤《とく》とその意を察して、如何《いか》にも最前《さいぜん》使者を遣《つかわ》し条約を結びし時と同様の心得にて睦しく交わらんとするならばこの上もなき次第、此方よりも世界普通の道

1 **火を見たら火事と思え、人を見たらば盗人と思え**　ことわざ。何事も軽々しく信用せず、まず疑ってかかれという意。

理に従《したがつ》て益々《ますます》信実を尽すべし。若《も》し又さもなく此方《こちら》から信実を尽しても、先方は表向許《ばか》りにて内心は日本の土地をも奪取《うばいと》らんと思い不埒《ふらち》なる振舞《ふるまい》を為《な》す国もあらば、此等《これら》は世界の道理に背《そむ》きたるものにて世界中の罪人《ざいにん》なれば、その道理を押立《おした》て我日本国の威勢を張り、之《これ》を追い払うともその国を攻取《せめと》るとも誰か何と言うべきや。斯《か》く筋の立《たち》たる師《いくさ》なれば、世間にて我国の方を尤《もつとも》なりとするは勿論《もちろん》、時宜《じぎ》に依《よ》り加勢に来る国もあるべし。敵は如何程《いかほど》大国なりとも少しも恐るゝに足らず。唐土《もろこし》などこの道理を知らず、何でもかでも外国人は無法なるものと思込《おもいこ》み、伊勢参宮の田舎者が宿引《やどひき》を疑うように、深切《しんせつ》にさるれば底気味悪く思い、理屈を云《い》うて聞かすれば無理を云うと思い、一から十まで疑心許《ばか》りに凝《こ》り固まり、互《たがい》の実情は少しも通ぜず、既《すで》に唐土阿片《もろこしアヘン》始末の節も、いよ〳〵阿片が国の害をなすならば、先《ま》ず国中に阿片煙草《タバコ》はふかすことならぬと法度《はつと》を出し、その訳《わけ》を英吉利《イギリス》へ篤《とく》と掛合《かけあ》うて積渡《つみわたし》を差留《さしと》むるよう道理ずくで談判せば、英吉利にても他国の害になることを構い付けぬ理屈はなし、必ず穏《おだやか》に談判も行届きたる筈《はず》なるに、林則徐《りんそくじよ》1と云う智慧《ちえ》なしの短気者が出て自分の国中に法度を出すことは先《ま》ずさて置き、うすも言わず英吉利より積渡りたる阿片を理不尽に焼捨《やきす》て、扨夫《さてそ》れより英吉利にても大《おおい》に立腹して果ては師となり散々痛め付《つけ》られたり。今日に至るまで世界中に英吉利を咎《とが》むる者はなくして唯唐人《ただとうじん》を笑う許りなり。是《こ》れ全く唐人が世間見ずにて道理を押立《おした》つることを知らざる己《おの》が不調《ぶちよう》法《ほう》なれば自業自得、誰に向《むかっ》て愚痴の述《の》ぶべきようもなし。夫れに引替え葡萄牙《ポルトガル》と云える国、昔は随分繁昌したりしが、近来は追々《おいおい》衰え一国中の兵とて二、三万人、蒸瀛〔汽〕船も僅《わず》か四、五艘に過ぎず、その外都《ほかすべ》て国内の備向《そなえむき》も手薄にて、中々英吉利、仏蘭西《フランス》等の比類にあらず、弱き国なれども、古来よりの政事正しく外国と交《まじわ》るにも実意を尽して不都合なき故、力ずくならば英吉利でも仏蘭西でも唯一握《ただひとつか》みにせらるゝ筈《はず》なれども決して左様《さよう》の事なく、矢張《やは》り欧羅巴《ヨーロッパ》中にて各国と肩を並べて附合《つきあい》をする中に少しも引《ひけ》を取らず、剰《あまつ》さえ掛隔《かけへだ》りたる亜細亜《アジア》洲に瑪港《マカオ》2と云《い》う飛地《とびち》領分まで支配し、日本とも条約を結び中々好《よ》き顔なり。一《ひ》と通り考えた所では、欧羅巴諸大国の中に斯《かか》る弱き国の独立し居たらば、方々《ほうぼう》より附眤《つけねら》われて危うかるべしとこそ思わるれども、道理を守るものは外より動かしようもなし。若し理不尽に之《これ》を攻取《せめと》らんなどするものあれば必ず之を救うものあり。譬《たと》えば仏蘭西が攻めんとすれば英吉利が救い、露西亜《ロシア》が師を仕掛ければ仏蘭西が加勢を出すなどにて、手を出す者もなく長き月日を太平無事に過《すご》せり。右に述《のぶ》る如《ごと》く先見《さきみ》ずの短気にて前後を顧《かえり》みず、是非を弁《わきま》えず無理なる師をすれば、敗軍の上に世界中末代ま

1 **林則徐**　一七八五—一八五〇。清朝末期の政治家。アヘン禁止を唱え、広東でイギリス人の持ち込んだアヘンを焼き棄て、アヘン戦争の端を開いた。 2 **瑪港**　Macao 当時はポルトガルの植民地。一九九九年、中国へ返還された。

で恥辱を遺《のこ》し、唯《ただ》一つの道理を守て動かざれば、敵は大国にても恐るゝに足らず、兵力弱くとも妄《みだ》りに他人の侮《あなど》りを受くることもなし。されば学者先生達も今少し勘弁して気を広く持ち、治《ち》にも乱《らん》にも守るべきは世界普通の道理なりと腹を据えて、妄りに短気を起さぬよう謹《つつし》むがよし。扨《さて》又日本は小国にて迚《とて》も五大洲には叶わず、殊《こと》に彼《かの》国には軍艦、大砲等、中々恐ろしき道具ありて力ずくでは我国の及ぶ処にあらずなど、憚《はばか》る所もなく妄りに唱《とな》え触らすものあり。一体この者等は無学文盲にて、何処《どこ》が五大洲やら何《いず》れの国に軍艦、大砲があるやら少しも弁別なく、唯横浜の噂《うわさ》を聞《きい》たり或《あるい》は世界図抔《など》に日本国の小《ちいさ》きを見て仰天したるに相違なし。元来《がんらい》地図の広きと狭きとを見て国の大小を定むべからず。亜非利加《アフリカ》の砂原、露西亜《ロシア》領の荒野《あれの》などは唯《ただ》貰《もらっ》ても仕方のなき地面、夫《そ》れでも世界図には当り前の土地と同様に認《したた》めあるゆえ、此等《これら》を見て大国と思うは大間違い、実に国の大小強弱はその国住人の多少にあることにて、人数の割合をすれば日本は世界中にて上の段の大国なり。その故は世界の広さ一里坪にて八百四十万坪、人の数は十億人、その中にて日本の広さは同二万七千坪、人の数は三千万人あり。扨《さて》その世界の人数を平均して土地の広さに配《くば》り附《つけ》て見るに、一里四方に百二十人の割合となり、日本国中の人数を日本国中の地面に配り附《つ》くれば、一里四方に千二百人程の割合となる。左《さ》れば地図でこそ日本は世界の三百分の一つ許《ばか》りにて見る影もなき小国のよう思わるれども、その実は全世界を三十に割りてその一分を押領《おうりよう》する姿なり。況《ま》して産物は沢山、食物は勿論《もちろん》、金銀銅鉄、何《な》に一つ不足なき富有《ふゆう》の国にて世界中に恐るべき相手はなき筈《はず》なり。左《さ》れども、唯々《ただただ》久しく太平打《うち》続《つづ》き独り鎖籠《とじこも》りて世間に交わらず、外国にては折々師《いくさ》もありて色々の事を発明し、蒸気車、蒸気船、大砲、小銃等を工風《くふう》して本法《ほんぽう》に備立《そなえたて》の出来たることも知らず、一国限りにて、学問と云《い》えば唐土《もろこし》の書物を読み、武術と云えば木刀や槍剣《そうけん》などを頼みにして居たるものゆえ、自然外国へ後《おく》れを取り我《わ》れ知らず恐ろしく思う様成行《なりゆ》きたるなり。故に今日にもせよ一番思立《おもいた》ち、漢学や槍術などは先《ま》ず次のことにして置き、欧羅巴《ヨーロッパ》風に見習いて、蒸気船も沢山に拵《こしら》え大小砲も造《つくり》立《た》て、海にも陸にも備《そなえ》を設け、江戸は勿論《もちろん》、大阪、京都、長崎、箱館等へ常々師の人数を盛《さかん》に備置《そなえお》き、万が一にも外国より理不尽に無理を仕掛けることもあらんには、その時こそ道理ずくにて之《これ》を打払い、又はその国を攻め潰すとも、世界中誰か一句の故障を言うべきや。光り燿《かがや》く大日本国とその威勢に恐れざるものはなかるべし。

以上所記の全面を概して云えば、吾々《われわれ》洋学者流の目的は、唯西洋の事実を明《あきらか》にして日本国民の変通[1]を促がし、一日も早く文明開化の門に入らしめんとするの一事のみ。西洋人の為《た》めには

1 **変通**　臨機応変に事を処理し、自由自在に変化、適応して行くこと。

恰《あたか》も東道の主人と為《な》りて[1]彼《か》の新事物の輸入取次を勤むるもの丶如《ごと》くなれども、扨《さて》大節[2]に臨んで洋学者が自《みず》から能《よ》くその身の独立を守り、曾《かつ》て動揺することなきの事実は掩《おお》うべからず。蓋《けだ》し治乱共に彼を知り我を知るの知識は正《まさ》しく同一様に発達するの約束にして、彼を知ることいよ〱明《あきらか》なれば我を思うの情も亦《また》いよ〱深からざるを得ず。左《さ》に我《わが》慶應義塾中の一美談を語らんに、維新の当年、徳川将軍は東帰、[3]官軍は京師《けいし》を発して東征の事と為り、その軍勢は既《すで》に箱根を越えて富士川に近しなど江戸市中の人情恟々《きょうきょう》、[4]その間に訛伝《かでん》誤報[5]は固《もと》より必然の勢《いきおい》にして、官軍必ず乱暴ならんとは市中一般の評判を成したるに付《つい》ては、当時、横浜に在る外国の公使館、領事館等に縁ある者は、日本人にして之《これ》に雇われ居る身分なりとの証明券を貰い、之に由て官軍乱暴の災《わざわい》を免《まぬ》かれんとする者多く、中には外国人に無縁の人までも手筋《てすじ》[6]を以《もっ》て内々《ないない》之を貰うたる歴々の人物もあり。時に余が友人、尺新八《せきしんぱち》〔振〕[7]と云う人は在横浜の米国公使ポルトメン[8]氏と懇意にして、同公使の話に、公使館の証明券が日本人の為《た》めに護身の効を成すことならば幾片にても之を利用して苦しからず颯々《さつさつ》と人に与えよとの言を聞き得て余が宅に来訪、米国公使より云々《うんぬん》の言を承知したり、就《つい》ては慶應義塾の学生等はこの際如何《いかが》する積《つも》りなるや、若《も》しも彼《か》の証明券入用とならば周旋は甚《はなは》だ易《やす》しと云《い》うにぞ、余は直《ただち》に之に答えず、兎《と》に角《かく》に一応塾中に話し、又余が説も出して諾否を決せんとて、夫《そ》れより尺氏と共に塾舎に行き衆学生の意見を叩きたるに、小幡仁三郎《おばたじんざぶろう》[9]（小幡篤次郎《おばたとくじろう》[10]氏の実弟、十余年前米国遊学中に病死）真先《まつさ》きに発言して云《いわ》く、米公使の深切《しんせつ》は実に感謝に堪《た》えずと雖《いえど》も、抑《そ》も今回の戦乱は我日本国の内事にして外人の知る所に非《あら》ず、吾々《われわれ》は紛《まぎ》れもなき日本国民にして禍福《かふく》共に国の時運に一任するこそ本意なれ、東下の官軍或は乱暴ならんなれども、唯是《ただこ》れ日本国人の乱暴のみ、吾々は仮令《たと》い誤《あやまっ》て白刃の下に斃《たお》るゝことあるも、苟《いやしく》も外国人の庇護《ひご》を被《こうむ》りて内乱の災を免《まぬ》かれんとする者に非《あら》ず、西洋文明の輸入は吾々の本願にして、彼を学び彼を慕い畢生《ひっせい》他事なしと雖も、学問は学問なり、

1 **東道の主人** 二五九頁注2参照。 2 **大節** 国家にかかわる重大な事件。 3 **徳川将軍は東帰** 徳川慶喜が慶応四（一八六八）年一月、鳥羽伏見の戦いに敗れ、東国、江戸に逃げ戻ったこと。 4 **恟々** 恐れおののくさま。 5 **訛伝誤報** まちがったいい伝えや誤った知らせ。 6 **手筋** 手段。 7 **尺新八** 一八三九（天保十）年—八六（明治十九）年。下総高岡藩医の家に生まれる。中浜万次郎に英語を学び、幕府の通訳官となる。維新後は江戸本所に英学塾、共立学舎を開き、米国公使館通訳、大蔵省翻訳局長をつとめた。 8 **ポルトメン** A. L. C. Portman アメリカ公使館書記官、代理公使。 9 **小幡仁三郎** 一八四五（弘化二）年—一八七三（明治六）年。のち、甚三郎。兄・篤次郎に次いで慶應義塾の塾長となり、明治四（一八七一）年、旧藩主奥平昌邁《まさゆき》に従いアメリカに留学し、同六（一八七三）年一月、同地で病死した。 10 **小幡篤次郎** 一八四二（天保十三）年—一九〇五（明治三十八）年。福澤の門下第一の高弟。慶應義塾の塾長および社頭となる。貴族院議員。『英氏経済論』などの翻訳書がある。

立国は立国なり、決して之《これ》を混淆《こんこう》すべからず、公使館の証明券に付き公使の好情深切《しんせつ》は飽《あ》くまでも多謝する所なれども、仁三郎《じんざぶろう》は同窓の朋友と共に御断り申すと、その語気悲壮痛快、座中又一言《いちごん》を発する者なくしてそのまゝ止《や》みたることあり。その後官軍江戸に入りたれども万事以前の評判に異なり、軍律正しく兵士穏《おだやか》にして何等の乱暴もなかりしかども、当時、小幡《おばた》仁三郎氏の一言は文明独立士人の亀鑑《きかん》[1]なりとて永く塾中に伝えて之を忘るゝ者なし。

以上概略の記事終りて、左《さ》に又余が著訳書を出版したるその時の事情に付き記憶に存するもの丈《だ》けを記し、聊《いささ》か以《もっ》て世態《せたい》今昔の変遷を知るの一助に供すべし。

### 華英通語

安政五年、余が江戸に来りて初めて出版したるは華英通語なり。是《こ》れは飜訳《ほんやく》と云《い》うべき程のものにも非《あら》ず、原書の横文字に仮名《かな》を附《つ》けたるまでにして事固《もと》より易《やす》し。唯《ただ》原書のVの字を正音に近からしめんと欲し、試《こころみ》にウワの仮名に濁点を附けてヴヴと記したるは当時思付《おもいつき》の新案と云うべきのみ。夫《そ》れは扨《さて》置き、この書を出版して後に独《ひと》り自《みず》から赤面して遺憾なりと思いしは、その凡例を漢文に認《したた》めたることゝ皇国又本邦の文字に闕字《けつじ》[2]したることなり。畢竟《ひっきょう》原本が支那人の手に成りて都《すべ》て漢文なりしゆえ自然に之に釣込まれたるか、左りとは緒方先生の訓《おしえ》に背《そむ》くものなりと心甚《はなは》だ安からず。又闕字の事は果して国法の命ずる所なるや否《いな》や、その辺の吟味もせずして漫《みだり》に世間の先例に倣《なら》うたるは習慣の奴隷たるに過ぎず、是亦《これまた》軽

〔率〕卒の至りなり。左れば漢文はこの度《たび》限りとして以後を慎《つつ》しむことに決心したれども、闕字の要不要は容易に独断すべからず。斯《かか》る些細の事よりして奇禍《きか》を得たる先例は珍らしからぬことなれば、その筋に質問するこそ上策なれと思い、当時蕃書調所《ばんしょしらべしょ》（開成所と名を改めたる後か確《たしか》に覚えず）の主任教頭川本幸民《かわもとこうみん》[3]先生を木挽町《こびきちょう》の私宅に訪い、従来著書中に何か貴尊なる文字あれば闕字するの例あるが如《ごと》し、是れは国法の命ずる所にして背《そむ》くべからざるものなるや否《いな》やと尋ねしに、先生云《いわ》く、調所などには曾《かっ》てその種の成規[4]なし、都《すべ》て著者の思い〳〵なりと。余は尚《な》お念を押して、然《しか》らば先輩の先例に拘《かか》わらず著訳書中闕字を全廃しても、是れが為めに著訳書の絶版を命ぜらるゝことなく、著訳者の罪に陥ることもなきやと質《ただ》したるに、心配に及ばずとの明答は、蓋《けだ》し川本先生も洋学界自由思想の大家なれば、口にこそ言わざれ闕字する勿《なか》れと暗に訓《おし》うるものゝ如し。余は之を聞得て欣喜に堪《た》えず、走《はしっ》て家に帰り、爾後《じご》闕字は無用なりと決定して、余が著訳書中、華英通語を除くの外《ほか》今日に至るまで古来学者流の弊習を免《まぬ》かれたるは、今を去る卅八年前、川本先生の賜《たまもの》なりと云うべし。

1 **亀鑑**　手本。　2 **闕字**　欠字。文章で、天子や身分の高い人の名、また、それに関する言葉を書くとき、敬意をあらわすために、その上の一字か二字分を空白にすること。　3 **川本幸民**　一八一〇（文化七）年―一八七一（明治四）年。摂津国三田《さんだ》藩の藩医。のち、蕃書調所教授。　4 **成規**　成文化した規則。

西洋事情は余が著訳中最も広く世に行われ最も能《よ》く人の目に触れたる書にして、その初編の如《ごと》き著者の手より発売したる部数も十五万部に下《くだ》らず、之《これ》に加うるに当時上方辺《かみがたへん》流行の偽版を以《もっ》てすれば二十万乃至《ないし》二十五万部は間違いなかるべし。今その出版に至りしまでの事情を陳《の》べんに、余は前にも云《い》う如く、大阪緒方先生の門に蘭学を学び、凡《およ》そ蘭書なれば塾中にある医書にても物理書にても之を解すること甚《はなは》だ易《やす》く、原書に乏しき世の中なれば何か難解の原書はなきやと詮索し、果ては諸原書の序文又は緒言など写して同窓生と共に講じたる程の次第にて、原書を読み原書を訳するには先《ま》ず以て差支《さしつかえ》なし。次《つい》で江戸に来りて英書読むことに志し、特に教師とてもなく専《もっぱ》ら蘭英対訳の辞書を相手に辛苦二、三年にして略《ほぼ》英文をも解することに為《な》りしかども、蘭書なり英書なり之を読むは唯《ただ》文法を本《もと》にし辞書に訴るのみにしてその外《ほか》に便《たよ》るべきもののなきが故に、彼《かの》国普通の語にして誰れにも知れ渡り殆《ほと》んど辞書に註解するほどの必要なきものは、正《まさ》しく吾々《われわれ》日本人の最も解釈に苦しむ文字にして、一文字の不審なるが為《た》めに全文の始末に当惑したるは毎々のことなり。現に余が苦しみたる文字の一、二を云《い》わんに、大阪に居るとき何か兵書を見てバシスと云う蘭語あり（英語にベースと云う。今日は根拠地とでも訳することならん）、幾度読んでも分らず、蘭辞書を引出し見れば、バシスは本なり、例えばアルカリがバシスにて硝酸はシュールなりなどありて化学の事のみ、兵事に少しも縁なし。迚《とて》も分らぬこと〻断念して、その後江戸に来り誰れか兵書に明《あきらか》なる洋学者はなきやと諸方を尋ね、下谷《したや》住居の石川平太郎《いしかわへいたろう》先生は勢州津藩《せいしゅうつはん》[1]の為《た》めに専《もっぱ》ら兵書を読み当時唯一の先生なりと聞き、乃《すなわ》ちその門を叩《たた》て質問したれ共《ども》、石川先生も矢張《やは》り文法辞書の学者にて、質問者の分らぬ処は丁度《ちょうど》先生にも分らず。又英書中ダイレクト・タキス、[2]インダイレクト・タキス[3]（直接税、間接税の事なり）の語を見て少しも分らず。ダイレクトは直達《ちょくたつ》の義にして、之にインなる打消しを冠《かん》すれば不直達の義なり。夫《そ》れまでは解すべきなれども、税に直達不直達とは何のことやら種々様々の辞書を調べても曾《かつ》て註解したるものなく、先輩老成の学者に質問しても終《つい》に説明を得たることなし。左《さ》れば横浜居留の外国人に聞かんとするも幕府の成規甚《はなは》だ煩《わずら》わしく、内外人相互《あいたがい》に文通さえ六《むず》かしき有様なれば、書生が文事の不審を質問するなど迚も叶《かなわ》ぬことにして、当時吾々《われわれ》読書生の不如意推して知るべし。然《しか》るに文久元年の冬、幕府より欧羅巴《ヨーロッパ》各国へ使節を派遣することに決し、余も亦《また》その随行を命ぜられたり。翌年春、先ず仏蘭西《フランス》に着し、夫《そ》れより英《イギリス》、蘭《オランダ》、孛《プロイセン》、露《ロシア》、葡《ポルトガル》等の諸国を巡回して文明の文物、耳目《じもく》に新《あらた》ならざるはなし。

1 **勢洲津藩**　現在の三重県津市の地域を領有した藩。　2 **ダイレクト・タキス**　direct tax（直接税）。
3 **インダイレクト・タキス**　indirect tax（間接税）。

扨《さて》滞在中色々の人物にも面会して教《おしえ》を聴く中に、先方の人が念入れて講釈する学術上の事は、先方の思う程に此方に珍らしからず。例えば蒸気機関は石炭の熱を以《もっ》て水を沸騰せしめ、その水気の膨脹力を利用して器械を動かすものなり、汽船は云々《うんぬん》、汽車は云々、又電信は不思議なるようなれども、是《こ》れはエレキトルの気を長き針金の線に伝え、線の一端に器械を動かせば、線の長さは幾百幾千里あるも忽《たちま》ち音信の記号を紙に印して云々と、説明すること甚《はなは》だ詳《つまびらか》なるが如《ごと》くなれども、蒸気、電気の如きは日本に在るとき出来る丈《だ》けの力を尽してその大体を講究し、当時最近のフハラデー電池[1]の事なども既《すで》に原書を熟読して飽《あ》くまでも了解し居ることなれば、外人の深切《しんせつ》に説明するその厚意は有難《ありがた》けれども、実は是等《これら》の講釈に旅中大切の時を費すに忍びず、気の毒ながらその辺は事に託して話を切上げ、此方の専《もっぱ》ら知らんと欲するは従前辞書を調べて詮索の届かざる事柄のみに在りと、先《ま》ず大凡《おおよそ》の方向を定めてその方に取《と》て掛り、適当の人を見立てゝ質問を試《こころみ》るに、先方の為《た》めには尋常普通分り切《きっ》たる事のみにして如何《いか》にも馬鹿らしく思うようなれども、質問者に於《おい》ては至極《しごく》の難問題のみ。例えば政治上に日本にては三人以上何か内々申合せ致す者を徒党と称し、徒党は曲事《きょくじ》[2]たるべしと政府の高札《こうさつ》（法度《はっと》の掲示場）に明記して最も重き禁制なるに、英国には政党なるものありて青天白日[3]、政権の受授を争うと云《い》う。左《さ》れば英国にては処士《しょし》横議《おうぎ》を許して直に時の政法を誹謗《ひぼう》するも罪せらるゝことなきか、斯《かか》る乱暴にて一国の治安を維持するとは不思議千万、何の事やら少しも分らずとて、夫《そ》れより種々様々に不審を起し、一問一答、漸《ようや》くして同国議院の由来、帝室と議院との関係、輿論《よろん》の勢力、内閣更迭の習慣等、次第に之《これ》を聞くに従《したが》って始めてその事実を得たるが如く尚《な》お未《いま》だ得ざるが如し。満目の人事唯《ただ》不審のみにして、法律は学者の学問なりと云い、代言人《だいげんにん》[4]は他人の訴訟を引受け罪人の為《た》めに弁護する者なりと云うも、日本に居るとき公儀（幕府）に御《ご》大法《たいほう》百箇条あるを伝聞したるのみの書生には少しも分らず。民間商売人の仕事に生命保険会社あり海上保険会社ありと云うが如き、成程《なるほど》面白き工風《くふう》なりと思えども、その仕組を詳にするは甚だ容易ならず。彼《か》の郵便事業の取調べに苦しみたるは今に記憶に存じて忘れず。仏京巴理《パリ》在留中に何《いず》れへか手紙を出さんとしてその手続を偶然来客の一人に尋ねしに、客は紙入《かみいれ》より四角なる印刷の紙片を出し、この印紙を手紙に張《はっ》て出せば直《ただち》に先方へ達《たっ》すべしと云う。夫れは飛脚屋へ頼むことかと問えば、否《い》なとよ、巴理にそんな飛脚屋はなし、町内何れの処にも箱のようなものあるゆえ、唯その箱の中に投ずれば手紙は自然に表書《ひょうしょ》の届先《とどけさき》に届くと云う。いよ〳〵不思議に堪《た》えず。

**1 フハラデー電池**　ファラデーの発明した電池。ファラデー（M. Faraday 1791–1867）はイギリスの科学者、物理学者。**2 曲事**　法にそむくこと。**3 青天白日**　堂々と。**4 代言人**　弁護士の旧称。

江戸の飛脚屋、京屋、島屋に手紙を頼むに、江戸より京、大阪まで七日限りと云《い》えば、書状一本に付き金弐歩《にぶ》の定価なり。日を限らぬものにても一本に付《つき》二、三百文《もん》を払うことなるに、仏蘭西《フランス》では唯《ただ》印紙を張れば手紙は恰《あたか》も独《ひと》りで先方に届く、扨《さて》々奇なりと無理に客を引留《ひきとど》めて全体の次第柄《しだいがら》を聞けども、その日は要領を得ずして相分《あいわか》れ、翌日は此方より客の家に出掛けて不審の残りを質問し、尚《な》お合点《がてん》行かずして重ねて訪問する等、凡《およ》そ時を費すこと三、四日にして始めて腹に落ちて、成程《なるほど》旨い通信法なりと独り感心したるは、他なし、今日我国一般に行わるヽ郵便法なり。その他病院、貧院、盲唖《もうあ》院、癲狂《てんきょう》院、博物館、[1]博覧会等目に観て新奇ならざるものなく、その由来その功用を聞て心酔せざるものなし。その有様《ありさま》は恰も今日朝鮮人が始めて日本に来りて観る毎《ごと》に聞く毎に驚くの情に異《こと》ならず。朝鮮人は唯《ただ》驚き去る者多けれども、当時の吾々《われわれ》同行の日本人は驚くのみに止《とど》まらず、その驚くと共に之《これ》を羨み、之を我日本国にも実行せんとの野心は自《おのず》から禁じて禁ずべからず。即《すなわ》ち余が欧羅巴《ヨーロッパ》滞在一箇年の間、到る処に筆記して帰来これを取纏《とりまと》め、又横文の諸書を参考して著述したるものは西洋事情の一部なり。

右の如《ごと》く様々に見聞筆記したるは、唯日本に帰り西洋出版の原書を読んで解《かい》すべからず辞書を見ても分らぬ事柄のみを目的として、一筋にその方向に心を寄せたることなれば、固《もと》より事の詳《つまびらか》なるを尽すに足らず。都《すべ》て表面一通りの見聞にして極《きわ》めて浅薄なる記事なれども、この浅薄なる記事が何故に大勢力を得て日本全社会を風靡《ふうび》したるやと云うに、当時、我開国匆々《そうそう》上下共に適する所を知らず、諸藩の有志者は維新の事を経営する最中にして、その有志者は大抵《たいてい》皆藩中有為の人物、祖先以来、我固有の武士道に養われてその活潑穎敏《かっぱつえいびん》、磊落不羈《らいらくふき》[2]なるは殆《ほと》んど天性にして大胆至極《しごく》なれども、本来支那の文学道義に入ること甚《はなは》だ深からず、儒学の極意《ごくい》より之を視れば概《がい》して無学と云わざるを得ず。この無学の一流が維新の大事業を成して、扨《さて》善後の一段に至り鎖国攘夷の愚は既《すで》に之を看破して開国と決断したれども、国を開いて文明に入らんとするには何か拠《よ》る所のものなきを得ず。流石《さすが》の有志輩も当惑の折柄《おりから》、目に触れたるものは近著の西洋事情にして、一見是《こ》れは面白し、是れこそ文明の計画に好材料なれと、一人これを語れば万人これに応じ、朝《ちょう》に野《や》に苟《いやしく》も西洋の文明を談じて開国の必要を説く者は一部の西洋事情を座右に置かざるはなし。西洋事情は恰も無鳥里《とりなきさと》の蝙蝠《かわほり》[3]、無学社会の指南にして、維新政府の新政令も或《あるい》はこの小冊子より生じたるものあるべし。事甚《はなは》だ奇なるに似たれども、当時、日本国中に西洋流の新思想を伝うる版行の著書とては粗漏浅薄ながら唯《ただ》この冊子あるのみにして、

1 **貧院……博覧会**　『西洋事情　初編』巻之一に概説がある。　2 **磊落不羈**　気が大きく朗らかで物事にとらわれない。　3 **無鳥里の蝙蝠**　鳥なき里のこうもり。すぐれた人物のいないところでは、取るに足らない者が幅を利かせることのたとえ。

正に時の機会に投じたると同時に、その新説の容易に実際に行われて故障を見ざりしは、当局士人の漢学に入ること深からずして、一言《いちごん》これを評すればその無学なりしが為《た》めなりと断定せざるを得ず。巻初に記したる如《ごと》く、緒方先生が日本国中の武家は大抵《たいてい》無学にして文字を知らずと云《い》われたるは実際の事実にして、維新の有志輩が事を断ずるに大胆活潑なるその割合に字を知ることは甚《はなは》だ深からず、仮令《たと》い或《あるい》は之《これ》を知るも之を無頓着《むとんちゃく》に附し去り、一片の武士道以《もっ》て報国の大義を重んじ、苟《いやしく》も自国の利益とあれば何事に寄らず之に従うこと水の低きに就《つ》くが如く、旧《きゅう》を棄《すつ》るに吝《りん》ならず、新《しん》を入るゝに躊躇《ちゅうちょ》せず、変遷通達、自由自在に運動するの風《ふう》にして、浅薄なる西洋事情も一時に歓迎せられたる所以《ゆえん》なり。即《すなわ》ち日本士人の脳は白紙の如し。苟も国の利益と聞けば忽《たちま》ち心の底に印してその断行に躊躇せず、之を彼《か》の支那、朝鮮人等が儒教主義に養われ恰《あたか》も自《じ》大己惚《だいうぬぼれ》の虚文を以て脳中縦横に書き散らされたる者に比すれば同年の談に非《あら》ず。左《さ》れば維新の当初我国の英断は当局士人の多数が漢文漢学を味《あじわ》うこと深からざりしが故にして、奇語を用うれば[1]日本の文明は士人無学の賜《たまもの》なりと言うも過言に非ざるべし。

## 雷銃操法

次に雷銃操法の由来を語らんに、幕末に長州征伐[2]の事ありて、徳川の四天王と称せられたる井伊《いい》、榊原《さかきばら》等に出陣を命ぜられ、何《いず》れも大切なる台命《たいめい》[3]なれば如何《いか》で猶予あるべき、整々の陣、堂々の旗、以て中国路に繰出《くりだ》したれども、その武器には舶来の鉄砲もあり、和製の火縄筒《ひなわづつ》もあり、弓も槍もありて、士気の振うと振わざるとは姑《しばら》く擱《さしお》き、武器不揃の為《た》めに万事意の如くならず、之に反して長州勢は人数も少なく、百姓共へ鉄砲を担《かつ》がせなどして至《し》極《ご》く見苦しきようなれども、武器は甚《はなは》だ宜《よろ》しく、就中《なかんずく》ライフルとて小銃の筒に筋《すじ》ありて之に細長き椎《しい》の実《み》丸《だま》を込めて発射するその勢《いきおい》は当るべからず、徳川方の散々不利なりしは椎の実丸の力に敗したるものなりとて、江戸中に評判高し。余は之を聞《きい》て独《ひと》り心に首肯《うなず》き、ライフルの鋭利は到底争うべからず、数年を待たず数月の間にも軍陣にライフルは日本国中の流行たるべし、何とかしてライフルの書を手に入れんと思えども、横浜にも江戸にも尋常の洋書店に求め得べきものにあらず、唯《ただ》心に思うのみにて日を送る中に、爰《ここ》に図《はか》らずも奇縁を得たるこそ不思議なれ。その次第は江戸芝口《しばぐち》、伊勢源《いせげん》と云える料理茶屋の向うに和泉屋《いずみや》善兵衛《ぜんべえ》なる書肆《しょし》の老翁あり。この翁が文明年中版行《はんこう》の中庸《ちゅうよう》[4]古註《こちゅう》の一本を所有して曾《かつ》て余に示したることあり。余は中庸に用はなけれども、文明は足利時代、西洋にては紀元千四百七十年の頃にして、その時の版本とあれば印刷歴史の材料として心酔せざるを得ず。幾回か善兵衛に売渡《うりわたし》を迫れども、老翁の物数寄《ものずき》、

**1 奇語を用うれば**　少し変わったいい方をすれば。**2 長州征伐**　元治元（一八六四）年と慶応元（一八六五）年の二度にわたる幕府の長州征討。**3 台命**　将軍の命令。**4 中庸**　儒教の根本経典である四書の一つ。

書物屋にてありながら金銭には易《か》えられずとて中々之《これ》を手離す気色《けしき》なし。或日《あるひ》の事なり。今日も亦《また》老翁を口説《くどい》て見んと芝口《しばぐち》に出掛けて和泉屋の店に立寄りしに、主翁が一冊の原書を持出し、是《こ》れは何の本なるやと云《い》う。その原書を見れば即《すなわ》ちライフルの書なり。難有《ありがた》しと心に喜び、売物なるや価《あたい》は何程と尋《たずぬ》れば、少々損じたる古本なれば二分三朱《にぶさんしゅ》（三分二朱か覚えず）なりと云う。心得たりとその云うがまゝに直《ただち》に代金を渡し、急ぎ帰宅して書中を通読すれば、ライフルの事詳《つまびら》かならざるなし。然《しか》るに爰《ここ》に不都合なるは、余が本来武家に生れながら鉄砲を知らず、之を発射したることなきのみか、家にその物なければ之を手に触るゝ機会もなし、況《ま》してライフルの如《ごと》き目に見たることとさえなし。その物を知らずしてその書を飜訳《ほんやく》とは余り鉄面皮なりと思う処に、偶《たま》ま余が妻の実弟に土岐《とき》謙之《けんの》助《すけ》[1]とて一少年あり。先日、椎《しい》の実丸《みだま》の筒を新調して江《え》川太《がわた》郎左衛《ろうざえ》門《もん》[2]殿の屋敷に打方《うちかた》の稽古するよしを聞き、乃《すなわ》ち之に鉄砲を持参するよう申遣《もうしつか》わし、之を見れば果して施条《しじょう》ライフル[3]なり。依《よっ》て少年に問うよう、江川にて足下《そっか》達が打方の稽古したる跡にて掃除は如何《いかが》する、都《すべ》て銃器の取扱いに規則あるや否《いな》やと尋るに、何も規則とてはなし、稽古終れば井戸側にて筒を洗い、錆が見ゆれば磨砂《みがきずな》にて磨き、何か工合《ぐあい》のわるきときは釘抜《くぎぬき》、鉄鎚《かなづち》、火箸《ひばし》など用いて筒を取りほぐすこともありと云う。左《さ》ればこの筒には何か附属品ある筈《はず》なり、之をも持来《もちきた》れと申付け、扨《さて》少年に向《むかっ》て拙者の言うがまゝにこの筒を解潰《ときくず》し見よとて、余は原書を手にして差図し、先《ま》ずその螺旋《ねじ》を抜け、次《つ》ぎは之を抜《ぬい》てその金物を外《はず》し云々《うんぬん》と次第に進み行き、鉄砲は遂《つい》にばら〳〵に解けたり。夫《そ》れより今度は組立なりとて又以前の如く順々に差図《さしず》して難なく元の鉄砲に蘇生したるにぞ、少年は大《おおい》に驚き、是れは不思議なり妙法なりとて称讃止《や》まず。余はこの一事を以《もっ》て大にライフル銃の事を了解し、匆々《そうそう》執筆、急ぎ飜訳《ほんやく》して出版せしに、果して時勢の必要に投じて発売の数、幾万なるを知らず。江川《えがわ》の稽古場にても銃器の取扱いに多少新知識を得たることとならん。その後凡《およ》そ二十年を過ぎて明治十七年の冬、府下小《こ》石川《いしかわ》の砲兵工廠《こうしょう》を一見したるとき村田《むらた》少将[4]に面会の語次《ごじ》、少将云《いわ》く、自分が壮年時代始めて砲術に志を立てたるときには雷銃操法に教えられたること多しとて、主客《しゅかく》一場の笑《わらい》を催《もよ》おしたることあり。操法の訳者は生来鉄砲を手に触れたることなき男にして真実紛《まぎ》れもなき素人なり。この素人の手に成りし訳書が日本第一、世界に大名を挙《あ》げたる砲術家の為《た》めに多少の利益を与

1 **土岐謙之助** 土岐賛洋。慶応二（一八六六）年、慶應義塾に入塾。のち、西南戦争で政府軍側に従軍。
2 **江川太郎左衛門** 伊豆韮山《にらやま》の江戸幕府世襲代官。ここでは、三十六代英竜（一八〇一〔享和元〕年―五五〔安政二〕年）のこと。砲術家、海防家。 3 **施条ライフル** 弾丸に回転を与えるため砲身内部に螺旋条溝を施したライフル。 4 **村田少将** 村田経芳（一八三八〔天保九〕―一九二一〔大正十〕年）。明治十三（一八八〇）年、単発小銃を完成。明治二十二（一八八九）年には村田式連発銃に改良した。

えたることありとは、是《こ》れぞ浮世の奇遇にして所謂《いわゆる》不亀手《ふきんしゅ》の薬《くすり》[1]なるべし。

**西洋旅案内**

安政六年の冬、余は始めて米国に航海し、文久元年冬、欧羅巴《ヨーロッパ》に渡り、次《つい》で慶応二年冬、重《かさね》て米国へ渡航のとき、幕府公用の為《た》めに米国に持参する為換《かわせ》の事を頼まんとて、横浜の外国商人ウォールスフォール会社[2]に至りて為換云々《うんぬん》を申入れしに直《ただち》に承諾、幾千両の金を渡せば之《これ》を請取《うけと》り、為替《かわせ》手形として此方に授けたる紙片を見るに、金の数《かず》に相違もなく先方にて直に渡すと明《あきらか》に記して文意は能《よ》く了解したれども、その先方はバンク・ヲフ・イングランドとありて礑《はた》と当惑したり。この方共《ほうども》は英国に行くにあらず、米国に渡る者なり、夫《そ》れに英国銀行の為替を渡されては困ると難ずれば、会社員は笑いながら、御心配に及ばず、この手形さえあれば米国の何《いず》れの銀行にても金は滞りなく直《じき》に渡します云々《うんぬん》と弁ずれども、生来千を以《もっ》て計る大金を取扱いしこともなく、日本に行わるゝ金銭取引の習慣さえ知らざる士族書生に外国為換の手続、迚《とて》も容易に合点《がてん》すべきに非《あら》ず。左《さ》りとて金は大切なり、その帰する所を明にすることこそ肝要なれと思い、会社員と相対《あいたい》して一問一答、凡《およ》そ二時間ばかり費して漸《ようや》く釈然たるを得たり。時に会社員の云《い》うよう、君は余程《よほど》了解の早き人なり、既《すで》に昨日も為換の依頼者ありてその説明に半日を丸潰《まるつぶし》にして遂《つい》に分らずに帰りたり云々と。余はこの言《こと》を聞て心中窃《ひそか》に赤面に堪《た》えず、夫《そ》れ是《こ》れの事を思い、今度の渡米中には勉《つと》めて通俗日常の事柄に注意し、他日若《も》し西洋諸国に旅行する人もあらば旅中の心得に為《な》るべき事を参考に供し、自身に覚えある赤面を免《まぬ》かれしめんとの微《び》意《い》を以《もっ》て綴りたるは、即《すなわ》ち西洋旅案内なり。

**窮理図解**

開国の初《はじめ》に当り、吾々《われわれ》洋学者流の本願《ほんがん》は、兎《と》も角《かく》も国中多数の人民を真実の開国主義に引入れんとするの一事にして、恰《あたか》も西洋文明の為《た》めに東道の主人[3]と為り、一面には漢学の固陋《ころう》を排斥すると同時に、一面には洋学の実利益を明にせんことを謀《はか》り、あらん限りの方便を運《めぐ》らすその中にも、凡《およ》そ人に語るに物理の原則を以《もっ》てして自《みず》から悟らしむるより有力なるはなし。少年子弟又は老成の輩にても、一度び物理書を読み或《あるい》はその説を聴聞《ちょうもん》して心の底より之を信ずるときは、全然西洋流の人と為りて漢学の旧に復帰したるの事例殆《ほと》んど絶無なるが如《ごと》し。吾々実験の示す処なれば、広く民間を相手にして之を導くの第一着手は物理学に在りと決定はしたれども、無数の国民に原書を読ましむるが如き固《もと》より思いも寄らぬことにして、差向《さしむ》きの必要は唯《ただ》飜訳《ほんやく》書を示すの一法あるのみ。然《しか》るに開国以前既《すで》に飜訳版行の物理書なきに

1 **不亀手の薬** あかぎれの薬のこと。あるものを用いるには、それ相応の用い方があるという意。『荘子』逍遥遊に見える故事にもとづく。「亀手（きんしゅ、きしゅ）」はあかぎれのこと。 2 **ウォールスフォール会社** Walsh, Hall & Co. ウォルシュ・ホール会社。『モリス極東人名録』一八七〇年版の横浜保険会社の部にその名が見える。 3 **東道の主人** 二五九頁注2参照。

非《あら》ざれども、多くは上流学者社会の需《もとめ》に応ずるものにして、その文章の正雅高尚なると共に難字も亦《また》少なからず、且《か》つ飜訳《ほんやく》の体裁専《もっぱ》ら原書の原字を誤るなからんことに注意したるが為《た》めに、我国俗間の耳目《じもく》に解《かい》し難《がた》きものあり。例えば、物の柔軟なるを表するに恰《あたか》もボートル[1]（英語バタ）に似たりと直《ただち》に原字のまゝに飜訳するが如《ごと》き、訳し得て真を誤らざれども、生来ボートルの何物たるを知らざる日本人は之《これ》を見て解するを得ず。依《よっ》て余はその原字を無頓着《むとんちゃく》に附し去り、ボートルと記すべき処《ところ》に味噌の文字を用うることに立案して、凡《およ》そこの趣向に従い、啻《ただ》に二、三の原字のみならず、全体の原文如何《いかん》を問わず、種々様々の物理書を集めてその中より通俗教育の為《た》めに必要なりと認るものを抜抄し、原字原文を余処《よそ》にして唯《ただ》その本意のみを取り、恰も国民初学入門の為めに新作したる物理書は窮理図解の三冊なり。

## 洋兵明鑑

洋兵明鑑は単に一部の兵書なれども、その飜訳に就《つい》ては大《おおい》に事情の存するものあり。慶應義塾は元《も》と江戸鉄砲洲《てっぽうず》奥平藩邸に在り。鉄砲洲を去《さっ》て芝新銭座《しばしんせんざ》に移りしは慶応四年の春、明治改元の前なりしが、時は恰も維新の兵乱最中にして新銭座新塾の経営も唯僅《わずか》に成るのみ。然《しか》るに入学生の来るは日に多数にして迚《とて》も之を容《い》るゝに足らず、是非とも一棟の塾舎を新築すること必要なれども所謂《いわゆる》先《さ》きだつものは金にして、以前の経営に有金《ありがね》は既《すで》に使い尽し、間《ま》もなく更《さ》らに新築とは実に当惑の次第にして、夫《そ》れ是《こ》れと思案の折柄、熊本藩中に知る人ありて、その士人の平生兵事を好み、或日《あるひ》私宅に来訪、何か新船来に面白き兵書はなきやとの話に応じ、偶然余が手許《てもと》に持合せの原書を示し、是れは云々《うんぬん》の書なり、之を飜訳《ほんやく》しては如何《いかん》と云《い》うに、先方は大に悦び、早速飜訳上木《じょうぼく》[2]を頼むとのことにて、夫れより上木出来《しゅったい》の上は熊本藩にて何百部を引取ることに約して相《あい》別れ、事《こと》急なれば一人の手にては間に合わず、乃《すなわ》ち小幡《おばた》篤次郎《とくじろう》、その実弟故仁三郎《じんさぶろう》の両氏と余と三名にて同時に匆々《そうそう》着手し、匆々版行したるは洋兵明鑑五冊にして、約束の如《ごと》くその何百部を熊本藩に納めて請取《うけと》りたる金高六百円ばかり。恰も天与の資金にして直に塾舎の新築に取掛り、当時物価も今と違い下直《げじき》[3]なることなれば、凡《およ》そ六百円の金を以《もっ》て二階立《にかいだち》の一棟を立派に建築し、畳《たたみ》、建具《たてぐ》も入れて大に学生の便利を成したり。右の次第にてこの訳書は単に熊本藩を目的にして思立《おもいたち》たることなれば、世間一般に発売は甚《はなは》だ多からず、自《おのず》から他の出版書と事情を殊《こと》にするものなり。

**議事院談**

英国議事院談は英国々会の有様《ありさま》を一通り記したるものなり。当時日本の官辺にも何か会議様《よう》の事を思立ち、時の政府の改進流は大に力を入れてその事を謀《はか》り、恰も一時の流行談を成したるが如し。その時余は紀州藩の一士《いちし》人《じん》某に交り毎度往来の折柄、或日雑話

1 **ボートル** boter（オランダ語）。バター。 2 **上木** 出版すること。 3 **下直** 安価。

の語次《ごじ》某氏の云《い》うに、何か外国にて国事を評議する手続体裁を記したる原書はなかるべきや、若《も》しもその書を得て翻訳《ほんやく》にでもなれば最も妙《みょう》なり、実は方今《ほうこん》官辺には云々《うんぬん》の必要ありとの話に、余は之《これ》に即答し、夫《そ》れは原書もあり飜訳も易《やす》し、直《ただち》に版本にして御目《おめ》に掛けんとて相別れ、夫れより家にある種々雑多の原書を取集め、英国々会に関する部分を夫れ是《こ》れと見合せ、接《つな》ぎ合せ、腹案既《すで》に成りて筆を執《と》り、同時に版下書《はんしたかき》[1]、版木師[2]に命じて彫刻の用意を為《な》さしめ、翌日二、三枚の原稿出来《しゅったい》すれば即刻《そっこく》版下に廻《ま》わし、版下を書き終れば直に版木師に渡して彫刻せしめ、彫刻成れば版摺《はんずり》に渡して幾百枚を印刷せしめ、その翌日も又その翌日も斯《かく》の如《ごと》くにして、凡《およ》そ著者の執筆したる原稿は三枚にても五枚にても一週間を出《い》でずして印刷に上るの趣向にして、毎日曾《かつ》て怠ることなく、その間版下書、版木師、版摺等、一切《いっさい》の職工に向《むか》っては銭を吝《おし》まずその言うがまゝに割合を与えて昼夜の別なく勉強せしめ、主人の勉強と共に職人等も休息するを得ず。斯《か》くて著者が始めて執筆起稿のその日より一切の事を終りて議事院談二冊の製本何百部を得たるまでの日数は僅《わずか》に三十七日を過ぎず。木版彫刻の時代に斯《かか》る速成は古来未曾有《みぞう》の異例なりと云うべし。而《しこう》して当時の事情に於《おい》て出版物を急ぐは著訳社会一般普通の人情なれども、特に本書に限りて斯《か》くまでも性急にしたる理由ありしとも覚えず、唯《ただ》著者が壮年の気力に乗じ、他人の成し得ざる事を成して見んとの好奇心に出でたることならん。今にして思えば自分にも分らず、唯《ただ》一笑に附すべきのみ。

**世界国尽**

幾千百年来蟄居《ちつきよ》の人民が俄《にわか》に国を開て世界に交《まじわ》らんとするには、先《ま》ずその世界の何物にして何《いず》れの方角に位するやを知り、その地名を知りその遠近を知るは最も大切なることにして、前年は唐天竺《からてんじく》とて世界の末端《はて》と心得たりしに、今は唐天竺の外《ほか》に欧羅巴《ヨーロッパ》、亜《ア》米利加《メリカ》等も出現し来り、随《したがつ》て人の眼界は旧時に幾倍して広からざるを得ず。眼界の広きは取りも直さず世界を狭く思うことなれば、兎《と》に角《かく》に全国民をして世界を観ること日本国内を観ると同様ならしめんと欲し、之に就《つい》ては江戸の各処に在る寺小屋の手本に、江戸方角《ほうがく》又は都路《みやこじ》とて、府下東西南北の方角、地名等を記し、東海道五十三駅《つぎ》の順序を五字七字の口調もて面白く書綴《かきつづ》り、児童をしてその手本の文字を手習《てならい》すると共にその文句を暗誦して自然に地理を覚えしむるの慣行にして、江戸方角、都路と云えば江戸中の貴賤貧富に拘《かかわ》らず毎戸毎人これを知らざる者なき程の次第なれば、余は之を見て独《ひと》り首肯《うなず》き、よし〳〵日本国中の老若男女をして世界の地理風俗を知ること江戸の方角地名、東海道の五十三駅を暗誦するが如くならしめんとの一案を起し、俄《にわか》に書林に就て江戸方角、都路の版本を求め、幾度も之を熟読暗誦して、乃《すなわ》ちその口調

1 **版下書** 印刷用の版木に文字を彫るための下書きをする職人。 2 **版木師** 版木に文字を彫る職人。

に倣《なら》うて綴《つづ》りたるものは世界国尽《くにづくし》なり。本文のみにては尽さゞるが故に頭書《かしらがき》を加えて、凡《およ》そ各地の風俗歴史等の荒増《あらま》しを記したれども、文章は極《きわ》めて通俗を主として苟《いやしく》も難字を用いず、紛《まぎ》れもなき寺小屋流の体裁なりと信ず。

序《ついで》ながら一事を記さんに、右の如《ごと》く世界国尽は俗中の俗文、自分の目にも可笑《おか》しく見ゆる程なれば、世間の儒流は無論、洋学社会にも必ず之《これ》を嘲《あざけ》り笑う者あるべし。是《こ》れも平気に構えて馬耳東風に附し去れば夫《そ》れ迄《まで》なれども、出来ることならば何か一策と考うる中に、不図《ふと》思付《おもいつ》きたるは英文飜訳《ほんやく》のことなり。国尽の本書に不似合なる難解の英文字を飜訳して世間に示したらば、自《おのず》から本書の重きを成すこともあらんかと思案の末、米国学士ワルブランク氏[1]の一文を訳し、序文の代りとて巻首に掲げたり。今日の洋学界に是式《これしき》の英文を訳するは固《もと》より容易なれども、三十年前には随分骨の折れたる業《わざ》なり。亦《また》是れ著者一時の好事のみ。

**学問のすゝめ**

学問のすゝめは一より十七に至るまで十七編の小冊子、何《いず》れも紙数《かみかず》十枚ばかりのものなればその発売頗《すこぶ》る多く、毎編凡《およ》そ二十万とするも十七編合して三百四十万冊は国中に流布したる筈《はず》なり。書中の立言《りつげん》往々《おうおう》新奇にして固《もと》より当時の人気《にんき》[2]に叶わず、上流社会の評論に於《お》ても漫語《まんご》放言《ほうげん》[3]として擯斥《ひんせき》するもの多し。殊《こと》に明治六、七年の頃より評論攻撃ます／＼甚《はなは》だしく、東京の諸新聞紙に至るまでも口調を揃えて筆鋒《ひっぽう》を差向《さしむ》け、日にその煩《わずらい》に堪《た》えず。畢竟《ひつきよう》世間の読者が文章の一字一句を見て全面の文意を玩味《がんみ》せず、記者も亦《また》数枚の小冊子に所思《しよし》を詳《つまびらか》にすること能《あた》わずして、双方共に堪《た》え難《がた》き次第なれども、毎人に向《むか》て語るべきにあらず、唯《ただ》そのまゝに打捨《うちす》て置く中に、明治七年の末に至りては攻撃罵詈《ばり》の頂上を極《きわ》め、遠近《えんきん》より脅迫状の到来、友人の忠告等、今は殆《ほと》んど身辺も危《あやう》きほどの場合に迫りしかば、是れは捨《すて》置き難しと思い、乃《すなわ》ち筆を執りて長々しく一文を草し、同年十一月七日、慶應義塾五九楼仙万《ごくろうせんばん》の名を以《もつ》て朝野新聞[4]に寄書《きしよ》[5]したるにぞ、物論漸《ようや》く鎮まりて爾来《じらい》世間に攻撃の声を聞かず。蓋《けだ》し従前盛《さかん》に攻撃したる者も又《また》攻撃せられたる者も、唯《ただ》双方の情意相通《あいつう》ぜざるが為《た》めに不平を感ずるのみ。苟もその真面目《しんめんもく》を明《あきらか》にして相互《あいたがい》に会心《えしん》するときは、人間世界に憎むべきものもなく怒るべきものもなきの事実を知るに足るべし。今その寄書の全文を記すること左の如し。

**1 ワルブランク** G. C. Verplank（1786–1870） ニューヨーク州の教育家、説教師。 **2 人気** 気風。 **3 漫語放言** いいかげんで無責任な発言。 **4 朝野新聞** 明治前期の自由民権派の政論新聞。社長・成島柳北、主筆・末広鉄腸。 **5 朝野新聞に寄書** 福澤の記憶違いで、はじめ十一月五日付『郵便報知新聞』第五〇〇号附録として発表され、その後『朝野新聞』第三七五号（十一月七日付）に投書として掲載された。

## 学問のすゝめの評

近来福澤氏所著の学問のすゝめを論駁《ろんばく》するもの多く、而《しこう》してその鋒《ほこさき》を向くる所は、その第六編と七編なるが如《ごと》し。世の識者、固《もと》より各《おのおの》その所見を述《の》ぶるの権あり。余輩敢《あえ》てその駁者《ばくしゃ》を駁《ばく》して以《もっ》て一世の議論を籠絡《ろうらく》せんとするに非《あら》ざれども、識者或《あるい》はこの書の通編を見ざるのみならず、その駁論《ばくろん》の目的とする所の六、七編をも通覧吟味せずして、唯《ただ》書中の一章一句に就《つ》き遽《にわか》に評を下《くだ》すに似たるもの多し。是《これ》余輩が爰《ここ》に一言を述《のべ》て世に公布する所以《ゆえん》なり。

学問のすゝめ第六編は、国憲の貴き由縁《ゆえん》を論じて、私裁[1]の悪弊を咎《とが》め、国民の身分を以て政府の下に居るときは、生殺与奪《せいさつよだつ》の政権をば悉皆《しっかい》政府に任して、人民はこの事に就き秋毫《しゅうごう》[2]の権あるべからず、その趣意《しゅい》を広めて極度に至れば、仮令《たと》い我家に強盗の犯入することあるも、妄《みだり》に手を下すの理なしとまでに論じて、痛く私裁の宜《よろ》しからざるを述べ、巻末に赤穂《あこう》の義士、並《ならび》に政敵の暗殺等を出してその例を示したるなり。余輩の第六編を解すこと斯《かく》の如し。

第七編は巻首に云《い》える如く、六編の補遺《ほい》にて、その趣意は人の了解に便ならしめんがため、人民の身分を主客の両様に分ち、客の身を以て論ずれば、苟《いやしく》も政府の憲法を妨《さまた》ぐべからず、既《すで》に彼を政府と定め、此《これ》を人民と定め、明治の年号を奉じて、政府の下に居るべしと約束したる上は、仮令《たと》い政法に不便利なることあるも、その不便利を口実に設けて之《これ》を破るの理なしとて、専《もっぱ》ら政府たるもの丶実威を主張し、又主人の身を以《もっ》て論ずれば、政府の費用を払うて銘々《めいめい》の保護を託したるものなれば、損徳共に之を人民に引受けざるべからず、政府の処置に不安心なることあらば深切《しんせつ》に告げて遠慮することなく穏《おだやか》に之を論ずべしとて、日本の人民、何《いず》れも皆この国を以て自家の思《おもい》を為《な》し、共に全国の独立を守らしめんとするの趣意《しゅい》なり。

巻の半《なかば》に至て政府の変性を説き、政府若《も》しその本分を忘れて暴政を行うときは、人民の身分に於《おい》て如何《いかに》すべきやと難題を設けて、之に三条の答を附し、第一、節を屈して暴政に伏《ふく》すれば天下後世に悪例を遺《のこ》し、全国の衰弱を致すべきが故に、国を思うの赤心《せきしん》[3]あらん者は、斯《かか》る不誠実を行うべからず、第二、然《しか》らば則《すなわ》ち腕力を以てその暴政に抗せんか、内乱の師《いくさ》は禍《わざわい》の比すべきものなし、決して行うべからず、第三、人民の身として暴政府の下に立つには正理を守《まもっ》て身の痛苦を憚《はばか》らず「マルチルドム」[4]の事を為《な》すべしとて、厳《げん》に人民の暴挙を制し腕力に依らずして道理を頼み、理を以て事物の順序を守らんとするの趣意なり。この一段は亜国「ウェーランド」氏、修身論、第三百六十六葉《よう》の抄訳なれば、今原文の続きを訳しその意の足らざる所を補

**1 私裁**　私的な制裁。　**2 秋毫**　ごくわずか。　**3 赤心**　まごころ。忠誠心。　**4 マルチルドム**　martyrdom（殉死、殉教）。

うて之《これ》を示さん。同書、第三百六十七葉の文に云《いわ》く、英国にて第一世「チャーレス」[1]の世に、国民、政府の暴政に堪《た》えず、物論蜂起《ぶつろんほうき》して遂《つい》に内乱の戦争に及び、王位を廃して一時共和政治と為《な》したれども、人民はこれがために自由を得たるに非《あら》ず、その共和政治も数年にして止《や》み、第二世「チャーレス」[2]を立《たつ》るに及《およん》で、国政は益々《ますます》専制を主張し、英人は恰《あたか》も自由を求《もとめ》て自由を失い暴を行《おこない》て暴政を買《かい》たる者の如《ごと》し。内乱の不良なること以《もっ》て知るべし。第二世「チャーレス」の時代には、人民その気風を改め、腕力に依頼せずして道理を唱え、理の為《た》めに身を失う者比々《ひひ》[3]相続き、「マルチルドム」の功徳を以て、今の英国に行わるゝ自由独立の基《もとい》を開きたりと。

巻末はこの「マルチルドム」の話なり。内乱の師《いくさ》と「マルチルドム」と比較して、その得失如何《いかん》。人間の行いに於《おい》て忠義は貴ぶべきものなれども、唯《ただ》一命をさえ棄《すつ》れば忠義なりとて、一筋に之を慕うの理なし。忠僕が縊死《くびれじに》も、その時の事情を考えの外に置《おい》て、唯《ただ》その死の一事に就《つい》て之を見れば、忠義の死と云《い》わざるを得ず。忠臣義士の死も死なり。権助《ごんすけ》の死も死なり。然《しから》ば即《すなわ》ち、権助の死は人の手本とも為《な》るべきものか。決して然《しか》らず。狷介《けんかい》[4]の犬死のみ。その之を犬死とするは何ぞや。世の文明に毫《ごう》も益することあらざればなり。扨《さて》、忠臣義士の談に亘《わた》り、古《いにしえ》[5]の歴史を見るに、国のため人のためにとて身を殺したる者は甚《はなは》だ多し。北条の亡びたるときに高時自殺して、従死する者六千八百人とあり。高時は賊にても、この従死したる者は北条家の忠臣と云わざるを得ず。その他武田《たけだ》、上杉《うえすぎ》の合戦[6]にも、双方共に君の為《た》めに身を殺したる者は挙《あげ》て計《はか》るべからずと雖《いえど》も、今日より之《これ》を論ずれば何のために死したるか。仮りに今日の日本にて甲越《こうえつ》の戦争起ることあらば、その討死の士は之を徒死《とし》[7]と云《い》わざるを得ずとの趣意《しゅい》なり。

**1 第一世「チャーレス」** チャールズ一世（Charles I, 1600–49）。王権神授説を奉じ、清教徒を抑圧し専制政治を敷いて議会と対立した。クロムウェルの率いる議会軍の勝利により処刑された（ピューリタン革命）。のち、クロムウェルの軍事独裁政治が行われ、その死後は再び王政となった。 **2 第二世「チャーレス」** チャールズ一世の子（1630–85）。ピューリタン革命後フランスに亡命した。王政復古により帰国、カトリックと絶対王政の復活をはかり議会と対立を深め、のちの名誉革命の遠因をつくった。 **3 比々** 物事のつらなるさま。次々に。 **4 狷介** 自分の意志をまげず人と協調しないこと。 **5 北条の亡びたるとき** 元弘元（一三三三）年、鎌倉幕府が新田義貞に攻め亡ぼされた時、十四代執権の北条高時とともに多数の一族郎党が自刃したこと。高時は後醍醐天皇の敵対者であったため、明治期には「賊」として扱われることが多かった。なお、この部分の「高時」以下に付された傍点は、以下五個所の傍点部分を含めて『朝野新聞』の記事にある圏点による。『福澤全集緒言』初版、および『福澤全集』第一巻ではこれは省かれている。傍点を付した『福澤諭吉全集』第一巻に倣う。 **6 武田、上杉の合戦** 戦国末期、甲斐の武田信玄と越後の上杉謙信が北信濃や北関東の支配をめぐってしばしば合戦をしたこと。なかでも弘治元（一五五五）年から永禄四（一五六一）年まで前後四回にわたった川中島の合戦は有名。 **7 徒死** むだ死に。

又外国の例を引《ひい》てその意を足さん。在昔《ざいせき》、仏蘭西《フランス》及び西班牙《スペイン》にて宗旨のために戦争を起し、君命を以《もっ》て人を殺し、君命を重んじて身を殺したる者は、幾千万の数を知るべからず。その人物の誠忠は実に天地に恥《はず》るなしと雖《いえ》ども、開明の今の欧洲の眼を以て見れば、宗旨論に死する者は之《これ》を犬死《いぬじに》と云《い》わざるを得ず。

右の如《ごと》く、忠臣義士の死を徒死《とし》と為《な》し犬死とするは何ぞや。当時未開の世に当り、人の目的とする所のもの、各《おのおの》その一局に止《とどまり》て一般の安全繁昌に眼を着するに至らざればなり。こは人の罪に非《あら》ず、時の勢《いきおい》なり。古《いにしえ》に在ては忠死なり、今に在ては徒死なり。故に後世より之を観れば、その志は慕うべくして、その働《はたらき》は則《のっ》とるべからざる者なり。朝野新聞、第三百六十八号、愛古堂主人の評論中[1]に、前略、事柄に於《おい》て決してその目的あるべからず、この禁止の辞、解し難《がた》しとあれども、時勢の沿革、文明の前後を察すれば、数百年の上に在て、その人物に今の文明の目的あらずと云うも、万々差支《さしつかえ》あることなし。その目的あらざればとて、之を古人の恥と云うべからず。又今日に至ては文明の事物大《おおい》に見るべきものありと雖《いえど》も、これを以て今人《こんじん》の面目と為《な》し、今人は古人に優るとて誇るの理なし。古人は古に在て古の事を為したる者なり。今人は今に在て今の事を為す者なり。共に之を人類の職分と云わざるを得ず。

楠公《なんこう》[2]の事は、学問のすゝめ中にその文字なしと雖も、世論の所見に次《つい》で之を論ぜん。公の誠忠義気は又喋々《ちょうちょう》論ずるを俟《ま》たず。福澤氏は楠公《なんこう》と権助《ごんすけ》とを同一の人物なりと云《い》たるか。元弘・正平《しょうへい》[3]の際に、公の外に権助あらば、その功業に優劣なしと云たるか。筆端に記せざるは勿《もち》論《ろん》、言外にもその意味を見ず。氏が立論の眼目は、時勢の沿革、文明の前後に在るものなり。その忠臣義士と権助とを比したるは、唯《ただ》死の一事のみ。譬《たと》えば義士は正宗の刀[4]の如く、権助は錆《さび》たる庖丁《ほうちょう》の如し。死の一事を以て論ずれば、正宗も庖丁も共にその地金《じがね》は鉄なれども、その働《はたらき》と品柄《しながら》との軽重を論じて、之を同時同処《どうしょ》に置く時は、雲壌懸隔《うんじょうけんかく》[5]、固《もと》より比較すべからず。啻《ただ》に理に於て不都合のみならず、之を聞て先《ま》ず捧腹《ほうふく》[6]すべきに非ずや。苟《いやしく》も人心を具《ぐ》したる者なれば、是等《これら》の弁別はあるべし。元弘・正平の際に楠公が功業を立てたるは、この宝刀を燿《かがや》かしたる者にて、王室のために謀れば、全国この燿光《ようこう》の外に見るべきものなし。然《しか》らば則《すなわ》ち公の

**1 朝野新聞……の評論**　『朝野新聞』第三六八号（明治七（一八七四）年十月二十八日付）に掲載された、愛古堂主人の『学問のすゝめ』七編の読後感。**2 楠公**　楠木正成（一二九四（永仁二）年―一三三六（建武三）年）。南北朝時代の武将。後醍醐天皇の鎌倉幕府討伐に参加、建武の新政に寄与する。のち、九州から東上した足利尊氏の軍に敗れ湊川で敗死した。**3 元弘・正平**　元弘元（一三三一）年、楠木正成が後醍醐天皇の求めに応じて挙兵してから、正平三（一三四八）年、楠正行が四条畷で戦死するまでの楠氏が活躍した期間。**4 正宗の刀**　鎌倉後期の刀工、岡崎正宗が鍛えた名刀。**5 雲壌懸隔**　天と地のへだたり。はなはだしくかけ離れていること。**6 捧腹**　大笑いすること。抱腹。

貴《たっと》き所以《ゆえん》はその死に非《あら》ずして、その働《はたらき》に在るなり。その働きとは何事を指して云《い》うや。日本国の政権を復して、王室に帰せんとしたる働なり。この時代に在ては、公の挙動、毫《ごう》も間然《かんぜん》[1]すべきものなし。その分を尽したる者と云うべし。

然《しか》りと雖《いえど》も、爰《ここ》に時勢の沿革を考え、元弘・正平《しょうへい》年中と、明治年中とを持出して、日本国人の当に務むべき働を論ずれば、大に異なる所なかるべからず。元弘・正平の際に、王室政権を失うと雖も、之《これ》を奪いたる者は北条なり、又足利なり。結局日本国内の事にて、然も血統を以《もっ》て論ずれば、北朝にも天子あり。往古《おうこ》より如何《いか》なる乱臣賊子にても、直《ただち》に天子の位を窺《うかが》うものなきは、公も自《みず》から信ずることならん。然りといえども、公は尚《なお》これを以て満足するものに非ず。飽《あ》くまで正統を争うてその権柄《けんぺい》を王室に復せんとし、力尽《つき》て死したるものにて、その一局の有様《ありさま》を想えば、遺憾限りなしと雖も、その政権は遂《つい》に去《さっ》て外国人の手に移るに非ず、外に移らざるものは再び復するの期もあるべければ、公は当時失望の中にも、自《みず》から万分一の望《のぞみ》をば〔遺〕達したることならん。故に明治年間に在る日本人の所憂《しょゆう》を以て、元弘・正平の時勢を見れば、尚《なお》忍ぶべきものありて、楠公《なんこう》の任は、今の日本人の責《せめ》よりも軽しと云うべし。是亦《これまた》時勢の沿革、文明の前後なり。思わざるべからず。目今《もっこん》の有様は、実に我国開闢《かいびゃく》以来尤《もっと》も始めにして最も大なる困難に当りたる時勢なり。

抑《そ》も明治年間の日本人にて憂うべきものとは何ぞや。外国の交際、即《すなわち》是れなり。今外交の有《あり》様《さま》を見るに、商売を以て之を論ずれば、外人は富《とみ》て巧《たくみ》なり、日本人は貧にして拙なり。裁判の権を以て論ずれば、動《やや》もすれば我邦人に曲を蒙《こうむ》る者多くして、外人は法を遁《のが》るゝ者なきに非ず。学術も彼に学ばざるを得ず、財本《ざいほん》2も彼に借らざるを得ず。我は漸次《ぜんじ》に国を開て、徐々に文明に趣《おもむ》かんとすれば、彼は自由貿易の旨を主張して、一時に内地に入込まんとし、事々《じじ》物々《ぶつぶつ》、彼は働《はたらき》を仕掛けて我は受け身となり、殆《ほとん》ど内外の平均を為《な》す能《あた》わず。この勢《いきおい》に由て次第に進み、内国の人民は依然として旧習を改ることなくば、仮令《たと》い外国と兵革の釁《きん》3を開かざるも、或《あるい》は我国権の衰《すい》微《び》なきを期すべからず。況《いわ》んや万一の事故あるに於《おい》てをや。之を思えば亦寒心すべきに非ずや。

この困難の時勢に当り、日本国民の身分において、事あれば唯一命を抛《なげう》つと云てその職分を終れりと為《な》すべきや。余輩の所見は決して然らず。元弘・正平《しょうへい》の政権は尊氏《たかうじ》4に帰したれども、明治の日本には尊氏あるべからず。今の勁敵《けいてき》5は隠然《いんぜん》として西洋諸国に在《あっ》て存せり。本書第三編に云《い》う所の大胆不敵なる外国人とは蓋《けだ》しこの事ならん。今の時に在て、我国の政権若《も》し去るこ

1 **間然** 非難すべき欠点のあること。 2 **財本** 財産と資本。 3 **兵革の釁** いくさ。 4 **尊氏** 足利尊氏（一三〇五〔嘉元三〕年―一五八〔延文三〕年）。後醍醐天皇にくみし、建武の新政の端緒をつくる。のちに叛いて光明天皇を擁立、征夷大将軍となり室町幕府を開いた。 5 **勁敵** 強い敵。

とあらば、その権は王室を去るに非《あら》ずして、日本国を去るなり。室を去るものは復するの期ありと雖《いえど》も、国を去るものは去《さっ》て復《ま》た返るべからず。印度《インド》の覆轍《ふくてつ》[1]、豈《あに》復《ま》た踏むべけんや。事の大小軽重に眼を着《ちゃく》すべきなり。この困難の時勢に当り、楠公《なんこう》の所業学ぶべきや。余輩の所見は決して然《しか》らず。公の志《こころざし》は慕うべし、その働《はたらき》は手本と為《な》すべからず。前の譬《たとえ》にも云《い》える如《ごと》く、楠公の働は猶《なお》正宗の刀の如《ごと》し。刀剣の時代には、固《もと》よりこの刀を以《もっ》て最上の物と為すべしと雖も、時代の変革に従えば宝刀も亦《また》用を為す能《あた》わざるの勢《いきおい》に移るが故に、別に工夫を運らすことなかるべからず。即《すなわち》是《こ》れ変遷〔通〕の道なり。公の時代には外国の患《うれい》なし。その患なければ、之《これ》に応ずるの工夫も亦あるべからず。公の罪に非《あら》ず、決して之を咎《とが》むべからず。然《しか》るに今、世の士君子、古《いにしえ》の忠臣義士を慕い、その志を慕うの余りに、兼てその働をも学ぶべきものゝ如く思い、古の働を以て今の時務に施し、毫《ごう》も工夫を運《めぐ》らすことなくして、そのまゝに之を用いんとする者あるが如し。その趣を形容して云えば、小銃の行わるゝ時節に至て、尚《なお》古風の槍剣を用いんとするに異《こと》ならず。余輩の疑《うたがい》を生ずる所以《ゆえん》なり。余輩の眼を以《もっ》て楠公を察するに、公をして若《も》し今日に在らしめなば、必ず全日本国の独立を以て一身に担当し、全国の人民をして各《おのおの》その権義[2]を達せしめ、一般の安全繁昌を致して全体の国力を養い、その国力を以て王室の連綿を維持し、金甌《きんおう》無欠[3]の国体をして益々《ますます》その光を燿《かがや》かし、世界万国と並立せんとて之を勉《つと》むることとなるべし。

今の文明の大義とは即《すなわ》ち是《これ》なり。この大事業を成さんとするに豈唯《あにただ》一死を期するのみにて可《か》ならんや。必ず千状万態の変通[4]なかるべからず。仮に今日、魯英《ろえい》[5]の軍艦をして兵庫の港に侵入することあらしめなば、楠公《なんこう》は必ず湊川《みなとがわ》の一死[6]を以《もっ》て自《みず》から快《こころよし》とする者に非《あら》ず。その処置は余輩の敢《あえ》て測るべきに非《あら》ざれども、別に変通の策あること断じて知るべし。結局死は肉体の働《はたらき》なり、匹夫《ひっぷ》[7]も溝瀆《こうとく》に経《くび》るゝ[8]ことあり。変通は智慧《ちえ》の働なり、時勢の沿革、事物の軽重を視《み》るの力なり。楠公決して匹夫に非ず。今日に在らば必ず事の前後に注意し、元弘・正平の事に倣《なら》わずして別に挙動もあり別に死所《ししょ》もあるべし。概して云《い》えば、元弘・正平《しょうへい》の事は内なり明治の事は外なり、古《いにしえ》の事は小なり今の事は大なり。是即《これすなわ》ち、公の働の元弘と明治とに於《おい》て異《こと》なるべき所以《ゆえん》なり。故に楠公《なんこう》の人物を慕う者は仮に之《これ》を今の世に摸写し出し、この英雄が明治年間に在て当に為すべき働を想像して、その働に則《のっと》らんことを勉《つと》むべし。斯《かく》の如《ごと》くして始めて公の心事を知る者と云うべし。元弘・正平の楠公を見て、公は数百年の後、今日に至ても尚《なお》同様の働を

**1 覆轍**　くつがえった車の轍《わだち》。失敗の前例。 **2 権義**　right の訳語。『学問のすゝめ』では権利通義とも訳している。 **3 金甌無欠**　きず一つない金の甌《かめ》のように、完全で欠点のないこと。特に外国の侵略をうけたことのないこと。 **4 変通**　四三九頁注1参照。 **5 魯英**　ロシア、イギリス。 **6 湊川の一死**　楠木正成が建武三（一三三六）年に摂津の湊川で敗死したこと。 **7 匹夫**　身分の低い男。 **8 溝瀆に経るゝ**　自ら首をしめドブのような死すべき所でない場所で死ぬ。つまらない死に方。

為すべき者と思うは、未《いま》だ公の人物を尽さずして却《かえつ》て之《これ》を蔑視《べつし》する者と云《い》うべし。公の為《ため》に謀《はか》りて遺憾なきを得ず。結局公の誠意は千万年も同一なりと雖《いえど》も、その働《はたらき》は必ず同一なるべからず。楠公《なんこう》の楠公たる所以《ゆえん》は唯《ただ》この一事に在るのみ。

変通と云わば、血気の少年輩は遽《にわか》に之を誤り認めて鄙怯《ひきよう》なる遁辞《とんじ》など丶思う者もあらんが、よく心を平《たいらか》にして考えざるべからず。弘安年中に北条時宗《ほうじようときむね》が元使を斬たる[1]は、之を義挙[2]と云て妨《さまた》げなからん。されどもこの義挙は弘安に在て義挙なり。若《も》し時宗《ときむね》をして明治年間に在らしめ、魯英の使節を斬るか、又は明治の人が時宗の義挙を慕うて、その義に倣《なら》うことあらば如何《いか》ん。之を狂挙と云わざるを得ず。均《ひと》しく外国の使節を斬ることとなるに、古《いにしえ》は之を以て義と為《な》し、今は之を以て狂と為すは何ぞや。時勢の沿革なり、文明の前後なり。都《すべ》て時代と場所とを考えの外に含《お》くときは、何事にても便ならざるはなし、何物にても不便利ならざるはなし。変通の道とは正にこの辺にある者なり。

福澤氏が立論の趣意《しゆい》は右の如し。是《これ》に由て之を観れば、氏は楠公を知らざる者に非《あら》ず、之を知ること或《あるい》は世の識者よりも詳《つまびらか》ならん。然《しか》り而《しこう》して、近日紛紜《ふんうん》[3]の論駁《ろんばく》を生ずる所以は、未《いま》だ互《たがい》にその両端を尽さずして、論の極度を以《もつ》て相接すればなり。蓋《けだ》し世の新聞投書家の如きは、愛国の義気、固《もと》より盛《さかん》なる者とは雖《いえど》も、その外国交際の難《かた》きを視《み》ること氏が如く切《せつ》ならず、国の独立を謀《はか》ること氏が如《ごと》く深からず、時勢の沿革を察すること氏が如く詳ならず、事物の軽重を量《はか》ること氏が如く明《あきらか》ならずして、遂《つい》に枝末近浅《しまつきんせん》の争論に陥りたるものなり。思うに福澤氏は世論の喧《かまびす》しきを恐れずして、却《かえつ》て我日本国内の議論未《いま》だ高尚の域に進まずして、その近浅なることこの度《たび》の論駁《ろんばく》の如きもののあるを憂《うれ》うることとならん。

世人又《また》福澤氏を駁《ばく》するに共和政治又は耶蘇《ヤソ》教云々《うんぬん》の論を以《もつ》てする者あり。何ぞ夫《そ》れ惑えるの甚《はなは》だしきや。氏が耶蘇教に心酔して共和政治を主張するとは、果して何の書に記して誰に伝聞したるや。福澤氏は世界中に行わるゝ政治の専制を好まずして民権を主張する者なり。そのこれを主張するや、私《わたくし》に非《あら》ず公然とこの説を唱えり。我日本国にも古来専制の流弊[4]ありて、人民の気力これが為に退縮し、外国の交際に堪《た》うべからざるの恐《おそれ》あるが故に、氏の素志は勉《つと》めてこの弊を糺《ただ》し、民権を主張して国力の偏重を防ぎ、約束を固くして政府の実威を張り、全国の力を養て外国に抗し、以《もつ》て我独立を保たんとするに在るのみ。都《すべ》て事物を論ずるには、先《ま》ずその物の区別を立てざるべからず。共和政治なり耶蘇教なり、民権なり専制なり、何《いず》れも同一の物

**1 北条時宗が元使を斬たる** 時宗が元の使者を斬首したのは建治元(一二七五)年と弘安二(一二七九)年の両度。ここでは後者のこと。 **2 義挙** 正義のために事をおこすこと、その企図。 **3 紛紜** 物事が入り乱れるさま。 **4 流弊** 古くから世間一般に行われている悪い習慣。

に非《あら》ず。氏は専制の暴政を嫌う者なり。是亦《これまた》氏に限らず、凡《およ》そ人類として之《これ》を好むものはなかるべし。何ぞ独り福澤の如《ごと》き奇人にして暴政を悪《にく》むと云《い》うの理あらんや。又《また》宗教と政治とは全く別の物なり。宗教の事に就《つい》ても、積年氏の持論あり、爰《ここ》に贅《ぜい》せず[1]（この論も世人の氏を視《み》る所の心を以《もっ》て聞かば、必ず驚駭《けいがい》[2]することとあらん）。又この専制と云《い》い暴政と云うものは、必ず立君の政治に伴い、民権と云い自由と云うものは、必ず共和政治と並び行わるゝものか。果して何の書を読み、誰の言を聞て、この臆断を為《な》すや。請う、試《こころみ》に之を弁ぜん。

専制は猶《なお》熱病の如《ごと》く政治は猶《なお》人身の如《ごと》し。人身には男女老幼の別あれども、共にこの熱病に罹《かか》るべし。政治にも立君《りっくん》[3]、共和等の別あれども、共に専制の悪政を行うべし。唯《ただ》立君の専制は一人の意に出で、共和の悪政は衆人の手に成るの別あるのみなれども、その専制の悪政を行うの事実は異なることなし。猶人身に男女老幼の別あれども、熱病に罹《かか》るの実は同一なるが如し。何様の臆度《おくたく》[4]を以て事を断ずるも、熱病は必ず男子に限り専制は必ず立君の政治に限ると云うの理なし。

仏国「ギゾー」[5]氏の文明史[6]に云《い》えることあり。立君の政《まつりごと》は人民の階級を墨守すること、印度《インド》の如き国にも行わるべし、或《あるい》は之に反して、人民群居、漠然として上下の別を知らざる国にも行わるべし、或は専制抑圧の世界にも行わるべし、或は真に開化自由の里にも行わるべし、君王は恰《あたか》も一種珍奇の頭《かしら》の如く、政治風俗は体の如し、同一の頭を以て異種の体に接すべし、君王は恰も一種珍奇の果実の如《ごと》く、政治風俗は樹の如《ごと》し、同一の果実よく異種の樹に登《みの》るべしと。

右はあまり珍らしき説にも非《あら》ず。少しく学問に志す者なれば、是等《これら》の事は早く既《すで》に了解したる筈《はず》なるに、今日に至るまでも、尚耶蘇《なおヤソ》教、共和政治などの如《ごと》き陳腐なる洋説を以《もっ》て、区々の疑念を抱くは、〔畢〕必竟掩《おお》わるゝ所ありて、片眼以て物を視《み》るの弊ならん。その掩わるゝ所の次第を尋《たずぬ》るに、人民同権は共和政治なり、共和政治は耶蘇教なり、耶蘇教は洋学なりと、己《おのれ》の臆度想像を以て事物を混同し、福澤は洋学者なるゆえ、その民権の説は必ず我嘗《かつ》て想像する所の耶蘇、共和ならんとて、一心一向に之《これ》に怒《いか》ることならんか。爰《ここ》に鄙言《ひげん》[7]を用いてその惑《まどい》を解かん。云《いわ》く、酒店《さかや》の主人必ずしも酒客に非《あら》ず、餅屋の亭主必ずしも下戸《げこ》に非ず、世人その門前を走《はしっ》て遽《にわか》にその内を評する勿《なか》れ、その店を窺《うかがっ》てその主人を怒る勿れ。固《もと》よりその怒心《どしん》はその人の私《わたくし》に非ず、国を思うの誠意なれども、所謂《いわゆる》国を思うの心ありて、国を思うの理を弁ぜざる者と云うべし。

明治七年十一月七日

慶應義塾　五九楼仙万《ごくろうせんばん》　記

**1 贅せず**　よけいなものをつけ加えない。 **2 驚駭**　驚くこと。きょうがい。 **3 立君**　君主制。 **4 臆度**　当て推量。臆測。 **5 ギゾー**　François Pierre Guillaume Guizot（1787–1874）フランスの政治家・歴史家。 **6 文明史**　福澤の読んだ『文明史』は英訳本の *General History of Civilization in Europe*, 1870. **7 鄙言**　通俗的な表現。

記者評《きしやひよう》 曰《していわく》 議論《ぎろん》精確《せいかく》而《にして》巧緻《こうち》麻姑《まこ》掻痒《そうよう》[1]

日本の洋学は百二十余年前、医学門より入り、同時に物理学は学者社会の最も悦《よろこ》ぶ所にして、薬材学に兼て化学、本草《ほんぞう》学、数学、天文学等を修《おさむ》る者も少なからず。嘉

## 童蒙教草[2]

永開国の後は以上諸科に続《つ》ぐに兵学を以《もつ》てし、明治維新の前後に至りて更《さ》らに面目《めんもく》を改め、慶応三年夏、余が米国より帰来のとき歴史、経済、法律、数学等、諸種の原書を輸入して私塾の教科書に用いたるこそ洋学教場の一大進歩にして、日本国の少年子弟が始めて万国の歴史を読み経済の主義を講ずるが如《ごと》き、一として新奇ならざるはなし、その書を教《おしう》る者も学ぶ者も、唯《ただ》文を解するに巧拙こそあれ、書中の事柄に至りては師弟共に等しく初学入門のことなれば、一句一章読み去り読み来りて相共《あいとも》に拍手《はくしゆ》快《かい》と称するもの多し。誠に愉快なる次第なれども、道徳論の一段に至りては余が米国在留中にも頓《とん》と心付かずして、その書類の有無をも知らざれば固《もと》より之《これ》を携《たずさ》え帰らず。然《しか》るに当時吾々《われわれ》の文明思想は次第に発達して、恰《あたか》も天下に恐るゝ者なしと聊《いささ》か自《みず》から信じて窃《ひそか》に得々たりと雖《いえど》も、西洋の道徳如何《いかん》の議論を聞くときは何か物足らぬ心地して安《やす》んずるを得ず。塾中長者の最も苦心する所なりしに、明治元年の事と覚ゆ、或日《あるひ》小幡《おばた》篤次郎《とくじろう》氏が散歩の途中、書物屋の店頭《みせさき》に一冊の古本を得たりとて、塾に持帰《もちかえ》りて之《これ》を見れば、米国出版ウェーランド[3]編纂《へんさん》のモラルサイヤンス[4]と題したる原書にして、表題は道徳論に相違な

し。同志打寄《うちよ》り先《ま》ずその目録に従《したがっ》て書中の此処《ここ》彼処《かしこ》を二、三枚ずつ熟読するに、如何《いか》にも徳義一偏を論じたるものにして甚《はなは》だ面白し。斯《かか》る出版書が米国にあると云《い》えば一日も捨置《すてお》き難《がた》し、早速購求せんとて、横浜の洋書店丸屋に託して同本六十部ばかりを取寄せ、モラルサイヤンスの訳字に就《つい》ても様々討議し、遂《つい》に之《これ》を修身論と訳して、直に塾の教場に用いたり。是《こ》れより塾中には物理、経済等の外《ほか》に新舶来の徳論を論ずることゝなりて自《おのず》から面目を新《あらた》にし、既《すで》に事の端緒を開けばウェーランドの外《ほか》に諸種の修身教科書を得ることも甚《はなは》だ易くして、明治四、五年の頃に至り童子教《どうじきょう》5とも云うべき物語りの原書を翻訳したるものは童蒙教草《どうもうおしえぐさ》五冊なり。古来、外国人の事を禽獣《きんじゅう》のように云《い》い囃《はや》し、紅毛人《こうもうじん》の尻には尾があるなど思いし輩の迷《まよい》を解く為《た》めに

**1 麻姑掻痒**　『神仙伝』に見える故事。麻姑は伝説の仙女で、その長い爪で痒い所をかいてもらうと、非常に気持ちがよかったという。ここでは、議論が精緻で、かつスッキリとしていて、非常にわかりやすく、読んで気持ちがよかったとの意。　**2 嘉永開国**　嘉永六（一八五三）年、ペリー提督の率いるアメリカ艦隊が修好通商を求めて浦賀に来航し、翌年、日米和親条約が締結されたこと。　**3 ウェーランド**　Francis Wayland（1796–1865）アメリカ、ブラウン大学学長。『モラル・サイエンス（修身論）』と『ポリティカル・エコノミー（経済学）』の著者。　**4 モラルサイヤンス**　*The Elements of Moral Science*, 1835.　**5 童子教**　中世前期に成立した漢文体の修身道徳初等教科書。江戸時代から明治初年にかけて多数出版され、寺子屋や家庭で広く読まれた。

は随分《ずいぶん》有力なる翻訳書なりしと思う。

## かたわ娘

かたわ娘は実にたわいもなき小説ようのものなれども、之《これ》を綴《つづ》りたるには自《おのず》からその時の事情あり。明治四、五年の頃、人の噂《うわさ》を伝聞するに、京都の堂上公卿《どうじょうくげ》の中には今尚《な》お鉄漿《おはぐろ》[1]を着《つ》ける者ありと云《い》う。余は窃《ひそか》に不平に堪《た》えず、王政維新[2]既《すで》に四、五年を経過して堂上貴顕《きけん》の因循文弱《いんじゅんぶんじゃく》[3]、唯《ただ》驚くの外《ほか》なし、数百年来、京都の公卿輩《はい》が国中に重きを為《な》し得ざりしも偶然に非《あら》ず、実に気の毒なる次第なれば、今これを文明に導て活溌《かっぱつ》男児たらしめんとするには、先《ま》ずその外形よりして兎《と》も角《かく》も婦人ようの鉄漿を廃せしむるこそ至急なれと思い、執筆起草して之を議論せんとする折柄、不図《ふと》思案すれば待てしばし、公卿が婦人の真似するは固《もと》より可笑《おか》しけれども、その婦人が天然に白き歯を持ちながら態《わざ》と之を黒く染るも亦《また》笑うに堪《た》えたり、左《さ》れば少数の公卿は咎《とが》むるに足らず、全国大多数の婦人の歯を白くして天然の美を保たしむるは事の順序なり、婦人にして果して鉄漿の陋習《ろうしゅう》を脱するときは、京都の柔弱《じゅうじゃく》男児の自《みず》から愧《は》じて自《みず》から改むるや必せり、一挙両善の法なりと、是《ここ》に於《おい》てか最前の文案を改め単に婦人に向《むかっ》て鉄漿の利害を説かんとし、歯を黒くするは人為の片輪《かたわ》者なりとの意味を以《もっ》て之を諷したることとなり。

## 改暦弁

明治五年十一月九日改暦の発令あり。その時の公文、左の如《ごと》し。

今般改暦之儀、別紙の通《とおり》被仰出《おおせいだされ》候《そうろう》条此旨相達《このむねあいたっし》候事

（別紙詔書）

朕惟《ちんおも》うに我邦通行の暦たる太陰の朔望《さくぼう》[4]を以《もつ》て月を立て太陽の躔度《てんど》[5]に合す。故に二、三年間必ず閏月を置かざるを得ず。置閏《ちじゅん》の前後時に季候の早晩あり、終《つい》に推歩[6]の差を生ずるに至る。殊《こと》に中下段に掲ぐる所[7]の如《ごと》きは率《おおむ》ね妄誕無稽《もうたんむけい》[8]に属し人知の開達を妨ぐるもの少しとせず。蓋《けだ》し太陽暦は太陽の躔度に従《したがつ》て月を立つ。日子多少の異ありと雖《いえど》も、季候早晩の変なく、四歳毎《ごと》に一日の閏を置き七千年の後、僅《わずか》に一日の差を生ずるに過ぎず。之を太陰暦に比すれば最も精密にして、その便不便も固《もと》より論を俟《ま》たざるなり。依《よつ》て自今旧暦を廃し太陽暦を用い、天下永世之を遵行《じゅんこう》[9]せしめん。百官有司《ひやつかんゆうし》[10]其《そ》れ斯旨《このむね》を体《たい》せよ。

明治五年壬申《じんしん》十一月九日

一　今般太陰暦を廃し太陽暦御頒行相成候《ごはんこうあいなりそうろう》に付《つき》、来る十二月三日を以《もつ》て明治六年一月一日と

1 **鉄漿**　鉄片を茶の汁あるいは酢の中に浸して酸化させた液に付子《ふし》の粉をつけて歯に塗る。お歯黒。　2 **王政維新**　明治維新。　3 **因循文弱**　古い習慣や方法を改めようとせず、理屈をいうばかりで弱々しいこと。　4 **太陰の朔望**　月の朔（新月）と望（満月）。　5 **躔度**　太陽の軌道上の位置。　6 **推歩**　天体の運行を推測し計算すること。　7 **中下段に掲ぐる所**　暦の中下段に、立春、雨水などの二十四節気や日の吉凶などが書かれていること。　8 **妄誕無稽**　でたらめで根拠のないこと。　9 **遵行**　従い守ること。　10 **百官有司**　すべての役人。

被定《さだめられ》候事。

但《ただし》新暦鏤板《ろうはん》[1]出来次第頒布《はんぷ》候事。

一　一箇年三百六十五日十二月に分《わか》ち、四年毎《ごと》に一日の閏《うるう》を置《おき》候《そうろう》事。

一　時刻の儀、是迄《これまで》昼夜長短に随《したが》い十二時に相分《あいわか》ち候処《ところ》、今後改て時辰儀《じしんぎ》[2]時刻、昼夜平分《へいぶん》二十四時に定め、子刻《ねのこく》より午刻《うまのこく》迄を十二時に分ち午前幾時と称し、午刻より子刻迄を十二時に分ち午後幾時と称《しょうし》候事。

一　時鐘の儀、来る一月一日より右時刻に可改《あらたむべき》事。

但是迄《これまで》時辰儀時刻を何字と唱来《となえきたり》候処、以後何時と可称《しょうすべき》事。

一　諸祭典等、旧暦月日〔を〕新暦月日に相当し施行可致《いたすべき》事。

一　太陽暦　一年三百六十五日　閏年《うるうどし》三百六十六日（四年毎《ごと》に置之《これをおく》）

一月大　三十一日　其一日　即《すなわち》旧暦壬申《じんしん》　十二月三日

二月小　二十八日（閏年二十九日）　其一日　同癸酉《きゆう》正月四日

（三月以下略す）

（別に時刻表あり。二時は丑《うし》の刻とか四時は寅《とら》の刻とか記したるものなり）

以上の公文を見れば古来の大〔太〕陰暦を廃し太陽暦に改むることにして甚《はなは》だ妙《みょう》なり。吾々《われわれ》の本願は唯《ただ》旧を棄《す》てゝ新に就《つ》かんとするの一事のみなれば、何は扨《さて》置き先《ま》ず大賛成を表したりと雖《いえど》も、抑《そ》も一国の暦日を変するが如《ごと》きは無上の大事件にして、之《これ》を断行するには国民一般にその理由を知らしめて丁寧反覆、新旧両暦の相異《あいこと》なる由縁を説き、双方得失の在る所を示して心の底より合点《がてん》せしむこそ大切なれ。欧羅巴《ヨーロッパ》の耶蘇《ヤソ》教陽暦国にて、露国の暦は他に異《こと》なること僅《わず》かに十二日なれども、古来の慣行にて今日尚《な》お之を改むるを得ず。然《しか》るに日本に於《おい》ては陰陽暦を一時に変化して凡《およ》そ一箇月の劇変を断行しながら、政府の布告文を見れば簡単至極《しごく》にしてその詳《つまびらか》なるを知るに由《よし》なし、畢竟官辺《ひっきょうかんぺん》にその注意なくして且《か》つは筆執《と》る人の乏しきが為《た》めなりと推察せざるを得ず。左《さ》れば民間の私に之を説明して余処《よそ》ながら新政府の盛事《せいじ》を助けんものをと思付《おもいつ》き、匆々書綴《そうそうかきつづ》りたるは改暦弁なり。その起草は発令の月か翌十二月か、日は忘れたり、少々風邪に犯され床《とこ》の上にて筆を執《と》り、朝より午後に至るまで凡《およ》そ六時間にて脱稿したり。固《もと》より木葉《このは》同様の小冊子にて何の苦労もなかりしが、扨《さて》これを木版にして発売を試みたるに何千何万の際限あることとなし。三版も五版も同時に彫刻して製本を書林《しょりん》に渡しさえすれば直《ただち》に売れ行くその有様《ありさま》は之を見ても面白し。一冊何銭とて高《たか》の知れたる定価なれども、塵《ちり》も積れば山と為《な》るの諺《ことわざ》に洩《も》れず、発売後二、三箇月にして何かの序《ついで》に改暦弁より生じたる純益の金高を調べた

1 **鏤板**　版木を彫ること。出版すること。
2 **時辰儀**　時計の古称。

るに七百円余に上《のぼ》りたることあり。その時、著者は独《ひと》り心に笑い、この書を綴りたるは僅《わずか》に六時間の労なり、六時間の報酬に七百円とは実に驚き入る、学者の身に斯《かか》る利益を収領《しゅうりょう》しても宜《よろ》しかるべきやと、恰《あたか》も半信半疑に自《みず》から感じたるは、旧藩士族根性の然《しか》らしむる所にして今尚《な》お之《これ》を記憶す。二、三箇月の後も売捌《うりさばき》は依然として止《や》まず、利益の全額は千円も千五百円も得たることとならん。畢竟《ひっきょう》余が今日に至るまで何《な》に一つの商売もせず、工業もせず、家富みて余《あまり》あるには非《あら》ざれども、大勢の家族と共に心配なく生活して静《しずか》に老余を楽しむは、改暦弁のみならず他の著訳書より得たる利益の多かりしが故なり。

又改暦弁の巻末に時計の図を記してその見ようを示したり。つまらぬ事ながらその次第を語らんに、徳川の末年に世上一般漸《ようや》く西洋風を催《もよ》おし、時の政府に在る貴《き》顕《けん》の人々は何《いず》れも金の時計を懐中して、価《あたい》は二百両も三百両もしたることとならんに、その時計を見る法を解《かい》する者甚《はなは》だ少なし。貴顕団座談話などの折節《おりふし》、座中の一人が「もう何時で御座《ござ》ろう、貴殿の時計は如何《いかが》で御座る」と云《い》えば、隣席の人が懐中より光り輝く時計を取出し、之を見て「最《も》早《は》や一時過ぎで御座る」と答うるに、此方も同じく自分の時計を見て成《な》るほど左《さ》様《よう》で御座るか、「貴殿の長針は何時の処に居ます」との問に、「長針は大抵《たいてい》三時で御座る」と答うるは、正《まさ》に是《こ》れ一時過ぎ十五分前後のことなり。凡《およ》そ是等《これら》の問答にしてその実は時計の実用を知らず。吾々《われわれ》貧書生は自分に時計こそ所持せざれども、次《つ》ぎの間《ま》からその話を聞《きい》て窃《ひそか》に捧腹《ほうふく》[1]に堪《た》えず、「旗本《はたもと》の殿様が大禄《たいろく》を取て、大きな金時計を持て、その時計の見ようが分らぬか、宝の持腐《もちくさ》りとは是れならん」などゝ冷評《れいひょう》したるは毎度のことなりしが、維新の後も世間には必ず同様の人物多《おお》からんと思い、くだ〳〵しくも時計の図解を示したることなり。亦以《またもっ》て当時の世態《せたい》を想い見るに足るべし。

**帳合之法**

余が著訳書中、最も面到にして最も筆を労したるものは帳合之法《ちょうあいのほう》なり。旧幕府時代に一寸《ちょっと》その原書を見たることあれども余り心に留《と》めず、書中の二、三枚を読《よん》で何か是《こ》れは金銭の請取書を認《したた》むる法式にてもあるかと思いしのみにてそのまゝに捨置《すてお》きしが、明治維新後に至りて横浜の一友人が新船来の原書を携え来り、本書はブック・キーピングとて金銭の受授取引、会計の法を記したるものにして、商家の必用欠くべからざるものなりと云《い》う。依《よっ》て之を手に取り尚《な》お二、三日留置《とめお》きて熟覧すれば、如何《いか》にも商売用の書にしてその帳面の仕組《しくみ》甚《はなは》だ密《みっ》なるが如《ごと》し。余が生来の境遇、日本流の大福帳[2]さえ一見したることはなけれども、今この原書を飜訳すれば大福帳の法に優《まさ》ること万々《ばんばん》なりと深く自《みず》から信じ、直《ただち》に翻訳に着手して、

1 **捧腹** 四六七頁注6参照。 2 **大福帳** 商家の売買記録の元帳。項目を分けずに取引順に記帳する。

その原文を読むは左《さ》まで困難ならざれども、之《これ》を訳して商人の実用に供せんとするには、先《ま》ず日本商家の実際に取引する模様を知り、商家通用の言葉を知ること肝要なり。都《すべ》て士族書生には不案内の事のみにして当惑したること多し。次に大《だい》困難は金高《きんだか》を記すに何百何十何円何十何銭と日本流に書けば文字長く随《したがつ》て帳面も多くなりて迚《とて》も実用に適せず。然《しか》らば三二五、七八と記して三百二十五円七十八銭と読ませんかと思えども、古来絶えて例なきことなれば迚《とて》も通用六《むず》かしからん、夫《そ》れよりも西洋の数字は僅《わずか》に九字なれば之を日本人に覚えさせること丶して、竪《たて》の訳書に数字ばかりを横にして西洋の原字を用いん、斯《か》くすれば何万何千何百何十の順序は左より右へ計《かぞ》えて日本の双露盤《そろばん》の桁と恰《あたか》も同様なるゆえ人の呑込《のみこ》みは易《やす》からん、左《さ》りとて日本人に新《あらた》に九字の西洋文字を用いしむるは中々の困難なり、如何《いかに》して善《よ》からんと思案に悩み、幾回か系〔罫〕紙の版を彫刻してその体裁を試《こころ》みたれども、何分にも自《みず》から釈然として安んずるを得ず、一進一退、不決断の折柄、先年、余が米国在留中特に懇意《こんい》にしたるチャー〔ル〕ス・ウヲールコット・ブルックス[1]と云《い》う商人が、維新後日本大使の為《た》め種々周旋したるその由縁《ゆかり》を以《もっ》て我国に渡来し、府下木挽町《こびきちょう》の精養軒に止宿《ししゅく》したることあり。依《よっ》て余はこの人を尋問して話しの序《ついで》に右数字の翻訳法を相談せしに、ブルックスも色々考えたりしが、如何《いか》にしても新に西洋の数字を用うるは穏かならず、仮令《たと》い古来の例なきにもせよ日本の数字を用うるに若《し》かずとの説にて、乃《すなわ》ちその説に従い思い切《きっ》て日本字を竪《たて》に書き、百二十三円四十五銭を一二三、四五と記するが如《ごと》き体裁に決定したり。今日となりて見れば簿記学の翻訳も多く、その法を事実に用うる者も甚《はなは》だ多くして、数字を記すは商家の小僧も心得居《お》ることとなれども、その初めに於《おい》ては之を訳することと最も易《やす》からず。左れば二十何年以来殆《ほと》んど普通なる日本数字の用法も、本《もと》を尋ねれば当時偶然渡来したる米国人ブルックス氏の賜《たまもの》なりと知るべし。

**会議弁**

人事の進歩は実に驚くべきものにして、我国演説法の如《ごと》きは即《すなわ》ちその一例なり。今日の実際を見れば、人がその心に思う所を口に述べて公衆に告《つぐ》るは尋常普通の事のみならず、速記法さえ行われて実用を達する程の世の中に、演説などは百千年来の慣習ならんと思う人もあるべきなれども、その演説は廿何年前の奇法にして、当時これを実行せんとして様々に工風《くふう》したる吾々《われわれ》の苦労は自《おのず》から容易ならず。今その次第を語らんに、明治六年春夏の頃

**1 チャース・ウォールコット・ブルックス** Charles Wolcott Brooks 日本贔屓の貿易商として福澤とは万延元（一八六〇）年の最初の渡米以来のつきあい。慶応三（一八六七）年には幕府から在サンフランシスコ日本領事に任命される。明治六（一八七三）年、退任して来日。この時、福澤に「帳合之法」について助言をした。

と覚ゆ、社友[1]小泉信吉《こいずみのぶきち》[2]氏が英版原書の小冊子を携《たずさ》えて拙宅に来り、扨云《さてい》うよう、西洋諸国にて一切《いっさい》の人事にスピーチュ[3]の必要なるは今更《さ》ら言うに及ばず、彼《かの》国に斯《か》くまで必要なる事が日本に不必要なる道理はあるべからず、否《い》な我国にも必要のみかこの法なきが為《た》めに、政治も学事も将《は》た商工事業も、人が人に所思《しょし》を通ずるの手段に乏しく、之《これ》が為めに双方誤解の不利は決して少なからず、今この冊子はスピーチュの大概を記したるものなり、この新法を日本国中に知らせては如何《いかが》との話に、余はその書を開き見るに成程《なるほど》日本には新奇なる書なり。然《しか》らば兎《と》に角《かく》にその大意を翻訳せんとて、数日中に抄訳成りしものは即《すなわ》ち会議弁なり。扨《さて》その飜訳に当り、第一番に原語のスピーチュに当るべき訳字を得ず。このとき不図《ふと》思付《おもいつ》きたるは、余が旧藩中津にて、藩士が藩庁に対して願届《ねがいとどけ》は尋常一様のことなれども、時としては銘々《めいめい》の一身上に付き又は公務上の情実に関し、公然たる願に非《あら》ず又届にも非ずして書面を呈出《ていしゅつ》することあるの例にして、この書面を演舌書《えんぜつしょ》と云《い》う。他藩にもその例あるや否《いな》や知らざれども、兎に角に演舌の文字は中津にて慥《たしか》に記憶するが故に、夫《そ》れより社友と謀《はか》り、舌の字は余り俗なり、同音の説の字に改めんとて、演説の二字を得てスピーチュの原語を訳したり。今日は帝国議会を始めとして日本国中の寒村僻地《へきち》に至る迄も演説は大切なる事にして、知らざる者なきの有様《ありさま》なれども、その演説の文字は豊《ぶ》前中津《ぜんなかつ》奥平藩の故事に倣《なら》うて慶應義塾の訳字に用いたるを起源として全国に蔓《まん》延《えん》したるものなり。その他デベート[4]は討論と訳し、可決、否決等の文字は甚《はなは》だ容易なりしが、原書中にセカンド[5]の字を見て、之を賛成と訳することを知らずして頗《すこぶ》る窮したるは今に記憶する所なり。夫れ是れ文字も略《ほぼ》定りて訳書は印刷に附し、社友相共《あいとも》にこの新事業を研究して窃《ひそか》に実地に試《こころ》み、或《あるい》は拙宅の二階に集り又《また》は社友の私宅に会席を設《もう》くる等、熱心怠ることなく、明治六年より翌七年の半《なかば》に至ては聊《いささ》か熟練したるが如《ごと》し。明治七年六月七日、肥田《ひだ》昭作《しょうさく》[6]氏の宅にて余が演説したるは、口に弁ずる通りに予《あらかじ》め書に綴《つづ》り、仮《か》りに活字印刷に附して之をそのまゝ述べんことを試みたるものにして、今日幸《さいわい》にその活版の遺《のこ》るものあれば之を左《さ》に記す。

1 **社友**　慶應義塾という結社の一員。慶應義塾では塾生、教職員、卒業生を総称して社中という。　2 **小泉信吉**　一八四九（嘉永二）年―九四（明治二十七）年。慶應義塾卒業後、大蔵省奏任御用。横浜正金銀行副頭取をつとめたのち、再び大蔵省に入り主税官となる。明治二十（一八八七）年から二十三（一八九〇）年まで慶應義塾長をつとめた。　3 **スピーチュ**　speech（演説、講演）。　4 **デベート**　debate（討議、討論）。　5 **セカンド**　second（賛成する、支持する）。　6 **肥田昭作**　一八四二（天保十三）年―一九二一（大正十）年。慶應四（一八六八）年、慶應義塾に入塾。のち、東京英語学校長、東京外国語学校長をつとめた。

# 明治七年六月七日集会の演説

福澤諭吉

この集会も昨年から思立《おもいたっ》たことでござりますが、とかくその規律もたゝずあまり益もないようで、このあいだまでもその当日には人は集ると申すばかりのことでござりましたが、このたびはまたすこし趣《おもむき》を替えて、社中の宅へ順々に席を設ける約束にしまして、則《すなわ》ち今日はこの肥《ひ》田《だ》君の御宅に集《あつまっ》たことでござります。

ぜんたい、この集会は初めから西洋風の演説を稽古して見たいと云《い》う趣意《しゅい》であった。ところが何分日本の言葉は、独《ひと》りで事を述べるに不都合で演説の体裁ができずに、これまでも当惑したことでござりました。けれどもよく考えて見れば、日本の言葉とても演述のできぬと申すはないわけ、畢竟《ひっきょう》昔《むか》しから人のなれぬからのことでござりましょう。なれぬと申してすておけば際限もないことで、何事も出来る日はありますまい。いったい学問の趣意はほんを読むばかりではなく、第一がはなし、次にはものごとを見たりきいたり、次には道理を考え、その次に書を読むと云うくらいのことでござりますから、いま日本で人の集たときに、自分の思うことを明らかに大勢の人に向《むかっ》て述ることができぬと申しては、初めから学問のてだてを一つなくして居る姿で、人の耳目鼻口《じもくびこう》五官の内を一つ欠《かい》たようなものではござりませぬか。御同前に五官揃《そろ》うても人なみにないと平生患《うれ》いて居る処に、有るその一つのものをつかわずにむだにして置くとは、あまりかんがえのないわけではござりませぬか。

先《ま》ず爰《ここ》に物事があるとして、そのものがいよ〳〵大切だと云うことを知るには、そのものが有《あっ》て便利、なくて不便利と云うその便利と不便利の箇条をかぞえ上《あ》ぐればよくわかります。いま演説の法があるとないとに付《つい》てその便利と不便利をかぞえて見ましょう。

第一　原書を読《よん》でも飜訳《ほんやく》の出来ぬ人があり、またできてもひまのないものもござります。仮令《たと》いそのひまがあるにもせよ、生涯の内に何ほどの飜訳ができましょう。そこに今演説の道が開けましたら、学問の弘まることはこれまでより十倍もはやくなりましょう。

第二　世の中に原書が読めて飜訳のできぬと云う人は、唯《ただ》むずかしい漢文のような訳文ができぬと云うまでのことで、原文の意味はよく分って居ることだから、その意味を口で云う通りに書くことは誰れにもできましょう。して見ればこの後は世の中の原書よみはそのまゝ飜訳者になられる、そこで世間に飜訳書はふえて、その書は読み易《やす》く、何ほどの便利かしれません。飜訳書のおかしいと云うのは、漢文のような文章の中にはなしのことばがまじるからこそおかしけれ、これをまるではなしの文にすればすこしもおかしいわけはありますまい。都《すべ》て世の中のことは何でも、なれでどうでもなります。御同前に勇気を振《ふるっ》て人のさきがけをしようではないか。すこしなまいきなようだけれども、世間にこわいものはないと思うて、我輩から手本を見せるがようござります。

第三　いま日本の誰に逢うても寒暑のあいさつでも、はじめからしまいまであきらかにまんぞくに述べてしまう人はござりません。ことに朋友の送別、祝儀、不祝儀、何事によらず大勢の人に向《むかっ》て改まって口上を述べることは絶《たえ》てできず、唯《ただ》酒でも飲《のん》で騒《さ》わがしくすれば、それで御祝儀などゝ云《い》うのも、あまり不都合なわけではござりませぬか。

第四　演説は我輩のような学者ばかりのする事ではござりません。婦人にも小供にもその心得がなくてはかないません。その証拠には一寸《ちょつと》よその家《うち》に行《いっ》て、その内の下女に口上を取次がせてごらんなさい。いつでもまちがわぬことなし。畢竟《ひっきょう》この下女などは口上を聞《きい》たこともなく、のべたこともないからでござりましょう。

第五　演説の法がないものだから、世間には意見書とか何とか云うものを書《かい》てやりとりすることがござりますが、これは唖子《おし》が筆談をするようなもので、その書たものを見てその心もちをくみとり、口と耳との縁はなくて、筆と目との取次で、応対をする趣向でござります。それゆえ議院などの席で一度書たものを出だしてこれを読上げた跡では、もはや議論は出来ず、議論があれば内へかえって筆をとらねばならぬことでござりましょう。こんなことでは、とても民選議院も官選議院も出来ますまい。また学問のなかまも追々《おいおい》ふえて盛《さかん》に集会を開くこともありましょう。その時には筆談の集会でなくて、口上の集会にして、その口上を紙に写して本にするようにしたいものでござります。

この外《ほか》にも便利不便利のケ条は沢山あるけれども、今日は先《ま》ずこれを略して、いよ〳〵演説が大切なと云《い》うがわかれば、この上は銘々《めいめい》の見込をのべたり、又は原書をしらべたりして、規則[1]を定めましょう。（演説終）

右の如《ごと》く内々の準備は次第に整い社友も次第に事に慣《な》るゝに付き、この新法を日本国中に弘めんとは吾々《われわれ》本来の冀望《きぼう》にして、去年以来塾外の親友には事の次第を語り、兎《と》も角《かく》もしてその同意を求めんとすれども、何分にも新奇のことにして応ずる者少なし。その時、明六社《めいろくしゃ》[2]とて

1 **規則**　三田演説会規則が定められ、同演説会が正式に発足したのは明治七（一八七四）年六月二十七日。

2 **明六社**　明治六（一八七三）年、森有礼の発起により、西村茂樹、福澤諭吉、西周、加藤弘之、杉亨二、中村正直、津田真道らの啓蒙思想家を結集した団体。『明六雑誌』を刊行。

箕作秋萍《みつくりしゅうへい》〔坪〕、津田真道《つだまみち》[1]、西周助《にししゅうすけ》[2]、加藤弘之《かとうひろゆき》[3]、杉亨二《すぎこうじ》[4]、森有礼《もりありのり》[5]等の諸氏と折々《おりおり》会合することありしかども、演説の一事に付ては何《いず》れも半信半疑にて之《これ》を共にせんと云《い》う者なし。就中《なかんずく》森有礼氏の如《ごと》きは年は少《わ》かけれども異論を唱え、西洋流のスピーチュは西洋語に非《あら》ざれば叶わず、日本語は唯《ただ》談話応対に適するのみ、公衆に向《むかっ》て思う所を述《の》ぶべき性質の語《ことば》に非《あら》ず云々《うんぬん》など反対するゆえ、余は之を反駁《はんばく》し、一国の国民がその国の言葉を以《もっ》て自由自在に談話しながら公衆に向て語ることが出来ぬとは些少《さしょう》の理由なきのみならず、現に我国にも古来今に至るまで立派にスピーチュの慣行あり、君は生来《せいらい》寺の坊主の説法を聴聞《ちょうもん》したることなきや、説法を聞かずとならば寄席の軍談講釈[6]にても滑稽落語《こっけいばなし》にても苦しからず、都《すべ》て是《こ》れ一人の人が大勢の人を相手にして我が思う所を述《の》ぶるの法なれば、取りも直さずスピーチュなり、講釈師、落語家《はなしか》はスピーチュが出来て吾々《われわれ》学者には出来ぬと云うか、訳《わ》けの分らぬ説なり云々《うんぬん》と、反覆議論すれども中々屈服の色なし。その後或日《あるひ》木挽町《こびきちょう》の精養軒に明六社員十名ばかりの集会を催《もよ》おして、同日も亦《また》スピーチュの話しと為《な》りしかども、相替《あいかわ》らず賛成者に乏し。依《よっ》て余は一策を按《あん》じて何気《なにげ》なき風《ふう》に発言し、今日は諸君に少しお話し申すことがあるが聞《きい》て呉《く》れないかと云うに、何《いず》れも夫《そ》れは面白い聞こうと云う。然《しか》らば諸君はこのテーブルの両側に幷《な》らんで呉れ給《たま》え、僕は爰《ここ》で饒舌《しゃべ》るからとて、テーブルの一端に立ち、頃は丁度《ちょうど》台湾征討の時にて、何かその事に付き議論らしきことをぺら〳〵饒舌り続《つづけ》に卅分か一時間ばかり退屈させぬように弁じ終りて椅子に就《つ》き、扨《さて》今の僕の説は諸君に聞き取りが出来たか如何《いか》にと問えば、皆々能《よ》く分《わか》ったと云《い》うにぞ、ソリャ見たことか、日本語で演説が叶わぬとは無稽《むけい》の妄信に非《あら》ざれば臆病者の遁辞《とんじ》なり、今僕の弁じたるは日本語にして、僕一人の弁じたる所の言葉が諸君の耳に入《はいっ》て意味が分れば即《すなわち》演説に非《あら》ずして何ぞや、以後演説の誹《ひ》難《なん》無用なりとて、この日は先《ま》ず演説首唱者の勝利に帰して相分《あいわか》れたり。夫《そ》れより塾に帰り、いよ〳〵この新法を弘めんとするには特に演説の会堂を作ること必要なりと決して、直《ただち》に新築に着手したり。この時、余が手元には著訳書を発売して聊《いささ》か貯蓄《たくわえ》もあり、新

1 **津田真道**　一八二九（文政十二）年―一九〇三（明治三十六）年。法学、統計学の開拓者。貴族院議員。法学博士。2 **西周助**　西周。一八二九（文政十二）年―九七（明治三十）年。啓蒙思想家。オランダに留学後、開成所教授として「万国公法」を翻訳。フィロソフィアの訳語「哲学」は彼による。3 **加藤弘之**　一八三六（天保七）年―一九一六（大正五）年。帝国大学総長、枢密顧問官などを歴任。4 **杉亨二**　一八二八（文政十一）年―一九一七（大正六）年。緒方洪庵らに蘭学を学び、のち、蕃書調所、開成所等で教える。わが国、国勢調査の父といわれる。5 **森有礼**　一八四七（弘化四）年―八九（明治二十二）年。慶應元年（一八六五）年、イギリス、ついでアメリカに渡り、明治元（一八六八）年に帰国。のち、文部大臣に就任。欧化主義者と見なされ、帝国憲法発布の当日、国粋主義者によって暗殺された。6 **軍談講釈**　軍記などを、節をつけておもしろく語って聞かせる話芸。

築の図案は偶《たま》ま在米国富田鉄之助《とみたてつのすけ》氏[1]より寄贈せられたる諸種会堂の図本《ずほん》を本《もと》にして之《これ》を取捨し、凡《およ》そ二千何百円を費して匆々《そうそう》竣工したるものは慶應義塾の演説館[2]にして、創立以来今日に至るまで学術演説の断絶したることなし。斯《か》くて吾々《われわれ》の苦心したる演説の奨励は効を奏すること最も速《すみやか》にして、間《ま》もなく世間一般の流行を成し、義塾の演説館に次《つい》で凡《およ》そ二箇年後に、文部省にても神田橋外に講義室なるものを新築して演説等の用に供したり。左《さ》れば慶應義塾の演説館はその規模こそ小なれ、日本開闢《かいびゃく》以来、最第一着の建築、国民の記憶に存すべきものにして、幸《さいわい》に無事に保存することを得ば、後五百年、一種の古跡として見物する人もあるべし。

### 文明論之概略

従前の著訳は専《もっぱ》ら西洋新事物の輸入と共に我国旧弊習の排斥を目的にして、云《い》わば文明一節ずつの切売《きりうり》に異《こと》ならず。加之《しかのみならず》、明治七、八年の頃に至りては世《せ》態《たいよう》漸《や》く定まりて人の思案も漸く熟する時なれば、この時に当り西洋文明の概略を記して世人に示し、就中《なかんずく》儒教流の故老に訴えてその賛成を得ることもあらんには最《もっとも》妙《みょう》なりと思い、之を敵にせずして今は却《かえっ》て之を味方にせんとの腹案を以《もっ》て著《あらわ》したるは文明論の概略六巻なり。読者は何《いず》れ五十歳以上、視力も漸く衰え且《か》つその少年時代より粗大なる版本に慣れたる眼なればとて、文明論の版本は特に文字を大にして古本の太平記同様の体裁に印刷せしめたり。本書の発行も頗《すこぶ》る広くして何万部の大数《たいすう》に達したりしが、果して著者の思う通りに故老学者の熟読通覧を得たるや否《いな》や知るべからざれども、発行後意外の老先生より手書《しゆしよ》到来して好評を得たること多し。有名なる故西郷《さいごう》翁なども通読したることゝ見え、少年子弟にこの著書は読むが宜《よろ》しと語りしことありと云《い》う。

**民間経済録**　明治六年の頃、帳合之法《ちようあいのほう》を発行して、書物は売れたれども、扨《さて》この帳合法を商家の実地に用いて店の帳面を改革したる者は甚《はなは》だ少し。聊《いささ》か落胆せざるを得ず。その実用に適せざるは尚《な》お忍ぶべしとするも、遇《たま》ま当時新進の商人又は会社などにて西洋風を気取り、万般《ばんぱん》の施設を新奇にして、帳簿は無論彼国《あちら》の流儀に限るなどゝて新法を採用したる者の中には、商運非《ひ》にして往々失敗したる連中も少なからず。その原因は必ずしも帳合法の罪に非《あら》ざるべけれども、著者の身に於《お》ては蔭《かげ》ながら赤面せざるを得ず。依《よ》て窃《ひそか》に按《あん》ずるに、商工社会の人がその営業を西洋風にせんとならば、先《ま》ず西洋の経済主義を知ること肝要なり、その根本大体の主義を知らずして単に帳簿の風を改革するが如《ごと》き、事の順序に非ず、左れば今日、西洋

1　**富田鉄之助**　一八三五（天保六）年―一九一六（大正五）年。ニューヨーク領事館在任中に福澤の依頼で各種会堂の設計図を集め送った。のち、日本銀行総裁、東京府知事、貴族院議員、横浜火災海上社長などを歴任。　2　**演説館**　明治八（一八七五）年五月一日開館。慶應義塾の三田キャンパスに重要文化財として現存する。

経済の大概を広く民間の子弟に教えてその成長を待つこそ無難《ぶなん》の策にして、帳合法も始めて実際の用を為《な》すべしと思い、恰《あたか》も学校読本《とくほん》の体裁に綴《つづ》りたるものは民間経済録なり。この書も時の需要に適したることゝ見え発売頗《すこぶ》る盛《さかん》なりしが、爰《ここ》に序《ついで》ながら記すべき事こそあれ。明治十四、五年の頃なり。政府が教育に儒教主義とて不思議なることを唱《とな》え出し、文部省にては学校読本の検定と称して世上《せじょう》一般の著訳書等を集め、省の役人が集会してその書の可否を議定し、又《また》は時候後《おく》れの老儒者を呼び集めて読本の編纂《へんさん》を嘱託するなど、恰も文明世界に古流回復の狂言を演ずるその最中《さいちゅう》に、福澤の著訳書は学校の読本として有害無益なりと認められ、唯《ただ》の一部も検定に及第せざりしこそ可笑《おか》しけれ。即《すなわ》ちこの民間経済録も落第中の一にして、此方は固《もと》より文部省に採用を依頼する等の卑劣手段は思いも寄らず、遠方より省中の事情を伝聞しながら唯窃《ひそ》かに冷笑する中に、経済録は既《すで》に已《すで》に五万部も八万部も世上に流布したるのみならず、爾《じ》後《ご》十余年を経《へ》て明治二十五年に至り、最早《もは》や前年の版木もなく製本のなき折柄《おりから》、府下の豪商、故堀越角次郎《ほりこしかくじろう》[1]氏が自家商法の実際に徴《ちょう》し、少年輩にこの書を読ますれば自《おのず》から利益あるを信じて再版の事を企て、私費を投じて二千五百部を活字に印刷せしめ、之《これ》を知己朋友の間に分ち、又堀越家の郷里なる群馬県吉井《よしい》近傍の学校等に寄附したることあり。前年、文部省に於《おい》て政府の意を迎え彼の読本検定に力を入れたる俗輩も、是等《これら》の事情を見聞して定めて失望せしことならん。是《こ》れは単に些末事《さまつじ》にして論ずるにも足らざることなれども、兎《と》に角《かく》に明治十四、五年の政変[2]に政府が何か狼狽《ろうばい》して古風復活の真似したるが為《た》めに、国中の少年子弟は恰も之に欺かれ、真面目《まじめ》に文明主義を排斥して漢学に入門したる者多く、その時の子弟が昨今成生《さっこんせいせい》して大人となり、種々様々の言論を放《はなつ》て世教《せきよう》[3]を害するのみならず、文明政府の運動を妨げて当局者を困却せしむるこそ気の毒なる次第なれ。是れぞ所謂《いわゆる》身から出たる錆《さび》なるべし。

**分権論以下**

分権論、民権論、国権論、時事小言の如《ごと》きは、官民調和の必要を根本にして間接直接に綴《つづ》りたるものなり。明治政府の発論は攘夷論にして、大事成るに及んで開国主義に変化し、俗に云《い》う悪に強きは善にも強しの諺《ことわざ》に洩《も》れず、昨日までの殺人《ひとごろし》暴客は今日の

1 **堀越角次郎**　一八三九（天保十）年―九五（明治二十八）年。堀越文右衛門の二男として上州に生まれる。江戸に出て家業（マル文大伝馬町店）に従事し、初代角次郎の養子となり二代目角次郎を継ぐ。初代は上州で旧知の堀越文右衛門の援助を得て才覚を発揮し、巨富を築いた。福澤は初代と二代目、二人の墓誌の筆を執っている。　2 **明治十四、五年の政変**　政府内部で、プロシア流憲法を構想する伊藤博文らがイギリス流憲法構想と早期国会開設を主張する大隈重信を追放した政変（明治十四年の政変）。十年後の国会開設と開拓使官有物払下げの中止が決定され、政官界から大隈配下の多くの慶應義塾出身者が下野した。　3 **世教**　世の中の風潮。

文明士人となり、政雲に飛翔して活潑磊落《かつぱつらいらく》、言うとして実行せざるはなく、実行して効を奏せざるはなし。傍観の吾々《われわれ》に於《おい》ても拍手快《かい》と称す。況《ま》して当局の本人に於ては愉快極《きわ》まり得意極まることとならんなれども、文明開化は政府の専有に非《あら》ず、国民も又共に進歩してその知識の程度、時としては政府の右に出るものなきに非ず。且《か》つ政府は治安維持の大任を負担するが為《た》めに自《おのず》から活動不如意《ふにょい》の歎《たん》あるに反して、人民の責任は政府に比して左《さ》まで重からず、酷に評すれば国家全体の治安に関して直接に無責任とも云《い》うべき境遇に居《お》り、その責任の軽き割合に言論は却《かえ》て公平正直《せいちょく》にして、仮令《たと》い個人一時の放言にても人の耳に入り易《やす》く自《おのず》から政府に対して反対の意を生ずるその一方に、政府の役人等は王政維新の功労を頼みにして世間の議論を侮《あなど》り、万一の時には力を以《もっ》て圧倒するも易しなど〻兎角《とかく》人民を疎外して之を容《い》る〻の色なし。即《すなわ》ち民権官権の相分《あいわか》る〻所以《ゆえん》にして、双方共に一得一失、何《いず》れを是《ぜ》とし何れを非《ひ》とすべきに非ざれども、左《さ》りとてこのま〻に捨置くときは国家の不利これより大なるはなしと、独《ひと》り心に感じたるは凡《およ》そ明治十年以来のことにして、之《これ》を医するの法は唯《ただ》官民を調和せしむるの外《ほか》に手段なきを信じて、或《あるい》は地方分権の要を説き、或は民権の真面目《しんめんもく》を論じ、又或は国権の大切なるを諭して官民の目的を外に向わしめんとし、是等《これら》の為《た》めには国会の開設も妙ならんなど論じたるその全面の要領を概すれば、政府は容易に破壊すべからず、人民は容易に侮るべからずとの意を直接間接に示したることとなれども、政府の人は兎《と》角目前《かくもくぜん》の急に迫られて遠き利害を謀《はか》るの遑《いとま》なく、又その役人の中には不似合に無学無識なる人物も多く、文明進歩の大勢を知らずして要もなき事に圧制を試《こころ》みんとすれば、人民は恰《あたか》も西洋民権論の耳学問を卒業して只管《ひたすら》これに反対し、官民調和は扨《さて》置き双方の間いよ〳〵離隔したるこそ気の毒なれ。夫《そ》れより明治十五年に至り、社友壮年輩《そうねんはい》が新聞紙発行の事を企て、余も之に関係して毎度筆を執《と》り、政論に関してはその要、常に調和を主張するのみ。抑《そもそも》も余がこの調和論の一念は明治十五年始めて発起したるに非ず、又十年にも非ず、現に明治七、八年の頃かと覚ゆ、故大久保《おおくぼ》内務卿と今の伊藤博文《いとうひろぶみ》氏と余と三人何れかに会合したるとき、談話政治の事に及び、その時余の説に、政府は固く政権を執り時としては圧制の譏《そしり》も恐るゝに足らずと度胸を極《き》めながら、一方に民間の物論《ぶつろん》は決して侮《あなど》るべからず云々《うんぬん》と話したることあり。又其《それ》以前、明治の初年、麻布《あざぶ》鳥井〔居〕坂《とりいざか》か長〔永〕坂《ながさか》辺に住居《すまい》の鮫島尚信《さめじまひさのぶ》[1]氏より招待に預り推参したれば、大久保内務卿と相客《あいきゃく》にて主客三人食後の話しに、大久保氏の云うに、天下流行の民権論も宜《よろ》し、左れども人民が政府に向《むか》て権利を争えば又之に伴う義務

1 **鮫島尚信** 一八四五（弘化二）年—八〇（明治十三）年。外交官。イギリス留学後、外務省官吏を歴任。明治十三（一八八〇）年、駐仏公使在任中、パリで客死。

もなかるべからず云々《うんぬん》と述べしは、暗《あん》に余を目《もく》して民権論者の首魁《しゅかい》と認めたるもの丶如《ごと》し。依《よっ》て余は之《これ》に答え、権利義務の高説《こうせつ》よく了解せり、抑《そもそ》も自分が民権云々を論ずるは政府の政権を妨《さまた》ぐるに非《あら》ず、元来国民の権利には政権と人権と二様の別あり、自分は生れ付き政事に不案内なれば政事は政府にて宜《よろ》しきよう処理せらるべし、唯《ただ》人権の一段に至りては決して仮《か》す[1]べからず、政府の官吏輩が馬鹿に威張《いば》りて平民を軽蔑し、封建時代の武家が百姓町人を視《み》るが如《ごと》くにして、人生至重の名誉を害するのみならず、その実利益をも犯さんとするが如き万々《ばんばん》之に甘んずるを得ず、左《さ》れば自分の争う所は唯《ただ》人権の一方のみなれども、今後歳月を経《ふ》るに従い世に政権論も持上《もちあが》りて遂《つい》には蜂の巣を突き毀《こわ》したるが如き有様《ありさま》になるやも計《はか》られず、その時こそ御覧《ごらん》あれ、福澤は決してその蜂の仲間に這入《はいっ》て飛揚《ひよう》を共にせざるのみか、今日君が民権家と鑑定《かんてい》を附けられたる福澤が却《かえっ》て着実なる人物となりて、君等の為《た》めに却て頼母《たのも》しく思わる丶場合もあるべし、幾重《いくえ》にも安心あれと、恰《あたか》も約束したることあり。是《これ》は一場の茶話《ちゃわ》にして今更《いまさ》らその話しを思い出して心事を左右するに非ざれども、政府の虚威[2]を廃して官吏の体〔態〕度を改むると共に、国務の為《い》政権《せいけん》を当局者に一任して自由自在に運動せしめ、人民も亦《また》深く文明の教育に志して政治思想を養い、政府と相対《あいたい》して譲る所なく、共に国事を分担して国運万歳ならんことを祈るのみ。

右全集緒言終りて尚《な》お念の為めに一言あり。著訳書中の二、三、その旧版に他人の姓名を記し、又は諭吉立案《りつあん》、何某筆記など巻首《かんしゅ》に掲《かか》げたるは、当時様々の事情に任せて他名を用いたることなれども、今回は改めて実名諭吉の文字を現わしたり。読者之を諒《りょう》せよ。

福澤全集緒言　終

1 **仮す**　許す。
2 **虚威**　うわべばかりの威勢。虚勢。

# 解説

松崎欣一

本書は、『福翁自伝』（以下『自伝』）と『福澤全集緒言』（以下『緒言』）の二著作を収録している。『緒言』は明治三十一（一八九八）年刊の『福澤全集』全五巻（以下『全集』）のために執筆されて、第一巻の冒頭に置かれたが、前年の十二月に単行書としても出版されたものである。

『自伝』の一節に、「その著訳の一条に就《つい》ては、今コ、で別段に云《い》う事はない、私の今年開版《かいはん》した福澤全集の緒言に詳《つまびらか》に書《かい》てあるから是《こ》れは見合せるとして」（「攘夷論」）とあり、また「維新前後は私が著書飜訳《ほんやく》を勉《つと》めた時代で、その著訳書の由来は福澤全集の緒言に記してあるから之《これ》を略しますが」（「王政維新」）とある。さらにまた「私の生涯中に一番骨を折《おっ》たのは著書飜訳の事業で、是《こ》れには中々話が多いが、その次第は本年再版した福澤全集の緒言にあれば之《これ》を略し」（「老余の半生」）とあるように、この二著作は、福澤自身によるその著作と生涯についての総括として、あわせて読まれるべきものである。また、幕末・明治期の貴重な同時代史的な史料としての意義をも有する著述ということができるであろう。

以下、『自伝』の成り立ち、および『全集』の編纂と『緒言』執筆の経緯について検討し、また、これらの仕事を成就させた晩年の福澤の思いがどこにあったのかについて考えて見ることとしたい。

## 『福翁自伝』の成り立ち

『自伝』は数多い福澤の著作のなかでも、おそらく今日までに最も多くの読者を得ている作品である。それは、近代日本の創成期において、思想家、教育者として文字通り時代を先導した福澤が、その豊かな感性と強靭な個性を十二分に発揮し、速記者を前にして語った速記原稿に縦横に筆を入れて成った文体の魅力によるところが大きいといってよいであろう。

石河幹明《いしかわみきあき》による初版本の序文にあるように、『自伝』の執筆はかねてから福澤に求められていたが、たまたま明治三十（一八九七）年の秋に、福澤がある外国人の依頼に応じて「維新前後の実歴談」を述べたことがあり、その際「幼時より老後に至る経歴の概略」を速記者に口授して筆記させることを思い立ったことから始まるといわれている。また、速記者矢野由次郎《やのよしじろう》によれば、福澤は世間にありふれた年表を手にするほかは手控えのようなものも持たず、速記の便を考慮してゆっくりと口述をし、一席はおよそ四時間ほどで、矢野がそれをその都度、速記原稿として浄書するのを待ち、校正加筆をしたうえで次に進み、それを月に四回行って約一年間で完成したという（『福澤諭吉伝』第一巻、三六七頁）。

矢野は文久二（一八六二）年、栃木県下都賀郡豊田村に生まれている。明治二十（一八八七）年、若林玵蔵《わかばやしかんぞう》の門に入り速記術を学び、衆議院速記課を経て、二十八（一八九五）年八月に時事新報社に入った。三十二（一八九九）年二月、東京・大阪間の長距離電話が開通すると、直ちに大阪三品の相場通信に電話速記を採用するなど速記主任として活躍した。『自伝』のほかにも、『福澤先生浮世談』の速記を担当している。「先生は御多忙のお身体故、口述は大抵夜間を利用して行はれ、何月何日夕六時より来駕ありたしなどと云ふ先生のお端書或は御書簡が幾十枚にも達したことをよく覚えて居ります」という矢野夫人の追憶談も残されている（手塚豊「福沢先生およびその門下と速記」『明治史研究雑纂』〔『手塚豊著作集』第十巻〕）。

この速記原稿に福澤が手を入れた『自伝』草稿は、時事新報社原稿用紙を巻紙のように貼り継いで作られている。全十七巻あり、それぞれに福澤の筆で「自伝第一」「自伝第二」と順に表書きされた封筒に収められていた。現在は保存のためそれぞれ裏打ちをした巻子仕立てとなっている（慶應義塾福澤研究センター蔵、本書口絵参照）。

その「自伝第三」は「大坂修業」の章であるが、この巻紙の端裏の上部に福澤の筆で小さく「自伝　第三　C　十二月廿二日」と記されている。端裏への書き込みは、通常、本文をすべて書き終えた巻紙を文字面を内側にして奥から巻き込んで、最後にいわば表書きのようになされるものである。したがって、この日付は「自伝第三」の草稿を書き終えた日と理解される。「C」の意味は不明である。「自伝一」「自伝二」の脱稿日は記されていない。「自伝十七」は最終章「老余の半生」であるが、本文最末尾のあとに二行分の間をとって記された「三十一年五月十一日終」の部分は、本文にすぐ続けて書かれたと推測される。したがって、これがこの草稿を書き終えた日と理解してよいであろう。

『時事新報』（以下、『時事』）への『自伝』の掲載は明治三十一（一八九八）年七月一日から始まり、翌年二月十六日まで三日おきぐらいの間隔で全六十七回にわたって続けられている。『自伝』連載の予告が六月十二日から月末までの『時事』紙上に随時掲載されており、「先生は之を子孫に告げ又知人朋友に語るを以て老余の楽事と為し、去年来時に閑あれば之を口述して速記せしめ、又自から筆を執りて記憶中に往来するものを書綴り、漸く集めて一冊の書を成し、福翁自伝と題して将さに出版せんとしたれども、書中の記事随て成れば又随て記憶に洩れたるものを思出して殆んど際限なき次第なれば、冊子印刷は他日の事とし、先づ之を時事新報紙上に掲載す可しとて、取敢へず原稿の成りしものを取纏めて、七月初旬より紙面の許す限り写して以て読者の清覧に供す可し」と記されている（本書口絵参照、「「福翁自伝」掲載社告」全⑲）。

また、明治三十一年九月二十八日に行われた長与専斎の還暦の賀に寄せた福澤の祝文の冒頭には、「頃日迂老は自分の幼少の時より老余の今日に至る迄、身の履歴の大略を記して子孫の為めにせんと思ひ、記憶のまゝを口述して速記せしめ、之を福翁自伝と題して昨今自から執筆、その速記書の校正中なるが、書中大阪緒方先生の学塾に在りし時の事を記したる一節に左の文あり」云々と述べられている（「奉祝長与専斎先生還暦」『福澤諭吉全集』（岩波書店刊）第十六巻、以下『全』⑯）。この月の二十六日に、福澤は脳溢血で倒れているが、その直前の二十一日にはこの祝文を田端重晟に清書させていることが二十三日付の田端宛福澤書簡によって確認できる（『福澤諭吉書簡集』（岩波書店刊）第九巻、書簡番号二二五九、以下『書』⑨二二五九）。また、『自伝』第四章「緒方の塾風」は八月中の『時事』に七回に分けて掲載されている。したがって、草稿の最末尾に「五月十一日終」とあるけれども、この日に『自伝』執筆のすべてが完了したということではなく、その後も八、九月頃までは草稿に手を入れていたことが窺えるのである。

新聞連載を終えたのちの明治三十二（一八九九）年六月十五日に、『自伝』は時事新報社から刊行されている。印刷所はジャパン・タイムズ社であった。「福澤著書売捌勘定書」（『全』別）によれば、六月（初版）から十一月三十日（三版）までで一万部を印刷したうち、売捌総数は七、二九八部（内、上製五五四部、並製六、七四四部）で、一一七円の利益を上げている。ほかに無代寄贈分として、上製四八一部（内、先生行四八〇部）、並製三九八部（内、先生行二〇〇部）という記録が残されている。「先生行」は福澤が贈呈用として使用したものであろう。この後も版を重ねて福澤の生前に八版まで刊行されている。引き続き現在まで各種の版で出版されているが、昭和九（一九三四）年には福澤の孫にあたる清岡暎一による英訳が刊行され、さらに現在までにドイツ語、オランダ語、中国語訳が生まれている。

福澤は『自伝』の口述にあたって手控えを持たなかったという。しかし、いうまでもなく相応の準備はなされており、現在十二点の覚書類が残されている（福澤研究センター蔵、『福翁自伝』に関するメモ　その一～十二」『全』⑲）。これらは用紙も巻紙、半紙などさまざまであり、形状も小紙片に記されたメモなどもある。また、口述のための事前の用意だけではなく、細かな事実関係を関係者に確認調査して書き留めたもの、速記草稿の整理の過程で書かれたと考えられるものなどが含まれている。わずか十点あまりの覚書がこのように多様であることは、現存しない覚書類が他に相当数あったことを推測させる。覚書について二、三の具体例を見てみよう。

覚書「その一」および「その五」は、いずれも福澤が書簡によく用いているものと同様の巻紙が使用されている。また、ともに筆は途中で終わっており、余白がかなり残されている。前者は『自伝』冒頭の「幼少の時」を語り終えて、さらにその先の口述を続けるために用意されたもので、第二章「長崎遊学」から第六章「始めて亜米利加に渡る」までの記述に照応していることがわかる事項が列記されている。後者の記述は次の通りである（本書口絵参照）。

此身の政治上の事ニ就て語らんに
身ニ政治上の功名心なし
旧藩小士族の家ニ生れてあらん限りの軽蔑を受けて心窃ニ不平を懐くと同時ニ元来人を侮辱すると云ふ其事柄を悪んで恥かしきことゝ思ひ　人ニ侮辱されて立腹するも其立腹を他ニ移して他人を辱しむることハ出来ず　況して旧藩の制度ニ於て小士族が立身して進むの道なし　功名心の発機あることなし　夫れより~~既〔抹消〕ニ功名心なければ藩政ニ至極淡泊なり~~外国に渡航　彼の風俗を見てますます政治上に嘘〔虚〕威張を喜ばず　既ニ功名心なけれバ藩政に対して淡白　建白せず　立身出世を求めず唯傍観するのみ　羽織を売る　彼方ニ而《て》不深切と云へハ此方ハ何も求めず　イヤナラ出て行く　長州征伐ニ書生の帰国を留めた

幕府ニ雇はれ後にハ抱へられて一寸旗本と云ふやうな者になつても是亦同様熱心ならず
抑も江戸に来て見て（以下余白）

これは『自伝』第十章「王政維新」の冒頭と小見出しの第一項「維新の際に一身の進退」から第八項「幕府にも感服せず」の項までの八項目分の記事に照応している。草稿の当該部分を見ると、冒頭から第一項までは殆ど速記者の筆であり、福澤の加筆訂正の跡は、外国人、中屋敷、正月早々、チャントなど数カ所の語句のみである。第二項「門閥の人を悪《にく》まずしてその風習を悪む」と第八項はほぼ全文が福澤の筆跡であって速記者の手は残っていない。その他の部分では三分の一ないし二分の一ほど、速記原稿に福澤の手が入っていることが確認できる。「覚書」から「口述」へ、そして「速記原稿」から加筆訂正を加えた「草稿」への過程を追ってみると、まず軽蔑、侮辱、功名心、虚威張（草稿、殻威張）、建白、淡泊、傍観（草稿、傍観者）、立身出世、不深切など覚書の語句がほぼそのまま『自伝』本文にあらわれていることがよく分かる。また、たとえば覚書に「旧藩小士族の家ニ生れてあらん限りの軽蔑を受けて心窃ニ不平を懐く」と書かれたところは、「藩士銘々の分限がチャント定まって」にはじまり、「人々の智愚賢不肖」に拘わらず上士が下士を見下す風があったとして、より嚙み砕いた表現で語られている。覚書に人を「侮辱」するというその行為自体を憎むとあることについては、速記原稿を全面的に書き改め、「この馬鹿者めが」「見苦しい奴だ」といったおそらく口述の際にはなかった新しい表現で福澤の思いが強調されている。また覚書の「イヤナラ出て行く」などは草稿では「グズ〳〵云へば唯この藩を出て仕舞ふ丈けの事だ」となっている。全体に草稿は、「覚書」に書き留められたことばよりも一層具体的な表現になっているように思われる。「外国に渡航彼の風俗を見て」云々については本文では全く触れていない。

覚書「その七」には、桂川甫策、長与専斎、緒方洪庵などに関する事項が記されている。また「英仏米公使之事」として、「レヲンロセス　小栗　横須賀」「ヒョスケン暗殺　英仏公使旗を下して横浜ニ行く」との記事がある。いずれも『自伝』中には照応するところがない。おそらく後に何らかのかたちで『自伝』の補遺ないしは別稿を準備する構想があって残されたものと考えられる。『自伝』初版の序文に、新聞連載終了後その遺漏を補い、また「幕末外交の始末」を記述して『自伝』の後に付す計画があったと述べられているのもこのことを示している。恩師緒方洪庵については『自伝』自体になお詳述しようとしたらしいことが見える。速記草稿の「緒方の塾風」の章のうちの緒方の人物に触れた箇所に、「緒方先生開業医を厭ふの述懐死後の遺金六百両のみと云ふ　凡是等之事を此処ニに入る」と記した貼紙がある。草稿のこの部分の速記者の筆跡は、わずかに三文字のみであとは残らず福澤の筆で改められているが、その上にさらに加筆をするつもりであったことが示されている。

覚書「その九」は「増田宗〔宋〕太郎　十三末之方」とあり、覚書「その十」は「行路の重なるハ著訳なり是れハ全集之緒言ニ譲る　末之段ニ」とある、いずれも小紙片である。前者は「自伝十三」の末に組み込むということであろうが、「自伝十三」は「暗殺の心配」の章に続いて、「雑記」の前半部も記されており、増田宋太郎については、「末」ではなく「暗殺の心配」のなかほどで触れられている。後者は最終章で言及するの意であろう。実際に同章の「事をなすに極端を想像す」の項で取り上げられている。また、この著訳のことについては本解説の冒頭に示したように三カ所に言及がある。

福澤は自伝口述の前にすでに『全集』を編纂し、『全集緒言』の執筆を終えている。また、『時事』にも、「社会の形成学者の方向、慶應義塾学生に告ぐ」（明治二十年一月十五〜二十四日、八回連載。『全』⑪）、「維新以来政界の大勢」（二十七年三月一〜十五日、十一回連載。『全』⑭）というような、常に歴史を振り返りながら現在の社会、政治の問題点を取り上げる論説を数多く発表している。また、自身の還暦の祝宴や義塾の同窓会のおりなどにも、しばしば往時を回顧する挨拶をしている。いわば『自伝』を語る準備が繰り返しなされていることになる。そうした背景があるにもせよ、明治三十（一八九七）年秋頃からのわずか一年足らずのうちに口述を終え、その草稿に綿密に手を入れ、さらにストーリーの展開にそって勘所を押さえた小見出しまでが添えられて『自伝』を完成させていることになるのである。

こうしてまとめられた『自伝』の叙述に多くの読者が引き付けられるのは、幕末から明治維新への展開という時間軸に交叉して、大阪から中津、長崎、そして再び大阪へ、さらに江戸からアメリカ、ヨーロッパへと、さながら芝居の舞台転換でもみるように福澤の生きた空間が次々に拡がり、そして、移り変わるそれぞれの場面において、福澤のその時々の心情や福澤をめぐる多くの人々と周囲の状況が、福澤の巧みな語りによって活写されているところにあるといってよい。先に見たように、その語りは、むしろ速記原稿に筆を入れることにより完成した口語体の叙述というべきかも知れない。緻密にしてかつ具体的な情景描写のなかに、どこか突き放したように冷静な、しかもユーモアに溢れる筆致で、自身をふくめた対象がつぶさに語られる。そこに、読者があたかも福澤のいる同じ場面に立ち会っているかのような臨場感が生まれ、福澤の閲歴と時代の推移を追体験することになるのであろう。

『自伝』は「幼少の時」に始まり、最終章の「老余の半生」までの全十五章からなっている。

第十章の「王政維新」までは、ほぼ福澤の生涯の時系列に沿って叙述が進み、明治四（一八七一）年の慶應義塾の三田移転のことに及んでいるが、ここまでで、全体のほぼ七割弱の筆を費やしている。つづく「暗殺の心配」「雑記」の二章の内容も明治初年までの話題であり、これらを含めれば全体の八割に近い紙幅が明治四、五年頃までの叙述で占められていることになる。

まず、中津藩の下級士族の家に生まれ、早くに父親を亡くして必ずしも恵まれてはいない環境のなかに、兄弟五人のうちの次男坊としてたくましく成長して行く過程が語られる。やがて「門閥制度は親の敵《かたき》」（「幼少の時」）との信念を跳躍台として蘭学の世界に開眼し、長崎を経て大阪の緒方洪庵に出会うことになる。この緒方塾時代についての二章にわたる回想が『自伝』のなかでも最も生き生きと語られているといってよいであろう。つづいて、藩命により江戸に出て、藩邸内の蘭学塾の指導者となり、さらに蘭学から英学への展開を果たし、わずかな期間に三度の欧米旅行の機会を得ることになる。この間の叙述も数々の異文化体験を面白く紹介しながら極めて精細に富むものとなっている。やがてこの過程で「西洋流の一手販売、特別エゼント」（「王政維新」）としての役割を自らに課し、翻訳、著述、そして教育の世界に邁進していくさまが描き出されている。「攘夷論」「王政維新」「暗殺の心配」「雑記」の諸章はまた幕末維新期の政治状況、社会風俗の状況がそれを体験した当事者の目によって鮮明に描き出されている。

さらに「一身一家経済の由来」、「品行家風」について語られるが、最終章の「老余の半生」は、まず「仕官を嫌う由縁」がかなり詳しく述べられ福澤の生涯を貫く生き方が示されている。そして明治十四年の政変の経緯、時事新報の経営、慶應義塾のこと、健康のことに及び、一身の独立ばかりか結果として一国の独立を果たした日本の姿を見ることの出来た六十有余年の生涯を夢の如しと振り返り、最後に三ヵ条の老余の願いを示して筆を擱いている。この章に割かれた紙数は全体の一割にも満たない。「一身にして二生」(『文明論之概略』緒言)を経たと福澤のいう、維新期をはさんで生涯のちょうど二分の一ずつを過ごしたその前半生にきわめて大きな比重のある叙述となっている。そしてこのことは、次にみるように、福澤が『時事』創刊以前で著作の解説の筆を止めた『緒言』の筆法にほぼ重なることになる。

## 『福澤全集緒言』――著訳活動のしめくくり

福澤が自身の著作の集成をするという着想を得たのは明治二十七(一八九四)年一月末の箱根塔ノ沢滞在中のことであったらしい。

同年二月一日付の小泉信吉《こいずみのぶきち》宛の福澤書簡に「本塾の維持如何にも不安心、迚《とて》も永久の見込は無之候得共《これなくそうらえども》、何か施行致度《いたしたし》と存居候《ぞんじおりそうろう》中、入浴中不図《ふと》思付は、諭吉著訳書の版権を挙げて塾へ附与し、塾にて再版、立派なる合本に製して塾員其《その》外へ売付け、其利益を以《もっ》て維持の一助に致すとは如何《いかが》に可有之哉《これあるべきや》」（『書』⑦一八一六）とある。この頃進められていた慶應義塾の維持資金募集事業との関連で、福澤の著訳書を再刊しようというのである。翌年六月一日付の岡部《おかべ》喜《き》作《さく》宛の書簡にも、「老生之著訳書ハ是れまで沢山有之候得共《これありそうらえども》、今ハ其版木とてもなく、近来後進生之思付ニ而《て》、一切之拙著を一本にして再刊せんとの計画有之候得共、未タ《いまだ》緒ニ就かず」（『書』⑧一九四九）とあって、ここでは「後進生の思付」きであるとされているが、著訳書集成の計画がなお検討されていることが分かる。

また、『緒言』の中に資料として翻刻された、『朝野新聞』掲載の「学問のすゝめの評」と「明治七年六月七日集会の演説」のために準備された福澤の演説草稿の印刷物の二つを保存した封筒が残されているが、この封筒には福澤の筆で「明治二〔三〕十年八月廿五日辛苦して見出す楠権論旧朝野新聞紙　外ニ演説筆記」（福澤研究センター蔵）と記されている。さらに、福澤の著書の収集、目録作成などに従った奥田《おくだ》竹松《たけまつ》に宛てた、三十（一八九六）年八月から九月にかけての連絡書簡が五通残されており、この間の全集編纂作業の進行を確認できる（『書』⑧二一八九、二一九一、二一九五、二一九六、二一九七）。これらのことから『全集』の実際の編纂は三十年夏頃から始められたと推定される。

次頁の「付表」は『全集』と『緒言』に関する資料である。1〜56の書名は明治三十四（一九〇二）年までに単行書として刊行された福澤の全著作であり、I〜Vはそれぞれの著作が収録された『全集』の巻数を示す。また、著作それぞれの表紙あるいは見返しなどに記された著訳者名表記をあわせて示している。写本として流布した「唐人往来」が『緒言』の冒頭に全文翻刻され、さらに福澤の最初の出版である『華英通語』（万延元（一八六〇）年刊）に始まり、明治二十六（一八九三）年刊行の『実業論』までの全四六著作が収録されている。

明治三十一（一八九八）年元旦の『時事』に、一ページのほぼ全面を使用して、『全集』と『全集緒言』に並んで『福翁百話』第六版の広告が掲載されている（本書口絵参照）。『全集』に『福翁百話』を収録していないのは過去の著作ではないということなのであろう。『兵士懐中便覧』『日本地図草紙』『国会論』が収められていない。その理由はいずれもよく分からないが、『兵士懐中便覧』は仙台藩蔵版であり、また『全集』編纂時にすでに稀覯書となっていて刊本を入手できなかった可能性がある。『日本地図草紙』は学校などの掛け図用に作られたものとして著作の扱いをしなかったのであろう。『国会論』は当初「藤田茂吉／箕浦勝人」の二人の名によって刊行されている。『全集』刊行直後に公表される『自伝』のなかではその成立事情

| | | | | | |
|---|---|---|---|---|---|
| 28 | 通　貨　論 | 明治 11 | IV | | 福澤諭吉著 |
| 29 | 通俗民権論 | 明治 11 | IV | ◎44 | 福澤諭吉著 |
| 30 | 通俗国権論 | 明治 11-12 | IV | ◎44 | 福澤諭吉著 |
| 31 | 民 情 一 新 | 明治 12 | IV | | 福澤諭吉著 |
| 32 | 国　会　論 | 明治 12 | | | 藤田茂吉・箕浦勝人述 |
| 33 | 時 事 小 言 | 明治 14 | IV | ◎44 | 福澤諭吉著 |
| 34 | 時事大勢論 | 明治 15 | IV | | 福澤諭吉立案<br>中上川彦次郎筆記 |
| 35 | 帝　室　論 | 明治 15 | V | | 同　上 |
| 36 | 兵　　　論 | 明治 15 | V | | 同　上 |
| 37 | 徳 育 如 何 | 明治 15 | V | | 同　上 |
| 38 | 学問之独立 | 明治 16 | V | | 同　上 |
| 39 | 全国徴兵論 | 明治 17 | V | | 同　上 |
| 40 | 通俗外交論 | 明治 17 | V | | 同　上 |
| 41 | 日本婦人論 | 明治 18 | V | | 同　上 |
| 42 | 士人処世論 | 明治 18 | V | | 同　上 |
| 43 | 品　行　論 | 明治 18 | V | | 同　上 |
| 44 | 男女交際論 | 明治 19 | V | | 同　上 |
| 45 | 日本男子論 | 明治 21 | V | | 福澤諭吉立案<br>手塚源太郎筆記 |
| 46 | 尊　王　論 | 明治 21 | V | | 福澤諭吉立案<br>石川半次郎筆記 |
| 47 | 国会の前途・国会<br>難局の由来・治安<br>小言・地租論 | 明治 25 | V | | 福澤諭吉立案<br>福澤一太郎・捨次<br>郎筆記 |
| 48 | 実　業　論 | 明治 26 | V | | 福澤諭吉立案 |
| 49 | 福 翁 百 話 | 明治 30 | | | |
| 50 | 福澤全集緒言 | 明治 30 | I | ○ 191<br>（前文・結語のみ） | |
| 51 | 福澤先生浮世談 | 明治 31 | | | |
| 52 | 修業立志編 | 明治 31 | | | 福澤先生 |
| 53 | 福 翁 自 伝 | 明治 32 | | | |
| 54 | 女大学評論・<br>新 女 大 学 | 明治 32 | | | 福澤先生著 |
| 55 | 福翁百余話 | 明治 34 | | | |
| 56 | 丁丑公論・<br>瘠我慢の説 | 明治 34 | | | 福澤先生著 |

○は『緒言』言及著作、◎は 4 著作を一括して言及しているもの。
行数は本書での相当行数。

## 付表：『福澤全集』と『福澤全集緒言』

| 番号 | 福澤著作 | 刊行年 | 全集巻数 | 『緒言』行数 | 著訳者名表記 |
|---|---|---|---|---|---|
| | （唐人往来） | （慶応元） | I | ○ 25 本文 221 | |
| 1 | 増訂華英通語 | 万延元 | I | ○ 20 | （快堂蔵版） |
| 2 | 西 洋 事 情 | 慶応 2-明治 3 | I | ○ 93 | 福澤諭吉纂輯 |
| 3 | 雷 銃 操 法 | 慶応 2-明治 3 | I | ○ 41 | （福澤氏蔵版） |
| 4 | 西洋旅案内 | 慶応 3 | I | ○ 16 | 福澤諭吉著 |
| 5 | 条約十一国記 | 慶応 3 | II | | （福澤氏蔵版） |
| 6 | 西洋衣食住 | 慶応 3 | II | | （片山氏蔵版） |
| 7 | 兵士懐中便覧 | 慶応 4 | | | （仙台蔵版） |
| 8 | 訓蒙窮理図解 | 明治元 | II | ○ 18 | 福澤諭吉著 |
| 9 | 洋 兵 明 鑑 | 明治 2 | II | ○ 16 | 福澤諭吉・小幡篤次郎・小幡甚三郎合訳 |
| 10 | 掌中万国一覧 | 明治 2 | II | | 福澤諭吉著 |
| 11 | 英国議事院談 | 明治 2 | II | ○ 19 | 福澤諭吉訳述 |
| 12 | 清英交際始末 | 明治 2 | II | | 福澤諭吉閲・松田晋斎訳 |
| 13 | 世 界 国 尽 | 明治 2 | II | ○ 22 | 福澤諭吉述 |
| 14 | 啓蒙手習之文 | 明治 4 | II | | 福澤諭吉編 |
| 15 | 学問のすゝめ | 明治 5-9 | II | ○ 14<br>学問のすゝめの評 176 | 福澤諭吉・小幡篤次郎同著 |
| 16 | 童 蒙 教 草 | 明治 5 | II | ○ 23 | 福澤諭吉訳 |
| 17 | かたわ娘 | 明治 5 | II | ○ 12 | 福澤諭吉寓言 |
| 18 | 改 暦 弁 | 明治 6 | II | ○ 36 改暦詔書 25 | 福澤諭吉著 |
| 19 | 帳 合 之 法 | 明治 6 | III | ○ 28 | 福澤諭吉訳 |
| 20 | 日本地図草紙 | 明治 6 | | | 福澤諭吉記 |
| 21 | 文字之教 | 明治 6 | III | | 福澤諭吉著 |
| 22 | 会 議 弁 | 明治 7 カ | III | ○ 59<br>肥田宅・演説草稿 50 | 福澤諭吉・小幡篤次郎・小泉信吉合著 |
| 23 | 文明論之概略 | 明治 8 | III | ○ 11 | 福澤諭吉著 |
| 24 | 学者安心論 | 明治 9 | III | | 福澤諭吉著 |
| 25 | 分 権 論 | 明治 10 | III | ◎44 | 福澤諭吉著 |
| 26 | 民間経済録 | 明治 10-13 | IV | ○ 28 | 福澤諭吉著 |
| 27 | 福 澤 文 集 | 明治 11-12 | IV | | 福澤諭吉著 |

を語って福澤の著作であることが明らかにされているが、『学問のすゝめ』が「福澤諭吉／小幡篤次郎同著」として福澤との連名で公刊されたような場合との違いを考慮したものと考えられる。

『全集』の第一巻は明治三十一（一八九八）年一月に時事新報社より刊行され、以後毎月巻数順の配本で五月に全五巻が完結している。印刷は創業間もないジャパン・タイムズ社が担当したが、同社工場長の中西《なかにし》美《み》恵《え》蔵《ぞう》に対して、収録著作の著者名の扱いについて、刊行時の事情で連名共著としたものも福澤の個人名に戻すよう指示した書簡が残されている（『書』⑧二一九九）。また旅先の広島から、予約募集広告、定価についての意見を時事新報社長としての次男捨次郎へ伝えるなど、福澤が全集の刊行全般に細かく心を配っている様子が見える（『書』⑧二二〇四）。「福澤著書売捌勘定書」（『全』㊖）によると、刊行費用は広告料等を除き福澤が全額を負担し、各巻二、〇〇〇部ずつ、全五巻計一万部製本して、翌三十二年十一月までの売捌総部数は五、九四九部、売上げ金額が九、〇〇〇余円であったという。前掲の福澤書簡にいう義塾財政への「一助」にはとてもならなかったであろう。

『全集』巻頭に掲げられた『緒言』は『全集』に収録された著訳書をめぐって著者自身が執筆した解題というべきものである。『緒言』には福澤自筆の草稿が伝えられている（福澤研究センター蔵、本書口絵参照)。元来、四綴に分けられていたようであるが、前文を記したと考えられる「一」は現存しない。『華英通語』の項以下が三分され、それぞれの冒頭に「二」「三」「四」の番号が付けられている。「二」は『華英通語』から『洋兵明鑑』の項の冒頭まで、それに続く「三」は『会議弁』の項まで、「四」は『文明論之概略』から末尾までが記されている。「二」は赤罫紙二十行半紙十枚綴り、「三」「四」は時事新報社の黒罫原稿用紙を貼り継いだものである。

『緒言』は、全集収録の前に、『時事』紙上において十一月二日から二十五日まで二十一回にわたり連載され、翌十二月に同社より単行本として出版されている。印刷所は『全集』と同じくジャパン・タイムズ社であった。「福澤著書売捌勘定書」によれば、単行本としての『緒言』の製本高二、〇〇〇部のうち、三十二年十一月までの売捌総部数は一、七八九部であった。刊行費用(製本費用)はこれも福澤の負担によっている。また、製本高二、〇〇〇部とは別枠のものかと考えられるが、「全集緒言無代寄贈の分」として、「三百四十一部、内先生行二百十冊、社長渡百冊、其他三十一冊」という記録も残されている。『全集』の刊行に先駆けて出版していることをあわせて考えると、福澤が『緒言』自体を広く世に知らしめるという希望をもっていたことが窺えるところである。

ところで、『緒言』の冒頭において福澤は、「日本が旧物破壊、新物輸入の大活劇を演じたるは即《すなわ》ち開国四十年のことにして、その間の筋書《すじがき》と為《な》り台帳と為り全国民をして自由改進の舞台に新様《しんよう》の舞を舞わしめたるもの多き中に就《つい》て、余が著訳書も亦自《またおのず》からその一部分を占《しめ》たりと云《い》うも敢《あえ》て疚《やま》しからず、余の放言して憚《はば》からざる所なり。左《さ》れぱその筋書、台帳を彼《か》れ是《こ》れ寄《よせ》集めて之《これ》を後世に保存するは、近世文明の淵源《えんげん》由来を知るに於《おい》て自《おのず》から利益なきに非《あら》ず、歴史上の必要と言うも過言に非《あら》ざるべし」と述べている。また、これより先の明治二十八（一八九五）年十二月、日清戦争のために一年遅れで開かれた福澤の還暦祝賀の集まりでも、塾生を前にして、「四十年来時勢の変遷、文明の進歩は、正しく青年の時より今日に至るまでの活劇にして、此芝居を見物し又その楽屋の趣向にも聊か関係して、全国民の大入を得たるは、古人の夢にも知らざる所のみならず、今の壮年輩と雖も唯中幕以下を見たるのみにして、大序初幕より四十余年を打通しに見物したるは、是れぞ還暦前後の老輩に限る特典として、老生の少しく誇る所なり」といい、「この活劇に付き老生は如何なる役を勤めたるやと云ふに、唯空論を論じ大言を吐きたるのみ。俗に云へば法螺を吹きたるものなり」（〔還暦寿莚の演説〕『全』⑮、表題は全集編纂者による仮題）と述べている。日本が「旧物破壊、新物輸入の大活劇」を演じたと見る維新の変革期において、福澤は「法螺」を吹いたというのであるが、まさに自身のその著訳書が変革の「筋書」「台帳」の役割を果たしたことを自負し、そしてそれらの著訳書を「彼《か》れ是《こ》れ寄集《よせ》めて之《これ》を後世に保存する」ことに『全集』編纂の意義を認めていたのである。

「付表」に○、◎印を付した二十二書目は『緒言』において福澤が個々の著作の執筆、刊行の事情について言及しているものである。『全集』収録著作の約半数ということになる。明治十五（一八八二）年以後の著作、すなわち、いずれも『時事』所載の論説を単行本として刊行したものについては取り上げられていない。併記した数字は、その言及のおよその分量を本著作集の組み版による「行数」によって示したものである。◎印を付した『分権論』ほかの著作は一括して四四行で説明されている。さらに『学問のすゝめ』、『改暦弁』、『会議弁』には、関連資料として「学問のすゝめの評」、「改暦詔書」、および福澤の「演説草稿」がそれぞれに付されている。こうした『緒言』の構成と叙述の仕方、また著訳書それぞれについての叙述に費やされた字数の多寡などは、福澤が自らの著訳活動をどのように評価していたかの一端を示しているとみてよいと思われる。

そうした視点からすれば、まず、『全集』刊行の趣旨を述べ、続いていわば福澤の翻訳の思想を展開する前文にかなりの比重のあることが際だっている。自身の著訳の文章について、

「文明の新思想」を広く一般に理解させることを目的として、つとめて俗文に徹し、俗文に不足するところは遠慮なく漢語を使用して、「雅俗めちゃ〳〵」に混合した文体を創り出したということを力説している。それは、恩師緒方洪庵の姿勢を十二分に吸収し、また蓮如の筆法に学んだ結果として生み出された福澤の「方法」であったが、ここに、未刊行であった福澤の処女作ともいうべき「唐人往来」を翻刻していることを含めれば、『緒言』全体の三分の一を超える筆を費やしていることになるのである。

「唐人往来」は、「諸色高直《しょしきこうじき》、諸人難渋《しょにん》」、何事につけても「唐人のお蔭」といい立てて外国人を忌み嫌う「江戸中の爺婆《じじいばばあ》」を、その説得に失敗した神田孝平《かんだたかひら》に替わって、開国論者に口説き落とそうという趣向でまとめられたという。「往来」の名は文字通り庶民教育の教科書としての命名といってよいであろう。主要な論点は世界の現況を説明し、開国・自由貿易の利を説くところにある。また、結びの部分では、世界全体での日本の総人口と人口密度の相対的な位置を示して、「日本は世界中にて上の段の大国《たいこく》」であり、「地図でこそ日本は世界の三百分の一つ許り《ばか》にて見る影もなき小国のよう思わるれども、その実は全世界を三十に割りてその一分を押領《おうりょう》する姿なり。況《ま》して産物は沢山、食物は勿論《もちろん》、金銀銅鉄、何《な》に一つ不足なき富有《ふゆう》の国にて世界中に恐るべき相手はなき筈《はず》なり」とも述べ、ここで「漢学や槍術《そうじゅつ》」などは次のことにして

「欧羅巴風《ヨーロッパ》」を見習い、久しく国を閉ざし遅れを取ったところを自信を持って回復すべきであるとしている。「唐人往来」全文の引用を終えて、さらに、福澤は「以上所記の全面を概して云《い》えば」として、「吾々《われわれ》洋学者流の目的は、唯《ただ》西洋の事実を明《あきらか》にして日本国民の変通を促がし、一日も早く文明開化の門に入らしめんとするの一事《いちじ》のみ」と述べている。『緒言』では「唐人往来」の執筆を文久年間と記憶するとあるが、現存の写本により慶応元（一八六八）年閏五月の脱稿であることが知られる。翌年から、相次いで執筆、刊行される『西洋事情』や『世界国尽』、また『学問のすゝめ』などの西洋文明社会の骨格を示しそれを、目標とすべきことを説いた一連の著訳書の原形が、ここにすでに登場していると見ることが出来よう。

こうして福澤は、前半生に於ける自身の著訳活動の出発点を示し、さらに『華英通語』以下の諸著作の執筆意図や、出版時の事情について振り返っている。その筆致は、「世態今昔の変遷を知るの一助に供すべし」とあるように、きわめて鮮やかに当時の世情を浮かび上がらせ、そのなかに自身の著作を位置づけている。

たとえば、『西洋事情』は、福澤が幕府の遣欧使節団に翻訳方として参加したことを好機として、「従前辞書を調べて詮索の届かざる事柄」を実地に質すことに努め、「欧羅巴滞在一箇年の間到る処に筆記して帰来これを取纏《とりまと》め又横文の諸書を参考して著述したるもの」であった。

偽版も数多く出版され、福澤の「著訳中最も広く世に行われ最も能《よ》く人の目に触れたる書」となり、「大勢力を得て日本全社会を風靡」する書となった。それは、当時の日本にあっては「西洋流の新思想を伝うる版行の著書」としては「粗漏《そろう》浅薄ながら唯《ただ》この冊子あるのみ」のものであって、「鎖国攘夷の愚」を看破して「開国の必要」を説く者で、一部の『西洋事情』を座右に置かない者はいないほどであり、まさに「無鳥里《とりなきさと》の蝙蝠《かわほり》、無学社会の指南」だったからだという。また、「旧を棄《す》るに吝《りん》ならず新を入るゝに躊躇《ちゅうちょ》せず、変遷通達、自由自在に運動するの風《ふう》にして浅薄なる西洋事情も一時に歓迎せられ」たのは、「当局士人の漢学に入ること深からずして、一言これを評すればその無学なりし」がためであって、「奇語を用うれば日本の文明は士人無学の賜《たまもの》」であったというのである。

個々の著作のうちでは『西洋事情』や『雷銃操法』について触れるところが多いが、添えられた参考資料を合わせてみると『学問のすゝめ』、『会議弁』、また『改暦弁』の扱いがかなり大きいことになる。

明治七（一八七四）年頃までのこれらの著訳書は、福澤によれば、「専《もっぱ》ら西洋新事物の輸入と共に我国旧弊習の排斥を目的にして、云《い》わば文明一節ずつの切売《きりうり》」に異ならぬものであった。西洋文明の実像、すなわち西欧社会の個別具体的な諸側面を示し、その実現に至る道筋を提示する役割を担うものとして相次いで発表されたものである。そしてこの頃、「世態漸《ようや》く定まりて人の試案も漸く熟する時」となったので、さらに「西洋文明の概略を記して世人に示し就中《なかんずく》儒教流の故老に訴えてその賛成を得ることもあらんには最妙なり」と考え、「之を敵にせずして今は却《かえっ》てなし之を味方にせんとの腹案を以《もっ》て」著されたものが、『文明論之概略』であった。

『文明論之概略』脱稿直後の明治八（一八七五）年四月二十四日付の島津復生宛の書簡には、「此《この》書は昨年三月の頃より思立候得共《おもいたちそうらえども》、実は私義洋書並《ならび》に和漢の書を読むこと甚《はなはだ》狭くして色々さし支《つかえ》多く、中途にて著述を廃し暫《しばら》く原書を読み、又筆を執り又書を読み、如何《いか》にも不安心なれども、マヽヨ浮世は三分五厘、間違たらば一人の不調法《ぶちょうほう》、六ヶ敷事《むずかしきこと》は後進の学者に譲ると覚悟を定めて、今の私の智恵丈《だ》け相応の愚論を述たるなり。三、五年の後に学問上達いたし候はゞ、必ず自から愧入《はじいり》候事も可有之《これあるべく》、其時は又候《またぞろ》罪を謝して別段に著述可仕存候《つかまつるべくぞんじそうろう》」（『書』①一七九）と述べられている。本書の執筆と発表に向けられた福澤の意欲の大きさを窺うことが出来る。また、明治八年八月三十日付『郵便報知新聞』掲載の広告に、「この書の大意は西洋の諸説を取捨して我亜細亜側の事実に照らし以て文明の何物たるをしらしむるものなり。近来世間に著訳の書多けれども理論の著述に至ては特にこの書を以て最も新にして最も全備したるものとす」とあるのは、福澤のこの書を世に問う強い意志が反映しているとみてよい。本書の発行数も「何万部の大数」に達したという。しかし、想定される読者対象がそれぞれに全く異なっていたにしても、『西洋事情』の初編の発売部数が一五万部を下らず、偽版を加えれば二五万部にもなったといい、『学問のすゝめ』が毎編およそ二〇万部、十七編合して三四〇万部が国中に流布したであろうと福澤が数え上げているところには及ばない。「意外の老先生より手書到来して好評を得たること」が多かったというが、実際には福澤の意図した「故老学者の熟読通覧」の成果を十分に上げることにはならなかったのではなかろうか。

『緒言』において、福澤が本書について述べるところは前述の諸著作についての言及に比べるときわめて簡潔である。それは、本書に対する今日の高い評価、また福澤自身が本書執筆に注いだ熱意からすれば意外といってよいほどである。彼我の文明史を対比して文明の何者たるかを知らしめる理論の著述とするという本書の意図が、結果的には当時の日本社会にあまり浸透しなかったことを、福澤自身も、後年本書を振り返った際に認識していたのではないだろうか。『緒言』における言及がきわめて淡泊であることの背景にはそうしたことがあったのではないかと考えられる。

『文明論之概略』の続編とも位置づけられることのある『民情一新』についても『緒言』には触れるところがない。明治十七（一八八四）年一月、アメリカに留学中の二人の子息に宛てて同書を送り、アメリカにおいて翻訳、出版することを指示している（『書』④八二四）。このことは福澤としては相当に自信のあった著作であったことを示すものであろう。それが実現したか否かは不明であるが、この書について『緒言』に言及がないのは、『文明論之概略』の場合と同様の事情があったように思われる。

明治十（一八七七）年代刊行の著作では、『民間経済録』について述べ、また『分権論』『通俗民権論』『通俗国権論』『時事小言』の四著作が一括して取り上げられている。『民間経済録』は、「西洋経済の大概」を広く民間の子弟に教えるために「学校読本」の体裁にまとめたというものであった。すでに刊行されていた『帳合之法』が、ことの順序を考慮せず、西洋経済の根本大体を知らずに単に簿記法の改革のみを先に提示したという失敗に気づき、改めて執筆したという。本書がいわゆる自由教育令が改定された明治十三（一八八〇）年頃からの教育行政の復古主義のなかで、「学校読本」としては相応しくないと排除された福澤著作のなかに含まれたということでは、これは福澤のいう西洋の「文明一節ずつの切売」の範疇の著作だったということになろう。

『緒言』の最後に取り上げられた『分権論』をはじめとする四著作は、明治十年から十四（一八八一）年までの間にいわゆる官民調和論を基調として著されたものである。文明開化は政府の専有ではなく、国民も共に進歩してはじめて実現するはずのものであるが、次第に厳しくなった官民対立の状況を放置出来ないと考えたのは明治十（一八七七）年以来のことであったという。そこで、「地方分権の要を説き」「民権の真面目《しんめんもく》を論じ」「国権の大切なるを諭し」て、また「国会の開設」もよしとして、「政府は容易に破壊すべからず」「人民は容易に侮《あなど》るべからず」との趣旨をこれらの著作で論じたというのである。そして、明治十五（一八八二）年に創刊した『時事』の論説においても、「毎度筆を執り政論に関しては其要、常に調和を主張するのみ」であったと述べている。『時事大勢論』以下の諸著作について具体的な言及がないのは、これらの著作がいずれも『時事』論説の集成であり、要点はこのことに尽きるということなのであろう。

明治二十（一八八七）年二月十三日付の本山彦一《もとやまひこいち》に宛てた福澤書簡がある。山陽鉄道の創設に伴い社長として時事新報社長の中上川彦次郎《なかみがわひこじろう》が予定されたために、新報社のその後の収拾につき意見を求めたものである。自分もまだ老いてはいない。全力を投入すれば「新聞社の始末位」は出来るであろうが、これは「としよりの冷水《ひやみず》」というべきことであってあまり面白くないことである。それに、「余暇あらば生涯に今一事致度《いたしたき》文学上の道楽」もあり、当惑をしているというのである（『書』⑤一一三三）。今一事、文学上の道楽をしたいとは、雑事に追われず学問、読書に、ひいては文明の学の探究に専心したいということであろう。先に引用したように、『文明論之概略』の執筆に当たって、もはや翻訳には余念はなく一年ばかり学問、すなわち読書勉強に専念すると述べている。また、同書が成り、さらに『学問のすゝめ』全巻の完成を控えた明治八（一八七五）年十一月六日付の肥田昭作《ひだしょうさく》宛の書簡では「読書院」を始めることを提案して、「御同前にまだ死には間もあり、今よりニューライフと思ひ盛に学問いたし度《たく》」とも述べている（『書』①一八七）。また、冒頭にも記したように、福澤は「維新前後は私が著書飜訳を勉《つと》めた時代」といい、また「私の生涯中に一番骨を折《おっ》たのは著書飜訳の事業」であったと述懐している。

さらに、明治二十八（一八九五）年六月一日付の岡部喜作《おかべきさく》宛書簡の後半では、「老生事ハ、明治十五年以来時事新報と申新聞紙之方ニ忙しく、別ニ著書も出来不申《できもうさず》。昨今ニ而《て》は筆を執るハ専ら此新聞紙之為めにして、時と認《したた》め候文章ハ新聞紙之社説ニ掲載致し候義ニ御座候」と述べている（『書』⑧一九四九）。「著書」も出来申さずという。福澤にとって、明治十五年三月一日に『時事』を創刊して以後の執筆活動は、それ以前とくらべて質の違うものであったと認識されていたのである。付表に見るように『時事大勢論』以下の『時事』掲載論説をまとめた諸著作の著者名の表記形式がそれまでの著作と全く異なるのもそうしたことを現しているように思われる。

『時事』創刊の頃に、その論説として用意されたと推定されている未完の草稿がある（「掃除破壊と建置経営」『全』⑳、表題は全集編纂者による仮題）。明治十五年五月十五日に開かれた三田演説会での福澤の演題記録が「建置経営の説」であるので、あるいはその演説草稿として用意された可能性もある（「三田演説日記」）。いずれにしてもそこで福澤は、「封建門閥の旧套を脱して新に民権の公議輿論を始造せんこと」に勉めた維新以来のこれまでの十五年間を顧みると、自身の思想においてその方向を二段に分けて見ることが出来るが、初段は「掃除破壊」の主義であり、第二段は「建置経営」の主義であると述べている。「掃除破壊」とは、内に「自労自食独立不羈の一主義」を定め、外に激しく「儒林を攻撃して門閥を排すること」であった。また、『時事』創刊直前の一月二十四日付の荘田平五郎《しょうだへいごろう》に宛てた書簡では、「昨年来世状様ニ而《て》、遂ニ或ハ本塾之本色を失ふの恐なきニあらず。塾之本色ハ元来独立之一義ある而已《のみ》」といい、「此度《このたび》ハ一種之新聞紙を発兌《はつだ》し、眼中無一物、唯《ただ》我精神之所在を明白ニ致し、友なく又敵なく、颯々《さっさ》ト思ふ所を述《の》へて、然《しか》る後ニ敵たる者ハ敵ト為《な》れ、友たる者ハ友ト為れト申ス趣向ニ致し度積《たきつもり》ニ御座候」と述べている（『書』③六三三）。いわば明治十四年の政変の余波を受けて慶應義塾関係者に生じている動揺をしずめ、あらためて我々の原点を確認し明白にするために新聞を発刊するというのである。三月六日付『時事』の社説でも、「我輩固《もと》より時事を談じて政治を語らざるに非ず、其主義は純然たる建置経営の旨にして、敢て世の誰れ彼れに関係する所もなく、唯我主義に反する者は之《これ》を敵とし、主義に同じき者は之を友とすることなれば」云々という同趣旨の文言がある（「一種変則の讒言」『全』⑧）。

そもそも『時事』命名の由来は、「近時の文明を記して、此文明に進む所以の方略事項を論じ、日新の風潮に後れずして、之を世上に報道せんとするの旨なり」ということであった（「本紙発兌之趣旨」『全』⑧）。福澤の主張が従前と全く変わるものでないことが明瞭に示されている。しかし一方において福澤は、『自伝』において述べているように、自分は政治の「診察医」であって「開業医」ではないと自認していた。政治のことを全く知らぬではない、「口に談論もすれば紙に書きもする。但《ただ》し談論書記する計《ばか》りで、自《みず》からその事に当ろうと思わぬ」、それは、「診察医が病を診断してその病を療治しようとも思わず、又《また》事実に於《おい》て療治する腕もない」ようなものだろうというのである（『自伝』「老余の半生」）。『時事』紙上に発表されたさまざまな論説の多くはまさに「診察医」としての当時の日本の社会、政治への発言であったといえよう。

先にあげた未完の草稿では、論じられるはずの「建置経営」の主義についての具体的な記述はない。あるいはそれは『時事』紙上に展開される諸論説において示されるものを想定していたのではなかろうか。福澤の著書翻訳の時代は、日本の近代化を西洋文明を範として方向づけるという文明の主義を確立した時であった。そしてそれが「診察医」としての識見を支えるいわば学理となり、そのことによって現実の日本の政治、社会の鋭利な分析が進められたのであった。『緒言』はその学理を組み立てた時代に多くの読者を得た主要著作に焦点を絞った解説となったのである。

## 晩年の福澤――次世代への付託

福澤の著述、出版の活動に向けられた意欲は晩年に至ってもなお衰えることがなかった。たとえば、『時事』への論説（社説および漫言）の執筆数を見ると、数え年六十歳を迎えた明治二十六（一八九三）年から三十（一八九七）年まで、二十九（一八九六）年を除き毎年一〇〇篇を超えている。明治三十一（一八九八）年にも、脳溢血症の最初の発症で倒れた九月までに一〇〇を超えているのである（『全』⑬～⑯）。これらの論説のうちには、近年の研究で指摘されているように、他の論説記者の原稿に福澤が手を入れたもの、あるいは福澤が腹案を示して他に執筆させた原稿に加筆訂正したものなどが含まれているにしても、福澤の『時事』論説への関与はほぼ日常的なものであったことが示されている。さらにこの間、これらの日々の論説のほかにも、『実業論』（明治二十六年五月刊）、『福翁百話』（明治三十年七月刊）を刊行し、『福翁百話』の余談を書き継いで明治三十年九月より『時事』上に断続的に発表している（『福翁百余話』明治三十四（一九〇一）年四月刊）。また、『全集』を編纂、刊行して（明治三十一年一月～五月刊）、そのための解題を『緒言』（明治三十年十二月刊）として執筆し、『全集』の刊行に先立って単行書として出版しているのである。そして、『福澤先生浮世談』（明治三十一年三月刊）を発表し、菅学応《すがくおう》を担当者として福澤の塾生に向けた演説記録などを集成した『修業立志編』（明治三十一年四月刊）を編纂、刊行している。ついで、『自伝』（明治三十二年六月刊）を完成させ、『女大学評論・新女大学』（明治三十二年十一月刊）を発表し、また、永らく筐底に秘していた『瘠我慢の説』（明治三十四年一月刊）、『明治十年丁丑公論』（同年二月刊）もそれぞれ『時事』紙上に公表しているのである。

明治三十三（一九〇〇）年二月には「修身要領」が発表されている。前年の秋に、大病を克服したものの自ら筆を執るには至らなかった福澤が、小幡篤次郎、日原昌造らに委嘱して編纂させたものである。それは「独立自尊」の理念を機軸とし、福澤が多年説き続けてきた自立した個人の自覚を基礎とする道徳律として全二十九カ条に纏められている。福澤自身の著述ではないが福澤の生涯最後の仕事となったというべきものである。

先に一部を引用した明治二十八（一八九五）年六月一日付の岡部《おかべ》喜《き》作《さく》宛の福澤書簡には「拙著之書ハ年来御熟読被下候《くだされそうろう》よし。書を著しても世間ニ之《これ》を見る者ハ多く、真ニ之を読む人ハ少し。来書ニ接して自から知己之感なきを得ず」（『書』⑧一九四九）と述べるくだりがある。また、日原昌造に宛てた明治二十九年三月三十一日付書簡でも、「彼の百話御覧被下候様子《くだされそうろうようす》、誠ニ難有奉存《ありがたくぞんじたてまつり》候。去年来書きハ書いたるもの丶、之を世ニ公にして、ほんとうニ読んで呉れる者ハ少なからんと存し居候処《おりそうろうところ》ニ、態《わざわざ》と来書を辱《かたじけなく》し、殊《こと》ニ其原稿之故古〔反〕まで御所望とハ、望外之事ニ存候《ぞんじそうろう》。老生之心事は千緒万端なるも、就中《なかんずく》俗界之モラルスタントアルドの高からざること、終生之遺憾。何とかして之を高きニ導くの方便もがなと存し候て、暇まさへあれバ走筆したることにて」（『書』⑧二〇三九）と書き送っている。さらに、明治三十（一八九七）年十二月二十二日付の書簡で適塾の旧友緒方《おがた》拙斎《せっさい》へも、贈呈した『福翁百話』と思われる著書の受領を知らせた書簡に応えて「書を綴りても読む人多からす、御閑暇之節御一覧ニも相成候ハヽ、大慶ニ奉存《ぞんじたてまつり》候」（『書』⑧二二一五）と書いている。

書を著しても世間にこれを見る者は多くはない、また真に理解してくれる者は少ないという。これはたんなる修辞ではなく、この頃の福澤の実感であったと思われる。『福翁百話』は晩年の福澤の来客との対話をまとめたものである。序言の冒頭に、「開国四十年来、我文明は大に進歩したれども、文明の本意は単に有形の物に止《とど》まらず、国民全体の智徳も亦《また》これに伴《ともなう》て無形の間に進歩し変化して、以《もつ》て始めて立国の根本を堅固《けんご》にするを得《う》べし」とある。文明の進歩発達とは、単に有形の制度や物質にとどまらず、無形のもの、すなわち国民全体の智徳の進歩が伴わねばならないという主題が、さまざまな話題を通して繰り返し論じられている。『文明論之概略』は「文明論とは人の精神発達の議論なり」と書き出されていた。文明の主義を説く福澤年来の主張が必ずしも世間に浸透していない、またその真意が十分に理解されていないとの思いが、主張の原点に立ち返って新たな著作を生み出し、さらにはこれまでの著述活動を改めて振り返ろうという『全集』編纂の原動力となったのではなかろうか。

『全集』が刊行された明治三十一（一八九八）年に、鳥谷部春汀《とやべしゅんてい》が、「福澤諭吉翁」と題する一文を発表している（「明治人物評論」『春汀全集』第二巻）。同時代の批評として興味深いものがある。その冒頭に、「福澤諭吉翁漸く老いて、名も亦随つて国民に忘れられむとす。近時福翁百話なる一冊出でゝ、枯木再び華さくと称せられ、尋《つい》で福澤諭吉全集刊行の挙ありて、諭吉翁親ら之が緒言を作る。自画自賛の語多しと雖も、要するに是れ彼れが三十年間、日本の文明に於ける貢献の総勘定なり」とある。また、「往々放言高論自ら喜ぶの嫌いありと雖も、其先見の明一歩常に人に駕する如き、其円満の常識善く人事の表裏に透徹する如き、之れを古今に求むるに、亦殆ど異数の観なくむばあらじ」と述べ、「其功勲は維新三傑の如く、赫々として人目を眩せずと雖も、其時代の思想を動かし、社会の進歩を助けたるに至ては、維新の三傑と雖も、亦及ぶ可からざるものあり」とその功績をきわめて高く評価している。そして、福澤の活動を二期に区分し、前期の「福澤全集の時代」には「暗夜に木鐸を叩ける時勢の天使」であり、後期の「福翁百話」の時代には「楽天の主義を宣伝する一個の説教師」であったと位置づけている。後期における「楽天主義」とは何か。それは、「古よりも今を尚び、歴史よりも現実を重しとするもの」であって、「天事人事を観察するに常識を以てし、人為の理論に拘泥せず」、「天然の約束に服従し、是等善悪の標準を究屈に定めずして、天道の広大無辺なるを覚り、得失栄辱の外に超然たると共に又独立自営して、人間相応の生活を求む可き」を教えるものである。しかしながら、人間には「現実の状態以外に、別に大なる意義を以て人間を指導するもの」、すなわち「一個人生の憑拠《ひょうきょ》す可き抽象的道理」がなくてはならないはずである。この点において福澤は触れるところがない、つまりは哲学、宗教の問題を論じていないとの批判を加えている。福澤が鳥谷部春汀のこの文章を知っていたかどうかは分からない。かりに読んだとしても、やはり日原らに宛てて書いたように、ほんとうに読んでくれる者は少ないとの思いを強くしたに違いない。三十年七月七日付の三宅豹三《みやけひょうぞう》宛ての書簡で、「兎《と》に角《かく》に自分は此世《このよ》にまだ用のある身なり、唯今死んでは困るゆゑ決して死なずと一心決定して、平気に剛情に身構すること最第一の療法なるべし」（『書』⑧二一七九）との後藤象二郎への見舞いのことばを伝えるよう依頼しているが、これはむしろ自分自身にいい聞かせた言葉でもあるように思われる。

福澤が『自伝』の過半の紙数を費やしてその前半生を詳述し、かつ最終章において「自分の既往を顧《かえり》みれば遺憾なきのみか愉快な事ばかりである」と述べていることから、これまでにも多くの人々によって、福澤は自己の人生を満ち足りた感慨をもって終えたと解釈されてきている。また、往々にして「自伝」という作品は自身の輝かしい時代を語ることに終始しがちであり、福澤もその例外ではなかったともいわれることもある。たしかにそれらは一面の真実ではあるだろう。

しかし、他の一面にも目を向けなければならない。すでに見たように、『全集』編纂の諸事情のなかに浮かび上がってくる、福澤が自身の著述活動の意味の確認に力を注いでいることを無視することは出来ないように思われる。また、三十年八月六日付の日原昌造宛ての書簡で、「老余の煩悩」として慶應義塾の存続を強く訴えていることにも注目しなければならない。「世の中を見れバ随分患《うれ》ふべきもの少なからず。近くハ国人が漫《みだり》ニ外戦ニ熱して始末ニ困ることあるべし。遠くハコンムニズムとレパブリックの漫論を生することなり。是れハ恐るへきことにして、唯今より何とか人心之方向を転するの工風《くふう》なかるへからず。政府などにハ迚もこんな事を喜〔杞〕憂する者あるへからず。夫《そ》れ是《こ》れを思へば、本塾を存して置度《おきたく》、ツイ金がほしく相成《あいなり》候。亦是《またこれ》老余の煩悩なるへし」というのである（『書』⑧二一八四）。

『自伝』終章に見るように、日清戦争の勝利に「官民一致の勝利、愉快とも難有《ありがた》いとも云いようがない」と歓喜した福澤であったが、すぐそれに続いて「実を申せば日清戦争何でもない。唯是《ただこ》れ日本の外交の序開《じょびら》きでこそあれ、ソレほど喜ぶ訳《わ》けもないが、その時の情に迫《せ》まれば夢中にならずには居られない」とあることを見落としてはならないであろう。一時の熱狂から醒めてみればむしろ戦後の外交の困難や世間一般の軍事熱の昂揚を憂える心情が募るのである。また、国内経済は日清戦争をはさんで、紡績業や鉄道業を中心とした企業勃興から、戦時の好況に続いてなお活況を呈していた。実業の発達を望んだ福澤にとってその限りでは好ましいことであったが、ここでも、森村組ニューヨーク支店に勤務する村井《むらい》保固《やすかた》に宛てた明治二十九（一八九六）年六月十四日付の書簡で、「日本ハ一般ニ大景気、種と之会社并鉄道、銀行之設計にて、人心狂するが如し」（『書』⑧二〇六五）と述べているように、経済の活況を手放しで喜んではいない。同じ書簡の後半では、森村組の次代を担うべき森村明六《もりむらめいろく》・開作《かいさく》兄弟が「私徳を厳重にして、商業ニ活潑ならんことを祈るのみ」として個人倫理の厳しさを認識した経済人として成長することをも期待している。

また、この頃の『時事』の社説（二十九年八月十六〜二十六日、六回連載）では、経済の好況のなかで紳士、紳商を任ずべき人々が会社の発起や事業計画のつど宴席を設けて醜態を演じていることを批判し、「文明の交際法」を提唱する連日の論説を掲載している。労使の対立も深まり工場労働者のストライキなどもかなり起きるようになっていた。それは歴史の趨勢としてあるいは必然であるとしても、放置して社会の分裂を招き、いたずらに内部対立が激化するような事態が生ずる結果となるのは憂慮すべきことで、なんとしてもここで「人心之方向を転するの工風」が必要であるとの思いに到達するのであった。そこにあらためて有形の制度や物質にとどまらず、国民全体の智徳の進歩を伴った文明の進歩発達が望まれ、その文明の精神を担う拠りどころとしての慶應義塾の役割を再確認することになるのである。

慶應義塾は明治二十三（一八九〇）年に文学、理財、法律の三科を擁する大学部を創設して大きな飛躍を遂げていた。しかしながら経営的には連年の赤字でしかるべき対応を迫られていた。明治二十九年十月に開かれた評議員会では大学部廃止説が多数意見となったが、この報告を聞いた社頭福澤は、それは開設以来の資金の寄付者の本意にも背くとして納得しなかった。

結局、十一月の評議員会では前回の結論を逆転させ大学部存続の方針が決定し、必要な維持資金の募集を行うことが議決された。資金募集の準備にはかなり時間を要したが、並行して大学部を中心とした学制改革案も検討され、幼稚舎（六年）、普通部（五年）、大学部（五年）の一貫教育体制を確立し、大学部卒業をもって慶應義塾卒業とする新制度が発足したのは明治三十一（一八九八）年五月であった。

大学部存続の決定をした評議員会直前の十一月一日に、芝紅葉館で開かれた慶應義塾故老生の懐旧会において、福澤は「恰《あたか》も遺言の如《ごと》くにして之を諸君に嘱托する」として一場の演説をしている。故老生とは鉄砲洲、新銭座時代の塾生達三五名であった。演説は、「言《げん》少しく自負に似て俗に云《い》う手前味噌《てまえみそ》の嫌《きらい》」がないではないが、それは諸君の記憶に存するとおりの事実であり、また内輪の会合でもあるから許されるであろうと前置きをして、やがて創立四十年になろうとする義塾の歴史を自信をもって振り返るものとなっている。その自負するところとは次の三点である。

まず第一に、幕末維新の混乱時において「西洋文明の真実無妄《むぼう》なるを知り、人間の居家《きよか》、処世より立国の大事に至るまで、文明の大義を捨てゝ他に拠《よ》るべきものなき」を信じて、慶應義塾が学問の営為を一日たりとも休むことのなかった唯一の洋学塾であったことである。「四面暗黒の世の中に独《ひと》り文明の炬火《きよか》を点じ」続けた義塾は、ナポレオンに屈したオランダが長崎の出島においてのみ国旗を翻し続けることが出来たと同じように、日本の学脈を維持することが出来たということである。

第二はその洋学についてである。徳川時代の洋学は医術、化学、窮理、砲術などの「物理器械学」を専ら学ぶものであったが、義塾はそれを「一歩を進めて世界の地理、歴史、法律、政治、人事の組織より経済、修身、哲学等の書を求め」てその講読に着手したこと、すなわち、西洋文明についてその表面に現れた実用的な技術ないし道具としての側面だけでなく、そうしたものを生み出した精神やそれを支える制度を含む全体を総合的に学ぶ方向を取ったことである。この企ては「一時の空想」にも似ていたが、現今の文明の進歩は「空想者の思い到らざる所」にまで達して「望外《ぼうがい》の仕合《しあわせ》」を見るに至っているという。

第三は福澤が最も力説しているところである。それは、義塾が「鉄砲洲以来今日に至るまで固有の気品を維持して、凡俗卑屈の譏《そしり》を免《まぬ》かれたること」であるという。今日の義塾を見るにその学事は「凡《およ》そ資金の許す限り」に努めてきたといえる。しかし、資金の裏付けがあれば相応のことが出来る「教場の学事」に止まらずに、むしろ「世間普通の官私諸学校に比すれば資力以外の事にまで着手して見るべきもの」、すなわち「人生の気品」を重視して、それを「先進後進相接《あいせつ》して無形の間に伝播《でんぱ》する感化」力によって創り出してきたことを誇るというのである。「気品」とは英語の「カラクトル」、また孟子の「浩然の気」であると福澤は述べている。それは、ともに洋学を志し精進する者が相集って、俗事にとらわれない広く大きな気分が横溢する学塾のなかに、知性を磨き徳性を高めあう雰囲気が創り出すところの文明の精神であった。

演説の最終節では一転して、ここまで縷々述べられてきた伝統の継承の不安を強く訴えている。すでに我々は義塾の生んだ多くの有為の人材を見送ってきた。そして福澤をはじめとして、この日に集まった義塾草創期に学んだ人々も年老いている。あとに続く若い人達が、必ずや「吾々長老の遺志」を継いでくれるではあろうと思うけれども、今ここで、義塾「全体の気品を維持して固有の面目を全《まっと》うせしむる」ということを「吾々先輩の責任」として次の世代に引き継ぐことが出来なければ、慶應義塾「第二世の長老」を見ることは不可能になるであろう。そしてこのことを思えば、「今日進歩の快楽中、亦自《またおのず》から無限の苦痛あり」と述べ、「老生の本意はこの慶應義塾を単に一処の学塾として甘んずるを得ず。その目的は我日本国中に於《お》ける気品の泉源、智徳の模範たらんことを期し、之《これ》を実際にしては居家《きよか》、処世、立国の本旨を明にして之を口に言うのみに非《あら》ず、躬行《きゅうこう》実践、以《もっ》て全社会の先導者たらんことを期する者なれば、今日この席の好機会に恰《あたか》も遺言の如《ごと》くにして之を諸君に嘱托するものなり」として演説を結んでいる。

「無限の苦痛あり」と述べる。この心情は、福澤が『全集』を編纂し『緒言』を執筆して、さらに『自伝』をまとめ上げるという仕事を成し遂げていくことに結びついて行く。『緒言』と『自伝』の完成は、福澤が生涯をかけて、とりわけその前半生において追求し発見した、西洋文明のかたちと精神を兼ね備えることのなかに日本の近代化を達成するという課題が現実にどこまで実現しているのかを検証することになった。そしてそのことは、結局のところ文明の精神を置き去りにして、かたちだけの文明開化に終始している日本の社会の現実を見ないわけには行かなかったのである。「無限の苦痛」とはこうした理想と現実の乖離を認識したことばであると理解される。

ここで、あらためて「老余の半生」と題された『自伝』の最終章を見てみよう。その草稿「自伝十七」は全文が福澤の筆跡で、速記者の筆は残されていない。しかも訂正加筆の跡がかなりあるものの全体に筆のゆれはなく、終始一貫した調子で書き進められている様子が見える。他の草稿が速記者による原稿をもととして福澤が細かく加筆修正をし、それだけでは始末がつかなくなるほどに手が入った部分は、あらためて福澤が全面的に書き直したものを貼り継ぐことで構成されている。最終章の草稿は、おそらくこのような貼り継ぎの過程を経て、さらに全文を福澤が清書することによって出来上がったのではないかと考えられる。そうであるとすれば、我々が読むことの出来る最終章は福澤による注意深い検討が加えられた結果であり、圧倒的に前半生に傾いた語りのたんなる付けたりの章ではないと見るべきものであろう。

まずはじめに自伝をほぼ語り終えて、あらためて生涯を通じての「仕官」をきらう理由が述べられる。そしてその結果として、「独立の手本」を自ら示そうとの生き方を確立したといい、しかしながらそれは「初めからチャンと理屈を定めて」、窮屈に束縛されて成ったことではなく、「人の性質に下戸上戸《げこじょうこ》があって、下戸は酒屋に入らず上戸は餅屋に近づかぬと云う位のもので、政府が酒屋なら私は政事の下戸《げこ》でしょう」といかにも福澤らしい筆法で語り、自分は政治の「診察医」であって「開業医」ではないと結んでいる。ここまでに全章のおよそ四分の一があてられている。そしてこれを受けて、明治十三(一八八〇)年の末にあった政府公報紙への協力依頼が反故になったこと、福澤が十四年の政変の謀主であるとの風聞や保安条例の適用を受けるとの噂が流されたことなどが述べられる。

また政変前後からの教育行政における儒教主義の復活、華族制度という新たな身分制度の創設などの方向については、「明治二十三年、国会開設と国民に約束して、十年後には饗応すると云《いっ》て案内状を出したようなもの」であるにもかかわらず、その十年間に「客人の気に入らぬ事ばかり仕向けて」いたずらに官民対立を起こしているとの政府への鋭い批判の目を向けている。さらに『時事』創刊のことが語られている。全体にこのあたりの取り上げ方は、「この事に就《つい》て一寸《ちょい》と語りますが」、「私の身にも大笑いな珍事が出来ました」などとあって、核心をそらすような叙述であって、語りに慎重な姿勢が窺えるところである。さらに、井上角五郎《いのうえかくごろう》と朝鮮問題、『郵便報知新聞』への「国会論」の発表のことなども取り上げている。しかしたとえば、民権運動の高揚、したがって政府との対立に及びそうな問題との関係でいえば、このことよりもむしろ、福澤にとっては交詢社の設立とその活動の展開のほうがより大きな意味を持つといえるが、このあたりの事情については全く触れていない。「十四年の真面目の事実は、私が詳《つまびらか》に記して家に蔵めてある」(「明治辛巳紀事」『全』⑳)としているのと同様にあえて公に発言しようとしていないのである。

結局、こうした姿勢を取ることとは、自らの立場をあくまでも政治の「診察医」と限定した役割意識からの明確な選択であったと考えられる。十四年の政変以後の福澤と、つねにともにあるといってよい『時事』についての説明もきわめて簡潔である。ただ、この点については、政変後の政治、経済上の国内の議論の対立を予測して「不偏不党の説」を立てることとの重要性を考えてあえて刊行の決断をしたといい、「独立の生計を成して多少の文思もありながら、その身は政治上にも商売上にも野心なくして恰《あたか》も物外に超然たる者は、嗚呼《おこ》がましくも自分の外《ほか》に適当の人物が少なかろうと心の中に自問自答して」決心したと強調しているのが印象的である。最終段落では、まず、「都《すべ》て事の極端を想像して覚悟を定《き》め、マサカの時に狼狽《ろうばい》せぬように後悔せぬように」とばかり考えているという福澤の処世の方針が述べられ、さらに慶應義塾のこと、自身の健康のことに及び、そして最後に、「私は自分の既往を顧《かえり》みれば遺憾なきのみか愉快な事ばかり」であるが、なお「不平を云《い》わすればマダ〳〵幾らもある」として、第一に全国男女の気品を高尚に導き真実文明の名に恥ずかしくないようにすること、第二に仏教、キリスト教何れでもよい、これを引き立てて多数の民心をやわらげるようにすること、第三に大いに資金を投じて高尚なる学理を研究させるようにすることという三カ条を述べ、健康の許す限りは「身に叶う丈《だ》けの力」を尽くすつもりであると結んでいる。

『自伝』と『緒言』がいずれも外形的には福澤の前半生に大きな比重をおいて書き上げられたように見えるのは、晩年の福澤がその生涯を振り返るなかで、福澤のかかげた維新変革期の理想と、日本の社会が到達した現実との乖離を痛感し、あらためてその原理に立ち帰ることの必要を認識したところにその理由があるのではなかろうか。それは生涯を通じて倦むことを知らなかった福澤の知的営為の帰結であり、そして、「気品の泉源」としての慶應義塾の存続を訴えた演説の表現をかりれば、そこにはあたかも福澤の「遺言」として次の世代に託されたメッセージの意味が込められているように思われるのである。

［編者略歴］

松崎欣一（まつざき　きんいち）

1939 年生まれ。1963 年慶應義塾大学文学部史学科（国史専攻）卒業。1965 年同大学大学院文学研究科修士課程修了。1965～2005 年慶應義塾志木高等学校教諭、1996～2005 年慶應義塾福澤研究センター副所長。慶應義塾名誉教諭、慶應義塾福澤研究センター顧問、（社）福澤諭吉協会常務理事。

主な編著書に、『三田演説会と慶應義塾系演説会』（慶應義塾大学出版会、1998）、『福澤諭吉論の百年』（共編、慶應義塾大学出版会、1999）、『江戸町触集成』（全 19 巻、共編、塙書房、1994～2003）、『福澤諭吉書簡集』（全 9 巻、共編、岩波書店、2001～2003）、『福沢諭吉の手紙』（共編、岩波文庫、2004）、『語り手としての福澤諭吉―ことばを武器として―』（慶應義塾大学出版会、2005）など。

福翁自伝　福澤全集緒言

2009 年 5 月 30 日　初版第 1 刷発行

著　者――――福澤諭吉
編　者――――松崎欣一
発行者――――坂上弘
発行所――――慶應義塾大学出版会株式会社
〒108-8346　東京都港区三田 2-19-30
TEL　〔編集部〕03-3451-0931
〔営業部〕03-3451-3584〈ご注文〉
〔　〃　〕03-3451-6926
FAX　〔営業部〕03-3451-3122
振替　00190-8-155497
http://www.keio-up.co.jp/
装　丁――――中垣信夫＋西川圭［中垣デザイン事務所］
印刷・製本―――株式会社　精興社
カバー印刷―――株式会社太平印刷社

Printed in Japan　ISBN978-4-7664-1626-8

# 索　　引

1. 本索引は本書本文中の語句を事項索引と、人名・地名・書名による固有名詞索引に分けて掲げ、本文の読み方に従って五十音順に配列したものである。
2. 漢字表記の外国の地名には、そのうしろに現在通行の呼称を片かなで示した。
3. 外国の人名は姓によって項目を掲げ、名はうしろに示した。

# 事項索引

## あ　行



## か　行

## さ　行

## た　行

## な　行



## は　行

## ま　行



## や　行



## ら　行

# 固有名詞索引

## あ　行

## か　行

## さ　行

## た 行

## な　行

## は　行

## ま 行

## や　行



## ら　行



## わ　行